广播影视法规汇编

2017年版

国家新闻出版广电总局政策法制司 编

中国法制出版社
CHINA LEGAL PUBLISHING HOUSE

出版说明

为贯彻落实《中央宣传部、司法部关于在公民中开展法制宣传教育的第七个五年规划(2016—2020年)》及《全国广播影视系统法制宣传教育第七个五年规划(2016—2020年)》,更好地推进广播影视系统依法行政,不断提升广播影视从业人员的法律素养,我们编辑了《广播影视法规汇编》(2017年版)。

本次汇编在《广播影视法规汇编》(2012年增补版)基础上,增加了2015年9月至2017年5月法律法规规章以及规范性文件制定修订的部分内容,主要收录了自1981年至2017年5月,全国广播影视系统现行有效的法律、行政法规、司法解释、部门规章、广播影视规范性文件,与广播影视相关的法律、行政法规、部门规章和规范性文件全文,以及与广播影视有关的法律、行政法规、部门规章、规范性文件的条款,共计205件。各部分基本按法律效力层级和颁布时间顺序进行排列。

本书编辑时,部分法规规章规范性文件尚未完成修订,收录内容如有与新修订内容不一致之处,请依据新修订的规定。

本书在修订过程中,得到了总局领导的直接指导以及总局有关司局的大力支持及协助,在此一并表示感谢!

2017年5月

目　录

广播影视法律

中华人民共和国电影产业促进法
（2016 年 11 月 7 日　国家主席令第五十四号公布）……………………（3）
中华人民共和国公共文化服务保障法
（2016 年 12 月 25 日　国家主席令第六十号公布）……………………（14）

广播影视行政法规

进口影片管理办法
（1981 年 10 月 13 日　国务院批准 文化部、海关总署发布）…………（25）
卫星地面接收设施接收外国卫星传送电视节目管理办法
（1990 年 5 月 28 日　国务院批准 广播电影电视部、公安部、
国家安全部令第 1 号发布）………………………………………………（27）
有线电视管理暂行办法
（1990 年 11 月 2 日　国务院批准　1990 年 11 月 16 日
广播电影电视部令第 2 号发布　2011 年 1 月 8 日修订）……………（30）
卫星电视广播地面接收设施管理规定
（1993 年 10 月 5 日　国务院令第 129 号发布
2013 年 7 月 18 日修订）…………………………………………………（33）

广播电视管理条例
（1997 年 8 月 11 日　国务院令第 228 号发布
2017 年 3 月 1 日修订）……………………………………………………（35）
广播电视设施保护条例
（2000 年 11 月 5 日　国务院令第 295 号公布）…………………………（43）
电影管理条例
（2001 年 12 月 25 日　国务院令第 342 号公布）………………………（49）
广播电台电视台播放录音制品支付报酬暂行办法
（2009 年 11 月 10 日　国务院令第 566 号公布
2011 年 1 月 8 日修订）……………………………………………………（60）

广播影视司法解释

最高人民法院关于审理破坏广播电视设施等刑事案件具体应用法律若干问题的解释
（2011 年 6 月 7 日　法释〔2011〕13 号）…………………………………（65）

广播影视部门规章

《卫星电视广播地面接收设施管理规定》实施细则
（1994 年 2 月 3 日　广播电影电视部令第 11 号）………………………（69）
广播电影电视行政处罚程序暂行规定
（1996 年 12 月 19 日　广播电影电视部令第 20 号）……………………（75）
广播电影电视行政复议办法
（2001 年 5 月 9 日　国家广播电影电视总局令第 5 号）………………（82）
赴国外租买频道和设台管理暂行规定
（2002 年 2 月 10 日　国家广播电影电视总局令第 12 号）……………（88）
外商投资电影院暂行规定
（2003 年 11 月 25 日　国家广播电影电视总局令第 21 号
2015 年 8 月 28 日修订）…………………………………………………（90）

广播电影电视立法程序规定
（2004 年 6 月 18 日　国家广播电影电视总局令第 23 号）……………（93）
国家广播电影电视总局行政许可实施检查监督暂行办法
（2004 年 6 月 18 日　国家广播电影电视总局令第 24 号）……………（99）
广播电视设备器材入网认定管理办法
（2004 年 6 月 18 日　国家广播电影电视总局令第 25 号）……………（105）
广播电视编辑记者、播音员主持人资格管理暂行规定
（2004 年 6 月 18 日　国家广播电影电视总局令第 26 号）……………（110）
境外卫星电视频道落地管理办法
（2004 年 6 月 18 日　国家广播电影电视总局令第 27 号）……………（115）
境外机构设立驻华广播电视办事机构管理规定
（2004 年 6 月 18 日　国家广播电影电视总局令第 28 号）……………（118）
中外合作摄制电影片管理规定
（2004 年 7 月 6 日　国家广播电影电视总局令第 31 号
2016 年 5 月 4 日修订）……………………………………………………（121）
广播电视站审批管理暂行规定
（2004 年 7 月 6 日　国家广播电影电视总局令第 32 号）……………（124）
广播电视节目传送业务管理办法
（2004 年 7 月 6 日　国家广播电影电视总局令第 33 号
2015 年 8 月 28 日修订）…………………………………………………（126）
广播电视节目制作经营管理规定
（2004 年 7 月 19 日　国家广播电影电视总局令第 34 号
2015 年 8 月 28 日修订）…………………………………………………（131）
广播电视视频点播业务管理办法
（2004 年 7 月 6 日　国家广播电影电视总局令第 35 号
2015 年 8 月 28 日修订）…………………………………………………（137）
城市社区有线电视系统管理暂行办法
（2004 年 8 月 10 日　国家广播电影电视总局令第 36 号
2015 年 8 月 28 日修订）…………………………………………………（143）
广播电台电视台审批管理办法
（2004 年 8 月 18 日　国家广播电影电视总局令第 37 号）……………（146）

广播影视节(展)及节目交流活动管理规定
(2004 年 9 月 7 日　国家广播电影电视总局令第 38 号
2016 年 5 月 4 日修订) ………………………………………………………… (151)
中外合作制作电视剧管理规定
(2004 年 9 月 21 日　国家广播电影电视总局令第 41 号) …………… (154)
境外电视节目引进、播出管理规定
(2004 年 9 月 23 日　国家广播电影电视总局令第 42 号) …………… (159)
电影企业经营资格准入暂行规定
(2004 年 10 月 10 日　国家广播电影电视总局、
商务部令第 43 号　2015 年 8 月 28 日修订) …………………………… (162)
广播电视无线传输覆盖网管理办法
(2004 年 11 月 15 日　国家广播电影电视总局令第 45 号) …………… (168)
广播电影电视系统内部审计工作规定
(2004 年 12 月 9 日　国家广播电影电视总局令第 46 号) …………… (174)
广播电影电视行业统计管理办法
(2005 年 1 月 27 日　国家广播电影电视总局令第 47 号
2016 年 5 月 4 日修订) ………………………………………………………… (180)
关于废止部分法规性文件的决定
(2005 年 2 月 25 日　国家广播电影电视总局令第 48 号) …………… (185)
《外商投资电影院暂行规定》的补充规定
(2005 年 4 月 8 日　国家广播电影电视总局、商务部、
文化部令第 49 号) ……………………………………………………………… (188)
《电影企业经营资格准入暂行规定》的补充规定
(2005 年 3 月 7 日　国家广播电影电视总局、
商务部令第 50 号　2015 年 8 月 28 日修订) …………………………… (189)
《外商投资电影院暂行规定》补充规定二
(2006 年 1 月 18 日　国家广播电影电视总局令第 51 号) …………… (190)
电影剧本(梗概)备案、电影片管理规定
(2006 年 5 月 22 日　国家广播电影电视总局令第 52 号) …………… (191)

《中外合作制作电视剧管理规定》的补充规定
(2007 年 9 月 19 日　国家广播电影电视总局、
商务部令第 54 号)……………………………………………………………… (197)
关于废止部分广播影视规章的决定
(2007 年 11 月 23 日　国家广播电影电视总局令第 55 号)……………… (198)
互联网视听节目服务管理规定
(2007 年 12 月 20 日　国家广播电影电视总局、
信息产业部令第 56 号　2015 年 8 月 28 日修订)…………………………… (199)
《中外合作制作电视剧管理规定》的补充规定
(2008 年 1 月 14 日　国家广播电影电视总局令第 57 号)……………… (206)
关于废止部分广播影视规章和规范性文件的决定
(2009 年 1 月 20 日　国家广播电影电视总局令第 58 号)……………… (207)
关于废止《中外合资、合作广播电视节目制作经营企业管理暂行规定》的决定
(2009 年 2 月 6 日　国家广播电影电视总局、商务部令
第 59 号)………………………………………………………………………… (211)
卫星电视广播地面接收设施安装服务暂行办法
(2009 年 8 月 6 日　国家广播电影电视总局令第 60 号
2015 年 8 月 28 日修订)………………………………………………………… (212)
广播电视广告播出管理办法
(2009 年 9 月 8 日　国家广播电影电视总局令第 61 号
2011 年 11 月 25 日修订)……………………………………………………… (217)
广播电视安全播出管理规定
(2009 年 12 月 16 日　国家广播电影电视总局令第 62 号
2016 年 5 月 4 日修订)………………………………………………………… (223)
电视剧内容管理规定
(2010 年 5 月 14 日　国家广播电影电视总局令第 63 号
2016 年 5 月 4 日修订)………………………………………………………… (231)
电影艺术档案管理规定
(2010 年 6 月 29 日　国家广播电影电视总局、国家档案局令
第 64 号)………………………………………………………………………… (237)

关于废止部分广播影视部门规章和规范性文件的决定
(2010 年 11 月 12 日　国家广播电影电视总局令第 65 号) ……………(243)
《广播电视广告播出管理办法》的补充规定
(2011 年 11 月 25 日　国家广播电影电视总局令第 66 号) ……………(254)
有线广播电视运营服务管理暂行规定
(2011 年 12 月 2 日　国家广播电影电视总局令第 67 号) ……………(255)
关于修订部分规章和规范性文件的决定
(2015 年 8 月 28 日　国家新闻出版广电总局令第 3 号) ………………(261)
专网及定向传播视听节目服务管理规定
(2016 年 4 月 25 日　国家新闻出版广电总局令第 6 号) ………………(265)
关于废止部分规章和规范性文件的决定
(2016 年 4 月 29 日　国家新闻出版广电总局令第 7 号) ………………(273)
关于修改部分规章的决定
(2016 年 5 月 4 日　国家新闻出版广电总局令第 8 号) ………………(275)

广播影视规范性文件

广播电视有线数字付费频道业务管理暂行办法(试行)
(2003 年 11 月 14 日　广发办字〔2003〕1190 号
2015 年 8 月 28 日修订) ……………………………………………(279)
关于在影视剧拍摄活动中加强自然环境和文物保护的通知
(2007 年 4 月 5 日　广发〔2007〕34 号) ……………………………(286)
关于加强车载、楼宇等公共视听载体管理的通知
(2007 年 12 月 6 日　广发〔2007〕118 号) …………………………(288)
农村电影公益放映场次补贴管理实施细则
(2008 年 11 月 13 日　广发〔2008〕108 号) ………………………(289)
关于进一步加强广播电视医疗和药品广告监管工作的通知
(2009 年 2 月 13 日　广发〔2009〕8 号) ……………………………(293)
广播电视播出机构违规处理办法(试行)
(2009 年 4 月 10 日　广发〔2009〕30 号) …………………………(295)

关于电视购物频道建设和管理的意见
(2009 年 12 月 10 日　广发〔2009〕92 号) …………………………… (300)
关于改进和完善电影剧本(梗概)备案、电影片审查工作的通知
(2010 年 2 月 4 日　广发〔2010〕19 号) ……………………………… (304)
关于设立卫星地面接收设施安装服务机构审批事项的通知
(2010 年 2 月 23 日　广发〔2010〕24 号) …………………………… (308)
关于加强法治政府建设的工作规划
(2010 年 11 月 11 日　广发〔2010〕99 号) …………………………… (310)
广播影视知识产权战略实施意见
(2010 年 11 月 12 日　广发〔2010〕100 号) ………………………… (317)
关于进一步规范发文 提高依法行政能力的通知
(2010 年 12 月 6 日　广局〔2010〕543 号) …………………………… (322)
广播影视"十二五"立法工作规划
(2011 年 1 月 27 日　广发〔2011〕14 号) …………………………… (324)
关于规范性文件合法性审查的规定(试行)
(2011 年 1 月 27 日　广办发法字〔2011〕14 号) …………………… (332)
关于贯彻《中华人民共和国民族区域自治法》的若干意见
(2011 年 10 月 28 日　广发〔2011〕88 号) …………………………… (334)
关于印发《广电总局依法行政工作领导小组工作机制》、《广电总局依法行政工作领导小组办公室工作机制》的通知
(2012 年 2 月 22 日　广办发法字〔2012〕24 号) …………………… (337)
关于进一步加强网络剧、微电影等网络视听节目管理的通知
(2012 年 7 月 7 日　广发〔2012〕53 号) ……………………………… (340)
关于加强地面数字电视管理的通知
(2012 年 7 月 13 日　广发〔2012〕58 号) …………………………… (344)
关于实行电视纪录片题材公告制度的通知
(2013 年 2 月 7 日　广发〔2013〕11 号) ……………………………… (346)
关于加强未成年人参与的广播电视节目管理的通知
(2013 年 3 月 10 日　广发〔2013〕17 号) …………………………… (348)

电视剧拍摄制作备案公示管理办法
(2013 年 9 月 22 日　广发〔2013〕65 号) …………………………… (351)
关于进一步加强卫视频道播出电视购物短片广告管理工作的通知
(2013 年 10 月 29 日　广发〔2013〕70 号) ………………………… (354)
关于进一步完善网络剧、微电影等网络视听节目管理的补充通知
(2014 年 1 月 2 日　新广电发〔2014〕2 号) ………………………… (357)
关于广播电视节目规范使用网络信息的通知
(2014 年 1 月 13 日　新广电发〔2014〕10 号) ……………………… (359)
关于加强电影市场管理规范电影票务系统使用的通知
(2014 年 1 月 17 日　新广电发〔2014〕12 号) ……………………… (362)
关于试行国产电影属地审查的通知
(2014 年 2 月 13 日　新广电发〔2014〕27 号) ……………………… (367)
关于做好养生类节目制作播出工作的通知
(2014 年 9 月 29 日　新广电发〔2014〕223 号) …………………… (370)
关于进一步加强和改进电视动画片创作和播出工作的通知
(2014 年 11 月 6 日　新广电发〔2014〕268 号) …………………… (373)
关于贯彻《中共中央关于全面推进依法治国若干重大问题的决定》的实施意见
(2015 年 5 月 7 日　新广发〔2015〕49 号) ………………………… (375)
关于进一步加快广播电视媒体与新兴媒体融合发展的意见
(2016 年 7 月 2 日　新广电发〔2016〕124 号) ……………………… (382)
关于进一步加强社会类、娱乐类新闻节目管理的通知
(2016 年 7 月 29 日　新广电发〔2016〕141 号) …………………… (387)
关于进一步加强医疗养生类节目和医药广告播出管理的通知
(2016 年 8 月 24 日　新广电发〔2016〕156 号) …………………… (390)
关于进一步加强电视剧购播工作管理的通知
(2016 年 9 月 1 日　新广电办发〔2016〕93 号) …………………… (392)
关于加强网络视听节目直播服务管理有关问题的通知
(2016 年 9 月 2 日　新广电发〔2016〕172 号) ……………………… (394)
关于加强和改进总局行政应诉工作的通知
(2016 年 10 月 27 日　新广办发〔2016〕77 号) …………………… (396)

关于加强微博、微信等网络社交平台传播视听节目管理的通知
（2016 年 11 月 2 日　新广电发〔2016〕196 号） …………………………（399）
关于进一步加强网络原创视听节目规划建设和管理的通知
（2016 年 11 月 4 日　新广电发〔2016〕198 号） …………………………（401）
新闻出版广播影视网络安全管理办法（试行）
（2017 年 1 月 6 日　新广办发〔2017〕4 号） ……………………………（404）
关于规范点播影院、点播院线经营管理工作的通知
（2017 年 4 月 21 日　新广电发〔2017〕81 号） …………………………（408）

与广播影视相关的法律、行政法规、部门规章及规范性文件

中华人民共和国行政诉讼法
（1989 年 4 月 4 日　国家主席令第 16 号公布
2017 年 6 月 27 日修正） ……………………………………………………（413）
中华人民共和国著作权法
（1990 年 9 月 7 日　国家主席令第 31 号公布
2010 年 2 月 26 日修正） ……………………………………………………（429）
中华人民共和国广告法
（1994 年 10 月 27 日　国家主席令第 34 号公布
2015 年 4 月 24 日修订） ……………………………………………………（442）
中华人民共和国行政处罚法
（1996 年 3 月 17 日　国家主席令第 63 号公布
2009 年 8 月 27 日修正） ……………………………………………………（456）
中华人民共和国行政监察法
（1997 年 5 月 9 日　国家主席令第 85 号公布
2010 年 6 月 25 日修正） ……………………………………………………（466）
中华人民共和国行政复议法
（1999 年 4 月 29 日　国家主席令第 16 号公布
2009 年 8 月 27 日修正） ……………………………………………………（474）

中华人民共和国立法法
(2000年3月15日　国家主席令第31号公布
2015年3月15日修正) …… (483)
中华人民共和国行政许可法
(2003年8月27日　国家主席令第7号公布) …… (501)
中华人民共和国行政强制法
(2011年6月30日　国家主席令第49号公布) …… (515)
中华人民共和国网络安全法
(2016年11月7日　国家主席令第53号公布) …… (528)
中华人民共和国无线电管理条例
(1993年9月11日　国务院、中央军事委员会令第128号
发布　2016年11月11日修订) …… (540)
行政法规制定程序条例
(2001年11月16日　国务院令第321号公布) …… (552)
规章制定程序条例
(2001年11月16日　国务院令第322号公布) …… (557)
法规规章备案条例
(2001年12月14日　国务院令第337号公布) …… (563)
中华人民共和国著作权法实施条例
(2002年8月2日　国务院令第359号公布
2013年1月30日修订) …… (566)
著作权集体管理条例
(2004年12月28日　国务院令第429号公布
2013年12月7日修订) …… (571)
信息网络传播权保护条例
(2006年5月18日　国务院令第468号公布
2013年1月30日修订) …… (580)
中华人民共和国政府信息公开条例
(2007年4月5日　国务院令第492号公布) …… (587)
事业单位人事管理条例
(2014年4月25日　国务院令第652号公布) …… (594)

文化市场综合行政执法管理办法
（2011 年 12 月 19 日　文化部令第 52 号公布）…………………………（599）
互联网广告管理暂行办法
（2016 年 7 月 4 日　国家工商行政管理总局令第 87 号公布）…………（606）
互联网新闻信息服务管理规定
（2017 年 5 月 2 日　国家互联网信息办公室令第 1 号公布）…………（611）
法治政府建设实施纲要（2015—2020 年）
（2015 年 12 月 23 日　中发〔2015〕36 号）…………………………（617）
中共中央、国务院关于完善产权保护制度依法保护产权的意见
（2016 年 11 月 4 日　中发〔2016〕28 号）…………………………（630）
中共中央办公厅、国务院办公厅关于进一步加强农村文化建设的意见
（2005 年 11 月 7 日　中办发〔2005〕27 号）………………………（635）
中共中央办公厅、国务院办公厅《关于全面推进政务公开工作的意见》
（2016 年 2 月 4 日　中办发〔2016〕8 号）…………………………（643）
中共中央办公厅、国务院办公厅《关于进一步深化文化市场综合执法改革的意见》
（2016 年 3 月 27 日　中办发〔2016〕20 号）………………………（649）
中共中央办公厅、国务院办公厅《关于推行法律顾问制度和公职律师公司律师制度的意见》
（2016 年 5 月 26 日　中办发〔2016〕30 号）………………………（654）
中共中央办公厅、国务院办公厅《党政主要负责人履行推进法治建设第一责任人职责规定》
（2016 年 11 月 30 日　中办发〔2016〕71 号）………………………（661）
中共中央办公厅、国务院办公厅《关于进一步把社会主义核心价值观融入法治建设的指导意见》
（2016 年 12 月 11 日　厅字〔2016〕50 号）…………………………（664）
国务院关于支持文化事业发展若干经济政策的通知
（2000 年 12 月 18 日　国发〔2000〕41 号）…………………………（671）

国务院关于印发《全面推进依法行政实施纲要》的通知
(2004年3月22日 国发〔2004〕10号) …………………………… (674)
国务院关于非公有资本进入文化产业的若干决定
(2005年4月13日 国发〔2005〕10号) …………………………… (685)
国务院关于印发国家知识产权战略纲要的通知
(2008年6月5日 国发〔2008〕18号) …………………………… (687)
国务院关于严格控制新设行政许可的通知
(2013年9月19日 国发〔2013〕39号) …………………………… (696)
国务院关于新形势下加快知识产权强国建设的若干意见
(2015年12月18日 国发〔2015〕71号) …………………………… (700)
国务院办公厅转发信息产业部 国家广播电影电视总局《关于加强广播电视有线网络建设管理意见》的通知
(1999年9月17日 国办发〔1999〕82号) …………………………… (708)
国务院办公厅转发财政部等部门关于推动我国动漫产业发展若干意见的通知
(2006年4月25日 国办发〔2006〕32号) …………………………… (711)
国务院办公厅转发财政部 中宣部关于进一步支持文化事业发展若干经济政策的通知
(2006年6月9日 国办发〔2006〕43号) …………………………… (716)
国务院办公厅转发广电总局等部门《关于做好农村电影工作意见》的通知
(2007年5月22日 国办发〔2007〕38号) …………………………… (719)
国务院办公厅转发发展改革委等部门《关于鼓励数字电视产业发展若干政策》的通知
(2008年1月1日 国办发〔2008〕1号) …………………………… (722)
国务院办公厅关于促进电影产业繁荣发展的指导意见
(2010年1月21日 国办发〔2010〕9号) …………………………… (726)
国务院办公厅关于印发文化体制改革中经营性文化事业单位转制为企业和进一步支持文化企业发展两个规定的通知
(2014年4月2日 国办发〔2014〕15号) …………………………… (733)

国务院办公厅关于加快推进广播电视村村通向户户通升级工作的通知
(2016 年 4 月 5 日　国办发〔2016〕20 号) …………………………… (741)
国务院办公厅关于加强和改进行政应诉工作的意见
(2016 年 6 月 27 日　国办发〔2016〕54 号) ……………………… (745)
国务院办公厅《关于全面推进政务公开工作的意见》实施细则
(2016 年 11 月 10 日　国办发〔2016〕80 号) ……………………… (748)
中宣部 中央编办 文化部 广电总局关于进一步理顺地方电影管理体制的通知
(2008 年 11 月 20 日　中宣发〔2008〕31 号) ……………………… (756)
关于做好新疆少数民族文化产品译制工作的意见
(2010 年 6 月 4 日　中宣发〔2010〕12 号) …………………………… (758)
关于整合组建文化市场综合执法机构　加强文化市场综合执法人员编制管理的实施意见
(2010 年 3 月 17 日　中央编办发〔2010〕47 号) …………………… (762)
关于规范证券投资咨询机构和广播电视证券节目的通知
(2006 年 9 月 15 日　证监发〔2006〕104 号) ……………………… (764)
财政部 中宣部 文化部 广电总局 新闻出版总署关于在文化体制改革中加强国有文化资产管理的通知
(2007 年 9 月 29 日　财教〔2007〕213 号) ………………………… (766)
中国气象局 广电总局关于进一步加强广播电视气象灾害预警信息发布工作的通知
(2007 年 10 月 29 日　气发〔2007〕378 号) ……………………… (768)
教育部 国家发展改革委 财政部 文化部 国家广电总局关于进一步开展中小学影视教育的通知
(2008 年 6 月 19 日 教基〔2008〕15 号) ……………………………… (770)
财政部 国家税务总局关于文化体制改革中经营性文化事业单位转制为企业的若干税收政策问题的通知
(2009 年 3 月 26 日　财税〔2009〕34 号) ………………………… (772)

财政部、海关总署、国家税务总局关于继续实施支持文化企业发展若干税收政策的通知
(2014 年 11 月 27 日　财税〔2014〕85 号) ……………………………… (773)
商务部等十部门关于进一步推进国家文化出口重点企业和项目目录相关工作的指导意见
(2010 年 2 月 1 日　商服贸发〔2010〕28 号) …………………………… (775)
关于金融支持文化产业振兴和发展繁荣的指导意见
(2011 年 3 月 19 日　银发〔2010〕94 号) ……………………………… (780)
财政部、国家发展改革委、国土资源部、住房和城乡建设部、中国人民银行、国家税务总局、新闻出版广电总局关于支持电影发展若干经济政策的通知
(2014 年 5 月 31 日　财教〔2014〕56 号) ……………………………… (785)

与广播影视有关的法律、行政法规、部门规章及规范性文件条款

中华人民共和国宪法(有关条款)
(1982 年 12 月 4 日　全国人民代表大会公告公布
2004 年 3 月 14 日修正) ……………………………………………………… (791)
中华人民共和国民族区域自治法(有关条款)
(1984 年 5 月 31 日　国家主席令第 13 号公布
2001 年 2 月 28 日修正) ……………………………………………………… (792)
中华人民共和国大气污染防治法(有关条款)
(1987 年 9 月 5 日　国家主席令第 57 号公布
2015 年 8 月 29 日修订) ……………………………………………………… (793)
中华人民共和国保守国家秘密法(有关条款)
(1988 年 9 月 5 日　国家主席令第 6 号公布
2010 年 4 月 29 日修订) ……………………………………………………… (794)
中华人民共和国传染病防治法(有关条款)
(1989 年 2 月 21 日　国家主席令第 15 号公布
2013 年 6 月 29 日修正) ……………………………………………………… (795)

中华人民共和国集会游行示威法(有关条款)
(1989年10月31日　国家主席令第20号公布
2009年8月27日修正) …… (796)
中华人民共和国残疾人保障法(有关条款)
(1990年12月28日　国家主席令第36号公布
2008年4月24日修订) …… (797)
中华人民共和国烟草专卖法(有关条款)
(1991年6月29日　国家主席令第46号公布
2015年4月24日修正) …… (798)
中华人民共和国妇女权益保障法(有关条款)
(1992年4月3日　国家主席令第58号公布
2005年8月28日修正) …… (799)
中华人民共和国消费者权益保护法(有关条款)
(1993年10月31日　国家主席令第11号公布
2013年10月25日修正) …… (800)
中华人民共和国教育法(有关条款)
(1995年3月18日　国家主席令第45号公布
2015年12月27日修正) …… (802)
中华人民共和国戒严法(有关条款)
(1996年3月1日　国家主席令第61号公布
2009年8月27日修正) …… (803)
中华人民共和国枪支管理法(有关条款)
(1996年7月5日　国家主席令第72号公布
2015年4月24日修正) …… (804)
中华人民共和国老年人权益保障法(有关条款)
(1996年8月29日　国家主席令第73号公布
2015年4月24日修正) …… (805)
中华人民共和国人民防空法(有关条款)
(1996年10月29日　国家主席令第78号公布
2009年8月27日修正) …… (806)

中华人民共和国刑法(有关条款)

(1997 年 3 月 14 日　国家主席令第 83 号公布

2015 年 8 月 29 日修订) …………………………………………………… (807)

中华人民共和国国防法(有关条款)

(1997 年 3 月 14 日　国家主席令第 84 号公布

2009 年 8 月 27 日修正) …………………………………………………… (810)

中华人民共和国消防法(有关条款)

(1998 年 4 月 29 日　国家主席令第 4 号公布

2008 年 10 月 28 日修订) …………………………………………………… (811)

中华人民共和国高等教育法(有关条款)

(1998 年 8 月 29 日　国家主席令第 7 号公布

2015 年 12 月 27 日修正) …………………………………………………… (812)

中华人民共和国预防未成年人犯罪法(有关条款)

(1999 年 6 月 28 日　国家主席令第 17 号公布

2012 年 10 月 26 日修正) …………………………………………………… (813)

中华人民共和国气象法(有关条款)

(1999 年 10 月 31 日　国家主席令第 23 号公布

2016 年 11 月 7 日修正) …………………………………………………… (815)

中华人民共和国国家通用语言文字法(有关条款)

(2000 年 10 月 31 日　国家主席令第 37 号公布) …………………… (816)

中华人民共和国国防教育法(有关条款)

(2001 年 4 月 28 日　国家主席令第 52 号公布) …………………… (817)

中华人民共和国人口与计划生育法(有关条款)

(2001 年 12 月 29 日　国家主席令第 63 号公布

2015 年 12 月 27 日修正) …………………………………………………… (818)

中华人民共和国道路交通安全法(有关条款)

(2003 年 10 月 28 日　国家主席令第 8 号公布

2011 年 4 月 22 日修正) …………………………………………………… (819)

中华人民共和国治安管理处罚法(有关条款)

(2005 年 8 月 28 日　国家主席令第 38 号公布

2012 年 10 月 26 日修正) …………………………………………………… (820)

中华人民共和国未成年人保护法(有关条款)
(2006 年 12 月 29 日　国家主席令第 60 号公布
2012 年 10 月 26 日修正) …………………………………………… (821)
中华人民共和国突发事件应对法(有关条款)
(2007 年 8 月 30 日　国家主席令第 69 号公布) ……………………… (823)
中华人民共和国城乡规划法(有关条款)
(2007 年 10 月 28 日　国家主席令第 74 号公布
2015 年 4 月 24 日修正) …………………………………………… (824)
中华人民共和国食品安全法(有关条款)
(2009 年 2 月 28 日　国家主席令第 9 号公布
2015 年 4 月 24 日修订) …………………………………………… (825)
中华人民共和国反恐怖主义法(有关条款)
(2015 年 12 月 27 日　国家主席令第 36 号公布) …………………… (827)
中华人民共和国反家庭暴力法(有关条款)
(2015 年 12 月 27 日　国家主席令第 37 号公布) …………………… (828)
地震预报管理条例(有关条款)
(1998 年 12 月 17 日　国务院令第 255 号公布) ……………………… (829)
中华人民共和国税收征收管理法实施细则(有关条款)
(2002 年 9 月 7 日　国务院令第 362 号公布
2016 年 2 月 6 日修订) ……………………………………………… (830)
中华人民共和国文物保护法实施条例(有关条款)
(2003 年 5 月 18 日　国务院令第 377 号公布
2017 年 3 月 1 日修订) ……………………………………………… (831)
大中型水利水电工程建设征地补偿和移民安置条例(有关条款)
(2006 年 7 月 7 日　国务院令第 471 号公布
2017 年 4 月 14 日修订) …………………………………………… (832)
汶川地震灾后恢复重建条例(有关条款)
(2008 年 6 月 8 日　国务院令第 526 号公布) ………………………… (833)
军服管理条例(有关条款)
(2009 年 1 月 13 日　国务院、中央军委令第 547 号公布) ……………… (835)
气象灾害防御条例(有关条款)
(2010 年 1 月 27 日　国务院令第 570 号公布) ………………………… (836)

中华人民共和国无线电管制规定(有关条款)
(2010 年 8 月 31 日　国务院、中央军委令第 579 号公布) …………… (837)
海洋观测预报管理条例(有关条款)
(2012 年 3 月 1 日　国务院令第 615 号公布) ………………………… (838)
国务院对确需保留的行政审批项目设定行政许可的决定
(广播影视部分)
(2004 年 6 月 29 日　国务院令第 412 号公布
2016 年 8 月 25 日修订) …………………………………………………… (839)
国务院办公厅关于保留部分非行政许可审批项目的通知
(广播影视部分)
(2004 年 8 月 2 日　国办发〔2004〕62 号) ……………………………… (841)
文化产品和服务出口指导目录(广播影视部分)
(2012 年 2 月 1 日　商务部、中宣部、外交部、财政部、文化部、
海关总署、税务总局、广电总局、新闻出版总署、国务院新闻办
2012 年第 3 号公告) …………………………………………………… (842)
外商投资产业指导目录(2015 年修订)(广播影视部分)
(2015 年 3 月 10 日　国家发展和改革委员会、商务部令
第 22 号) ………………………………………………………………… (848)
2002 年—2017 年广播影视取消和下放的行政审批项目 ………………… (850)

附录:“七五”普法有关文件

全国人民代表大会常务委员会关于进一步加强法制宣传教育的决议
(2011 年 4 月 22 日　第十一届全国人民代表大会常务委员会
第二十次会议通过) ……………………………………………………… (857)
中共中央 国务院转发《中央宣传部、司法部关于在公民中开展法治
宣传教育的第七个五年规划(2016—2020 年)》的通知
(2016 年 3 月 25 日　中发〔2016〕11 号) ……………………………… (860)
全国新闻出版广播影视(版权)系统法治宣传教育第七个五年规划
(2016 年 12 月 2 日　新广发〔2016〕125 号) …………………………… (869)

广播影视法律

中华人民共和国电影产业促进法

（2016 年 11 月 7 日中华人民共和国第十二届全国人民代表大会常务委员会第二十四次会议通过　2016 年 11 月 7 日中华人民共和国主席令第 54 号公布　自 2017 年 3 月 1 日起施行）

第一章　总　则

第一条　为了促进电影产业健康繁荣发展，弘扬社会主义核心价值观，规范电影市场秩序，丰富人民群众精神文化生活，制定本法。

第二条　在中华人民共和国境内从事电影创作、摄制、发行、放映等活动（以下统称电影活动），适用本法。

本法所称电影，是指运用视听技术和艺术手段摄制、以胶片或者数字载体记录、由表达一定内容的有声或者无声的连续画面组成、符合国家规定的技术标准、用于电影院等固定放映场所或者流动放映设备公开放映的作品。

通过互联网、电信网、广播电视网等信息网络传播电影的，还应当遵守互联网、电信网、广播电视网等信息网络管理的法律、行政法规的规定。

第三条　从事电影活动，应当坚持为人民服务、为社会主义服务，坚持社会效益优先，实现社会效益与经济效益相统一。

第四条　国家坚持以人民为中心的创作导向，坚持百花齐放、百家争鸣的方针，尊重和保障电影创作自由，倡导电影创作贴近实际、贴近生活、贴近群众，鼓励创作思想性、艺术性、观赏性相统一的优秀电影。

第五条　国务院应当将电影产业发展纳入国民经济和社会发展规划。县级以上地方人民政府根据当地实际情况将电影产业发展纳入本级国民经济和社会发展规划。

国家制定电影及其相关产业政策，引导形成统一开放、公平竞争的电影市场，促进电影市场繁荣发展。

第六条　国家鼓励电影科技的研发、应用，制定并完善电影技术标准，构建以企业为主体、市场为导向、产学研相结合的电影技术创新体系。

第七条 与电影有关的知识产权受法律保护,任何组织和个人不得侵犯。

县级以上人民政府负责知识产权执法的部门应当采取措施,保护与电影有关的知识产权,依法查处侵犯与电影有关的知识产权的行为。

从事电影活动的公民、法人和其他组织应当增强知识产权意识,提高运用、保护和管理知识产权的能力。

国家鼓励公民、法人和其他组织依法开发电影形象产品等衍生产品。

第八条 国务院电影主管部门负责全国的电影工作;县级以上地方人民政府电影主管部门负责本行政区域内的电影工作。

县级以上人民政府其他有关部门在各自职责范围内,负责有关的电影工作。

第九条 电影行业组织依法制定行业自律规范,开展业务交流,加强职业道德教育,维护其成员的合法权益。

演员、导演等电影从业人员应当坚持德艺双馨,遵守法律法规,尊重社会公德,恪守职业道德,加强自律,树立良好社会形象。

第十条 国家支持建立电影评价体系,鼓励开展电影评论。

对优秀电影以及为促进电影产业发展作出突出贡献的组织、个人,按照国家有关规定给予表彰和奖励。

第十一条 国家鼓励开展平等、互利的电影国际合作与交流,支持参加境外电影节(展)。

第二章 电影创作、摄制

第十二条 国家鼓励电影剧本创作和题材、体裁、形式、手段等创新,鼓励电影学术研讨和业务交流。

县级以上人民政府电影主管部门根据电影创作的需要,为电影创作人员深入基层、深入群众、体验生活等提供必要的便利和帮助。

第十三条 拟摄制电影的法人、其他组织应当将电影剧本梗概向国务院电影主管部门或者省、自治区、直辖市人民政府电影主管部门备案;其中,涉及重大题材或者国家安全、外交、民族、宗教、军事等方面题材的,应当按照国家有关规定将电影剧本报送审查。

电影剧本梗概或者电影剧本符合本法第十六条规定的,由国务院电影主管部门将拟摄制电影的基本情况予以公告，并由国务院电影主管部门或者省、自治区、直辖市人民政府电影主管部门出具备案证明文件或者颁发批准文件。具体办法由国务院电影主管部门制定。

第十四条 法人、其他组织经国务院电影主管部门批准，可以与境外组织合作摄制电影；但是，不得与从事损害我国国家尊严、荣誉和利益，危害社会稳定，伤害民族感情等活动的境外组织合作，也不得聘用有上述行为的个人参加电影摄制。

合作摄制电影符合创作、出资、收益分配等方面比例要求的，该电影视同境内法人、其他组织摄制的电影。

境外组织不得在境内独立从事电影摄制活动；境外个人不得在境内从事电影摄制活动。

第十五条 县级以上人民政府电影主管部门应当协调公安、文物保护、风景名胜区管理等部门，为法人、其他组织依照本法从事电影摄制活动提供必要的便利和帮助。

从事电影摄制活动的，应当遵守有关环境保护、文物保护、风景名胜区管理和安全生产等方面的法律、法规，并在摄制过程中采取必要的保护、防护措施。

第十六条 电影不得含有下列内容：

（一）违反宪法确定的基本原则，煽动抗拒或者破坏宪法、法律、行政法规实施；

（二）危害国家统一、主权和领土完整，泄露国家秘密，危害国家安全，损害国家尊严、荣誉和利益，宣扬恐怖主义、极端主义；

（三）诋毁民族优秀文化传统，煽动民族仇恨、民族歧视，侵害民族风俗习惯，歪曲民族历史或者民族历史人物，伤害民族感情，破坏民族团结；

（四）煽动破坏国家宗教政策，宣扬邪教、迷信；

（五）危害社会公德，扰乱社会秩序，破坏社会稳定，宣扬淫秽、赌博、吸毒，渲染暴力、恐怖，教唆犯罪或者传授犯罪方法；

（六）侵害未成年人合法权益或者损害未成年人身心健康；

（七）侮辱、诽谤他人或者散布他人隐私，侵害他人合法权益；

（八）法律、行政法规禁止的其他内容。

第十七条 法人、其他组织应当将其摄制完成的电影送国务院电影主管部门或者省、自治区、直辖市人民政府电影主管部门审查。

国务院电影主管部门或者省、自治区、直辖市人民政府电影主管部门应当自受理申请之日起三十日内作出审查决定。对符合本法规定的，准予公映，颁发电影公映许可证,并予以公布;对不符合本法规定的,不准予公映,书面通知申请人并说明理由。

国务院电影主管部门应当根据本法制定完善电影审查的具体标准和程序,并向社会公布。制定完善电影审查的具体标准应当向社会公开征求意见,并组织专家进行论证。

第十八条 进行电影审查应当组织不少于五名专家进行评审,由专家提出评审意见。法人、其他组织对专家评审意见有异议的,国务院电影主管部门或者省、自治区、直辖市人民政府电影主管部门可以另行组织专家再次评审。专家的评审意见应当作为作出审查决定的重要依据。

前款规定的评审专家包括专家库中的专家和根据电影题材特别聘请的专家。专家遴选和评审的具体办法由国务院电影主管部门制定。

第十九条 取得电影公映许可证的电影需要变更内容的,应当依照本法规定重新报送审查。

第二十条 摄制电影的法人、其他组织应当将取得的电影公映许可证标识置于电影的片头处;电影放映可能引起未成年人等观众身体或者心理不适的,应当予以提示。

未取得电影公映许可证的电影,不得发行、放映,不得通过互联网、电信网、广播电视网等信息网络进行传播,不得制作为音像制品;但是,国家另有规定的,从其规定。

第二十一条 摄制完成的电影取得电影公映许可证,方可参加电影节(展)。拟参加境外电影节(展)的,送展法人、其他组织应当在该境外电影节(展)举办前,将相关材料报国务院电影主管部门或者省、自治区、直辖市人民政府电影主管部门备案。

第二十二条 公民、法人和其他组织可以承接境外电影的洗印、加工、后期制作等业务,并报省、自治区、直辖市人民政府电影主管部门备案,但是不得承接含有损害我国国家尊严、荣誉和利益,危害社会稳定,伤害民族感情等内容的境外电影的相关业务。

第二十三条 国家设立的电影档案机构依法接收、收集、整理、保管并向社会开放电影档案。

国家设立的电影档案机构应当配置必要的设备,采用先进技术,提高电影档案管理现代化水平。

摄制电影的法人、其他组织依照《中华人民共和国档案法》的规定，做好电影档案保管工作，并向国家设立的电影档案机构移交、捐赠、寄存电影档案。

第三章 电影发行、放映

第二十四条 企业具有与所从事的电影发行活动相适应的人员、资金条件的，经国务院电影主管部门或者所在地省、自治区、直辖市人民政府电影主管部门批准，可以从事电影发行活动。

企业、个体工商户具有与所从事的电影放映活动相适应的人员、场所、技术和设备等条件的，经所在地县级人民政府电影主管部门批准，可以从事电影院等固定放映场所电影放映活动。

第二十五条 依照本法规定负责电影发行、放映活动审批的电影主管部门，应当自受理申请之日起三十日内，作出批准或者不批准的决定。对符合条件的，予以批准，颁发电影发行经营许可证或者电影放映经营许可证，并予以公布；对不符合条件的，不予批准，书面通知申请人并说明理由。

第二十六条 企业、个人从事电影流动放映活动，应当将企业名称或者经营者姓名、地址、联系方式、放映设备等向经营区域所在地县级人民政府电影主管部门备案。

第二十七条 国家加大对农村电影放映的扶持力度，由政府出资建立完善农村电影公益放映服务网络，积极引导社会资金投资农村电影放映，不断改善农村地区观看电影条件，统筹保障农村地区群众观看电影需求。

县级以上人民政府应当将农村电影公益放映纳入农村公共文化服务体系建设，按照国家有关规定对农村电影公益放映活动给予补贴。

从事农村电影公益放映活动的，不得以虚报、冒领等手段骗取农村电影公益放映补贴资金。

第二十八条 国务院教育、电影主管部门可以共同推荐有利于未成年人健康成长的电影，并采取措施支持接受义务教育的学生免费观看，由所在学校组织安排。

国家鼓励电影院以及从事电影流动放映活动的企业、个人采取票价优惠、建设不同条件的放映厅、设立社区放映点等多种措施，为未成年人、老年人、残疾人、城镇低收入居民以及进城务工人员等观看电影提供便利；电影院以及从事电影流动放映活动的企业、个人所在地人民政府可以对其发放奖励性补贴。

第二十九条 电影院应当合理安排由境内法人、其他组织所摄制电影的放映场次和时段,并且放映的时长不得低于年放映电影时长总和的三分之二。

电影院以及从事电影流动放映活动的企业、个人应当保障电影放映质量。

第三十条 电影院的设施、设备以及用于流动放映的设备应当符合电影放映技术的国家标准。

电影院应当按照国家有关规定安装计算机售票系统。

第三十一条 未经权利人许可,任何人不得对正在放映的电影进行录音录像。发现进行录音录像的,电影院工作人员有权予以制止,并要求其删除;对拒不听从的,有权要求其离场。

第三十二条 国家鼓励电影院在向观众明示的电影开始放映时间之前放映公益广告。

电影院在向观众明示的电影开始放映时间之后至电影放映结束前,不得放映广告。

第三十三条 电影院应当遵守治安、消防、公共场所卫生等法律、行政法规,维护放映场所的公共秩序和环境卫生,保障观众的安全与健康。

任何人不得携带爆炸性、易燃性、放射性、毒害性、腐蚀性物品进入电影院等放映场所,不得非法携带枪支、弹药、管制器具进入电影院等放映场所;发现非法携带上述物品的,有关工作人员应当拒绝其进入,并向有关部门报告。

第三十四条 电影发行企业、电影院等应当如实统计电影销售收入,提供真实准确的统计数据,不得采取制造虚假交易、虚报瞒报销售收入等不正当手段,欺骗、误导观众,扰乱电影市场秩序。

第三十五条 在境内举办涉外电影节(展),须经国务院电影主管部门或者省、自治区、直辖市人民政府电影主管部门批准。

第四章 电影产业支持、保障

第三十六条 国家支持下列电影的创作、摄制:

(一)传播中华优秀文化、弘扬社会主义核心价值观的重大题材电影;

(二)促进未成年人健康成长的电影;

(三)展现艺术创新成果、促进艺术进步的电影;

（四）推动科学教育事业发展和科学技术普及的电影；

（五）其他符合国家支持政策的电影。

第三十七条　国家引导相关文化产业专项资金、基金加大对电影产业的投入力度，根据不同阶段和时期电影产业的发展情况，结合财力状况和经济社会发展需要，综合考虑、统筹安排财政资金对电影产业的支持，并加强对相关资金、基金使用情况的审计。

第三十八条　国家实施必要的税收优惠政策，促进电影产业发展，具体办法由国务院财税主管部门依照税收法律、行政法规的规定制定。

第三十九条　县级以上地方人民政府应当依据人民群众需求和电影市场发展需要，将电影院建设和改造纳入国民经济和社会发展规划、土地利用总体规划和城乡规划等。

县级以上地方人民政府应当按照国家有关规定，有效保障电影院用地需求，积极盘活现有电影院用地资源，支持电影院建设和改造。

第四十条　国家鼓励金融机构为从事电影活动以及改善电影基础设施提供融资服务，依法开展与电影有关的知识产权质押融资业务，并通过信贷等方式支持电影产业发展。

国家鼓励保险机构依法开发适应电影产业发展需要的保险产品。

国家鼓励融资担保机构依法向电影产业提供融资担保，通过再担保、联合担保以及担保与保险相结合等方式分散风险。

对国务院电影主管部门依照本法规定公告的电影的摄制，按照国家有关规定合理确定贷款期限和利率。

第四十一条　国家鼓励法人、其他组织通过到境外合作摄制电影等方式进行跨境投资，依法保障其对外贸易、跨境融资和投资等合理用汇需求。

第四十二条　国家实施电影人才扶持计划。

国家支持有条件的高等学校、中等职业学校和其他教育机构、培训机构等开设与电影相关的专业和课程，采取多种方式培养适应电影产业发展需要的人才。

国家鼓励从事电影活动的法人和其他组织参与学校相关人才培养。

第四十三条　国家采取措施，扶持农村地区、边疆地区、贫困地区和民族地区开展电影活动。

国家鼓励、支持少数民族题材电影创作，加强电影的少数民族语言文字译制工作，统筹保障民族地区群众观看电影需求。

第四十四条 国家对优秀电影的外语翻译制作予以支持,并综合利用外交、文化、教育等对外交流资源开展电影的境外推广活动。

国家鼓励公民、法人和其他组织从事电影的境外推广。

第四十五条 国家鼓励社会力量以捐赠、资助等方式支持电影产业发展,并依法给予优惠。

第四十六条 县级以上人民政府电影主管部门应当加强对电影活动的日常监督管理,受理对违反本法规定的行为的投诉、举报,并及时核实、处理、答复;将从事电影活动的单位和个人因违反本法规定受到行政处罚的情形记入信用档案,并向社会公布。

第五章 法律责任

第四十七条 违反本法规定擅自从事电影摄制、发行、放映活动的,由县级以上人民政府电影主管部门予以取缔,没收电影片和违法所得以及从事违法活动的专用工具、设备;违法所得五万元以上的,并处违法所得五倍以上十倍以下的罚款;没有违法所得或者违法所得不足五万元的,可以并处二十五万元以下的罚款。

第四十八条 有下列情形之一的,由原发证机关吊销有关许可证、撤销有关批准或者证明文件;县级以上人民政府电影主管部门没收违法所得;违法所得五万元以上的,并处违法所得五倍以上十倍以下的罚款;没有违法所得或者违法所得不足五万元的,可以并处二十五万元以下的罚款:

(一)伪造、变造、出租、出借、买卖本法规定的许可证、批准或者证明文件,或者以其他形式非法转让本法规定的许可证、批准或者证明文件的;

(二)以欺骗、贿赂等不正当手段取得本法规定的许可证、批准或者证明文件的。

第四十九条 有下列情形之一的,由原发证机关吊销许可证;县级以上人民政府电影主管部门没收电影片和违法所得;违法所得五万元以上的,并处违法所得十倍以上二十倍以下的罚款;没有违法所得或者违法所得不足五万元的,可以并处五十万元以下的罚款:

(一)发行、放映未取得电影公映许可证的电影的;

(二)取得电影公映许可证后变更电影内容,未依照规定重新取得电影公映许可证擅自发行、放映、送展的;

（三）提供未取得电影公映许可证的电影参加电影节（展）的。

第五十条 承接含有损害我国国家尊严、荣誉和利益，危害社会稳定，伤害民族感情等内容的境外电影的洗印、加工、后期制作等业务的，由县级以上人民政府电影主管部门责令停止违法活动，没收电影片和违法所得；违法所得五万元以上的，并处违法所得三倍以上五倍以下的罚款；没有违法所得或者违法所得不足五万元的，可以并处十五万元以下的罚款。情节严重的，由电影主管部门通报工商行政管理部门，由工商行政管理部门吊销营业执照。

第五十一条 电影发行企业、电影院等有制造虚假交易、虚报瞒报销售收入等行为，扰乱电影市场秩序的，由县级以上人民政府电影主管部门责令改正，没收违法所得，处五万元以上五十万元以下的罚款；违法所得五十万元以上的，处违法所得一倍以上五倍以下的罚款。情节严重的，责令停业整顿；情节特别严重的，由原发证机关吊销许可证。

电影院在向观众明示的电影开始放映时间之后至电影放映结束前放映广告的，由县级人民政府电影主管部门给予警告，责令改正；情节严重的，处一万元以上五万元以下的罚款。

第五十二条 法人或者其他组织未经许可擅自在境内举办涉外电影节（展）的，由国务院电影主管部门或者省、自治区、直辖市人民政府电影主管部门责令停止违法活动，没收参展的电影片和违法所得；违法所得五万元以上的，并处违法所得五倍以上十倍以下的罚款；没有违法所得或者违法所得不足五万元的，可以并处二十五万元以下的罚款；情节严重的，自受到处罚之日起五年内不得举办涉外电影节（展）。

个人擅自在境内举办涉外电影节（展），或者擅自提供未取得电影公映许可证的电影参加电影节（展）的，由国务院电影主管部门或者省、自治区、直辖市人民政府电影主管部门责令停止违法活动，没收参展的电影片和违法所得；违法所得五万元以上的，并处违法所得五倍以上十倍以下的罚款；没有违法所得或者违法所得不足五万元的，可以并处二十五万元以下的罚款；情节严重的，自受到处罚之日起五年内不得从事相关电影活动。

第五十三条 法人、其他组织或者个体工商户因违反本法规定被吊销许可证的，自吊销许可证之日起五年内不得从事该项业务活动；其法定代表人或者主要负责人自吊销许可证之日起五年内不得担任从事电影活动的法人、其他组织的法定代表人或者主要负责人。

第五十四条 有下列情形之一的,依照有关法律、行政法规及国家有关规定予以处罚:

(一)违反国家有关规定,擅自将未取得电影公映许可证的电影制作为音像制品的;

(二)违反国家有关规定,擅自通过互联网、电信网、广播电视网等信息网络传播未取得电影公映许可证的电影的;

(三)以虚报、冒领等手段骗取农村电影公益放映补贴资金的;

(四)侵犯与电影有关的知识产权的;

(五)未依法接收、收集、整理、保管、移交电影档案的。

电影院有前款第四项规定行为,情节严重的,由原发证机关吊销许可证。

第五十五条 县级以上人民政府电影主管部门或者其他有关部门的工作人员有下列情形之一,尚不构成犯罪的,依法给予处分:

(一)利用职务上的便利收受他人财物或者其他好处的;

(二)违反本法规定进行审批活动的;

(三)不履行监督职责的;

(四)发现违法行为不予查处的;

(五)贪污、挪用、截留、克扣农村电影公益放映补贴资金或者相关专项资金、基金的;

(六)其他违反本法规定滥用职权、玩忽职守、徇私舞弊的情形。

第五十六条 违反本法规定,造成人身、财产损害的,依法承担民事责任;构成犯罪的,依法追究刑事责任。

因违反本法规定二年内受到二次以上行政处罚,又有依照本法规定应当处罚的违法行为的,从重处罚。

第五十七条 县级以上人民政府电影主管部门及其工作人员应当严格依照本法规定的处罚种类和幅度,根据违法行为的性质和具体情节行使行政处罚权,具体办法由国务院电影主管部门制定。

县级以上人民政府电影主管部门对有证据证明违反本法规定的行为进行查处时,可以依法查封与违法行为有关的场所、设施或者查封、扣押用于违法行为的财物。

第五十八条 当事人对县级以上人民政府电影主管部门以及其他有关部门依照本法作出的行政行为不服的,可以依法申请行政复议或者提起行政诉讼。其中,对国务院电影主管部门作出的不准予电影公映的决定不服的，应当先依法申请行政复议，对行政复议决定不服的可以提起行政诉讼。

第六章 附 则

第五十九条 境外资本在中华人民共和国境内设立从事电影活动的企业的，按照国家有关规定执行。

第六十条 本法自2017年3月1日起施行。

中华人民共和国公共文化服务保障法

(2016年12月25日第十二届全国人民代表大会常务委员会第二十五次会议通过 2016年12月25日中华人民共和国主席令第六十号公布 自2017年3月1日起施行)

第一章 总 则

第一条 为了加强公共文化服务体系建设,丰富人民群众精神文化生活,传承中华优秀传统文化,弘扬社会主义核心价值观,增强文化自信,促进中国特色社会主义文化繁荣发展,提高全民族文明素质,制定本法。

第二条 本法所称公共文化服务,是指由政府主导、社会力量参与,以满足公民基本文化需求为主要目的而提供的公共文化设施、文化产品、文化活动以及其他相关服务。

第三条 公共文化服务应当坚持社会主义先进文化前进方向,坚持以人民为中心,坚持以社会主义核心价值观为引领;应当按照"百花齐放、百家争鸣"的方针,支持优秀公共文化产品的创作生产,丰富公共文化服务内容。

第四条 县级以上人民政府应当将公共文化服务纳入本级国民经济和社会发展规划,按照公益性、基本性、均等性、便利性的要求,加强公共文化设施建设,完善公共文化服务体系,提高公共文化服务效能。

第五条 国务院根据公民基本文化需求和经济社会发展水平,制定并调整国家基本公共文化服务指导标准。

省、自治区、直辖市人民政府根据国家基本公共文化服务指导标准,结合当地实际需求、财政能力和文化特色,制定并调整本行政区域的基本公共文化服务实施标准。

第六条 国务院建立公共文化服务综合协调机制,指导、协调、推动全国公共文化服务工作。国务院文化主管部门承担综合协调具体职责。

地方各级人民政府应当加强对公共文化服务的统筹协调,推动实现共建共享。

第七条 国务院文化主管部门、新闻出版广电主管部门依照本法和国务院规定的职责负责全国的公共文化服务工作;国务院其他有关部门在各自职责范围内负责相关公共文化服务工作。

县级以上地方人民政府文化、新闻出版广电主管部门根据其职责负责本行政区域内的公共文化服务工作;县级以上地方人民政府其他有关部门在各自职责范围内负责相关公共文化服务工作。

第八条 国家扶助革命老区、民族地区、边疆地区、贫困地区的公共文化服务,促进公共文化服务均衡协调发展。

第九条 各级人民政府应当根据未成年人、老年人、残疾人和流动人口等群体的特点与需求,提供相应的公共文化服务。

第十条 国家鼓励和支持公共文化服务与学校教育相结合,充分发挥公共文化服务的社会教育功能,提高青少年思想道德和科学文化素质。

第十一条 国家鼓励和支持发挥科技在公共文化服务中的作用,推动运用现代信息技术和传播技术,提高公众的科学素养和公共文化服务水平。

第十二条 国家鼓励和支持在公共文化服务领域开展国际合作与交流。

第十三条 国家鼓励和支持公民、法人和其他组织参与公共文化服务。

对在公共文化服务中作出突出贡献的公民、法人和其他组织,依法给予表彰和奖励。

第二章 公共文化设施建设与管理

第十四条 本法所称公共文化设施是指用于提供公共文化服务的建筑物、场地和设备,主要包括图书馆、博物馆、文化馆(站)、美术馆、科技馆、纪念馆、体育场馆、工人文化宫、青少年宫、妇女儿童活动中心、老年人活动中心、乡镇(街道)和村(社区)基层综合性文化服务中心、农家(职工)书屋、公共阅报栏(屏)、广播电视播出传输覆盖设施、公共数字文化服务点等。

县级以上地方人民政府应当将本行政区域内的公共文化设施目录及有关信息予以公布。

第十五条 县级以上地方人民政府应当将公共文化设施建设纳入本级城乡规划,根据国家基本公共文化服务指导标准、省级基本公共文化服务实施标准,结合当地经济社会发展水平、人口状况、环境条件、文化特色,合理确定公共文化设施的种类、数量、规模以及布局,形成场馆服务、流动服务和数字服务相结合的公共文化设施网络。

公共文化设施的选址,应当征求公众意见,符合公共文化设施的功能和特点,有利于发挥其作用。

第十六条 公共文化设施的建设用地,应当符合土地利用总体规划和城乡规划,并依照法定程序审批。

任何单位和个人不得侵占公共文化设施建设用地或者擅自改变其用途。因特殊情况需要调整公共文化设施建设用地的,应当重新确定建设用地。调整后的公共文化设施建设用地不得少于原有面积。

新建、改建、扩建居民住宅区,应当按照有关规定、标准,规划和建设配套的公共文化设施。

第十七条 公共文化设施的设计和建设,应当符合实用、安全、科学、美观、环保、节约的要求和国家规定的标准,并配置无障碍设施设备。

第十八条 地方各级人民政府可以采取新建、改建、扩建、合建、租赁、利用现有公共设施等多种方式,加强乡镇(街道)、村(社区)基层综合性文化服务中心建设,推动基层有关公共设施的统一管理、综合利用,并保障其正常运行。

第十九条 任何单位和个人不得擅自拆除公共文化设施,不得擅自改变公共文化设施的功能、用途或者妨碍其正常运行,不得侵占、挪用公共文化设施,不得将公共文化设施用于与公共文化服务无关的商业经营活动。

因城乡建设确需拆除公共文化设施,或者改变其功能、用途的,应当依照有关法律、行政法规的规定重建、改建,并坚持先建设后拆除或者建设拆除同时进行的原则。重建、改建的公共文化设施的设施配置标准、建筑面积等不得降低。

第二十条 公共文化设施管理单位应当按照国家规定的标准,配置和更新必需的服务内容和设备,加强公共文化设施经常性维护管理工作,保障公共文化设施的正常使用和运转。

第二十一条 公共文化设施管理单位应当建立健全管理制度和服务规范,建立公共文化设施资产统计报告制度和公共文化服务开展情况的年报制度。

第二十二条 公共文化设施管理单位应当建立健全安全管理制度,开展公共文化设施及公众活动的安全评价,依法配备安全保护设备和人员,保障公共文化设施和公众活动安全。

第二十三条 各级人民政府应当建立有公众参与的公共文化设施使用效能考

核评价制度，公共文化设施管理单位应当根据评价结果改进工作，提高服务质量。

第二十四条 国家推动公共图书馆、博物馆、文化馆等公共文化设施管理单位根据其功能定位建立健全法人治理结构，吸收有关方面代表、专业人士和公众参与管理。

第二十五条 国家鼓励和支持公民、法人和其他组织兴建、捐建或者与政府部门合作建设公共文化设施，鼓励公民、法人和其他组织依法参与公共文化设施的运营和管理。

第二十六条 公众在使用公共文化设施时，应当遵守公共秩序，爱护公共设施，不得损坏公共设施设备和物品。

第三章 公共文化服务提供

第二十七条 各级人民政府应当充分利用公共文化设施，促进优秀公共文化产品的提供和传播，支持开展全民阅读、全民普法、全民健身、全民科普和艺术普及、优秀传统文化传承活动。

第二十八条 设区的市级、县级地方人民政府应当根据国家基本公共文化服务指导标准和省、自治区、直辖市基本公共文化服务实施标准，结合当地实际，制定公布本行政区域公共文化服务目录并组织实施。

第二十九条 公益性文化单位应当完善服务项目、丰富服务内容，创造条件向公众提供免费或者优惠的文艺演出、陈列展览、电影放映、广播电视节目收听收看、阅读服务、艺术培训等，并为公众开展文化活动提供支持和帮助。

国家鼓励经营性文化单位提供免费或者优惠的公共文化产品和文化活动。

第三十条 基层综合性文化服务中心应当加强资源整合，建立完善公共文化服务网络，充分发挥统筹服务功能，为公众提供书报阅读、影视观赏、戏曲表演、普法教育、艺术普及、科学普及、广播播送、互联网上网和群众性文化体育活动等公共文化服务，并根据其功能特点，因地制宜提供其他公共服务。

第三十一条 公共文化设施应当根据其功能、特点，按照国家有关规定，向公众免费或者优惠开放。

公共文化设施开放收取费用的，应当每月定期向中小学生免费开放。

公共文化设施开放或者提供培训服务等收取费用的，应当报经县级以上人民政府有关部门批准；收取的费用，应当用于公共文化设施的维护、管理和事业发展，不得挪作他用。

公共文化设施管理单位应当公示服务项目和开放时间;临时停止开放的,应当及时公告。

第三十二条 国家鼓励和支持机关、学校、企业事业单位的文化体育设施向公众开放。

第三十三条 国家统筹规划公共数字文化建设,构建标准统一、互联互通的公共数字文化服务网络,建设公共文化信息资源库,实现基层网络服务共建共享。

国家支持开发数字文化产品,推动利用宽带互联网、移动互联网、广播电视网和卫星网络提供公共文化服务。

地方各级人民政府应当加强基层公共文化设施的数字化和网络建设,提高数字化和网络服务能力。

第三十四条 地方各级人民政府应当采取多种方式,因地制宜提供流动文化服务。

第三十五条 国家重点增加农村地区图书、报刊、戏曲、电影、广播电视节目、网络信息内容、节庆活动、体育健身活动等公共文化产品供给,促进城乡公共文化服务均等化。

面向农村提供的图书、报刊、电影等公共文化产品应当符合农村特点和需求,提高针对性和时效性。

第三十六条 地方各级人民政府应当根据当地实际情况,在人员流动量较大的公共场所、务工人员较为集中的区域以及留守妇女儿童较为集中的农村地区,配备必要的设施,采取多种形式,提供便利可及的公共文化服务。

第三十七条 国家鼓励公民主动参与公共文化服务,自主开展健康文明的群众性文化体育活动;地方各级人民政府应当给予必要的指导、支持和帮助。

居民委员会、村民委员会应当根据居民的需求开展群众性文化体育活动,并协助当地人民政府有关部门开展公共文化服务相关工作。

国家机关、社会组织、企业事业单位应当结合自身特点和需要,组织开展群众性文化体育活动,丰富职工文化生活。

第三十八条 地方各级人民政府应当加强面向在校学生的公共文化服务,支持学校开展适合在校学生特点的文化体育活动,促进德智体美教育。

第三十九条 地方各级人民政府应当支持军队基层文化建设,丰富军营文化体育活动,加强军民文化融合。

第四十条 国家加强民族语言文字文化产品的供给，加强优秀公共文化产品的民族语言文字译制及其在民族地区的传播，鼓励和扶助民族文化产品的创作生产，支持开展具有民族特色的群众性文化体育活动。

第四十一条 国务院和省、自治区、直辖市人民政府制定政府购买公共文化服务的指导性意见和目录。国务院有关部门和县级以上地方人民政府应当根据指导性意见和目录，结合实际情况，确定购买的具体项目和内容，及时向社会公布。

第四十二条 国家鼓励和支持公民、法人和其他组织通过兴办实体、资助项目、赞助活动、提供设施、捐赠产品等方式，参与提供公共文化服务。

第四十三条 国家倡导和鼓励公民、法人和其他组织参与文化志愿服务。

公共文化设施管理单位应当建立文化志愿服务机制，组织开展文化志愿服务活动。

县级以上地方人民政府有关部门应当对文化志愿活动给予必要的指导和支持，并建立管理评价、教育培训和激励保障机制。

第四十四条 任何组织和个人不得利用公共文化设施、文化产品、文化活动以及其他相关服务，从事危害国家安全、损害社会公共利益和其他违反法律法规的活动。

第四章 保障措施

第四十五条 国务院和地方各级人民政府应当根据公共文化服务的事权和支出责任，将公共文化服务经费纳入本级预算，安排公共文化服务所需资金。

第四十六条 国务院和省、自治区、直辖市人民政府应当增加投入，通过转移支付等方式，重点扶助革命老区、民族地区、边疆地区、贫困地区开展公共文化服务。

国家鼓励和支持经济发达地区对革命老区、民族地区、边疆地区、贫困地区的公共文化服务提供援助。

第四十七条 免费或者优惠开放的公共文化设施，按照国家规定享受补助。

第四十八条 国家鼓励社会资本依法投入公共文化服务，拓宽公共文化服务资金来源渠道。

第四十九条 国家采取政府购买服务等措施，支持公民、法人和其他组织参与提供公共文化服务。

第五十条 公民、法人和其他组织通过公益性社会团体或者县级以上人民政府及其部门,捐赠财产用于公共文化服务的,依法享受税收优惠。

国家鼓励通过捐赠等方式设立公共文化服务基金,专门用于公共文化服务。

第五十一条 地方各级人民政府应当按照公共文化设施的功能、任务和服务人口规模,合理设置公共文化服务岗位,配备相应专业人员。

第五十二条 国家鼓励和支持文化专业人员、高校毕业生和志愿者到基层从事公共文化服务工作。

第五十三条 国家鼓励和支持公民、法人和其他组织依法成立公共文化服务领域的社会组织,推动公共文化服务社会化、专业化发展。

第五十四条 国家支持公共文化服务理论研究,加强多层次专业人才教育和培训。

第五十五条 县级以上人民政府应当建立健全公共文化服务资金使用的监督和统计公告制度,加强绩效考评,确保资金用于公共文化服务。任何单位和个人不得侵占、挪用公共文化服务资金。

审计机关应当依法加强对公共文化服务资金的审计监督。

第五十六条 各级人民政府应当加强对公共文化服务工作的监督检查,建立反映公众文化需求的征询反馈制度和有公众参与的公共文化服务考核评价制度,并将考核评价结果作为确定补贴或者奖励的依据。

第五十七条 各级人民政府及有关部门应当及时公开公共文化服务信息,主动接受社会监督。

新闻媒体应当积极开展公共文化服务的宣传报道,并加强舆论监督。

第五章 法律责任

第五十八条 违反本法规定,地方各级人民政府和县级以上人民政府有关部门未履行公共文化服务保障职责的,由其上级机关或者监察机关责令限期改正;情节严重的,对直接负责的主管人员和其他直接责任人员依法给予处分。

第五十九条 违反本法规定,地方各级人民政府和县级以上人民政府有关部门,有下列行为之一的,由其上级机关或者监察机关责令限期改正;情节严重的,对直接负责的主管人员和其他直接责任人员依法给予处分:

(一)侵占、挪用公共文化服务资金的;

(二)擅自拆除、侵占、挪用公共文化设施,或者改变其功能、用途,或者妨碍其正常运行的；

（三）未依照本法规定重建公共文化设施的；

（四）滥用职权、玩忽职守、徇私舞弊的。

第六十条 违反本法规定，侵占公共文化设施的建设用地或者擅自改变其用途的，由县级以上地方人民政府土地主管部门、城乡规划主管部门依据各自职责责令限期改正；逾期不改正的，由作出决定的机关依法强制执行，或者依法申请人民法院强制执行。

第六十一条 违反本法规定，公共文化设施管理单位有下列情形之一的，由其主管部门责令限期改正；造成严重后果的，对直接负责的主管人员和其他直接责任人员，依法给予处分：

（一）未按照规定对公众开放的；

（二）未公示服务项目、开放时间等事项的；

（三）未建立安全管理制度的；

（四）因管理不善造成损失的。

第六十二条 违反本法规定，公共文化设施管理单位有下列行为之一的，由其主管部门或者价格主管部门责令限期改正，没收违法所得，违法所得五千元以上的，并处违法所得两倍以上五倍以下罚款；没有违法所得或者违法所得五千元以下的，可以处一万元以下的罚款；对直接负责的主管人员和其他直接责任人员，依法给予处分：

（一）开展与公共文化设施功能、用途不符的服务活动的；

（二）对应当免费开放的公共文化设施收费或者变相收费的；

（三）收取费用未用于公共文化设施的维护、管理和事业发展，挪作他用的。

第六十三条 违反本法规定，损害他人民事权益的，依法承担民事责任；构成违反治安管理行为的，由公安机关依法给予治安管理处罚；构成犯罪的，依法追究刑事责任。

第六章　附　则

第六十四条 境外自然人、法人和其他组织在中国境内从事公共文化服务的，应当符合相关法律、行政法规的规定。

第六十五条 本法自 2017 年 3 月 1 日起施行。

广播影视行政法规

进口影片管理办法

（1981 年 10 月 13 日国务院批准　文化部、海关总署发布）

第一条　为了加强对进口影片的管理，根据 1980 年 4 月 14 日中共中央、国务院、中央军委《关于制止滥放内部参考影片的通知》精神，特制订本办法。

第二条　凡属从外国及港澳地区进口发行影片或试映拷贝（包括 35 毫米、16 毫米、超 8 毫米、影片录相带和影片视盘等，以下统称影片）的业务，统一由中国电影发行放映公司（以下简称中影公司）经营管理。

影片进口时，由海关凭中影公司填报的进口货物报关单核查放行。属于在全国发行的商业性影片，应在进口时办理纳税手续；属于非商业性影片，应予免税；属于非商业性影片，进口后经过批准在全国发行的，由中影公司按章向北京海关办理补税手续。

第三条　中国电影资料馆进口的资料影片（包括中国电影资料馆与外国电影资料馆互相选购、交换、赠送或通过其他途径购作资料的影片），属于非商业性影片，海关凭该馆填报的进口货物报关单核查免税放行。

进口的资料影片，如经批准，需向全国发行的，由中影公司按章向北京海关办理补税手续。

第四条　科学技术、工业、农业、教育、卫生、新闻、外贸、外事等单位，因业务需要进口的专业性纪录、科教影片，属于国务院系统的单位进口的，由国务院各部委（总局）审批；属于地方单位进口的，由省、自治区、直辖市人民政府审批。

影片进口时，海关凭有关部委（总局）或省、自治区、直辖市人民政府的批准文件和申请单位填报的进口货物报关单一式 3 份核查免税放行，并将盖有海关印章的报关单 1 份转送文化部电影事业管理局备案。

第五条　外国、港澳地区及台湾省的团体或个人运进给机关、团体、学校等单位的故事片，凡属国务院系统的单位接受的，须经文化部电影事业管理局审批；属地方单位接受的，须经省、自治区、直辖市文化局（电影局）审批，并抄送文化部电影事业管理局备案。

影片进口时,海关凭接受单位填报的进口货物报关单和批准文件核查免税放行。

接受单位应当将接收的影片交中国电影资料馆统一保管。如因业务上特殊需要,接受单位可以凭上级主管部门的批准文件向该馆提取,供有关人员参考借鉴,但不准外借,不准招待映出,不准拿到社会上公开放映。借鉴后仍送回中国电影资料馆保管。

进口的故事影片,如经批准在全国发行的,应由中影公司向海关办理补税手续。

第六条 对外国人和华侨、港澳及台湾省同胞等邮寄或者入境随身携带属于赠给我国个人作为业务参考的科教影片,海关应准许进口,并凭接受影片的个人填报的进口货物报关单及其所在单位的证明信件核查免税放行。属于赠给我国个人的故事影片,一般地不准进口,海关予以退运。如遇特殊情况,由文化部和海关总署研究处理。

对外国驻华使(领)馆人员、外国工商企业派来我国的常驻人员(包括外国常驻记者)和应聘来华工作的外国专家(包括文教、经济、科技专家)携带(或者从国外邮寄给他们)的影片,按海关现行有关规定办理。影片进口后应由有关部门严格控制,只限他们在内部放映;我方单位或个人不许借映。

第七条 除香港长城、凤凰、新联三公司回内地拍片,由国务院港澳办公室同有关地区和有关单位直接联系外,凡属中外或我与港澳地区及台湾省的合作制片业务,统一由中国电影合作制片公司管理。合拍影片的进口,由中国电影合作制片公司向海关办理进口报关手续;其中批准在全国发行的,则由中影公司按章向北京海关办理补税手续。

第八条 对违反规定进口的或走私进口的影片,海关按有关规定处理;对没收的影片,凡有保留参考价值的可转送文化部电影事业管理局交中国电影资料馆保存。

第九条 本办法自发布之日起施行。

卫星地面接收设施接收外国卫星传送电视节目管理办法

（1990 年 4 月 9 日国务院批准　1990 年 5 月 28 日广播电影电视部、公安部、国家安全部令第 1 号发布　自发布之日起施行）

第一条　为了加强对卫星地面接收设施接收外国卫星传送的电视节目的管理，保障对外经济、科技和文化交流，促进社会主义物质文明和精神文明建设，制定本办法。

第二条　本办法所称卫星地面接收设施接收外国卫星传送的电视节目，是指单位利用已有的卫星地面接收设施或者设置专门的卫星地面接收设施接收与本单位业务工作有直接关系的外国卫星传送的电视节目。

第三条　广播电影电视部负责全国卫星地面接收设施接收外国卫星传送的电视节目的管理工作。

省、自治区、直辖市广播电视厅（局）负责本行政区内卫星地面接收设施接收外国卫星传送的电视节目的管理工作。

第四条　教育、科研、新闻、金融、经贸以及其他确因业务工作需要的单位，可以按照本办法的规定，申请利用已有的卫星地面接收设施或者设置专门的卫星地面接收设施接收外国卫星传送的电视节目。

常住外国人的涉外宾馆（饭店）、公寓确需提供国际金融、商情等经济信息服务的，可以按照本办法的规定，申请设置专门接收外国卫星传送的电视节目的卫星地面接收设施。

接收外国卫星传送的电视节目的卫星地面接收设施，由中国广播电视部门组织提供安装和维修服务。

第五条　申请利用已有的卫星地面接收设施或者申请设置专门的卫星地面接收设施接收外国卫星传送的电视节目，应当具备下列条件：

（一）本单位的业务工作确有接收外国卫星传送的电视节目的必要；

（二）有确定的接收方位、接收内容和收视对象范围；

(三)有符合国家标准的技术设备;

(四)有合格的专职管理人员;

(五)有健全的管理制度。

第六条 利用已有的或者设置专门的卫星地面接收设施接收外国卫星传送的电视节目的单位,应当向省级以上主管部门提出书面申请,经审查同意的,由申请单位报所在省、自治区、直辖市广播电视厅(局)审批。广播电视厅(局)批准的,发给《卫星地面接收设施接收外国卫星传送的电视节目许可证》(以下简称《许可证》),并由审批机关报广播电影电视部、公安部、国家安全部备案。

第七条 已有卫星地面接收设施的单位,未持有《许可证》的,不得接收外国卫星传送的电视节目;其他单位,未持有《许可证》的,不得设置卫星地面接收设施接收外国卫星传送的电视节目。

第八条 持有《许可证》的单位,必须严格按照《许可证》载明的接收外国卫星传送的电视节目的接收目的、接收内容、接收方位、接收方式和收视对象的范围等要求,接收和使用外国电视节目。

《许可证》不得涂改或者转让。因业务工作发生变化需要改变《许可证》规定的内容或者不再接收外国卫星传送的电视节目的,应当及时报请审批机关换发或者注销《许可证》,由审批机关按照本办法第六条的规定,报有关机关备案。

第九条 持有《许可证》的单位,接收外国卫星传送的电视节目,只允许在本单位业务工作中使用。除本单位领导批准外,一律不得录制。严禁将所接收的外国卫星传送的电视节目在国内电视台、有线电视台、录像放映点播放或者以其他方式进行传播。

经批准录制的音像资料目录,必须定期报所在地的广播电视、公安和国家安全部门备案。

录制的音像资料必须指定专人严格保管。

第十条 广播电视、公安和国家安全部门负责监督检查卫星地面接收设施接收外国卫星传送的电视节目的管理工作,对违反本办法接收、录制、传播外国卫星传送的电视节目的行为有权予以制止。

第十一条 违反本办法第八条、第九条规定的单位,由省、自治区、直辖市广播电视厅(局)会同公安、国家安全厅(局)视情节轻重,给予警告、2万元以下的罚款、直到吊销《许可证》的处罚。吊销《许可证》的,可以同时没收其使用的卫星地面接收设施。对单位的直接负责的主管人员和其他直接责任人员,省、自治区、直辖市广播电视、公安、国家安全厅(局)可以建议其主管部门给予行政处分;情节严重构成犯罪的,由司法机关依法追究刑事责任。

第十二条 违反本办法第七条的规定,未持有《许可证》而擅自设置卫星地面接收设施或者接收外国卫星传送的电视节目的单位,省、自治区、直辖市广播电视厅(局)会同公安、国家安全厅(局)可以没收其卫星地面接收设施,并处以 5 万元以下的罚款。对单位的直接负责的主管人员和其他直接责任人员,可以建议其主管部门给予行政处分;有私自录制、传播行为,情节严重构成犯罪的,由司法机关依法追究刑事责任。

第十三条 当事人对罚款或者吊销《许可证》的处罚不服的,可以在收到处罚决定书之日起 15 日内,向同级人民政府申请复议,也可以向人民法院起诉;对行政复议不服的,可以在收到复议决定书之日起 15 日内向人民法院起诉。逾期不申请复议或者不起诉的,吊销《许可证》的处罚生效;逾期不申请复议或者不起诉又不交纳罚款的,罚款的处罚由作出处罚决定的机关申请人民法院强制执行。

第十四条 军队以及公安、国家安全部门因国防、公安和国家安全工作需要利用已有的或者专门设置的卫星地面接收设施接收外国卫星传送的电视节目,由中国人民解放军总参谋部、公安部、国家安全部分别制定措施进行管理。

外国驻华使(领)馆,以及其他享有外交特权与豁免的机构设置卫星地面接收设施接收外国卫星传送的电视节目,通过外交途径办理。

第十五条 本办法由广播电影电视部解释。

第十六条 本办法自发布之日起施行。

有线电视管理暂行办法

(1990年11月2日国务院批准　1990年11月16日广播电影电视部令第2号发布　根据2011年1月8日《国务院关于废止和修改部分行政法规的决定》修订)

第一条　为了加强有线电视的管理,宣传国家的法律和方针政策,传播科学文化知识,丰富人民的精神生活,促进社会主义物质文明和精神文明建设,制定本办法。

第二条　本办法所称的有线电视,是指下列利用电缆或者光缆传送电视节目的公共电视传输系统:

(一)接收、传送无线电视节目,播放自制电视节目和录像片的有线电视台;

(二)接收、传送无线电视节目,播放录像片的有线电视站;

(三)接收、传送无线电视节目的共用天线系统。

第三条　广播电影电视部负责全国有线电视管理工作和有线电视事业发展规划。

省、自治区、直辖市广播电视行政管理部门负责本行政区域内的有线电视管理工作和有线电视事业发展规划。

第四条　机关、部队、团体、企业事业单位,符合下列条件的,可以申请开办有线电视台:

(一)符合当地电视覆盖网络的整体规划要求;

(二)有专门的管理机构,专职的采访、编辑、制作、摄像、播音、传输以及技术维修人员;

(三)有可靠的经费来源;

(四)有省级以上广播电视行政管理部门根据国家有关技术标准认定合格的摄像、编辑、播音设备;

(五)有固定的节目制作场所;

(六)有省级以上广播电视行政管理部门根据国家有关技术标准认定合格的传输设备;

(七)有固定的播映场所。

具备前款第(一)项、第(三)项、第(六)项和第(七)项规定条件的,可以申请开办有线电视站。

禁止利用有线电视站播放自制电视节目。

个人不得申请开办有线电视台、有线电视站。

第五条 单位或者个人设置共用天线系统,必须健全管理措施或者配备管理人员,必须使用省级以上广播电视行政管理部门根据国家有关技术标准认定合格的传输设备。

禁止利用共用天线系统播放自制电视节目和录像片。

第六条 开办有线电视台,必须经省级广播电视行政管理部门初步审查同意后,报广播电影电视部批准,由广播电影电视部发给《有线电视台许可证》。

开办有线电视站,必须经县级广播电视行政管理部门初步审查同意后,报省级广播电视行政管理部门批准,由省级广播电视行政管理部门发给《有线电视站许可证》。

设置共用天线系统,由设置共用天线系统的单位或者个人向县级广播电视行政管理部门备案。

第七条 工程设计、安装单位承担有线电视台的工程设计、安装任务的,必须经省级广播电视行政管理部门批准,由省级广播电视行政管理部门发给《有线电视台设计(安装)许可证》。

工程设计、安装单位承担有线电视站、共用天线系统的设计、安装任务的,必须经县级广播电视行政管理部门批准,由县级广播电视行政管理部门发给《有线电视站、共用天线系统设计(安装)许可证》。

第八条 有线电视台、有线电视站工程竣工后,由省级广播电视行政管理部门组织或者委托有关单位验收。未经验收或者验收不合格的,不得投入使用。

第九条 有线电视台、有线电视站播映的电视节目必须符合有关法律、法规和国家有关部门关于电视节目和录像制品的规定。严禁播映反动、淫秽以及妨碍国家安全和社会安定的自制电视节目或者录像片。

第十条 有线电视台、有线电视站必须完整地直接接收、传送中央电视台和地方电视台的新闻和其他重要节目。

第十一条 开办有线电视台、有线电视站的单位应当建立健全设备、片目、播映等管理制度,必须按月编制播映的节目单,经开办单位主管领导审核后,报县级广播电视行政管理部门备案。

第十二条 已开办的有线电视台、有线电视站,因条件发生变化,不再继续开办的,应当在1个月内向审批机关报告,由审批机关注销。

第十三条 行政区域性的有线电视台、有线电视站,由当地广播电视行政管理部门根据广播电影电视部的有关规定开办。

第十四条 学校开办用于教学目的的有线电视,由有关教育行政管理部门参照本办法的规定审批、管理,并由审批机关抄学校所在地的县级以上广播电视行政管理部门备案。

第十五条 县级以上地方各级广播电视行政管理部门负责对当地有线电视设施和有线电视播映活动进行监督检查,对违反本办法的行为,视情节轻重,给予相应的行政处罚:

(一)对违反本办法第八条、第九条、第十条或者第十一条的规定的有线电视台、有线电视站,可以处以警告、2万元以下的罚款或者吊销许可证,并可以建议直接责任人所在单位对其给予行政处分;

(二)对违反本办法第六条的规定未获得许可证私自开办有线电视台、有线电视站,违反本办法第四条的规定私自利用有线电视站播映自制电视节目以及违反本办法第五条的规定私自利用共用天线系统播映自制电视节目或者录像片的,可以处以警告、2万元以下的罚款,并可以同时没收其播映设备;

(三)对违反本办法第七条的规定未获有线电视台或者有线电视站、共用天线系统设计(安装)许可证,私自承揽有线电视台、有线电视站或者共用天线系统设计、安装任务的,除责令其停止非法业务活动外,可以处以1万元以下的罚款。

第十六条 当事人对广播电视行政管理部门的行政处罚决定不服的,可以在收到处罚决定书之日起15日内,向作出行政处罚决定的机关的上一级机关申请复议。上一级广播电视行政管理部门应当在收到复议申请之日起1个月内作出复议决定。当事人对复议决定不服的,可以在接到复议决定之日起15日内向人民法院提起诉讼。当事人在规定的期限内不申请复议、也不向人民法院提起诉讼、又不履行处罚决定的,由作出处罚决定的机关申请人民法院强制执行。

第十七条 对违反本办法,构成违反治安管理的行为,由公安机关依照《中华人民共和国治安管理处罚法》的规定予以处罚;情节严重构成犯罪的,由司法机关依法追究刑事责任。

第十八条 用于国防、公安、国家安全业务的有线电视系统由中国人民解放军有关部门、公安部、国家安全部分别管理。

第十九条 本办法由广播电影电视部负责解释。

第二十条 本办法自发布之日起施行。

卫星电视广播地面接收设施管理规定

（1993年10月5日中华人民共和国国务院令第129号发布　根据2013年7月18日《国务院关于废止和修改部分行政法规的决定》修订）

第一条　为了加强对卫星电视广播地面接收设施的管理，促进社会主义精神文明建设，制定本规定。

第二条　本规定所称卫星电视广播地面接收设施（以下简称卫星地面接收设施），是指接收卫星传送的电视节目的天线、高频头、接收机及编码、解码器等设施。

第三条　国家对卫星地面接收设施的生产、进口、销售、安装和使用实行许可制度。

生产、进口、销售、安装和使用卫星地面接收设施许可的条件，由国务院有关行政部门规定。

第四条　工业产品生产许可证主管部门许可的生产企业，应当将卫星地面接收设施销售给依法设立的安装服务机构。其他任何单位和个人不得销售。

第五条　进口卫星地面接收设施必须持国务院广播电影电视行政部门开具的证明，进口卫星地面接收设施的专用元部件必须持国务院电子工业行政部门开具的证明，到国务院机电产品进出口行政部门办理审批手续，海关凭审查批准文件放行。

禁止个人携带、邮寄卫星地面接收设施入境。

第六条　卫星地面接收设施的质量认证证书和认证标志，由国务院产品质量监督管理部门或者国务院产品质量监督管理部门授权的部门认可的认证机构按照有关质量认证的法律、法规的规定认证合格后发放；未经质量认证的，不得销售和使用。

第七条　单位设置卫星地面接收设施的，必须向当地县、市人民政府广播电视行政部门提出申请，报省、自治区、直辖市人民政府广播电视行政部门审批，凭审批机关开具的证明购买卫星地面接收设施。卫星地面接收设施安装完毕，由审批机关发给《接收卫星传送的电视节目许可证》。

第八条 个人不得安装和使用卫星地面接收设施。

如有特殊情况,个人确实需要安装和使用卫星地面接收设施并符合国务院广播电影电视行政部门规定的许可条件的,必须向所在单位提出申请,经当地县、市人民政府广播电视行政部门同意后报省、自治区、直辖市人民政府广播电视行政部门审批。

第九条 本规定发布前未经批准设置卫星地面接收设施的,必须自本规定发布之日起6个月内依照本规定办理审批手续。

第十条 违反本规定,擅自生产卫星地面接收设施或者生产企业未按照规定销售给依法设立的安装服务机构的,由工业产品生产许可证主管部门责令停止生产、销售。

违反本规定,擅自销售卫星地面接收设施的,由工商行政管理部门责令停止销售,没收其卫星地面接收设施,并可以处以相当于销售额2倍以下的罚款。

违反本规定,擅自安装和使用卫星地面接收设施的,由广播电视行政部门没收其安装和使用的卫星地面接收设施,对个人可以并处5000元以下的罚款,对单位可以并处5万元以下的罚款。

第十一条 当事人对处罚决定不服的,可以依照有关法律、行政法规的规定,申请行政复议或者提起行政诉讼。

第十二条 本规定的实施细则由国务院广播电影电视行政部门商有关行政部门制定。

第十三条 本规定自发布之日起施行。

广播电视管理条例

（1997 年 8 月 11 日中华人民共和国国务院令第 228 号
发布　根据 2013 年 12 月 7 日《国务院关于修改部分行政法规的
决定》第一次修订　根据 2017 年 3 月 1 日《国务院关于修改
和废止部分行政法规的决定》第二次修订）

第一章　总　则

第一条　为了加强广播电视管理，发展广播电视事业，促进社会主义精神文明和物质文明建设，制定本条例。

第二条　本条例适用于在中华人民共和国境内设立广播电台、电视台和采编、制作、播放、传输广播电视节目等活动。

第三条　广播电视事业应当坚持为人民服务、为社会主义服务的方向，坚持正确的舆论导向。

第四条　国家发展广播电视事业。县级以上人民政府应当将广播电视事业纳入国民经济和社会发展规划，并根据需要和财力逐步增加投入，提高广播电视覆盖率。

国家支持农村广播电视事业的发展。

国家扶持民族自治地方和边远贫困地区发展广播电视事业。

第五条　国务院广播电视行政部门负责全国的广播电视管理工作。

县级以上地方人民政府负责广播电视行政管理工作的部门或者机构（以下统称广播电视行政部门）负责本行政区域内的广播电视管理工作。

第六条　全国性广播电视行业的社会团体按照其章程，实行自律管理，并在国务院广播电视行政部门的指导下开展活动。

第七条　国家对为广播电视事业发展做出显著贡献的单位和个人，给予奖励。

第二章　广播电台和电视台

第八条　国务院广播电视行政部门负责制定全国广播电台、电视台的设立规划,确定广播电台、电视台的总量、布局和结构。

本条例所称广播电台、电视台是指采编、制作并通过有线或者无线的方式播放广播电视节目的机构。

第九条　设立广播电台、电视台,应当具备下列条件:

(一) 有符合国家规定的广播电视专业人员;

(二) 有符合国家规定的广播电视技术设备;

(三) 有必要的基本建设资金和稳定的资金保障;

(四) 有必要的场所。

审批设立广播电台、电视台,除依照前款所列条件外,还应当符合国家的广播电视建设规划和技术发展规划。

第十条　广播电台、电视台由县、不设区的市以上人民政府广播电视行政部门设立,其中教育电视台可以由设区的市、自治州以上人民政府教育行政部门设立。其他任何单位和个人不得设立广播电台、电视台。

国家禁止设立外资经营、中外合资经营和中外合作经营的广播电台、电视台。

第十一条　中央的广播电台、电视台由国务院广播电视行政部门设立。地方设立广播电台、电视台的,由县、不设区的市以上地方人民政府广播电视行政部门提出申请,本级人民政府审查同意后,逐级上报,经国务院广播电视行政部门审查批准后,方可筹建。

中央的教育电视台由国务院教育行政部门设立,报国务院广播电视行政部门审查批准。地方设立教育电视台的,由设区的市、自治州以上地方人民政府教育行政部门提出申请,征得同级广播电视行政部门同意并经本级人民政府审查同意后,逐级上报,经国务院教育行政部门审核,由国务院广播电视行政部门审查批准后,方可筹建。

第十二条　经批准筹建的广播电台、电视台,应当按照国家规定的建设程序和广播电视技术标准进行工程建设。

建成的广播电台、电视台,经国务院广播电视行政部门审查符合条件的,发给广播电台、电视台许可证。广播电台、电视台应当按照许可证载明的台名、台标、节目设置范围和节目套数等事项制作、播放节目。

第十三条 广播电台、电视台变更台名、节目设置范围或者节目套数,省级以上人民政府广播电视行政部门设立的广播电台、电视台或者省级以上人民政府教育行政部门设立的电视台变更台标的,应当经国务院广播电视行政部门批准。

广播电台、电视台不得出租、转让播出时段。

第十四条 广播电台、电视台终止,应当按照原审批程序申报,其许可证由国务院广播电视行政部门收回。

广播电台、电视台因特殊情况需要暂时停止播出的,应当经省级以上人民政府广播电视行政部门同意;未经批准,连续停止播出超过30日的,视为终止,应当依照前款规定办理有关手续。

第十五条 乡、镇设立广播电视站的,由所在地县级以上人民政府广播电视行政部门负责审核,并按照国务院广播电视行政部门的有关规定审批。

机关、部队、团体、企业事业单位设立有线广播电视站的,按照国务院有关规定审批。

第十六条 任何单位和个人不得冲击广播电台、电视台,不得损坏广播电台、电视台的设施,不得危害其安全播出。

第三章 广播电视传输覆盖网

第十七条 国务院广播电视行政部门应当对全国广播电视传输覆盖网按照国家的统一标准实行统一规划,并实行分级建设和开发。县级以上地方人民政府广播电视行政部门应当按照国家有关规定,组建和管理本行政区域内的广播电视传输覆盖网。

组建广播电视传输覆盖网,包括充分利用国家现有的公用通信等各种网络资源,应当确保广播电视节目传输质量和畅通。

本条例所称广播电视传输覆盖网,由广播电视发射台、转播台(包括差转台、收转台,下同)、广播电视卫星、卫星上行站、卫星收转站、微波站、监测台(站)及有线广播电视传输覆盖网等构成。

第十八条 国务院广播电视行政部门负责指配广播电视专用频段的频率,并核发频率专用指配证明。

第十九条 设立广播电视发射台、转播台、微波站、卫星上行站,应当按照国家有关规定,持国务院广播电视行政部门核发的频率专用指配证明,向国家的或者省、自治区、直辖市的无线电管理机构办理审批手续,领取无线电台执照。

第二十条 广播电视发射台、转播台应当按照国务院广播电视行政部门的有关规定发射、转播广播电视节目。

广播电视发射台、转播台经核准使用的频率、频段不得出租、转让,已经批准的各项技术参数不得擅自变更。

第二十一条 广播电视发射台、转播台不得擅自播放自办节目和插播广告。

第二十二条 广播电视传输覆盖网的工程选址、设计、施工、安装,应当按照国家有关规定办理,并由依法取得相应资格证书的单位承担。

广播电视传输覆盖网的工程建设和使用的广播电视技术设备,应当符合国家标准、行业标准。工程竣工后,由广播电视行政部门组织验收,验收合格的,方可投入使用。

第二十三条 区域性有线广播电视传输覆盖网,由县级以上地方人民政府广播电视行政部门设立和管理。

区域性有线广播电视传输覆盖网的规划、建设方案,由县级人民政府或者设区的市、自治州人民政府的广播电视行政部门报省、自治区、直辖市人民政府广播电视行政部门批准后实施,或者由省、自治区、直辖市人民政府广播电视行政部门报国务院广播电视行政部门批准后实施。

同一行政区域只能设立一个区域性有线广播电视传输覆盖网。有线电视站应当按照规划与区域性有线电视传输覆盖网联网。

第二十四条 未经批准,任何单位和个人不得擅自利用有线广播电视传输覆盖网播放节目。

第二十五条 传输广播电视节目的卫星空间段资源的管理和使用,应当符合国家有关规定。

广播电台、电视台利用卫星方式传输广播电视节目,应当符合国家规定的条件,并经国务院广播电视行政部门审核批准。

第二十六条 安装和使用卫星广播电视地面接收设施,应当按照国家有关规定向省、自治区、直辖市人民政府广播电视行政部门申领许可证。进口境外卫星广播电视节目解码器、解压器及其他卫星广播电视地面接收设施,应当经国务院广播电视行政部门审查同意。

第二十七条 禁止任何单位和个人侵占、哄抢或者以其他方式破坏广播电视传输覆盖网的设施。

第二十八条 任何单位和个人不得侵占、干扰广播电视专用频率,不得擅自截传、干扰、解扰广播电视信号。

第二十九条 县级以上人民政府广播电视行政部门应当采取卫星传送、无线转播、有线广播、有线电视等多种方式,提高农村广播电视覆盖率。

第四章 广播电视节目

第三十条 广播电台、电视台应当按照国务院广播电视行政部门批准的节目设置范围开办节目。

第三十一条 广播电视节目由广播电台、电视台和省级以上人民政府广播电视行政部门批准设立的广播电视节目制作经营单位制作。广播电台、电视台不得播放未取得广播电视节目制作经营许可的单位制作的广播电视节目。

第三十二条 广播电台、电视台应当提高广播电视节目质量,增加国产优秀节目数量,禁止制作、播放载有下列内容的节目:

(一) 危害国家的统一、主权和领土完整的;

(二) 危害国家的安全、荣誉和利益的;

(三) 煽动民族分裂,破坏民族团结的;

(四) 泄露国家秘密的;

(五) 诽谤、侮辱他人的;

(六) 宣扬淫秽、迷信或者渲染暴力的;

(七) 法律、行政法规规定禁止的其他内容。

第三十三条 广播电台、电视台对其播放的广播电视节目内容,应当依照本条例第三十二条的规定进行播前审查,重播重审。

第三十四条 广播电视新闻应当真实、公正。

第三十五条 设立电视剧制作单位,应当经国务院广播电视行政部门批准,取得电视剧制作许可证后,方可制作电视剧。

电视剧的制作和播出管理办法,由国务院广播电视行政部门规定。

第三十六条 广播电台、电视台应当使用规范的语言文字。

广播电台、电视台应当推广全国通用的普通话。

第三十七条 地方广播电台、电视台或者广播电视站,应当按照国务院广播电视行政部门的有关规定转播广播电视节目。

乡、镇设立的广播电视站不得自办电视节目。

第三十八条 广播电台、电视台应当按照节目预告播放广播电视节目;确需更换、调整原预告节目的,应当提前向公众告示。

第三十九条 用于广播电台、电视台播放的境外电影、电视剧,必须经国务院广播电视行政部门审查批准。用于广播电台、电视台播放的境外其他广播电视节目,必须经国务院广播电视行政部门或者其授权的机构审查批准。

向境外提供的广播电视节目,应当按照国家有关规定向省级以上人民政府广播电视行政部门备案。

第四十条 广播电台、电视台播放境外广播电视节目的时间与广播电视节目总播放时间的比例,由国务院广播电视行政部门规定。

第四十一条 广播电台、电视台以卫星等传输方式进口、转播境外广播电视节目,必须经国务院广播电视行政部门批准。

第四十二条 广播电台、电视台播放广告,不得超过国务院广播电视行政部门规定的时间。

广播电台、电视台应当播放公益性广告。

第四十三条 国务院广播电视行政部门在特殊情况下,可以作出停止播出、更换特定节目或者指定转播特定节目的决定。

第四十四条 教育电视台应当按照国家有关规定播放各类教育教学节目,不得播放与教学内容无关的电影、电视片。

第四十五条 举办国际性广播电视节目交流、交易活动,应当经国务院广播电视行政部门批准,并由指定的单位承办。举办国内区域性广播电视节目交流、交易活动,应当经举办地的省、自治区、直辖市人民政府广播电视行政部门批准,并由指定的单位承办。

第四十六条 对享有著作权的广播电视节目的播放和使用,依照《中华人民共和国著作权法》的规定办理。

第五章 罚 则

第四十七条 违反本条例规定,擅自设立广播电台、电视台、教育电视台、有线广播电视传输覆盖网、广播电视站的,由县级以上人民政府广播电视行政部门予以取缔,没收其从事违法活动的设备,并处投资总额1倍以上2倍以下的罚款。

擅自设立广播电视发射台、转播台、微波站、卫星上行站的,由县级以上人民政府广播电视行政部门予以取缔,没收其从事违法活动的设备,并处投资总额1倍以上2倍以下的罚款;或者由无线电管理机构依照国家无线电管理的有关规定予以处罚。

第四十八条 违反本条例规定,擅自设立广播电视节目制作经营单位或者擅自制作电视剧及其他广播电视节目的,由县级以上人民政府广播电视行政部门予以取缔,没收其从事违法活动的专用工具、设备和节目载体,并处1万元以上5万元以下的罚款。

第四十九条 违反本条例规定,制作、播放、向境外提供含有本条例第三十二条规定禁止内容的节目的,由县级以上人民政府广播电视行政部门责令停止制作、播放、向境外提供,收缴其节目载体,并处1万元以上5万元以下的罚款;情节严重的,由原批准机关吊销许可证;违反治安管理规定的,由公安机关依法给予治安管理处罚;构成犯罪的,依法追究刑事责任。

第五十条 违反本条例规定,有下列行为之一的,由县级以上人民政府广播电视行政部门责令停止违法活动,给予警告,没收违法所得,可以并处2万元以下的罚款;情节严重的,由原批准机关吊销许可证:

(一)未经批准,擅自变更台名、台标、节目设置范围或者节目套数的;

(二)出租、转让播出时段的;

(三)转播、播放广播电视节目违反规定的;

(四)播放境外广播电视节目或者广告的时间超出规定的;

(五)播放未取得广播电视节目制作经营许可的单位制作的广播电视节目或者未取得电视剧制作许可的单位制作的电视剧的;

(六)播放未经批准的境外电影、电视剧和其他广播电视节目的;

(七)教育电视台播放本条例第四十四条规定禁止播放的节目的;

(八)未经批准,擅自举办广播电视节目交流、交易活动的。

第五十一条 违反本条例规定,有下列行为之一的,由县级以上人民政府广播电视行政部门责令停止违法活动,给予警告,没收违法所得和从事违法活动的专用工具、设备,可以并处2万元以下的罚款;情节严重的,由原批准机关吊销许可证:

(一)出租、转让频率、频段,擅自变更广播电视发射台、转播台技术参数的;

(二)广播电视发射台、转播台擅自播放自办节目、插播广告的;

（三）未经批准，擅自利用卫星方式传输广播电视节目的；

（四）未经批准，擅自以卫星等传输方式进口、转播境外广播电视节目的；

（五）未经批准，擅自利用有线广播电视传输覆盖网播放节目的；

（六）未经批准，擅自进行广播电视传输覆盖网的工程选址、设计、施工、安装的；

（七）侵占、干扰广播电视专用频率，擅自截传、干扰、解扰广播电视信号的。

第五十二条 违反本条例规定，危害广播电台、电视台安全播出的，破坏广播电视设施的，由县级以上人民政府广播电视行政部门责令停止违法活动；情节严重的，处2万元以上5万元以下的罚款；造成损害的，侵害人应当依法赔偿损失；构成犯罪的，依法追究刑事责任。

第五十三条 广播电视行政部门及其工作人员在广播电视管理工作中滥用职权、玩忽职守、徇私舞弊，构成犯罪的，依法追究刑事责任；尚不构成犯罪的，依法给予行政处分。

第六章 附 则

第五十四条 本条例施行前已经设立的广播电台、电视台、教育电视台、广播电视发射台、转播台、广播电视节目制作经营单位，自本条例施行之日起6个月内，应当依照本条例的规定重新办理审核手续；不符合本条例规定的，予以撤销；已有的县级教育电视台可以与县级电视台合并，开办教育节目频道。

第五十五条 本条例自1997年9月1日起施行。

广播电视设施保护条例

（2000 年 11 月 5 日中华人民共和国国务院令
第 295 号公布　自公布之日起施行）

第一章　总　则

第一条　为了维护广播电视设施的安全，确保广播电视信号顺利优质地播放和接收，制定本条例。

第二条　在中华人民共和国境内依法设立的广播电视台、站（包括有线广播电视台、站，下同）和广播电视传输网的下列设施的保护，适用本条例：

（一）广播电视信号发射设施，包括天线、馈线、塔桅（杆）、地网、卫星发射天线及其附属设备等；

（二）广播电视信号专用传输设施，包括电缆线路、光缆线路（以下统称传输线路）、塔桅（杆）、微波等空中专用传输通路、微波站、卫星地面接收设施、转播设备及其附属设备等；

（三）广播电视信号监测设施，包括监测接收天线、馈线、塔桅（杆）、测向场强室及其附属设备等。

传输广播电视信号所利用的公用通信等网络设施的保护和管理，依照有关法律、行政法规的规定执行。

第三条　县级以上人民政府应当将广播电视设施的规划和保护纳入城乡建设总体规划，并加强广播电视设施保护的宣传教育工作。

县级以上人民政府负责广播电视行政管理工作的部门或者机构（以下统称广播电视行政管理部门）负责所管辖的广播电视设施的保护工作，并采取措施，确保广播电视设施的安全。

第四条　任何单位和个人均有保护广播电视设施的义务。

禁止任何单位和个人侵占、哄抢、私分、截留、破坏广播电视设施。

任何单位和个人对危害广播电视设施的行为，均有权制止并向有关部门报告。

第二章 保护措施

第五条 广播电视设施管理单位负责广播电视设施的维护和保养,保证其正常运行。

广播电视设施管理单位应当在广播电视设施周围设立保护标志,标明保护要求。

第六条 禁止危及广播电视信号发射设施的安全和损害其使用效能的下列行为:

(一) 拆除或者损坏天线、馈线、地网以及天线场地的围墙、围网及其附属设备、标志物;

(二) 在中波天线周围 250 米范围内建筑施工,或者以天线外 250 米为计算起点兴建高度超过仰角 3 度的高大建筑;

(三) 在短波天线前方 500 米范围内种植成林树木、堆放金属物品、穿越架空电力线路、建筑施工,或者以天线外 500 米为计算起点兴建高度超过仰角 3 度的高大建筑;

(四) 在功率 300 千瓦以上的定向天线前方 1000 米范围内建筑施工,或者以天线外 1000 米为计算起点兴建高度超过仰角 3 度的高大建筑;

(五) 在馈线两侧各 3 米范围内建筑施工,或者在馈线两侧各 5 米范围内种植树木、种植高杆作物;

(六) 在天线、塔桅(杆)周围 5 米或者可能危及拉锚安全的范围内挖沙、取土、钻探、打桩、倾倒腐蚀性物品。

第七条 禁止危及广播电视信号专用传输设施的安全和损害其使用效能的下列行为:

(一) 在标志埋设地下传输线路两侧各 5 米和水下传输线路两侧各 50 米范围内进行铺设易燃易爆液(气)体主管道、抛锚、拖锚、挖沙等施工作业;

(二) 移动、损坏传输线路、终端杆、塔桅(杆)及其附属设备、标志物;

(三) 在标志埋设地下传输线路的地面周围 1 米范围内种植根茎可能缠绕传输线路的植物、倾倒腐蚀性物品;

(四) 树木的顶端与架空传输线路的间距小于 2 米;

(五) 在传输线路塔桅(杆)、拉线周围 1 米范围内挖沙、取土,或者在其周围 5

米范围内倾倒腐蚀性物品、堆放易燃易爆物品；

（六）在传输线路塔桅（杆）、拉线上拴系牲畜、悬挂物品、攀附农作物。

第八条 禁止危及广播电视信号监测设施的安全和损害其使用效能的下列行为：

（一）移动、损坏监测接收天线、塔桅（杆）及其附属设备、标志物；

（二）在监测台、站周围违反国家标准架设架空电力线路，兴建电气化铁路、公路等产生电磁辐射的设施或者设置金属构件；

（三）在监测台、站测向场强室周围150米范围内种植树木、高杆作物、进行对土地平坦有影响的挖掘、施工；

（四）在监测天线周围1000米范围内建筑施工，或者以天线外1000米为计算起点修建高度超过仰角3度的建筑物、构筑物或者堆放超高的物品。

第九条 禁止危及广播电视设施安全和损害其使用效能的下列行为：

（一）在广播电视设施周围500米范围内进行爆破作业；

（二）在天线、馈线、传输线路及其塔桅（杆）、拉线周围500米范围内进行烧荒；

（三）在卫星天线前方50米范围内建筑施工，或者以天线前方50米为计算起点修建高度超过仰角5度的建筑物、构筑物或者堆放超高的物品；

（四）在发射、监测台、站周围1500米范围内兴建有严重粉尘污染、严重腐蚀性化学气体溢出或者产生放射性物质的设施；

（五）在发射、监测台、站周围500米范围内兴建油库、加油站、液化气站、煤气站等易燃易爆设施。

第十条 新建、扩建广播电视设施，应当遵守城乡建设总体规划，按照国家有关规定选址，避开各种干扰源。

第十一条 广播电视信号发射设施的建设，应当符合国家有关电磁波防护和卫生标准；在已有发射设施的场强区内，兴建机关、工厂、学校、商店、居民住宅等设施的，除应当遵守本条例有关规定外，还应当符合国家有关电磁波防护和卫生标准。

第十二条 在标志埋设广播电视传输线路两侧2米范围内堆放笨重物品、种植树木及平整土地的，应当事先征得广播电视设施管理单位的同意，并采取有效防范措施后，方可进行。

第十三条 在天线、馈线周围500米范围外进行烧荒等活动，可能危及广播电视设施安全的,应当事先通知广播电视设施管理单位,并采取有效防范措施后,方可进行。

第十四条 在天线、馈线周围种植树木或者农作物的,应当确保巡视、维修车辆的通行;巡视、维修车辆通行,对树木或者农作物造成损失的,由广播电视设施管理单位按照国家有关规定给予补偿。

对高度超越架空传输线路保护间距要求的树木,广播电视设施管理单位有权剪除其超越部分。

第十五条 在广播电视传输线路上接挂收听、收视设备,调整、安装有线广播电视的光分配器、分支放大器等设备,或者在有线广播电视设备上插接分支分配器、其他线路的,应当经广播电视设施管理单位同意,并由专业人员安装。

第十六条 在天线场地敷设电力、通讯线路或者在架空传输线路上附挂电力、通讯线路的,应当事先征得广播电视设施管理单位同意,并在专业人员的指导下进行施工。

第十七条 广播电视设施管理单位的专用供电、供水、通信等,有关部门或者单位应当予以保障。

广播电视设施管理单位应当按照有关广播电视行政管理部门的要求,对重要的广播电视设施配备备用电源、水源等设施。

第十八条 进行工程建设,应当尽量避开广播电视设施;重大工程项目确实无法避开而需要搬迁广播电视设施的,城市规划行政主管部门在审批前,应当征得有关广播电视行政管理部门同意。

迁建工作应当坚持先建设后拆除的原则。迁建所需费用由造成广播电视设施迁建的单位承担。迁建新址的技术参数应当按照国家有关规定报批。

第十九条 确需在已有广播电视信号空中专用传输通路内兴建建设工程的,城市规划行政主管部门在审批前,应当征得有关广播电视行政管理部门同意。

因建设工程阻挡空中专用传输通路,需要建立广播电视空中信号中继站的,建设单位应当承担所需费用并给予相应的经济补偿。

第三章　罚　则

第二十条 违反本条例规定,在广播电视设施保护范围内进行建筑施工、兴建设施或者爆破作业、烧荒等活动的,由县级以上人民政府广播电视行政管理部门或者其授权的广播电视设施管理单位责令改正,限期拆除违章建筑、设施,对个人处1000元以上1万元以下的罚款,对单位处2万元以上10万元以下的罚款;对其直接负责的主管人员及其他直接责任人员依法给予行政处分;违反治安管理规定的,由公安机关依法给予治安管理处罚;构成犯罪的,依法追究刑事责任。

第二十一条 违反本条例规定,损坏广播电视设施的,由县级以上人民政府广播电视行政管理部门或者其授权的广播电视设施管理单位责令改正,对个人处1000元以上1万元以下的罚款,对单位处2万元以上10万元以下的罚款;对其直接负责的主管人员及其他直接责任人员依法给予行政处分;违反治安管理规定的,由公安机关依法给予治安管理处罚;构成犯罪的,依法追究刑事责任。

第二十二条 违反本条例规定,在广播电视设施保护范围内有下列行为之一的,由县级以上人民政府广播电视行政管理部门或者其授权的广播电视设施管理单位责令改正,给予警告,对个人可处以2000元以下的罚款,对单位可处以2万元以下的罚款:

(一)种植树木、农作物的;

(二)堆放金属物品、易燃易爆物品或者设置金属构件、倾倒腐蚀性物品的;

(三)钻探、打桩、抛锚、拖锚、挖沙、取土的;

(四)拴系牲畜、悬挂物品、攀附农作物的。

第二十三条 违反本条例规定,未经同意,擅自实施下列行为之一的,由县级以上人民政府广播电视行政管理部门或者其授权的广播电视设施管理单位责令改正,对个人可处以2000元以下的罚款,对单位可处以1万元以下的罚款:

(一)在广播电视传输线路保护范围内堆放笨重物品、种植树木、平整土地的;

(二)在天线、馈线保护范围外进行烧荒等的;

(三)在广播电视传输线路上接挂、调整、安装、插接收听、收视设备的;

(四)在天线场地敷设或者在架空传输线路上附挂电力、通信线路的。

第二十四条 违反本条例规定,未经城市规划主管部门批准和广播电视行政管理部门同意,擅自进行建设工程的,由城市规划主管部门依照有关法律、法规的规定给予处罚。

第二十五条 广播电视行政管理部门、城市规划主管部门、公安机关的工作人员违反本条例规定,滥用职权、玩忽职守、徇私舞弊,造成广播电视设施严重损害或者严重影响其使用效能,构成犯罪的,依法追究刑事责任;尚不构成犯罪的,依法给予行政处分。

第二十六条 损坏广播电视设施无法恢复原状的,当事人应当依法承担赔偿责任。

第四章 附 则

第二十七条 本条例自公布之日起施行。1987 年 4 月 24 日国务院发布的《广播电视设施保护条例》同时废止。

电影管理条例

（2001 年 12 月 12 日国务院第 50 次常务会议通过　2001 年 12 月 25 日中华人民共和国国务院令第 342 号公布　自 2002 年 2 月 1 日起施行）

第一章　总　则

第一条　为了加强对电影行业的管理，发展和繁荣电影事业，满足人民群众文化生活需要，促进社会主义物质文明和精神文明建设，制定本条例。

第二条　本条例适用于中华人民共和国境内的故事片、纪录片、科教片、美术片、专题片等电影片的制片、进口、出口、发行和放映等活动。

第三条　从事电影片的制片、进口、出口、发行和放映等活动，应当遵守宪法和有关法律、法规，坚持为人民服务、为社会主义服务的方向。

第四条　国务院广播电影电视行政部门主管全国电影工作。

县级以上地方人民政府管理电影的行政部门（以下简称电影行政部门），依照本条例的规定负责本行政区域内的电影管理工作。

第五条　国家对电影摄制、进口、出口、发行、放映和电影片公映实行许可制度。未经许可，任何单位和个人不得从事电影片的摄制、进口、发行、放映活动，不得进口、出口、发行、放映未取得许可证的电影片。

依照本条例发放的许可证和批准文件，不得出租、出借、出售或者以其他任何形式转让。

第六条　全国性电影行业的社会团体按照其章程，在国务院广播电影电视行政部门指导下，实行自律管理。

第七条　国家对为电影事业发展做出显著贡献的单位和个人，给予奖励。

第二章　电影制片

第八条　设立电影制片单位，应当具备下列条件：

(一) 有电影制片单位的名称、章程;

(二) 有符合国务院广播电影电视行政部门认定的主办单位及其主管机关;

(三) 有确定的业务范围;

(四) 有适应业务范围需要的组织机构和专业人员;

(五) 有适应业务范围需要的资金、场所和设备;

(六) 法律、行政法规规定的其他条件。

审批设立电影制片单位,除依照前款所列条件外,还应当符合国务院广播电影电视行政部门制定的电影制片单位总量、布局和结构的规划。

第九条 申请设立电影制片单位,由所在地省、自治区、直辖市人民政府电影行政部门审核同意后,报国务院广播电影电视行政部门审批。

申请书应当载明下列内容:

(一) 电影制片单位的名称、地址和经济性质;

(二) 电影制片单位的主办单位的名称、地址、性质及其主管机关;

(三) 电影制片单位的法定代表人的姓名、住址、资格证明文件;

(四) 电影制片单位的资金来源和数额。

第十条 国务院广播电影电视行政部门应当自收到设立电影制片单位的申请书之日起 90 日内,作出批准或者不批准的决定,并通知申请人。批准的,由国务院广播电影电视行政部门发给《摄制电影许可证》,申请人持《摄制电影许可证》到国务院工商行政管理部门办理登记手续,依法领取营业执照;不批准的,应当说明理由。

第十一条 电影制片单位以其全部法人财产,依法享有民事权利,承担民事责任。

第十二条 电影制片单位变更、终止,应当报国务院广播电影电视行政部门批准,并依法到原登记的工商行政管理部门办理变更登记或者注销登记。

第十三条 电影制片单位可以从事下列活动:

(一) 摄制电影片;

(二) 按照国家有关规定制作本单位摄制的电影片的复制品;

(三) 按照国家有关规定在全国范围发行本单位摄制并被许可公映的电影片及其复制品;

(四) 按照国家有关规定出口本单位摄制并被许可公映的电影片及其复制品。

第十四条 电影制片单位应当建立、健全管理制度,保证电影片的质量。

第十五条 电影制片单位对其摄制的电影片,依法享有著作权。

第十六条 电影制片单位以外的单位独立从事电影摄制业务,须报经国务院广播电影电视行政部门批准,并持批准文件到工商行政管理部门办理相应的登记手续。

电影制片单位以外的单位经批准后摄制电影片,应当事先到国务院广播电影电视行政部门领取一次性《摄制电影片许可证(单片)》,并参照电影制片单位享有权利、承担义务。具体办法由国务院广播电影电视行政部门制定。

第十七条 国家鼓励企业、事业单位和其他社会组织以及个人以资助、投资的形式参与摄制电影片。具体办法由国务院广播电影电视行政部门制定。

第十八条 电影制片单位经国务院广播电影电视行政部门批准,可以与境外电影制片者合作摄制电影片;其他单位和个人不得与境外电影制片者合作摄制电影片。

电影制片单位和持有《摄制电影片许可证(单片)》的单位经国务院广播电影电视行政部门批准,可以到境外从事电影片摄制活动。

境外组织或者个人不得在中华人民共和国境内独立从事电影片摄制活动。

第十九条 中外合作摄制电影片,应当由中方合作者事先向国务院广播电影电视行政部门提出立项申请。国务院广播电影电视行政部门征求有关部门的意见后,经审查符合规定的,发给申请人一次性《中外合作摄制电影片许可证》。申请人取得《中外合作摄制电影片许可证》后,应当按照国务院广播电影电视行政部门的规定签订中外合作摄制电影片合同。

第二十条 中外合作摄制电影片需要进口设备、器材、胶片、道具的,中方合作者应当持国务院广播电影电视行政部门的批准文件到海关办理进口或者临时进口手续。

第二十一条 境外电影制片者同中方合作者合作或者以其他形式在中华人民共和国境内摄制电影片,应当遵守中华人民共和国的法律、法规,尊重中华民族的风俗、习惯。

第二十二条 电影底片、样片的冲洗及后期制作,应当在中华人民共和国境内完成。有特殊技术要求确需在境外完成的,应当单项申请,报经国务院广播电影电视行政部门批准后,按照批准文件载明的要求执行。

第二十三条 电影洗印单位不得洗印加工未取得《摄制电影许可证》或者《摄制电影片许可证(单片)》的单位摄制的电影底片、样片,不得洗印加工未取得《电影片公映许可证》的电影片拷贝。

电影洗印单位接受委托洗印加工境外的电影底片、样片和电影片拷贝的,应当事先经国务院广播电影电视行政部门批准,并持批准文件依法向海关办理有关进口手续。洗印加工的电影底片、样片和电影片拷贝必须全部运输出境。

第三章　电影审查

第二十四条　国家实行电影审查制度。

未经国务院广播电影电视行政部门的电影审查机构(以下简称电影审查机构)审查通过的电影片,不得发行、放映、进口、出口。

供科学研究、教学参考的专题片进口和中国电影资料馆进口电影资料片,依照本条例第三十二条的规定办理。

第二十五条　电影片禁止载有下列内容:

(一)反对宪法确定的基本原则的;

(二)危害国家统一、主权和领土完整的;

(三)泄露国家秘密、危害国家安全或者损害国家荣誉和利益的;

(四)煽动民族仇恨、民族歧视,破坏民族团结,或者侵害民族风俗、习惯的;

(五)宣扬邪教、迷信的;

(六)扰乱社会秩序,破坏社会稳定的;

(七)宣扬淫秽、赌博、暴力或者教唆犯罪的;

(八)侮辱或者诽谤他人,侵害他人合法权益的;

(九)危害社会公德或者民族优秀文化传统的;

(十)有法律、行政法规和国家规定禁止的其他内容的。

电影技术质量应当符合国家标准。

第二十六条　电影制片单位应当依照本条例第二十五条的规定,负责电影剧本投拍和电影片出厂前的审查。

电影制片单位依照前款规定对其准备投拍的电影剧本审查后,应当报电影审查机构备案;电影审查机构可以对报备案的电影剧本进行审查,发现有本条例第二十五条禁止内容的,应当及时通知电影制片单位不得投拍。具体办法由国务院广播电影电视行政部门制定。

第二十七条　电影制片单位应当在电影片摄制完成后,报请电影审查机构审查;电影进口经营单位应当在办理电影片临时进口手续后,报请电影审查机构审查。

电影审查收费标准由国务院价格主管部门会同国务院广播电影电视行政部门规定。

第二十八条 电影审查机构应当自收到报送审查的电影片之日起30日内,将审查决定书面通知送审单位。审查合格的,由国务院广播电影电视行政部门发给《电影片公映许可证》。

电影制片单位或者电影进口经营单位应当将《电影片公映许可证》证号印制在该电影片拷贝第一本片头处。

审查不合格,经修改报送重审的,审查期限依照本条第一款的规定重新计算。

第二十九条 电影制片单位和电影进口经营单位对电影片审查决定不服的,可以自收到审查决定之日起30日内向国务院广播电影电视行政部门的电影复审机构申请复审;复审合格的,由国务院广播电影电视行政部门发给《电影片公映许可证》。

第四章 电影进口出口

第三十条 电影进口业务由国务院广播电影电视行政部门指定电影进口经营单位经营;未经指定,任何单位或者个人不得经营电影进口业务。

第三十一条 进口供公映的电影片,进口前应当报送电影审查机构审查。

报送电影审查机构审查的电影片,由指定的电影进口经营单位持国务院广播电影电视行政部门的临时进口批准文件到海关办理电影片临时进口手续;临时进口的电影片经电影审查机构审查合格并发给《电影片公映许可证》和进口批准文件后,由电影进口经营单位持进口批准文件到海关办理进口手续。

第三十二条 进口供科学研究、教学参考的专题片,进口单位应当报经国务院有关行政主管部门审查批准,持批准文件到海关办理进口手续,并于进口之日起30日内向国务院广播电影电视行政部门备案。但是,不得以科学研究、教学的名义进口故事片。

中国电影资料馆进口电影资料片,可以直接到海关办理进口手续。中国电影资料馆应当将其进口的电影资料片按季度向国务院广播电影电视行政部门备案。

除本条规定外,任何单位或者个人不得进口未经国务院广播电影电视行政部门审查合格的电影片。

第三十三条 电影进口经营单位应当在取得电影作品著作权人使用许可后,在许可的范围内使用电影作品;未取得使用许可的,任何单位和个人不得使用进口电影作品。

第三十四条 电影制片单位出口本单位制作的电影片的,应当持《电影片公映许可证》到海关办理电影片出口手续。

中外合作摄制电影片出口的,中方合作者应当持《电影片公映许可证》到海关办理出口手续。中外合作摄制电影片素材出口的,中方合作者应当持国务院广播电影电视行政部门的批准文件到海关办理出口手续。

中方协助摄制电影片或者电影片素材出境的,中方协助者应当持国务院广播电影电视行政部门的批准文件到海关办理出境手续。

第三十五条 举办中外电影展、国际电影节,提供电影片参加境外电影展、电影节等,应当报国务院广播电影电视行政部门批准。

参加前款规定的电影展、电影节的电影片,须报国务院广播电影电视行政部门审查批准。参加境外电影展、电影节的电影片经批准后,参展者应当持国务院广播电影电视行政部门的批准文件到海关办理电影片临时出口手续。参加在中国境内举办的中外电影展、国际电影节的境外电影片经批准后,举办者应当持国务院广播电影电视行政部门的批准文件到海关办理临时进口手续。

第五章 电影发行和放映

第三十六条 设立电影发行单位、电影放映单位,应当具备下列条件:

(一) 有电影发行单位、电影放映单位的名称、章程;

(二) 有确定的业务范围;

(三) 有适应业务范围需要的组织机构和专业人员;

(四) 有适应业务范围需要的资金、场所和设备;

(五) 法律、行政法规规定的其他条件。

第三十七条 设立电影发行单位,应当向所在地省、自治区、直辖市人民政府电影行政部门提出申请;设立跨省、自治区、直辖市的电影发行单位,应当向国务院广播电影电视行政部门提出申请。所在地省、自治区、直辖市人民政府电影行政部门或者国务院广播电影电视行政部门应当自收到申请书之日起 60 日内作出批准或者不批准的决定，并通知申请人。批准的，发给《电影发行经营许可证》，申请人应当持《电影发行经营许可证》到工商行政管理部门登记，依法领取营业执照；不批准的，应当说明理由。

第三十八条 设立电影放映单位，应当向所在地县或者设区的市人民政府电影行政部门提出申请。所在地县或者设区的市人民政府电影行政部门应当自收到申请书之日起60日内作出批准或者不批准的决定，并通知申请人。批准的，发给《电影放映经营许可证》，申请人持《电影放映经营许可证》到所在地工商行政管理部门登记，依法领取营业执照；不批准的，应当说明理由。

第三十九条 电影发行单位、电影放映单位变更业务范围，或者兼并其他电影发行单位、电影放映单位，或者因合并、分立而设立新的电影发行单位、电影放映单位的，应当依照本条例第三十七条或者第三十八条的规定办理审批手续，并到工商行政管理部门办理相应的登记手续。

电影发行单位、电影放映单位变更名称、地址、法定代表人或者主要负责人，或者终止电影发行、放映经营活动的，应当到原登记的工商行政管理部门办理变更登记或者注销登记，并向原审批的电影行政部门备案。

第四十条 申请从事农村16毫米电影片发行、放映业务的单位或者个人，可以直接到所在地工商行政管理部门办理登记手续，并向所在地县级人民政府电影行政部门备案；备案后，可以在全国农村从事16毫米电影片发行、放映业务。

第四十一条 国家允许企业、事业单位和其他社会组织以及个人投资建设、改造电影院。

国家允许以中外合资或者中外合作的方式建设、改造电影院。具体办法由国务院广播电影电视行政部门会同国务院文化行政部门、国务院对外经济贸易主管部门按照有关规定制定。

第四十二条 电影片依法取得国务院广播电影电视行政部门发给的《电影片公映许可证》后，方可发行、放映。

已经取得《电影片公映许可证》的电影片，国务院广播电影电视行政部门在特殊情况下可以作出停止发行、放映或者经修改后方可发行、放映的决定；对决定经修改后方可发行、放映的电影片，著作权人拒绝修改的，由国务院广播电影电视行政部门决定停止发行、放映。

国务院广播电影电视行政部门作出的停止发行、放映的决定，电影发行单位、电影放映单位应当执行。

第四十三条 利用电影片制作音像制品的,应当遵守国家有关音像制品管理的规定。

任何单位和个人不得利用电影资料片从事或者变相从事经营性的发行、放映活动。

第四十四条 放映电影片,应当符合国家规定的国产电影片与进口电影片放映的时间比例。

放映单位年放映国产电影片的时间不得低于年放映电影片时间总和的 2/3。

第四十五条 电影放映单位应当维护电影院的公共秩序和环境卫生,保证观众的安全与健康。

第六章 电影事业的保障

第四十六条 国家建立和完善适应社会主义市场经济体制的电影管理体制,发展电影事业。

第四十七条 国家保障电影创作自由,重视和培养电影专业人才,重视和加强电影理论研究,繁荣电影创作,提高电影质量。

第四十八条 国家建立电影事业发展专项资金,并采取其他优惠措施,支持电影事业的发展。

电影事业发展专项资金缴纳单位应当按照国家有关规定履行缴纳义务。

第四十九条 电影事业发展专项资金扶持、资助下列项目:

(一) 国家倡导并确认的重点电影片的摄制和优秀电影剧本的征集;

(二) 重点制片基地的技术改造;

(三) 电影院的改造和放映设施的技术改造;

(四) 少数民族地区、边远贫困地区和农村地区的电影事业的发展;

(五) 需要资助的其他项目。

第五十条 国家鼓励、扶持科学教育片、纪录片、美术片及儿童电影片的制片、发行和放映。

第五十一条 国家对少数民族地区、边远贫困地区和农村地区发行、放映电影实行优惠政策。

国家对从事农村 16 毫米电影片发行、放映业务的单位和个人予以扶持。具体办法由国务院广播电影电视行政部门、国务院文化行政部门会同国务院财政部门规定。

第五十二条 县级以上地方人民政府制定的本行政区域建设规划,应当包括电影院和放映设施的建设规划。

改建、拆除电影院和放映设施,应当报经所在地县级以上地方人民政府电影行政部门审查批准,县级以上地方人民政府电影行政部门应当依据国家有关规定作出批准或者不批准的决定。

第五十三条 县级以上地方人民政府电影行政部门和其他有关行政部门,对干扰、阻止和破坏电影片的制片、发行、放映的行为,应当及时采取措施予以制止,并依法查处。

大众传播媒体不得宣扬非法电影。

第七章 罚 则

第五十四条 国务院广播电影电视行政部门和县级以上地方人民政府电影行政部门或者其他有关部门及其工作人员,利用职务上的便利收受他人财物或者其他好处,批准不符合法定设立条件的电影片的制片、发行和放映单位,或者不履行监督职责,或者发现违法行为不予查处,造成严重后果的,对负有责任的主管人员和其他直接责任人员依照刑法关于受贿罪、滥用职权罪、玩忽职守罪或者其他罪的规定,依法追究刑事责任;尚不够刑事处罚的,给予降级或者撤职的行政处分。

第五十五条 违反本条例规定,擅自设立电影片的制片、发行、放映单位,或者擅自从事电影制片、进口、发行、放映活动的,由工商行政管理部门予以取缔;依照刑法关于非法经营罪的规定,依法追究刑事责任;尚不够刑事处罚的,没收违法经营的电影片和违法所得以及进行违法经营活动的专用工具、设备;违法所得5万元以上的,并处违法所得5倍以上10倍以下的罚款;没有违法所得或者违法所得不足5万元的,并处20万元以上50万元以下的罚款。

第五十六条 摄制含有本条例第二十五条禁止内容的电影片,或者洗印加工、进口、发行、放映明知或者应知含有本条例第二十五条禁止内容的电影片的,依照刑法有关规定,依法追究刑事责任;尚不够刑事处罚的,由电影行政部门责令停业整顿,没收违法经营的电影片和违法所得;违法所得5万元以上的,并处违法所得5倍以上10倍以下的罚款;没有违法所得或者违法所得不足5万元的,并处20万元以上50万元以下的罚款;情节严重的,并由原发证机关吊销许可证。

第五十七条 走私电影片,依照刑法关于走私罪的规定,依法追究刑事责任;

尚不够刑事处罚的,由海关依法给予行政处罚。

第五十八条 出口、发行、放映未取得《电影片公映许可证》的电影片的,由电影行政部门责令停止违法行为,没收违法经营的电影片和违法所得;违法所得 5 万元以上的,并处违法所得 10 倍以上 15 倍以下的罚款;没有违法所得或者违法所得不足 5 万元的,并处 20 万元以上 50 万元以下的罚款;情节严重的,并责令停业整顿或者由原发证机关吊销许可证。

第五十九条 有下列行为之一的,由电影行政部门责令停止违法行为,没收违法经营的电影片和违法所得;违法所得 5 万元以上的,并处违法所得 5 倍以上 10 倍以下的罚款;没有违法所得或者违法所得不足 5 万元的,并处 10 万元以上 30 万元以下的罚款;情节严重的,并责令停业整顿或者由原发证机关吊销许可证:

(一) 未经批准,擅自与境外组织或者个人合作摄制电影,或者擅自到境外从事电影摄制活动的;

(二) 擅自到境外进行电影底片、样片的冲洗或者后期制作,或者未按照批准文件载明的要求执行的;

(三) 洗印加工未取得《摄制电影许可证》、《摄制电影片许可证(单片)》的单位摄制的电影底片、样片,或者洗印加工未取得《电影片公映许可证》的电影片拷贝的;

(四) 未经批准,接受委托洗印加工境外电影底片、样片或者电影片拷贝,或者未将洗印加工的境外电影底片、样片或者电影片拷贝全部运输出境的;

(五) 利用电影资料片从事或者变相从事经营性的发行、放映活动的;

(六) 未按照规定的时间比例放映电影片,或者不执行国务院广播电影电视行政部门停止发行、放映决定的。

第六十条 境外组织、个人在中华人民共和国境内独立从事电影片摄制活动的,由国务院广播电影电视行政部门责令停止违法活动,没收违法摄制的电影片和进行违法活动的专用工具、设备,并处 30 万元以上 50 万元以下的罚款。

第六十一条 未经批准,擅自举办中外电影展、国际电影节,或者擅自提供电影片参加境外电影展、电影节的,由国务院广播电影电视行政部门责令停止违法活动,没收违法参展的电影片和违法所得;违法所得 2 万元以上的,并处违法所得 5 倍以上 10 倍以下的罚款;没有违法所得或者违法所得不足 2 万元的,并处 2 万元以上 10 万元以下的罚款。

第六十二条 未经批准,擅自改建、拆除电影院或者放映设施的,由县级以上地方人民政府电影行政部门责令限期恢复电影院或者放映设施的原状，给予警告，对负有责任的主管人员和其他直接责任人员依法给予纪律处分。

第六十三条 单位违反本条例，被处以吊销许可证行政处罚的，应当按照国家有关规定到工商行政管理部门办理变更登记或者注销登记；逾期未办理的，由工商行政管理部门吊销营业执照。

第六十四条 单位违反本条例，被处以吊销许可证行政处罚的，其法定代表人或者主要负责人自吊销许可证之日起5年内不得担任电影片的制片、进口、出口、发行和放映单位的法定代表人或者主要负责人。

个人违反本条例，未经批准擅自从事电影片的制片、进口、发行业务，或者擅自举办中外电影展、国际电影节或者擅自提供电影片参加境外电影展、电影节的，5年内不得从事相关电影业务。

第六十五条 未按照国家有关规定履行电影事业发展专项资金缴纳义务的，由省级以上人民政府电影行政部门责令限期补交，并自欠缴之日起按日加收所欠缴金额万分之五的滞纳金。

第六十六条 依照本条例的规定实施罚款的行政处罚，应当依照有关法律、行政法规的规定，实行罚款决定与罚款收缴分离；收缴的罚款应当全部上缴国库。

第八章　附　则

第六十七条 国家实行《摄制电影许可证》和《电影发行经营许可证》、《电影放映经营许可证》年检制度。年检办法由国务院广播电影电视行政部门制定。

第六十八条 本条例自2002年2月1日起施行。1996年6月19日国务院发布的《电影管理条例》同时废止。

广播电台电视台播放录音制品支付报酬暂行办法

(2009年11月10日中华人民共和国国务院令第566号公布
根据2011年1月8日《国务院关于废止和修改部分行政法规的决定》修订)

第一条 为了保障著作权人依法行使广播权,方便广播电台、电视台播放录音制品,根据《中华人民共和国著作权法》(以下称著作权法)第四十四条的规定,制定本办法。

第二条 广播电台、电视台可以就播放已经发表的音乐作品向著作权人支付报酬的方式、数额等有关事项与管理相关权利的著作权集体管理组织进行约定。

广播电台、电视台播放已经出版的录音制品,已经与著作权人订立许可使用合同的,按照合同约定的方式和标准支付报酬。

广播电台、电视台依照著作权法第四十四条的规定,未经著作权人的许可播放已经出版的录音制品(以下称播放录音制品)的,依照本办法向著作权人支付报酬。

第三条 本办法所称播放,是指广播电台、电视台以无线或者有线的方式进行的首播、重播和转播。

第四条 广播电台、电视台播放录音制品,可以与管理相关权利的著作权集体管理组织约定每年向著作权人支付固定数额的报酬;没有就固定数额进行约定或者约定不成的,广播电台、电视台与管理相关权利的著作权集体管理组织可以以下列方式之一为基础,协商向著作权人支付报酬:

(一)以本台或者本台各频道(频率)本年度广告收入扣除15%成本费用后的余额,乘以本办法第五条或者第六条规定的付酬标准,计算支付报酬的数额;

(二)以本台本年度播放录音制品的时间总量,乘以本办法第七条规定的单位时间付酬标准,计算支付报酬的数额。

第五条 以本办法第四条第(一)项规定方式确定向著作权人支付报酬的数额的,自本办法施行之日起5年内,按照下列付酬标准协商支付报酬的数额:

(一)播放录音制品的时间占本台或者本频道(频率)播放节目总时间的比例

（以下称播放时间比例）不足1%的，付酬标准为0.01%；

（二）播放时间比例为1%以上不足3%的，付酬标准为0.02%；

（三）播放时间比例为3%以上不足6%的，相应的付酬标准为0.09%到0.15%，播放时间比例每增加1%，付酬标准相应增加0.03%；

（四）播放时间比例为6%以上10%以下的，相应的付酬标准为0.24%到0.4%，播放时间比例每增加1%，付酬标准相应增加0.04%；

（五）播放时间比例超过10%不足30%的，付酬标准为0.5%；

（六）播放时间比例为30%以上不足50%的，付酬标准为0.6%；

（七）播放时间比例为50%以上不足80%的，付酬标准为0.7%；

（八）播放时间比例为80%以上的，付酬标准为0.8%。

第六条 以本办法第四条第（一）项规定方式确定向著作权人支付报酬的数额的，自本办法施行届满5年之日起，按照下列付酬标准协商支付报酬的数额：

（一）播放时间比例不足1%的，付酬标准为0.02%；

（二）播放时间比例为1%以上不足3%的，付酬标准为0.03%；

（三）播放时间比例为3%以上不足6%的，相应的付酬标准为0.12%到0.2%，播放时间比例每增加1%，付酬标准相应增加0.04%；

（四）播放时间比例为6%以上10%以下的，相应的付酬标准为0.3%到0.5%，播放时间比例每增加1%，付酬标准相应增加0.05%；

（五）播放时间比例超过10%不足30%的，付酬标准为0.6%；

（六）播放时间比例为30%以上不足50%的，付酬标准为0.7%；

（七）播放时间比例为50%以上不足80%的，付酬标准为0.8%；

（八）播放时间比例为80%以上的，付酬标准为0.9%。

第七条 以本办法第四条第（二）项规定的方式确定向著作权人支付报酬的数额的，按照下列付酬标准协商支付报酬的数额：

（一）广播电台的单位时间付酬标准为每分钟0.30元；

（二）电视台的单位时间付酬标准自本办法施行之日起5年内为每分钟1.50元，自本办法施行届满5年之日起为每分钟2元。

第八条 广播电台、电视台播放录音制品，未能依照本办法第四条的规定与管理相关权利的著作权集体管理组织约定支付报酬的固定数额，也未能协商确定应支付报酬的，应当依照本办法第四条第（一）项规定的方式和第五条、第六条规定的标准，确定向管理相关权利的著作权集体管理组织支付报酬的数额。

第九条 广播电台、电视台转播其他广播电台、电视台播放的录音制品的,其播放录音制品的时间按照实际播放时间的10%计算。

第十条 中部地区的广播电台、电视台依照本办法规定方式向著作权人支付报酬的数额,自本办法施行之日起5年内,按照依据本办法规定计算出的数额的50%计算。

西部地区的广播电台、电视台以及全国专门对少年儿童、少数民族和农村地区等播出的专业频道(频率),依照本办法规定方式向著作权人支付报酬的数额,自本办法施行之日起5年内,按照依据本办法规定计算出的数额的10%计算;自本办法施行届满5年之日起,按照依据本办法规定计算出的数额的50%计算。

第十一条 县级以上人民政府财政部门将本级人民政府设立的广播电台、电视台播放录音制品向著作权人支付报酬的支出作为核定其收支的因素,根据本地区财政情况综合考虑,统筹安排。

第十二条 广播电台、电视台向著作权人支付报酬,以年度为结算期。

广播电台、电视台应当于每年度第一季度将其上年度应当支付的报酬交由著作权集体管理组织转付给著作权人。

广播电台、电视台通过著作权集体管理组织向著作权人支付报酬时,应当提供其播放作品的名称、著作权人姓名或者名称、播放时间等情况,双方已有约定的除外。

第十三条 广播电台、电视台播放录音制品,未向管理相关权利的著作权集体管理组织会员以外的著作权人支付报酬的,应当按照本办法第十二条的规定将应支付的报酬送交管理相关权利的著作权集体管理组织;管理相关权利的著作权集体管理组织应当向著作权人转付。

第十四条 著作权集体管理组织向著作权人转付报酬,除本办法已有规定外,适用《著作权集体管理条例》的有关规定。

第十五条 广播电台、电视台依照本办法规定将应当向著作权人支付的报酬交给著作权集体管理组织后,对著作权集体管理组织与著作权人之间的纠纷不承担责任。

第十六条 广播电台、电视台与著作权人或者著作权集体管理组织因依照本办法规定支付报酬产生纠纷的,可以依法向人民法院提起民事诉讼,或者根据双方达成的书面仲裁协议向仲裁机构申请仲裁。

第十七条 本办法自2010年1月1日起施行。

广播影视司法解释

最高人民法院关于审理破坏广播电视设施等刑事案件具体应用法律若干问题的解释

（2011 年 5 月 23 日最高人民法院审判委员会第 1523 次会议通过　2011 年 6 月 7 日最高人民法院公告公布　自 2011 年 6 月 13 日起施行　法释〔2011〕13 号）

为依法惩治破坏广播电视设施等犯罪活动，维护广播电视设施运行安全，根据刑法有关规定，现就审理这类刑事案件具体应用法律的若干问题解释如下：

第一条　采取拆卸、毁坏设备，剪割缆线，删除、修改、增加广播电视设备系统中存储、处理、传输的数据和应用程序，非法占用频率等手段，破坏正在使用的广播电视设施，具有下列情形之一的，依照刑法第一百二十四条第一款的规定，以破坏广播电视设施罪处三年以上七年以下有期徒刑：

（一）造成救灾、抢险、防汛和灾害预警等重大公共信息无法发布的；

（二）造成县级、地市（设区的市）级广播电视台中直接关系节目播出的设施无法使用，信号无法播出的；

（三）造成省级以上广播电视传输网内的设施无法使用，地市（设区的市）级广播电视传输网内的设施无法使用三小时以上，县级广播电视传输网内的设施无法使用十二小时以上，信号无法传输的；

（四）其他危害公共安全的情形。

第二条　实施本解释第一条规定的行为，具有下列情形之一的，应当认定为刑法第一百二十四条第一款规定的“造成严重后果”，以破坏广播电视设施罪处七年以上有期徒刑：

（一）造成救灾、抢险、防汛和灾害预警等重大公共信息无法发布，因此贻误排除险情或者疏导群众，致使一人以上死亡、三人以上重伤或者财产损失五十万元以上，或者引起严重社会恐慌、社会秩序混乱的；

（二）造成省级以上广播电视台中直接关系节目播出的设施无法使用，信号无法播出的；

（三）造成省级以上广播电视传输网内的设施无法使用三小时以上，地市（设区的市)级广播电视传输网内的设施无法使用十二小时以上,县级广播电视传输网内的设施无法使用四十八小时以上,信号无法传输的;

(四)造成其他严重后果的。

第三条 过失损坏正在使用的广播电视设施,造成本解释第二条规定的严重后果的,依照刑法第一百二十四条第二款的规定,以过失损坏广播电视设施罪处三年以上七年以下有期徒刑;情节较轻的,处三年以下有期徒刑或者拘役。

过失损坏广播电视设施构成犯罪,但能主动向有关部门报告,积极赔偿损失或者修复被损坏设施的,可以酌情从宽处罚。

第四条 建设、施工单位的管理人员、施工人员,在建设、施工过程中,违反广播电视设施保护规定,故意或者过失损毁正在使用的广播电视设施,构成犯罪的,以破坏广播电视设施罪或者过失损坏广播电视设施罪定罪处罚。其定罪量刑标准适用本解释第一至三条的规定。

第五条 盗窃正在使用的广播电视设施,尚未构成盗窃罪,但具有本解释第一条、第二条规定情形的,以破坏广播电视设施罪定罪处罚;同时构成盗窃罪和破坏广播电视设施罪的,依照处罚较重的规定定罪处罚。

第六条 破坏正在使用的广播电视设施未危及公共安全,或者故意毁坏尚未投入使用的广播电视设施,造成财物损失数额较大或者有其他严重情节的,以故意毁坏财物罪定罪处罚。

第七条 实施破坏广播电视设施犯罪,并利用广播电视设施实施煽动分裂国家、煽动颠覆国家政权、煽动民族仇恨、民族歧视或者宣扬邪教等行为,同时构成其他犯罪的,依照处罚较重的规定定罪处罚。

第八条 本解释所称广播电视台中直接关系节目播出的设施、广播电视传输网内的设施,参照国家广播电视行政主管部门和其他相关部门的有关规定确定。

广播影视部门规章

《卫星电视广播地面接收设施管理规定》实施细则

（1994 年 2 月 3 日　广播电影电视部令第 11 号）

第一章　总　则

第一条　根据国务院颁布的《卫星电视广播地面接收设施管理规定》（以下简称《管理规定》）第十三条规定，制定本实施细则。

第二条　广播电影电视部是卫星电视广播地面接收设施（以下简称卫星地面接收设施）的归口管理部门，会同公安部、国家安全部负责全国卫星地面接收设施管理工作。

地方各级广播电视行政部门是当地的卫星地面接收设施的归口管理部门，会同地方各级公安部门和国家安全部门负责本辖区内的卫星地面接收设施的管理工作。

广播电视行政部门的职责是对卫星地面接收设施实行归口管理，审批卫星地面接收设施的设置，组织对卫星地面接收设施的生产、销售、使用情况进行检查；公安部门的职责是查处抗拒、阻碍管理部门依法执行公务的违法行为，协助管理部门对卫星地面接收设施进行技术检查；国家安全部门的职责是检验审核卫星地面接收设施的技术性能，进行技术安全检查，并视需要采取必要的技术防范措施。

第二章　卫星地面接收设施的设置

第三条　申请设置卫星地面接收设施接收卫星传送的电视节目的单位，应当具备下列条件：

（一）有确定的接收方位、接收内容和收视对象范围；

（二）有符合国家标准的接收设备；

(三)有合格的专职管理人员;

(四)有健全的管理制度。

第四条 任何单位均可申请设置卫星地面接收设施接收卫星传送的境内电视节目。

下列单位和场所可申请设置卫星地面接收设施接收卫星传送的境外电视节目:

(一)级别较高、规模较大的教育、科研、新闻、金融、经贸等确因业务工作需要的单位;

(二)三星级或国家标准二级以上的涉外宾馆;

(三)专供外国人和港、澳、台人士办公或居住的公寓等。

第五条 凡需设置卫星地面接收设施接收境内电视节目的单位,必须向当地县级以上(含县级)广播电视行政部门提出申请,报地、市级广播电视行政部门审批。省、自治区、直辖市的直属单位可直接报省、自治区、直辖市广播电视行政部门审批。经审查批准的单位,凭审批机关开具的证明购买卫星地面接收设施。卫星地面接收设施安装完毕,经审批机关检验合格后由其发给《接收卫星传送的境内电视节目许可证》(以下简称《许可证》),并报省、自治区、直辖市广播电视行政部门、国家安全部门备案。此种《许可证》格式由广播电影电视部统一制定,各省、自治区、直辖市自行印制。

设置卫星地面接收设施专门接收卫星传送的境内教育电视节目的各类学校和教育、教学单位,亦按上述程序办理审批手续。经审查批准的,可由当地教育行政部门负责管理,同时接受广播电视行政部门和公安、国家安全部门的检查和管理。

凡需设置卫星地面接收设施接收境外电视节目的单位,必须向当地县级以上(含县级)广播电视行政部门提出申请,经地、市级广播电视行政部门和国家安全部门签署意见后,报所在省、自治区、直辖市广播电视行政部门审批。经审查批准的单位,凭审批机关开具的证明购买卫星地面接收设施。卫星地面接收设施安装完毕,经省、自治区、直辖市广播电视行政部门和国家安全部门检验合格后,由省、自治区、直辖市广播电视行政部门发给《接收卫星传送的境外电视节目许可证》(以下简称《许可证》),并报广播电影电视部、国家安全部备案。此种《许可证》由广播电影电视部统一印制。

第六条 个人不得安装和使用卫星地面接收设施。

但在收不到当地电视台、电视转播台、电视差转台、有线电视台(站)的电视节目的地区，个人可申请安装卫星地面接收设施接收境内电视节目。

个人需设置卫星地面接收设施的，必须经所在单位同意并持其开具的证明，向当地县级以上（含县级）广播电视行政部门提出申请，经地、市级广播电视行政部门和国家安全部门签署意见后报省、自治区、直辖市广播电视行政部门审批。经审查批准的个人，凭审批机关开具的证明购买卫星地面接收设施。卫星地面接收设施安装完毕，经省、自治区、直辖市广播电视行政部门和国家安全部门检验合格后，由省、自治区、直辖市广播电视行政部门发给《接收卫星传送的境内电视节目许可证》。

个人设置的卫星接收天线不得占用公共场所、影响环境美观和邻里日常生活。

第七条 必要时广播电影电视部可以直接批准设置卫星地面接收设施，并发给相应的《许可证》。

第八条 《管理规定》发布前，单位未经批准已经设置的卫星地面接收设施，不符合前述条款中设置卫星地面接收设施申报条件的，应予拆除。符合前述条款中设置卫星地面接收设施申报条件的，必须自《管理规定》发布之日起六个月内依照《管理规定》和本《实施细则》办理审批手续。

第九条 禁止未持有《许可证》的单位和个人设置卫星地面接收设施接收卫星传送的电视节目。

第十条 安装卫星地面接收设施的施工单位，必须持有《卫星地面接收设施安装许可证》。申领安装许可证的条件和办法，由各省、自治区、直辖市广播电视行政部门自行制定。

单位和个人设置卫星地面接收设施，必须由持有《卫星地面接收设施安装许可证》的单位提供安装和维修服务。

第三章　卫星电视节目的接收和使用

第十一条 持有《许可证》的单位和个人，必须按照《许可证》载明的接收目的、接收内容、接收方式和收视对象范围等要求，接收和使用卫星电视节目。

持有《接收卫星传送的境外电视节目许可证》的涉外宾馆可以通过宾馆的有线（闭路）电视系统向客房传送接收的境外电视节目。

持有《接收卫星传送的境外电视节目许可证》的其它单位，要根据工作需要限定收视人员范围，不得将接收设施的终端安置到超越其规定接收范围的场所。禁止在本单位的有线(闭路)电视系统中传送所接收的境外电视节目。

禁止在车站、码头、机场、商店和影视厅、歌舞厅等公共场所播放或以其它方式传播卫星传送的境外电视节目。

禁止利用卫星地面接收设施接收、传播反动淫秽的卫星电视节目。

第十二条 禁止电视台、电视转播台、电视差转台、有线电视台、有线电视站、共用天线系统转播卫星传送的境外电视节目。

第十三条 《许可证》不得涂改或者转让。需要改变《许可证》规定的内容或者不再接收卫星传送的电视节目的单位,应按设置卫星地面接收设施接收电视节目的申请程序,及时报请审批机关换发或者注销《许可证》。

第十四条 有关卫星地面接收设施的宣传、广告不得违反《管理规定》及本《实施细则》的有关规定。

第四章 卫星地面接收设施的生产、销售和进口

第十五条 卫星地面接收设施由电子工业部指定的企业生产。定点生产企业的审批和管理办法,由电子工业部商有关部门另行制定。

第十六条 卫星地面接收设施实行定点销售。定点销售单位的审批和管理办法由省、自治区、直辖市人民政府工商行政管理部门会同国内贸易、广播电视和电子工业行政部门另行制定。

定点销售单位只能向持有地、市级以上(含地、市级)广播电视行政部门开具的证明的单位和个人销售经质量认证合格的卫星地面接收设施。

第十七条 卫星地面接收设施的质量认证证书和认证标志,由国家技术监督局或其授权的部门认可的认证机构按照有关质量认证的法律、法规的规定认证合格后发放;未经质量认证的,不得销售和使用。

第十八条 进口卫星地面接收设施必须持广播电影电视部开具的证明,进口卫星地面接收设施的专用元部件必须持电子工业部开具的证明,到国家机电产品进出口办公室办理审批手续,海关凭审查批件放行。

禁止个人携带、邮寄卫星地面接收设施入境。

第五章　法律责任

第十九条　对违反本《实施细则》第九至第十四条规定的单位和个人，由县级以上(含县级)广播电视行政部门给予行政处罚。其具体处罚措施如下：

(一)对违反本《实施细则》第九、第十一、第十二、第十三条规定的单位，可给予警告、一千至五万元罚款、没收其使用的卫星地面接收设施、吊销《许可证》等处罚；

(二)对违反本《实施细则》第九、第十一、第十三条规定的个人，可给予警告、五百至五千元罚款、没收其使用的卫星地面接收设施、吊销《许可证》等处罚；

(三)对违反本《实施细则》第十条规定，未持有《卫星地面接收设施安装许可证》而承担安装卫星地面接收设施施工任务的单位可处以警告、一千至三万元罚款；

(四)对违反本《实施细则》第十四条规定的，可处以警告、一千至三万元罚款。

以上行政处罚可单处也可并处。

对同一单位或个人有两种以上违反本《实施细则》行为的行政处罚，分别裁决，合并执行。

对同一违规行为的行政处罚只能一次处罚，不得重复处罚。

第二十条　对违反本《实施细则》第十五条规定，未经批准擅自生产卫星地面接收设施的，按电子工业部的有关规定处罚。

第二十一条　对违反本《实施细则》第十六条规定，未经批准擅自销售卫星地面接收设施的，及向未持有广播电视行政部门开具的证明的单位和个人销售卫星地面接收设施的，由工商行政管理部门责令停止销售，没收其卫星地面接收设施，并可以处以相当于销售额二倍以下的罚款。

对违反本《实施细则》第十七条规定，销售未经质量认证或认证不合格的卫星地面接收设施的，由标准化行政主管部门责令停止销售，处以违法所得三倍以下的罚款，并可对该违法单位负责人处五千元以下的罚款。

第二十二条　对违反本《实施细则》第十八条规定，擅自进口卫星地面接收设施或携带卫星地面接收设施入境的，海关按照《海关法》的有关规定处理。

第二十三条　抗拒、阻碍管理部门依法对卫星地面接收设施的生产、销售、设置、安装和使用进行管理的，由公安部门依照《中华人民共和国治安管理处罚条例》的规定处罚;情节严重、构成犯罪的,由司法机关依法追究当事人的刑事责任。

第二十四条 利用卫星地面接收设施从事危害国家安全活动的,由国家安全、公安部门依照《国家安全法》的规定处理。

第二十五条 当事人对依照《管理规定》和本《实施细则》做出的处罚决定不服的,可根据《行政复议条例》和《行政诉讼法》有关规定申请行政复议或者提起行政诉讼。

对于不申请复议、不起诉又不履行处罚决定的,作出处罚决定的广播电视等行政部门可依法强制执行(法律另有规定的除外)。

第二十六条 罚款上缴国库。

第六章 附 则

第二十七条 军队以及公安、国家安全部门设置用于军事、公安、国家安全业务的卫星地面接收设施,由中国人民解放军有关部门、公安部和国家安全部各自另行制定管理规定实施管理,并将管理规定送广播电影电视部备案。但其宿舍区、宾馆等用于非军事、公安、国家安全业务的卫星地面接收设施的设置、安装和使用,应依照《管理规定》和本《实施细则》接受管理。

外国驻华使(领)馆,以及其它享有外交特权与豁免的机构设置卫星地面接收设施,通过外交途径办理。

第二十八条 持有《许可证》的单位接收、使用卫星传送的电视节目,应尊重该节目著作权人的权利。

第二十九条 卫星地面接收设施管理费的征收和使用办法,由广播电影电视部商有关部门或由省、自治区、直辖市广播电视行政部门商有关部门制定。

第三十条 各省、自治区、直辖市广播电视行政部门可依据《管理规定》和本《实施细则》,结合各地实际情况,商有关部门制定卫星地面接收设施的具体管理办法。

第三十一条 本《实施细则》自发布之日起施行。过去发布的规定与《管理规定》和本《实施细则》不一致之处,均以《管理规定》和本《实施细则》为准。

广播电影电视行政处罚程序暂行规定

（1996 年 12 月 19 日　广播电影电视部令第 20 号）

第一章　总　则

第一条　为维护广播电影电视行政管理秩序，规范广播电影电视行政处罚行为，保护公民、法人和其它组织的合法权益，依据《行政处罚法》，制定本规定。

第二条　县级以上（含县级）广播电影电视行政机关和经法律、法规授权具有行政处罚权的县级以上广播电影电视管理部门实施行政处罚，适用《行政处罚法》和本规定。

广播电影电视行政机关可以根据工作需要，委托符合《行政处罚法》第十九条规定的组织实施行政处罚，受委托的组织实施行政处罚，适用《行政处罚法》和本规定。

第三条　实施广播电影电视行政处罚，必须以事实为依据，与违法行为的性质、情节以及社会危害程度相当。

第四条　实施广播电影电视行政处罚，必须以法律、法规、规章和规范性文件为依据。

第五条　实施广播电影电视行政处罚的执法人员，必须依法履行告知义务，维护当事人合法权益。

第六条　查处违反广播电影电视行政管理的案件，必须责令当事人立即改正或限期改正其违法行为，并遵循先取证、后裁决的原则。

调查取证要全面、客观、公正；调查程序必须合法。

第七条　实施广播电影电视行政处罚，由违法行为发生地的有行政处罚权的县级以上（含县级）广播电影电视管理部门管辖。法律、法规和规章另有规定的除外。

第八条　对管辖发生争议的，应报请上一级广播电影电视行政部门指定管辖。

上级广播电影电视行政部门认为必要的，可以直接管辖。

第九条　执法人员在查处案件时，应持有广播电影电视部统一颁发的行政执法证，并不得少于两人。

有下列情形之一的,执法人员应当自行回避。当事人也可申请其回避。

(一)本案当事人或当事人、代理人的近亲属;

(二)与本案有利害关系;

(三)与本案当事人有其它关系,可能影响案件公正处理的。

回避决定由本单位主管负责人作出。

第十条 实施广播电影电视行政处罚时,对当事人的同一个违法行为,不得给予两次以上的罚款处罚。

第十一条 对违反广播电影电视行政管理构成犯罪的,应当移交司法机关。

第十二条 违反广播电影电视行政管理的行为在二年内未被发现的,不再予以处罚。法律另有规定的除外。

前款规定的期限,从违法行为发生之日起计算;违法行为有连续或继续状态的,从行为终了之日起计算。

第二章 简易程序

第十三条 对违法事实清楚,情节较轻,应给予警告或对公民处以五十元以下、对法人处以一千元以下罚款的,执法人员可以当场作出行政处罚决定,并将处罚决定书交付当事人。

第十四条 执法人员当场作出处罚决定的,应当履行下列职责:

(一)出示执法身份证件;

(二)指出当事人的违法事实及应受处罚的理由和依据;

(三)听取、答复当事人的申辩和询问,并告知当事人有依法提起行政复议、行政诉讼等权利;

(四)宣布应给予的行政处罚,并填写行政处罚决定书。

第十五条 执法人员可当场收缴二十元以下的罚款,并向当事人出具省级财政部门的统一罚款收据。

依前款规定收缴的罚款,执法人员应当自收缴罚款之日起二日内交本单位,并由本单位统一向指定的银行移交。

第十六条 适用简易程序决定处罚二十元以上一千元以下罚款的,由当事人自收到决定书后十五日内到指定银行缴纳。

第十七条 当场作出行政处罚的处罚决定书,应当备案。

第三章　一般程序

第十八条　对给予当场处罚以外的行政案件,应当及时制作立案报告报批。

第十九条　经批准决定立案查处的,执法人员应当进行调查,并制作调查笔录、现场笔录等。

第二十条　执法人员进行调查取证,应当履行下列职责:

(一)出示执法身份证件;

(二)制作调查笔录或现场笔录;

(三)制作其它应调查事项的笔录。

第二十一条　调查笔录或现场笔录应由当事人或在场的有关人员核对后签字盖章。

对拒不签字盖章的,可由在场的执法人员签字盖章并注明情况。

第二十二条　执法人员应及时制止当事人的违法行为,避免造成严重后果。

第二十三条　执法人员可采取询问、抽样检查、拍摄等方式收集证据。

对可能灭失或以后难以取得的证据,经本单位主管负责人批准后,可进行登记保存,并填写登记保存清单或现场笔录。

第二十四条　对登记保存的证据应视情况选择适当场所妥善保存,并于七日内做出处理决定。在此期间,任何人不得擅自动用、销毁或转移证据。

第二十五条　执法人员依法律、法规规定采取强制措施,须经本单位的主管负责人批准。

第二十六条　执法人员认为案件基本事实已查清,应拟出案件处理意见书,并将案件处理意见书的副本和当事人回执通知一并于三日内送达当事人。

送达人可当场收回当事人回执通知,也可限期收回。

当事人在限期内无正当理由未交回执的,视为当事人放弃其申辩、听证的权利。

第二十七条　执法人员收到当事人回执后,应作出修改或不修改案件处理意见书的建议,报本单位主管负责人审查。

第二十八条　本单位主管负责人必须对案件处理意见书进行审查,根据不同情况分别作出如下决定:

(一)确有应受行政处罚的违法行为的,根据情节轻重及具体情况,作出行政

处罚决定;

(二)违法行为轻微,依法可以不予行政处罚的,不予行政处罚;

(三)违法事实不能成立,不得给予行政处罚;

(四)违法行为已构成犯罪,应当移送司法机关。

对情节复杂或重大的违法行为,需给予较重的行政处罚的,应由本单位负责人集体讨论决定。

对集体讨论的行政处罚案件,实行首长负责制。

第二十九条 对决定给予行政处罚的,依《行政处罚法》第三十九条之规定制作行政处罚决定书,并于七日内直接送达当事人。

第三十条 处罚决定书可依据《民事诉讼法》规定的有关程序送达。

当事人对送达的处罚决定书应当签收。挂号邮寄、公告送达的除外。

对行政处罚决定书拒不签收的,送达人可留置送达,并写明未签收的理由。

第三十一条 行政处罚决定一经作出,当事人应当在行政处罚决定的期限内,予以履行。

当事人对行政处罚决定提出行政复议、行政诉讼的,行政处罚不停止执行。法律另有规定的除外。

第三十二条 适用一般程序作出罚款处罚决定的,由当事人持处罚决定书于十五日内到指定银行缴纳。

但对于不当场收缴,事后难以收缴的罚款,可以当场收缴。

第三十三条 对当事人逾期不缴纳罚款的,每日按罚款数额的 3% 加处罚款;

对当事人逾期不履行行政处罚决定的,可申请人民法院强制执行。

第三十四条 对没收的非法物品或设施,应当交由有拍卖经营权的单位拍卖或根据省、自治区、直辖市人民政府对没收非法物品的统一规定执行。

第三十五条 对于罚款、没收的违法所得及没收非法物品或设施的拍卖款项,必须依法上缴国库。

第三十六条 行政处罚案件执行完毕,应当制作结案报告。

第四章 听证程序

第三十七条 在作出责令停产停业、吊销许可证或执照及较大数额罚款的行政处罚之前,当事人要求进行听证的,应当举行听证。

当事人要求听证的，应当在告知其有听证权利的三日之内提出。

第三十八条 对较大数额罚款的听证标准，按省、自治区、直辖市人大常委会或人民政府制定的标准执行。

广播电影电视部决定罚款十万元以上（含十万元）的，当事人可以要求听证。

第三十九条 举行听证活动，应当确定听证主持人和记录人以及听证的时间、地点，并于举行听证的七日前通知当事人及相关人员。

听证应由本单位的法制机构或与本案无关的机构的人员主持。

第四十条 听证活动应当公开举行。但涉及国家秘密、商业秘密或个人隐私的除外。

第四十一条 听证的辩题由听证主持人确定和引导，听证活动应当遵循以下规则：

（一）由听证主持人宣布听证会开始、听证纪律并告知当事人听证中的权利和义务；

（二）由听证主持人询问当事人、案件调查人员、证人和其它有关人员，并要求出示有关证据材料；

（三）由当事人或其代理人与本案调查人员从事实和法律上进行答辩，并对证据进行质证；

（四）对双方争执不下的问题，听证主持人有权终止听证辩论；

（五）辩论结束后，由当事人作最后陈述；

（六）听证主持人宣布听证会结束；

（七）听证应当制作记录，并由参加人员核对无误后签字或盖章。

对听证主持人的回避，适用本规定第九条第二款之规定。

听证主持人是否回避，由本单位首长决定。

第四十二条 对当事人要求新的证人出席听证或举出新的证据需要认定时，听证程序可以中止，并延期举行。

延期举行的具体时间可另行通知。

第四十三条 听证记录应与本规定第二十七条规定的文件一并上报。

第五章　行政处罚备案程序

第四十四条 对行政处罚案件的法律文书和案件有关材料，应当按照下列顺

序及时归档:

(一)案卷封面;

(二)案卷材料目录;

(三)立案批件;

(四)处罚决定书(或其它决定书);

(五)结案报告;

(六)调查笔录;

(七)行政处罚意见书(正本);

(八)当事人回执通知;

(九)听证笔录;

(十)其它讨论记录;

(十一)登记保存单;

(十二)强制措施记录;

(十三)财产处理单据;

(十四)其它有关的材料;

(十五)案卷封底。

对虽予以立案,但未作处罚决定或暂时调查不清不能作出决定的案件材料,也应按前款规定归档。

第四十五条 行政处罚案卷必须一案一卷,并经立卷人签字盖章。

任何人不得私自增添或抽取案卷材料。未经许可,不得擅自借阅。

第四十六条 对广播电影电视行政处罚案件,应填写《处罚案件上报表》,于每季度末上报上一级主管机关备案。

第六章 法律责任

第四十七条 上级行政主管机关,对违反本规定实施行政处罚的,应当责令其改正。情节严重的,依照《行政处罚法》的有关规定进行处理。

第四十八条 对违反法律、法规和本规定,实施行政处罚造成行政赔偿的直接责任人和主管负责人,应视情节轻重,给予行政处分或承担全部或部分赔偿费用。

第四十九条 执法人员玩忽职守,对应当予以制止和处罚的违法行为不予制止或处罚,致使广播电影电视管理秩序或公民、法人、其它组织的合法权益遭受损害的，应当视其情节轻重，给予行政处分；情节严重构成犯罪的，依法追究刑事责任。

第七章　附　则

第五十条　本规定的“当事人回执通知”、“处罚决定书”等法律文书以及《处罚案件上报表》，按广播电影电视部统一规定的样本制作。

第五十一条　本规定自发布之日起施行。

广播电影电视行政复议办法

(2001年5月9日　国家广播电影电视总局令第5号)

第一条　为了防止和纠正违法的或者不当的广播电影电视具体行政行为,保护公民、法人和其它组织的合法权益,保障和监督广播电影电视行政机关依法行使职权,根据《中华人民共和国行政复议法》(以下简称行政复议法),并结合本系统实际,制定本办法。

第二条　公民、法人或者其它组织认为广播电影电视具体行政行为侵犯其合法权益,向上一级广播电影电视行政部门或机构(以下统称广播电影电视行政机关)提出行政复议申请,广播电影电视行政机关受理行政复议申请、作出行政复议决定,适用行政复议法和本办法。

第三条　依照本办法履行行政复议职责的广播电影电视行政机关是广播电影电视行政复议机关。地市级以上广播电影电视行政机关应当明确具体办理行政复议事项的机构和人员。

第四条　广播电影电视行政复议机关负责法制工作的机构具体办理行政复议事项,履行下列职责:

(一)受理行政复议申请;

(二)向有关组织和人员调查取证,查阅有关文件和资料;

(三)审查申请行政复议的具体行政行为是否合法与适当,拟订行政复议决定;

(四)处理或转送对有关规范性文件的审查申请;

(五)对被申请人违反行政复议法和本办法的行为,依照规定的权限和程序提出处理建议;

(六)办理因不服行政复议决定提起行政诉讼的应诉事项;

(七)法律、法规规定的其它职责。

第五条　国家广播电影电视总局负责指导全国广播电影电视系统的行政复议工作。

上级广播电影电视行政机关对下级广播电影电视行政机关的行政复议工作进

行检查、监督和指导。下级广播电影电视行政复议机关每年应将受理行政复议案件的情况及时向上级广播电影电视行政机关上报。

第六条 广播电影电视行政复议机关履行行政复议职责，应当遵循合法、公正、公开、及时、便民的原则，坚持有错必纠，保障法律、法规的正确实施。

第七条 广播电影电视行政复议机关受理申请人对下列广播电影电视具体行政行为不服提出的行政复议申请：

（一）对广播电影电视行政机关作出的警告、罚款、没收违法所得、没收从事违法活动的专用工具、设备和节目载体等非法财物、责令停产停业、暂扣或者吊销许可证（执照）等行政处罚决定不服的；

（二）对广播电影电视行政机关作出的行政强制措施决定不服的；

（三）对广播电影电视行政机关作出的有关许可证（执照）、资格证等证书的变更、终止、撤销决定不服的；

（四）认为符合法定条件，申请广播电影电视行政机关颁发许可证（执照）、资格证等证书，或者申请审批、登记有关事项，行政机关没有依法办理的；

（五）认为广播电影电视行政机关侵犯合法的经营自主权，或者违法要求其履行义务的；

（六）认为广播电影电视行政机关的其它具体行政行为侵犯其合法权益的。

第八条 公民、法人或者其它组织认为广播电影电视行政机关的具体行政行为所依据的规范性文件不合法，在对具体行政行为申请行政复议时，可以一并提出对该文件的审查申请。对规范性文件的审查申请不含国家广播电影电视总局规章和地方人民政府规章。

第九条 公民、法人或者其它组织认为具体行政行为侵犯其合法权益申请行政复议，应当自知道该具体行政行为之日起六十日内提出。

因不可抗力或者其它正当理由耽误法定申请期限的，申请期限自障碍消除之日起继续计算。在障碍消除后，申请人应提供有关证明。

第十条 认为广播电影电视行政机关的具体行政行为侵犯其合法权益，依法申请行政复议的公民、法人或者其它组织，是申请人。

同申请行政复议的具体行政行为有利害关系的公民、法人或者其它组织，可以作为第三人参加行政复议。

申请人对广播电影电视行政机关的具体行政行为不服申请行政复议，作出具体行政行为的广播电影电视行政机关是被申请人。

申请人、第三人可以委托一至二名代理人代为参加行政复议。委托代理人须向复议机关提交授权委托书,载明委托事项和权限。

第十一条 申请人申请行政复议,一般应当书面申请,如确有困难,也可以口头申请。

书面申请的,应当在申请书中载明申请人的基本情况,被申请人的名称、地址,行政复议请求,申请复议的主要事实、理由和时间。申请书上应有申请人的签字或签章。

口头申请的,复议机关应当当场记录上述情况,并由申请人签字或盖章。

第十二条 对县级以上广播电影电视行政机关作出的具体行政行为不服的,申请人可以向上一级广播电影电视行政机关申请行政复议,也可以向同级人民政府申请行政复议。

对广播电影电视行政机关与其它同级行政机关以共同名义作出的具体行政行为不服的,向其共同上一级行政机关申请行政复议。

对国家广播电影电视总局作出的具体行政行为不服的,向国家广播电影电视总局申请行政复议。

第十三条 凡符合行政复议法和本办法的行政复议申请,广播电影电视行政复议机关必须依据行政复议法规定的受理程序予以受理。行政复议机关无正当理由不予受理的,上级广播电影电视行政机关应当责令其受理;必要时,上级广播电影电视行政机关也可以直接受理。

广播电影电视行政机关的信访或者其它机构收到行政复议申请后,应当及时送交本单位负责行政复议工作的机构。

第十四条 广播电影电视行政复议机关收到行政复议申请后,应当在五个工作日内进行审查。对有下列情形之一的,决定不予受理,并以《不予受理决定书》的形式书面告知申请人:

(一)不属于法定行政复议范围的;

(二)超过法定申请行政复议期限,且无本办法第九条第二款规定情形的;

(三)已向人民法院提起行政诉讼,人民法院已依法受理的;

(四)其它不符合行政复议法规定的。

对符合行政复议法规定,但是不属于本机关受理的行政复议申请,应当告知申请人向有关行政复议机关提出。

第十五条 除第十四条规定外,行政复议申请自行政复议机关负责复议工作的机构收到之日起即为受理。行政复议申请一经受理,应及时告知申请人和被申请人。

复议机构收到复议申请的日期,属直接从邮递渠道收到或者从复议机关其它部门、机构及其下属机构转来的,由复议机构的签收章确认;属申请人当面递交的,由复议机构经办人在申请书上注明收到日期,并由递交人签字确认。

第十六条 行政复议期间具体行政行为不停止执行,但有行政复议法第二十一条规定情形之一的,可以停止执行。决定停止执行的,应将对具体行政行为的《停止执行通知书》送达被申请人。

第十七条 广播电影电视行政复议机关对依法受理的行政复议申请,应按照行政复议法的规定进行审查,作出复议决定。审查前,复议机构应做好下列准备工作:

(一)确定行政复议工作人员;

(二)明确复议参加人;

(三)按规定发送复议法律文书。

复议机构审查复议案件时,如认为有必要,可以要求本机关内相关机构的人员参加。

第十八条 行政复议原则上采取书面审查的办法,但有下列情形之一的,复议机构可以向有关组织和人员调查情况,听取申请人、被申请人和第三人的意见:

(一)申请人提出要求的;

(二)案件主要事实不清的;

(三)案情重大、复杂、疑难的;

(四)复议机构认为有必要的。

复议机构调查情况、听取意见时,复议人员不得少于两人,并应当制作《行政复议调查笔录》,调查笔录应由被调查人、调查人签名或盖章。

第十九条 广播电影电视行政复议机关负责复议工作的机构应当自行政复议申请受理之日起七个工作日内,将行政复议申请书副本或者行政复议申请笔录复印件发送被申请人。被申请人应当自收到申请书副本或者申请笔录复印件之日起十日内,提出书面答复,并提交当初作出具体行政行为的证据、依据和其它有关材料。

第二十条 被申请人提交的《行政复议被申请人答复书》应当载明下列内容:

(一)被申请人的名称、地址,法定代表人姓名及职务;

(二)作出具体行政行为的事实、证据和依据。对有关事实的陈述应注明相应的证据材料和出处;

(三)对申请人的复议要求、所述事实和理由进行答辩和必要的举证;

(四)作出书面答复的年、月、日,并加盖印章。

第二十一条 申请人、第三人可以查阅被申请人提出的书面答复、作出具体行政行为的证据、依据和其它有关材料,除涉及国家秘密、商业秘密或者个人隐私外,行政复议机关不得拒绝。查阅有关材料,应符合下列规定:

(一)向复议机构提出申请,并出示有关身份证明;

(二)查阅时,应有复议机构的工作人员在场;

(三)查阅时不得涂改、毁损、拆换、增添、取走查阅的材料。

第二十二条 广播电影电视行政复议机关应当自受理申请之日起六十日内作出行政复议决定。情况复杂,不能在规定期限内作出行政复议决定的,经行政复议机关的负责人批准,可以适当延长,并告知申请人和被申请人;但是延长期限最多不超过三十日。

第二十三条 广播电影电视行政复议机关应当对被申请人作出的具体行政行为的合法性和适当性进行全面审查,依照行政复议法第二十八条的规定作出复议决定。《行政复议决定书》应当载明下列内容:

(一)申请人的姓名、性别、年龄、职业、住址(法人或其它组织的名称、地址、法定代表人的姓名和职务);

如有第三人,并列明第三人的上述情况;

(二)被申请人的名称、地址、法定代表人姓名和职务;

(三)申请人申请行政复议的请求和理由;

(四)被申请人的答复;

(五)复议机关认定的事实、证据、理由和依据;

(六)复议机关的复议结论;

(七)不服复议结论向人民法院起诉的期限;

(八)作出复议决定的日期和复议机关的印章。

《行政复议决定书》一经送达,即发生法律效力。

第二十四条 被申请人、申请人应当履行行政复议决定。

被申请人不履行或者无正当理由拖延履行行政复议决定的,行政复议机关或者有关上级行政机关应当责令其限期履行。

对申请人逾期不起诉又不履行行政复议决定的,依行政复议法第三十三条的规定申请人民法院强制执行时,使用《强制执行申请书》。

第二十五条 广播电影电视行政复议审查终结作出复议决定后,复议机构应对有关复议的所有法律文书和材料进行认真清理、鉴别和编号,及时归档。广播电影电视行政复议机关应当在行政复议案件结案后三十日内,将复议情况向上一级广播电影电视行政机关备案。

第二十六条 广播电影电视行政复议机关受理行政复议申请,不得向申请人收取任何费用。行政复议活动所需的经费,应当列入本机关的行政经费,依法予以保障。

行政复议人员必须精通法律和广播电影电视业务,广播电影电视行政机关应当保障复议工作的资金和工作条件,保持复议人员的相对稳定。

第二十七条 广播电影电视行政复议法律文书,参照国家广播电影电视总局制作的统一样式制作。

第二十八条 本办法未尽事宜,按行政复议法的规定办理。

第二十九条 本办法自发布之日起施行。《关于广播电影电视行政复议若干规定》(广播电影电视部第 6 号令)和《广播电影电视行政复议法律文书使用与管理办法》(广发政字〔1993〕268 号)同时废止。

赴国外租买频道和设台管理暂行规定

(2002 年 2 月 10 日　国家广播电影电视总局令第 12 号)

第一条　为进一步促进和规范广播电视机构赴国外租、买广播电视频道(率)、时段和设立广播电台、电视台(以下简称租买频道和设台)的工作,扩大我国广播电视节目在国外的播出和覆盖,制定本规定。

第二条　赴国外租买频道和设台应符合国家广播电影电视总局制定的布局和结构规划,应遵循"中央为主,地方为辅"的原则。中央和地方广播电视机构应发挥各自优势,加强节目、技术和资金等方面的合作。

第三条　国家广播电影电视总局负责审批全国赴国外租买频道和设台及有关部门的协调。省级广播电视行政部门负责对所辖区省级广播电视播出机构赴国外租买频道和设台项目的管理工作。

第四条　中央和省级广播电视播出机构可申请从事赴国外租买频道和设台业务。

第五条　国家广播电影电视总局直属单位从事赴国外租买频道和设台,须向国家广播电影电视总局提出申请,由国家广播电影电视总局审批。

省级广播电视播出机构赴国外租买频道和设台,须向省级广播电视行政部门提出申请,经省级广播电视行政部门审核同意后报国家广播电影电视总局审批。

跨省(区、市)合作项目,由主办地省级广播电视播出机构向国家广播电影电视总局提出申请,经所涉及的省级广播电视行政部门审核同意后报国家广播电影电视总局审批。

国家广播电影电视总局在审批前可视情况征求有关部门意见。

第六条　申请从事赴国外租买频道和设台,须提交以下文件:

(一)项目申请书;

(二)项目必要性和可行性的论证;

(三)项目内容和方案;

(四)具体合作者(机构或个人)的政治、经济、宗教背景及资信情况等相关资料;

（五）合作意向书

（六）项目财务预算报告；

（七）节目制作、编排、传送或播出的方案；

（八）其它需要的文件。

第七条 广播电视机构赴国外租买频道和设台，可以采取独资或与国内外其它机构合资、合作的形式。

第八条 省级以上广播电视行政部门负责对所辖广播电视机构赴国外租买频道和设台项目业务运营的监督管理。跨省（区、市）合作项目，由各相关省级广播电视行政部门协商后，指定或成立专门机构负责业务运营的监督管理。

第九条 经批准的赴国外租买频道和设台项目，如需更换合作对象、更改频道（率）与时段、大规模改换或重组节目，应按本规定第五条规定的程序重新报批。

第十条 以租买频道和设台的方式在国外播出的节目须符合对外宣传的需要，具有针对性。同时符合以下要求：

（一）符合我国法律法规的规定；

（二）向世界全面、正确地介绍中国；

（三）有利于树立和维护中国的良好形象；

（四）有利于维护国家统一和民族的团结；

（五）有利于弘扬中华民族的优秀文化；

（六）有利于中外的关系的发展和文化的交流；

（七）尊重所在的国（地区）的法律以及民族风俗、习惯和宗教信仰。

第十一条 赴国外租买频道和设台，应遵循"以我为住、对我有利"的原则，优先转播和使用中国广播电视节目。租买的频道、频率、时段和所设台播出的节目中，中国广播电视节目须占主要比例。

第十二条 赴国外租买的频道和设立的台在国内的接收，按照国家有关境外卫星电视管理的规定执行。

第十三条 违反本规定第五条、第九条、第十条、第十一条规定的，由广播电视行政部门对其予以警告，责令其停止违规行为，予以改正，对负有责任的主管人员和其它直接责任人员给予行政处分。

第十四条 本规定施行前已经从事赴国外租买频道和设台业务的，应当自本规定施行之日起6个月内依照本规定重新办理手续。

第十五条 本规定自2002年3月10日起施行。

外商投资电影院暂行规定

(2003 年 11 月 25 日　国家广播电影电视总局令第 21 号
根据 2015 年 8 月 28 日《国家新闻出版广电总局关于
修订部分规章和规范性文件的决定》修订)

第一条　为适应改革开放的需要,吸收境外资金、引进先进技术和设备,促进我国电影业的繁荣发展,根据《中华人民共和国中外合资经营企业法》、《中华人民共和国中外合作经营企业法》、《电影管理条例》等有关法律、法规,制定本规定。

第二条　本规定适用于外国的公司、企业和其它经济组织或个人(以下简称合营外方)按照平等互利的原则,经中国政府批准,同中国境内的公司、企业(以下简称合营中方)设立中外合资、合作企业,新建、改造电影院,从事电影放映业务。

第三条　外商不得设立独资电影院,不得组建电影院线公司。

第四条　外商投资电影院应当符合以下条件:

(一)符合当地文化设施的布局与规划;

(二)有固定的营业(放映)场所;

(三)中外合资电影院,合营中方在注册资本中的投资比例不得低于 51%;对全国试点城市:北京、上海、广州、成都、西安、武汉、南京市中外合资电影院,合营外方在注册资本中的投资比例最高不得超过 75%;

(四)合资、合作期限不超过 30 年;

(五)符合中国有关法律、法规及有关规定。

第五条　合营中方若以国有资产(现金投资除外)参与投资,应按国有资产管理的有关规定履行相关手续。

第六条　设立外商投资电影院依下列程序报批:

(一)合营中方须向所在地省级商务行政部门提出申请,提交以下材料:

1. 设立外商投资电影院项目申请书;

2. 合营中方的法人资格证明材料、影院土地使用权的有关材料;

3. 合营外方的资格证明材料;

4. 工商行政部门出具的外商投资电影院名称预核准通知书；

5. 可行性研究报告、合同、章程；

6. 法律、法规和审批机构要求提供的其它材料。

（二）所在地省级商务行政部门在征得省级电影行政部门同意后，依照国家有关外商投资的法律、法规进行审批，报商务部、国家广播电影电视总局、文化部备案。对批准设立的外商投资企业颁发《外商投资企业批准证书》。

（三）获批准设立的外商投资电影院，应自收到《外商投资企业批准证书》之日起一个月内，持《外商投资企业批准证书》到省级工商行政部门办理注册登记手续。

（四）外商投资电影院完成建设、改造任务后，经有关部门验收合格，持《外商投资企业批准证书》、《营业执照》向省级电影行政部门申领《电影放映经营许可证》，方可从事电影放映业务。

第七条 已设立的外商投资电影院变更股权及投资额时，应按本规定第六条的程序办理。

第八条 外商投资电影院必须遵守国家有关法律、法规，依照《电影管理条例》从事经营活动，接受中国政府有关部门的监督和管理，放映的影片必须持有国家广播电影电视总局颁发的《电影片公映许可证》，不准放映走私、盗版电影，不得从事营业性的录像、VCD、DVD 的放映。

第九条 外商投资电影院附属从事其它娱乐服务业务要符合国家有关规定。

第十条 香港特别行政区、澳门特别行政区和台湾地区的投资者在内地设立从事电影放映业务的企业参照本规定办理。

第十一条 本规定及其附件自 2004 年 1 月 1 日起施行。本规定及附件施行之日，2000 年 10 月 25 日国家广播电影电视总局、对外贸易经济合作部和文化部发布的《外商投资电影院暂行规定》同时废止。

附件：

为了促进香港、澳门与内地建立更紧密经贸关系，鼓励香港、澳门服务提供者在内地设立从事电影放映业务的企业，根据国务院批准的《内地与香港关于建立更紧密经贸关系的安排》和《内地与澳门关于建立更紧密经贸关系的安排》，现对《外商投资电影院暂行规定》中有关香港和澳门服务提供者投资电影院问题作出如下特别规定：

一、自 2004 年 1 月 1 日起,允许香港、澳门服务提供者在内地以合资、合作的形式建设、改造及经营电影院。允许香港、澳门服务提供者拥有多数股权,但不得超过 75%。

二、香港、澳门服务提供者在内地投资电影院的其它规定,仍按《外商投资电影院暂行规定》执行。

广播电影电视立法程序规定

（2004年6月18日　国家广播电影电视总局令第23号）

第一章　总　则

第一条　为提高立法质量，促进广播影视立法程序科学化、规范化，根据《立法法》、《行政法规制定程序条例》、《规章制定程序条例》等有关法律、法规，制定本规定。

第二条　本规定适用于国家广播电影电视总局（以下简称总局）编制广播影视立法规划和计划，从事广播影视法律、行政法规、规章、规范性文件的起草、审查、决定、公布、备案、解释、清理、废止等活动。

第三条　制定法律、行政法规、规章，应当严格遵循《立法法》、《行政法规制定程序条例》、《规章制定程序条例》确定的立法原则和立法程序。

法律、行政法规、规章的名称应当与内容相符。

第四条　法规司在立法工作中承担下列职责：

（一）编制、组织和监督实施立法规划；

（二）拟订、组织和监督实施年度立法计划；

（三）组织起草法律、行政法规、规章；

（四）审核、协调各司（局）起草的规章送审稿；

（五）组织、指导、协调法制调研工作；

（六）组织回复全国人民代表大会及其常务委员会、国务院法制机构以及国务院各部、委、局、办等部门征求法律、行政法规、规章意见的函；

（七）负责规章备案和规范性文件的备案审查工作；

（八）组织对规章的解释；

（九）组织清理、汇编法律、行政法规、规章及规范性文件。

第五条　各司（局）在立法工作中承担下列职责：

（一）每年向法规司提出拟制定法律、行政法规、规章的立项；

(二)起草与本司(局)业务相关的规章。规章内容涉及两个以上司(局)管理职能的,由主办司(局)负责组织相关部门联合起草;

(三)监督法律、行政法规、规章的实施;

(四)配合法规司回复全国人民代表大会及其常务委员会、国务院法制机构以及各部、委、局、办等部门征求法律、行政法规、规章意见的函,就与本司(局)相关的业务提出意见;

(五)负责规范性文件的备案工作;

(六)清理、解释与本司(局)业务相关的规章及规范性文件。

第二章　立　项

第六条　法规司组织编制年度立法计划。各司(局)可以提出制定法律、行政法规和规章的立项建议,如果立项项目涉及两个以上司(局)业务的,主办司(局)和相关司(局)联合报送立项建议。

第七条　立项建议应当包括下列内容:

(一)制定或修订法律、行政法规、规章的名称及必要性;

(二)拟确立的主要制度,规定行政许可、行政处罚的内容;

(三)起草负责人、联系方式、完成时间和进度安排;

(四)其它需要说明的问题。

立项建议中未对制定或修订法律、行政法规、规章的必要性进行论证,或拟确立的主要制度不符合《行政许可法》、《行政处罚法》等法律、行政法规规定的,不予立项。

第八条　属于《立法法》第八条、第五十六条的事项,应当制定为法律、行政法规。

在总局行政管理职权范围内的下列事项,应当制定规章:

(一)依法规定行政处罚的;

(二)依法规定实施行政许可的;

(三)对管理方式做出重大变更的;

(四)对行政相对人利益产生较大影响的;

(五)需要国务院其它部门共同办理的。

第九条　法规司根据各司(局)提出的立项建议,形成总局年度立法计划草案，报总局局长或分管副局长审批。

第十条 法律、行政法规的立项申请，经总局审批后报送国务院、全国人民代表大会常务委员会。

第三章 起草与审查

第十一条 起草法律、行政法规，应当成立起草领导小组和起草工作小组。起草领导小组的组长由总局局长或分管副局长担任。起草工作小组的组长由法规司或相关业务司（局）的司（局）长担任，成员由法规司和相关司（局）人员共同组成，人员应相对固定，并配备必要的资金。原则上应当成立专家咨询小组。

起草规章，原则上由相关业务司（局）负责，涉及两个以上司（局）业务的，由主办司（局）会同相关司（局）起草，必要时法规司可以参与；法规司也可以直接组织负责起草。

第十二条 起草法律、行政法规和规章，应当遵循法制统一原则，不得与上位法相矛盾或抵触。应当与现行有效、内容相关的法律、行政法规和规章相衔接和协调。

如果现行法律、行政法规和规章被新制定的法律、行政法规和规章所取代，应当写明予以废止。

第十三条 起草法律、行政法规、规章，应当广泛收集国内外有关立法资料。应当采用书面征求意见、研讨会、座谈会等形式，广泛听取广播影视系统以及行政相对人等各方面意见。与国务院其它部门业务关系紧密的，应当充分征求国务院相关部门意见。

法律、行政法规新增行政许可项目、新增行政处罚种类及处罚幅度的，规章具体规定上位法设定的行政许可项目、依法新增行政处罚、具体规定行政处罚的，法律、行政法规、规章新增收费项目的，应当进行专项论证。必要时，可以向社会公开征求意见，举行听证会的，听证方式和程序依照有关法律、行政法规执行。

第十四条 起草法律、行政法规、规章，应当详细记录征求意见的情况。有重大分歧意见的，应当充分协商。协商不成的，应当在上报送审稿时专门列出分歧意见，并说明对意见取舍的理由。

第十五条 起草法律、行政法规和规章，应当框架结构严谨，逻辑性强，层次清楚，文字简明，用语准确，具有可操作性。应当符合立法用语和形式规范。

法律、行政法规可分为编、章、节。内容复杂的规章,可以分章,一般不分节。法律、行政法规、规章的内容用条文表述,条可分款、项、目,款不冠数字,项与目冠数字。

条的序号用中文数字依次表述,项的序号用中文数字加括号依次表述,目的序号用阿拉伯数字依次表述。

第十六条 起草法律、行政法规、规章应当同时起草送审稿说明,内容应包括:立法的必要性、起草的简要过程、需要说明的主要问题、征求意见的结果及存在的分歧、被修改法律文件的名称、条目及内容。

第十七条 起草规章,应当严格遵循《行政许可法》、《行政处罚法》等规定:

(一)不得增设新的行政许可项目;

(二)具体规定实施行政许可条件的,不得增设违反上位法的其它条件;

(三)新增行政处罚的种类及处罚幅度限于警告及 3 万元以下罚款;

(四)依法规定行政强制措施。

第十八条 法律、行政法规送审稿及其说明,以及法规司组织起草形成的规章草案及其说明,报总局局长或分管副局长审定后,提出提请总局局务会议审议的建议。

第十九条 各司(局)负责起草规章的,应当将规章送审稿及其说明各十份报送法规司审核。并附上所征求意见的书面材料及国内外有关立法资料等。

未提供齐备材料的,法规司可要求起草司(局)补充。不作补充的,不予审查。

第二十条 法规司审核规章送审稿,应充分听取各方面意见,在与起草司(局)协商的基础上,对规章送审稿进行修改,形成上报总局局务会议审议的草案和新的说明。

发现有不符合第十二条至十七条规定的,法规司应当协调起草司(局)修改。

规章草案和说明可以由法规司和起草司(局)主要负责人签署,需要会签的,由有关司(局)会签后,报总局局长或分管副局长审定,提出提请总局局务会议审议的建议。

第四章 决定与公布

第二十一条 法律、行政法规送审稿及规章草案应当经总局局务会议审议决定。

法律、行政法规送审稿的审议,由法规司作送审稿的说明。

规章草案的审议,由法规司或起草司(局)作草案的说明。

第二十二条 局务会议原则通过的法律、行政法规送审稿,起草小组应当修改后,报局长签署,依照《立法法》、《行政法规制定程序条例》规定的程序上报国务院。

总局局务会议审议原则通过的规章草案,法规司应当商起草司(局)修改后,报总局局长签署,以总局令形式公布。

第二十三条 规章公布后,应当及时在总局政府网站(www. chinasarft. gov. cn)上登载。

总局和国务院其他部门联合制定的规章,由总局和国务院其他部门的部门首长共同署名公布,使用主办机关的命令序号。

第二十四条 规章原则上至少应自公布之日起三十日后施行。

第五章　解释与备案

第二十五条 法律的解释权由全国人民代表大会常务委员会行使。

由总局负责起草的法律,全国人民代表大会常务委员会要求制定机关提出解释意见的,由法规司组织起草司(局)提出意见,报总局局长或分管副局长签发,以总局发文形式回复。

第二十六条 行政法规的解释权由国务院行使。

由总局负责起草的行政法规,国务院要求制定机关提出解释意见的,由法规司组织起草司(局)提出意见,报总局局长或分管副局长签发,以总局发文形式回复。

第二十七条 规章的解释权由总局行使。需要解释的,由起草司(局)提出解释意见,送法规司审查或直接由法规司组织起草解释意见,经有关司(局)会签,报总局局长或分管副局长签发,以总局发文形式发布。

规章的解释与规章具有同等效力。

第二十八条 自规章公布之日起三十日内,法规司应当拟出备案报告,连同规章副本和起草说明各十份报送国务院法制机构备案。

规范性文件的起草司(局),应自规范性文件公布之日起三十日内,将规范性文件副本送法规司备案。备案后,发现规范性文件存在违法设定行政许可、行政处罚及行政强制措施等内容,法规司应当向起草司(局)及时指出,并向总局局长或分管副局长提出修改或废止的建议。

第六章　清理、汇编、修改与废止

第二十九条　对现行的行政法规、规章,法规司应当会同各有关司(局)及时清理,并根据清理结果,提出修改或废止意见。

第三十条　法规司每年应将上一年出台的法律、行政法规、规章及重要的规范性文件汇编成册。

第三十一条　法律、行政法规的修改和废止,由法规司组织各司(局)提出相关建议,进行审核,报局务会议审议批准后,书面报送国务院法制机构。

规章的废止,由各司(局)提出具体建议,法规司审核,报局务会议审议通过后,经总局局长签署,以总局令形式公布。

第七章　附　则

第三十二条　总局和国务院其他部委、直属机构联合制定的规章,依照本规定的有关条款办理。

第三十三条　规范性文件的起草、审核等程序参照本规定执行。

各地广播影视行政部门起草广播影视地方性法规及地方政府规章,可以参照本规定执行。

第三十四条　本办法自 2004 年 8 月 1 日起施行。1989 年 3 月 8 日广播电影电视部发布的《广播电影电视立法程序规定》(广发政字〔1989〕150 号)同时废止。

国家广播电影电视总局
行政许可实施检查监督暂行办法

（2004 年 6 月 18 日　国家广播电影电视总局令第 24 号）

第一条　为规范总局行政许可行为，推进总局依法行政工作，根据行政许可法的有关规定，制定本办法。

第二条　总局各司局实施行政许可，应当严格遵循行政许可法和其它法律、法规、规章规定。法律、法规、规章没有具体规定的，适用本办法。

本办法适用于由总局实施的行政许可事项及由法律、法规、国务院决定设立或保留的由总局实施的行政许可事项。

第三条　除法律、法规另有规定的以外，不得授权其他机关、组织实施行政许可。

除法律、法规、规章规定可以委托其他行政机关实施行政许可的情形外，总局各司局不得将总局的行政许可事项擅自委托其他行政机关实施。

不得委托除行政机关之外的任何组织、企业和个人实施行政许可。

第四条　任何规定未经公布，不得作为实施行政许可的依据。实施行政许可的司局应依法履行公示义务，可以通过在总局指定地点张贴、向申请人提供行政许可指南手册、在广播电台、电视台、报刊、杂志和政府网站公布等多种方式公示行政许可法第三十条所规定的各项内容。除依法不得公开的外，下列内容应当公示：

（一）行政许可事项、依据、条件、数量、程序、期限，需要提交的全部材料的目录，申请书示范文本及许可证件样式；

（二）承办部门及联系方式（电话、通讯地址及电子邮件地址）；

（三）需要听证、招标、检测、检验、专家论证和需要其它行政机关协办的事项及期限；

（四）授权实施行政许可的组织和被授权实施行政许可的内容；

（五）受委托的行政机关和受委托实施行政许可的内容；

（六）依法应当先经下级行政机关审查的行政许可事项；

(七)对行政许可的实施有异议时可采取的投诉方式(投诉电话、通讯地址及电子邮件地址);

(八)公众有权查询的材料目录及查阅方式。

上述各方式公示的内容不一致的,以总局政府网站公示内容为最终有效。

第五条 实施行政许可的司局不得擅自更改依法确定的行政许可事项的名称、条件、程序和期限。依法变更的,应及时更新相关公示内容。

第六条 实施行政许可的司局应当制作并向申请人提供行政许可申请书、申请表等格式文本,格式文本中不得包括与申请行政许可事项无直接关系的内容。不得要求申请人提交与所申请的行政许可事项无关的技术资料和其它材料。

第七条 申请人直接提交或按照公示的联系方式通过邮寄、传真或电子邮件方式提交行政许可申请的,以公示的受理部门收到之日为申请日。申请人同时以邮寄、传真或电子邮件方式提交行政许可申请的,其申请日以邮寄方式为准。

依法应当先经下级广播影视行政机关审查的行政许可事项,以该机关公示的受理部门收到之日为申请日。对申请人提交的行政许可申请,一般应在受理当场或收到申请之日作出是否受理的决定,最多不得超过五个工作日。受理或不受理行政许可申请,应分别向申请人出具《行政许可受理通知书》或《行政许可不受理通知书》。

申请人提交的申请材料需要补正的,受理申请的司局应于当场或在收到申请材料之日起五个工作日内向申请人出具《申请材料补正通知书》,一次性列出应补正材料的全部内容。《申请材料补正通知书》应一式两份,一份交申请人,一份自存作为补正后的核对凭证。

《行政许可受理通知书》和《行政许可不受理通知书》样式由总局统一制定,分类型编号。《申请材料补正通知书》由各司局自行印制。

第八条 实施行政许可的有关司局通过邮寄方式将《行政许可受理通知书》、《行政许可不受理通知书》、《申请材料补正通知书》、行政许可决定等文件送达申请人的,以文件发出之日(以邮戳为准)为送达之日。

行政许可文件一般不以传真或电子邮件方式送达。如遇特殊情况,以传真或电子邮件方式送达的,应在条件具备时以邮寄方式补发行政许可文件。

第九条 由两个以上司局共同办理的行政许可事项,主办司局负责统一受理行政许可申请、会同协办司局审查、统一送达行政许可文件等事项。协办司局应将需要审查的材料清单事先提供给主办司局。

《申请材料补正通知书》应当包括协办司局办理行政许可事项所需要的申请材料。

第十条 除法律、法规另有规定外，实施行政许可的司局应当自受理行政许可申请之日起二十个工作日内作出行政许可决定。实施行政许可的司局如需延长审查期限的，报经总局局长或分管副局长批准，可以延长十个工作日，并应当将延长期限的理由告知申请人。

根据法律、法规和规章规定，作出行政许可决定依法需要听证、招标、拍卖、检验、检测、鉴定和专家评审的，应当在规定的期限内完成，实施行政许可的司局应当将所需时间书面告知申请人。

两个以上司局共同办理的事项，主办司局应与协办司局共同确定各自实施行政许可所需要的时限，并按确定的时限完成。

第十一条 实施行政许可需要进行听证的，由受理申请的司局组织，并制作听证笔录，经听证参加人确认无误后签字认可并立卷归档。

听证按照法定程序进行，由审查该行政许可申请的工作人员以外的人员主持，申请人、利害关系人要求主持人回避的，受理申请的司局应尽快作出决定并告知当事人。

听证事项涉及公共利益的，应于举行听证之日的七个工作日前将举行听证的时间、地点通过总局政府网站予以公告。

第十二条 实施行政许可的司局应当对申请人提交的申请材料进行审查。申请人提交的申请材料齐全、符合法定形式的，实施行政许可的司局应当作出书面的行政许可决定。需要对申请材料的实质内容进行核实的，应当指派两名以上工作人员进行核实。

第十三条 除法律、法规另有规定的外，依法应先经下级广播影视行政机关审查的行政许可事项，下级广播影视行政机关决定受理后，应在二十个工作日内按法律、法规、规章的规定进行初审，并按照行政许可法第三十五条的规定将初审意见和全部申请材料直接报送上级广播影视行政机关，不得自行作出准予或不准予行政许可的决定。上级广播影视行政机关不得要求申请人重复提供申请材料。

第十四条 作出不予行政许可书面决定的，应当说明理由，并告知申请人依法享有申请行政复议或者提起行政诉讼的权利。申请人对行政许可决定不服依法提起行政复议的，由总局法规司负责受理。

第十五条 实施行政许可的司局应将实施行政许可形成的全部材料和监督核

查被许可人从事行政许可事项的有关情况和处理结果的记录立卷归档。

实施行政许可的司局负责统计受理、批准件数,给予通报、行政处罚的件数等。总局法规司负责统计受理处理行政复议的情况,驻总局监察局负责统计受理投诉、检举情况和处理情况。

凡法律、法规、规章规定公众有权查询的与行政许可实施有关的材料,由实施该行政许可的司局协助查询。

第十六条 实施行政许可的司局负责监督核查被许可人从事行政许可事项的活动,依据行政许可法及广播影视有关法规、规章的规定提出对违法被许可人给予行政处罚的意见,报总局局长或分管副局长批准。

实地核查时,实施行政许可的司局应有两名以上(含两名)工作人员同行,向被许可人或其委托人出示介绍信。负责核查的工作人员将核查情况和处理结果予以记录,由核查人、被核查的被许可人或其委托人签字后归档。被许可人或其委托人不签字的,由核查人注明在场人员和拒绝签字原因等。

需要对行政许可事项进行年检的,应当有法律、法规的规定作为依据。

第十七条 已实施的行政许可有依行政许可法第六十九条、第七十条规定可撤销、应注销情形的,该行政许可实施司局应及时办理撤销、注销手续。

第十八条 其他行政机关、组织和个人反映被许可人违法从事行政许可活动,作出该行政许可决定的司局应当及时核实、处理。

第十九条 总局法规司和驻总局监察局负责监督各司局实施行政许可的情况,可以对行政许可实施情况进行核查,也可直接向申请人、被许可人调查了解有关情况,并根据核查结果,提出处理建议。

第二十条 驻总局监察局负责受理社会投诉和举报。有违反行政许可法规定的,由有关部门依法给予批评教育、通报批评、调离岗位、免职等行政处分。需要给予党纪处分的,向总局直属机关纪委提出建议。

能主动承认错误,及时纠正违规行为并尚未造成严重后果的,可以对其作出从轻、减轻或免除责任追究的决定。

第二十一条 除行政许可法第七十二条、第七十三条、第七十四条规定外,各司局有下列情形之一的,由总局法规司或驻总局监察局建议改正;情节严重的,由有关部门依法对直接负责的主管人员和其它直接责任人给予相应处分:

(一)擅自设立、更改或者取消行政许可事项的;

(二)在依法规定的许可条件和标准之外,擅自增加其他条件或者限制的;

（三）违反法定程序实施行政许可的；

（四）应撤销行政许可决定或吊销行政许可证件未及时撤销、吊销、办理注销手续造成严重后果的；

（五）拒绝、妨碍监督部门的监督、检查的。

第二十二条 对于依法先经下级广播影视行政机关审查的行政许可，有关司局对下级广播影视行政机关实施行政许可的行为应加强监督。凡下级广播影视行政机关未按照行政许可法的规定实施行政许可的，有关司局应当给予批评教育，并将情况通报其所属地方人民政府。

第二十三条 由法律、法规授权实施行政许可的组织和受总局委托的行政机关实施被授权、受委托的行政许可时，执行本办法。

地方广播影视行政机关实施行政许可，参照执行本办法。

第二十四条 本办法自2004年8月1日起施行。

国家广播电影电视总局行政许可受理通知书

广发×（司局简称）许可（受）字（×年）第____号

申请人（姓名或单位名称）____，于______年______月______日就____________________行政许可事项提交的申请，经审查，予以受理。

联系人：

联系电话：

特此通知。

国家广播电影电视总局

____年____月____日

国家广播电影电视总局行政许可不受理通知书

广发×(司局简称)许可(不受)字(×年)第____号

申请人(姓名或单位名称)____,
于______年______月______日就____________________行政许可事项提交的申请,经审查,决定不予受理,理由如下:

1. 本申请事项不需要取得行政许可;(　　　　　　　　)

2. 本申请事项依法不属于我局职权范围,应向__________________________机关申请;(　　　　　　　　)

3. 未按我局______年______月______日作出的《申请材料补正通知书》的要求补正全部申

请材料。(　　　　　　)

特此通知。

国家广播电影电视总局

____年____月____日

申请材料补正通知

广发×(司局简称)许可(补)字(×年)第____号

申请人(姓名或单位名称)____,
于______年______月______日就____
行政许可事项提交的申请,经审查,须补正下列材料及内容:

1.

2.

3.

……

国家广播电影电视总局　司(局)

____年____月____日

注:申请人再度提交材料时,未补充、更正本通知书载明各项内容的,本局将决定不予受理其行政许可申请。申请人可在准备好所需全部材料后,重新申请。

广播电视设备器材入网认定管理办法

（2004 年 6 月 18 日　国家广播电影电视总局令第 25 号）

第一章　总　则

第一条　为保证广播电视节目信号安全、优质、高效播出与传输，维护广播电视用户合法权益，规范广播电视设备器材入网认定管理，制定本办法。

第二条　国家对拟进入广播电台、电视台、广播电视传输覆盖网和监测、监控网的有关设备器材实行入网认定准入制度。

第三条　国家广播电影电视总局（以下简称广电总局）负责全国广播电视设备器材入网认定（以下简称入网认定）管理工作。

地方各级广播电视行政部门依照本办法负责本行政区域内的入网认定管理工作。

第四条　广播电台、电视台、广播电视传输覆盖网和监测、监控网运营单位不得使用未获得广电总局颁发的有效入网认定证书的广播电视设备器材。

第五条　广电总局指定入网认定适用技术标准，统一印制、颁发入网认定证书。

第二章　申请和认定

第六条　入网认定遵循企业自愿申请原则。

第七条　申请入网认定的单位应当具有完善的质量保证体系和售后服务措施。

第八条　下列广播电视设备器材应当进行入网认定：

（一）有线电视系统前端设备器材；

（二）有线电视干线传输设备器材；

（三）用户分配网络的各种设备器材；

(四)广播电视中心节目制作和播出设备器材;

(五)广播电视信号无线发射与传输设备器材;

(六)广播电视信号加解扰、加解密设备器材;

(七)卫星广播设备器材;

(八)广播电视系统专用电源产品;

(九)广播电视监测、监控设备器材;

(十)其他法律、行政法规规定应进行入网认定的设备器材。

第九条 申请入网认定,应向广电总局提出申请并提交下列材料:

(一)入网认定申请书;

(二)有效质量体系认证证书的复印件或符合 GB/T19000(ISO9000)系列标准的企业质量保证体系的有关文件;

(三)产品的技术资料,包括产品使用说明书、功能介绍、性能指针、原理框图及设备外观照片、产品的企业标准以及企业标准和相关国家标准或行业标准区别的说明等;

(四)企业法人营业执照复印件。委托代理机构申请的,并应提供委托书和代理机构的有效证明复印件;

(五)实行生产许可证管理的产品,生产企业应当出示生产许可证复印件;

(六)有关商标注册的证明复印件。

申请时尚未公布国家标准、行业标准的广播电视设备器材新产品,申请单位除提交上述申请材料外,还应提供相应的技术方案。

提交的申请文件和资料,要求字迹工整、装订整齐,一律使用 A4 纸,图片也应贴在 A4 纸上。

入网认定申请书一律用中文填写。外文的文件资料,应具有中文对照文字。

第十条 申请材料不齐全或不符合法定形式的,广电总局应当在收到申请材料之日起五个工作日以内一次告知申请人需要补正的全部材料。

第十一条 广电总局或委托地(市)级以上广播电视行政部门对受理的申请单位进行质量保证体系审核,审核合格的,对其入网认定产品进行抽样、封样。封样产品送广电总局指定的检测机构进行检测。

对已获得质量体系认证证书的申请单位,经广电总局确认,在申请入网认定时可以免予质量保证体系审核。

对已获得质量体系认证证书并在产品质量监督抽查中合格的申请单位,在申请入网认定时，经广电总局确认，可由该单位送样检测。

第十二条 检测机构收到封样产品后，对照抽样凭证进行核查，并依据相关标准进行检测，一个月内出具检测报告（按检测标准要求测试时间需超过一个月的除外）。

对申请时尚未公布国家标准、行业标准的广播电视设备器材新产品，经检测合格的，申请单位应当进行入网试验检验或在广电总局规定的试验系统中进行试验检验，试验检验时间不得少于三个月。试验检验完成后，应当向广电总局提交有效的试验检验报告。

第十三条 广电总局对抽样凭证以及检测、检验报告等进行全面审查，根据行政许可法的规定作出决定。

对符合条件的，颁发入网认定证书；对符合条件但申请时尚未公布国家标准、行业标准的，颁发广播电视入网认定试用证书。对不符合条件的，做出不予认定决定并书面通知申请单位。

不符合条件的申请单位三个月后方可重新提出入网认定申请。

第十四条 入网认定证书的有效期为三年，入网认定试用证书的有效期为一年。

入网认定证书有效期届满申请换证的，应在有效期满前三个月提出申请，并按本办法的规定重新办理。广电总局发放新的入网认定证书时，应收回并注销原入网认定证书。

已获入网认定证书的单位，企业名称、法定代表人等发生改变，但产品本身、产品名称、产品型号和企业质量保证体系未改变的，应凭原入网认定证书并持有关证明材料向广电总局申请办理变更手续；产品本身、产品名称、产品型号以及企业质量保证体系发生改变的，应重新办理入网认定申请。

第十五条 入网认定证书不得伪造、涂改、出租、出借、倒卖和转让。

生产单位可在获得入网认定证书的广播电视设备器材外包装上标注入网认定证书编号和有效期、产品名称、型号、产地等符合国家有关规定的中文标识的质量标志。

第三章　监督管理

第十六条 广电总局定期向社会公布获得入网认定证书的广播电视设备器材

目录。

广电总局对获得入网认定证书的广播电视设备器材进行质量跟踪、抽查检测,并向社会公布抽查结果。

第十七条 检测机构承担的入网认定检测业务应当与其取得的检测资格、检测能力和检测范围相符。

指定检测机构的检测资格、检测能力不再适合进行入网认定检测的,广电总局根据情况取消、变更检测指定。

检测机构对检测结果负责,检测样品一律返回申请单位。检测机构应当依法保守秘密。

第十八条 省级广播电视行政部门每年年底前对本行政区域内获得入网认定证书的广播电视设备器材生产企业和产品进行年度检查,并于次年一月底前,将年度检查情况汇总报广电总局。

第十九条 获得入网认定证书的生产企业,应当保证产品质量不低于通过入网认定时的水平。

第四章 罚 则

第二十条 广播电台、电视台、广播电视传输覆盖网和监测、监控网运营单位违反本办法,擅自使用未获得入网认定证书的设备器材的,由县级以上广播电视行政部门依法查处;对由此造成播出安全事故或经济损失的,应追究有关责任人的责任,对由此导致重大播出安全事故、严重影响广播电视用户权益的,同时追究单位负责人的责任;构成犯罪的,依法追究刑事责任。

第二十一条 已获得入网认定证书的单位有下列情况之一的,由县级以上广播电视行政部门予以警告,并由广电总局向社会公告:

(一)产品质量明显下降,不能保持认定时质量水平的;

(二)质量保证体系及管理水平不能达到认定时水平的;

(三)发生产品设计、工艺有较大改变等情况,不事先申报,仍在产品销售中使用原认定证书的;

(四)不落实售后服务的。

第二十二条 已获得入网认定证书的单位有下列情况之一的,由县级以上广播电视行政部门予以警告,可处 1 万元以上 3 万元以下罚款,并由广电总局向社会公告;造成经济损失的,责令其赔偿;构成犯罪的,依法追究刑事责任。

(一)产品质量严重下降,用户反映较大,发生严重质量事故或造成严重后果的;

(二)涂改、出租、出借、倒卖和转让入网认定证书的。

第二十三条 违反本办法,伪造、盗用入网认定证书的,由县级以上广播电视行政部门予以警告,责令其停止违法行为,处1万元以上3万元以下罚款,并由广电总局向社会公告。自公告之日起,三年内不受理其入网认定申请;构成犯罪的,依法追究刑事责任。

第二十四条 入网认定的管理部门、质量体系审核人员、检测机构在入网认定中不认真履行职责,徇私舞弊、玩忽职守、弄虚作假或利用职务之便泄露申请单位秘密的,依法追究有关责任人的行政、法律责任,广电总局视情况取消对有关机构业务的指定;构成犯罪的,依法追究刑事责任。

第二十五条 检测机构出具虚假检测报告、证明材料、错误资料或不按标准进行检测造成严重影响或损失的,广电总局将取消对其检测任务的指定;构成犯罪的,依法追究刑事责任。

第五章 附 则

第二十六条 本办法自2004年8月1日起施行。广电总局《广播电视设备器材入网认定管理办法》(广电总局令第16号)同时废止。

广播电视编辑记者、播音员主持人资格管理暂行规定

(2004年6月18日　国家广播电影电视总局令第26号)

第一章　总　则

第一条　为规范广播电视编辑记者、播音员主持人执业资格管理,提高从业人员素质,加强广播电视队伍建设,制定本规定。

第二条　本规定适用于广播电视编辑记者、播音员主持人资格考试、执业注册、证书发放与管理等活动。

第三条　国家对广播电视编辑记者、播音员主持人实行资格认定制度。

在依法设立的广播电视节目制作、广播电视播出机构(以下简称制作、播出机构)连续从事广播电视采访编辑、播音主持工作满一年的人员,应当依照本规定通过考试和注册取得执业资格并持有执业证书。

第四条　国家广播电影电视总局(以下简称广电总局)负责全国广播电视编辑记者、播音员主持人资格认定的管理和监督。

省级广播电视行政部门负责实施本行政区域内广播电视编辑记者、播音员主持人资格考试、执业注册、证书发放与监督管理。

第二章　资格考试

第五条　广播电视编辑记者资格考试与播音员主持人资格考试(以下简称资格考试)分别举行,实行全国统一大纲、统一命题、统一组织、统一标准的制度。

资格考试原则上每年上半年举行一次。报名、考试的时间由广电总局确定,在受理报名前三个月向社会公告。

第六条　广电总局负责确定考试科目、组织编写考试大纲、建立考试试题库、组织命题等工作;负责组织资格考试、确定考试合格标准,监督、检查、指导省级广

播电视行政部门实施本行政区域内的考务工作。

第七条 资格考试试卷从资格考试试题库中随机抽取生成。

第八条 符合下列条件的人员，可以报名参加资格考试：

（一）遵守宪法、法律、广播电视相关法规、规章；

（二）坚持四项基本原则，拥护中国共产党的基本理论、基本路线和方针政策；

（三）具有完全民事行为能力；

（四）具有大学专科及以上学历（含应届毕业生）。

第九条 有下列情形之一的，不能报名参加考试，已经办理报名手续的，报名无效：

（一）因故意犯罪受过刑事处罚的；

（二）受过党纪政纪开除处分的。

第十条 报名参加考试的人员，到报名点办理报名手续。经审查合格后，领取准考证。凭准考证、身份证，在指定的时间、地点参加考试。

第十一条 广电总局自考试结束之日起六十个工作日内公布考试成绩和合格标准。

参加考试的人员可以通过广电总局政府网站或指定的其它方式查询考试成绩。

第十二条 考试合格的，由省级广播电视行政部门颁发《广播电视编辑记者资格考试合格证》或《广播电视播音员主持人资格考试合格证》。

第十三条 考试中有违反考场纪律、扰乱考场秩序等行为的，视情节轻重，给予取消相关科目成绩、本次考试成绩、下一年度考试资格的处理。

第十四条 任何行政机关或行业组织不得组织强制性的资格考试考前培训，不得指定教材或者其它助考材料。

第三章 执业注册

第十五条 从事广播电视采访编辑、播音主持工作，应当取得相关执业资格。

未取得相关执业资格的人员，应当在持有相关执业证书的人员指导下从事实习等辅助性工作。

第十六条 具备下列条件的人员，可以申请相关执业资格注册：

（一）已取得《广播电视编辑记者资格考试合格证》或《广播电视播音员主持人

资格考试合格证》;

(二)在制作、播出机构相应岗位实习满一年;

(三)身体状况能胜任所申请执业的工作岗位要求;

(四)无本规定第九条所列情形;

(五)以普通话为基本用语的播音员主持人,取得与岗位要求一致的普通话水平测试等级证书。

第十七条 执业资格注册,按以下程序办理:

(一)由申请人所在的制作、播出机构统一向省级广播电视行政部门(以下称注册机关)提交以下材料:

1. 申请人填写的《注册申请表》、相关资格考试合格证和学历证书复印件;

2. 申请人所在的制作、播出机构同意聘用申请人从事广播电视编辑记者或播音主持工作的书面意见。

(二)符合条件的,由注册机关在法定期限内办理注册手续,发放《中华人民共和国广播电视编辑记者证》或《中华人民共和国播音员主持人证》。

第十八条 《中华人民共和国广播电视编辑记者证》和《中华人民共和国播音员主持人证》由广电总局统一印制,由注册机关统一注册,有效期为二年。注册机关应将注册情况在一个月内报广电总局备案。

《中华人民共和国广播电视编辑记者证》和《中华人民共和国播音员主持人证》是广播电视编辑记者、播音员主持人的执业凭证,在全国范围内有效。

第十九条 注册有效期届满需要延续的,申请人应当在有效期届满三十日前提出延续申请,填写《延续注册申请表》,由所在的制作、播出机构向注册机关办理延续注册手续。

第二十条 注册有效期内,持证人变更工作单位并继续从事广播电视采访编辑、播音主持工作的,应当在变更工作单位后一个月内填写《变更注册申请表》,并提交执业证书,由变更后所在的制作、播出机构向所在地注册机关办理变更注册手续。

因工作变更或退休不再执业的,由原所在的制作、播出机构收回执业证书,并交原注册机关统一销毁。

第二十一条 广电总局和注册机关应当向社会公布注册人员名单等信息。

第二十二条 持证人应妥善保管执业证书,不得出借、出租、转让、涂改和损毁。

第二十三条 有下列情形之一的,注册机关不予办理注册手续;制作、播出机构应将责任人调离广播电视采访编辑或播音主持岗位：

（一）出现本规定第九条所列情形的；

（二）因本人过错造成重大宣传事故的；

（三）违反职业纪律、违背职业道德，造成恶劣影响的；

（四）品行不端、声誉较差的。

出现本条第（一）、（二）、（三）项情形的，申请人在三年内不得再次提出注册申请。

第二十四条 以欺骗、贿赂等不正当手段取得的执业证书无效，注册机关应予以撤销。申请人在三年内不得再次提出注册申请。

第二十五条 当事人对注册机关的有关决定持有异议的，可以自接到决定之日起六十日内向广电总局申请复议。

第四章 权利与义务

第二十六条 广播电视编辑记者、播音员主持人在执业活动中享有以下权利：

（一）以所在的制作、播出机构的名义从事广播电视节目采访编辑或播音主持工作，制作、播出机构应当提供完成工作所必需的物质条件；

（二）人身安全、人格尊严依法不受侵犯；

（三）参加继续教育和业务培训；

（四）指导实习人员从事采访编辑、播音主持工作；

（五）依法享有的其他权利。

第二十七条 广播电视编辑记者、播音员主持人在执业活动中应当履行以下义务：

（一）遵守法律、法规、规章；

（二）尊重公民、法人和其它组织的合法权益；

（三）坚持正确的舆论导向；

（四）恪守职业道德，坚持客观、真实、公正的原则；

（五）严守工作纪律，服从所在机构的管理，认真履行岗位职责；

（六）努力钻研业务，更新知识，不断提高政策理论水平和专业素养；

（七）树立良好的公众形象和健康向上的精神风貌；

（八）依法应当履行的其他义务。

第五章 附 则

第二十八条 本规定实施前,在广播电视播出机构工作并取得编辑记者、播音员主持人从业资格的人员,符合广电总局规定条件的,经本人申请,可以通过审核取得本规定要求的执业资格,获得执业证书。具体办法由广电总局另行规定。

第二十九条 聘请境外人员从事广播电视采访编辑、播音主持工作的,依照国家有关规定执行。

第三十条 本规定自 2004 年 8 月 1 日起施行,广电总局《播音员主持人持证上岗规定》(广电总局令第 10 号)同时废止。

境外卫星电视频道落地管理办法

(2004 年 6 月 18 日　国家广播电影电视总局令第 27 号)

第一条　为加强对通过卫星方式传送的境外电视频道(以下简称境外卫星电视频道)在中国境内落地的管理,制定本办法。

第二条　国家广播电影电视总局(以下简称广电总局)负责对境外卫星电视频道落地实行归口管理,对境外卫星电视频道落地实行审批制度。

第三条　经广电总局批准,境外卫星电视频道可以在三星级以上涉外宾馆饭店、专供境外人士办公居住的涉外公寓等规定的范围及其它特定的范围落地。

第四条　申请落地的境外卫星电视频道,应具备下列条件:

(一)所播放的内容不违反中国法律、法规、规章的规定;

(二)在本国(地区)为合法电视媒体;

(三)具备与中国广播电视互利互惠合作的综合实力,承诺并积极协助中国广播电视节目在境外落地;

(四)申请落地的频道及其直接相关机构对中国友好,与中国有长期友好的广播电视交流和合作;

(五)同意通过广电总局指定的机构(以下简称指定机构)统一定向传送其频道节目,承诺不通过其他途径在中国境内落地;

(六)同意并委托指定机构独家代理其在中国境内落地的所有相关事宜。

第五条　广电总局每年审批一次境外卫星电视频道落地申请,每次有效期限一年,一般在每年七月至九月办理。

第六条　对于一个境外广播电视机构,原则上只批准其所属的一个卫星电视频道在规定的范围内落地;原则上不批准新闻类境外卫星电视频道在境内落地;不批准境内广播电视机构及其他有关部门、团体、企业、个人在境外开办、合办的卫星电视频道在境内落地。特殊情况,须报广电总局特殊批准。

第七条　申请境外卫星电视频道落地,由指定机构向广电总局提出。

指定机构在申请前,应对拟代理落地的境外卫星电视频道是否具备第四条规定的条件、代理的技术条件等进行评估,并将有关工作情况报广电总局。广电总局对是否同意指定机构与该境外卫星电视频道洽商落地事宜提出意见,不同意洽商的,广电总局不受理指定机构的该项申请。

第八条 指定机构申请境外卫星电视频道落地,应提交:

(一)该境外卫星电视频道填写的《卫星电视频道备忘录》;

(二)该境外卫星电视频道提供的符合本办法第四条和第六条规定内容的证明材料以及译码器等收视装置。有关材料应以中文书写,以其它文字书写的,应附中文译本,并以中文译本为准;

(三)指定机构的评估报告;

(四)指定机构与境外卫星电视频道签署的合作协议。

第九条 广电总局对符合本办法第四条和第六条规定条件的境外卫星电视频道,应依照行政许可法规定的期限作出是否准予落地的决定。

第十条 经批准落地的境外卫星电视频道,必须遵守中国有关境外卫星电视管理的各项规定。

第十一条 经批准落地的境外卫星电视频道,应按照指定机构的要求相应调整原卫星信号的播出覆盖范围、方式等;履行与指定机构的协议;不得擅自在中国境内开展其电视频道及其品牌和有关接收设备的推广活动。

第十二条 经批准落地的境外卫星电视频道,禁止播放载有下列内容的节目:

(一)危害中国国家统一、主权和领土完整的;

(二)危害中国国家安全,损害中国荣誉和利益,泄露中国国家秘密的;

(三)煽动中国民族分裂、民族仇恨、民族歧视,破坏中国民族团结,侵害中国民族风俗习惯的;

(四)危害中国社会稳定,宣扬淫秽、暴力、迷信、邪教,教唆犯罪的;

(五)诽谤、侮辱他人,侵犯他人合法权益的;

(六)危害中国社会公德,诋毁中华民族优秀文化传统的;

(七)其它违反中国法律、法规、规章规定的。

第十三条 经批准落地的境外卫星电视频道的下列事项变更,须事先向指定机构通报协商,并由指定机构报广电总局:

(一)频道及其直接相关机构的股份结构、经营权、投资人、主要管理人员的变化;

(二)频道名称、频道类别、节目构成、播音语言、字幕等《卫星电视频道备忘录》所列重要事项的改变；

（三）频道播出信号加密与否的变化、信号传送卫星及其覆盖区域等有关技术参数的变化；

（四）涉及本办法第四条和第六条规定内容事项的变更。

广电总局认为因上述事项变更，经批准落地的频道已不符合本办法规定的，可予以相应处理直至停止其落地资格。

第十四条 各级广播电视行政部门依照《卫星电视广播地面接收设施管理规定》（国务院第129号令）及有关规定，管理有关境外卫星电视的接收活动。

第十五条 指定机构应采取必要的措施，协助广播电视行政部门对所代理的境外卫星电视频道的有关行为和播放内容进行监督，配合广电总局实施相关处理，对所发现的问题及时报告。

经批准落地的境外卫星电视频道播出违反本办法第十二条规定内容的，指定机构应即时停止违规内容的传送。

第十六条 经批准落地的境外卫星电视频道违反本办法规定，情节轻微的，由广电总局给予警告，要求其陈述情况和纠正；情节严重的，暂停其特定内容传送、暂停或取消有关频道落地资格。

第十七条 经批准落地的境外卫星电视频道造成不良影响的，除接受相应处理外，应按照广电总局的要求在相同的传播范围内消除不良影响。

第十八条 经广电总局批准在境内特定地区落地的境外电视频道，参照本办法管理。

第十九条 本办法自2004年8月1日起施行。广电总局《境外卫星电视频道落地管理办法》（广电总局令第22号）同时废止。

境外机构设立驻华广播电视办事机构管理规定

(2004 年 6 月 18 日　国家广播电影电视总局令第 28 号)

第一条　为规范境外机构设立驻华广播电视办事机构的管理,促进中外广播电视交流活动,制定本规定。

第二条　本规定适用于外国及香港特别行政区、澳门特别行政区和台湾地区的机构(以下简称境外机构)在华设立广播电视办事机构的活动。

第三条　境外机构不得在中国境内设立广播电视代理机构或编辑部。

第四条　国家对境外机构设立驻华广播电视办事机构(以下简称驻华办事机构)实行许可制度。

未经国家广播电影电视总局(以下简称广电总局)许可,不得擅自设立驻华办事机构。

第五条　境外机构申请设立驻华办事机构,应当具备下列条件:

(一)申请机构在所在国(地)为合法存续的机构;

(二)申请机构对中国友好,具有良好信誉;

(三)业务范围符合中国法律、行政法规、规章的规定和申请设立的目的。

第六条　申请设立驻华办事机构,需向广电总局提交以下书面材料:

(一)申请机构法定代表人签署的申请书,内容包括:该机构简况、设立驻华办事机构的目的、驻华办事机构的名称、派驻人员(首席代表、代表)、业务范围、驻在期限、办公地址等;

(二)申请机构在所在国(地)合法存续的证明;

(三)银行出具的资信证明;

(四)由申请机构法定代表人签署的委任驻华办事机构首席代表和代表的授权书、首席代表和代表的简历及身份证件复印件。

第七条　驻华办事机构的首席代表或代表,应当是符合下列条件之一的人员:

(一)持合法普通护照的外国公民(不含外国在中国的留学生);

（二）在境外已经获得长期居住资格的中国内地公民；

（三）持有效身份证件的香港、澳门、台湾人员。

聘请除本条第一款第二项规定外的中国公民任首席代表或代表的，应当委托当地外事服务单位或中国政府指定的其它单位，根据中国有关法律法规办理申报手续。

第八条 驻华办事机构名称应以申请机构国别（地区）+申请机构名称+在华所驻城市名+办事处的方式确定。

第九条 广电总局对提出的申请进行审查时，需要征求相关部门意见的，应征求意见并依照行政许可法规定的期限作出批准或不予批准的决定。不予批准的，应当说明理由。

批准同意的，由办事机构的首席代表向广电总局领取批准文件，持批准文件等材料到工商、公安等部门办理登记注册等相关手续后，方可开展业务活动。

第十条 驻华办事机构批准文件的有效期为三年。期满如需延期，应在有效期届满三十日前向广电总局提出延期申请。

第十一条 境外机构申请驻华办事机构延期，应当提交以下材料：

（一）由境外机构法定代表人签署的延期申请书；

（二）该驻华办事机构在前一个驻在期内的业务活动情况；

（三）银行出具的资信证明；

（四）境外机构在所在国（地）合法存续的证明；

（五）第九条所规定的该驻华办事机构的批准文件及工商、公安等行政部门的批准文件。

第十二条 境外机构要求变更驻华办事机构的名称，更换或增加首席代表或代表，变更办事机构业务范围、驻在期限或办公地址，需由境外机构法定代表人签署申请书（变更办公地址的申请书可由办事机构首席代表签署）报广电总局批准。

第十三条 驻华办事机构的延期、变更申请获得批准后，持批准文件到工商、公安等行政部门办理延期、变更手续。

第十四条 驻华办事机构期限届满、提前终止业务活动或境外机构申请撤销驻华办事机构的，应报原审批机关备案并办理其它注销手续。

第十五条 所有申报材料，应以中文书写。如用其它文字书写，应当附中文译本。

中文译本与原文理解不一致的,以中文译本为准。

审批机关在必要时有权要求境外机构就其全部或部分申报材料提交经所在国(地区)公证的证明,并经中华人民共和国驻该国使领馆、中央政府驻香港、驻澳门机构认证。

第十六条 境外机构对其驻华办事机构在中国境内的一切业务活动,承担法律责任。

驻华办事机构及成员必须遵守中国的法律、法规、规章等规定,按批准的业务范围开展活动。

第十七条 驻华办事机构应按要求每年向广电总局书面报告业务活动情况。

对设在京外的驻华办事机构,当地省级广播电视行政部门应对其开展业务的活动进行监督管理。

第十八条 驻华办事机构违反中国法律、法规等规定的,有关部门依法给予警告、责令暂停业务、撤销办事机构等处罚。

第十九条 本规定自2004年8月1日起施行。

中外合作摄制电影片管理规定

（2004 年 7 月 6 日 国家广播电影电视总局令第 31 号 根据 2016 年 5 月 4 日《国家新闻出版广电总局关于修改部分规章的决定》修订）

第一条 为繁荣电影创作生产，维护中外合作摄制电影片的制片者及相关人员的合法权益，促进中外电影交流，根据《电影管理条例》，制定本规定。

第二条 本规定所称中外合作摄制电影片，是指依法取得《摄制电影许可证》或《摄制电影片许可证（单片）》的境内电影制片者（以下简称中方）与境外电影制片者（以下简称外方）在中国境内外联合摄制、协作摄制、委托摄制电影片。

第三条 本规定适用于中外电影制片者在中国境内外合作摄制的故事片、美术片、科教片、纪录片、专题片等电影片（含胶片电影、数字电影、电视电影等）。

第四条 国务院广播影视行政部门负责中外合作摄制电影的管理工作。

第五条 中外合作摄制电影片包括下列形式：

（一）联合摄制，即由中外双方共同投资（含资金、劳务或实物）、共同摄制、共同分享利益及共同承担风险的摄制形式；

（二）协作摄制，即外方出资，在中国境内拍摄，中方有偿提供设备、器材、场地、劳务等予以协助的摄制形式；

（三）委托摄制，即外方委托中方在中国境内代为摄制的摄制形式。

第六条 中外合作摄制电影片应当遵循以下原则：

（一）符合中国宪法、法律、法规及有关规定；

（二）尊重中国各民族的风俗、宗教、信仰和生活习惯；

（三）有利于弘扬中华民族的优秀文化传统；

（四）有利于中国的经济建设、文化建设、思想道德建设和社会安定；

（五）有利于中外电影交流；

（六）不得损害第三国的利益。

第七条 国家对中外合作摄制电影片实行许可制度。

境内任何单位或个人未取得《中外合作摄制电影片许可证》或批准文件，不得与境外单位或个人合作摄制电影片。未经批准,境外单位或个人不得在中国境内独立摄制电影片。

第八条 申请中外合作摄制电影片应当具备下列条件:

(一)持有《摄制电影许可证》或《摄制电影片许可证(单片)》的中方制片单位(含在境内批准注册的中外合资电影制片公司,下同);

(二)中外合作双方均不在因违反《电影管理条例》而停止摄制电影片的处罚期内。

第九条 申请中外合作摄制电影片应当向国务院广播影视行政部门提供下列材料:

(一)中方制片单位的摄制立项申请;

(二)中方制片单位的《摄制电影许可证》(《摄制电影片许可证(单片)》)及营业执照复印件;

(三)电影文学剧本(规范汉字)一式三份;

(四)外方的资信证明和合拍影片情况;

(五)中外双方合作意向书或协议书,主要内容应明确:合作各方投资比例、中外主创人员比例、是否参加国内外电影节(展)等;

(六)主创人员简介。

第十条 中外合作摄制电影片立项申报审批程序:

(一)中方制片单位向国务院广播影视行政部门提出申请;

(二)国务院广播影视行政部门按照《行政许可法》的规定期限受理申请单位提出的书面申请;

(三)决定受理的,国务院广播影视行政部门应当在二十个工作日内作出批准或不批准立项的决定。电影剧本须经专家评审的,应书面告知申请单位,其评审时间应在二十个工作日内完成;

(四)符合联合摄制条件的,发给一次性《中外合作摄制电影片许可证》;符合协作摄制、委托摄制条件的,发给批准文件。不批准的,应当书面说明理由。

第十一条 取得《中外合作摄制电影片许可证》或批准文件后,中外双方应根据批准立项的内容签订合同。

第十二条 《中外合作摄制电影片许可证》有效期为两年。

第十三条 联合摄制中需聘用境外主创人员的,应当报国务院广播影视行政部门批准,且外方主要演员比例不得超过主要演员总数的三分之二。

第十四条 联合摄制的电影片,应当制作普通话语言版本,其字幕须使用规范汉字。根据影片发行的需要,允许以普通话版本为标准,制作相应国家、地区、少数民族的语言文字版本。

第十五条 中外合作摄制完成的电影片,经当地省级广播影视行政部门提出初审意见后,报国务院广播影视行政部门电影审查委员会审查;中央和国家机关所属电影制片单位和持有《摄制电影片许可证(单片)》的单位申请立项并摄制完成的电影片,直接报国务院广播影视行政部门电影审查委员会审查。

第十六条 联合摄制的电影片,经审查合格,取得国务院广播影视行政部门颁发的《电影片公映许可证》后,方可在中国境内外发行公映。

协作摄制、委托摄制的电影片,经审查合格的,可持国务院广播影视行政部门的批准文件办理出境手续。

第十七条 中外双方如需更改已经取得《电影片公映许可证》的电影片,应当报国务院广播影视行政部门审批。

第十八条 联合摄制的电影片,需参加中外电影节(展)的,应按照举办、参加中外电影节(展)的有关规定报国务院广播影视行政部门备案。

第十九条 外方应通过中方在中国内地聘用电影创作及劳务人员,并依据中国法律、法规与应聘者签订合同。

第二十条 对违反本规定的行为,依据《电影管理条例》的有关规定处罚。

第二十一条 本规定适用于香港、澳门特别行政区及台湾地区的电影制片者在境内合作摄制电影。

第二十二条 本规定自 2004 年 8 月 10 日起施行。广电总局《中外合作摄制电影片管理规定》(广电总局令第 19 号)同时废止。

广播电视站审批管理暂行规定

(2004 年 7 月 6 日　国家广播电影电视总局令第 32 号)

第一条　为规范广播电视站的管理,依据《广播电视管理条例》,制定本规定。

第二条　省级广播电视行政部门根据国家广播电视发展规划和当地广播电视发展的实际情况,制定本辖区内广播电视站的规划和布局,负责本辖区内广播电视站的审批和日常管理工作。

第三条　市辖区、乡镇以及企事业单位、大专院校可申请设立广播电视站。

每个申请单位只能设立一个广播电视站,并只能在广播电视行政部门核定的区域范围内播出广播电视节目。

第四条　设立广播电视站,应当具备下列条件:

(一)符合国家和本辖区广播电视事业和产业建设发展规划;

(二)有符合国家规定的广播电视专业人员;

(三)有符合国家规定的广播电视技术设备;

(四)有必要的基本建设资金和稳定的资金保障;

(五)有必要的场所;

(六)省级广播电视行政部门规定的其它条件。

第五条　申请设立广播电视站,须由申请单位向当地县级以上广播电视行政部门提出申请,逐级审核同意后,报省级广播电视行政部门审批。

申请设立广播电视站,应提交以下材料:

(一)申请书;

(二)广播电视节目转播技术方案、覆盖范围以及自办广播业务或电视业务的主要内容;

(三)人员、资金、场地、设备的相关证明文件;

(四)省级广播电视行政部门要求提交的其它文件。

第六条　县级以上各级广播电视行政部门应按照《行政许可法》规定的期限,履行受理、审核职责。申请人符合法定条件的,由省级广播电视行政部门作出准予行政许可书面决定;依法作出不予行政许可决定的,应当书面通知申请人并说明理由。

第七条 广播电视站应按规定转播好中央、省级和当地的广播电视节目。条件具备的,应与当地区域性有线广播电视传输覆盖网联网。

广播电视站不得称广播电台、电视台,不得接收、传送境外电视节目,不得在转播节目中插播自办节目和广告,不得将广播电视站出租、转让、承包给其它单位或个人。

第八条 广播电视站可自办广播节目,通过有线方式传输。

市辖区、大专院校和国有或国有控股特大型企业设立的广播电视站确有需要,可在公共频道中插播少量自办的本单位新闻、专题以及广告等电视节目,通过有线方式传输。

乡镇设立的广播电视站不得自办电视节目。

第九条 市辖区、乡镇广播电视站原则上应当由当地广播电视行政部门实施垂直统一管理。

第十条 省级广播电视行政部门须将广播电视站的审批、管理情况,于每年的6月份和12月份以书面形式报国务院广播电视行政部门备案。

第十一条 省级广播电视行政部门可以根据当地实际,依照本规定制定本辖区内广播电视站的审批管理办法。

第十二条 违反本规定有关条款的,由县级以上广播电视行政部门按照《广播电视管理条例》进行处罚。

第十三条 本办法自2004年8月10日起施行。

广播电视节目传送业务管理办法

(2004 年 7 月 6 日　国家广播电影电视总局令第 33 号
根据 2015 年 8 月 28 日《国家新闻出版广电总局关于
修订部分规章和规范性文件的决定》修订)

第一章　总　则

第一条　为加强广播电视节目传送业务管理,规范广播电视节目传送秩序,制定本办法。

第二条　本办法所称广播电视节目传送业务,是指利用有线方式从事广播电视节目传输和接入服务的活动。

第三条　国家广播电影电视总局(以下简称广电总局)负责全国广播电视节目传送业务的管理。县级以上广播电视行政部门负责本行政区域内广播电视节目传送业务的管理。

第四条　国家对广播电视节目传送业务实行许可制度。

第二章　业务许可

第五条　利用有线方式从事广播电视节目传送业务,须按本办法规定领取《广播电视节目传送业务经营许可证》。

利用无线、微波、卫星等其它方式从事广播电视节目传送业务,应当按照国家有关规定办理相关审批手续。

第六条　下列机构可以申请《广播电视节目传送业务经营许可证》:

(一)经广电总局批准设立的广播电视播出机构;

(二)经广电总局批准设立的广播影视集团(总台)及所属机构;

(三)拥有有线广播电视网络经营权的国有或国有控股机构。

第七条　禁止外商独资、中外合作、中外合资机构从事广播电视节目传送业务。

第八条 申请《广播电视节目传送业务经营许可证》,应当具备以下条件:

(一)符合国家广播电视节目传送业务总体规划和业务要求;

(二)具有确保广播电视节目安全传送所需的设备、技术、人员及相关管理制度;

(三)资费标准符合国家有关规定;

(四)有从事经营活动的场所及相应网络资源;

(五)有长期提供传送服务的信誉和能力;

(六)有合法的广播电视节目信号来源;

(七)其它法律、行政法规规定的条件。

第九条 申请《广播电视节目传送业务经营许可证》,须提交以下材料:

(一)有线电视网络建设及覆盖情况、传送内容(应写明具体频道、节目名称)、传送范围、技术手段(数字传输或模拟传输)、传送方式(节目传输或接入服务)等内容的说明;

(二)申办机构基本情况。申办机构为企业单位的,应提供企业章程、营业执照、股东背景情况的说明,事业单位应提供事业单位法人代码证;

(三)《广播电视节目传送业务经营许可证》申请表;

(四)从事广播电视节目传送业务的技术方案、运营方案、管理制度;

(五)人员、设备、场所的证明资料(包括法定代表人或主要负责人及主要业务管理人员、专业技术人员的资格证明和身份证明文件、工作场所使用权证明文件);

(六)广播电视节目安全传送方案;

(七)广播电视节目信号来源证明。

第十条 申请利用有线方式在省级行政区域内或跨省(市)从事广播电视节目传送业务的,应向地(市)级以上广播电视行政部门提出申请,并提交符合本办法第九条规定的申报材料,经逐级审核,报广电总局审批。符合条件的,广电总局予以颁发《广播电视节目传送业务经营许可证》。

申请利用有线方式在同一地(市)行政区域内从事广播电视节目传送业务的,应向县级以上广播电视行政部门提出申请,经逐级审核,报省级广播电视行政部门审批。符合条件的,省级广播电视行政部门予以颁发《广播电视节目传送业务经营许可证》。

在同一省(市)内两个以上地(市)级行政区域经营广播电视节目传送业务的,

视为在省级行政区域内经营广播电视节目传送业务,依照本条第一款规定报广电总局审批。

第十一条 负责受理的广播电视行政部门应按照行政许可法规定的期限和权限,履行受理、审核职责。申请人的申请符合法定标准的,有权作出决定的广播电视行政部门应作出准予行政许可的书面决定;依法作出不予行政许可决定的,应当书面通知申请人并说明理由。

第十二条 《广播电视节目传送业务经营许可证》包含传送内容、传送范围、技术手段、传送方式等事项。

持证机构应当按照许可证载明的事项从事广播电视节目传送业务。

第十三条 持证机构变更许可证事项、股东、持股比例及停止从事广播电视节目传送业务,应提前六十日报原发证机关批准。国家对停止从事传送业务有其它规定的,还应当按照有关规定做执行。

持证机构营业场所、法定代表人等重要事项发生变更的,应在三十日内书面告知原发证机关。

持证机构为广播电视播出机构、广播电视节目制作经营机构传送节目素材的,不须另行申请变更许可证事项。

第三章 传送管理

第十四条 从事广播电视节目传送业务的机构应当在《广播电视频道播出许可证》规定的传输覆盖范围内传送频道节目。

第十五条 广播电视播出机构不得通过未获得广播电视节目传送业务许可的机构传送其节目信号。

第十六条 从事广播电视节目传送业务的机构不得利用所拥有的网络或频率资源擅自开办广播电视节目,不得为非法开办的节目以及来源非法的广播电视节目信号提供传送服务,不得擅自传送境外卫星电视节目。

第十七条 禁止传送含有下列内容的广播电视节目信号:

(一)反对宪法确定的基本原则的;

(二)危害国家统一、主权和领土完整的;

(三)泄漏国家秘密、危害国家安全或者损害国家荣誉和利益的;

(四)煽动民族仇恨、民族歧视,破坏民族团结,或者侵害民族风俗、习惯的;

（五）宣扬邪教、迷信的；

（六）扰乱社会秩序，破坏社会稳定的；

（七）宣传淫秽、赌博、暴力或者教唆犯罪的；

（八）侮辱或者诽谤他人，侵害他人合法权益的；

（九）危害社会公德或者民族优秀文化传统的；

（十）有法律、行政法规和国家规定禁止的其它内容的。

第十八条 从事广播电视节目传送业务的机构不得在所传送的节目中插播其它节目、资料、图像、文字及其它信息。

第十九条 从事接入服务的持证机构，在有线电视网络停止模拟电视信号播出前，应当在模拟频道中完整传送广电总局规定必须传送的广播电视节目。

第二十条 从事接入服务的持证机构应当提供长期、稳定的服务。

第二十一条 从事广播电视节目传送业务的机构应当向广播电视行政部门设立的监测机构提供所传送节目的完整信号，不得干扰、阻碍监测活动。

第四章 罚 则

第二十二条 违反本办法规定，擅自从事广播电视节目传送业务的，由县级以上广播电视行政部门责令停止违法活动，没收违法所得，并处一万元以上三万元以下罚款。构成犯罪的，依法追究刑事责任。

第二十三条 违反本办法规定，有下列行为之一的，由县级以上广播电视行政部门责令停止违法活动，给予警告，没收违法所得，可以并处二万元以下罚款。构成犯罪的，依法追究刑事责任：

（一）未完整传送广电总局规定必须传送的广播电视节目的；

（二）擅自在所传送的节目中插播节目、资料、图像、文字及其它信息的；

（三）未按照许可证载明事项从事传送业务的；

（四）营业场所、股东及持股比例、法定代表人等重要事项发生变更，未在规定期限内书面通知原发证机关的；

（五）未向广播电视行政部门设立的监测机构提供所传送节目的完整信号，或干扰、阻碍监测活动的。

第二十四条 违反本办法规定，有下列行为之一的，由县级以上广播电视行政部门责令停止违法活动，给予警告，没收违法所得，可以并处二万元以下罚款；情节

严重的,由原发证机关吊销许可证。构成犯罪的,依法追究刑事责任:

(一)擅自开办广播电视节目的;

(二)为非法开办的节目以及非法来源的广播电视节目信号提供传送服务;

(三)擅自传送境外卫星电视节目的。

第五章　附　则

第二十五条　本办法自 2004 年 8 月 10 日起施行。广电总局《经营广播电视节目传送业务审批管理暂行办法》(广发社字〔1997〕714 号)和《关于广播电视节目传输管理的实施细则(试行)》(广发办字〔2001〕1497 号)同时废止。

广播电视节目制作经营管理规定

（2004 年 7 月 19 日　国家广播电影电视总局令第 34 号
根据 2015 年 8 月 28 日《国家新闻出版广电总局关于
修订部分规章和规范性文件的决定》修订）

第一章　总　则

第一条　为坚持广播电视节目正确导向，促进广播电视节目制作产业繁荣发展，服务社会主义物质文明和精神文明建设，根据国家有关法律、法规，制定本规定。

第二条　本规定适用于设立广播电视节目制作经营机构或从事专题、专栏、综艺、动画片、广播剧、电视剧等广播电视节目的制作和节目版权的交易、代理交易等活动的行为。

专门从事广播电视广告节目制作的机构，其设立及经营活动根据《广告法》等有关法律、法规管理。

第三条　国家广播电影电视总局（以下简称广电总局）负责制定全国广播电视节目制作产业的发展规划、布局和结构，管理、指导、监督全国广播电视节目制作经营活动。

县级以上地方广播电视行政部门负责本行政区域内广播电视节目制作经营活动的管理工作。

第四条　国家对设立广播电视节目制作经营机构或从事广播电视节目制作经营活动实行许可制度。

设立广播电视节目制作经营机构或从事广播电视节目制作经营活动应当取得《广播电视节目制作经营许可证》。

第五条　国家鼓励境内社会组织、企事业机构（不含在境内设立的外商独资企业或中外合资、合作企业）设立广播电视节目制作经营机构或从事广播电视节目制作经营活动。

第二章　节目制作经营业务许可

第六条　申请《广播电视节目制作经营许可证》应当符合国家有关广播电视节目制作产业发展规划、布局和结构,并具备下列条件:

(一)具有独立法人资格,有符合国家法律、法规规定的机构名称、组织机构和章程;

(二)有适应业务范围需要的广播电视及相关专业人员和工作场所;

(三)在申请之日前三年,其法定代表人无违法违规记录或机构无被吊销过《广播电视节目制作经营许可证》的记录;

(四)法律、行政法规规定的其它条件。

第七条　申请《广播电视节目制作经营许可证》,申请机构应当向审批机关同时提交以下材料:

(一)申请报告;

(二)广播电视节目制作经营机构章程;

(三)《广播电视节目制作经营许可证》申领表;

(四)主要人员材料:

1. 法定代表人身份证明(复印件)及简历;

2. 主要管理人员(不少于三名)的广播电视及相关专业简历、业绩或曾参加相关专业培训证明等材料。

(五)办公场地证明;

(六)企事业单位执照或工商行政部门的企业名称核准件。

第八条　在京的中央单位及其直属机构申请《广播电视节目制作经营许可证》,报广电总局审批;其它机构申请《广播电视节目制作经营许可证》,向所在地广播电视行政部门提出申请,经逐级审核后,报省级广播电视行政部门审批。

审批机关应在收到齐备的申请材料之日起的二十个工作日内做出批准或不批准的决定。对符合本规定第六条、第七条规定的,应为申请机构核发《广播电视节目制作经营许可证》;对不批准的,应向申请机构书面说明不予批准的理由。

省级广播电视行政部门应在做出批准或不批准决定之日起的一周内,将审批情况报广电总局备案。

《广播电视节目制作经营许可证》由广电总局统一印制。有效期为两年。

第九条 经批准取得《广播电视节目制作经营许可证》的企业，凭许可证到工商行政管理部门办理注册登记或业务增项手续。

第十条 已经取得《广播电视节目制作经营许可证》的机构需在其它省、自治区、直辖市设立具有独立法人资格的广播电视节目制作经营分支机构的，须按本规定第七条的规定，向分支机构所在地的省级广播电视行政部门另行申领《广播电视节目制作经营许可证》，并向原审批机关备案；设立非独立法人资格分支机构的，无须另行申领《广播电视节目制作经营许可证》。

第十一条 依法设立的广播电台、电视台制作经营广播电视节目无需另行申领《广播电视节目制作经营许可证》。

第三章 电视剧制作许可

第十二条 电视剧由持有《广播电视节目制作经营许可证》的机构、地市级（含）以上电视台（含广播电视台、广播影视集团）和持有《摄制电影许可证》的电影制片机构制作，但须事先另行取得电视剧制作许可。

第十三条 电视剧制作许可证分为《电视剧制作许可证（乙种）》和《电视剧制作许可证（甲种）》两种，由广电总局统一印制。

《电视剧制作许可证（乙种）》仅限于该证所标明的剧目使用，有效期限不超过180日。特殊情况下经发证机关批准后，可适当延期。

《电视剧制作许可证（甲种）》有效期限为两年，有效期届满前，对持证机构制作的所有电视剧均有效。

第十四条 《电视剧制作许可证（乙种）》由省级以上广播电视行政部门核发。其中，在京的中央单位及其直属机构直接向广电总局提出申请，其它机构向所在地广播电视行政部门提出申请，经逐级审核后，报省级广播电视行政部门审批。

第十五条 申领《电视剧制作许可证（乙种）》，申请机构须提交以下申请材料：

（一）申请报告；

（二）《电视剧制作许可证（乙种）申领登记表》；

（三）广电总局题材规划立项批准文件复印件；

（四）编剧授权书；

（五）申请机构与制片人、导演、摄像、主要演员等主创人员和合作机构（投资

机构)等签定的合同或合作意向书复印件。其中,如聘请境外主创人员参与制作的,还需提供广电总局的批准文件复印件;

(六)《广播电视节目制作经营许可证》(复印件)或电视台、电影制片机构的相应资质证明;

(七)持证机构出具的制作资金落实证明。

第十六条 省级广播电视行政部门应在核发《电视剧制作许可证(乙种)》后的一周内将核发情况报广电总局备案。

第十七条 电视剧制作机构在连续两年内制作完成六部以上单本剧或三部以上连续剧(3 集以上/部)的,可按程序向广电总局申请《电视剧制作许可证(甲种)》资格。

第十八条 申领《电视剧制作许可证(甲种)》,申请机构须提交以下申请材料:

(一)申请报告;

(二)《电视剧制作许可证(甲种)》申请表;

(三)最近两年申领的《电视剧制作许可证(乙种)》(复印件);

(四)最近两年持《电视剧制作许可证(乙种)》制作完成的电视剧目录及相应的《电视剧发行许可证》(复印件)。

第十九条 《电视剧制作许可证(甲种)》有效期届满后,持证机构申请延期的,如符合本规定第十七条规定且无违规纪录的,准予延期;不符合上述条件的,不予延期。

第二十条 境内广播电视播出机构和广播电视节目制作经营机构与境外机构合作制作广播电视节目,按有关规定向广电总局申报。

第四章 管 理

第二十一条 取得《广播电视节目制作经营许可证》的机构应严格按照许可证核准的制作经营范围开展业务活动。

广播电视时政新闻及同类专题、专栏等节目只能由广播电视播出机构制作,其它已取得《广播电视节目制作经营许可证》的机构不得制作时政新闻及同类专题、专栏等广播电视节目。

第二十二条 广播电视节目制作经营活动必须遵守国家法律、法规和有关政策规定。禁止制作经营载有下列内容的节目：

（一）反对宪法确定的基本原则的；

（二）危害国家统一、主权和领土完整的；

（三）泄露国家秘密、危害国家安全或者损害国家荣誉和利益的；

（四）煽动民族仇恨、民族歧视，破坏民族团结，或者侵害民族风俗、习惯的；

（五）宣扬邪教、迷信的；

（六）扰乱社会秩序，破坏社会稳定的；

（七）宣扬淫秽、赌博、暴力或者教唆犯罪的；

（八）侮辱或者诽谤他人，侵害他人合法权益的；

（九）危害社会公德或者民族优秀文化传统的；

（十）有法律、行政法规和国家规定禁止的其它内容的。

第二十三条 制作重大革命和历史题材电视剧、理论文献电视专题片等广播电视节目，须按照广电总局的有关规定执行。

第二十四条 发行、播放电视剧、动画片等广播电视节目，应取得相应的发行许可。

第二十五条 广播电视播出机构不得播放未取得《广播电视节目制作经营许可证》的机构制作的和未取得发行许可的电视剧、动画片。

第二十六条 禁止以任何方式涂改、租借、转让、出售和伪造《广播电视节目制作经营许可证》和《电视剧制作许可证》。

第二十七条 《广播电视节目制作经营许可证》和《电视剧制作许可证（甲种）》载明的制作机构名称、法定代表人、地址和章程、《电视剧制作许可证（乙种）》载明的制作机构名称、剧名、集数等发生变更，持证机构应报原发证机关履行变更审批手续；终止广播电视节目制作经营活动的，应在一周内到原发证机关办理注销手续。

第二十八条 《广播电视节目制作经营许可证》和《电视剧制作许可证》的核发情况由广电总局向社会公告。

第五章　罚　则

第二十九条 违反本规定的，依照《广播电视管理条例》进行处罚。构成犯罪的，依法追究刑事责任。

第六章　附　则

第三十条　本规定自 2004 年 8 月 20 日起施行。广播电影电视部《影视制作经营机构管理暂行规定》(广播电影电视部令第 16 号)、《电视剧制作许可证管理规定》(广播电影电视部令第 17 号)和广电总局《关于实行广播电视节目制作、发行行业准入制度的实施细则(试行)》(广发办字〔2001〕1476 号)同时废止。

广播电视视频点播业务管理办法

(2004年7月6日　国家广播电影电视总局令第35号
根据2015年8月28日《国家新闻出版广电总局关于
修订部分规章和规范性文件的决定》修订)

第一章　总　则

第一条　为促进广播电视视频点播业务健康发展,加强监督管理,促进社会主义精神文明建设,制定本办法。

第二条　本办法所称的广播电视视频点播(以下简称视频点播),是指通过广播电视技术系统以实时点播、准视频点播(轮播)、下载播放等点播形式供用户自主选择收看广播电视节目的业务活动。

第三条　国家广播电影电视总局(以下简称广电总局)负责全国视频点播业务的管理,制定全国视频点播业务总体规划,确定视频点播开办机构的总量、布局。

县级以上地方广播电视行政部门负责本辖区内视频点播业务的管理。

第四条　国家对视频点播业务实行许可制度。未经许可,任何机构和个人均不得开办视频点播业务。

禁止外商独资、中外合资、中外合作机构申请开办视频点播业务,但符合本办法第八条第一款的除外。

第二章　业务许可

第五条　开办视频点播业务须取得《广播电视视频点播业务许可证》。

第六条　《广播电视视频点播业务许可证》分为甲、乙两种。

持有《广播电视视频点播业务许可证(甲种)》的机构,可在许可证载明的行政区域内从事视频点播业务。

持有《广播电视视频点播业务许可证(乙种)》的机构,可在许可证载明的宾馆饭店内从事视频点播业务。

第七条 下列机构可以申请《广播电视视频点播业务许可证(甲种)》:

(一)经批准设立的地(市)级以上广播电台、电视台;

(二)经批准设立的广播影视集团(总台)。

第八条 下列机构可以申请《广播电视视频点播业务许可证(乙种)》:

(一)三星级以上或相当于三星级以上的宾馆饭店;

(二)具有同时为 10 家以上三星级或相当于三星级以上的宾馆饭店提供视频点播业务能力的机构。

第九条 申请《广播电视视频点播业务许可证》必须具备以下条件:

(一)符合国家视频点播业务总体规划;

(二)有符合本办法规定的节目资源;

(三)具备与视频点播业务开办规模相适应的场所、技术、人员等条件;

(四)所使用的系统和设备符合国家和行业技术标准;

(五)有健全的节目内容审查制度、播出管理制度;

(六)有确定的传播范围;

(七)具备与开办视频点播业务相适应的信誉和服务能力;

(八)有与广播电视行政部门监控系统实现联网的方案;

(九)其它法律、行政法规规定的条件。

第十条 申请《广播电视视频点播业务许可证》的,须提交以下材料:

(一)申请报告,内容应包括:申请许可证类别(甲种、乙种)、传播方式(实时点播、准视频点播、下载播放)、播放范围等;

(二)《广播电视视频点播业务许可证》申请表;

(三)从事广播电视视频点播业务的节目开办方案、技术方案、运营方案、管理制度;

(四)向政府监管部门提供监控信号的监控方案;

(五)主管人员简要情况介绍和设备、场所的证明资料。

申请《广播电视视频点播业务许可证(乙种)》的,还应提交营业执照和宾馆饭店星级评定的相关证明;其中,由宾馆饭店以外的机构申请《广播电视视频点播业务许可证(乙种)》的,还需要提交公司章程以及宾馆饭店同意在其宾馆饭店从事视频点播业务的书面文件。

第十一条 申请《广播电视视频点播业务许可证(甲种)》的,应向当地广播电视行政部门提出申请,并提交符合第十条规定的申报材料。经逐级审核后,报广电总局审批。

广电总局对申报材料进行审核,审核合格的,组织有关专家进行论证,论证期限为三十日。广电总局根据论证结论做出决定,符合条件的,颁发《广播电视视频点播业务许可证(甲种)》;不符合条件的,书面通知申办机构并说明理由。

第十二条 申请《广播电视视频点播业务许可证(乙种)》,应向当地县级以上广播电视行政部门提出申请,并提交符合第十条规定的申报材料。经逐级审核后,报省级广播电视行政部门审批。

省级广播电视行政部门对申报材料进行审核,审核合格的,申办机构可以安装视频点播设备。设备安装完毕,省级广播电视行政部门组织验收,根据验收结论做出决定,符合条件的,颁发《广播电视视频点播业务许可证(乙种)》,并在九十日内报广电总局备案;不符合条件的,书面通知申办机构并说明理由。

第十三条 负责受理的广播电视行政部门应按照行政许可法规定的期限和权限,履行受理、审核职责。

第十四条 《广播电视视频点播业务许可证》有效期为三年,自颁发之日起计算。有效期届满,需继续经营视频点播业务的,应于期满前六个月按本办法规定的审批程序办理续办手续。

第十五条 开办机构应在领取《广播电视视频点播业务许可证》之后九十日内开播。如因特殊理由不能如期开播,应经发证机关同意,否则按终止业务处理。

第十六条 持有《广播电视视频点播业务许可证》的机构需终止业务的,应提前六十日向原发证机关申报,其《广播电视视频点播业务许可证》由原发证机关予以公告注销。

第十七条 《广播电视视频点播业务许可证》包含开办主体、开办范围、节目类别、传送方式等项目。

开办机构必须按照许可证载明的事项从事视频点播业务。

第十八条 开办机构变更许可证登记项目、股东及持股比例的,应提前六十日报原发证机关批准。

第十九条 开办机构的营业场所、法定代表人、节目总编等重要事项发生变更,应在三十日内书面告知原发证机关。

第二十条　宾馆饭店不得允许未获得《广播电视视频点播业务许可证》的机构在其宾馆饭店内从事视频点播业务。

宾馆饭店同意其它机构作为开办主体在本宾馆饭店内从事视频点播业务的，应对其经营活动进行必要的监督。如发现有违反本办法规定行为的，应予以制止并立即报告当地广播电视行政部门。

第三章　节目管理

第二十一条　视频点播节目禁止载有下列内容：

(一)反对宪法确定的基本原则的；

(二)危害国家统一、主权和领土完整的；

(三)泄露国家秘密、危害国家安全或者损害国家荣誉和利益的；

(四)煽动民族仇恨、民族歧视，破坏民族团结，或者侵害民族风俗、习惯的；

(五)宣扬邪教、迷信的；

(六)扰乱社会秩序，破坏社会稳定的；

(七)宣扬淫秽、赌博、暴力或者教唆犯罪的；

(八)侮辱或者诽谤他人，侵害他人合法权益的；

(九)危害社会公德或者民族优秀文化传统的；

(十)有法律、行政法规和国家规定禁止的其它内容的。

第二十二条　用于视频点播业务的节目，应符合《著作权法》的规定。

第二十三条　用于视频点播业务的节目，应以国产节目为主。

第二十四条　引进用于视频点播的境外影视剧，应按有关规定报广电总局审查。

第二十五条　用于视频点播的节目限于以下五类：

(一)取得《电视剧发行许可证》、《电影片公映许可证》的影视剧；

(二)依法设立的广播电视播出机构制作、播出的节目；

(三)依法设立的广播电视节目制作经营机构制作的节目；

(四)经省级以上广播电视行政部门审查批准的境外广播电视节目；

(五)从合法途径取得的天气预报、股票行情等信息类节目。

第二十六条　用于视频点播的新闻类或信息类节目应真实、公正。

第二十七条　开办机构应配备节目审查员，健全节目审查制度，实行节目总编负责制，对其播放的节目内容进行审查。节目总编应具备必要的业务素质和相关的从业经验。

第二十八条 持有《广播电视视频点播业务许可证(甲种)》开办机构的播出前端应与广电总局视频点播业务监控系统实现联网；持有《广播电视视频点播业务许可证(乙种)》开办机构的播出前端应与所在地广播电视行政部门视频点播业务监控系统实现联网。

第四章 罚 则

第二十九条 违反本办法规定，未经批准，擅自开办视频点播业务的，由县级以上广播电视行政部门予以取缔，可以并处一万元以上三万元以下的罚款；构成犯罪的，依法追究刑事责任。

第三十条 违反本办法规定，有下列行为之一的，由县级以上广播电视行政部门责令停止违法活动、给予警告、限期整改，可以并处三万元以下的罚款：

(一)未按《广播电视视频点播业务许可证》载明的事项从事视频点播业务的；

(二)未经批准，擅自变更许可证事项、股东及持股比例或者需终止开办视频点播业务的；

(三)播放不符合本办法规定的广播电视节目的；

(四)未按本办法第二十一条、第二十四条、第二十五条规定播放视频点播节目的；

(五)违反本办法第十八条，第十九条规定，有重要事项发生变更未在规定期限内通知原发证机关的；

(六)违反本办法第二十八条规定，播出前端未按规定与广播电视行政部门监控系统进行联网的。

第三十一条 违反本办法规定，节目总编或节目审查员未履行应尽职责，出现三次以上违规内容的，广电总局可以对相关责任人予以警告；相关责任人三年内不得担任视频点播开办机构的节目总编或节目审查员。

第三十二条 违反本办法第二十条规定，宾馆饭店允许未获得《广播电视视频点播业务许可证》的机构在其宾馆饭店内经营视频点播业务的，由县级以上广播电视行政部门予以警告，可以并处三万元以下罚款。

第五章　附　则

第三十三条　本办法施行前经广播电视行政部门批准开办视频点播业务的机构,应自本办法实施之日起六个月内,按照本办法规定申换许可证。

第三十四条　本办法自 2004 年 8 月 10 日起施行。广电总局《有线电视视频点播管理暂行办法》(广电总局令第 4 号)和《宾馆饭店视频点播管理暂行办法》(广电总局令第 6 号)同时废止。

城市社区有线电视系统管理暂行办法

（2004 年 8 月 10 日　国家广播电影电视总局令第 36 号
根据 2015 年 8 月 28 日《国家新闻出版广电总局关于
修订部分规章和规范性文件的决定》修订）

第一条　为规范城市社区有线电视系统管理，满足人民群众收听收看广播电视节目的需要，促进社会主义精神文明建设，根据《广播电视管理条例》，制定本办法。

第二条　本办法适用于住宅小区和机关、企事业单位宿舍等居民集中居住区（以下简称城市社区）。

第三条　国家广播电影电视总局（以下简称广电总局）负责全国城市社区有线电视系统的管理工作。

县级以上地方广播电视行政部门负责本行政区域内城市社区有线电视系统的管理工作。

第四条　当地行政区域性有线广播电视传输覆盖网不能通达的社区，可以申请建立城市社区有线电视系统。

当地行政区域性有线广播电视传输覆盖网已通达的社区，其原有的城市社区有线电视系统必须与当地行政区域性有线广播电视传输覆盖网联网，纳入当地行政区域性有线广播电视网络统一维护和管理。

第五条　申请建立城市社区有线电视系统需要提交以下材料：

1. 申请书（申请人须在申请书中证明当地行政区域性有线广播电视传输覆盖网尚不具备与该社区联网的条件）；

2. 开办单位具有独立法人地位及物业管理资质的相关证明文件；

3. 城市社区有线电视系统技术方案和规章制度；

4. 具有保障安全传送广播电视节目信号所要求的相应场地、必要数量的专业技术人员证明文件。

第六条　申请建立城市社区有线电视系统，应当按照以下程序办理：

1. 具有独立法人资格的社区物业管理机构或承担物业管理职能的单位主管部门向社区所在地县级或地(市)级广播电视行政部门提出申请。

2. 如需接收转播卫星电视节目的,须遵照《卫星电视广播地面接收设施管理规定》(国务院令第 129 号)的规定申办《接收卫星传送的电视节目许可证》。

3. 县级广播电视行政部门按照《行政许可法》规定的期限和权限进行初步审核,并将审核意见、申请材料一并报地(市)级广播电视行政部门。

4. 地(市)级广播电视行政部门收到申请人的申请或县级广播电视行政部门上报的申请审核材料后,按照《行政许可法》规定的期限和权限做出审批决定。

第七条 申请人符合条件的,由地(市)级广播电视行政部门作出准予行政许可的决定,颁发《城市社区有线电视系统许可证》;不符合条件的,不予批准,并书面说明理由。

第八条 《城市社区有线电视系统许可证》有效期为一年。有效期届满需延续的,应在期满前三十日,按上述程序向原发证机关提出续办申请。

第九条 城市社区有线电视系统(含其卫星电视接收设施)的建设,需由具备相应资质的施工单位负责施工,其选用的设备必须经广播电视设备器材入网认定,卫星电视接收设施须通过信息安全测评,且来源合法。上述设备的安装必须符合广播电视行政部门的技术标准、技术安全规范和要求,经县级以上广播电视行政部门验收合格后,方可投入运行。

第十条 城市社区有线电视系统开办单位应当接受广播电视行政部门的统一管理。

城市社区有线电视系统开办单位应当建立健全有关管理制度,确保二十四小时专人值班,专业技术人员应定期检修、维护相关设备,定期巡检线路,严防非法接收转播境外卫星电视节目,对可能危及宣传安全的节目信号和技术故障及时进行处理,确保设备网络系统和信号的传输安全。发生重大事故,必须在一小时之内向当地广播电视行政部门报告。

第十一条 城市社区有线电视系统应当完整转播广电总局规定必须传送的电视节目。

城市社区有线电视系统不得自行播放电视节目和广告,不得开办视频点播节目。

第十二条 未经许可,城市社区有线电视系统不得接收、传送境外卫星电视节目。

第十三条 城市社区有线电视系统所在社区与行政区域性有线电视传输覆盖网联网后三十日内，由原发证机关注销其《城市社区有线电视系统许可证》、《接收卫星传送的电视节目许可证》，并由地（市）级广播电视行政部门负责监督拆除其播出设备、卫星地面接收设施等相关设施。

第十四条 违反本办法的，依据《广播电视管理条例》、《卫星电视广播地面接收设施管理规定》予以处罚。

第十五条 本办法自2004年9月10日起施行。广电总局《城市社区有线电视系统管理暂行办法》（广电总局令第7号）同时废止。

广播电台电视台审批管理办法

(2004 年 8 月 18 日　国家广播电影电视总局令第 37 号)

第一条　为规范广播电台、电视台管理,保障广播电视事业和产业的健康发展,根据《广播电视管理条例》,制定本办法。

第二条　本办法所称广播电台、电视台是指采编、制作并通过有线、无线、卫星或其它方式向社会公众播放广播电视节目的广播电视播出机构(含广播电视台、教育电视台、广播影视集团、总台、具备独立法人资格的广播电台、电视台分台等)。

第三条　国家广播电影电视总局(以下简称广电总局)负责制定全国广播电台、电视台的设立规划,确定广播电台、电视台的总量、布局和结构,负责全国广播电台、电视台的设立审批和监督管理工作。

县级以上地方广播电视行政部门负责本行政区域内广播电台、电视台的管理工作。

第四条　国家禁止设立外资经营、中外合资经营和中外合作经营的广播电台、电视台。

第五条　广播电台、电视台原则上由县、不设区的市以上广播电视行政部门或经批准的广播影视集团(总台)设立,其中教育电视台可以由设区的市、自治州以上教育行政部门设立。

第六条　广播电台、电视台的设立、合并应当具备下列条件:

(一)符合国家广播电视事业和产业发展规划以及相关的国家、行业标准;

(二)有符合国家规定的广播电视专业人员、技术设备和必要的场所;

(三)有必要的基本建设资金和稳定的资金保障;

(四)有明确的频道定位和确定的传输覆盖范围;

(五)传输覆盖方式和技术参数符合国家广播电视传输覆盖网规划。

第七条　中央级广播电台、电视台的设立、合并和相关事项变更,直接报广电总局审批。地方级广播电台、电视台的设立和变更,由本级广播电视行政部门向上级广播电视行政部门提出申请,逐级审核后,报广电总局审批。

教育电视台的设立、合并和相关事项的变更，由设区的市、自治州以上教育行政部门征得同级广播电视行政部门同意后，向上级教育行政部门提出申请，逐级审核后，经国务院教育行政部门审核同意，报广电总局审批。

第八条 申请设立、合并广播电台、电视台的，须提交以下申请材料：

（一）申请书；

（二）可行性报告。报告应载明以下内容：

1. 人力资源；
2. 资金保障及来源；
3. 场地、设备；
4. 节目频道设置规划（含频道定位、栏目设置）；
5. 传输覆盖范围、方式和技术参数；
6. 运营规划。

（三）拟使用的台名、台标、呼号，并附台标设计彩色样稿、创意简述和电子文稿；

（四）本级人民政府同意设立、合并的批准文件；

（五）筹备计划。

第九条 广播电台、电视台申请调整节目套数和节目设置范围的，须提交以下申请材料：

（一）申请书；

（二）可行性报告。报告应载明以下内容：

1. 调整节目套数和节目设置范围的理由；
2. 人力资源；
3. 资金保障及来源；
4. 场地、设备；
5. 节目频道设置规划（含频道定位、栏目设置）；
6. 传输覆盖范围、方式和技术参数；
7. 运营规划。

（三）筹备计划。

第十条 广播电台、电视台的台名、呼号等原则上应与国务院确定的行政区划名称一致。

台标可以由图案、汉字、数字符和字母组合而成，并与其它广播电台、电视台或其它机构已使用的标识有明显区别,播出时在屏幕左上角标出。广播电台、电视台所属节目频道的标识应以台标为主体,与频道名称或简称、序号等组合而成。

第十一条 广播电台、电视台申请变更台名、台标、呼号的,须提交以下申请材料:

(一)申请书;

(二)拟变更的台名、台标、呼号及其设计彩色样稿、创意简述和电子文稿。因行政区划变更的,须提交国务院关于变更行政区划的批准文件复印件。

因其它原因变更台名、呼号的,申请书中应充分说明变更的理由。

第十二条 广播电台、电视台申请变更传输覆盖范围、方式、技术参数的,须向本级广播电视行政部门提交以下申请材料:

(一)申请书;

(二)对技术参数的使用建议、必要的设计文件或技术评估报告。

申请书中应说明变更传输覆盖范围、方式、技术参数的理由及对广播电视传输覆盖网的影响。

第十三条 副省级城市以上广播电视行政部门或经批准的广播影视集团(总台)设立的广播电台、电视台可以按照国家广播电视事业、产业建设和技术发展规划,利用卫星方式传输本台广播电视节目。

利用卫星方式传输本台广播电视节目的,应向本级广播电视行政部门提出申请,由本级广播电视行政部门报经同级人民政府同意后,逐级上报,由广电总局审批。

第十四条 申请利用卫星方式传输本台广播电视节目的,须提交以下申请材料:

(一)申请书;

(二)可行性报告。报告应载明以下内容:

1. 以卫星方式传输广播电视节目的理由;

2. 人力资源;

3. 资金保障及来源;

4. 场地和设备;

5. 节目频道设置规划(含频道定位、栏目设置);

6. 运营规划。

(三)节目审查和管理制度;

(四)安全传输与播出方案、技术方案;

(五)本级人民政府批准文件;

(六)筹备计划。

第十五条 副省级城市以上广播电视行政部门或经批准的广播影视集团(总台)设立的广播电台、电视台在合法存续期间,可以向本级广播电视行政部门申请在本行政区域范围内设立分台,经逐级审核后,由广电总局审查批准。

广播电台、电视台设立分台的,须提交以下申请材料:

(一)申请书;

(二)可行性报告。报告应载明以下内容:

1. 人力资源;

2. 资金来源;

3. 场地、设备;

4. 节目频道设置规划(含频道定位、栏目设置);

5. 传输覆盖范围、方式和技术参数。

(三)台名、台标、呼号,并附台标设计彩色样稿、创意简述和电子文稿。

第十六条 广播电台、电视台设立的分台,应于开播前向所在地的广播电视行政部门备案,并接受所在地广播电视行政部门的属地管理。

第十七条 申请人提交的所有申请材料均一式五份。负责受理的广播电视行政部门应按照行政许可法规定的期限和权限,履行受理、审核职责。广电总局对申请材料做最终审查,申请人的申请符合法定标准的,作出准予行政许可的书面决定;依法作出不予行政许可决定的,应当书面通知申请人并说明理由。

第十八条 广电总局对经批准设立的广播电台、电视台颁发《广播电视播出机构许可证》,并同时对批准开办的每套广播电视节目颁发《广播电视频道许可证》。

许可证有效期为三年,自颁发之日起计算。期满后如需继续开办,须于有效期届满180日前按本办法第六条、第七条、第八条规定提出申请,经逐级审核同意后换发许可证。

《广播电视播出机构许可证》和《广播电视频道许可证》由广电总局统一印制、换发。

第十九条 广播电台、电视台终止的,应充分说明理由,并按原设立审批程序逐级上报广电总局审批,其《广播电视播出机构许可证》及《广播电视频道可证》由广电总局收回。

第二十条 广播电台、电视台应当按照批准的设立主体、台名、呼号、台标、节目设置范围、节目套数、传输覆盖范围、方式、技术参数等制作、播放节目。

第二十一条 广播电台、电视台因特殊情况需要暂时停止播出的,应当经省级以上广播电视行政部门同意;未经批准,连续停止播出超过 30 日的或自广电总局批准之日起超过 180 日尚未开播的,视为终止。

第二十二条 广播电台、电视台频道可区分为公益性频道和经营性频道两类。允许两类频道按照各自不同的特点和目标要求,从机构设置上适当分开,采用相应的组织管理方式和生产经营方式。具体管理办法另行制定。

第二十三条 广播电台、电视台可以跨地区合办经批准设立的广播电视频道或栏目。

第二十四条 合办广播电视频道及栏目,应由该频道或栏目所属广播电台、电视台向本级广播电视行政部门提出申请,经逐级审核后,由广电总局审查批准。

合办广播电视频道或栏目的,应提交以下申请材料:

(一)申请书;

(二)可行性报告。报告应载明以下内容:

1. 合办广播电视频道或栏目的理由;

2. 人力资源;

3. 资金保障及来源;

4. 场地、设备;

5. 节目资源及设置规划;

6. 传输覆盖范围、方式和技术参数;

7. 运营规划。

(三)合作合同。

第二十五条 县级广播电视台原则上不自办电视频道,其制作的当地新闻和经济类、科技类、法制类、农业类、重大活动类专题、有地方特色的文艺节目以及广告等,在本省、自治区、直辖市行政区域内公共频道预留时段中插播。

第二十六条 广播电视付费频道的审批管理按照广电总局有关规定执行。

第二十七条 广播电台、电视台申报的技术方案、安全传输与播出方案、传输覆盖范围、方式、技术参数应符合广电总局有关规定。

第二十八条 违反本办法的,依照《广播电视管理条例》进行处罚。

第二十九条 本办法自 2004 年 9 月 20 日起施行。广播电影电视部《广播电台、电视台设立审批管理办法》(广播电影电视部第 19 号令)同时废止。

广播影视节(展)及节目交流活动管理规定

(2004年9月7日　国家广播电影电视总局令第38号　根据2016年5月4日《国家新闻出版广电总局关于修改部分规章的决定》修订)

第一条　为规范广播影视节(展)及节目交流活动,促进中外广播影视交流,根据《广播电视管理条例》和《电影管理条例》,制定本规定。

第二条　举办国际性广播影视节(展)、节目交流活动和设评奖的全国性广播影视节(展),须经国务院广播影视行政部门批准。

第三条　国家鼓励国产电影片、电视剧(含影视动画片)和其它广播影视节目参加境内外广播影视节(展)、节目交流活动。

在境内外广播影视节(展)参赛及展播展映的国产电影片、电视剧(含影视动画片),须取得《电影片公映许可证》或《电视剧(电视动画片)发行许可证》;其它广播电视节目,应符合《广播电视管理条例》有关节目内容的要求。

第四条　在境内外举办国际性广播影视节(展)、中外政府间广播影视节(展)和设评奖的全国性广播影视节(展),由国务院广播影视行政部门举办或与国家相关政府部门、地方政府等联合举办。

全国性广播影视社会团体、行业组织经国务院广播影视行政部门批准可以举办设评奖的全国性广播影视节(展)。

第五条　国家鼓励各相关单位依法与境外国家(地区)开展对等交流互办电影展映等活动。

在京的中央单位及其直属机构在境内举办上述活动须报国务院广播影视行政部门批准。其他单位在境内举办上述活动,如涉及多个国家(地区),该活动须报国务院广播影视行政部门批准;如只涉及单一国家(地区),须报省级广播影视行政部门批准,其拟展映的境外影片须经省级广播影视行政部门审查,批准时应同时抄报国务院广播影视行政部门。

第六条　国际性广播影视科研、学术交流活动可由全国性广播影视社会团体、行业组织或广播影视科研、教学、研究机构举办,须报国务院广播影视行政部门批准。拟展映的境外影片须报国务院广播影视行政部门审查批准。

第七条 在综合性文化活动中举办涉外电影展映活动的,举办单位须持文化行政部门对该综合性文化活动的批准文件,按照本规定的有关规定,报国务院广播影视行政部门或者相关省级广播影视行政部门审查批准。

第八条 国家鼓励我国驻外使、领馆举办非商业性的中国电影展映活动。驻外使、领馆如代表中国选送影片参加在所在国举办的电影节,应商国务院广播影视行政部门同意。

第九条 赴境外举办中国广播影视节(展),可由广播影视行政部门、社会团体、行业组织、企事业单位等举办,须符合国家外交和对我国港、澳、台工作的有关方针、政策,事先报国务院广播影视行政部门备案。

第十条 申请举办国际性广播影视节(展)、节目交流活动和设评奖的全国性广播影视节(展),应当具备下列条件:

(一)符合国务院广播影视行政部门的整体布局和规划要求;

(二)如设评奖,应符合国家有关文艺评奖的规定;

(三)成立举办活动的专门工作机构和制定切实可行的办节(展)方案;

(四)举办综合性国际电影节(展)和设评奖的全国性电影节(展)的,还应具备专业标准的放映设备、设施;

(五)节(展)活动符合国家有关外交方针、政策。

第十一条 申请举办国际性广播影视节(展)、节目交流活动和设评奖的全国性电影节(展),申请单位应当提交下列材料:

(一)申请报告及举办方案,举办方案应包括节(展)名称、活动内容、性质、规模、时间、地点以及活动组织机构等内容;

(二)如设评奖项目,还应提供拟设奖项名称、数额、参评条件和评选办法;

(三)在境内举办的,须提交拟邀请的境外机构、主要人员及拟参展的境外广播影视节目情况;赴境外举办的,须提交与境外合作方签署的合作文件或境外合作方的邀请函。

第十二条 广播影视节(展)的举办单位、参展单位应遴选内容健康,思想性、艺术性、观赏性较高的影视片(剧)和其它广播影视节目参加节(展)。

入境参赛的境外电影片,须报国务院广播影视行政部门审查批准。入境展映的境外影片,由国务院广播影视行政部门或其委托的省级广播影视行政部门审查批准。赴境外参展的电影片报国务院广播影视行政部门备案。

入境参赛、展播的境外广播电视节目，须经省级以上广播电视行政部门审查批准。赴境外参展的广播电视节目，送展单位应根据《广播电视管理条例》有关节目内容要求进行审查后，事先报省级以上广播电视行政部门备案。

第十三条 拟入境参赛、展映的境外电影片，申请审查时应提交电影片简介和录像带（或 DVD 光盘），并需有中文（或英文）字幕或其它形式的中、英文翻译。

第十四条 赴境外参展的国产电影片由出品单位报国务院广播影视行政部门备案，合拍电影片由各方出品单位共同报送备案。备案应在节（展）举办二十天前报送，并提交下列材料：

（一）《电影片公映许可证》复印件；

（二）拟参加电影节（展）的名称、时间、地点；

（三）该电影节（展）主办单位的邀请函及中文译文；

（四）电影片出品单位联系人、联系电话、传真、电子邮件及通信地址；

（五）如需国务院广播影视行政部门向海关出具电影片拷贝临时出入关函，须在申请中提出并注明出入海关的名称及时间。

第十五条 广播影视行政部门应当按照行政许可法的有关要求，自受理申请之日起二十个工作日内提出审查意见或作出审查决定。

对入境参赛、展映的电影片和入境参赛、展播的境外广播电视节目需组织专家评审的，专家评审时间不计算在审批时间内，但应将所需时间书面告知申请人。

第十六条 参加国际性广播电视节（展）、节目交流活动的广播电视节目出入境，须按照海关规定办理相关手续。

获准在境内参赛、参展的境外影片入出境，由节（展）等有关活动的举办单位持国务院广播影视行政部门或者相关省级广播影视行政部门批准文件到海关办理拷贝临时入出境手续；赴境外参加电影节（展）并已备案的影片出入境，由参展单位持国务院广播影视行政部门相关文件到海关办理拷贝临时出入境手续。

第十七条 举办单位应在广播影视节（展）结束后三十日内，将举办节（展）情况报国务院广播影视行政部门备案。

第十八条 在境内举办我国香港特别行政区、澳门特别行政区和台湾地区广播影视节（展）、节目交流活动，参照本规定执行。

第十九条 违反本规定的，依照《广播电视管理条例》、《电影管理条例》进行处罚。

第二十条 本规定自 2004 年 10 月 10 日起施行。《举办、参加中外电影节、展管理规定》（广发影字〔1998〕94 号）同时废止。

中外合作制作电视剧管理规定

(2004 年 9 月 21 日　国家广播电影电视总局令第 41 号)

第一条　为促进中外文化交流,繁荣电视剧创作,加强中外合作制作电视剧管理,保护制作者的合法权益,制定本规定。

第二条　本规定适用于境内广播电视节目制作机构(以下称中方)与外国法人及自然人(以下称外方)合作制作电视剧(含电视动画片)的活动。

第三条　国家广播电影电视总局(以下称广电总局)负责全国中外合作制作电视剧(含电视动画片)的管理工作,对境外合作方、数量和中外联合制作电视剧(含电视动画片)题材实施调控。

省级广播电视行政部门负责本行政区域内中外合作制作电视剧(含电视动画片)的具体管理工作。

第四条　国家对中外合作制作电视剧(含电视动画片)实行许可制度。

未经批准,不得从事中外合作制作电视剧(含电视动画片)活动;未经审查通过的中外合作制作电视剧(含电视动画片)完成片,不得发行和播出。

第五条　中外合作制作电视剧可以采取下列形式:

(一)联合制作,系指中方与外方共同投资、共派主创人员、共同分享利益及共同承担风险的电视剧(含电视动画片)制作方式;

(二)协作制作,系指由外方出资并提供主创人员,在境内拍摄全部或部分外景,中方提供劳务或设备、器材、场地予以协助的电视剧制作方式;

(三)委托制作,系指外方出资,委托中方在境内制作的电视剧制作方式。

第六条　申请中外联合制作电视剧立项,应符合下列条件:

(一)中方机构须持有《电视剧制作许可证(甲种)》;

(二)中方机构应对联合制作的电视剧向广电总局同时申报合拍电视剧题材规划;

(三)双方共同投资,包括以货币直接投资,或以劳务、实物、广告时间等折价作为投资;

（四）前期创意、剧本写作等主要创作要素由双方共同确定；

（五）共派创作人员、技术人员参与全程摄制。电视剧主创人员（编剧、制片人、导演、主要演员）中，中方人员不得少于三分之一；

（六）电视剧的国内外版权归中方及外方共同所有。

第七条 申请中外联合制作电视剧立项，应提交下列书面材料：

（一）申请书；

（二）《电视剧制作许可证（甲种）》复印件；

（三）省级广播电视行政部门的初审意见（直接从广电总局申领《电视剧制作许可证（甲种）》的中方制作机构除外）；

（四）每集不少于5000字的分集梗概或完整的剧本；

（五）境内外主创人员（编剧、制片人、导演、主要演员）名单及履历；

（六）制作计划、境内拍摄景点及详细拍摄日程；

（七）合作协议意向书；

（八）外方法人注册登记证明（外方为自然人的，应提交履历）、资信证明。审批机关可以要求外方提交经过公证的境外第三者担保书。

第八条 申请中外联合制作电视动画片立项，应符合下列条件：

（一）中方机构须持有《广播电视节目制作经营许可证》；

（二）中方机构应对联合制作的电视动画片向广电总局同时申报合拍电视动画片题材规划；

（三）双方共同投资，包括以货币直接投资，或以劳务、实物、广告时间等折价作为投资；

（四）前期创意、剧本写作等主要创作要素由双方共同确定；

（五）电视动画片的国内外版权归中方及外方共同所有。

第九条 申请中外联合制作电视动画片立项，应提交以下材料：

（一）申请书；

（二）《广播电视节目制作经营许可证》复印件；

（三）省级广播电视行政部门的初审意见（直接从广电总局申领《电视剧制作许可证（甲种）》的中方制作机构除外）；

（四）每集不少于500字的分集梗概或完整的剧本；

（五）合作协议意向书；

（六）外方法人注册登记证明（外方为自然人的，应提交履历）、资信证明。审批机关可以要求外方提交经过公证的境外第三者担保书。

第十条 申请中外协作制作、委托制作电视剧(含电视动画片),应提交下列文件:

(一)申请书;

(二)每集不少于 1500 字的分集梗概或完整的剧本;

(三)主创人员(编剧、制片人、导演、主要演员)名单;

(四)境内拍摄景点及拍摄计划;

(五)合作协议意向书;

(六)审批机关可以要求外方提供的相关资信证明。

第十一条 直接从广电总局申领《电视剧制作许可证(甲种)》的中方制作机构申请与外方合作制作电视剧(含电视动画片),向广电总局申报。

其他中方制作机构申请与外方合作制作电视剧(含电视动画片),经所在地省级广播电视行政部门同意,报广电总局审批。

第十二条 广电总局在正式受理中外合作制作电视剧(含电视动画片)申请后,应当在法定期限内作出是否准予拍摄的决定。其中中外联合制作电视剧(含电视动画片)的审查时间为五十日(含专家评审时间三十日);中外协作制作、委托制作的电视剧(含电视动画片)的审查时间为二十日。符合条件的,由广电总局作出准予拍摄的批复;不符合条件的,应当书面通知申请人并说明理由。

送审单位对不准予拍摄的决定不服的,可以在收到决定之日起六十日内,向广电总局提出复审申请。广电总局应当在五十日内作出复审决定,其中组织专家评审的时间为三十日,并将决定书面通知送审机构。

第十三条 中外联合制作电视剧(含电视动画片)完成后,应当按照本规定第十一条规定的程序报省级以上广播电视行政部门审查。

第十四条 申报中外联合制作电视剧(含电视动画片)完成片审查,应提交以下材料:

(一)省级广播电视行政部门的初审意见(直接从广电总局申领《电视剧制作许可证(甲种)》的中方制作机构除外);

(二)广电总局准予拍摄的批复和合拍电视剧(电视动画片)题材规划的复印件;

(三)图像、声音、时码等符合审查要求的大 1/2 完整录像带一套;

(四)每集不少于 300 字的剧情梗概;

（五）与样带字幕相同的片头片尾字幕。

第十五条 广电总局在正式受理中外联合制作的电视剧（含电视动画片）完成片审查申请后，应当在五十日内作出是否准予行政许可的决定，其中组织专家评审的时间为三十日。符合条件的，由广电总局颁发《电视剧（电视动画片）发行许可证》；不符合条件的，应当书面通知申请人并说明理由。

送审单位对不准予行政许可的决定不服的，可以在收到决定之日起六十日内，向广电总局提出复审申请。广电总局应当依前款规定的审查期限作出复审决定，并将行政许可决定书面通知送审机构。复审合格的，由广电总局核发《电视剧（电视动画片）发行许可证》。

第十六条 已经取得广电总局准予拍摄批复的剧本和已经取得《电视剧（电视动画片）发行许可证》的完成片，不得随意进行实质性的改动。确需对剧名、主要人物、主要情节和剧集长度等进行改动的，应当按照本规定重新报批。

第十七条 国家鼓励中外合作制作体现中华民族优良传统和人类文明进步内容的电视剧，鼓励中外合作制作旨在塑造中国动画品牌形象的电视动画片。

中外合作制作的电视剧（含电视动画片）中不得含有下列内容：

（一）反对宪法确定的基本原则的；

（二）危害国家统一、主权和领土完整的；

（三）泄露国家秘密、危害国家安全或者损害国家荣誉和利益的；

（四）煽动民族仇恨、民族歧视，破坏民族团结，或者侵害民族风俗、习惯的；

（五）宣扬邪教、迷信的；

（六）扰乱社会秩序，破坏社会稳定的；

（七）宣扬淫秽、赌博、暴力或者教唆犯罪的；

（八）侮辱或者诽谤他人，侵害他人合法权益的；

（九）危害社会公德或者民族优秀文化传统的；

（十）有法律、行政法规和国家规定禁止的其他内容的。

第十八条 凡以中国特色为表现主题的中外联合制作的电视动画片，可视同国产电视动画片播出。

第十九条 中外联合制作电视剧（含电视动画片）应制作普通话语言版本。根据发行需要，经合作方同意，可以制作相应国家、地区、少数民族的语言文字版本。

第二十条 违反本规定的，依据《广播电视管理条例》的规定予以处罚。构成犯罪的,依法追究刑事责任。

第二十一条 与香港特别行政区、澳门特别行政区、台湾地区的法人与自然人合作制作电视剧(含电视动画片),参照本规定执行。

第二十二条 本规定自 2004 年 10 月 21 日起施行,广播电影电视部《中外合作制作电视剧(录像片)管理规定》(广播电影电视部令第 15 号)同时废止。

境外电视节目引进、播出管理规定

（2004 年 9 月 23 日　国家广播电影电视总局令第 42 号）

第一条　为规范引进、播出境外电视节目的管理，促进中外广播电视交流，满足人民群众精神文化生活的需要，根据《广播电视管理条例》，制定本规定。

第二条　本规定适用于境外电视节目的引进、播出活动。境外电视节目是指供电视台播出的境外电影、电视剧（电视动画片）（以下称境外影视剧）及教育、科学、文化等其它各类电视节目（以下称其他境外电视节目）。

不引进时事性新闻节目。

第三条　国家广播电影电视总局（以下称广电总局）负责境外影视剧引进和以卫星传送方式引进境外其他电视节目的审批工作。

省级广播电视行政部门受广电总局委托，负责本辖区内境外影视剧引进的初审工作和其他境外电视节目引进的审批和播出监管工作。

地（市）级广播电视行政部门负责本辖区内播出境外电视节目的监管工作。

第四条　未经广电总局和受其委托的广播电视行政部门审批的境外电视节目，不得引进、播出。

第五条　引进境外影视剧和以卫星传送方式引进其他境外电视节目，由广电总局指定的单位申报。

第六条　广电总局对引进境外影视剧的总量、题材和产地等进行调控和规划。

第七条　引进境外影视剧和以卫星传送方式引进其他境外电视节目，应符合广电总局的总体规划和本规定第十五条的要求。

第八条　引进境外影视剧和以卫星传送方式引进其他境外电视节目，由引进单位向省级广播电视行政部门提出申请。

第九条　申请引进境外影视剧，应提交下列材料：

（一）《引进境外影视剧申请表》（申请表由广电总局统一制定，省级广播电视行政部门凭样本印制使用）；

（二）引进合同（中外文）；

(三)版权证明(中外文);

(四)具备完整的图像、声音、时码的大1/2录像带一套;

(五)每集不少于300字的剧情梗概;

(六)与样带字幕一致的片头、片尾中外文字幕。

第十条 申请以卫星传送方式引进其他境外电视节目,应提交下列材料:

(一)《引进其他境外电视节目申请表》(申请表由广电总局统一制定,省级广播电视行政部门凭样本印制使用);

(二)引进合同(中外文);

(三)版权证明。

第十一条 引进境外影视剧和以卫星传送方式引进其他境外电视节目的,省级广播电视行政部门正式受理申请后,应在行政许可法规定的期限内作出详细、明确的初审意见,报广电总局审查批准。

广电总局正式受理申请后,在行政许可法规定的期限内作出同意或不同意引进的行政许可决定。其中,引进境外影视剧的审查需要另行组织专家评审,评审时间为三十日。同意引进的,发给《电视剧(电视动画片)发行许可证》或同意以卫星传送方式引进其它境外电视节目的批复;不同意引进的,应当书面通知引进单位并说明理由。

第十二条 同意以卫星传送方式引进其他境外电视节目的,引进单位凭广电总局批复办理《接收卫星传送的电视节目许可证》等相关手续。

第十三条 地(市)级电视台、省级电视台申请引进其他境外电视节目,报省级广播电视行政部门审查批准;题材涉及重大、敏感内容的,由省级广播电视行政部门报广电总局审批。

第十四条 引进其他境外电视节目,应提交下列申请材料:

(一)《引进其他境外电视节目申请表》(申请表由广电总局统一制定,地(市)级以上广播电视行政部门凭样本印制使用);

(二)引进单位对节目内容的审查意见;

(三)引进合同(中外文);

(四)版权证明。

省级广播电视行政部门正式受理申请后,应在行政许可法规定的期限内作出行政许可决定。同意引进的,发给相关的批准文件;不同意引进的,应当书面通知送审单位并说明理由。

第十五条 引进境外电视节目应严格把握导向和格调，确保内容健康、制作精良。

境外电视节目中不得载有以下内容：

（一）反对中国宪法确定的基本原则的；

（二）危害中国国家统一、主权和领土完整的；

（三）泄露中国国家秘密、危害中国国家安全或者损害中国荣誉和利益的；

（四）煽动中国民族仇恨、民族歧视，破坏中国民族团结，或者侵害中国民族风俗、习惯的；

（五）宣扬邪教、迷信的；

（六）扰乱中国社会秩序，破坏中国社会稳定的；

（七）宣扬淫秽、赌博、暴力或者教唆犯罪的；

（八）侮辱或者诽谤他人，侵害他人合法权益的；

（九）危害中国社会公德或者中国民族优秀文化传统的；

（十）其他违反中国法律、法规、规章规定的内容。

第十六条 省级广播电视行政部门应于每季度第一周将上季度本辖区引进其他境外电视节目的情况报广电总局备案。

第十七条 经批准引进的其他境外电视节目，应当重新包装、编辑，不得直接作为栏目在固定时段播出。节目中不得出现境外频道台标或相关文字的画面，不得出现宣传境外媒体频道的广告等类似内容。

第十八条 电视台播出境外影视剧，应在片头标明发行许可证编号。各电视频道每天播出的境外影视剧，不得超过该频道当天影视剧总播出时间的百分之二十五；每天播出的其他境外电视节目，不得超过该频道当天总播出时间的百分之十五。

未经广电总局批准，不得在黄金时段（19:00－22:00）播出境外影视剧。

第十九条 违反本规定的，依据《广播电视管理条例》予以处罚。构成犯罪的，依法追究刑事责任。

第二十条 本规定自 2004 年 10 月 23 日起施行。广播电影电视部《关于引进、播出境外电视节目的管理规定》（广播电影电视部令第 10 号）同时废止。

电影企业经营资格准入暂行规定

(2004年10月10日　国家广播电影电视总局、商务部令第43号
根据2015年8月28日《国家新闻出版广电总局关于
修订部分规章和规范性文件的决定》修订)

第一章　总　则

第一条　为了充分调动社会力量,加快发展电影产业,培育市场主体,规范市场准入,增强电影业的整体实力和竞争力,促进社会主义电影业繁荣,满足广大人民群众的精神文化生活需求,根据《中华人民共和国中外合资经营企业法》、《中华人民共和国中外合作经营企业法》、《电影管理条例》,制定本规定。

第二条　本规定适用于境内公司、企业和其他经济组织经营电影制作、发行、放映、进出口业务及境外公司、企业和其他经济组织参与经营电影制作、放映业务的资格准入管理。

第三条　国家对电影制作、发行、放映、进出口经营资格实行许可制度。

第四条　国家广播电影电视总局(以下简称广电总局)为全国电影制片、发行、放映、进出口经营资格准入的行业行政管理部门。

第二章　电影制作

第五条　国家允许境内公司、企业和其他经济组织(不包括外商投资企业)设立电影制片公司。申请设立电影制片公司,由境内公司、企业和其他经济组织向广电总局提出申请。

(一)已取得《摄制电影许可证》的境内公司、企业和其他经济组织(不包括外商投资企业)联合设立电影制片公司的,需提交申请书、合同、章程、工商行政管理部门颁发的各方营业执照复印件、公司名称预核准通知书。

(二)未取得《摄制电影许可证》的境内公司、企业和其他经济组织(不包括外

商投资企业)，首次拍摄电影片时须设立影视文化公司，由影视文化公司申请领取《摄制电影片许可证(单片)》。取得《摄制电影片许可证(单片)》的申报条件及程序如下：

1. 地(市)级以上工商行政管理部门注册的各类影视文化单位，均有资格申领《摄制电影片许可证(单片)》；

2. 提交申请书、工商行政管理部门颁发的营业执照复印件、制作影片的资金来源证明、拟摄制影片的文学剧本(故事梗概)一式三份；

3. 广电总局在20个工作日内对申报的摄制资格及电影文学剧本(故事梗概)进行审查。审查合格的，发给《摄制电影片许可证(单片)》。申报单位持广电总局出具的批准文件到所在地工商行政管理部门办理相关手续；不批准的，书面回复理由；

4. 取得《摄制电影片许可证(单片)》的单位，享有影片一次性出品权。出品人可独立出品，也可与其他制片单位(含影视文化单位)联合出品；

5.《摄制电影片许可证(单片)》实行一片一报制度。

(三)已取得《摄制电影片许可证(单片)》的境内公司、企业和其他经济组织(不包括外商投资企业)单独或联合设立电影制片公司的申报条件及程序如下：

1. 已经以《摄制电影片许可证(单片)》的形式投资拍摄了两部以上电影片；

2. 提交申请书、工商行政管理部门颁发的营业执照(联合设立电影制片公司的，还要提供合同、章程、工商行政管理部门颁发的各方营业执照复印件)、公司名称预核准通知书；

3. 投资摄制两部电影片的《摄制电影片许可证(单片)》、《电影片公映许可证》等相关材料。

(四)符合(一)、(三)项的，广电总局在20个工作日内颁发《摄制电影许可证》。申报单位持广电总局出具的批准文件到所在地工商行政管理部门办理相关手续，并报广电总局备案；不批准的，书面回复理由。

第六条 允许境内公司、企业和其他经济组织(以下简称中方)与境外公司、企业和其他经济组织(以下简称外方)合资、合作设立电影制片公司(以下简称合营公司)。申请设立合营公司，由中方向广电总局提出申请。申报条件及程序如下：

(一)中方已取得《摄制电影许可证》的或已取得两个《摄制电影片许可证(单片)》的；

(二)外资在注册资本中的比例不得超过 49%；

(三)符合(一)、(二)项的，由中方向广电总局提交项目申请书、可行性研究报告、合同、章程、合营各方注册登记证明(或身份证明)、公司名称预核准通知书等。广电总局依法予以审核。经审核合格的，出具核准文件并颁发《摄制电影许可证》；

(四)符合(一)、(二)、(三)项的，由中方持广电总局出具的核准文件及本条(三)中所列文件，报商务部审批。商务部依法做出批准或不批准的决定。经批准的，颁发《外商投资企业批准证书》；不予批准的，书面回复理由；

(五)申报单位持广电总局、商务部的批准文件，到所在地工商行政管理部门办理相关手续。

第七条 按照本规定第五条、第六条，取得《摄制电影许可证》的电影制片公司，依照《电影管理条例》享有与国有电影制片单位同等的权利和义务。

第八条 允许境内公司、企业和其他经济组织(不包括外商投资企业)设立电影技术公司，改造电影制片、放映基础设施和技术设备。申报条件及程序如下：

(一)提交申请书、工商行政管理部门颁发的营业执照(联合设立电影技术公司的还要提供合同、章程、各方营业执照复印件)、公司名称预核准通知书；

(二)符合(一)项的，申报单位持广电总局出具的批准文件到所在地工商行政管理部门办理相关手续，并报广电总局备案；不批准的，书面回复理由。

第九条 允许境内公司、企业和其他经济组织(以下简称中方)与境外公司、企业和其他经济组织(以下简称外方)合资、合作设立电影技术公司，改造电影制片、放映基础设施和技术设备。申报条件及程序如下：

(一)外资在注册资本中的比例不得超过 49%，经国家批准的省市可以控股；

(二)符合(一)项的，由中方向广电总局提交项目申请书、可行性研究报告、合同、章程、合营各方注册登记证明(或身份证明)、公司名称预核准通知书等。广电总局依法予以审核。经审核合格的，出具核准文件；

(三)符合(一)、(二)项的，由中方持广电总局出具的核准文件及本条(二)中所列文件，报商务部审批。商务部依法做出批准或不批准的决定。经批准的，颁发《外商投资企业批准证书》；不予批准的，书面回复理由；

(四)申报单位持广电总局、商务部的批准文件，到所在地工商行政管理部门办理相关手续。

第三章　电影发行、放映

第十条　鼓励境内公司、企业和其他经济组织（不包括外商投资企业）设立专营国产影片发行公司。申报条件及程序如下：

（一）受电影出品单位委托代理发行过两部电影片或受电视剧出品单位委托发行过两部电视剧；

（二）提交申请书、工商行政管理部门颁发的营业执照复印件、公司名称预核准通知书、已代理发行影视片的委托证明等材料；

（三）符合（一）、（二）项并向广电总局申请设立专营国产影片发行公司的，由广电总局在20个工作日内颁发全国专营国产影片的《电影发行经营许可证》；向当地省级电影行政管理部门申请设立专营国产影片发行公司的，由当地省级电影行政管理部门在20个工作日内颁发本省（区、市）专营国产影片的《电影发行经营许可证》。申报单位持电影行政管理部门出具的批准文件到所在地工商行政管理部门办理相关手续。不批准的，书面回复理由。

第十一条　广电总局依照关于发行放映国产影片的年度考核的有关规定，对取得《电影发行经营许可证》的公司进行年度考核。

第十二条　允许电影院线公司以紧密型或松散型进行整合。鼓励以跨省院线为基础，按条条管理的原则重新整合。不允许按行政区域整体兼并院线。院线整合报广电总局审批。

鼓励境内公司、企业和其他经济组织（不包括外商投资企业）投资现有院线公司或单独组建院线公司。

（一）以参股形式投资现有院线公司的，参股单位须在三年内投资不少于3000万元人民币，用于本院线中电影院的新建、改造；以控股形式投资现有院线公司的，控股单位须在三年内投资不少于4000万元人民币，用于本院线中电影院的新建、改造；单独组建省内或全国电影院线公司的，组建单位须在三年内投资不少于5000万元人民币用于本院线中电影院的新建、改造；

（二）组建省（区、市）内院线公司的，由所在地省、自治区、直辖市人民政府电影行政管理部门在20个工作日内审批，并报广电总局备案；组建跨省院线公司的，由广电总局在20个工作日内审批。申报单位持电影行政管理部门出具的批准文件到所在地工商行政管理部门办理相关手续。不批准的，书面回复理由。

第十三条 鼓励境内公司、企业和其他经济组织(不包括外商投资企业)组建少年儿童电影发行放映院线。

(一)凡在省(区、市)内与 20 家以上中小学校、少年宫、儿童活动中心、影剧院、礼堂等签订电影供片协议的,可向当地省级电影行政管理部门申请,设立一条省(区、市)内少年儿童电影发行放映院线;

(二)凡在不同省(区、市)与 30 家以上中小学校、少年宫、儿童活动中心、影剧院、礼堂等签订电影供片协议的,可向广电总局提出申请,设立一条跨省(区、市)的少年儿童电影发行放映院线。

(三)组建省(区、市)内院线公司的,由所在地省、自治区、直辖市人民政府电影行政管理部门在 20 个工作日内审批,并报广电总局备案;组建跨省院线公司的,由广电总局在 20 个工作日内审批。申报单位持电影行政管理部门出具的批准文件到所在地工商行政管理部门办理相关手续。不批准的,书面回复理由。

第十四条 鼓励境内公司、企业和其他经济组织及个人依照《电影管理条例》在全国农村以多种方式经营电影发行、放映业务,在城市社区、学校经营电影放映业务。

第十五条 鼓励境内公司、企业和其他经济组织及个人投资建设、改造电影院。经营电影放映业务,须报县级以上地方电影行政管理部门批准,到所在地工商行政管理部门办理相关手续。

外商投资电影院依照《外商投资电影院暂行规定》管理。

第四章 电影进出口

第十六条 电影进口经营业务由广电总局批准的电影进口经营企业专营。进口影片全国发行业务由广电总局批准的具有进口影片全国发行权的发行公司发行。

第十七条 鼓励影片摄制单位多渠道出口取得《电影片公映许可证》的国产影片。

第五章 附 则

第十八条 广电总局颁发的《摄制电影许可证》、《电影发行经营许可证》实行隔年检验制度。地方电影行政管理部门按照管理权限,对颁发的《电影发行经营许可证》、《电影放映经营许可证》实行年检制度。

第十九条 本办法未作规定的,依照《电影管理条例》及有关规定执行。

第二十条 本规定由广电总局、商务部负责解释。

第二十一条 本规定自2004年11月10日起施行。广电总局《电影制片、发行、放映经营资格准入暂行规定》(广电总局令第20号)、《关于取得〈摄制电影许可证(单片)〉资格认证制度的实施细则(试行)》(广发办字〔2001〕1483号)同时废止。

广播电视无线传输覆盖网管理办法

(2004年11月15日　国家广播电影电视总局令第45号)

第一章　总　则

第一条　为保证广播电视传输覆盖业务的正常进行,维护广播电视播出秩序,加强对广播电视无线传输覆盖业务的管理,根据《广播电视管理条例》和《广播电视设施保护条例》,制定本办法。

第二条　本办法所称广播电视无线传输覆盖网(以下简称无线传输覆盖网)包括广播电视发射台、转播台、差转台、收转台(站)、微波站、节目传送台(站)、广播电视卫星、卫星地球站、监测台(站)等部分。广播电视无线传输覆盖业务是指利用无线传输覆盖网传送广播电视节目信号的活动。

第三条　国家广播电影电视总局(以下简称广电总局)负责全国广播电视无线传输覆盖网的管理工作,根据广播电视的发展需要,负责组织制定全国无线传输覆盖网规划,审批广播电视节目无线传输覆盖业务,指配广播电视专用频段的频率(以下称广播电视频率),并对全国无线传输覆盖网进行管理。

地方广播电视行政部门负责本辖区内的无线传输覆盖网的管理工作。

第四条　无线传输覆盖网由县级以上广播电视行政部门按照国家有关规定组建,并应确保本行政区域内广播电视传输覆盖的安全和质量。

第五条　无线传输覆盖网的工程选址、设计、施工、安装,应当按照国家有关规定办理,并由依法取得相应资质的单位承担。工程建设和使用的无线广播电视发射设备,应当符合国家标准、行业标准和有关规定。

第六条　国家对广播电视无线传输覆盖业务、使用广播电视频率、购买无线广播电视发射设备以及迁建无线广播电视设施实行许可制度。

广播电视行政部门应当按照行政许可法规定的期限办理有关许可事项。

许可证由广电总局统一印制,严禁伪造、翻印、涂改、出租、转让。

第七条　国家严禁在无线传输覆盖网中传送法律、行政法规、规章规定禁止的内容。

第二章　广播电视无线传输覆盖业务

第八条　利用地面无线、微波、卫星等方式从事广播电视节目传输覆盖业务的，须按本办法规定领取《广播电视节目传送业务经营许可证(无线)》。

许可证有效期为四年。有效期届满需继续开展业务的，应于届满前六个月按本办法规定的审批程序办理手续。

第九条　下列机构可以申请《广播电视节目传送业务经营许可证(无线)》:

(一)经广电总局批准设立的广播电视播出机构;

(二)经广电总局批准设立的广播电视影视集团(总台)及所属机构;

(三)具有无线广播电视传输覆盖能力的国有或国有控股机构。

第十条　申请《广播电视节目传送业务经营许可证(无线)》的，应当具备以下条件:

(一)具有独立的法人资格;

(二)符合广播电视无线传输覆盖网的总体规划和业务要求;

(三)具有必要的设计文件或技术评估报告和基本建设资金、稳定的经费保障;

(四)有必要的工作场所，工作环境安全可靠;

(五)如申请地面无线广播电视传输覆盖业务，还应符合地面广播电视覆盖网的技术规划要求;

(六)传输的广播电视节目信号来源合法。

第十一条　申请《广播电视节目传送业务经营许可证(无线)》的，应当提供以下文件:

(一)申办机构的基本情况、法人资格复印件;

(二)广播电视传输覆盖业务申请表;

(三)拟采用的传输覆盖方式、范围、服务区域和节目内容;

(四)技术方案和技术安全保障机制;

(五)资金保障及来源;

(六)合法广播电视节目信号来源、传输方式、传输范围的证明;

(七)本级人民政府同意开展业务的文件。

申请经营国内广播电视节目卫星传送业务的，还应提供下列文件:

(一)合法广播电视节目来源、传输方式、传输范围的证明;

(二)确保广播电视传输安全的技术措施和应急预案;

(三)卫星的轨道位置、转发器编号、极化方式、符号率、频率以及入网测试情况;

(四)安全播出、运行维护制度;

(五)专业技术人员和设备情况;

(六)经费保障情况、工作环境情况。

第十二条 下列业务,由申请单位向所在地县级以上广播电视行政部门提出书面申请,经逐级审核后,报广电总局审批,领取《广播电视节目传送业务经营许可证(无线)》:

(一)中、短波广播;

(二)调频、电视广播(使用发射机标称功率 50 瓦(不含)以上发射设备);

(三)调频同步广播;

(四)地面数字声音广播和电视广播;

(五)多工广播;

(六)利用微波传输广播电视节目且覆盖区域涉及两个(含)省(自治区、直辖市)以上的。

第十三条 广电总局委托省级广播电视行政部门审批以下业务,申请单位应向所在地县级以上广播电视行政部门提出书面申请,经逐级审核后,报请省级广播电视行政部门领取《广播电视节目传送业务经营许可证(无线)》:

(一)申请利用微波传输广播电视节目且覆盖区域在本省(自治区、直辖市)范围内的;

(二)使用小功率调频、电视发射设备(发射机标称功率 50 瓦(含)以下)进行广播的。

第十四条 开展广播电视节目卫星传输业务的,应当向省级以上广播电视行政部门提出书面申请,经审核后,报广电总局审批,领取《广播电视节目传送业务经营许可证(无线)》。

第十五条 为保证广播电视传输安全,广电总局指定国有广播电视机构根据广播电视卫星传输覆盖的总体规划,统一代理用于传输广播电视节目的卫星转发器租用或使用事宜。任何未取得《广播电视节目传送业务经营许可证(无线)》的单位不得擅自租用或使用卫星转发器传输广播电视节目。

第十六条 为保证广播电视节目传输安全,广电总局可以要求更换或关闭传输广播电视节目的卫星转发器。

第十七条 《广播电视节目传送业务经营许可证(无线)》应当包含实施传输覆盖业务的方式、主体、传输覆盖的节目内容、传输覆盖的范围、技术手段、工作频段等内容。持证单位应当按照许可证载明的事项从事广播电视无线传输覆盖业务。

第三章 广播电视无线传输覆盖网频率的使用

第十八条 具有《广播电视节目传送业务经营许可证(无线)》的单位,申请使用微波、卫星非广播电视频率等传输广播电视节目,向国家或者省级无线电管理机构办理频率使用手续。

第十九条 具有《广播电视节目传送业务经营许可证(无线)》的单位,申请使用广播电视频率传输广播电视节目,应提供以下文件:

(一)广播电视频率申请表;

(二)申请使用的广播电视频率涉及修改和调整广播电视覆盖网规划的,提供技术评估报告和与相关部门或单位的协调文件;

(三)相关广播电视行政部门的审核意见。

第二十条 依本办法第十二条第一至五项取得《广播电视节目传输业务许可证(无线)》的单位,如需申请使用广播电视频率,应向所在地县级以上广播电视行政部门提出书面申请,经逐级审核后,报广电总局审批,领取《广播电视频率使用许可证(甲类)》。许可证有效期为四年。有效期届满需继续开展业务的,应于届满前六个月按本办法规定的审批程序办理手续。

第二十一条 依本办法第十三条第二项取得《广播电视节目传输业务许可证(无线)》的单位,如需拟申请使用广播电视频率,应向所在地县级以上广播电视行政部门提出书面申请,经逐级审核后,报省级广播电视行政部门审批,领取《广播电视频率使用许可证(乙类)》。许可证有效期为四年。有效期届满需继续开展业务的,应于届满前六个月按本办法规定的审批程序办理手续。

第二十二条 获得《广播电视频率使用许可证》的单位,如需设置无线电台,应向国家或者省级无线电管理机构办理电台执照。

第四章　无线广播电视发射设备的订购

第二十三条　持有《广播电视节目传送业务经营许可证(无线)》、《广播电视频率使用许可证》的单位,如需购买无线广播电视发射设备,应当向核发其《广播电视频率使用许可证》的机关申领《无线广播电视发射设备订购证明》(以下简称《订购证明》),并提交以下文件:

(一)订购证明申请表;

(二)《广播电视节目传送业务经营许可证(无线)》、《广播电视频率使用许可证》复印件;

(三)相关广播电视行政部门审核意见。

第二十四条　无线传输覆盖网中使用的发射设备必须具有国家无线电发射设备型号核准证和广播电视设备器材入网认定证书。

第二十五条　生产企业应严格按照《订购证明》所载明的技术参数生产和销售发射设备,并在设备上加贴《订购证明》编号,同时将《订购证明》回执寄回核发《订购证明》的行政机关。订购证明作为企业生产无线广播电视发射设备的凭证存档备查。

第二十六条　无线广播电视发射设备安装完毕后,设置该发射设备的单位须在二十日内向核发其《订购证明》的广播电视行政部门提出验收申请,由相应的广播电视行政部门或其委托的机构负责组织验收。验收合格后,发射设备方可投入正式运行。

第五章　无线广播电视设施的迁建和保护

第二十七条　任何单位和个人均有保护广播电视设施的义务。县级以上广播电视行政管理部门负责所管辖的广播电视设施的保护工作,并采取措施,确保广播电视设施的安全。

第二十八条　因重大工程项目或当地人民政府认为需要搬迁无线广播电视设施的,城市规划行政部门在审批相关城市规划项目前,应事先征得广电总局同意。迁建广播电视设施,应具备以下条件:

(一)符合城乡建设总体规划和国家有关规定;

（二）满足广播电视安全播出的技术条件和基础设施；

（三）满足广播电视传输覆盖业务要求，避开各种干扰源；

（四）周围环境符合国家有关环境电磁波防护标准；

（五）确保广播电视设施的各项效能的要求。

第二十九条 申请迁建无线广播电视设施的，应提交下列文件：

（一）设置无线广播电视设施的批准文件和申请迁建的理由；

（二）城市规划部门的意见；

（三）当地人民政府的批准文件；

（四）广播电视传输覆盖技术评估报告。

第三十条 申请单位应当向所在地广播电视行政部门提出书面申请，经逐级审核后，报广电总局审批。

第三十一条 迁建工作应当坚持先建设后拆除的原则。迁建所需费用由造成广播电视设施迁建的单位承担。

第六章 罚 则

第三十二条 违反本办法的，依据《广播电视管理条例》、《广播电视设施保护条例》处罚。

第七章 附 则

第三十三条 本办法自2004年12月15日起施行。广电总局《广播电视无线电管理暂行办法》（广发技字〔2001〕817号）同时废止。

广播电影电视系统内部审计工作规定

(2004 年 12 月 9 日 国家广播电影电视总局令第 46 号)

第一章 总 则

第一条 为了健全广播电影电视系统内部审计制度,强化内部审计工作,依据《中华人民共和国审计法》和《审计署关于内部审计工作的规定》等有关法律法规,制定本规定。

第二条 本规定适用于广播电影电视系统的内部审计工作。

第三条 本规定所称内部审计是指广播电影电视部门、单位(以下简称单位)内部审计机构独立监督和评价本单位及所属单位财政收支、财务收支、经济活动的真实、合法和效益的行为,以促进加强经济管理和实现经济目标。

第四条 广播电影电视单位应当依法建立健全内部审计制度,在主要负责人或者权力机构的领导下开展内部审计工作。

第五条 广播电影电视单位主要负责人或者权力机构负责定期研究布置、检查内部审计工作,授予内部审计机构履行职责所必需的权限。

内部审计人员依法履行职务受法律保护,任何组织和个人不得打击报复。

第六条 广播电影电视内部审计应当按照有关内部审计的法律、行政法规和规章,严格依法进行。

第七条 中国内部审计协会是内部审计行业的自律性组织,是社会团体法人。广播电影电视内部审计协会是中国内部审计协会的分支机构,在国家广播电影电视总局和中国内部审计协会的领导下,依照法律、法规和章程履行职责,负责广播电影电视系统内部审计业务的指导、服务、培训、交流,规范内部审计行为,并接受审计机关的监督。

第二章　内部审计机构和人员

第八条　广播电影电视系统下列单位应当依据《中华人民共和国审计法》设立内部审计机构：

（一）国家广播电影电视总局、中国广播电影电视集团及其所属的财政、财务收支金额较大的事业组织、企业（包括上市公司和控股公司）和社会团体；

（二）县级以上地方人民政府广播电影电视行政部门、集团和总台及其所属的财政、财务收支金额较大的事业组织和企业（包括上市公司和控股公司）。

其它有内部审计工作需要但不具有独立内部审计机构条件的单位，应配备专职内部审计人员或授权内设机构履行内部审计职责。

第九条　设立内部审计机构的单位应配备专职内部审计人员；可以根据工作需要设置审计委员会，配备总审计师。

在设立内部审计机构和设置专职审计员的单位，根据工作需要，可设置处级、科级审计员。

第十条　内部审计机构履行职责的经费应当列入本单位财务预算，并予以保证。

第十一条　依据中国内部审计协会《内部审计人员岗位资格证书实施办法》和《内部审计人员后续教育实施办法》，内部审计人员实行岗位资格和后续教育制度。

内部审计人员应当具备与其从事的内部审计工作相适应的专业知识和业务能力。

内部审计人员应持有内部审计从业资格证书，具有审计或相关专业大专以上学历；内部审计机构负责人还应具备审计或相关专业中级以上职称。

内部审计人员每年应有不少于两周的脱产学习、培训或进修，本单位负责人或者权力机构应提供必要的时间和经费保证。

内部审计人员专业技术职务资格的考试、评审和聘任，按照国家有关规定执行。

第十二条　内部审计人员办理审计事项，应当遵守《内部审计人员职业道德规范》，忠于职守，做到独立、客观、公正、保密。

第十三条　内部审计人员与被审计单位或者审计事项有利害关系的，应当回避。

第三章　内部审计机构主要职责

第十四条　内部审计机构按照本单位主要负责人或者权力机构的要求,依法对本单位及其所属单位(含占控股地位或者主导地位的单位,下同)履行下列内部审计职责:

(一)财政收支、财务收支及其有关经济活动的真实性、合法性和效益性审计;

(二)预算内、预算外资金的管理和使用情况审计;

(三)经济管理和效益情况审计;

(四)固定资产投资项目审计;

(五)受人事或组织部门委托,对内设机构和所属单位领导人员进行任期经济责任审计。对离任的领导人员,要坚持先审计后离任;

(六)内部控制制度的健全性和有效性以及风险管理评审;

(七)重大经营决策的可行性、合理性、效益性评审;

(八)政府采购及招标投标情况审计;

(九)重大经济合同的签订及执行情况审计;

(十)广播电影电视产品成本核算与管理审计;

(十一)专项资金及外汇管理和使用情况审计;

(十二)法律、法规规定和本单位主要负责人或者权力机构要求办理的其它审计事项。

第十五条　内部审计机构应当遵守内部审计准则、规定,按照单位主要负责人或者权力机构的要求实施审计。

广播电影电视行政部门、集团和总台内部审计机构对下属单位内部审计工作具有管理、指导的职能。

第十六条　内部审计机构每年应当向本单位主要负责人或者权力机构提出内部审计工作报告。

第十七条　内部审计机构应当不断提高业务质量,并依法接受审计机关的业务检查和评估。

第十八条　内部审计机构根据工作需要对本单位开展审计调查,并配合上级内部审计机构进行审计和审计调查。

第十九条　内部审计机构应当配合纪检监察部门进行大案要案的核查。

第二十条 内部审计机构应当推广先进的审计技术与方法,积极探索信息化环境下新的审计方式,提高工作效率;建立健全内部管理和审计质量控制制度,规范审计行为,防范审计风险。

第四章 内部审计机构主要权限

第二十一条 内部审计机构履行职责具有以下权限:

(一)要求有关单位按时报送生产、经营和财务收支计划,预算和决算、会计报表及其它有关文件、资料;

(二)参加本单位有关会议,负责召开内部审计会议;

(三)参与研究制定内部审计制度;

(四)检查有关生产、经营和财务活动的资料、文件和实物;

(五)检查与财务管理、会计核算有关的计算机系统及其电子数据和资料;

(六)对与审计事项有关的问题向有关单位和个人进行调查,并取得证明材料;

(七)发现严重违法违规、严重损失浪费行为,经本单位主要负责人或者权力机构批准,作出临时制止决定;

(八)对可能被转移、隐匿、篡改、毁弃的会计凭证、会计账簿、会计报表以及其他与审计事项有关的资料,经本单位主要负责人或者权力机构批准,有权予以暂时封存;

(九)提出纠正、处理违法违规行为的意见以及改进经济管理、提高经济效益的建议;

(十)对违法违规和造成损失浪费的单位和人员,提出给予通报批评或者追究责任的建议。

第二十二条 根据工作需要,经本单位主要负责人或权力机构授权,内部审计机构可以委托社会审计组织进行审计,并负责对其监督和管理。

第二十三条 经主要负责人或权力机构授权,内部审计机构可在本单位范围内公告审计结果。

第二十四条 经单位主要负责人或者权力机构授权,内部审计机构在授权范围内可进行相应的处理、处罚和表彰。

第五章　内部审计工作主要程序

第二十五条　内部审计工作的主要程序是:

(一)根据本单位的具体情况,由内部审计机构负责人组织制定年度审计计划,经主要负责人或权力机构批准后实施。

(二)实施审计前,应成立审计小组,根据审前调查编制审计方案,并提前三日送达审计通知书,被审计单位应配合审计工作,并提供必要的工作条件。

(三)审计人员按照预定的审计实施方案实施审计,取得审计证据,编制审计工作底稿。

(四)现场审计工作结束后,审计小组应在二十日之内写出审计报告,征求被审计单位的意见。被审计单位应在收到审计报告之日起十日内将书面意见送交内部审计机构。

内部审计机构应根据审计报告和书面意见拟定审计意见书和审计决定,报送本单位主要负责人或者权力机构批准。

内部审计机构应当及时将审计意见书和审计决定送达被审计单位。经批准的审计意见书和审计决定自送达之日起生效。

(五)对重要审计项目,应坚持后续审计,检查被审计单位执行审计决定及采纳审计建议的情况。

第二十六条　被审计单位应当执行审计意见书和审计决定,并将执行结果书面报送内部审计机构。

被审计单位有异议的,可在收到审计意见书和审计决定之日起十五日内,向内部审计机构所在单位主要负责人或权力机构提出,主要负责人或权力机构应在三十日内做出是否复审或者更改的决定。

内部审计机构应将复审或更改审计决定的情况报上级审计机构或审计机关备案。

复审未做出更改决定前,原审计决定不停止执行。

第二十七条　内部审计机构对经办的审计事项,应当及时建立审计档案,并按照有关规定进行管理。

第六章　奖励和处罚

第二十八条　被审计单位不配合内部审计工作、拒绝审计、拒绝提供资料或提供虚假资料、拒不执行审计决定、报复陷害内部审计人员的，上级单位主要负责人或者权力机构应当及时予以处理；构成犯罪的，移交司法机关追究刑事责任。

第二十九条　内部审计人员认真履行职责、忠于职守、坚持原则、做出显著成绩的，由所在单位给予精神或者物质奖励；滥用职权、徇私舞弊、玩忽职守、泄露秘密的，由所在单位依照有关规定予以处理；构成犯罪的，移交司法机关追究刑事责任。

第七章　附　则

第三十条　广播电影电视系统各单位可根据本规定，结合实际情况制定具体实施办法。

第三十一条　本规定自 2005 年 1 月 10 日起施行。广播电影电视部《广播电影电视系统内部审计工作规定》（广播电影电视部令第 23 号）同时废止。

广播电影电视行业统计管理办法

(2005 年 1 月 27 日　国家广播电影电视总局令第 47 号　根据 2016 年 5 月 4 日《国家新闻出版广电总局关于修改部分规章的决定》修订)

第一章　总　则

第一条　为加强对广播电影电视行业(以下简称广播影视行业)统计工作的管理,保障广播影视统计工作的顺利进行,充分发挥广播影视统计的信息咨询与监督作用,根据《中华人民共和国统计法》(以下简称《统计法》)、《中华人民共和国统计法实施细则》(以下简称《实施细则》)及国家有关规定,制定本办法。

第二条　本办法所称广播影视行业统计是指广播影视部门依法调查、搜集、整理、研究和提供广播影视统计资料的活动。

第三条　本办法适用于各级广播影视行政部门、广播影视系统内从事广播影视业务活动以及其他业务活动的法人单位、广播影视系统外从事广播影视业务活动的法人单位(以下简称广播影视行业各单位)。

第四条　广播影视行业各单位应当建立统计工作责任制,定期检查并监督统计法规、计划和统计报表制度的执行情况。各级广播影视行政部门在开展统计工作时应与同级政府统计机构密切配合,并接受其业务指导。

第五条　广播影视行业各单位的年度预算中应当列有必要的统计工作经费。

第六条　广播影视行业各单位应加快推广和应用现代信息技术,建立统计信息报送及管理系统,提高广播影视统计的工作效率和服务质量。

第二章　统计机构与统计人员

第七条　广播影视行业统计工作实行统一领导、分级管理。

第八条　国务院广播影视行政部门设立综合统计机构,管理全国范围内的广播影视统计工作,并接受国家统计局的业务指导,履行下列职责:

（一）组织、协调全国广播影视行业统计工作，制定广播影视行业统计工作管理办法、统计调查制度、调查任务和调查方案，监督检查统计法律、法规、规章在广播影视行业的实施情况；

（二）搜集、整理全国广播影视行业统计资料，完成全国广播影视统计调查任务，对广播影视行业的发展情况进行统计分析、预测和监督；

（三）组织建立、管理全国广播影视统计信息系统，建立全国广播影视统计信息数据库；

（四）检查、审定、管理、公布、出版、提供广播影视行业统计资料，定期发布全国广播影视行业发展统计公报；

（五）组织培训省级以上广播影视单位的统计人员。

第九条　县级以上地方人民政府广播影视行政部门负责管理本地区的广播影视行业统计工作，同时接受地方政府统计机构的业务指导，履行下列职责：

（一）组织、协调本地区的广播影视统计工作，监督检查统计法律、法规、规章在本地区广播影视单位的实施情况；

（二）搜集、整理本地区的广播影视统计资料，完成国家广播影视统计调查制度确定的调查任务和地方统计调查任务。按时向上级广播影视行政部门报送本地区的统计报表、统计分析报告和其他统计资料，对本地区的广播影视发展情况进行统计分析、预测和监督；

（三）管理本地区的广播影视统计信息系统，完成统计数据采集、处理、传递、存储等工作，建立地区性的广播影视统计信息数据库；

（四）检查、审定、管理、公布、出版、提供本地区的广播影视统计资料；

（五）组织培训本地区广播影视单位的统计人员。

第十条　广播影视行业各单位负责本单位的综合统计工作，履行下列职责：

（一）组织、协调本单位和所属机构的统计工作，完成广播影视统计任务，按时报送本单位统计报表、分析报告和其它统计资料；

（二）对本单位的业务和管理情况进行统计分析，开展统计咨询和统计监督；

（三）加强统计基础工作建设，建立健全原始记录和统计台帐，严格统计工作责任制，加强统计人员培训；

（四）管理本单位的统计调查表、统计资料和数据库。

第十一条　广播影视行业各单位应当按照《统计法》等有关规定，加强统计力量，配备专职或指定兼职统计人员，保持统计人员的相对稳定。统计人员应具备完成统计任务的专业知识。

第十二条 统计机构、统计人员享有《统计法》及其《实施细则》规定的权利。依法独立行使下列职权:

(一)统计调查权。检查与统计资料有关的各种原始记录和原始台帐;

(二)统计报告权。对调查统计报表整理和分析,向上级机关和有关部门提出统计报告;

(三)统计监督权。检查统计资料的准确性、真实性,检查和揭露虚报瞒报统计资料的行为,提出改进工作的建议。

第三章 统计调查与统计制度

第十三条 国务院广播影视行政部门负责制定、调整、修改全国广播影视统计报表制度,报国家统计局批准后实施。

县级以上地方人民政府广播影视行政部门可结合自身管理需要,制定补充性的地方广播影视统计报表制度,并报上一级广播影视行政部门和同级政府统计机构备案后实施。

第十四条 国家鼓励开展各种形式的广播影视专项统计调查。

全国性的广播影视专项统计调查项目,由国务院广播影视行政部门制定并报国家统计局批准后实施。

地方性广播影视专项统计调查项目,由县级以上地方人民政府广播影视行政部门制定并报上一级广播影视行政部门和同级政府统计机构备案后实施。

专项调查能够满足需要的不做全面统计调查,一次性调查能够满足需要的不做经常性调查,专项调查的内容原则上不与全面统计调查的内容重复。

第十五条 广播影视行业各单位应当认真组织本单位有关机构、人员完成国家广播影视统计报表任务和其它专项统计调查任务,并配合统计机构和统计人员开展统计检查工作。

第十六条 广播影视行业各单位应当建立统计数据质量控制责任制,对原始记录和原始台帐进行归纳和整理,对所填报统计报表的完整性、真实性和有效性进行审查、复核,并由单位负责人审核签署盖章,在指定时限内报送上一级主管部门。报表报送后发现有误的,应在规定期限内予以更正。

第四章　统计资料的管理和公布

第十七条　广播影视行业各单位应当建立健全广播影视统计资料审核制度，保障统计资料的准确性和及时性。统计资料由相关职能机构分口负责，综合统计部门统一管理。

第十八条　全国性广播影视行业统计资料由国务院广播影视行政部门综合统计机构审核，报单位负责人批准，按照相关规定对外公布。

地方性广播影视行业统计资料由同级广播影视行政部门综合统计部门审核，报单位负责人批准，按照相关规定对外公布。

第十九条　广播影视行业各单位应当执行国家有关统计资料保密管理规定，加强对统计资料的保密管理。对在统计调查中知悉的统计调查对象的商业秘密，负有保密责任。

第二十条　广播影视行业各单位应当建立统计档案制度。统计数据文件的保管、调用或移交，应当遵守国家档案管理的相关规定。

第二十一条　广播影视行业各单位应当做好统计信息咨询工作，为社会公众服务。

第五章　奖励与处罚

第二十二条　广播影视行政部门应当对广播影视行业统计工作情况实施监督检查，定期进行考核评定，并根据考核评定结果进行表扬或者惩戒。

县级以上地方人民政府广播影视行政部门可以依据有关规定，对有关统计机构和统计人员给予表彰、奖励。

广播影视行业各单位应当依据本规定，建立统计工作奖惩制度。

第二十三条　广播影视行业各单位有下列行为之一的，应当依法承担相应的法律责任。广播影视行政部门应当给予或者建议有关部门给予相关责任人以行政处分：

（一）拒报或屡次迟报统计资料的；

（二）虚报、瞒报统计资料的；

（三）扣压、伪造和篡改统计资料的；

(四)强令统计部门或统计人员篡改统计资料或者编造虚假数据的;

(五)对拒绝、抵制篡改统计资料和拒绝、抵制编造虚假数据行为的统计人员进行打击报复的;

(六)在接受统计检查时,拒绝提供情况、提供虚假情况或者转移、隐匿、毁弃统计原始记录、统计台帐、统计报表以及与统计有关的其他数据的;

(七)阻挠、威胁和抗拒统计检查的;

(八)利用统计调查损害社会公共利益或者进行欺诈活动的;

(九)利用统计调查窃取国家秘密、商业秘密或者违反其他法律、法规中有关保密规定的;

(十)泄露统计调查对象的商业秘密,对调查对象造成损害的。

第六章　附　则

第二十四条　中华人民共和国境外的组织或个人需要在中华人民共和国境内进行广播影视统计调查活动的,应当委托中华人民共和国境内具有涉外统计调查资格的机构进行。

第二十五条　本办法自 2005 年 3 月 1 日起施行。

关于废止部分法规性文件的决定

(2005年2月25日　国家广播电影电视总局令第48号)

为贯彻落实《行政许可法》,推进广播影视依法行政,根据《规章制定程序条例》的相关规定,我局决定废止下列45件广播影视法规性文件:

1. 关于引进、播出境外电视节目的管理规定(广播电影电视部令第10号)

2. 中外合作制作电视剧(录像片)管理规定(广播电影电视部令第15号)

3. 影视制作经营机构管理暂行规定(广播电影电视部令第16号)

4. 电视剧制作许可证管理规定(广播电影电视部令第17号)

5. 广播电台、电视台设立审批管理办法(广播电影电视部令第19号)

6. 广播电影电视系统内部审计工作规定(广播电影电视部令第23号)

7. 电视剧审查暂行规定(国家广播电影电视总局令第1号)

8. 有线电视视频点播管理暂行办法(国家广播电影电视总局令第4号)

9. 宾馆饭店视频点播管理暂行办法(国家广播电影电视总局令第6号)

10. 城市社区有线电视系统管理暂行办法(国家广播电影电视总局令第7号)

11. 播音员主持人持证上岗规定(国家广播电影电视总局令第10号)

12. 电视剧制片人持证上岗暂行规定(国家广播电影电视总局令第11号)

13. 互联网等信息网络传播视听节目管理办法(国家广播电影电视总局令第15号)

14. 广播电视设备器材入网认定管理办法(国家广播电影电视总局令第16号)

15. 电影剧本(梗概)立项、电影片审查暂行规定(国家广播电影电视总局令第18号)

16. 中外合作摄制电影片管理规定(国家广播电影电视总局令第19号)

17. 电影制片、发行、放映经营资格准入暂行规定(国家广播电影电视总局令第20号)

18. 境外卫星电视频道落地管理办法(国家广播电影电视总局令第22号)

19. 广播电影电视立法程序规定(广发政字〔1989〕150号)

20. 关于实行广播电视节目制作、发行行业准入制度的实施细则(试行)(广发办字〔2001〕1476 号)

21. 关于取得《摄制电影许可证(单片)》资格认证制度的实施细则(试行)(广发办字〔2001〕1483 号)

22. 关于广播电视节目传输管理的实施细则(试行)(广发办字〔2001〕1497 号)

23. 关于调整电视剧管理办法的通知(广发编字〔2002〕215 号)

24. 关于切实加强电视广告播出管理的紧急通知(广发编字〔2002〕355 号)

25. 关于切实加强电视剧审查工作的通知(广发编字〔2002〕690 号)

26. 关于禁止广播电视以军队名义发布医疗广告的通知(广发编字〔2002〕893 号)

27. 关于进一步加强群众参与的广播电视直播节目管理的紧急通知(明电〔2002〕33 号)

28. 关于严格管理群众参与广播电视直播节目的通知(明电〔2002〕120 号)

29. 关于切实执行电视剧发行播出管理的通知(明电〔2002〕140 号)

30. 关于进一步加强电视剧管理的通知(广发编字〔2003〕49 号)

31. 关于重申黄金时段电视剧播出规定的通知(广发编字〔2003〕999 号)

32. 关于严格禁止有偿新闻的紧急通知(明电〔2003〕37 号)

33. 举办、参加中外电影节、展管理规定(广发影字〔1998〕94 号)

34. 关于印发《数字电影管理暂行规定》、《数字电影技术要求(暂行)》的通知中的《数字电影技术要求(暂行)》(广发影字〔2002〕818 号)

35. 经营广播电视节目传送业务审批管理暂行办法(广发社字〔1997〕714 号)

36. 关于加强有线广播电视站管理的通知(广发社字〔2002〕943 号)

37. 关于改进广播电视节目和电视剧制作管理办法的通知(广发社字〔2003〕595 号)

38. 关于印发《〈电视剧制片人持证上岗暂行规定〉实施细则》的通知(广发人字〔2002〕671 号)

39. 关于印发《〈播音员主持人持证上岗规定〉实施细则》的通知(广发人字〔2002〕1166 号)

40. 关于印发《播音员主持人管理暂行办法》的通知(广发人字〔2002〕1167 号)

41. 关于认真贯彻落实《审计署关于内部审计工作的规定》的通知（广发计字〔2003〕369 号）

42. 广播电视无线电管理暂行办法（广发技字〔2001〕817 号）

43. 关于加强广播电视无线电管理的通知（广发技字〔2002〕360 号）

44. 关于使用无线广播电视发射设备订购证明的管理办法（广发技字〔2002〕753 号）

45. 关于进一步贯彻落实《广播电视设备器材入网认定管理办法》的通知（广发技字〔2003〕816 号）

《外商投资电影院暂行规定》的补充规定

(2005 年 4 月 8 日 国家广播电影电视总局、商务部、文化部令第 49 号)

为了促进香港、澳门与内地建立更紧密经贸关系,鼓励香港、澳门服务提供者在内地设立从事电影放映业务的企业,根据国务院批准的《〈内地与香港关于建立更紧密经贸关系的安排〉补充协议》及《〈内地与澳门关于建立更紧密经贸关系的安排〉补充协议》,现就《外商投资电影院暂行规定》(国家广播电影电视总局、商务部、文化部令第 21 号)及附件中的有关香港和澳门服务提供者投资电影院问题作出如下补充规定:

一、自 2005 年 1 月 1 日起,允许香港、澳门服务提供者在内地以合资、合作或独资的形式建设、改造及经营电影院。

二、本规定中的香港服务提供者和澳门服务提供者应分别符合《内地与香港关于建立更紧密经贸关系的安排》及《内地与澳门关于建立更紧密经贸关系的安排》中关于"服务提供者"定义及相关规定的要求。

三、香港、澳门服务提供者在内地投资电影院的其它规定,仍按照《外商投资电影院暂行规定》执行。

四、本规定自 2005 年 5 月 8 日起施行。

《电影企业经营资格准入暂行规定》的补充规定

（2005 年 3 月 7 日　国家广播电影电视总局、商务部令第 50 号
根据 2015 年 8 月 28 日《国家新闻出版广电总局关于
修订部分规章和规范性文件的决定》修订）

为了促进香港、澳门与内地建立更紧密经贸关系，鼓励香港、澳门服务提供者在内地设立发行国产电影片的企业，根据国务院批准的《〈内地与香港关于建立更紧密经贸关系的安排〉补充协议》及《〈内地与澳门关于建立更紧密经贸关系的安排〉补充协议》，现对《电影企业经营资格准入暂行规定》（国家广播电影电视总局商务部令第 43 号）作出如下补充规定：

一、自 2005 年 1 月 1 日起，允许香港、澳门服务提供者经内地主管部门批准后，在内地试点设立独资公司发行国产电影片。

二、本规定中的香港服务提供者和澳门服务提供者应分别符合《内地与香港关于建立更紧密经贸关系的安排》及《内地与澳门关于建立更紧密经贸关系的安排》中关于“服务提供者”定义及相关规定的要求。

三、本规定自 2005 年 5 月 8 日起施行。

《外商投资电影院暂行规定》补充规定二

(2006 年 1 月 18 日　国家广播电影电视总局令第 51 号)

为了促进香港、澳门与内地建立更紧密经贸关系,鼓励香港、澳门服务提供者在内地设立的独资公司,在多个地点新建或改建多间电影院,经营电影放映业务,根据国务院批准的《〈内地与香港关于建立更紧密经贸关系的安排〉补充协议二》和《〈内地与澳门关于建立更紧密经贸关系的安排〉补充协议二》,现对《外商投资电影院暂行规定》(国家广播电影电视总局、商务部、文化部令第 21 号)做如下补充规定:

一、自 2006 年 1 月 1 日起,允许香港、澳门服务提供者在内地设立的独资公司,在多个地点新建或改建多间电影院,经营电影放映业务。

二、本规定中的香港服务提供者和澳门服务提供者应分别符合《内地与香港关于建立更紧密经贸关系的安排》和《内地与澳门关于建立更紧密经贸关系的安排》中关于“服务提供者”定义及相关规定的要求。

三、香港、澳门服务提供者在内地投资电影院的其它规定,仍按照《外商投资电影院暂行规定》及《〈外商投资电影院暂行规定〉的补充规定》(国家广播电影电视总局、商务部、文化部令第 49 号)执行。

四、本补充规定自 2006 年 2 月 20 日起施行。

电影剧本(梗概)备案、电影片管理规定

(2006 年 5 月 22 日　国家广播电影电视总局令第 52 号)

第一章　总　则

第一条　为规范和改进电影剧本(梗概)备案和电影片管理制度,提高电影质量,繁荣电影创作,满足广大群众的精神文化需求,推进电影业健康发展,根据《电影管理条例》,制定本规定。

第二条　国家实行电影剧本(梗概)备案和电影片审查制度。未经备案的电影剧本(梗概)不得拍摄,未经审查通过的电影片不得发行、放映、进口、出口。

第三条　本规定适用于在中华人民共和国境内公映的各类故事片、纪录片、科教片、动画片、专题片(含以上各类型的中外合拍片)等的电影剧本(梗概)备案、电影片审查和进口片审查。

第四条　国家广播电影电视总局(以下简称广电总局)负责电影剧本(梗概)备案和电影片审查的管理工作。

广电总局电影审查委员会和电影复审委员会负责电影片的审查。

省级广播影视行政部门(以下简称省级广电部门),经申请可以受广电总局委托,成立电影审查机构,负责本行政区域内持有《摄制电影许可证》的制片单位摄制的部分电影片的审查工作(以下简称属地审查)。

第二章　电影剧本(梗概)备案

第五条　持有《摄制电影许可证》的电影制片单位和在地市级以上工商部门注册登记的各类影视文化单位(以下简称影视文化单位)摄制电影片,应在拍摄前将电影剧本(梗概)送广电总局或相应的实行属地审查的省级广电部门备案。

联合摄制电影片的,应当由其中的一个单位提前办理备案手续。

第六条　办理电影剧本(梗概)备案手续,应当提供下列材料:

(一)拟拍摄影片的备案报告;

(二)不少于一千字的电影剧情梗概一份。凡影片主要人物和情节涉及外交、民族、宗教、军事、公安、司法、历史名人和文化名人等方面内容的(以下简称特殊题材影片),需提供电影文学剧本一式三份,并要征求省级或中央、国家机关相关主管部门的意见;

(三)电影剧本(梗概)版权的协议(授权)书;

(四)影视文化单位申请领取《摄制电影片许可证(单片)》,需向广电总局提供本单位营业执照副本及填报《摄制电影片许可证(单片)》申请书。

第七条 电影剧本(梗概)备案的程序:

(一)制片单位向广电总局或实行属地审查的省级广电部门提出备案;

(二)广电总局或实行属地审查的省级广电部门按照《行政许可法》规定的期限,发给《电影剧本(梗概)备案回执单》(式样附后)。

如在二十个工作日内没有提出意见的,制片单位可按备案的电影剧本(梗概)进行拍摄;

如对备案的电影剧本(梗概)有修改意见或不同意拍摄的,应在二十个工作日内书面通知制片单位;

如电影剧本需另请相关主管部门和专家评审的,需延长二十个工作日,并书面告知制片单位。

第八条 实行属地审查的省级广电部门,应将电影剧本(梗概)备案情况抄报广电总局;广电总局将定期在相关媒体公布电影剧本(梗概)备案情况。

第九条 拍摄重大革命和重大历史题材影片,需报送剧本立项审查,按照广电总局关于重大革命和重大历史题材电影剧本立项及完成片的管理规定办理。

第十条 拍摄重大文献纪录影片,需报送剧本立项审查,按照广电总局关于重大文献纪录影片的管理规定办理。

第十一条 中外合作摄制影片,需报送剧本立项审查,按照广电总局关于中外合作摄制电影片的管理规定办理。

第三章 电影片审查

第十二条 国家提倡创作思想性、艺术性、观赏性统一,贴近实际、贴近生活、贴近群众,有利于保护未成年人健康成长的优秀电影。大力发展先进文化,支持健康有益文化，努力改造落后文化，坚决抵制腐朽文化。

第十三条 电影片禁止载有下列内容：

（一）违反宪法确定的基本原则的；

（二）危害国家统一、主权和领土完整的；

（三）泄露国家秘密，危害国家安全，损害国家荣誉和利益的；

（四）煽动民族仇恨、民族歧视，破坏民族团结，侵害民族风俗、习惯的；

（五）违背国家宗教政策，宣扬邪教、迷信的；

（六）扰乱社会秩序，破坏社会稳定的；

（七）宣扬淫秽、赌博、暴力、教唆犯罪的；

（八）侮辱或者诽谤他人，侵害他人合法权益的；

（九）危害社会公德，诋毁民族优秀文化的；

（十）有国家法律、法规禁止的其他内容的。

第十四条 电影片有下列情形，应删剪修改：

（一）曲解中华文明和中国历史，严重违背历史史实；曲解他国历史，不尊重他国文明和风俗习惯；贬损革命领袖、英雄人物、重要历史人物形象；篡改中外名著及名著中重要人物形象的；

（二）恶意贬损人民军队、武装警察、公安和司法形象的；

（三）夹杂淫秽色情和庸俗低级内容，展现淫乱、强奸、卖淫、嫖娼、性行为、性变态等情节及男女性器官等其他隐秘部位；夹杂肮脏低俗的台词、歌曲、背景音乐及声音效果等；

（四）夹杂凶杀、暴力、恐怖内容，颠倒真假、善恶、美丑的价值取向，混淆正义与非正义的基本性质；刻意表现违法犯罪器张气焰，具体展示犯罪行为细节，暴露特殊侦查手段；有强烈刺激性的凶杀、血腥、暴力、吸毒、赌博等情节；有虐待俘虏、刑讯逼供罪犯或犯罪嫌疑人等情节；有过度惊吓恐怖的画面、台词、背景音乐及声音效果；

（五）宣扬消极、颓废的人生观、世界观和价值观，刻意渲染、夸大民族愚昧落后或社会阴暗面的；

（六）鼓吹宗教极端主义，挑起各宗教、教派之间，信教与不信教群众之间的矛盾和冲突，伤害群众感情的；

（七）宣扬破坏生态环境，虐待动物，捕杀、食用国家保护类动物的；

（八）过分表现酗酒、吸烟及其他陋习的；

(九)违背相关法律、法规精神的。

第十五条 电影片的署名、字幕等语言文字,应按《中华人民共和国著作权法》、《中华人民共和国国家通用语言文字法》等有关规定执行。

第十六条 电影片技术质量按照国家有关电影技术标准审查。

第十七条 摄制完成的电影片应当报相应的电影审查机构审查。送审电影片应当提供下列材料:

(一)混录双片

1. 混录双片一套(如用贝塔录像带代替混录双片送审,需另报广电总局批准),数字电影送高清数字节目带一套;

2. 国产电影片送审报告单一式四份;

3. 影片主创人员名单;

4. 影片英文译名报告(一般提前申报);

5. 原著改编意见书;

6. 联合摄制合同书;

7. 完成台本一套;

8.《电影剧本(梗概)备案回执单》。

(二)标准拷贝

1. 标准拷贝两套(广电总局和中国电影资料馆各一套);

2. 影片 1/2 录像带三套(中外合拍片四套)、贝塔录像带、贝塔宣传带、终混八轨带各一套;

3. 送审标准拷贝技术鉴定书;

4. 被定为民族语译制影片的音乐效果素材;

5. 完成台本三套(民族语译制影片为四套);

6. 相关剧照。

数字电影的技术审查标准及需提交的材料,按照广电总局有关规定执行。

第十八条 电影片的审查程序:

(一)制片单位应向广电总局电影审查委员会提出审查申请;

(二)广电总局电影审查委员会自收到混录双片及相关材料之日起二十个工作日内作出审查决定。审查合格的,发给《影片审查决定书》和《电影片公映许可证》片头。审查不合格或需要修改的,应在《影片审查决定书》中作出说明,并通知制片单位;

（三）广电总局电影审查委员会自收到标准拷贝（数字节目带）及相关材料之日起十个工作日内作出审查决定。审查合格的，发给《电影片公映许可证》；审查不合格或需要修改的，应通知制片单位；

（四）影片审查不合格需经修改后再次送审的，审查期限重新计算；

（五）制片单位对电影片审查决定不服的，可以自收到《影片审查决定书》之日起三十个工作日内向广电总局电影复审委员会提出复审申请。广电总局电影复审委员会应在二十个工作日内作出复审决定。复审合格的，发给《电影片公映许可证》；不合格的，书面通知制片单位；

（六）实行属地审查的省级广电部门，应依照本规定进行电影片审查，审查合格的，颁发《影片审查决定书》和《送审标准拷贝技术鉴定书》；审查不合格或需要修改的，按本规定第十八条（二）、（三）、（四）款项中相关规定办理。

制片单位持《影片审查决定书》、《送审标准拷贝技术鉴定书》及本规定第十七条规定的相关材料，到广电总局领取《电影片公映许可证》。

第十九条　实行属地审查的省级广电部门认为必要时，可以将送审影片提交广电总局电影审查委员会审查。

制片单位对省级广电部门的审查决定有异议的，可以向广电总局电影审查委员会申请重审。

第二十条　联合摄制的电影片，由办理备案手续的制片单位按照本规定送相应的电影审查机构审查。

第二十一条　重大革命和重大历史题材影片、重大文献纪录影片、特殊题材影片、中外合作摄制影片，由省级广电部门初审同意后，报广电总局电影审查机构审查。

第二十二条　中央和国家机关所属的电影制片单位和所有持有《摄制电影片许可证（单片）》的单位摄制的影片，直接报广电总局电影审查委员会审查。

第二十三条　进口电影片的审查，按照《电影管理条例》第四章关于电影进口和本规定第三章关于电影片审查的相关条款办理。

第四章　附　则

第二十四条　对违反本规定的行为，依据《电影管理条例》和其他有关法律、法规进行处理。

第二十五条 本规定自 2006 年 6 月 22 日起施行。1997 年 1 月 16 日广播电影电视部发布的《电影审查规定》(广播电影电视部令第 22 号)、2004 年 7 月 6 日广电总局发布的《电影剧本(梗概)立项、电影片审查暂行规定》(广电总局令第 30 号)同时废止。

《中外合作制作电视剧管理规定》的补充规定

（2007 年 9 月 19 日　国家广播电影电视总局、商务部令第 54 号）

为了促进香港特别行政区、澳门特别行政区与内地建立更紧密经贸关系，鼓励香港特别行政区、澳门特别行政区服务提供者与内地广播电视节目制作机构合拍电视剧，根据国务院批准的《〈内地与香港关于建立更紧密经贸关系的安排〉补充协议四》、《〈内地与澳门关于建立更紧密经贸关系的安排〉补充协议四》，现对《中外合作制作电视剧管理规定》（国家广播电影电视总局令第 41 号）作出如下补充规定：

一、自 2008 年 1 月 1 日起，内地与香港特别行政区、澳门特别行政区广播电视节目制作机构合拍电视剧立项的分集梗概，为每集不少于 1500 字。

二、香港特别行政区、澳门特别行政区服务提供者与内地广播电视节目制作机构合拍电视剧的其他规定，仍参照《中外合作制作电视剧管理规定》执行。

三、本规定自 2008 年 1 月 1 日起施行。

关于废止部分广播影视规章的决定

(2007 年 11 月 23 日　国家广播电影电视总局令第 55 号)

按照《国务院办公厅关于开展行政法规规章清理工作的通知》(国办发〔2007〕12 号)的要求,经过对广播影视现行规章的清理,根据《规章制定程序条例》的相关规定,我局决定废止下列 2 件广播影视规章:

一、《电视剧管理规定》(2000 年 6 月 15 日国家广播电影电视总局令第 2 号)

二、《广播电视节目出品人持证上岗暂行规定》(2001 年 12 月 31 日国家广播电影电视总局令第 9 号)

互联网视听节目服务管理规定

（2007 年 12 月 20 日　国家广播电影电视总局、信息产业部令第 56 号
根据 2015 年 8 月 28 日《国家新闻出版广电总局关于
修订部分规章和规范性文件的决定》修订）

第一条　为维护国家利益和公共利益，保护公众和互联网视听节目服务单位的合法权益，规范互联网视听节目服务秩序，促进健康有序发展，根据国家有关规定，制定本规定。

第二条　在中华人民共和国境内向公众提供互联网（含移动互联网，以下简称互联网）视听节目服务活动，适用本规定。

本规定所称互联网视听节目服务，是指制作、编辑、集成并通过互联网向公众提供视音频节目，以及为他人提供上载传播视听节目服务的活动。

第三条　国务院广播电影电视主管部门作为互联网视听节目服务的行业主管部门，负责对互联网视听节目服务实施监督管理，统筹互联网视听节目服务的产业发展、行业管理、内容建设和安全监管。国务院信息产业主管部门作为互联网行业主管部门，依据电信行业管理职责对互联网视听节目服务实施相应的监督管理。

地方人民政府广播电影电视主管部门和地方电信管理机构依据各自职责对本行政区域内的互联网视听节目服务单位及接入服务实施相应的监督管理。

第四条　互联网视听节目服务单位及其相关网络运营单位，是重要的网络文化建设力量，承担建设中国特色网络文化和维护网络文化信息安全的责任，应自觉遵守宪法、法律和行政法规，接受互联网视听节目服务行业主管部门和互联网行业主管部门的管理。

第五条　互联网视听节目服务单位组成的全国性社会团体，负责制定行业自律规范，倡导文明上网、文明办网，营造文明健康的网络环境，传播健康有益视听节目，抵制腐朽落后思想文化传播，并在国务院广播电影电视主管部门指导下开展活动。

第六条　发展互联网视听节目服务要有益于传播社会主义先进文化，推动社

会全面进步和人的全面发展、促进社会和谐。从事互联网视听节目服务,应当坚持为人民服务、为社会主义服务,坚持正确导向,把社会效益放在首位,建设社会主义核心价值体系,遵守社会主义道德规范,大力弘扬体现时代发展和社会进步的思想文化,大力弘扬民族优秀文化传统,提供更多更好的互联网视听节目服务,满足人民群众日益增长的需求,不断丰富人民群众的精神文化生活,充分发挥文化滋润心灵、陶冶情操、愉悦身心的作用,为青少年成长创造良好的网上空间,形成共建共享的精神家园。

第七条 从事互联网视听节目服务,应当依照本规定取得广播电影电视主管部门颁发的《信息网络传播视听节目许可证》(以下简称《许可证》)或履行备案手续。

未按照本规定取得广播电影电视主管部门颁发的《许可证》或履行备案手续,任何单位和个人不得从事互联网视听节目服务。

互联网视听节目服务业务指导目录由国务院广播电影电视主管部门商国务院信息产业主管部门制定。

第八条 申请从事互联网视听节目服务的,应当同时具备以下条件:

(一)具备法人资格,为国有独资或国有控股单位,且在申请之日前三年内无违法违规记录;

(二)有健全的节目安全传播管理制度和安全保护技术措施;

(三)有与其业务相适应并符合国家规定的视听节目资源;

(四)有与其业务相适应的技术能力、网络资源;

(五)有与其业务相适应的专业人员,且主要出资者和经营者在申请之日前三年内无违法违规记录;

(六)技术方案符合国家标准、行业标准和技术规范;

(七)符合国务院广播电影电视主管部门确定的互联网视听节目服务总体规划、布局和业务指导目录;

(八)符合法律、行政法规和国家有关规定的条件。

第九条 从事广播电台、电视台形态服务和时政类视听新闻服务的,除符合本规定第八条规定外,还应当持有广播电视播出机构许可证或互联网新闻信息服务许可证。其中,以自办频道方式播放视听节目的,由地(市)级以上广播电台、电视台、中央新闻单位提出申请。

从事主持、访谈、报道类视听服务的,除符合本规定第八条规定外,还应当持有广播电视节目制作经营许可证和互联网新闻信息服务许可证；从事自办网络剧（片）类服务的，还应当持有广播电视节目制作经营许可证。

未经批准，任何组织和个人不得在互联网上使用广播电视专有名称开展业务。

第十条 申请《许可证》，应当通过省、自治区、直辖市人民政府广播电影电视主管部门向国务院广播电影电视主管部门提出申请，中央直属单位可以直接向国务院广播电影电视主管部门提出申请。

省、自治区、直辖市人民政府广播电影电视主管部门应当提供便捷的服务，自收到申请之日起20日内提出初审意见，报国务院广播电影电视主管部门审批；国务院广播电影电视主管部门应当自收到申请或者初审意见之日起40日内作出许可或者不予许可的决定，其中专家评审时间为20日。予以许可的，向申请人颁发《许可证》，并向社会公告；不予许可的，应当书面通知申请人并说明理由。《许可证》应当载明互联网视听节目服务的播出标识、名称、服务类别等事项。

《许可证》有效期为3年。有效期届满，需继续从事互联网视听节目服务的，应于有效期届满前30日内，持符合本办法第八条规定条件的相关材料，向原发证机关申请办理续办手续。

地（市）级以上广播电台、电视台从事互联网视听节目转播类服务的，到省级以上广播电影电视主管部门履行备案手续。中央新闻单位从事互联网视听节目转播类服务的，到国务院广播电影电视主管部门履行备案手续。备案单位应在节目开播30日前，提交网址、网站名、拟转播的广播电视频道、栏目名称等有关备案材料，广播电影电视主管部门应将备案情况向社会公告。

第十一条 取得《许可证》的单位，应当依据《互联网信息服务管理办法》，向省（自治区、直辖市）电信管理机构或国务院信息产业主管部门（以下简称电信主管部门）申请办理电信业务经营许可或者履行相关备案手续，并依法到工商行政管理部门办理注册登记或变更登记手续。电信主管部门应根据广播电影电视主管部门许可，严格互联网视听节目服务单位的域名和IP地址管理。

第十二条 互联网视听节目服务单位变更股东、股权结构，有重大资产变动或有上市等重大融资行为的，以及业务项目超出《许可证》载明范围的，应按本规定办理审批手续。互联网视听节目服务单位的办公场所、法定代表人以及互联网信息服务单位的网址、网站名依法变更的，应当在变更后15日内向省级以上广播电影电视主管部门和电信主管部门备案，变更事项涉及工商登记的，应当依法到工商行政管理部门办理变更登记手续。

第十三条 互联网视听节目服务单位应当在取得《许可证》90 日内提供互联网视听节目服务。未按期提供服务的,其《许可证》由原发证机关予以注销。如因特殊原因,应经发证机关同意。申请终止服务的,应提前 60 日向原发证机关申报,其《许可证》由原发证机关予以注销。连续停止业务超过 60 日的,由原发证机关按终止业务处理,其《许可证》由原发证机关予以注销。

第十四条 互联网视听节目服务单位应当按照《许可证》载明或备案的事项开展互联网视听节目服务,并在播出界面显著位置标注国务院广播电影电视主管部门批准的播出标识、名称、《许可证》或备案编号。

任何单位不得向未持有《许可证》或备案的单位提供与互联网视听节目服务有关的代收费及信号传输、服务器托管等金融和技术服务。

第十五条 鼓励国有战略投资者投资互联网视听节目服务企业;鼓励互联网视听节目服务单位积极开发适应新一代互联网和移动通信特点的新业务,为移动多媒体、多媒体网站生产积极健康的视听节目,努力提高互联网视听节目的供给能力;鼓励影视生产基地、电视节目制作单位多生产适合在网上传播的影视剧(片)、娱乐节目,积极发展民族网络影视产业;鼓励互联网视听节目服务单位传播公益性视听节目。

互联网视听节目服务单位应当遵守著作权法律、行政法规的规定,采取版权保护措施,保护著作权人的合法权益。

第十六条 互联网视听节目服务单位提供的、网络运营单位接入的视听节目应当符合法律、行政法规、部门规章的规定。已播出的视听节目应至少完整保留 60 日。视听节目不得含有以下内容:

(一)反对宪法确定的基本原则的;

(二)危害国家统一、主权和领土完整的;

(三)泄露国家秘密、危害国家安全或者损害国家荣誉和利益的;

(四)煽动民族仇恨、民族歧视,破坏民族团结,或者侵害民族风俗、习惯的;

(五)宣扬邪教、迷信的;

(六)扰乱社会秩序,破坏社会稳定的;

(七)诱导未成年人违法犯罪和渲染暴力、色情、赌博、恐怖活动的;

(八)侮辱或者诽谤他人,侵害公民个人隐私等他人合法权益的;

(九)危害社会公德,损害民族优秀文化传统的;

(十)有关法律、行政法规和国家规定禁止的其他内容。

第十七条 用于互联网视听节目服务的电影电视剧类节目和其它节目，应当符合国家有关广播电影电视节目的管理规定。互联网视听节目服务单位播出时政类视听新闻节目，应当是地（市）级以上广播电台、电视台制作、播出的节目和中央新闻单位网站登载的时政类视听新闻节目。

未持有《许可证》的单位不得为个人提供上载传播视听节目服务。互联网视听节目服务单位不得允许个人上载时政类视听新闻节目，在提供播客、视频分享等上载传播视听节目服务时，应当提示上载者不得上载违反本规定的视听节目。任何单位和个人不得转播、链接、聚合、集成非法的广播电视频道、视听节目网站的节目。

第十八条 广播电影电视主管部门发现互联网视听节目服务单位传播违反本规定的视听节目，应当采取必要措施予以制止。互联网视听节目服务单位对含有违反本规定内容的视听节目，应当立即删除，并保存有关记录，履行报告义务，落实有关主管部门的管理要求。

互联网视听节目服务单位主要出资者和经营者应对播出和上载的视听节目内容负责。

第十九条 互联网视听节目服务单位应当选择依法取得互联网接入服务电信业务经营许可证或广播电视节目传送业务经营许可证的网络运营单位提供服务；应当依法维护用户权利，履行对用户的承诺，对用户信息保密，不得进行虚假宣传或误导用户、做出对用户不公平不合理的规定、损害用户的合法权益；提供有偿服务时，应当以显著方式公布所提供服务的视听节目种类、范围、资费标准和时限，并告知用户中止或者取消互联网视听节目服务的条件和方式。

第二十条 网络运营单位提供互联网视听节目信号传输服务时，应当保障视听节目服务单位的合法权益，保证传输安全，不得擅自插播、截留视听节目信号；在提供服务前应当查验视听节目服务单位的《许可证》或备案证明材料，按照《许可证》载明事项或备案范围提供接入服务。

第二十一条 广播电影电视和电信主管部门应建立公众监督举报制度。公众有权举报视听节目服务单位的违法违规行为，有关主管部门应当及时处理，不得推诿。广播电影电视、电信等监督管理部门发现违反本规定的行为，不属于本部门职责的，应当移交有权处理的部门处理。

电信主管部门应当依照国家有关规定向广播电影电视主管部门提供必要的技术系统接口和网站数据查询资料。

第二十二条 广播电影电视主管部门依法对互联网视听节目服务单位进行实地检查,有关单位和个人应当予以配合。广播电影电视主管部门工作人员依法进行实地检查时应当主动出示有关证件。

第二十三条 违反本规定有下列行为之一的,由县级以上广播电影电视主管部门予以警告、责令改正,可并处3万元以下罚款;同时,可对其主要出资者和经营者予以警告,可并处2万元以下罚款:

(一)擅自在互联网上使用广播电视专有名称开展业务的;

(二)变更股东、股权结构,或上市融资,或重大资产变动时,未办理审批手续的;

(三)未建立健全节目运营规范,未采取版权保护措施,或对传播有害内容未履行提示、删除、报告义务的;

(四)未在播出界面显著位置标注播出标识、名称、《许可证》和备案编号的;

(五)未履行保留节目记录、向主管部门如实提供查询义务的;

(六)向未持有《许可证》或备案的单位提供代收费及信号传输、服务器托管等与互联网视听节目服务有关的服务的;

(七)未履行查验义务,或向互联网视听节目服务单位提供其《许可证》或备案载明事项范围以外的接入服务的;

(八)进行虚假宣传或者误导用户的;

(九)未经用户同意,擅自泄露用户信息秘密的;

(十)互联网视听服务单位在同一年度内三次出现违规行为的;

(十一)拒绝、阻挠、拖延广播电影电视主管部门依法进行监督检查或者在监督检查过程中弄虚作假的;

(十二)以虚假证明、文件等手段骗取《许可证》的。

有本条第十二项行为的,发证机关应撤销其许可证。

第二十四条 擅自从事互联网视听节目服务的,由县级以上广播电影电视主管部门予以警告、责令改正,可并处3万元以下罚款;情节严重的,根据《广播电视管理条例》第四十七条的规定予以处罚。

传播的视听节目内容违反本规定的,由县级以上广播电影电视主管部门予以警告、责令改正,可并处3万元以下罚款;情节严重的,根据《广播电视管理条例》第四十九条的规定予以处罚。

未按照许可证载明或备案的事项从事互联网视听节目服务的或违规播出时政

类视听新闻节目的，由县级以上广播电影电视主管部门予以警告、责令改正，可并处3万元以下罚款；情节严重的，根据《广播电视管理条例》第五十条之规定予以处罚。

转播、链接、聚合、集成非法的广播电视频道和视听节目网站内容的，擅自插播、截留视听节目信号的，由县级以上广播电影电视主管部门予以警告、责令改正，可并处3万元以下罚款；情节严重的，根据《广播电视管理条例》第五十一条之规定予以处罚。

第二十五条 对违反本规定的互联网视听节目服务单位，电信主管部门应根据广播电影电视主管部门的书面意见，按照电信管理和互联网管理的法律、行政法规的规定，关闭其网站，吊销其相应许可证或撤销备案，责令为其提供信号接入服务的网络运营单位停止接入；拒不执行停止接入服务决定，违反《电信条例》第五十七条规定的，由电信主管部门依据《电信条例》第七十八条的规定吊销其许可证。

违反治安管理规定的，由公安机关依法予以处罚；构成犯罪的，由司法机关依法追究刑事责任。

第二十六条 广播电影电视、电信等主管部门不履行规定的职责，或滥用职权的，要依法给予有关责任人处分，构成犯罪的，由司法机关依法追究刑事责任。

第二十七条 互联网视听节目服务单位出现重大违法违规行为的，除按有关规定予以处罚外，其主要出资者和经营者自互联网视听节目服务单位受到处罚之日起5年内不得投资和从事互联网视听节目服务。

第二十八条 通过互联网提供视音频即时通讯服务，由国务院信息产业主管部门按照国家有关规定进行监督管理。

利用局域网络及利用互联网架设虚拟专网向公众提供网络视听节目服务，须向行业主管部门提出申请，由国务院信息产业主管部门前置审批，国务院广播电影电视主管部门审核批准，按照国家有关规定进行监督管理。

第二十九条 本规定自2008年1月31日起施行。此前发布的规定与本规定不一致之处，依本规定执行。

《中外合作制作电视剧管理规定》的补充规定

(2008 年 1 月 14 日　国家广播电影电视总局令第 57 号)

为促进中外影视文化交流与合作,鼓励海外服务提供者与我广播电视节目制作机构合拍电视剧,现对《中外合作制作电视剧管理规定》(国家广播电影电视总局第 41 号令)作出如下补充规定:

一、自 2008 年 2 月 14 日起,与台湾地区及境外的法人、自然人合作制作电视剧立项的分集梗概,为每集不少于 1500 字。

二、与台湾地区及境外的法人、自然人合作制作电视剧的其他规定,仍参照《中外合作制作电视剧管理规定》执行。

三、本规定自 2008 年 2 月 14 日起施行。

关于废止部分广播影视规章和规范性文件的决定

（2009 年 1 月 20 日　国家广播电影电视总局令第 58 号）

为了深入贯彻落实学习实践科学发展观活动的要求，加快建设法治政府，全面推进依法行政，广电总局对现行广播影视规章和规范性文件进行了全面清理。根据《规章制定程序条例》的相关规定，决定废止不适应当前广播影视发展要求以及主要内容已被新规定取代的 4 个规章和 60 个规范性文件。

一、不适应当前广播影视发展要求予以废止的规章和规范性文件：

1.《〈有线电视管理暂行办法〉实施细则》（广电部令第 5 号）

2.《有线电视管理规定》（广电部令第 12 号）

3.《音像资料管理规定》（广电部令第 21 号）

4.《中外合资、合作广播电视节目制作经营企业管理暂行规定》（广电总局商务部令第 44 号）

5. 关于广播电视事业单位职工因公负伤致残抚恤问题的通知（广发干字〔1983〕0784 号）

6. 关于对国务院国发（1978）104 号、国发（1983）141 号文件中提高退休费标准规定的实施意见（广发干字〔1988〕0954 号）

7. 关于加强对有线电视网络技术规划领导的通知（广地综字〔1992〕6 号）

8. 关于做好有线电视系统总体规划、技术方案的论证工作的补充通知（广地发综字〔1992〕6 号）

9. 关于做好直辖市、省会市、计划单列市有线电视传输网技术规划的通知（广发地字〔1992〕238 号）

10. 关于播音系列高级职务任职资格评审工作的实施意见（广职改办字〔1994〕001 号）

11. 关于办理部分职工提前退休有关问题的意见（广人干字〔1995〕364 号）

12. 印发《关于加强我部中青年干部交流的意见》的通知（广党发人字〔1996〕

15 号)

13. 关于事业单位提前或越级晋升职务工资暂行规定(广人劳字〔1996〕305 号)

14. 关于印发《关于进一步做好部机关公务员交流工作的意见》的通知(广发人字〔1997〕402 号)

15. 关于继续抓好治散治滥工作的通知(广发社字〔1998〕500 号)

16. 关于印发《国家广播电影电视总局工程项目建设廉政暂行规定》的通知(广发计字〔1998〕799 号)

17. 关于确保广播电视节目安全传输的通知(广发社字〔1999〕711 号)

18. 关于利用宾馆闭路电视系统开展视频点播业务进行整顿的通知(广发社字〔2000〕54 号)

19. 关于 2001 年电视台可申请通过卫星传送方式引进的境外电视节目来源范围的通知(广发社字〔2000〕651 号)

20. 关于印发《广电总局反腐败抓源头工作实施意见》的通知(广发纪字〔2000〕685 号)

21. 关于印发《关于加强广播影视干部培训工作的实施细则(试行)》的通知(广发办字〔2001〕1479 号)

22. 关于在推进市(地)、县(市)广播电视播出机构职能转变工作中切实做好维护稳定确保安全播出的通知(广发社字〔2002〕971 号)

23. 关于开展第二期信息网络传播视听节目治理工作的通知(广发社字〔2003〕365 号)

24. 关于做好中国教育电视台"空中课堂"频道转播工作的通知(广发社字〔2003〕425 号)

25. 关于联合开展信息网络传播视听节目治理工作的通知(广发社字〔2003〕1097 号)

26. 关于切实贯彻广电总局 17 号令有关问题的通知(广发社字〔2003〕1168 号)

27. 关于检查总局 17 号令执行情况的通知(广发社字〔2004〕122 号)

28. 关于贯彻落实全国打击淫秽色情网站专项行动电视电话会议精神加强互联网传播视听节目管理的通知(广发社字〔2004〕876 号)

29. 关于实施《中外合资、合作广播电视节目制作经营企业管理暂行规定》有

关事宜的通知(广发社字〔2005〕243号)

30. 广电总局关于加强广播电视节目制作管理的通知(广发〔2007〕1号)

二、主要内容已被新规定取代予以废止的规范性文件:

1. 关于印发《特大城市有线电视光缆传输系统安全技术要求》的通知(广发地字〔1991〕877号)

2. 关于印发《广播电影电视部机关工作人员亡故后工资、丧葬费、抚恤金、遗属生活困难补助费发放的暂行办法》的通知(广人机字〔1992〕311号)

3. 部机关工作人员因私出境管理暂行规定(广人办字〔1994〕108号)

4. 关于机关、事业单位工资套改后有关问题的处理意见(广人机字〔1994〕365号)

5. 关于在京机关、事业单位新参加工作的工人工资标准的通知(广人劳字〔1995〕082号)

6. 关于因私出境人员审批权限的通知(广人办字〔1995〕085号)

7. 关于印发两个规定的通知(广发纪字〔1995〕206号)

两个规定:《广播电影电视部关于不准接受可能对公正执行公务有影响的宴请的具体规定》和《广电部关于不准参加用公款支付的营业性娱乐场所活动的具体规定》

8. 关于印发《全国省级、省会城市、计划单列市有线电视系统工程技术验收规定(暂行)》的通知(广技维字〔1995〕245号)

9. 广播电影电视部公务员考核实施细则(广发人字〔1995〕663号)

10. 广电部关于召开全国性业务会议的若干规定(广发纪字〔1995〕763号)

11. 关于印发《广播电影电视部机关处级领导职务公务员选拔任用工作暂行办法》的通知(广人机字〔1996〕351号)

12. 关于发布《有线广播电视设备器材入网认定管理规定》的通知(广技科字〔1997〕49号)

13. 关于进一步加强广播电视广告宣传管理的通知(广发编字〔1997〕76号)

14. 关于职工年休假问题的补充通知(广人劳字〔1997〕125号)

15. 关于加强视频点播管理的通知(传真电报〔1998〕324号)

16. 关于核发《广播电视节目制作经营许可证》和《电视剧制作许可证》的通知(广发社字〔1998〕653号)

17. 关于加强通过信息网络向公众传播广播电影电视类节目管理的通告(总

局通告〔1999〕1号)

18. 关于坚决制止随意插播、超量播放电视广告的紧急通知(内部传真电报〔1999〕117号)

19. 关于确定机关、事业单位新参加工作的工人学徒期、熟练期工资待遇的通知(广人劳字〔1999〕302号)

20. 关于进一步加强视频点播管理工作的通知(广发社字〔1999〕488号)

21. 关于印发《经营广播电视节目传送业务审批管理暂行办法》、《关于建立有线广播电视频道审批管理办法》、《网上播出前端的设立审批管理暂行办法》的通知(广发社字〔1999〕714号)

22. 关于核发《电视剧发行许可证》有关事宜的通知(广发社字〔1999〕766号)

23. 关于进一步加强电视剧引进、合拍和播放管理的通知(广发社字〔2000〕5号)

24. 关于加强动画片引进和播放管理的通知(广发社字〔2000〕137号)

25. 关于印发《信息网络传播广播电影电视类节目监督管理暂行办法》的通知(广发社字〔2000〕166号)

26. 关于印发《卫星广播电视地球站工程技术验收规定》的通知(广技无字〔2000〕246号)

27. 关于进一步落实和加强省级电视剧审查机构责任的通知(广发社字〔2000〕774号)

28. 关于印发《有线电视视频点播管理暂行办法》的通知(广发社字〔2000〕901号)

29. 国家广播电影电视总局基本建设工程财务管理暂行规定(广发计字〔2000〕981号)

30. 关于实行优秀电视剧推荐播出办法的通知(广发编字〔2002〕1273号)

31. 关于调整《电视剧制作许可证(乙种)》核发程序有关事宜的通知(广发社字〔2004〕382号)

32. 关于对国产电视动画片实行题材规划管理的通知(广发编字〔2004〕505号)

33. 广电总局关于进一步加强广播电视播出机构参与、主办或播出全国性或跨省(区、市)赛事等活动管理的通知(广发宣字〔2006〕8号)

34. 广电总局关于加强群众参与的选拔类广播电视活动管理的通知(广发〔2007〕7号)

关于废止《中外合资、合作广播电视节目制作经营企业管理暂行规定》的决定

（2009 年 2 月 6 日　国家广播电影电视总局、商务部令第 59 号）

根据《规章制定程序条例》的相关规定，决定废止《中外合资、合作广播电视节目制作经营企业管理暂行规定》（广电总局、商务部令第 44 号）。

卫星电视广播地面接收设施安装服务暂行办法

(2009 年 8 月 6 日　国家广播电影电视总局令第 60 号
根据 2015 年 8 月 28 日《国家新闻出版广电总局关于
修订部分规章和规范性文件的决定》修订)

第一条　为了规范卫星电视广播地面接收设施(以下简称卫星地面接收设施)安装服务活动,维护相关各方合法权益,根据《卫星电视广播地面接收设施管理规定》、《广播电视管理条例》等有关规定,制定本办法。

第二条　本办法适用于卫星地面接收设施的安装施工及其配套供应、售后服务维修和卫星节目落地代理、收视授权等相关服务活动。

第三条　县级以上人民政府广播影视行政部门会同其他有关部门,依据各自职责,负责对本行政区域内的卫星地面接收设施安装服务活动实施监督管理,指导从事卫星地面接收设施安装服务活动的机构(以下简称卫星地面接收设施安装服务机构)分层次、分区域建立健全卫星地面接收设施安装专营服务体系及网点,向用户提供及时便捷服务,维护用户基本公共文化权益;并依法维护广播影视事业建设和节目传播的正常秩序,打击非法生产、销售、安装卫星地面接收设施行为。

上级人民政府广播影视行政部门及其他有关部门,应当加强对下级人民政府广播影视行政部门及其他有关部门相关管理工作的监督检查。

第四条　国家对卫星地面接收设施安装服务实行许可制度。

设立卫星地面接收设施安装服务机构,应当取得《卫星地面接收设施安装服务许可证》。未持有《卫星地面接收设施安装服务许可证》的单位,不得从事卫星地面接收设施的安装施工及其配套供应、售后服务维修和卫星节目落地代理、收视授权等相关服务活动。

卫星地面接收设施安装服务机构,应当凭用户出具的省、自治区、直辖市人民政府广播影视行政部门核发的购买证明,向用户提供卫星地面接收设施安装服务。所安装的卫星地面接收设施,应当由省、自治区、直辖市以上人民政府广播影视行政部门核准的卫星地面接收设施安装服务机构,从合法的卫星地面接收设施生产企业定向进货；进货时，应当核验该企业所持国家统一组织招标的中标通知书和与省、自治区、直辖市人民政府广播影视行政部门签订的设施采购合同等文件。卫星地面接收设施不得进入社会市场流通领域。

卫星地面接收设施安装服务机构，应当接受卫星节目运营机构的委托，实施卫星节目落地代理、收视授权活动。卫星节目运营机构不得向未取得《卫星地面接收设施安装服务许可证》的单位委托卫星节目落地代理、收视授权。

第五条 申请设立的卫星地面接收设施安装服务机构，应当具备下列条件：

（一）具有独立法人资格，其中企业法人应当是国有企业或者国有控股企业；

（二）有符合国家法律、法规规定的机构名称、组织机构和章程，有健全的管理制度和安全保障措施；

（三）有与其业务活动相适应的专业人员、设备和营业场所；

（四）有明确的服务区，有可行的服务方案及必要的服务资源；

（五）法定代表人、主要出资者和经营者在申请之日前三年内，未因违反国家卫星地面接收设施管理的规定而被有关主管部门给予两次以上行政处罚的；

（六）符合法律、行政法规和国家有关规定规定的其他条件。

广播影视行政部门在审核上述条件时，还应当统筹考虑当地广播电视覆盖的规划及建设安排。

第六条 申请设立卫星地面接收设施安装服务机构，应当提交以下材料：

（一）申请报告和申请表；

（二）拟申请服务区的范围图；

（三）主要工程技术人员名单和证明材料；

（四）法人代表、主要经营者的身份证明和简历及主要出资单位有关证明材料；

（五）营业场所证明。

第七条 设立卫星地面接收设施安装服务机构，应当根据拟申请服务区的范围，向所在地县级以上人民政府广播影视行政部门提出申请，经逐级审核后，报省、自治区、直辖市以上人民政府广播影视行政部门审批。

省、自治区、直辖市以上人民政府广播影视行政部门应当自收到申请或者初审意见20日内，作出准予许可或者不予许可的决定。准予许可的，发给许可证；不予许可的，应当书面通知申请人并说明理由。

《卫星地面接收设施安装服务许可证》由国务院广播影视行政部门统一印制。

第八条 卫星地面接收设施安装服务机构应当按照《卫星地面接收设施安装

服务许可证》载明的业务类别、服务区等事项从事卫星地面接收设施安装服务活动。

卫星地面接收设施安装服务机构拟变更机构名称、法定代表人、主要出资者、主要经营者、业务类别、服务区等重要事项的,应当在变更前 30 日向原发证机关申请换发《卫星地面接收设施安装服务许可证》。

卫星地面接收设施安装服务机构拟终止服务,应当在终止前 60 日向原发证机关提交终止服务申请及善后方案,经原发证机关批准后方可终止。善后服务方案由所在地县级人民政府广播影视行政部门监督执行。

第九条 卫星地面接收设施安装服务机构和卫星地面接收设施生产企业之间,除依法形成的供货关系外,不得存在其他利益关联。相关供货产品的维修网点,双方可以通过委托、代理、合作方式设立,卫星地面接收设施生产企业不得自行建立或者参股。设立维修网点应当具备必要的维修管理条件,经所在地县级人民政府广播影视行政部门审核,报省、自治区、直辖市人民政府广播影视行政部门批准,凭批准文件到工商行政管理机关变更或者注册营业执照后,方可营业。

第十条 卫星地面接收设施安装服务机构不得为传播下列内容的卫星节目信号提供卫星地面接收设施安装服务:

(一)反对宪法确定的基本原则的;

(二)危害国家统一、主权和领土完整的;

(三)泄露国家秘密、危害国家安全或者损害国家荣誉、利益的;

(四)煽动民族仇恨、民族歧视,破坏民族团结或者侵害民族风俗、习惯的;

(五)宣扬邪教、迷信的;

(六)扰乱社会秩序,破坏社会稳定的;

(七)宣扬淫秽、赌博、暴力或者教唆犯罪的;

(八)侮辱或者诽谤他人,侵害他人合法权益的;

(九)危害社会公德或者民族优秀文化传统的;

(十)未经国务院广播影视行政部门批准或者在国务院广播影视行政部门规定的范围及其他特定地区以外落地的境内外电视节目;

(十一)法律、行政法规和国家有关规定禁止的其他内容。

第十一条 卫星地面接收设施安装服务机构应当遵守以下规范:

(一)确保卫星地面接收设施安装施工质量,遵循牢固稳定、安全可靠、经济适用、便于维护的原则;

（二）确保卫星地面接收设施及配件产品来源合法、质量合格。安装施工及维修所涉及产品，应当取得国务院广播影视行政部门颁发的广播电视设备器材入网认定证书，列入国家公布的卫星地面接收设施生产企业及认证产品名录，并通过国家卫星地面接收设施技术性能安全检验审核；

（三）应当按照卫星节目运营机构的委托，向用户完整提供可供其选择申请接收的卫星节目名单，所代理、授权用户收视的卫星节目来源和内容应当合法，确保用户收视节目质量，维护卫星节目方和收视方的合法权益；

（四）施工完毕后，应当先报请用户审批机关或者其授权的机构实施检验并加贴合格标志，方可为用户开通使用；

（五）开通维修服务电话，制定服务标准和流程，及时向用户提供全面的咨询和便捷的服务；

（六）建立用户业务档案和信息管理系统，妥善保存用户报装手续、许可证、购买证明等资料，确保信息资料真实、合法、准确，主动接受管理部门监督检查。

第十二条 省、自治区、直辖市人民政府广播影视行政部门应当根据本办法规定，制定本行政区域内的卫星地面接收设施安装服务管理细则，接受社会监督。

第十三条 省、自治区、直辖市人民政府广播影视行政部门应当对本行政区域内的卫星地面接收设施安装服务机构的服务情况依法监督检查。

第十四条 违反本办法规定，擅自提供卫星地面接收设施安装服务的，由县级以上人民政府广播影视行政部门没收其从事违法活动的设施、工具，对个人可以并处5千元以下的罚款，对单位可以并处5万元以下的罚款。

卫星地面接收设施安装服务机构和卫星地面接收设施生产企业之间，存在违反本办法规定的利益关联的，由县级以上人民政府广播影视行政部门责令改正，可以并处3万元以下的罚款；情节严重的，由原发证机关吊销《卫星地面接收设施安装服务许可证》。

违反本办法其他规定的，由县级以上人民政府广播影视行政部门依据《卫星电视广播地面接收设施管理规定》、《广播电视管理条例》及国家有关规定予以处罚；构成犯罪的，依法追究刑事责任。

广播影视行政部门在查处违反本办法规定的行为时，发现存在无照经营情形的，应当移送工商行政管理部门依法处理。

第十五条 本办法所称用户，是指符合国家规定的设置使用卫星地面接收设施的条件，并持有或者提出申请《接收卫星传送的电视节目许可证》的单位或者个人。

本办法所称用户审批机关,是指依据《卫星电视广播地面接收设施管理规定》、《〈卫星电视广播地面接收设施管理规定〉实施细则》规定,负责审批设置使用卫星地面接收设施的国务院、省和地(市)三级广播影视行政部门。

本办法所称卫星地面接收设施生产企业,是指经国务院工业和信息化行政部门指定,并持有国务院质量监督检验检疫行政部门颁发的卫星电视广播地面接收设施生产许可证的企业。

第十六条 境外节目接收用户、数字电影院线等特定用户的卫星地面接收设施安装服务,由国务院广播影视行政部门指定的机构提供,按照国家有关规定实施管理。

第十七条 本办法自 2010 年 1 月 1 日起施行。

本办法施行前已依法取得卫星地面接收设施安装许可证的单位,应当在本办法施行之日起 6 个月内,依据本办法重新审核登记,换发许可证;逾期未取得新许可证的,由广播影视行政部门依法予以处理。

本办法施行前已依法设置卫星地面接收设施的单位用户和个人用户,应当在本办法施行之日起一年内,自主选择委托所在服务区内的卫星地面接收设施安装服务机构,纳入其统一运行维护范围;确有特殊需要且具备规定条件的单位用户,可申请设立卫星地面接收设施安装服务机构,自行承担本单位卫星地面接收设施的运行维护。

广播电视广告播出管理办法*

(2009 年 9 月 8 日　国家广播电影电视总局令第 61 号)

第一章　总　则

第一条　为了规范广播电视广告播出秩序,促进广播电视广告业健康发展,保障公民合法权益,依据《中华人民共和国广告法》、《广播电视管理条例》等法律、行政法规,制定本办法。

第二条　广播电台、电视台(含广播电视台)等广播电视播出机构(以下简称"播出机构")的广告播出活动,以及广播电视传输机构的相关活动,适用本办法。

第三条　本办法所称广播电视广告包括公益广告和商业广告(含资讯服务、广播购物和电视购物短片广告等)。

第四条　广播电视广告播出活动应当坚持以人为本,遵循合法、真实、公平、诚实信用的原则。

第五条　广播影视行政部门对广播电视广告播出活动实行属地管理、分级负责。

国务院广播影视行政部门负责全国广播电视广告播出活动的监督管理工作。

县级以上地方人民政府广播影视行政部门负责本行政区域内广播电视广告播出活动的监督管理工作。

第六条　广播影视行政部门鼓励广播电视公益广告制作和播出,对成绩显著的组织、个人予以表彰。

第二章　广告内容

第七条　广播电视广告是广播电视节目的重要组成部分,应当坚持正确导向,

* 本办法已根据 2011 年 11 月 25 日《〈广播电视广告播出管理办法〉的补充规定》修订。

树立良好文化品位,与广播电视节目相和谐。

第八条 广播电视广告禁止含有下列内容:

(一)反对宪法确定的基本原则的;

(二)危害国家统一、主权和领土完整,危害国家安全,或者损害国家荣誉和利益的;

(三)煽动民族仇恨、民族歧视,侵害民族风俗习惯,伤害民族感情,破坏民族团结,违反宗教政策的;

(四)扰乱社会秩序,破坏社会稳定的;

(五)宣扬邪教、淫秽、赌博、暴力、迷信,危害社会公德或者民族优秀文化传统的;

(六)侮辱、歧视或者诽谤他人,侵害他人合法权益的;

(七)诱使未成年人产生不良行为或者不良价值观,危害其身心健康的;

(八)使用绝对化语言,欺骗、误导公众,故意使用错别字或者篡改成语的;

(九)商业广告中使用、变相使用中华人民共和国国旗、国徽、国歌,使用、变相使用国家领导人、领袖人物的名义、形象、声音、名言、字体或者国家机关和国家机关工作人员的名义、形象的;

(十)药品、医疗器械、医疗和健康资讯类广告中含有宣传治愈率、有效率,或者以医生、专家、患者、公众人物等形象做疗效证明的;

(十一)法律、行政法规和国家有关规定禁止的其他内容。

第九条 禁止播出下列广播电视广告:

(一)以新闻报道形式发布的广告;

(二)烟草制品广告;

(三)处方药品广告;

(四)治疗恶性肿瘤、肝病、性病或者提高性功能的药品、食品、医疗器械、医疗广告;

(五)姓名解析、运程分析、缘分测试、交友聊天等声讯服务广告;

(六)出现“母乳代用品”用语的乳制品广告;

(七)法律、行政法规和国家有关规定禁止播出的其他广告。

第十条 时政新闻类节(栏)目不得以企业或者产品名称等冠名。有关人物专访、企业专题报道等节目中不得含有地址和联系方式等内容。

第十一条 投资咨询、金融理财和连锁加盟等具有投资性质的广告,应当含有

“投资有风险”等警示内容。

第十二条 除福利彩票、体育彩票等依法批准的广告外，不得播出其他具有博彩性质的广告。

第三章 广告播出

第十三条 广播电视广告播出应当合理编排。其中，商业广告应当控制总量、均衡配置。

第十四条 广播电视广告播出不得影响广播电视节目的完整性。除在节目自然段的间歇外，不得随意插播广告。

第十五条 播出机构每套节目每小时商业广告播出时长不得超过 12 分钟。其中，广播电台在 11:00 至 13:00 之间、电视台在 19:00 至 21:00 之间，商业广告播出总时长不得超过 18 分钟。

在执行转播、直播任务等特殊情况下，商业广告可以顺延播出。

第十六条 播出机构每套节目每日公益广告播出时长不得少于商业广告时长的 3%。其中，广播电台在 11:00 至 13:00 之间、电视台在 19:00 至 21:00 之间，公益广告播出数量不得少于 4 条(次)。

第十七条① 播出电视剧时，可以在每集(以 45 分钟计)中插播 2 次商业广告，每次时长不得超过 1 分 30 秒。其中，在 19:00 至 21:00 之间播出电视剧时，每集中可以插播 1 次商业广告，时长不得超过 1 分钟。

播出电影时，插播商业广告的时长和次数参照前款规定执行。

第十八条② 在电影、电视剧中插播商业广告，应当对广告时长进行提示。

第十九条 除电影、电视剧剧场或者节(栏)目冠名标识外，禁止播出任何形式的挂角广告。

第二十条 电影、电视剧剧场或者节(栏)目冠名标识不得含有下列情形：

(一)单独出现企业、产品名称，或者剧场、节(栏)目名称难以辨认的；

(二)标识尺寸大于台标，或者企业、产品名称的字体尺寸大于剧场、节(栏)目名称的；

---

① 本条已根据 2011 年 11 月 25 日《〈广播电视广告播出管理办法〉的补充规定》修订。

② 本条已根据 2011 年 11 月 25 日《〈广播电视广告播出管理办法〉的补充规定》删除。

(三)翻滚变化,每次显示时长超过 5 分钟,或者每段冠名标识显示间隔少于 10 分钟的;

(四)出现经营服务范围、项目、功能、联系方式、形象代言人等文字、图像的。

第二十一条 电影、电视剧剧场或者节(栏)目不得以治疗皮肤病、癫痫、痔疮、脚气、妇科、生殖泌尿系统等疾病的药品或者医疗机构作冠名。

第二十二条 转播、传输广播电视节目时,必须保证被转播、传输节目的完整性。不得替换、遮盖所转播、传输节目中的广告;不得以游动字幕、叠加字幕、挂角广告等任何形式插播自行组织的广告。

第二十三条 经批准在境内落地的境外电视频道中播出的广告,其内容应当符合中国法律、法规和本办法的规定。

第二十四条 播出商业广告应当尊重公众生活习惯。在 6:30 至 7:30、11:30 至 12:30 以及 18:30 至 20:00 的公众用餐时间,不得播出治疗皮肤病、痔疮、脚气、妇科、生殖泌尿系统等疾病的药品、医疗器械、医疗和妇女卫生用品广告。

第二十五条 播出机构应当严格控制酒类商业广告,不得在以未成年人为主要传播对象的频率、频道、节(栏)目中播出。广播电台每套节目每小时播出的烈性酒类商业广告,不得超过 2 条;电视台每套节目每日播出的烈性酒类商业广告不得超过 12 条,其中 19:00 至 21:00 之间不得超过 2 条。

第二十六条 在中小学生假期和未成年人相对集中的收听、收视时段,或者以未成年人为主要传播对象的频率、频道、节(栏)目中,不得播出不适宜未成年人收听、收视的商业广告。

第二十七条 播出电视商业广告时不得隐匿台标和频道标识。

第二十八条 广告主、广告经营者不得通过广告投放等方式干预、影响广播电视节目的正常播出。

第四章　监督管理

第二十九条 县级以上人民政府广播影视行政部门应当加强对本行政区域内广播电视广告播出活动的监督管理,建立、完善监督管理制度和技术手段。

第三十条 县级以上人民政府广播影视行政部门应当建立公众举报机制,公布举报电话,及时调查、处理并公布结果。

第三十一条 县级以上地方人民政府广播影视行政部门在对广播电视广告违

法行为作出处理决定后5个工作日内，应当将处理情况报上一级人民政府广播影视行政部门备案。

第三十二条 因公共利益需要等特殊情况，省、自治区、直辖市以上人民政府广播影视行政部门可以要求播出机构在指定时段播出特定的公益广告，或者作出暂停播出商业广告的决定。

第三十三条 播出机构从事广告经营活动应当取得合法资质，非广告经营部门不得从事广播电视广告经营活动，记者不得借采访名义承揽广告业务。

第三十四条 播出机构应当建立广告经营、审查、播出管理制度，负责对所播出的广告进行审查。

第三十五条 播出机构应当加强对广告业务承接登记、审核等档案资料的保存和管理。

第三十六条 药品、医疗器械、医疗、食品、化妆品、农药、兽药、金融理财等须经有关行政部门审批的商业广告，播出机构在播出前应当严格审验其依法批准的文件、材料。不得播出未经审批、材料不全或者与审批通过的内容不一致的商业广告。

第三十七条 制作和播出药品、医疗器械、医疗和健康资讯类广告需要聘请医学专家作为嘉宾的，播出机构应当核验嘉宾的医师执业证书、工作证、职称证明等相关证明文件，并在广告中据实提示，不得聘请无有关专业资质的人员担当嘉宾。

第三十八条 因广告主、广告经营者提供虚假证明文件导致播出的广告违反本办法规定的，广播影视行政部门可以对有关播出机构减轻或者免除处罚。

第三十九条 国务院广播影视行政部门推动建立播出机构行业自律组织。该组织可以按照章程的规定，采取向社会公告、推荐和撤销“广播电视广告播出行业自律示范单位”等措施，加强行业自律。

第五章　法律责任

第四十条 违反本办法第八条、第九条的规定，由县级以上人民政府广播影视行政部门责令停止违法行为或者责令改正，给予警告，可以并处三万元以下罚款；情节严重的，由原发证机关吊销《广播电视频道许可证》、《广播电视播出机构许可证》。

第四十一条 违反本办法第十五条、第十六条、第十七条的规定，以及违反本办法第二十二条规定插播广告的,由县级以上人民政府广播影视行政部门依据《广播电视管理条例》第五十条、第五十一条的有关规定给予处罚。

第四十二条 违反本办法第十条、第十二条、第十九条、第二十条、第二十一条、第二十四条至第二十八条、第三十四条、第三十六条、第三十七条的规定,或者违反本办法第二十二条规定替换、遮盖广告的,由县级以上人民政府广播影视行政部门责令停止违法行为或者责令改正,给予警告,可以并处二万元以下罚款。

第四十三条 违反本办法规定的播出机构,由县级以上人民政府广播影视行政部门依据国家有关规定予以处理。

第四十四条 广播影视行政部门工作人员滥用职权、玩忽职守、徇私舞弊或者未依照本办法规定履行职责的,对负有责任的主管人员和直接责任人员依法给予处分。

第六章 附 则

第四十五条 本办法自 2010 年 1 月 1 日起施行。2003 年 9 月 15 日国家广播电影电视总局发布的《广播电视广告播放管理暂行办法》同时废止。

广播电视安全播出管理规定

（2009 年 12 月 16 日　国家广播电影电视总局令第 62 号　根据 2016 年 5 月 4 日《国家新闻出版广电总局关于修改部分规章的决定》修订）

第一章　总　则

第一条　为了加强广播电视安全播出管理，保障广播电视信号安全优质播出，维护用户收听收看广播电视的权益，依据《广播电视管理条例》、《广播电视设施保护条例》，制定本规定。

第二条　从事广播电视播出、传输、覆盖等业务的单位（以下简称安全播出责任单位）为保障安全播出开展的技术维护、运行管理、应急处置及其他相关活动，适用本规定。

第三条　国务院广播影视行政部门负责全国广播电视安全播出监督管理工作。

县级以上地方人民政府广播影视行政部门负责本行政区域内的广播电视安全播出监督管理工作。

第四条　广播电视安全播出工作应当坚持不间断、高质量、既经济、又安全的方针。

第五条　任何组织、个人不得实施干扰广播电视信号、危害广播电视安全播出的行为。

第六条　广播电视安全播出实行分类分级保障制度。安全播出责任单位应当符合本规定和国务院广播影视行政部门关于广播电视安全播出的有关要求；不符合的，不得从事广播电视播出、传输、覆盖活动。

第七条　安全播出责任单位应当加强制度建设，采取多种措施保障广播电视安全播出。安全播出责任单位的主要负责人应当对本单位的广播电视安全播出工作全面负责。

第八条　县级以上地方人民政府广播影视行政部门可以依据有关规定，对在广播电视安全播出工作中做出显著成绩的组织、个人给予表彰、奖励。

安全播出责任单位应当依据本规定,建立安全播出工作奖惩制度。

第二章 基本保障

第九条 安全播出责任单位应当建立健全安全播出技术维护和运行管理的机构,合理配备工作岗位和人员,并将其他涉及安全播出的部门和人员纳入安全播出管理,落实安全播出责任制。

第十条 安全播出责任单位的安全播出人员管理,应当符合下列规定:

(一)参与节目播出或者技术系统运行维护的人员,应当具有相应的专业技能,并通过岗位培训和考核;

(二)新系统、新设备投入使用前,应当对相关人员进行培训;

(三)特种作业人员应当按照国务院广播影视行政部门的规定或者其他国家有关规定取得相应资格证书。

第十一条 安全播出责任单位的技术系统配置,应当符合下列规定:

(一)符合国家、行业相关技术规范和国务院广播影视行政部门规定的分级配置要求;

(二)针对播出系统特点采取相应的防范干扰、插播等恶意破坏的技术措施;

(三)采用录音、录像或者保存技术监测信息等方式对本单位播出、传输、发射的节目信号的质量和效果进行记录。记录方式应当符合省、自治区、直辖市以上人民政府广播影视行政部门的有关规定,记录信息应当保存一周以上;

(四)使用依法取得广播电视设备器材入网认定的设备、器材和软件,并建立设备更新机制,提高设备运行可靠性;

(五)省级以上广播电台、电视台、卫星地球站应当配置完整、有效的容灾系统,保证特殊情况下主要节目安全播出。

第十二条 安全播出责任单位应当建立健全技术维护、运行管理等安全播出管理制度。

第十三条 安全播出责任单位应当保障技术系统运行维护、更新改造和安全防范等安全播出所需经费。

第十四条 鼓励开展对广播电视安全播出管理、技术的研究和创新,不断提高广播电视安全播出水平。

第三章 日常管理

第十五条 安全播出责任单位的广播电视节目源管理,应当符合下列规定:

(一)广播电台、电视台在节目制作、节目播出编排、节目交接等环节应当执行复核复审、重播重审制度,避免节目错播、空播,并保证节目制作技术质量符合国家、行业相关标准;

(二)广播电台、电视台直播节目应当具备必要的延时手段和应急措施,加强对节目的监听监看,监督参与直播的人员遵守直播管理制度和技术设备操作规范;

(三)从事广播电视传输、覆盖业务的安全播出责任单位应当使用专用信道完整传输必转的广播电视节目;

(四)不得擅自接入、传送、播出境外广播电视节目;

(五)发现广播电视节目中含有法律、行政法规禁止的内容的,应当立即采取措施予以消除或者停止播出、传输、覆盖,保存有关记录,并向广播影视行政部门报告。

第十六条 对新建、扩建或者更新改造广播电视技术系统的工程项目,安全播出责任单位在实施前应当组织相关专家或者委托专业评估机构对技术方案进行安全播出评估;在工程项目完工后应当组织验收,并向广播影视行政部门报告验收情况。

第十七条 新建广播电视技术系统投入使用前,试运行时间不得少于一个月。

第十八条 新建广播电视播出、传输、发射系统需要试播的,安全播出责任单位应当报请省、自治区、直辖市以上人民政府广播影视行政部门批准。

申请材料应当包括申请书、播出保障方案等内容。

试播期不得超过六个月。对安全播出责任单位试播期间的安全播出工作评价纳入广播电视安全播出考核,但非责任性停播事故除外。

第十九条 安全播出责任单位的技术系统运行管理,应当符合下列规定:

(一)按照省、自治区、直辖市以上人民政府广播影视行政部门批准的节目、传输方式、覆盖范围以及相关技术参数播出、传输、发射广播电视信号,未经批准不得擅自停止或者变更服务;

(二)播出质量、技术运行指标符合国家、行业有关标准;

(三)制定完善的安全播出保障方案和播出、运行工作流程,安全播出保障方

案应当报广播影视行政部门备案;

(四)对主要播出环节的信号进行监听监看,对设备运行状态进行监控,及时发现并处置播出故障;

(五)广播电视重点时段和重要节目播出期间,在人员、设施等方面给予保障,做好重点区域、重点部位的防范和应急准备;

(六)定期对安全播出风险进行自评估。

第二十条 安全播出责任单位的技术系统维护管理,应当符合下列规定:

(一)遵守国家、行业有关标准,建立健全维护管理制度;

(二)安全播出责任单位之间、播出环节之间做到维护界限清晰、责任明确;

(三)安全播出责任单位委托其它单位承担技术维护或者播出运行工作的,应当选择具备相应技术实力的单位,并与其签订委托协议。

第二十一条 广播电视技术系统的检修、施工管理,应当符合下列规定:

(一)对技术系统定期进行例行检修,例行检修需要停播(传)广播电视节目的,应当将停播(传)时间报省、自治区、直辖市以上人民政府广播影视行政部门备案;

(二)在例行检修时间之外临时停播(传)广播电视节目进行检修、施工的,应当按照国务院广播影视行政部门的有关规定报请批准;

(三)更新改造在播系统、设备、线路及其附属设施,应当制定工程施工方案和应急预案,与施工单位签订安全协议,落实安全措施。

第二十二条 安全播出责任单位在播出、传输、覆盖及相关活动中,应当遵守有关安全生产的法律、法规和技术标准。

安全播出责任单位应当遵守有关信息安全的法律、法规和技术标准,对涉及安全播出的信息系统开展风险评估和等级保护工作。

第二十三条 广播电视安全播出事故管理,应当符合下列规定:

(一)广播电视安全播出事故分为责任事故、技术事故、其它事故三类,事故级别分为特大、重大和一般三级;

(二)安全播出责任单位发生特大、重大事故后,应当立即向省、自治区、直辖市以上人民政府广播影视行政部门报告;

(三)特大安全播出事故由国务院广播影视行政部门组织事故调查,重大事故由省、自治区、直辖市以上人民政府广播影视行政部门组织事故调查;

(四)发生安全播出事故的,安全播出责任单位的上级主管部门应当根据调查结果依法予以处理。

第二十四条 安全播出责任单位应当定期向广播影视行政部门报送安全播出统计报表和报告。

第四章 重要保障期管理

第二十五条 全国安全播出重要保障期由国务院广播影视行政部门规定，地方安全播出重要保障期由县级以上地方人民政府广播影视行政部门规定。

重要保障期确定后，广播影视行政部门应当及时告知安全播出责任单位。

第二十六条 重要保障期前，安全播出责任单位应当制定重要保障期预案，做好动员部署、安全防范和技术准备。

第二十七条 重要保障期间，安全播出责任单位应当全面落实重要保障期预案的措施、要求，加强值班和监测，并做好应急准备。重要节目和重点时段，主管领导应当现场指挥。

广播影视行政部门应当对安全播出责任单位在重要保障期的各项工作加强监督、检查。

第二十八条 重要保障期间，安全播出责任单位不得进行例行检修或者有可能影响安全播出的施工；因排除故障等特殊情况必须检修并可能造成广播电视节目停播（传）的，应当报省、自治区、直辖市以上人民政府广播影视行政部门批准。

第二十九条 因重要保障期取消例行检修时段的，广播电台、电视台应当提前做好节目安排和节目单核查，避免造成节目空播。

第五章 应急管理

第三十条 广播影视行政部门对本行政区域内广播电视安全播出突发事件应急管理工作负责。

安全播出责任单位负责本单位安全播出突发事件的应急处置工作，并服从广播影视行政部门的统一管理。

第三十一条 广播电视安全播出突发事件分为破坏侵扰事件、自然灾害事件、技术安全事件、其它事件四类；突发事件级别分为特别重大（特大）、重大、较大三级。

第三十二条 发生安全播出突发事件时,安全播出责任单位应当遵循下列处置原则:

(一)播出、传输、发射、接收的广播电视节目信号受到侵扰或者发现异常信号时,应当立即切断异常信号传播,并在可能的情况下倒换正常信号;

(二)发现无线信号受到干扰时,应当立即报请所在地人民政府无线电管理部门排查干扰;

(三)发生危及人身安全或者设施安全的突发事件时,应当在保证人身安全、设施安全的情况下,采取措施尽快恢复播出;

(四)恢复节目信号播出时,应当遵循“先中央、后地方;先公益、后付费”的原则。

第三十三条 安全播出责任单位应当根据安全播出突发事件的分类、级别和处置原则,制定和适时修订应急预案,定期组织演练,并将预案报广播影视行政部门备案。

第三十四条 安全播出责任单位应当投入必要的资金用于应急资源储备和维护更新,应急资源储备目录、维护更新情况应当报广播影视行政部门备案。

在紧急状态下,安全播出责任单位应当服从广播影视行政部门对应急资源的统一调配,确保重要节目安全播出。

第六章 监督管理

第三十五条 广播影视行政部门履行下列广播电视安全播出监督管理职责:

(一)组织制定并实施运行维护规程及安全播出相关的技术标准、管理规范;

(二)对本行政区域内安全播出情况进行监督、检查,对发现的安全播出事故隐患,督促安全播出责任单位予以消除;

(三)组织对特大、重大安全播出事故的调查并依法处理;

(四)建立健全监测机制,掌握本行政区域内节目播出、传输、覆盖情况,发现和快速通报播出异态;

(五)建立健全指挥调度机制,保证安全播出责任单位和相关部门的协调配合;

(六)组织安全播出考核,并根据考核结果进行表扬或者惩戒。

第三十六条 广播影视行政部门设立的广播电视监测、指挥调度机构,按照广播影视行政部门的要求,负责广播电视信号监测、安全播出保障体系建设、安全播出风险评估等安全播出日常管理以及应急指挥调度的具体工作。

第三十七条 广播电视监测、指挥调度机构应当安排专人24小时值班，了解与安全播出有关的突发事件，及时向广播影视行政部门报告；建立健全技术监测系统，避免漏监、错监；建立健全指挥调度系统，保证快速、准确发布预警和调度指令。

第三十八条 安全播出责任单位应当按照广播影视行政部门的规定，积极配合广播电视监测、指挥调度机构的工作，向其如实提供节目信号及相关信息。

第三十九条 广播影视行政部门应当建立广播电视安全播出举报制度，公布举报电话、信箱或者电子邮件地址；任何组织、个人有权对违反安全播出管理的行为进行举报。

广播影视行政部门受理有关安全播出的举报，应当进行记录；经调查核实的，应当通知有关安全播出责任单位并督促其整改。

第七章 法律责任

第四十条 违反本规定，有下列行为之一的，对直接负责的主管人员和直接责任人员依法给予处分；构成犯罪的，依法追究刑事责任：

（一）发生安全播出特大、重大责任事故造成恶劣影响的；

（二）造成广播电视技术系统严重损害的；

（三）对特大、重大安全播出事故、事件隐瞒不报、谎报或者拖延不报的。

第四十一条 违反本规定，有下列行为之一的，由县级以上人民政府广播影视行政部门给予警告，下达《安全播出整改通知书》；逾期未改正的，给予通报批评，可并处三万元以下罚款；情节严重的，对直接负责的主管人员和直接责任人员依法给予处分：

（一）机构和人员设置、技术系统配置、管理制度、运行流程、应急预案等不符合有关规定，导致播出质量达不到要求的；

（二）对技术系统的代维单位管理不力，引发重大安全播出事故的；

（三）安全播出责任单位之间责任界限不清晰，导致故障处置不及时的；

（四）节目播出、传送质量不好影响用户正常接收广播电视节目的；

（五）从事广播电视传输、覆盖业务的安全播出责任单位未使用专用信道完整传输必转的广播电视节目的；

（六）未按照有关规定向广播影视行政部门设立的监测机构提供所播出、传输

节目的完整信号,或者干扰、阻碍监测活动的;

(七)妨碍广播影视行政部门监督检查、事故调查,或者不服从安全播出统一调配的;

(八)未按规定记录、保存本单位播出、传输、发射的节目信号的质量和效果的;

(九)未按规定向广播影视行政部门备案安全保障方案或者应急预案的。

第四十二条 广播电台、电视台违反本规定,县级以上人民政府广播影视行政部门可以依照《广播电视管理条例》和国家有关规定予以处理。

第四十三条 广播影视行政部门及其工作人员在广播电视安全播出管理工作中滥用职权、玩忽职守、徇私舞弊,构成犯罪的,依法追究刑事责任;尚不构成犯罪的,依法给予处分。

第八章 附 则

第四十四条 本规定下列用语的含义:

安全播出,指在广播电视节目播出、传输过程中的节目完整、信号安全和技术安全。其中,节目完整是指安全播出责任单位完整并准确地播出、传输预定的广播电视节目;信号安全指承载广播电视节目的电、光信号不间断、高质量;技术安全指广播电视播出、传输、覆盖及相关活动参与人员的人身安全和广播电视设施安全。

技术系统,指与广播电视安全播出有关的系统、设备、线路及其附属设施的统称。包括:广播电视播出、传输、发射系统以及相关监测、监控系统,相关供配电系统,相关附属设施(含机房以及机房内空调、消防、防雷接地、光电缆所在杆路、管道,天线所在桅塔等)。

紧急状态,指发生安全播出特大、重大安全播出突发事件,需要立即启动应急预案尽快恢复播出或者消除外部威胁对安全播出的影响时的状态。

第四十五条 本规定自 2010 年 2 月 6 日起施行。1992 年 6 月 17 日原广播电影电视部发布的《有线电视系统技术维护运行管理暂行规定》、2002 年 4 月 2 日国家广播电影电视总局发布的《有线广播电视传输覆盖网安全管理办法》和 2002 年 8 月 23 日国家广播电影电视总局发布的《有线广播电视传输覆盖网缆线安全防范管理办法》同时废止。

电视剧内容管理规定

（2010年5月14日　国家广播电影电视总局令第63号　根据2016年5月4日《国家新闻出版广电总局关于修改部分规章的决定》修订）

第一章　总　则

第一条　为了规范电视剧内容管理工作，繁荣电视剧创作，促进电视剧产业的健康发展，根据《广播电视管理条例》，制定本规定。

第二条　从事电视剧内容的制作、发行、播出活动，适用本规定。

第三条　本规定所称电视剧是指：

（一）用于境内电视台播出或者境内外发行的电视剧（含电视动画片），包括国产电视剧（以下简称国产剧）和与境外机构联合制作的电视剧（以下简称合拍剧）；

（二）用于境内电视台播出的境外引进电视剧（含电视动画片、电影故事片，以下简称引进剧）。

第四条　电视剧内容的制作、播出应当坚持为人民服务、为社会主义服务的方向和百花齐放、百家争鸣的方针，坚持贴近实际、贴近生活、贴近群众，坚持社会效益第一、社会效益与经济效益相结合的原则，确保正确的文艺导向。

第五条　电视剧不得载有下列内容：

（一）违反宪法确定的基本原则，煽动抗拒或者破坏宪法、法律、行政法规和规章实施的；

（二）危害国家统一、主权和领土完整的；

（三）泄露国家秘密，危害国家安全，损害国家荣誉和利益的；

（四）煽动民族仇恨、民族歧视，侵害民族风俗习惯，伤害民族感情，破坏民族团结的；

（五）违背国家宗教政策，宣扬宗教极端主义和邪教、迷信，歧视、侮辱宗教信仰的；

（六）扰乱社会秩序，破坏社会稳定的；

(七)宣扬淫秽、赌博、暴力、恐怖、吸毒,教唆犯罪或者传授犯罪方法的;

(八)侮辱、诽谤他人的;

(九)危害社会公德或者民族优秀文化传统的;

(十)侵害未成年人合法权益或者有害未成年人身心健康的;

(十一)法律、行政法规和规章禁止的其他内容。

国务院广播影视行政部门依据前款规定,制定电视剧内容管理的具体标准。

第六条 国务院广播影视行政部门负责全国的电视剧内容管理和监督工作。

省、自治区、直辖市人民政府广播影视行政部门负责本行政区域内的电视剧内容管理和监督工作。

第七条 国务院广播影视行政部门和省、自治区、直辖市人民政府广播影视行政部门应当积极建立和完善电视剧审批管理的电子办公系统,推行电子政务。

第二章 备案和公示

第八条 国产剧、合拍剧的拍摄制作实行备案公示制度。

第九条 国务院广播影视行政部门负责全国拍摄制作电视剧的公示。

省、自治区、直辖市人民政府广播影视行政部门负责受理本行政区域内制作机构拍摄制作电视剧的备案,经审核报请国务院广播影视行政部门公示。

按照有关规定向国务院广播影视行政部门直接备案的制作机构(以下简称直接备案制作机构),在将其拍摄制作的电视剧备案前,应当经其上级业务主管部门同意。

第十条 符合下列条件之一的制作机构,可以申请电视剧拍摄制作备案公示:

(一)持有《电视剧制作许可证(甲种)》;

(二)持有《广播电视节目制作经营许可证》;

(三)设区的市级以上电视台(含广播电视台、广播影视集团);

(四)持有《摄制电影许可证》;

(五)其他具备申领《电视剧制作许可证(乙种)》资质的制作机构。

第十一条 省、自治区、直辖市人民政府广播影视行政部门、直接备案制作机构向国务院广播影视行政部门申请电视剧拍摄制作备案公示,应当提交下列材料:

(一)《电视剧拍摄制作备案公示表》或者《重大革命和重大历史题材电视剧立项申报表》,并加盖对应的公章;

（二）如实准确表述剧目主题思想、主要人物、时代背景、故事情节等内容的不少于1500字的简介；

（三）重大题材或者涉及政治、军事、外交、国家安全、统战、民族、宗教、司法、公安等敏感内容的（以下简称特殊题材），应当出具省、自治区、直辖市以上人民政府有关主管部门或者有关方面的书面意见。

第十二条 国务院广播影视行政部门对申请备案公示的材料进行审核，在规定受理日期后二十日内，通过国务院广播影视行政部门政府网站予以公示。公示内容包括：剧名、制作机构、集数和内容提要等。

电视剧公示打印文本可以作为办理相关手续的证明。

第十三条 国务院广播影视行政部门对申请备案公示的电视剧内容违反本规定的，不予公示。

第十四条 制作机构应当按照公示的内容拍摄制作电视剧。

制作机构变更已公示电视剧主要人物、主要情节的，应当依照本规定重新履行备案公示手续；变更剧名、集数、制作机构的，应当经省、自治区、直辖市人民政府广播影视行政部门或者其上级业务主管部门同意后，向国务院广播影视行政部门申请办理相关变更手续。

第三章 审查和许可

第十五条 国产剧、合拍剧、引进剧实行内容审查和发行许可制度。未取得发行许可的电视剧，不得发行、播出和评奖。

第十六条 国务院广播影视行政部门设立电视剧审查委员会和电视剧复审委员会。

省、自治区、直辖市人民政府广播影视行政部门设立电视剧审查机构。

第十七条 履行电视剧审查职责的广播影视行政部门，应当建立健全审查制度，规范审查程序，落实审查责任；聘请有较高学术水平、良好职业道德的专家对申请审查的电视剧履行审查职责。

第十八条 审查人员应当按照有关规定履行职责，客观公正地提出审查意见。审查人员与送审方存在近亲属等关系、可能影响公正审查，或者参与送审剧目创作的，应当申请回避。

第十九条 国务院广播影视行政部门电视剧审查委员会的职责是：

(一)审查直接备案制作机构制作的电视剧;

(二)审查合拍剧剧本(或者分集梗概)和完成片;

(三)审查引进剧;

(四)审查由省、自治区、直辖市人民政府广播影视行政部门电视剧审查机构提请国务院广播影视行政部门审查的电视剧;

(五)审查引起社会争议的,或者因公共利益需要国务院广播影视行政部门审查的电视剧。

第二十条 国务院广播影视行政部门电视剧复审委员会,负责对送审机构不服有关电视剧审查委员会或者电视剧审查机构的审查结论而提起复审申请的电视剧进行审查。

第二十一条 省、自治区、直辖市人民政府广播影视行政部门电视剧审查机构的职责是:

(一)审查本行政区域内制作机构制作的国产剧;

(二)初审本行政区域内制作机构与境外机构制作的合拍剧剧本(或者分集梗概)和完成片;

(三)初审本行政区域内电视台等机构送审的引进剧。

第二十二条 送审国产剧,应当向省、自治区、直辖市以上人民政府广播影视行政部门提出申请,并提交以下材料:

(一)国务院广播影视行政部门统一印制的《国产电视剧报审表》;

(二)制作机构资质的有效证明;

(三)剧目公示打印文本;

(四)每集不少于 500 字的剧情梗概;

(五)图像、声音、字幕、时码等符合审查要求的完整样片一套;

(六)完整的片头、片尾和歌曲的字幕表;

(七)国务院广播影视行政部门同意聘用境外人员参与国产剧创作的批准文件的复印件;

(八)特殊题材需提交主管部门和有关方面的书面审看意见。

第二十三条 送审合拍剧、引进剧,依照国务院广播影视行政部门有关规定执行。

第二十四条 省、自治区、直辖市以上人民政府广播影视行政部门在收到完备的报审材料后,应当在五十日内作出许可或者不予许可的决定;其中审查时间为三十日。许可的,发给电视剧发行许可证;不予许可的,应当通知申请人并书面说明理由。

经审查需要修改的,送审机构应当在修改后,依照本规定重新送审。

电视剧发行许可证由国务院广播影视行政部门统一印制。

第二十五条 送审机构对不予许可的决定不服的,可以自收到该决定之日起六十日内向国务院广播影视行政部门提出复审申请。国务院广播影视行政部门应当在收到复审申请五十日内作出复审决定;其中复审时间为三十日。复审合格的,发给电视剧发行许可证;不合格的,应当通知送审机构并书面说明理由。

第二十六条 已经向广播影视行政部门申请审查,但尚未取得电视剧发行许可证的,送审机构不得向其他广播影视行政部门转移送审。

第二十七条 已经取得电视剧发行许可证的电视剧,国务院广播影视行政部门根据公共利益的需要,可以作出责令修改、停止播出或者不得发行、评奖的决定。

第二十八条 已经取得电视剧发行许可证的电视剧,应当按照审查通过的内容发行和播出。

变更剧名、主要人物、主要情节和剧集长度等事项的,原送审机构应当依照本规定向原发证机关重新送审。

第二十九条 国务院广播影视行政部门应当定期将全国电视剧发行许可证颁发情况向社会公告。

第四章 播出管理

第三十条 电视台在播出电视剧前,应当核验依法取得的电视剧发行许可证。

第三十一条 电视台对其播出电视剧的内容,应当依照本规定内容审核标准,进行播前审查和重播重审;发现问题应当及时经所在地省、自治区、直辖市人民政府广播影视行政部门报请国务院广播影视行政部门处理。

第三十二条 国务院广播影视行政部门可以对全国电视台播出电视剧的总量、范围、比例、时机、时段等进行宏观调控。

第三十三条 电视剧播出时,应当在每集的片首标明相应的电视剧发行许可证编号,在每集的片尾标明相应的电视剧制作许可证编号。

第三十四条 电视台播出电视剧时,应当依法完整播出,不得侵害相关著作权人的合法权益。

第五章　法律责任

第三十五条　违反本规定,擅自制作、发行、播出电视剧或者变更主要事项未重新报审的,依照《广播电视管理条例》第四十八条的规定予以处罚。

第三十六条　违反本规定,制作、发行、播出的电视剧含有本规定第五条禁止内容的,依照《广播电视管理条例》第四十九条的规定予以处罚。

第三十七条　违反本规定第二十六条的,省、自治区、直辖市以上人民政府广播影视行政部门对转移申请不予受理;以欺骗等不正当手段取得发行许可证的,由原发证机关撤销电视剧发行许可证;原发证机关有过错的,对直接负责的主管人员和其他直接责任人员,依法给予处分。

第三十八条　广播影视行政部门工作人员违反本规定,滥用职权、玩忽职守、徇私舞弊或者未依照本规定履行职责的,依法给予处分。

第三十九条　审查人员违反本规定第十八条的,由省、自治区、直辖市以上人民政府广播影视行政部门给予警告;情节严重的,不得再聘请其担任审查人员。

第六章　附　则

第四十条　重大革命和重大历史题材电视剧的管理,以及合拍剧、引进剧审批和播出管理,分别依照国家有关规定执行。

第四十一条　本规定自 2010 年 7 月 1 日起施行。2004 年 9 月 20 日国家广播电影电视总局发布的《电视剧审查管理规定》(总局令第 40 号)、2006 年 11 月 14 日国家广播电影电视总局发布的《〈电视剧审查管理规定〉补充规定》(总局令第 53 号)同时废止。

电影艺术档案管理规定

（2010 年 6 月 29 日　国家广播电影电视总局、国家档案局令第 64 号）

第一章　总　则

第一条　为了加强电影艺术档案的收集和管理，有效地保护和利用电影艺术档案，更好地为电影创作、生产、教学、研究和普及服务，根据《中华人民共和国档案法》、《中华人民共和国档案法实施办法》和《电影管理条例》，制定本规定。

第二条　本规定适用于中国境内的电影摄制单位和电影艺术档案机构，以及与电影艺术档案相关的组织和个人。

第三条　本规定所称电影艺术档案，是指在电影创作、生产、发行、放映过程中形成的文字、图片、标准拷贝、数字母版、影片素材等具有保存价值的资料。

第四条　电影艺术档案是国家档案的重要组成部分，依法接受档案行政管理部门的统筹规划、组织协调和监督指导，实行统一管理。

国务院广播影视行政部门负责全国电影艺术档案工作。

省、自治区、直辖市人民政府广播影视行政部门负责本行政区域内的电影艺术档案工作，并应当督促本行政区域内的电影摄制单位，按照本规定履行电影艺术档案移交义务。

第五条　国家鼓励和支持有关电影艺术档案保管、复制、修复方面的科学研究和实践活动。

第六条　电影艺术档案从业人员的专业技术职称或者职务，按照国家档案系列专业技术人员的有关规定评定与聘任。

第七条　有下列事迹之一的组织或者个人，由国务院广播影视行政部门给予奖励：

（一）为发展电影艺术档案事业作出重要贡献的；

（二）收集、整理、保管、修复电影艺术档案有显著成绩的；

（三）提供电影艺术档案获得显著效益的；

（四）将重要或者珍贵电影艺术档案捐赠给国家的。

第二章　档案构成

第八条　电影艺术档案由影片类和文字、图片类组成。

第九条　影片类档案包括:

国产影片、与我国香港特别行政区、澳门特别行政区、台湾地区及外国合作摄制的影片的全新原底标准拷贝或者数字母版,画原底、画翻正、画翻底,片头、片尾、唱词等各类字幕原底,片头、片尾、衬景原底,十格小底片,光号卡,国际乐效,混录声底、混录光学声底等。

第十条　文字、图片类档案包括:

(一)文学剧本、分镜头剧本、译制片台本;

(二)完成台本(含字幕表);

(三)对国外发行的国产影片各语种和国内民族语言的翻译本;

(四)导演阐述;

(五)影片审查决定书;

(六)有关部门对影片的审查意见和决定;

(七)影片海报、宣传画、工作照、剧照、说明书、特刊;

(八)国产影片在国内外获奖的证件复印件及有关照片;

(九)剧本内容的有关依据和历史考证材料,以及取材或者改编前的原作;

(十)主创人员的创作设想和音乐总谱、歌词;

(十一)场景气氛图,服装、化妆、道具设计图,演员定妆照;

(十二)有关摄制决定;

(十三)分场分景表;

(十四)摄制工作日志;

(十五)摄制工作总结;

(十六)主创人员艺术创作总结;

(十七)其他在电影创作、生产、发行、放映过程中形成的具有保存价值的资料。

第十一条　本规定第九条、第十条的内容为故事影片艺术档案构成。其他片种可视工艺和工作程序不同参照执行。

第三章　归档和管理

第十二条　国家设立中国电影资料馆等电影艺术档案机构，负责依法收集、整理、保管和利用电影艺术档案等工作。

第十三条　电影艺术档案机构依法搜集电影创作、生产、发行、放映过程中形成的具有保存价值的电影艺术档案，接收有关组织或者个人通过移交、捐赠等方式提供的电影艺术档案，积极收集散失的国产影片艺术档案。

依据本规定移交电影艺术档案，电影艺术档案机构可以对有关单位予以适度补贴。

第十四条　电影艺术档案机构应当具有适宜长久保存、合理利用电影艺术档案的场所、设备、条件和专业人员，并建立科学的管理制度，逐步实现保存与管理的科学化、标准化。

用于保存电影艺术档案的库房温度、湿度等应当符合国家规定的标准，并应当加强防火、防盗、防虫、防霉、防光、防尘、防水（潮）、防有害气体等安全保卫工作。

第十五条　电影摄制单位应当设立专门部门或者指定专人负责电影艺术档案管理工作，切实履行电影艺术档案移交、保管义务。

第十六条　电影艺术档案机构和电影摄制单位应当有计划地做好电影艺术档案编目和研究工作。

第十七条　电影艺术档案机构应当逐步将电影艺术档案转换成数字化形式，加强档案的数字化修护和保护工作。

第十八条　电影艺术档案机构和电影摄制单位应当定期检查档案保存状况，对破损或者变质的电影艺术档案应当及时修补、复制或者进行其他技术处理。

第十九条　电影艺术档案机构应当确保易燃片基的安全，及时发现并消除隐患；对易燃片基进行单独的妥善保管，并有计划地转换复制成安全片基。

第四章　移交、捐赠和寄存

第二十条　电影摄制单位应当在影片取得电影公映许可证后三个月内向中国电影资料馆移交下列电影艺术档案，并永久保存，国务院广播影视行政部门另有规定的除外：

(一)影片类档案中的标准拷贝或者数字母版;

(二)本规定第十条第(一)项至第(六)项规定的文字、图片类档案。

电影摄制单位应当在影片取得电影公映许可证后一年内向中国电影资料馆移交其他影片类档案;经依法审查未取得电影公映许可证的影片,电影摄制单位如不再重新报请审查,应当在接到审查决定后一年内向中国电影资料馆移交电影艺术档案。

其他电影艺术档案,电影摄制单位可以参照本条第一款、第二款的规定向中国电影资料馆移交。

第二十一条 电影摄制单位应当依据本规定履行电影艺术档案移交义务,不得拒绝归档;电影艺术档案机构应当依据本规定履行电影艺术档案管理义务,为移交人提供服务。

第二十二条 电影摄制单位注销或者合并时,应当将其保存的电影艺术档案移交中国电影资料馆或者新组建的电影摄制单位妥善保管。

第二十三条 电影摄制组应当负责电影艺术档案的形成、积累,指定专人负责电影艺术资料的收集工作,并在影片摄制完成后将属于电影艺术档案归档范围的资料及时移交电影摄制单位档案部门归档。

第二十四条 国家鼓励任何组织、个人向电影艺术档案机构捐赠、寄存其拥有的电影艺术档案。电影艺术档案机构可以按照电影艺术档案的保存价值,作出是否接受捐赠、寄存的决定。

第二十五条 电影艺术档案机构应当依据捐赠协议、寄存协议,对捐赠、寄存的电影艺术档案,予以妥善保管,并依法维护捐赠人、寄存人的合法权益。

电影艺术档案机构可以向寄存人适当收取费用。

第二十六条 电影艺术档案机构应当与电影艺术档案的捐赠人、寄存人,就档案利用事宜在捐赠、寄存协议中进行约定。

第二十七条 向电影艺术档案机构捐赠、寄存电影艺术档案的组织、个人,对其档案有优先使用权。

第二十八条 国家鼓励通过捐赠等方式设立电影艺术档案保护社会基金,专门用于电影艺术档案保护,任何组织、个人不得侵占、挪用。

第五章　档案利用

第二十九条　国家鼓励任何组织、个人积极开展对电影艺术档案的利用。电影艺术档案机构保存的电影艺术档案,应当向社会公众开放。

电影艺术档案机构应当定期向社会公布电影艺术档案目录,简化利用手续、减少利用限制,为电影艺术档案公益性利用创造条件,提供便利。

电影艺术档案机构在档案利用工作中,应当按照分类向社会提供使用;并应当依据国家有关法律、法规的规定,维护电影艺术档案有关著作权人的合法权益。

利用电影艺术档案机构的电影艺术档案,应当按照有关规定办理手续,缴纳费用。

第三十条　对涉及国防、外交、国家安全等国家重大利益,以及可能对未成年人身心健康造成不良影响的电影艺术档案的利用,应当遵守国家有关法律、法规的规定。未经有关部门批准,任何组织、个人不得擅自利用上述电影艺术档案。

第三十一条　未经有关部门批准,下列电影艺术档案不得携带出境:

(一)构成限制出境的文物的;

(二)涉及国家秘密的;

(三)法律、法规规定限制出境的其他电影艺术档案。

第六章　法律责任

第三十二条　违反本规定,电影艺术档案机构在保管、利用属于国家所有的电影艺术档案过程中,有下列情形之一的,由省、自治区、直辖市以上人民政府广播影视行政部门责令改正,给予警告,对单位可以并处3万元以下的罚款,对个人可以并处5千元以下的罚款;情节严重的,对直接负责的主管人员和其他直接责任人员依法给予处分:

(一)电影艺术档案发生超额损伤的;

(二)损毁、丢失和擅自销毁电影艺术档案的;

(三)利用电影艺术档案谋取非法利益的;

(四)未经批准利用电影艺术档案的。

第三十三条　违反本规定,逾期未移交电影艺术档案的,由省、自治区、直辖市以上人民政府广播影视行政部门责令改正;情节严重的,对直接负责的主管人员和其他直接负责人员依法给予处分。

第七章　附　则

第三十四条　本规定自 2010 年 8 月 1 日起施行。1994 年 6 月 20 日广播电影电视部、国家档案局发布的《电影艺术档案管理规定》同时废止。

关于废止部分广播影视部门规章和规范性文件的决定

（2010 年 11 月 12 日　国家广播电影电视总局令第 65 号）

根据《国务院办公厅关于做好规章清理工作有关问题的通知》(国办发〔2010〕28 号)的要求,广电总局对现行广播影视规章和规范性文件进行了全面清理。根据《规章制定程序条例》的相关规定并商有关部门同意,决定废止以下 1 个规章和 154 个规范性文件。

一、废止的 1 个规章及理由

音像制品内容审查办法(广电部　文化部令第 18 号)(职能已调整)

二、废止的 154 个规范性文件及理由

(一)综合

1. 广播电视部关于健全责任制和改进工作方法的若干问题的暂行规定(广发办字〔1985〕877 号)(已失效)

2. 广播电影电视工作国家秘密范围的规定(广办发办字〔1989〕912 号)(已有新规定)

3. 关于县级广播电视行政管理部门对有线电视和卫星电视广播地面接收设施的管理权限的复函(广法字〔1995〕56 号)(已失效)

4. 关于印发《广电部关于纠正行业不正之风,禁止“有偿新闻”的若干规定》和《广电部关于广播电台、电视台外借播音员、节目主持人的暂行规定》的通知(广发纪字〔1995〕267 号)(已有新规定)

5. 关于进一步加强影视剧著作权保护的通知(广发办字〔1995〕490 号)(已有新规定)

6. 广播电影电视工作中国家秘密及其密级具体范围的规定(广发办字〔1995〕693 号)(已有新规定)

7. 关于认真执行《中国新闻工作者职业道德准则》和《关于禁止“有偿新闻”的若干规定》的通知(广发纪字〔1997〕209号)(已有新规定)

8. 关于印发《关于加强广播影视法制建设的实施细则(试行)》(广发办字〔2001〕1459号)(已有新规定)

9. 印发《关于促进广播影视产业发展的意见》的通知(广发办字〔2003〕1407号)(已有新规定)

(二)宣传

10. 关于不得在电视新闻节目播出中插播字幕广告的通知(广发办字〔1993〕688号)(已有新规定)

11. 关于严格控制酒类广告宣传的通知(广发明电〔1997〕356号)(已有新规定)

12. 关于加强广播电视群众参与的直播节目管理的通知(广发编字〔1999〕703号)(已有新规定)

13. 广电总局关于加强和改进广播电视舆论监督工作的通知(广发编字〔2004〕1037号)(已有新规定)

14. 广电总局关于加强广播电视谈话类节目管理的通知(广发编字〔2004〕1500号)(已有新规定)

15. 广电总局关于切实做好广播电视现场直播报道管理的通知(广发编字〔2005〕555号)(已有新规定)

16. 广电总局关于进一步加强电视读报或报摘类节目管理的通知(广发编字〔2005〕558号)(已有新规定)

(三)电影

17. 电影制片单位电影艺术档案管理办法(广发办字〔1998〕352号)(已有新规定)

18. 关于修订《影片交易暂行规定》部分条款的通知(电字〔1998〕第428号)(已失效)

19. 关于进一步深化电影业改革的若干意见(广发影字〔2000〕320号)(已有新规定)

20. 关于印发两个《实施细则》的通知(电字〔2000〕404号)(已有新规定)

21. 关于影片参加海外(含港澳台地区)电影节、展实行备案制度的通知(广影字〔2003〕758号)(已有新规定)

22. 印发《关于加快电影产业发展的若干意见》的通知(广发影字〔2004〕41号)(已有新规定)

23. 关于进一步做好少年儿童电影工作的通知(广发影字〔2004〕739号)(已有新规定)

24. 关于印发《科教片、纪录片、美术片资助办法》(试行)的通知(广影字〔2005〕154号)(管理方式已改变)

25. 关于印发《农村电影改革发展试点工作方案》的通知(广发办字〔2006〕7号)(已有新规定)

26. 关于印发《试点地区农村数字电影发行放映实施细则(试行)》的通知(广发影字〔2006〕16号)(已有新规定)

27. 关于印发《关于摄制科教影片改革办法》的通知(影字〔2006〕643号)(管理方式已改变)

28. 关于科教片采购暂行规定的通知(影字〔2007〕263号)(管理方式已改变)

29. 关于实施影片红光还音过渡的通知(影字〔2007〕696号)(已有新规定)

30. 关于重申电影审查标准的通知(广发〔2008〕32号)(已有新规定)

31. 关于开展数字电影流动放映系统设备技术检测与质量认定工作相关事宜的通知(影字〔2008〕368号)(已有新规定)

32. 关于数字母版实行有偿收集的通知(影字〔2008〕380号)(已有新规定)

(四)电视剧

33. 关于委托总政宣传部艺术局核发《电视剧发行许可证》的通知(广社发字〔1999〕27号)(已有新规定)

34. 关于加强省级电视台上星节目黄金时间电视剧播出管理的通知(广发明电〔2002〕11号)(已有新规定)

35. 关于实行电视剧月报备案管理的通知(广发编字〔2002〕175号)(已有新规定)

36. 关于实行优秀电视剧推荐播出办法的通知(广发编字〔2002〕1273号)(已有新规定)

37. 关于变更《电视剧发行许可证》备案表的通知(广发编字〔2003〕356号)(已有新规定)

38. 关于试行调整中央电视台电视剧审查职责的通知(广剧发审字〔2005〕14号)(已有新规定)

39. 关于推荐优秀现实题材电视剧的通知(广剧发规字〔2005〕15 号)(已有新规定)

40. 广电总局关于印发《电视剧拍摄制作备案公示管理暂行办法》的通知(广发剧字〔2006〕15 号)(已有新规定)

41. 广电总局关于变更《国产电视剧发行许可证》备案表的通知(广局剧字〔2006〕268 号)(已有新规定)

42. 广电总局办公厅关于进一步加强和规范电视剧月报备案管理的通知(广办发剧字〔2008〕116 号)(已有新规定)

(五)传媒机构/网络视听节目

43. 关于申请市、县开办电台、电视台的通知(广地发字〔1983〕47 号)(已有新规定)

44. 关于加强有线电视台宣传管理的通知(广发地字〔1991〕714 号)(已有新规定)

45. 关于进一步搞好县级电视台办文艺节目试点的意见(广发地字〔1991〕857 号)(已失效)

46. 关于审批有线电视分台问题的意见(广发地字〔1991〕939 号)(已有新规定)

47. 关于加强对经济广播电台管理的意见(1991 年 11 月)(已有新规定)

48. 认真贯彻中共中央宣传部(1992)2 号文件精神办好农村广播电视(广地综字〔1992〕2 号)(已有新规定)

49. 关于有线电视台、站电视节目管理的暂行规定(广发地字〔1992〕250 号)(已有新规定)

50. 关于地方开办经济台的意见(1992 年 11 月)(已有新规定)

51. 关于电台、电视台使用呼号的通知(广地综字〔1993〕18 号)(已有新规定)

52. 关于审批影视制作公司(中心)若干问题的通知(广发录字〔1993〕373 号)(已有新规定)

53. 关于地方广播电台、电视台必须完整转播中央人民广播电台、中央电视台节目的通知(广发办字〔1993〕836 号)(已有新规定)

54. 关于加强对县(市)电视台管理的若干问题的通知(广地电字〔1994〕3 号)(已有新规定)

55. 关于开办专业台须报我部审批等有关问题的通知(广发社字〔1994〕245

号）（已有新规定）

56. 关于认真贯彻国务院《音像制品管理条例》的通知（广发社字〔1994〕591号）（职能已调整）

57. 关于在有线电视系统中必须共缆传送广播和电视节目的通知（广发社字〔1994〕656 号）（已有新规定）

58. 关于进一步做好音像管理工作、加强知识产权保护的通知（广发社字〔1994〕696 号）（职能已调整）

59. 关于当前申报批台文件处理办法的通知（广社发字〔1995〕1 号）（已有新规定）

60. 关于加强有线广播电视台验收工作的通知（广社有字〔1995〕2 号）（已有新规定）

61. 关于对有线电视节目供片若干事项的通知（广社有字〔1995〕8 号）（已失效）

62. 关于印发《县级电视台统一供片管理工作座谈会纪要》的通知（广社无字〔1995〕8 号）（已失效）

63. 关于加强影视市场稽查工作的通知（广发社字〔1995〕152 号）（职能已调整）

64. 关于暂停审批新建无线和有线广播电台、电视台的通知（广发社字〔1995〕254 号）（已失效）

65. 关于加强影视制作经营机构管理工作的通知（广发社字〔1995〕346 号）（已有新规定）

66. 关于进一步加强各级无线和有线电台、电视台以及电视差转台节目播出管理的通知（广发社字〔1995〕713 号）（已有新规定）

67. 关于由我部社会管理司审批设立各类影视制作经营机构的函（广发社字〔1996〕86 号）（已失效）

68. 关于有线电视节目发行工作若干问题的通知（广社发字〔1996〕118 号）（已失效）

69. 关于进一步加强和规范对有线电视台和县级无线电视台统一供片管理的通知（广社发字〔1996〕126 号）（已失效）

70. 关于做好省、省会市、计划单列市有线广播电视台设台审批材料申报工作的通知（广社发字〔1996〕162 号）（已失效）

71. 广播电影电视部、国家教育委员会关于教育电视台、教育电视收转台管理暂行办法(广发社字〔1996〕246 号)(已有新规定)

72. 关于加强广播电台、电视台、有线电视台播出管理的通知(广发办字〔1996〕338 号)(已有新规定)

73. 广播电影电视部关于对广播电视台(站)年检的规定(广发法字〔1996〕436 号)(已失效)

74. 关于制止部分地方电视台切换中央电视台广告的通知(广发社字〔1996〕699 号)(已有新规定)

75. 关于认真执行对广播电视台(站)年检制度的通知(广发社字〔1996〕707 号)(已失效)

76. 关于坚决取缔非法设台建网严格执行宣传纪律的通知(广发社字〔1996〕824 号)(已有新规定)

77. 关于清理整顿电视剧生产单位和影视制作经营机构的通知(广发社字〔1997〕457 号)(已失效)

78. 关于对广播电视节目制作经营单位重新审核登记的通知(广发社字〔1997〕881 号)(已有新规定)

79. 国家广播电影电视总局关于做好广播电视业治理情况检查工作的通知(广发社字〔1998〕593 号)(已失效)

80. 关于重申禁止非法设台和出租、转让广播电视播出频道、时段的通知(广发社字〔1998〕632 号)(已有新规定)

81. 关于加强广播电视播出机构节目频道设置管理的意见(广发明电〔1999〕29 号)(已失效)

82. 全国电视剧制作机构重新审核登记情况公告(广发社字〔1999〕32 号)(已失效)

83. 关于加强乡镇广播电视站管理工作的通知(广社发字〔1999〕39 号)(已有新规定)

84. 关于对广播电视播出机构和转播机构进行 1999 年度检查工作的通知(广发社字〔1999〕791 号)(已失效)

85. 关于对利用宾馆闭路电视系统开展视频点播业务进行整顿的通知(广发社字〔2000〕54 号)(已有新规定)

86. 关于做好爱国主义公益广告宣传工作的通知(广发明电〔2001〕156 号)

(已有新规定)

87. 关于进一步切实加强乡镇广播电视管理的通知(广发社字〔2001〕237 号)(已有新规定)

88. 关于抓紧完成有线广播电视台和无线广播电视台合并工作的通知(广发社字〔2001〕257 号)(已有新规定)

89. 关于全面推进市(地)、县(市)广播电视播出机构转变职能工作的通知(广发社字〔2001〕1411 号)(已有新规定)

90. 关于有线电视视频点播和管理工作的实施细则(试行)(广发社字〔2001〕1495 号)(已有新规定)

91. 关于加强网上传播广播电影电视类节目管理的实施细则(试行)(广发社字〔2001〕1496 号)(已有新规定)

92. 关于印发《全国公共频道工作座谈会纪要》的通知(广办发社字〔2002〕110 号)(已有新规定)

93. 关于贯彻落实中办国办《关于进一步加强互联网新闻宣传和信息内容安全管理工作的意见》的通知(广发社字〔2002〕356 号)(已有新规定)

94. 关于进一步做好中央电视台西部频道传输接收工作的通知(广发办字〔2002〕413 号)(已失效)

95. 关于印发《全国地(市)、县(市)广播电视播出机构职能转变工作座谈会纪要》的通知(广发社字〔2002〕676 号)(已有新规定)

96. 关于实施《广播电视广告播放管理暂行办法》的通知(广发社字〔2003〕1020 号)(已有新规定)

97. 关于《广播电视广告播放管理暂行办法》有关规定的解释的通知(广发社字〔2003〕1382 号)(已有新规定)

98. 关于禁止广播电视节目转播传输机构插播商业广告的通知(广发社字〔2004〕185 号)(已有新规定)

99. 关于换发《广播电视播出机构许可证》的通知(广发社字〔2004〕422 号)(已失效)

100. 广电总局关于进一步加强广播电视广告内容管理的通知(广发社字〔2004〕921 号)(已有新规定)

101. 广电总局关于对混合所有制《电视剧制作许可证(甲种)》机构有关管理问题的通知(广发社字〔2004〕1058 号)(已有新规定)

102. 广电总局关于进一步加强对短信和声讯服务广告播出管理的通知(广发社字〔2005〕118 号)(已有新规定)

103. 广电总局关于做好有线数字付费频道公益广告片播放工作的通知(广局编字〔2005〕396 号)(已有新规定)

104. 广电总局关于禁止播出虚假违法广告和电视“挂角广告”、游动字幕广告的通知(广发社字〔2005〕547 号)(已有新规定)

105. 关于整顿广播电视医疗资讯服务和电视购物节目内容的通知(广发社字〔2006〕24 号)(已有新规定)

106. 广电总局关于规范广播电台、电视台两台合并有关问题的通知(广发〔2006〕56 号)(已有新规定)

107. 广电总局关于清理整顿广播电视不良广告的通知(广发明电〔2007〕17 号)(已有新规定)

108. 广电总局关于换发《广播电视播出机构许可证》和颁发《广播电视频道许可证》的通知(广发〔2007〕18 号)(已失效)

109. 广电总局关于开展依法打击网络淫秽色情专项行动的通知(广发〔2007〕46 号)(已失效)

110. 广电总局关于进一步加强广播电视广告播放管理工作的通知(广发〔2007〕74 号)(已有新规定)

111. 广电总局办公厅关于重申广播电视广告播放管理有关规定的通知(广办发社字〔2008〕15 号)(已有新规定)

112. 广电总局关于严禁有线电视网络机构在节目转播中插播广告的通知(广发〔2008〕76 号)(已有新规定)

(六)科技

113. 中央广播事业局、全国无线电管理委员会关于颁布《小功率电视转播台管理办法》的通知(广发术字〔1981〕681 号)(已失效)

114. 中央广播事业局关于使用调频专用频段的暂行规定(广发术字〔1982〕417 号)(已失效)

115. 关于建立中、短波、调频、电视广播系统主要技术指标季报制度的通知(广发术字〔1983〕977 号)(已失效)

116. 广播电视部门安装在邮电部门的电视传送设备代维暂行办法(广技维字〔1985〕172 号　电无维字〔1985〕232 号)(已失效)

117. 关于印发“有线电视系统测试项目及其测试仪器的配备”的通知(广办发技字〔1992〕39 号)(已失效)

118. 关于认真进行有线电视系统工程技术验收的通知(广发技字〔1996〕353 号)(已有新规定)

119. 关于重申切实避免广播电视网络重复建设的通知(广发办字〔1998〕711 号)(已有新规定)

120. 关于加强广播电视机顶盒在广播电视网络中应用管理的通知(广技科字〔1999〕793 号)(已有新规定)

121. 国家广电总局关于印发《全国性广播影视技术研讨会管理暂行办法》的通知(广发技字〔2001〕482 号)(已失效)

122. 关于印发《国家广电光缆干线网维护管理暂行办法》的通知(广发技字〔2001〕1136 号)(已有新规定)

123. 关于保证无线广播电视节目播出的通知(广发技字〔2002〕126 号)(已有新规定)

124. 国家广电总局关于确保卫星广播电视安全播出的通知(广发技字〔2002〕496 号)(已有新规定)

125. 关于加强地面数字电视试验管理的通知(广发技字〔2004〕574 号)(已有新规定)

126. 广电总局办公厅关于规范移动数字多媒体广播技术试验的通知(广办发技字〔2006〕39 号)(已有新规定)

127. 广电总局关于做好广播电视安全播出重大事件和事故上报工作的通知(广局技字〔2006〕90 号)(已有新规定)

128. 广电总局科技司关于进一步加强卫星地球站安全播出保障工作的通知(技办字〔2006〕258 号)(已有新规定)

129. 广电总局关于在 37 个城市加强移动多媒体广播电视网络建设和运行维护工作的通知(广发〔2008〕57 号)(已失效)

130. 广电总局科技司关于加强移动多媒体广播电视网络运行维护管理的通知(技卫字〔2008〕254 号)(已有新规定)

(七)人事

131. 广播电影电视部关于黑龙江、吉林、辽宁、内蒙古四省(区)广播电视系统部分专业技术工种劳动防护用品发放标准的暂行规定(广发干字〔1986〕921 号)

(已失效)

132. 关于到基层锻炼人员生活补贴和行政管理问题的通知(广干发专字〔1989〕213 号)(已有新规定)

133. 关于我部各级人事部门人事档案管理范围的通知(广人机字〔1992〕59 号)(已有新规定)

134. 关于印发《留学回国人员复职暂行办法》的通知(广人专字〔1994〕237 号)(已有新规定)

135. 关于一九七一年底以前参加工作的城镇临时工生活待遇问题的通知(广人劳字〔1995〕159 号)(已有新规定)

136. 关于建立部属高校党委书记、院(校)长岗位津贴的通知(广人劳字〔1995〕165 号)(职能已调整)

137. 关于印发《广播电影电视部普通高等院校本、专科专业设置暂行办法》的通知(广发教字〔1995〕421 号)(职能已调整)

138. 关于印发《广播电影电视部公务员考核实施细则》的通知(广发人字〔1995〕663 号)(已有新规定)

139. 关于印发《广播电影电视部干部聘任管理暂行规定》的通知(广发人字〔1995〕744 号)(已有新规定)

140. 关于转发《关于对广播电影电视部直属企业部分职工实行不定时工作制和综合计算工时工作制的批复》的通知(广人劳字〔1996〕77 号)(已有新规定)

141. 关于《广播电影电视部干部、工资统计工作考评暂行办法》的通知(广人劳字〔1996〕306 号)(已有新规定)

142. 关于设立广播电影电视部教育专项补助金的通知(广发教字〔1996〕423 号)(职能已调整)

143. 关于印发《广播电影电视部教育事业“九五”计划和 2010 年发展规划》的通知(广发教字〔1996〕658 号)(职能已调整)

144. 关于发放播音员主持人资格证书有关问题的通知(广发人字〔1997〕644 号)(已有新规定)

145. 关于印发《广播电影电视部高等院校科学研究项目管理暂行办法》的通知(广发教字〔1997〕846 号)(职能已调整)

146. 关于印发《广播电影电视部高校人文社会科学研究优秀成果评奖暂行办法》的通知(广发教字〔1997〕847 号)(职能已调整)

147. 关于印发《广播电影电视部关于直属普通高等院校招生工作的暂行规定》的通知(广发教字〔1998〕95 号)(职能已调整)

148. 关于进一步加强播音员、主持人管理有关问题的通知(广发人字〔2000〕157 号)(已有新规定)

149. 关于印发广电总局部分司局职能配置内设机构和人员编制的通知(广发人字〔2002〕1006 号)(已有新规定)

(八)保卫

150. 广播电影电视部消防安全责任承包奖惩办法(广发保字〔1989〕277 号)(已有新规定)

151. 消防安全责任承包奖惩办法的补充规定(广发保字〔1990〕114 号)(已有新规定)

152. 广播电影电视部治安综合治理承包考评办法(试行)(广人干字〔1994〕293 号)(已有新规定)

153. 广播电影电视消防安全管理规定(广发保字〔1994〕350 号)(已有新规定)

154. 关于进一步贯彻落实总局机关办公大楼消防安全管理制度的通知(广保发字〔2001〕10 号)(已有新规定)

《广播电视广告播出管理办法》的补充规定

(2011 年 11 月 25 日　国家广播电影电视总局令第 66 号)

为贯彻落实《中共中央关于深化文化体制改革推动社会主义文化大发展大繁荣若干重大问题的决定》,坚持把社会效益放在首位,充分发挥广播电视构建公共文化服务体系、提高公共文化服务水平、保障人民基本文化权益的作用,现对《广播电视广告播出管理办法》(国家广播电影电视总局令第 61 号)作如下补充规定:

一、第十七条修改为:“播出电视剧时,不得在每集(以四十五分钟计)中间以任何形式插播广告。播出电影时,插播广告参照前款规定执行。”

二、删除第十八条。

三、本补充规定自 2012 年 1 月 1 日起施行。

此外,根据本规定对《广播电视广告播出管理办法》(国家广播电影电视总局令第 61 号)部分条文的文字作相应调整和修改。

有线广播电视运营服务管理暂行规定

（2011 年 12 月 2 日　国家广播电影电视总局令第 67 号）

第一章　总　则

第一条　为了规范有线广播电视运营服务行为，提高服务质量，维护用户合法权益，根据《广播电视管理条例》，制定本规定。

第二条　本规定所称有线广播电视运营服务，是指依法设立的有线广播电视运营服务提供者，利用有线广播电视传输覆盖网向用户提供服务的活动。

第三条　有线广播电视运营服务工作应当遵循用户为本、安全畅通、公平合理、公益优先的原则。

有线广播电视运营服务提供者应当按照科学审慎、安全可靠、提高效率的原则，加快有线广播电视数字化转换，持续改进服务质量，使有线广播电视网络成为国家信息化服务的普及平台。

第四条　有线广播电视运营服务监督管理工作应当遵循公开、公平、公正的原则，实行政府监管、行业自律、社会监督相结合的机制，促进有线广播电视运营服务提供者不断提升公共服务水平，提高用户覆盖率和服务质量。

第五条　国务院广播影视行政部门负责全国有线广播电视运营服务监督管理工作。

县级以上地方人民政府广播影视行政部门负责本行政区域内的有线广播电视运营服务监督管理工作。

第六条　县级以上人民政府广播影视行政部门按照有关规定，对在有线广播电视运营服务工作中做出突出贡献的组织、个人给予奖励。

第二章　服务要求

第七条　有线广播电视运营服务提供者应当向社会公布其业务种类、服务范围、服务时限、资费标准,并向省、自治区、直辖市人民政府广播影视行政部门备案。

有线广播电视运营服务提供者向用户提供的业务质量指标和服务质量指标应当符合国家和行业标准、要求。

第八条 有线广播电视运营服务提供者应当向社会公布所传送的基本收视频道目录。

基本收视频道的数量应当符合国务院广播影视行政部门的规定。基本收视频道中应当包括国务院广播影视行政部门要求转播的广播电视节目和县级以上地方人民政府广播影视行政部门要求转播的经国务院广播影视行政部门批准的本地广播电视节目。

第九条 有线广播电视运营服务提供者在由模拟电视向数字电视整体转换过程中,应当在国务院广播影视行政部门规定的时间内保留一定数量的模拟电视节目供用户选择收看。

鼓励有线广播电视运营服务提供者利用有线广播电视传输覆盖网传送广播节目。

第十条 除下列情况外,有线广播电视运营服务提供者不得更改所传送的基本收视频道:

(一)国务院广播影视行政部门依法做出的决定;

(二)信号源不符合传送条件或者已停止播出的;

(三)与节目提供方的协议有效期满或者节目提供方承担违约责任的;

(四)法律、行政法规、规章规定的其它情形。

终止传送基本收视频道的,有线广播电视运营服务提供者应当向所涉及用户公告,并采取措施保证基本收视频道数量。有前款第(二)项规定情形的,有线广播电视运营服务提供者应当于当日向省、自治区、直辖市人民政府广播影视行政部门报告。

第十一条 有线广播电视运营服务提供者停止经营某项业务时,应当提前 30 日通知所涉及用户,并公平合理地做好用户善后工作。

第十二条 有线广播电视运营服务提供者应当以书面或者其它形式,明确与用户的权利和义务。格式合同条款应当公平合理、准确全面、简单明了,并采取适当方式提醒用户注意免除或者限制服务提供者责任的条款。

第十三条 有线广播电视运营服务提供者应当根据网络规模和用户分布情况设置服务网点,合理安排服务时间,方便用户办理有关事项。

有线广播电视运营服务提供者应当按照当地人民政府的要求，向残疾人和行动不便的老年人等用户提供便捷的服务。

第十四条 有线广播电视运营服务提供者向用户提供的服务项目应当包括安装、业务开通、迁移、变更、暂停、恢复、终止（注销）、故障维修、缴费、咨询、投诉和公告等内容。

第十五条 有线广播电视运营服务提供者应当在用户办理业务时，真实准确地向用户说明该项业务的功能、使用范围、取消方式、资费标准及缴纳办法、服务保障、客服电话等内容。

第十六条 有线广播电视运营服务提供者在接到用户的安装或者业务开通申请后，对城镇地区的用户应当在 2 个工作日内答复，对农村或者交通不便地区的用户应当在 5 个工作日内答复；未予受理的，应当向用户告知原因。

第十七条 有线广播电视运营服务提供者应当设立统一的客服电话，为用户提供 7 ×24 小时故障报修、咨询和投诉等服务。其中故障报修应当提供 7 ×24 小时人工服务。

第十八条 有线广播电视运营服务提供者接到用户故障报修后，需要上门维修的，应当自接报后 24 小时内与用户预约上门维修时间。

第十九条 城镇用户的网络和设备故障，有线广播电视运营服务提供者应当自接报之日的次日起或者用户同意的上门维修时间起 24 小时内修复，重大故障应当在 48 小时内修复；农村或者交通不便地区用户的故障，有线广播电视运营服务提供者应当自接报之日的次日起或者用户同意的上门维修时间起 72 小时内修复。

第二十条 因不可抗力原因造成不能按时上门维修或者修复的，有线广播电视运营服务提供者应当及时向用户说明，修复时限从不可抗力原因消失后开始计算。

第二十一条 有线广播电视运营服务提供者委派的上门维修人员应当遵守预约时间，出示工作证明并佩带本单位标识，爱护用户设施。需要收取费用的，应当事先向用户说明。

第二十二条 有线广播电视运营服务提供者更改、调整数字广播电视频道序号，或者因系统设备及线路计划检修、设备搬迁、工程割接、网络及软件升级等可预见的原因影响用户收看或者使用的，应当提前 72 小时向所涉及的用户公告；影响用户的时间超过 24 小时的，应当同时向所在地县级以上地方人民政府广播影视行政部门报告。

前款规定的原因消除后,有线广播电视运营服务提供者应当及时恢复服务。

第二十三条 因不可抗力、重大网络故障或者突发性事件影响用户使用的,有线广播电视运营服务提供者应当向所涉及用户公告;因其它不可预见的原因影响用户使用的,可以不予公告,但应当在用户咨询时告知原因。

第二十四条 有线广播电视运营服务提供者应当执行国家有关价格管理的规定,明码标价,需要调整资费标准、计费方式等重要事项时,应当向用户公告。

有线广播电视运营服务提供者应当为用户缴费和查询费用等提供便利,并为用户免费提供一年内的缴费记录查询。

第二十五条 用户逾期未按照约定缴纳有线广播电视基本收视维护费的,有线广播电视运营服务提供者可以暂停或者终止相应业务服务,但应当提前 24 小时通知用户。暂停服务期间,不得终止中央电视台第一套节目信号传送服务。

用户补足应缴费用的,有线广播电视运营服务提供者应当及时恢复服务,最迟不得超过 24 小时。

第二十六条 有线广播电视运营服务提供者应当建立用户投诉处理机制,形成包括受理、调查、处理、反馈、评估、报告、改进、存档等环节的完整工作流程。对用户关于服务的投诉,应当在 15 个工作日内答复。

有线广播电视运营服务提供者收到广播影视行政部门或者其设立的投诉处理机构转来的用户投诉后,应当在要求的期限内完成有关投诉处理事宜;不能按时完成的,应当向有关广播影视行政部门或者投诉处理机构提前说明情况。

第二十七条 有线广播电视运营服务提供者如需委托其它单位向用户提供安装、故障维修、缴费等服务,应当选择有相应技术实力、服务和管理能力、在工商管理机构注册登记、无不良记录的单位,并应当签订委托协议,对受委托单位进行定期检查和评估,加强日常管理。

受委托单位因其服务行为与用户产生纠纷的,由有线广播电视运营服务提供者依法承担责任。

第二十八条 有线广播电视运营服务提供者应当建立用户信息安全监管体系,如实登记用户个人信息,并依法负有保密义务。未经用户许可,不得泄露用户个人信息。

第二十九条 有线广播电视运营服务提供者应当按照国务院广播影视行政部门的要求,对从业人员进行服务规范方面的培训。

第三十条 有线广播电视运营服务提供者应当配合广播影视行政部门依法实

施的监督检查，如实提供有关资料和情况。

第三十一条 有线广播电视运营服务提供者应当建立健全服务质量管理体系，按照省、自治区、直辖市以上人民政府广播影视行政部门的要求，对本单位服务质量进行自查，并向社会公布本单位服务质量状况。

有线广播电视运营服务提供者应当每年将自查情况通过省、自治区、直辖市人民政府广播影视行政部门向国务院广播影视行政部门报告。

第三十二条 为应对突发事件，有线广播电视运营服务提供者应当按照所在地人民政府的部署和要求，接受广播影视行政部门的指挥调度以及对有线网络资源的调配。

第三十三条 有线广播电视运营服务提供者应当创造条件，积极整合、运营和管理城市社区有线电视系统，向其用户提供符合本规定要求的服务。

第三章 监督管理

第三十四条 省、自治区、直辖市以上人民政府广播影视行政部门应当制定工作规划，组织开展有线广播电视运营服务质量评价活动，及时掌握服务动态，督促有线广播电视运营服务提供者不断提高服务质量。

第三十五条 国务院广播影视行政部门制定全国有线广播电视运营服务质量评价的具体标准，并指导、监督省、自治区、直辖市人民政府广播影视行政部门的有关具体实施工作。

全国有线广播电视运营服务质量评价的具体标准应当将用户满意度作为服务质量评价的核心指标。

第三十六条 省、自治区、直辖市以上人民政府广播影视行政部门应当不定期组织对本行政区域内有线广播电视运营服务提供者的服务质量进行抽查，并向社会公布抽查结果。

第三十七条 县级以上人民政府广播影视行政部门应当根据实际情况建立有线广播电视运营服务投诉处理机构，积极处理和妥善解决用户投诉，并将用户投诉情况作为有线广播电视运营服务质量评价的指标和内容。

第三十八条 广播影视行政部门或者投诉处理机构接到用户投诉后，应当予以记录并及时调查、处理；用户需要回复意见的，应当将处理结果告知用户。

第三十九条 广播影视行政部门的工作人员在监督检查有线广播电视运营服

务质量和处理用户投诉时,可以行使下列职权:

(一)询问被检查的单位及有关人员,并要求提供相关资料;

(二)进入被检查单位的工作场所,查询、复制有关资料和原始记录。

第四十条 广播影视行政部门的工作人员实施的监督检查工作应当由两名以上工作人员共同进行。执法人员应当出示执法证件,并对查询、复制的资料依法负有保密义务。

第四十一条 县级以上人民政府广播影视行政部门可以聘请社会义务监督员,对有线广播电视运营服务提供者侵害用户权益的行为和有关部门工作人员在监督检查工作中的违法失职行为进行监督。

第四章　法律责任

第四十二条 有线广播电视运营服务提供者违反本规定第七条、第八条、第十条、第二十八条、第三十条、第三十一条的,由县级以上人民政府广播影视行政部门责令改正,给予警告;情节严重的,并处 1 万元以上 3 万元以下的罚款。

第四十三条 有线广播电视运营服务提供者违反本规定第十一条、第二十二条、第二十三条的,由县级以上人民政府广播影视行政部门责令改正,给予警告;情节严重的,并处 5000 元以上 2 万元以下的罚款。

第四十四条 有线广播电视运营服务提供者违反本规定第十七条、第十八条、第十九条、第二十一条、第二十六条、第二十九条的,由县级以上人民政府广播影视行政部门给予警告;情节严重的,并处 5000 元以下的罚款。

第四十五条 广播影视行政部门、投诉处理机构的工作人员未按照本规定履行职责或者有其它滥用职权、玩忽职守、徇私舞弊行为的,依法给予处分。

第五章　附　则

第四十六条 有线广播电视运营服务的具体技术指标和要求,由国务院广播影视行政部门另行制定。

第四十七条 有线广播电视运营服务提供者可以根据所服务区域实际情况,制定不低于本规定要求的具体服务标准。

第四十八条 本规定自 2012 年 3 月 1 日起施行。

关于修订部分规章和规范性文件的决定

（2015 年 8 月 28 日　国家新闻出版广电总局令第 3 号）

根据《国务院关于印发注册资本登记制度改革方案的通知》（国发〔2014〕7 号）和《国务院办公厅关于加快推进落实注册资本登记制度改革有关事项的通知》（国办函〔2015〕14 号）的要求，国家新闻出版广电总局对涉及注册资本登记制度改革的现行规章和规范性文件进行了清理。根据《规章制定程序条例》的相关规定并商有关部门同意，决定修订以下 18 个规章和 5 个规范性文件。

一、规章

新闻出版方面：

1.《印刷业经营者资格条件暂行规定》（新闻出版总署令第 15 号）

删去第四条第三项中的"厂房建筑面积不少于 800 平方米"，删去第四项中的"注册资本不少于 200 万元人民币"。

删去第五条第三项中的"厂房建筑面积不少于 600 平方米"，删去第四项中的"注册资本不少于 150 万元人民币"。

删去第六条第三项中的"厂房建筑面积不少于 100 平方米"，删去第四项中的"注册资本不少于 50 万元人民币"。

删去第七条第三项中的"厂房建筑面积不少于 300 平方米"，删去第四项中的"注册资本不少于 80 万元人民币"。

删去第八条第三项中的"厂房建筑面积不少于 15 平方米"，删去第四项，相应调整之后各项序号。

2.《设立外商投资印刷企业暂行规定》（新闻出版总署、对外贸易经济合作部令第 16 号）

删去第六条第一款第四项，相应调整之后各项序号。

删去第七条第一款第三项中的"和资信证明"。

3.《音像制品出版管理规定》（新闻出版总署令第 22 号）

删去第七条第一款第六项中的“其固定工作场所面积不得低于 200 平方米”。

将第九条第一款第四项修改为“音像出版单位的注册资本数额、来源及性质证明”。

4.《电子出版物出版管理规定》(新闻出版总署令第 34 号)

删去第六条第一款第四项,相应调整之后各项序号。

删去第六条第一款第五项中的“其固定工作场所面积不得少于 200 平方米”。

将第八条第六项修改为“注册资本数额、来源及性质证明”。

5.《音像制品制作管理规定》(新闻出版总署令第 35 号)

删去第六条第一款第三项,相应调整之后各项序号。

将第六条第一款第五项修改为“有固定的经营场所”。

删去第六条第三款。

将第八条第四项修改为“注册资本数额、来源及性质证明”。

6.《图书出版管理规定》(新闻出版总署令第 36 号)

将第十一条第五项修改为“注册资本数额、来源及性质证明”。

7.《复制管理办法》(新闻出版总署令第 42 号)

删去第九条第一款第三项中的“其中,只读类光盘复制单位注册资本不得低于 1500 万元;可录类光盘生产单位注册资本不得低于 3000 万元;磁带磁盘复制单位注册资本不得低于 50 万元”。

将第十条第五项修改为“注册资本数额、来源及性质证明”。

8.《出版物市场管理规定》(新闻出版总署、商务部令第 52 号)

删去第六条、第七条、第十三条、第十四条、第十五条,相应调整其余各条序号。

删去第八条第一款第四项,相应调整之后各项序号。

将第九条第三款第三项修改为“注册资本数额、来源及性质证明”。

广播影视方面:

9.《外商投资电影院暂行规定》(广电总局、商务部、文化部令第 21 号)

删去第四条第二项,相应调整之后各项序号。

删去第六条第一项第 2 小项中的“银行资信证明”,删去第一项第 3 小项中的“银行资信证明、会计师事务所出具的财务状况证明材料”。

10.《广播电视节目传送业务管理办法》(广电总局令第 33 号)

删去第八条第二项中的“资金”。

删去第九条第二项中的“验资报告”。

删去第十三条第一款中的“注册资本”。

删去第二十三条第四项中的“注册资本”。

11.《广播电视节目制作经营管理规定》(广电总局令第 34 号)

删去第六条第二项中的“资金”和“其中企业注册资金不少于 300 万元人民币”。

删去第七条第五项,相应调整之后各项序号。

12.《广播电视视频点播业务管理办法》(广电总局令第 35 号)

删去第九条第三项中的“资金”。

删去第十条第二款中的“验资证明”。

删去第十八条中的“注册资本”。

删去第三十条第二项中的“注册资本”。

13.《城市社区有线电视系统管理暂行办法》(广电总局令第 36 号)

删去第五条第四项中的“资金”。

14.《互联网等信息网络传播视听节目管理办法》(广电总局令第 39 号)

删去第八条第三项中的“自有资金”。

删去第九条第七项中的“验资证明”。

删去第十四条第一款中的“注册资本”。

删去第二十六条第二项中的“持证机构注册资本”。

15.《电影企业经营资格准入暂行规定》(广电总局、商务部令第 43 号)

将第五条第一项修改为:“已取得《摄制电影许可证》的境内公司、企业和其他经济组织(不包括外商投资企业)联合设立电影制片公司的,需提交申请书、合同、章程、工商行政管理部门颁发的各方营业执照复印件、公司名称预核准通知书。”

删去第五条第三项第 2 小项,相应调整之后各小项序号。

删去第六条第二项、第八条第一项、第九条第一项、第十条第一项,相应调整之后各项序号。

删去第六条第四项和第九条第三项中的“资信证明”。

16.《〈电影企业经营资格准入暂行规定〉的补充规定》(广电总局、商务部令第 50 号)

删去第一条中的“发行公司的注册资本不少于 100 万元人民币”。

17.《互联网视听节目服务管理规定》(广电总局、信息产业部令第 56 号)

删去第八条第四项中的“和资金,且资金来源合法”。

删去第十二条中的“注册资本”。

删去第二十三条第一款第二项中的“注册资本”。

18.《卫星电视广播地面接收设施安装服务暂行办法》(广电总局令第 60 号)

删去第五条第一款第三项中的“资金”。

二、规范性文件

1.《关于印发〈广播电视有线数字付费频道业务管理暂行办法〉(试行)的通知》(广发办字〔2003〕1190 号)

将第十条第一款修改为:“依法成立的无境外资金背景的机构,可以参与付费频道的合作,但不享有付费频道开办主体资格。”

2.《广电总局关于做好〈信息网络传播视听节目许可证〉申报审核工作有关问题的通知》(广发〔2008〕44 号)

删去第一条第三项。

3.《广电总局关于进一步加强广播电视节目制作经营活动管理工作的通知》(广发〔2010〕70 号)

删去第二条,相应调整之后各条序号;删去第三条第四项,相应调整之后各项序号;将第四条中的“第 1 至第 9 种”和“第 10 至第 12 种”分别修改为“第 1 至第 8 种”和“第 9 至第 11 种”,删去该条第三款。

4.《广电总局关于在有线网络未通达农村地区开展直播卫星公共服务的通知》(广发〔2011〕71 号)

删去其附件《直播卫星接收设施专营服务操作规程(试行)》第九条第一项中的“注册资金不低于 10 万元”;删去第十二条第二项中的“资金”。

5.《广电总局关于鼓励和引导民间资本投资广播影视产业的实施意见》(广发〔2012〕36 号)

删去第一条中的“资金(企业注册资金不少于 300 万元人民币)”;删去第五条第二款中的“并且企业注册资本不少于 100 万元人民币的”。

专网及定向传播视听节目服务管理规定

（2016年4月25日　国家新闻出版广电总局令第6号）

第一章　总　　则

第一条　为规范专网及定向传播视听节目服务秩序，促进行业健康有序发展，保护公众和从业机构的合法权益，维护国家利益和公共利益，根据国家有关规定，制定本规定。

第二条　本规定所称专网及定向传播视听节目服务，是指以电视机、各类手持电子设备等为接收终端，通过局域网络及利用互联网架设虚拟专网或者以互联网等信息网络为定向传输通道，向公众定向提供广播电视节目等视听节目服务活动，包括以交互式网络电视（IPTV）、专网手机电视、互联网电视等形式从事内容提供、集成播控、传输分发等活动。

第三条　国务院广播电影电视主管部门负责全国专网及定向传播视听节目服务的监督管理工作。

县级以上地方人民政府广播电影电视主管部门负责本行政区域内专网及定向传播视听节目服务的监督管理工作。

第四条　从事专网及定向传播视听节目服务，应当坚持为人民服务、为社会主义服务，把社会效益放在首位，弘扬社会主义核心价值观，弘扬民族优秀传统文化，弘扬正能量。

专网及定向传播视听节目服务单位应当自觉遵守宪法、法律和行政法规，提供更多更好的专网及定向传播视听节目服务，不断丰富人民群众的精神文化生活。

鼓励专网及定向传播视听节目服务行业组织发挥行业自律、引导、服务功能，鼓励公众监督专网及定向传播视听节目服务。

第二章　专网及定向传播视听节目服务单位的设立

第五条　从事内容提供、集成播控、传输分发等专网及定向传播视听节目服务,应当依照本规定取得《信息网络传播视听节目许可证》。

《信息网络传播视听节目许可证》由国务院广播电影电视主管部门根据专网及定向传播视听节目服务的业务类别、服务内容、传输网络、覆盖范围等事项分类核发。

专网及定向传播视听节目服务业务指导目录由国务院广播电影电视主管部门制定。

第六条　申请从事专网及定向传播视听节目服务的单位,应当具备下列条件:

(一)具备法人资格,为国有独资或者国有控股单位;

(二)有健全的节目内容编审、安全传播管理制度和安全保护措施;

(三)有与其业务相适应的技术能力、经营场所和相关资源;

(四)有与其业务相适应的专业人员;

(五)技术方案符合国家有关标准和技术规范;

(六)符合国务院广播电影电视主管部门确定的专网及定向传播视听节目服务总体规划、布局和业务指导目录;

(七)符合法律、行政法规和国家规定的其他条件。

外商独资、中外合资、中外合作机构,不得从事专网及定向传播视听节目服务。

第七条　申请从事内容提供服务的,应当是经国务院广播电影电视主管部门批准设立的地(市)级以上广播电视播出机构或者中央新闻单位等机构,还应当具备 2000 小时以上的节目内容储备和 30 人以上的专业节目编审人员。

申请从事集成播控服务的,应当是经国务院广播电影电视主管部门批准设立的省、自治区、直辖市级以上广播电视播出机构。

申请从事交互式网络电视(IPTV)传输服务、专网手机电视分发服务的,应当是国务院工业和信息化主管部门批准的具有合法基础网络运营资质的单位,并具有一定规模的公共信息基础网络设施资源和为用户提供长期服务的信誉或者能力。

第八条　申请从事专网及定向传播视听节目服务,应当向省、自治区、直辖市人民政府广播电影电视主管部门提出申请,中央直属单位可直接向国务院广播电影电视主管部门提出申请。

省、自治区、直辖市人民政府广播电影电视主管部门应当自收到申请之日起20日内提出初核意见，并将初核意见及全部申请材料报国务院广播电影电视主管部门审批；国务院广播电影电视主管部门应当自收到申请或者初核意见之日起40日内作出许可或者不予许可的决定，其中专家评审时间为20日。予以许可的，向申请人颁发《信息网络传播视听节目许可证》，并向社会公告；不予许可的，应当书面通知申请人并说明理由。

第九条 《信息网络传播视听节目许可证》有效期为3年。有效期届满，需继续从事专网及定向传播视听节目服务的，应当于有效期届满前30日内，持符合本规定第六条、第七条条件的相关材料，按照本规定的审批程序办理续办手续。

第十条 专网及定向传播视听节目服务单位变更《信息网络传播视听节目许可证》载明的业务类别、服务内容、传输网络、覆盖范围等业务项目以及变更股东、股权结构等重大事项的，应当事先按本规定办理审批手续。

专网及定向传播视听节目服务单位的单位名称、办公场所、法定代表人依法变更的，应当在变更后15日内向原发证机关备案。

专网及定向传播视听节目服务单位采用合资、合作模式开展节目生产购销、广告投放、市场推广、商业合作、收付结算、技术服务等经营性业务的，应当在签订合资、合作协议后15日内向原发证机关备案。

第十一条 专网及定向传播视听节目服务单位应当在取得《信息网络传播视听节目许可证》90日内提供服务。未按期提供服务的，由原发证机关注销其《信息网络传播视听节目许可证》。

如因特殊原因，延期或者中止提供服务的，应经原发证机关同意。申请终止服务的，应提前60日向原发证机关申报，由原发证机关注销其《信息网络传播视听节目许可证》。

未经申报，连续停止业务超过60日的，由原发证机关按终止业务处理，并注销其《信息网络传播视听节目许可证》。

第三章　专网及定向传播视听节目服务规范

第十二条 专网及定向传播视听节目服务单位应当按照《信息网络传播视听节目许可证》载明的事项从事专网及定向传播视听节目服务。

第十三条 专网及定向传播视听节目服务单位应当建立健全与国家网络信息安全相适应的安全管理制度、保障体系和技术保障手段,履行安全保障义务。

专网及定向传播视听节目服务单位应当为广播电影电视主管部门设立的节目监控系统提供必要的信号接入条件。

第十四条 专网及定向传播视听节目服务单位相互之间应当按照广播电影电视主管部门的管理规定和相关标准实行规范对接,并为对接提供必要的技术支持和服务保障。

第十五条 用于专网及定向传播视听节目服务的技术系统和终端产品,应符合国家有关标准和技术规范。

任何单位不得向未取得专网及定向传播视听节目服务许可的单位提供与专网及定向传播视听节目服务有关的服务器托管、网络传输、软硬件技术支持、代收费等服务。

第十六条 专网及定向传播视听节目服务单位传播的节目应当符合法律、行政法规、部门规章的规定,不得含有以下内容:

(一)违反宪法确定的基本原则,煽动抗拒或者破坏宪法、法律、行政法规实施的;

(二)危害国家统一、主权和领土完整,泄露国家秘密,危害国家安全,损害国家荣誉和利益的;

(三)诋毁民族优秀文化传统,煽动民族仇恨、民族歧视,侵害民族风俗习惯,歪曲民族历史和民族历史人物,伤害民族感情,破坏民族团结的;

(四)宣扬宗教狂热,危害宗教和睦,伤害信教公民宗教感情,破坏信教公民和不信教公民团结,宣扬邪教、迷信的;

(五)危害社会公德,扰乱社会秩序,破坏社会稳定,宣扬淫秽、赌博、吸毒,渲染暴力、恐怖,教唆犯罪或者传授犯罪方法的;

(六)侵害未成年人合法权益或者损害未成年人身心健康的;

(七)侮辱、诽谤他人或者散布他人隐私,侵害他人合法权益的;

(八)法律、行政法规禁止的其他内容。

第十七条 专网及定向传播视听节目服务单位传播的电影、电视剧、动画片、纪录片等节目,应当符合国家广播电影电视相关管理规定。专网及定向传播视听节目服务单位传播的时政类视听新闻节目,应当是地(市)级以上广播电视播出机构制作、播出的新闻节目。

专网及定向传播视听节目服务单位不得转播、链接、聚合、集成非法广播电视频道节目、非法视听节目网站的节目和未取得内容提供服务许可的单位开办的节目。

专网及定向传播视听节目服务单位应当遵守著作权法律、行政法规的规定,采取版权保护措施,保护著作权人的合法权益。

第十八条 内容提供服务单位,负责建设和运营内容提供平台,组织、编辑和审核节目内容。

内容提供服务单位播出的节目应当经过集成播控服务单位设立的集成播控平台统一集成后提供给用户。内容提供服务单位应当选择依法取得集成播控服务许可的单位提供接入服务。

第十九条 内容提供服务单位负责审查其内容提供平台上的节目是否符合本规定第十六条的规定和版权管理要求,并进行播前审查。

内容提供服务单位应当建立健全节目审查、安全播出等节目内容管理制度,配备专业节目审查人员。所播出节目的名称、内容概要、播出时间、时长、来源等信息,应当至少保留 60 日,并配合广播电影电视主管部门依法查询。

内容提供服务单位发现含有违反本规定的节目,应当立即删除并保存有关记录,并向广播电影电视主管部门报告,落实广播电影电视主管部门的管理要求。

第二十条 集成播控服务单位,负责集成播控平台的建设和运营,负责对内容提供服务单位播出的节目的统一集成和播出监控,负责电子节目指南(EPG)、用户端、计费、版权等管理。

集成播控服务单位发现接入集成播控平台的节目含有违反本规定的内容时,应立即切断节目源,并向广播电影电视主管部门报告。

第二十一条 集成播控服务单位应当建立健全安全播控管理制度,采取技术安全管控措施,配备专业安全播控管理人员,按照广播电影电视主管部门的管理规定集成播控节目。

集成播控服务单位在提供接入服务时,应当查验内容提供服务单位的《信息网络传播视听节目许可证》,并为其提供优质的信号接入服务,不得擅自插播、截留、变更内容提供服务单位播出的节目信号。

第二十二条 集成播控服务单位和内容提供服务单位应在播出界面显著位置标注国务院广播电影电视主管部门批准的播出标识、名称。

第二十三条 传输分发服务单位应当遵守广播电影电视主管部门有关安全传

输的管理规定,建立健全安全传输管理制度,保障网络传输安全。

传输分发服务单位在提供传输分发服务前,应当查验集成播控服务单位的《信息网络传播视听节目许可证》。不得擅自插播、截留、变更集成播控平台发出的节目信号和电子节目指南(EPG)、用户端、计费、版权等控制信号。

第二十四条 省级以上广播电影电视主管部门应建立健全节目监管系统,建立公众监督举报制度,加强对专网及定向传播视听节目服务的监督管理。

广播电影电视主管部门发现专网及定向传播视听节目服务单位未及时处置违法违规内容、落实监管措施的,可以对其主要负责人、法定代表人、总编辑进行约谈。

第四章 法律责任

第二十五条 擅自从事专网及定向传播视听节目服务的,由县级以上广播电影电视主管部门予以警告、责令改正,可并处3万元以下罚款;情节严重的,根据《广播电视管理条例》第四十七条的规定予以处罚。

第二十六条 专网及定向传播视听节目服务单位传播的节目内容违反本规定的,由县级以上广播电影电视主管部门予以警告、责令改正,可并处3万元以下罚款;情节严重的,根据《广播电视管理条例》第四十九条的规定予以处罚。

第二十七条 违反本规定,有下列行为之一的,由县级以上广播电影电视主管部门予以警告、责令改正,可并处3万元以下罚款;情节严重的,根据《广播电视管理条例》第五十条的规定予以处罚:

(一)未按照《信息网络传播视听节目许可证》载明的事项从事专网及定向传播视听节目服务的;

(二)违规传播时政类视听新闻节目的;

(三)集成播控服务单位未对内容提供服务单位播出的节目进行统一集成和播出监控或者未负责电子节目指南(EPG)、用户端、计费、版权等管理的。

第二十八条 违反本规定,有下列行为之一的,由县级以上广播电影电视主管部门予以警告、责令改正,可并处3万元以下罚款;情节严重的,根据《广播电视管理条例》第五十一条的规定予以处罚:

(一)专网及定向传播视听节目服务单位转播、链接、聚合、集成非法广播电视频道节目、非法视听节目网站的节目和未取得内容提供服务许可的单位开办的节

目的;

（二）集成播控服务单位擅自插播、截留、变更内容提供服务单位播出的节目信号的;

（三）传输分发服务单位擅自插播、截留、变更集成播控平台发出的节目信号和电子节目指南（EPG）、用户端、计费、版权等控制信号的。

第二十九条 违反本规定,有下列行为之一的,由县级以上广播电影电视主管部门予以警告、责令改正,可并处3万元以下罚款;同时,可对其主要出资者和经营者予以警告,可并处2万元以下罚款:

（一）变更股东、股权结构等重大事项,未事先办理审批手续的;

（二）专网及定向传播视听节目服务单位的单位名称、办公场所、法定代表人依法变更后未及时向原发证机关备案的;

（三）采用合资、合作模式开展节目生产购销、广告投放、市场推广、商业合作、收付结算、技术服务等经营性业务未及时向原发证机关备案的;

（四）集成播控服务单位和传输分发服务单位在提供服务时未履行许可证查验义务的;

（五）未按本规定要求建立健全与国家网络信息安全相适应的安全播控、节目内容、安全传输等管理制度、保障体系的;

（六）集成播控服务单位和内容提供服务单位未在播出界面显著位置标注播出标识、名称的;

（七）内容提供服务单位未采取版权保护措施,未保留节目播出信息或者未配合广播电影电视主管部门查询,以及发现含有违反本规定的节目时未及时删除并保存记录或者未报告广播电影电视主管部门的;

（八）集成播控服务单位发现接入集成播控平台的节目含有违反本规定的内容时未及时切断节目源或者未报告广播电影电视主管部门的;

（九）用于专网及定向传播视听节目服务的技术系统和终端产品不符合国家有关标准和技术规范的;

（十）向未取得专网及定向传播视听节目服务许可的单位提供与专网及定向传播视听节目服务有关的服务器托管、网络传输、软硬件技术支持、代收费等服务的;

（十一）未向广播电影电视主管部门设立的节目监控系统提供必要的信号接入条件的;

(十二)专网及定向传播视听节目服务单位在同一年度内 3 次出现违规行为的;

(十三)拒绝、阻挠、拖延广播电影电视主管部门依法进行监督检查或者在监督检查过程中弄虚作假的;

(十四)以虚假证明、文件等手段骗取《信息网络传播视听节目许可证》的。

有前款第十四项行为的,发证机关应撤销其《信息网络传播视听节目许可证》。

第三十条 广播电影电视主管部门工作人员滥用职权、玩忽职守的,依法给予处分;构成犯罪的,依法追究刑事责任。

第五章 附 则

第三十一条 制作、编辑、集成并通过互联网向公众提供视音频节目以及为他人提供上载传播视听节目服务的,由国务院广播电影电视主管部门、国务院工业和信息化主管部门按照国家有关规定进行监督管理。

第三十二条 本规定自 2016 年 6 月 1 日起施行。2004 年 7 月 6 日国家广播电影电视总局发布的《互联网等信息网络传播视听节目管理办法》(国家广播电影电视总局令第 39 号)同时废止。

关于废止部分规章和规范性文件的决定

（2016 年 4 月 29 日　国家新闻出版广电总局令第 7 号）

按照国务院行政审批制度改革及《国务院办公厅关于做好行政法规部门规章和文件清理工作有关事项的通知》（国办函〔2016〕12 号）的要求，国家新闻出版广电总局对涉及行政审批制度改革及不利于稳增长、促改革、调结构、惠民生的规章和规范性文件进行了清理。根据《规章制定程序条例》等相关规定，决定废止以下 1 个规章和 25 个规范性文件。

一、规章

1.《电影片进出境洗印、后期制作审批管理办法》（广电总局令第 29 号）

二、规范性文件

1. 关于规范新闻出版业跨地区经营的若干意见（新出办〔2002〕716 号）

2. 关于进一步规范新闻出版单位出版合作和融资行为的通知（新出办〔2004〕625 号）

3. 关于印发《报业集团组建基本条件和审批程序》的通知（新出办〔2002〕914 号）

4. 关于印发《全国出版物进出口统计报表制度》及实行全国进口出版物目录备案制度的通知（新出厅字〔2005〕238 号）

5. 转发中宣部、统战部、对台办《关于在文艺作品中反映和宣传国民党历史人物问题的几点意见》的通知（新出图〔1987〕729 号）

6. 关于重申缴送样书的通知（新出图〔1996〕209 号）

7. 关于印发《关于建立违纪违规报刊警告制度的意见》、《违纪违规报刊警告制度实施细则》的通知（新出联〔2000〕19 号）

8. 关于加强报刊管理严肃查处违规出版活动的通知（新出厅字〔2010〕388 号）

9. 关于进一步做好出版发行领域不正当交易行为自查自纠工作的通知（新出法规〔2006〕1230 号）

10. 关于中小学教材出版社严格按照专业分工安排的通知(〔93〕新出明电第14 号)

11. 关于缴送音像、电子出版物样品的通知(〔96〕新出音 697 号)

12. 关于加强书号总量宏观调控的通知(〔98〕新出图 1377 号)

13. 关于民族文字图书书号不限和免收条码费用的决定(新出图〔1996〕301号)

14. 关于更新光盘生产设备有关问题的通知(新出音〔1999〕1085 号)

15. 关于下放只读类光盘复制生产设备投产验收管理权限的通知(新出印发〔2008〕1573 号)

16. 关于开展 2010 年印刷企业年度核验工作的通知(新出字〔2009〕411 号)

17. 关于开展 2010 年"3・15"少年儿童读物类出版产品质量监督检测活动的通知(新出字〔2010〕74 号)

18. 关于加强教学参考书发行管理的通知(〔96〕新出发 589 号)

19. 关于使用新版《出版物征订发行委托书(书刊类)》的通知(新出字〔2009〕367 号)

20. 关于《外商投资图书、报纸、期刊分销企业管理办法》有关规定具体执行问题的批复(新出法规〔2003〕642 号)

21. 关于在"两会"前开展对印刷复制企业和出版物市场进行专项检查的通知(新出字〔2010〕43 号)

22. 关于抓紧制定、及时报送出版物发行网点规划的通知(新出发〔2003〕431号)

23. 关于外商投资电子出版物分销业务有关问题的批复(新出法规〔2006〕1048 号)

24. 关于实施"中国民族网络游戏出版工程"的通知(新出音〔2004〕942 号)

25. 关于进一步加大打击淫秽色情"口袋本"图书、有害卡通画册和游戏软件工作力度的通知(新出联〔2004〕25 号)

关于修改部分规章的决定

(2016 年 5 月 4 日　国家新闻出版广电总局令第 8 号)

按照国务院行政审批制度改革的要求,国家新闻出版广电总局对涉及行政审批制度改革的规章和规范性文件进行了清理。根据《规章制定程序条例》的相关规定,决定修改以下 5 个规章。

1.《中外合作摄制电影片管理规定》(广电总局令第 31 号)

删去第九条第五项中的“底样片冲洗及后期制作地点”。

删去第十八条,相应调整之后各条序号。

将第四条中的“国家广播电影电视总局(以下简称广电总局)”以及第九条、第十条、第十三条、第十五条、第十六条、第十七条、原第十九条中的“广电总局”,修改为“国务院广播影视行政部门”。

2.《广播影视节(展)及节目交流活动管理规定》(广电总局令第 38 号)

将第五条修改为:“国家鼓励各相关单位依法与境外国家(地区)开展对等交流互办电影展映等活动。

在京的中央单位及其直属机构在境内举办上述活动须报国务院广播影视行政部门批准。其他单位在境内举办上述活动,如涉及多个国家(地区),该活动须报国务院广播影视行政部门批准;如只涉及单一国家(地区),须报省级广播影视行政部门批准,其拟展映的境外影片须经省级广播影视行政部门审查,批准时应同时抄报国务院广播影视行政部门。”

第七条修改为:“在综合性文化活动中举办涉外电影展映活动的,举办单位须持文化行政部门对该综合性文化活动的批准文件,按照本规定的有关规定,报国务院广播影视行政部门或者相关省级广播影视行政部门审查批准。”

第十六条第二款修改为:“获准在境内参赛、参展的境外影片入出境,由节(展)等有关活动的举办单位持国务院广播影视行政部门或者相关省级广播影视行政部门批准文件到海关办理拷贝临时入出境手续;赴境外参加电影节(展)并已备案的影片出入境,由参展单位持国务院广播影视行政部门相关文件到海关办理拷贝临时出入境手续。”

第二条中的“国家广播电影电视总局(以下简称广电总局)”以及第四条、第六条、第八条、第九条、第十条、第十二条、第十四条、第十七条中的“广电总局”,修改为“国务院广播影视行政部门”。

3.《广播电影电视行业统计管理办法》(广电总局令第 47 号)

将第二十二条修改为:“广播影视行政部门应当对广播影视行业统计工作情况实施监督检查,定期进行考核评定,并根据考核评定结果进行表扬或者惩戒。

县级以上地方人民政府广播影视行政部门可以依据有关规定,对有关统计机构和统计人员给予表彰、奖励。

广播影视行业各单位应当依据本规定,建立统计工作奖惩制度。”

第三条、第四条、第九条第二项、第十八条、第二十三条中的“广播影视行政管理部门”,修改为“广播影视行政部门”;第八条、第十三条、第十四条、第十八条中的“国家广播电影电视总局”,修改为“国务院广播影视行政部门”;第九条、第十三条、第十四条中的“地方广播影视行政管理部门”,修改为“县级以上地方人民政府广播影视行政部门”;第十三条、第十四条中的“上一级广播影视行政管理部门”,修改为“上一级广播影视行政部门”。

4.《广播电视安全播出管理规定》(广电总局令第 62 号)

将第八条修改为:“县级以上地方人民政府广播影视行政部门可以依据有关规定,对在广播电视安全播出工作中做出显著成绩的组织、个人给予表彰、奖励。

安全播出责任单位应当依据本规定,建立安全播出工作奖惩制度。”

第三十五条第六项修改为:“组织安全播出考核,并根据考核结果进行表扬或者惩戒。”

5.《电视剧内容管理规定》(广电总局令第 63 号)

删去第十九条第二项,相应调整之后各项序号。

将第二十一条第一项修改为:“审查本行政区域内制作机构制作的国产剧。”

删去第二十一条第二项,相应调整之后各项序号。

此前发布的相关规范性文件,与国务院关于行政审批制度改革的有关文件以及此次涉及行政审批制度改革的规章清理结果不一致的内容,一律无效。

广播影视规范性文件

广播电视有线数字付费频道业务管理暂行办法(试行)

(2003 年 11 月 14 日　广发办字〔2003〕1190 号
根据 2015 年 8 月 28 日《国家新闻出版广电总局关于修订部分规章和规范性文件的决定》修订)

第一章　总　则

第一条　为促进和规范广播电视有线数字付费频道业务健康发展,维护广播电视有线数字付费频道业务运营主体和用户的合法权益,依据《广播电视管理条例》,制定本办法。

第二条　本办法适用于在中华人民共和国境内从事广播电视有线数字付费频道(频率)(以下统称付费频道)的开办、播出、集成、传输、接入、服务、监管等活动。

第三条　本办法所称付费频道是指以有线数字方式播出、传输并须单独付费才能收听收看的专业化广播电视频道。

付费频道集成运营机构是指经批准设立的从事付费频道集成、播出及代理营销业务的机构。

付费频道传输运营机构是指利用国家或省级有线广播电视干线网从事付费频道信号传送业务的机构。

付费频道用户接入运营机构是指利用广播电视分配网向用户提供付费频道接入服务的机构。

第四条　国家广播电影电视总局负责制定全国付费频道总体规划,确定付费频道总量、布局和结构;负责全国付费频道业务监督管理工作。县级以上地方广播电视行政部门负责本行政区域内的付费频道业务监督管理工作。

第五条　从事付费频道业务活动,应当遵守宪法和有关法律、法规,坚持正确的舆论导向,弘扬先进文化,抵制腐朽文化;应当符合国家标准、行业标准和行业规范,为用户提供内容健康和价格合理的服务。

第六条 开展付费频道业务,应根据社会主义精神文明建设的要求,遵循社会主义市场经济规律和广播电视发展规律,按照产业方式运作,培育市场运营主体,实行成本核算、自负盈亏。

第七条 禁止设立中外合资、中外合作、外商独资经营付费频道开办、播出、集成、传输、接入等业务的机构。

第二章 付费频道开办和运营

第八条 开办付费频道,应经国家广播电影电视总局批准;未经批准,任何组织或个人不得擅自开办付费频道。下列机构可以单独或联合申请开办付费频道:

(一)中央、省级、省会城市、计划单列市的广播电视播出机构;

(二)经批准设立的广播影视集团(总台);

(三)经特殊批准的其他中央广播影视机构及其他拥有节目内容资源独占优势的中央单位。

第九条 开办付费频道,应具备下列条件:

(一)符合国家付费频道业务发展的总体规划;

(二)有可行性研究报告、频道专业化方案和产业运营方案;

(三)有与从事付费频道业务相适应的资金、技术设备及系统、专业人员和场所;

(四)有与从事付费频道业务相适应的节目制作、审查能力和相关资源;

(五)有为用户提供长期服务的能力和信誉;

(六)有合作事项的,应当符合本办法的规定;

(七)法律法规规定的其他条件。

第十条 依法成立的无境外资金背景的机构,可以参与付费频道的合作,但不享有付费频道开办主体资格。

上述机构参与付费频道合作的,应与开办机构签订合同,按照合同约定参与收益分配,应在合同中明确规定付费频道的节目编排、审查、播出等权利由开办机构享有和行使,付费频道的品牌和其他无形资产属开办机构所有。

第十一条 符合第八条规定的中央机构申请开办付费频道的,直接报国家广播电影电视总局审批;符合第八条规定的其他机构开办付费频道的,应向当地市级以上广播电视行政部门提出申请，逐级审核同意后，报国家广播电影电视总局审批。联合开办的，申请机构各方应经所在地的市级以上广播电视行政部门逐级审查同意后，由其中一家开办机构报国家广播电影电视总局审批。

第十二条 申请开办付费频道，应在规定的期限内提出，并提交符合规定的书面材料。市级以上广播电视行政部门应当自受理之日起 20 日内作出审查决定。20 日内不能作出审查决定的，经本行政机关负责人批准，可以延长 10 日，并应当将延长期限的理由告知申请机构。

第十三条 国家广播电影电视总局对开办付费频道的申请应进行专家评审，评审期限为 30 日。

经审查，予以批准的，由国家广播电影电视总局向申请开办的机构作出批复并颁发《广播电视付费频道许可证》；不予批准的，应当书面通知申请机构，并说明理由。

《广播电视付费频道许可证》有效期为 3 年，自颁发之日起计算。有效期满需继续开办付费频道的，应于期满前 6 个月按照本办法的规定重新办理审批手续。

第十四条 开办机构应在领取《广播电视付费频道许可证》之后 180 天内开播付费频道；未开播的，由国家广播电影电视总局收回其许可证。

开办机构应按照《广播电视付费频道许可证》载明的频道开办主体、定位、节目设置范围、呼号、标识、识别号及播出区域等事项从事业务活动；如需要变更的，须经国家广播电影电视总局批准。

第十五条 付费频道终止，应按照原审批程序提前 6 个月申报，其许可证由国家广播电影电视总局收回。付费频道因特殊情况需要暂时停止运营的，应当经国家广播电影电视总局同意；未经批准，连续停止运营超过 7 天或累计停止运营超过 15 天的，视为终止。付费频道终止的，应按照有关规定和协议办理有关手续并做好善后工作。

第十六条 付费频道由开办付费频道的广播电视播出机构或国家广播电影电视总局批准成立的付费频道集成运营机构播出，并由集成运营机构集成。

经批准在全国范围内从事付费频道集成运营的机构，受开办机构的委托在全国范围内营销付费频道；经批准在省级行政区域内从事付费频道集成运营的机构，受开办机构的委托在本省级行政区域内营销付费频道。

付费频道集成运营机构不得擅自对付费频道的内容进行调整、变更，不得擅自集成未经批准的付费频道，不得擅自拒绝集成依法经批准的付费频道。

第十七条 经集成的付费频道由付费频道传输运营机构负责传送到付费频道用户接入运营机构,由付费频道用户接入运营机构负责向用户提供付费频道接入服务。

付费频道传输运营机构、用户接入运营机构不得擅自对付费频道的内容进行调整、变更,不得擅自截传、转让、扩散、存贮付费频道内容,不得擅自传输、向用户提供未经批准或不符合本办法规定的付费频道,不得擅自拒绝传输、接入依法经批准的付费频道。

第十八条 从事付费频道的播出、集成、传输、接入等活动,应建立安全运行保障体系,按照广播电视数字化的技术体系、标准、规范的要求,使用具有广播电视设备器材入网认定证书的设备和系统,建立相应的技术平台,经验收合格后方可投入使用。

用户接入运营机构应按规定与付费频道业务运营监管技术平台建立连接系统,未连接的,不得擅自运营。

第十九条 付费频道各运营机构应根据国家有关规定,对费用结算与分摊、收入与分配等内容订立合同进行约定。

第三章　付费频道节目要求

第二十条 开办机构对付费频道的节目内容负责,实行播前审查、重播重审。付费频道节目禁止载有下列内容:

(一)反对宪法确定的基本原则的;

(二)危害国家统一、主权和领土完整的;

(三)泄露国家秘密、危害国家安全或者损害国家荣誉和利益的;

(四)煽动民族仇恨、民族歧视,破坏民族团结,或者侵害民族风俗、习惯的;

(五)宣扬邪教、迷信的;

(六)扰乱社会秩序,破坏社会稳定的;

(七)宣扬淫秽、赌博、暴力或者教唆犯罪的;

(八)侮辱或诽谤他人,侵害他人合法权益的;

(九)危害社会公德或者民族优秀文化传统的;

(十)有法律、行政法规和国家规定禁止的其他内容的。

第二十一条 付费频道节目应符合专业化、对象化的要求,专业性、对象性节目的播出时间不得低于当天总播出时间的90%。

第二十二条 付费频道的新闻类或信息类节目应真实、及时、公正。非影视剧付费频道不得播出影视剧节目。

第二十三条 付费频道播出的电影、电视剧、进口动画片,应依法取得《电影片公映许可证》、《电视剧发行许可证》、《动画片发行许可证》。其他广播电视节目的播出,由付费频道自行审查。

第二十四条 付费频道播出境外的电影、电视剧及动画片的时间不得超过该频道当天总播出时间的30%,不得以任何形式转播境外广播电视节目频道或栏目。

第二十五条 付费频道不得播出除推销付费频道的广告之外的商业广告,但经批准的专门播出广告或广告信息类服务的频道除外。

第二十六条 国家广播电影电视总局在特殊情况下,可以作出停止播出、更换节目或者指定转播特定节目的决定。

第二十七条 从事付费频道的相关活动,必须符合《中华人民共和国著作权法》等法律法规的规定,保护著作权人的合法权益。

第四章　服务和监管

第二十八条 付费频道用户接入运营机构应建立健全用户服务质量管理制度,向社会公布所提供服务的内容、资费标准等,按照与用户签订的合同提供接入服务。

第二十九条 付费频道由用户自主选择,自愿订购,不得强制用户订购。

第三十条 用户申请付费频道接入服务的,用户接入运营机构应及时提供接入服务,保证用户能够按照公布的服务标准接收付费频道。除用户不交纳费用或其他正当理由外,用户接入运营机构不得拒绝、拖延或者擅自中断、中止向用户提供服务。

第三十一条 用户应当按照约定交纳收视费。用户接入运营机构应方便用户交费。用户要求提供收费清单的,用户接入运营机构应免费提供。

用户逾期不交纳收视费的,用户接入运营机构有权要求用户补交收视费。用户逾期不交纳收视费超过收费约定期限10日的,用户接入运营机构可以暂停或终止付费频道服务,并可以依法追缴欠费、违约金或滞纳金。用户补足应缴费用的,用户接入运营机构应在24小时内恢复暂停的付费频道服务。

第三十二条 用户申告付费频道服务障碍的,用户接入运营机构应在接到申告之时起24小时内排除,重大故障可在48小时内排除,不能按期排除的,应当及时告知用户,并免收障碍期间的收视费。但由于用户的过错造成服务障碍的除外。

第三十三条 用户接入运营机构不能正常提供付费频道接入服务的,应提前告知用户,但不可抗力等特殊情况除外。

第三十四条 用户有权向各级广播电视行政部门投诉运营机构的违规违法行为,各级广播电视行政部门应及时处理。

第三十五条 付费频道的收费标准,由付费频道集成运营机构与付费频道开办机构、付费频道用户接入运营机构等相关运营机构按照国家有关物价管理的规定,共同协商确定,并报相关物价主管部门备案。

第三十六条 国家广播电影电视总局建立中央和省级付费频道业务运营监管技术平台。中央监管技术平台由国家广播电影电视总局监测机构运行维护管理,负责采集全国付费频道业务运营数据和信息。省级监管技术平台由省级广播电视行政部门监测机构运行维护管理,负责采集本行政区域内付费频道业务运营数据和信息,并及时、完整地传送给中央监管技术平台。

第三十七条 付费频道用户接入运营机构应及时、真实地向监管技术平台传送付费频道业务的运营数据和信息。付费频道开办机构应将频道识别号加入到相应频道数字传输流的业务信息中。

第三十八条 各级广播电视行政部门及其工作人员对付费频道业务的运营数据和信息应依法履行保密义务,不得擅自公开公布。

第五章 罚 则

第三十九条 违反本办法规定,擅自开办付费频道或擅自从事付费频道业务的,由县级以上广播电视行政部门予以取缔,没收其从事违法活动的设备,并处投资总额1倍以上2倍以下的罚款。

第四十条 违反本办法规定,制作、播出含有本办法第二十条规定禁止内容的节目的,由县级以上广播电视行政部门责令停止制作、播出,收缴其节目载体,并处1万元以上5万元以下的罚款;情节严重的,由原批准机关吊销许可证;违反治安管理规定的,由公安机关依法给予治安管理处罚;构成犯罪的,依法追究刑事责任。

第四十一条 违反本办法规定,有下列行为之一的,由县级以上广播电视行政

部门责令停止违法活动,限期整改,给予警告,没收违法所得,可以并处2万元以下的罚款;情节严重的,由原批准机关吊销许可证:

(一)付费频道合作不符合本办法规定的;

(二)未经批准,擅自变更付费频道的开办主体、定位、节目设置范围、呼号、标识、识别号及播出区域的;

(三)播出专业节目比例不符合规定的;

(四)非影视剧付费频道播出影视剧节目的;

(五)播出境外节目不符合规定的;

(六)违反本办法第二十三条规定的;

(七)违反规定播出广告的;

(八)违反本办法第十六条、第十七条、第十八条规定的;

(九)无正当理由拒绝、拖延或者擅自中断、中止向用户提供付费频道服务的;

(十)未按本办法规定履行付费频道服务故障排除义务的;

(十一)未按本办法规定向监管技术平台传送付费频道业务运营数据和信息的。

第四十二条 对于其他违反《广播电视管理条例》等法律法规的行为,应依照有关法律法规的规定进行处罚。

第四十三条 广播电视行政部门工作人员在实施监督管理工作中滥用职权、玩忽职守、徇私舞弊,构成犯罪的,由司法机关依法追究刑事责任;尚不构成犯罪的,由主管部门依法给予行政处分。

第六章 附 则

第四十四条 本办法自2003年12月1日起施行。

关于在影视剧拍摄活动中加强自然环境和文物保护的通知

(2007 年 4 月 5 日　广发〔2007〕34 号)

改革开放以来,影视剧制作单位在宣传保护生态环境、自然资源和文物古迹方面做了大量工作,推出了一批有关这方面的精品力作,为自然环境和文物保护,为推进人与自然和谐相处,为和谐社会发展做出了积极贡献。但是,近年来在影视剧拍摄活动中,也出现了一些风景名胜区的植被、水体等自然生态和有的文物被破坏的情况,引起了社会各界的广泛关注。为实现建设资源节约型和环境友好型社会的目标,进一步规范和加强对影视剧拍摄活动的管理,依法切实保护生态环境、自然资源和文物古迹,根据国家有关法律法规的规定,现通知如下:

一、全面提高环境和文物保护意识。各级广播影视行政部门、各影视剧制作单位要加强环境和文物保护意识的教育,充分认识自然保护区、风景名胜区和文物保护单位是珍贵的、不可再生的自然和文化遗产。明确保护生态环境、自然资源和文物古迹的重要意义,增强保护意识、责任意识、和谐意识,高度重视保护工作,坚持保护优先、拍摄服从保护的原则。切实采取有效措施,在拍摄活动中严格保护生态环境、自然资源和文物古迹的原始性、真实性和完整性。各级广播影视行政部门、影视剧制作单位要加大普法力度,对影视剧制作单位负责人、制片人、导演等进行专题培训,组织和指导影视剧制作单位开展有关法律法规和文件规定的学习培训活动。

二、严格遵守国家法律法规。各影视剧制作单位要认真遵守和严格执行《环境保护法》、《环境影响评价法》、《文物保护法》、《文物保护法实施条例》、《自然保护区条例》、《风景名胜区条例》和《国家环境保护总局、建设部、文化部、国家文物局关于加强涉及自然保护区、风景名胜区、文物保护单位等环境敏感区影视拍摄和大型实景演艺活动管理的通知》。在自然保护区核心区和缓冲区、风景名胜区核心景区内,禁止进行拍摄活动;在自然保护区实验区、风景名胜区核心景区以外范围、各级文物保护单位保护范围内,严格限制影视剧拍摄活动。因特殊情况,确需在上述限制类区域内搭建和设置布景棚、拍摄营地、舞台等临时性构筑物的，影视剧制作单位必须严格按照有关法律法规的规定，履行报批手续。拍摄活动结束后，应当及时拆除临时搭建和设置的布景棚、营地等构筑物，对生态环境进行恢复，并由所在地主管部门负责组织验收。影视剧制作单位在其它自然环境和人文景观处进行拍摄活动，也要做好保护和恢复工作。

三、加强监督管理。各影视剧制作单位要自觉执行国家有关法律法规和规定，加强对所辖剧组的管理，在影视剧拍摄活动中，如发现问题应及时纠正。对可能涉及到自然保护区、风景名胜区和文物保护单位的拍摄活动，影视剧制作单位及剧组要接受有关环保、建设、文物等相关主管部门的监督和管理。各级广播影视行政部门要加强监管，协调、配合相关主管部门，做好影视剧拍摄活动中的自然环境和文物保护工作。

关于加强车载、楼宇等公共视听载体管理的通知

(2007 年 12 月 6 日　广发〔2007〕118 号)

近年来,车载、楼宇、机场、车站、商场(商铺)、银行、医院及户外的公共视听载体发展很快。为促进公共视听载体健康有序发展,现就有关问题通知如下:

一、加强公共视听载体播放视听节目管理是一项重要的广播电视管理工作。通过公共视听载体播放新闻、资讯及娱乐等各类视听节目,为广大流动人群提供及时快捷的信息和娱乐服务,逐渐成为一种新的视听节目播出形态,具备了与传统广播电视相同的媒体属性。各级广播影视行政管理部门要采取有效措施加强管理,督促从业机构遵守国家有关法规,同时建立健全内部监管机制,杜绝安全播出隐患。

二、通过公共视听载体播放视听节目必须经过依法审批。凡通过广播电视网、互联网及其他信息网络在车载、楼宇、机场、车站、商场(商铺)、银行、医院及户外公共载体播放视听节目的,均应按照《广播电视管理条例》(国务院 228 号令)和互联网视听节目服务管理的相关规定报广电总局批准。未经批准,不得通过广播电视网、互联网及其他信息网络在上述公共载体播放视听节目新闻、影视剧、体育、科技、娱乐等各类视听节目。

三、不得利用广告载体擅自播放视听节目。采用人工更换硬盘(CF 卡、DVD)方式,在公共交通工具、楼宇内及户外设置的广告发布平台,只限于播放广告内容,不得播放新闻和其他各类视听节目。已经擅自播放视听节目的,应立即停止播出。

各省、自治区、直辖市广播影视行政管理部门在接到本通知后,应对辖区范围内公共视听载体的情况展开调查摸底,逐家登记。对于未经批准播放视听节目的公共视听载体,要将相关管理要求书面通知开办机构,督促其遵守有关规定。有关调查登记情况于 2008 年 1 月 15 日前报总局社会管理司。

农村电影公益放映场次补贴管理实施细则

（2008 年 11 月 13 日　广发〔2008〕108 号）

第一章　总　则

第一条　为贯彻落实《中央办公厅、国务院办公厅关于加强公共文化服务体系建设的若干意见》（中办发〔2007〕21 号）、《国务院办公厅转发广电总局等部门关于做好农村电影工作意见的通知》（国办发〔2007〕38 号）文件精神，根据财政部、广电总局制定的《农村电影公益放映场次补贴资金管理暂行办法》的要求，为进一步加强管理，规范农村电影公益场次补贴资金发放行为，确保农村电影放映工作的顺利实施，特制定本办法。

第二条　农村电影公益场次是指由政府采购，在全国县级以下农村地区开展的、面向广大农牧民群众的数字电影放映和胶片电影放映活动。放映 1 部故事片或 1 部长纪录片（90 – 120 分钟）或 1 部长科教片（90 – 120 分钟）为一场，短科教片累计放映 3 – 5 部为一场。

第三条　农村电影公益场次补贴专项资金是指国家财政为保障农民群众观看公益电影，对放映活动进行补贴的专项资金。凡经电影主管部门委托招标中标的国有、集体、民营、个体等各种形式的农村电影放映主体（含农村数字电影院线公司或中心、16 毫米电影发行放映公司和农村电影放映队），在县级以下农村地区开展公益电影放映活动，均可享受农村电影公益场次补贴。

第四条　农村电影公益放映场次补贴实行先放后补，由财政部门和电影主管部门负责管理和发放。场次补贴一年分别于 2 月、8 月两次发放。

第五条　农村电影公益场次补贴专项资金的发放接受财政审计、电影主管部门的监管检查。

第二章　制定年度农村电影公益场次补贴计划

第六条　农村电影公益场次放映和补贴计划按每个行政村每年 12 场编制。

广电总局会同财政部编制年度全国农村电影公益场次放映和补贴计划,并逐级下达场次任务。地方电影主管部门会同地方财政部门编制本省农村电影公益场次放映和补贴计划。同时,于每年 3 月底前将上一年度场次补贴专项资金发放、结余情况和当年资金需求上报财政部和广电总局。

各省电影主管部门配合财政部门,根据财政部下达的农村电影公益放映场次补贴控制数,编制场次补贴预算,并按财政部要求的时间报送。

第七条 农村电影公益场次补贴资金实行先放后补,放映计划和场次补贴应当年完成。对 12 月 31 日前未完成当年的放映计划,原则上用于抵扣下一年度放映计划;对于当年结余的补贴资金区分中央和地方部分,用于抵扣下一年度财政补贴预算。

第八条 地市级电影主管部门会同地市级财政部门,根据已委托或招标的农村数字电影院线公司提供的放映场次结果,将财政部下达的场次补贴和本级配套场次补贴资金下发到各农村数字电影院线公司,经各农村数字电影院线公司下发到各个应聘的放映队。

第三章 农村电影公益场次采购程序

第九条 各级电影行政管理部门对农村电影公益放映场次实行采购招标制度。各地、市级电影行政管理部门,要本着公平、公正招聘农村数字电影院线公司的原则,根据农村电影放映场次及配套的场次补贴组织招标。

第十条 各级电影行政管理部门应与本辖区的农村电影公益场次中标单位(院线公司)签订《年度农村电影公益场次放映责任书》,报经省级电影主管部门备案后,获得相应的公益电影放映场次任务和场次补贴。

第十一条 承担放映任务的农村数字电影院线公司应与应聘的放映队签订《年度农村电影公益场次放映合同书》,将年度电影场次放映任务分配至放映队,并组织完成放映任务,落实场次补贴的发放。

第四章 农村电影公益放映场次上报程序

第十二条 农村电影公益放映场次原则上按季度进行统计;为方便农忙农闲,放映队可适当调剂放映场次。

第十三条 放映队每放映一场公益影片后，应填写一份放映情况回执单，回执单要经当地村委会负责人签字并加盖公章。各院线公司应于每年的 1 月、4 月、7 月、11 月 15 日前，将上一季度的放映回执和农村电影放映情况统计表上报市级电影主管部门。

第十四条 各地市级电影行政管理部门对各院线公司上报的材料要进行严格的审查，核准后于每年 1 月 25 日、7 月 25 日前上报省级电影主管部门备案，由省级电影主管部门向广电总局电影局备案。如不及时上报，将按比例核减下一年度场次补贴额度。

第五章 农村电影公益放映场次补贴的管理与监督

第十五条 各级电影行政管理部门要加强对农村电影公益场次补贴的监督管理，确保场次补贴资金先放后补、绩效挂钩、公开透明、简化程序、及时到位、足额发放。

第十六条 农村电影公益场次最低为一村一月一场（每年 12 场），农村电影公益场次补贴最低为 100 元/场，其中：西部地区由中央财政补助 80 元/场，地方财政最低补助 20 元/场；中部地区由中央财政补助 50 元/场，地方财政最低补助 50 元/场。东部地区和有条件的中西部地区，可根据当地运营成本适当提高发放标准，场次补贴由地方财政自行解决。场次补贴主要用于以下内容：

一、放映员劳务

二、放映人员养老与人身意外保险

三、放映技术服务费（含影片片租）

四、其它直接用于电影放映环节的费用

除第一项费用须占国家补贴费用的 70% 外，其余各项可根据本地实际情况安排。

场次补贴政府部门不得用于提取管理费、维护费、折旧费等。

第十七条 各级电影行政管理部门和财政部门要认真制定资金发放细则和操作规程，并建立公益放映公示制度、放映回执审核制度、放映单位奖励制度、社会监督及举报制度。

第十八条 省级电影行政管理部门应于每年 1 月底前，将上一年度放映情况及补贴资金发放情况的专项报告，上报广电总局抄送本省财政部门。

第十九条 为确保财政资金安全使用,对以下行为之一者给予处罚:

一、对场次补贴专项资金发放不及时的、未按使用范围和发放程序发放场次补贴的部门和单位,给予通报批评;

二、对弄虚作假、虚报冒领场次补贴专项资金的单位或个人,除追回冒领款项外,将取消相关单位和个人从事农村电影公益放映的资格,情节严重的将依法追究有关责任人的法律责任;

三、对截留、挪用、克扣场次补贴专项资金的部门、单位和个人,一经核实,立即停止拨付专项资金,限期追回并给予通报批评等行政处分,情节严重的将追究相关人员的责任,给予行政处罚并取消从业资格,触犯法律的,移交司法机关处理。对违反资金使用规定,利用财政专项资金进行盈利性投资、融资活动的院线公司,将追究其经济和法律责任。

第六章 附 则

第二十条 各省(区、市)可依照本办法,制定本地区农村电影公益场次补贴发放细则。

第二十一条 本办法由广电总局负责解释,自公布之日起实行。

关于进一步加强广播电视医疗和药品广告监管工作的通知

（2009 年 2 月 13 日　广发〔2009〕8 号）

近一段时期来，一些虚假违法医疗、药品广告又出现反弹，引起社会各界不满，主要有：一是不法分子非法生产销售假冒伪劣药品，并通过广播电视媒体发布广告，欺骗消费者；二是部分医疗机构和药品生产、经销企业在进行广告宣传时，使用演职人员冒充专家、学者作疗效证明甚至是虚假疗效证明，误导消费者；三是少数广播电视媒体片面追求经济利益，审查不严，违规播放广告问题时有发生。这些问题严重危害了人民群众的生命安全和身体健康，损害了医疗机构及相关行业的社会形象和信誉，影响了广播电视媒体的社会公信力。为维护人民群众正当权益，现就进一步加强广播电视医疗、药品广告的监管工作通知如下：

一、广播电视媒体要做好播前审查把关工作，坚决杜绝虚假违法的医疗和药品广告。各级广播电视媒体要树立政治意识、责任意识，切实做好医疗、药品广告审查和播放工作。要严格依据《广告法》、《医疗广告管理办法》、《药品广告审查办法》、《药品广告审查发布标准》等有关法律规章，认真审核有关证明文件，坚决做到：凡审批证明不符合要求，或擅自篡改审批内容的一律不得播放；凡以专家、患者形象作疗效证明的一律不得播放；凡含有宣传治愈率、有效率及医生与患者进行现场或热线沟通交流内容的一律不得播放；凡由药品生产、经销企业或医疗机构制作的医疗、健康类资讯服务节目一律不得播放。

二、广播电视媒体要严格审查医疗、健康类节目中嘉宾的资质，避免误导受众。广播电视播出机构自行制作播放宣传普及疾病防控等科学知识的医疗、健康类节目时，需要聘请医学专家作为嘉宾的，播出机构必须认真审核嘉宾的医师执业证书、工作证、职称证明等相关证明。禁止聘请不具备执业资质的人士担当医疗、健康类节目的嘉宾。严禁以演员和社会名人主持医疗、健康类节目。

三、广播电视媒体要认真自查自纠，清理虚假违法医疗、药品广告。各级广播电视媒体应按本《通知》要求，对本单位拟发布的医疗、药品广告及医疗资讯服务节目进行全面清查,凡不符合要求的,必须立即停播。在自查过程中,对有关广告审批证明的真实性难以确认的,应向当地卫生、药监、中医药等部门进行核实。经确认属实的,方可继续播出。

四、有关部门应各司其职,标本兼治,加强各个环节的监管。广电、工商、卫生、药监、中医药等行政管理部门应根据“整治虚假违法广告专项行动部际联席会议制度”的要求,加强沟通协调,通力配合,加大对虚假违法医疗、药品广告的整治力度。

工商行政管理部门要依法加强对广告活动主体的监管,要结合企业信用体系建设,将制作、发布虚假违法广告的行为,纳入广告主、广告经营者的不良信用记录;对屡次制作、发布虚假违法广告或发布广告造成严重不良社会影响的,应依法停止或取消其广告经营、发布资格。

卫生行政部门、中医药管理部门应将整治虚假违法医疗广告与打击非法行医结合起来,严格审查医疗广告。对审查通过的医疗广告,应通过政府网站发布公告等方式及时向社会公示;建立制度化的监测体系,定期对媒体发布的医疗广告进行监测;要严肃查处发布虚假违法广告的医疗机构,对未取得《医疗广告审查证明》或擅自篡改其内容发布广告的医疗机构,应及时责令改正,给予警告或责令其停业整顿、吊销有关诊疗科目,并将有关情况通报工商部门。

药品监督管理部门应切实履行药品广告审查管理职能,严格执行药品广告审查发布标准,从严审批药品广告。对审查批准发布的药品广告,应通过政府网站发布公告等方式向社会及时公示;要加强广告发布后监测,对发布违法广告的及时移送工商部门查处;加强对违法发布药品广告企业的治理力度,将违法发布广告行为计入企业不良信息记录,向社会公示,对情节严重的应依法采取暂停其品种销售的行政控制措施,依法撤销广告批准文号。

广电行政管理部门应进一步完善监管系统,加强对广播电视媒体医疗、药品广告播放的监管。对违法违规发布广告的,应责令其立即整改;建立责任追究制度,对出现严重违规问题的,要对直接责任人给予处分,并追究其主要负责人的责任。

五、狠抓典型,严肃处理重大违法违规问题。各监管部门对制作、发布虚假违法的医疗、药品广告构成犯罪的,应及时移交公安、司法等部门,依法追究其法律责任。对监管过程中发现的典型违法违规问题,应向社会公开曝光。

请接本通知后,立即转发相关单位认真执行。

广播电视播出机构违规处理办法(试行)

(2009年4月10日　广发〔2009〕30号)

第一条　为进一步加强广播电台、电视台、广播电视台(以下简称广播电视播出机构)管理,规范广播电视播出秩序,促进广播电视业的健康发展,依据《广播电视管理条例》,制定本办法。

第二条　本办法所称的违规处理,是指对违规情节严重、未按广播影视行政部门要求整改或整改后再次出现同类问题的播出机构,广播影视行政部门可依据本办法规定视情况作出暂停播出、停止播出的处理或吊销许可证的处罚。

第三条　国务院广播影视行政部门负责全国广播电视播出机构的违规处理工作,县级以上人民政府广播影视行政部门负责本行政区域内的广播电视播出机构违规处理工作。

第四条　对有下列违规行为之一的广播电视播出机构,县级以上人民政府广播影视行政部门应首先按照《广播电视管理条例》的有关规定,责令其停止违规活动:

(一)未经批准开办广播电视频道(率)的;

(二)未经批准变更广播电视播出机构台名、台标、呼号或变更设立主体的;

(三)擅自出租、转让或与系统外机构合资、合作经营广播电视频道(率)、播出时段的;

(四)未经批准与其它播出机构合办广播电视频道(率)的;

(五)未经批准变更广播电视频道(率)名称、呼号、标识、节目设置范围的;

(六)未经批准变更广播电视频道(率)传输方式、覆盖范围、技术参数的;

(七)违反《广播电视管理条例》或其它广播电视宣传管理规定播出节(栏)目的;

(八)违规播放广告、医疗资讯服务节目的。

第五条　对有上述违规行为之一且符合本办法第二条规定的违规处理条件的播出机构,县级以上人民政府广播影视行政部门可依照本办法规定,采取以下违规

处理措施:

(一)国务院广播影视行政部门:暂停违规节(栏)目播出 7 - 30 日;停止违规节(栏)目播出;暂停违规频道(率)的商业广告播出 7 - 30 日;暂停违规频道(率)播出 7 - 30 日;暂停违规播出机构部分频道(率)播出 7 - 30 日;撤销违规频道(率)并吊销《广播电视频道许可证》;撤销违规播出机构并吊销《广播电视播出机构许可证》。

(二)省级人民政府广播影视行政部门:暂停违规节(栏)目播出 7 - 30 日;停止违规节(栏)目播出;暂停违规频道(率)的商业广告播出 7 - 30 日;暂停违规频道(率)播出 7 - 30 日。

(三)市(地)、县(市)级人民政府广播影视行政部门:暂停违规节(栏)目播出 7 - 30 日;停止违规节(栏)目播出。

第六条 配合违规处理措施的执行,县级以上人民政府广播影视行政部门还可视情况采取以下处理措施:

(一)对违规播出机构的负责人进行警示谈话;

(二)对违规播出机构进行通报批评;

(三)追究违规播出机构负有责任的主管人员和直接责任人员责任,建议主管部门给予批评教育、调离岗位、撤职等处分。

第七条 播出机构有未经批准开办广播电视频道(率)行为的,由县级以上人民政府广播影视行政部门责令其立即停播非法频道(率),并可对其负责人进行警示谈话;播出机构有未经批准变更广播电视播出机构台名、台标、呼号或变更设立主体等行为之一的,由县级以上人民政府广播影视行政部门责令其限期整改,并可对其负责人进行警示谈话。

拒不整改(停播)或整改完成(停播)后 180 日内再次出现该类违规行为的,由县级以上地方人民政府广播影视行政部门逐级报请国务院广播影视行政部门下发或国务院广播影视行政部门直接下发《违规处理决定书》,视情况对违规播出机构作出暂停部分频道(率)播出 7 - 30 日的处理,同时可对违规播出机构进行通报批评。

情节严重的,根据《广播电视管理条例》的有关规定,由县级以上地方人民政府广播影视行政部门逐级报请国务院广播影视行政部门下发或国务院广播影视行政部门直接下发《行政处罚决定书》,撤销该播出机构并吊销其《广播电视播出机构许可证》,同时对负有责任的主管人员和直接责任人员追究相关责任。

第八条 播出机构有出租、转让或与系统外机构合资、合作经营广播电视频道(率)、播出时段,未经批准与其它播出机构合办广播电视频道(率),未经批准变更广播电视频道(率)名称、呼号、标识、节目设置范围,未经批准变更广播电视频道(率)传输方式、覆盖范围、技术参数等行为之一的,由县级以上人民政府广播影视行政部门责令其限期整改,并可对违规播出机构的负责人进行警示谈话。

拒不整改或整改完成后180日内再次出现该类违规行为的,由县级以上地方人民政府广播影视行政部门逐级报请省级人民政府广播影视行政部门下发《违规处理决定书》,或由省级以上人民政府广播影视行政部门直接下发《违规处理决定书》,视情况对违规播出机构作出暂停违规频道(率)播出7-30日的处理,同时可对违规播出机构进行通报批评。

情节严重的,根据《广播电视管理条例》的有关规定,由县级以上地方人民政府广播影视行政部门逐级报请国务院广播影视行政部门下发或国务院广播影视行政部门直接下发《行政处罚决定书》,撤销违规频道(率)并吊销其《广播电视频道许可证》,同时对负有责任的主管人员和直接责任人员追究相关责任。

第九条 播出机构有违反《广播电视管理条例》或其它广播电视宣传管理规定播出节目的行为,由县级以上人民政府广播影视行政部门责令其限期整改,并可对违规播出机构的负责人进行警示谈话;同时可视情况下发《违规处理决定书》,作出暂停违规节(栏)目播出7-30日,直至停播违规节(栏)目的处理。

拒不整改或整改完成后180日内再次出现该类违规行为的,由县级以上地方人民政府广播影视行政部门逐级报请省级人民政府广播电视行政部门下发《违规处理决定书》,或由省级以上人民政府广播影视行政部门直接下发《违规处理决定书》,视情况对违规播出机构作出暂停违规节(栏)目所属频道(率)播出7-30日的处理,同时可对违规播出机构进行通报批评。

情节严重的,根据《广播电视管理条例》的有关规定,由县级以上地方人民政府广播影视行政部门逐级报请国务院广播影视行政部门下发或国务院广播影视行政部门直接下发《行政处罚决定书》,撤销违规节(栏)目所属频道(率)并吊销其《广播电视频道许可证》,同时对负有责任的主管人员和直接责任人员追究相关责任。

第十条 播出机构有违规播放广告、医疗资讯服务节目的行为,由县级以上人民政府广播影视行政部门责令其限期整改,并可对违规播出机构的负责人进行警示谈话。

拒不整改或30日内两次出现该类违规行为的,由县级以上地方人民政府广播影视行政部门逐级报请省级人民政府广播影视行政部门下发《违规处理决定书》,或由省级以上人民政府广播影视行政部门直接下发《违规处理决定书》,作出暂停违规频道(率)商业广告播出7-30日的处理,同时可对违规播出机构进行通报批评;频道(率)正式恢复商业广告播出后180日内再次出现该类违规行为的,由县级以上地方人民政府广播影视行政部门逐级报请省级人民政府广播影视行政部门下发《违规处理决定书》,或由省级以上人民政府广播影视行政部门直接下发《违规处理决定书》,作出暂停违规频道(率)播出7-30日的处理,同时可对违规播出机构进行通报批评。

情节严重的,根据《广播电视管理条例》的有关规定,由县级以上地方人民政府广播影视行政部门逐级报请国务院广播影视行政部门下发或国务院广播影视行政部门直接下发《行政处罚决定书》,撤销该频道(率)并吊销其《广播电视频道许可证》,同时对负有责任的主管人员和直接责任人员追究相关责任。

第十一条 广播影视行政部门在对播出机构作出违规处理决定前,应当告知被处理播出机构作出决定的事实、理由及依据,听取其陈述或申辩,并告知其依法享有的权利。有关事实、理由或证据成立的,广播影视行政部门应当采纳。

第十二条 受到吊销许可证处罚的播出机构,对处罚不服的,可在收到《行政处罚决定书》之日起60日内,向国务院广播影视行政部门申请行政复议。

第十三条 播出机构违规情节严重且同级广播影视行政部门未能主动查处或上报情况的,由上级广播影视行政部门视情节对该广播影视行政部门的管理失察行为予以通报批评。

广播影视行政部门工作人员玩忽职守,对应当予以制止和处理的播出机构违规行为不予制止、处理,致使播出机构管理秩序遭受严重损害的,依照《行政机关公务员处分条例》的有关规定予以行政处分;情节严重构成犯罪的,依法追究刑事责任。

第十四条 县级以上地方人民政府广播影视行政部门应将其下发《违规处理决定书》和相关违规播出机构的整改情况抄报当地党委宣传部,并逐级上报省级人民政府广播影视行政部门。

省级人民政府广播影视行政部门应将本辖区内各级广播影视行政部门下发《违规处理决定书》和相关违规播出机构的整改情况进行汇总,形成书面报告,每年12月上旬报送国务院广播影视行政部门。

第十五条 未取得国务院广播影视行政部门颁发的《广播电视播出机构许可证》而非法设立广播电视播出机构或开办频道(率)的,由县级以上人民政府广播影视行政部门予以取缔并按《广播电视管理条例》的有关规定予以处罚。

第十六条 广播电视播出机构有本办法第四条所列违规行为之一的,县级以上人民政府广播影视行政部门还可按照有关行政法规、规章的规定,视情况作出警告、罚款、没收违法所得、没收从事违法活动专用设备等行政处罚。

第十七条 广播电视付费频道的违规处理,依据其它相应规定执行。

第十八条 本办法自发布之日起实施。

关于电视购物频道建设和管理的意见

(2009 年 12 月 10 日　广发〔2009〕92 号)

为发展电视购物产业,满足人民群众多层次、多样化的消费需求,促进国民经济发展,培育广播电视新的经济增长点,实现广播电视收入结构调整,现就电视购物频道建设和管理提出以下意见。

一、重要性和必要性

(一)发展电视购物有利于拉动内需、促进广播电视产业发展。电视购物作为一种无店铺销售形态,是现代服务业的重要组成部分。电视购物借助电视媒介传播商品和服务信息,不仅形象生动,而且迅捷及时,能够满足生产者和消费者的多样化需求,对于加快商品流通,拉动国内消费,促进国民经济发展具有重要意义。同时,发展电视购物,有助于增加广播电视新的创收渠道,改变目前单纯依靠广告的状况,促进广播电视产业繁荣发展。

(二)发展电视购物必须进一步加强管理。各级广播影视行政部门和播出机构要充分认识发展电视购物的重要意义,进一步强化发展意识、责任意识和服务意识,高度重视电视购物的频道建设和管理工作,认真履行管理职责,有效解决资源配置不科学、主体弱小分散、商业诚信缺失、公信力不高等影响和制约电视购物发展的主要问题,确保电视购物科学协调可持续发展。

二、总体要求和基本原则

(三)总体要求。以邓小平理论和"三个代表"重要思想为指导,深入贯彻落实科学发展观,以优化电视购物播出资源配置和提升服务质量为核心,以构建和完善产业链为重点,以频道专业化、经营规模化为方向,完善市场主体,创新经营模式,形成结构合理、导向正确、信誉良好、充满活力、竞争优势明显的电视购物发展新格局。

(四)基本原则。坚持诚信为本,增强责任意识,拒绝虚假宣传,履行服务承诺,强化行业自律和社会监督;坚持广电为主,积极吸纳社会资源,强化对频道设立和节目制作、播出的管理,牢牢把握正确的经营方向;坚持规模发展,合理布局,优化结构,鼓励合作、兼并、重组,培育大型支柱企业,提高产业集中度和规模效益,做强做大电视购物产业;坚持平稳过渡,切实做好模拟向数字转变、时段向频道转变、分散向集中转变的调整和过渡工作。

三、主要政策措施

(五)科学配置电视购物频道资源。电视购物频道配置,既要适应电视购物市场需求,也要加强宏观调控,防止一哄而上;既要满足广播电视产业发展和增长的需求,也要遵循电视购物规律,为规模发展打好基础。

符合条件的电视播出机构,可从现有的自办频道(卫星、综合、新闻、科教、教育、农业、少儿、动画、公共、民族语、国际类频道除外)中,调整开办1套购物频道。

在严格控制总量的前提下,频道数量偏少、调整难度较大且当地有线网络数字化改造已基本完成的电视播出机构,符合条件的可开办1套有线数字电视购物频道。

已经开办有线数字付费电视购物频道的电视播出机构,不得再调整开办购物频道或新增数字购物频道。但经广电总局批准,可将有线数字付费电视购物频道变更为有线数字电视购物频道。

不再批准开办有线数字付费电视购物频道。

(六)开办电视购物频道应具备的条件。1. 符合《广播电视管理条例》、《广播电台电视台审批管理办法》的规定;2. 当地人口较多,消费市场较大,开办机构实力较强;3. 频道定位清晰,具有包括互联网络购物在内的完善的发展规划和实施计划;4. 具有完备的节目审查、产品质量保证制度;5. 具有必要的经营和管理专业人员;6. 具有完善的商品开发、节目编播、信息管理、物流配送、呼叫中心、售后服务等系统的搭建方案;7. 全国播出的购物频道的自有启动资金不少于1亿元,省级行政区域内播出的不少于5000万元,市地级行政区域内播出的不少于3000万元,启动资金须以现金出资,不得以无形资产、实物或场地等折价。

(七)鼓励联合、合作和差异化发展。电视播出机构可以联合开办购物频道,使用同一频道名称、呼号,共享商品、信息、物流、结算等资源,合作经营,协议分成;业绩优秀的购物频道可以输出资金、团队、技术、管理等,参与合办其它购物频道;管理规范、服务质量高、经营效益好的购物频道,可以逐步扩大覆盖范围。

鼓励电视播出机构开办特定经营种类的购物频道,丰富电视购物商品和服务,探索差异化发展道路。鼓励开办购物频道的播出机构及其控股的购物企业积极发展网络广播电视、移动多媒体广播(CMMB)、手机电视、IP 电视、互动点播等新媒体购物方式。

(八)未开办购物频道的电视播出机构可以开设专门购物时段。为稳定经营,扩大电视购物市场份额,提高规模化发展水平,未开办购物频道的电视播出机构,可选择在 1 套现有自办频道(综合、新闻、科教、教育、少儿、动画、农业、国际类频道除外)中,开设 1 个时长不超过 5 小时的专门购物时段(19:00 – 21:00 除外),连续播出 1 套经批准的电视购物频道的节目。经批准开办有线数字购物频道的电视播出机构,在当地有线网络数字化转换期间,也可依照上述要求开设专门购物时段作为过渡。

(九)积极做好购物频道入网传输工作。现有频道调整开办的购物频道,可继续通过有线模拟和数字网络传输;有线数字购物频道应通过有线数字网络传输,以推动有线网络数字化转换。有线网络机构要努力增加购物频道的入网传输数量,传输费用应公开公平、科学合理,有利于稳定经营和促进竞争发展。

(十)积极吸纳社会资源合作发展。播出机构在严格掌握购物频道所有权和节目编排、审查、播出权的前提下,可将购物频道的商品开发、节目制作、信息管理、呼叫中心、物流配送、售后服务等经营性业务剥离,与符合要求的国有、民营机构组建由播出机构控股的购物经营企业,其中呼叫中心、物流配送、售后服务等业务,也可以合同方式委托给专业机构经营。

四、管理要求

(十一)严格履行审批程序。播出机构调整、合办、新增购物频道和变更购物频道覆盖范围等,须按照《广播电台电视台审批管理办法》和本意见要求,向所在地同级广播影视部门提出申请,逐级上报,经广电总局审批同意后方可实施。有线数字付费电视购物频道变更为有线数字电视购物频道的,也须依照上述程序逐级上报审批。联合开办购物频道的,开办各方应签订合作协议,分别由当地同级广播影视行政部门报经省级广播影视行政部门审核同意后,由其中一家播出机构按规定程序报批。

播出机构开办专门购物时段,须与购物频道及其购物企业签订合作协议,经当地同级广播影视行政部门、省级广播影视行政部门逐级审核同意后,报广电总局备案。备案内容包括播出频道名称、时段安排、节目来源、经营单位、合作期限和合作协议等。

（十二）严禁擅自开办电视购物频道和播出电视购物节目。未经广电总局批准，任何机构不得开办电视购物频道，不得调整现有电视频道节目设置范围变相开办电视购物频道，不得扩大覆盖范围。有线网络机构不得以视频点播、信息服务、电视指南等名义开办电视购物频道和节目，也不得传输未经批准和超出覆盖范围的电视购物频道。

2010 年 1 月 10 日起，除经批准开办的电视购物频道和经备案的专门购物时段外，其他模拟、数字和付费频道，一律不得播出电视购物节目。

（十三）严把审查责任关，确保购物节目导向正确、内容健康。播出机构要完善审查把关制度，切实履行节目审查职责，电视购物频道和专门购物时段所播出的购物节目必须符合国家法律、法规，体现良好的文化品位和格调。

电视购物频道和专门购物时段所播出的购物节目，要严格按照《广电总局关于加强电视购物短片广告和居家购物节目管理的通知》要求，真实介绍和展示所售商品，避免虚假、夸大宣传。购物频道和专门购物时段不得播出广告（含电视购物短片广告）。经备案的专门购物时段播出购物节目时，须在屏幕右上角标明“购物”字样。专门购物时段不计入广告时间，其所在频道不得再播出购物短片广告。

（十四）严格掌控电视购物的经营主导权。播出机构在社会合作中，不得以购物频道资源作价入股或作为合作条件，不得以收取节目审查费、播出费和频道占用费等方式，变相出租、转让购物频道。社会合作机构可以参与购物企业的经营和管理，但不得介入频道编播业务。

（十五）建立、完善消费者权益保护制度。开办电视购物频道的播出机构应加强对其所控股的购物企业的管理，要求购物企业提高市场意识，强化服务责任，采取有效措施，保障电视购物消费者权益。购物企业应作出承诺，消费者在收到电视销售商品后的一定期限内可退货，有质量问题的商品可无条件退换，给消费者造成损失的依法承担法律责任。

专门购物时段所销售的商品和服务，由签约的电视购物频道所属的购物企业负责经营并承担相应的法律责任。

（十六）积极推进开展行业自律工作。支持电视购物频道所属购物企业成立全国性电视购物行业协会，制定行业规范，加强行业自律，切实维护消费者权益，提高电视购物的社会诚信度。

关于改进和完善电影剧本(梗概)备案、电影片审查工作的通知

(2010 年 2 月 4 日　广发〔2010〕19 号)

近年来,在党中央的亲切关怀下,在各级政府的大力支持下,经过全体电影工作者的不懈努力,推动了电影产业化的不断发展,电影创作和电影市场呈现出良好的发展态势。目前,根据中央的统一部署,全国电影管理体制的划转工作已全部到位,这对理顺电影管理体制,加速电影产业化更好更快的发展,提供了良好的条件。为充分发挥省级广播影视行政部门(以下简称省级广电部门)的积极性,更好地履行电影管理职能,规范行政审批程序和环节,为电影制片单位提供更加便捷高效的服务,依据《电影管理条例》和《电影剧本(梗概)备案、电影片管理规定》(广电总局令第 52 号),现就改进和完善电影剧本(梗概)备案、电影片审查的管理工作通知如下:

一、建立健全管理机制

电影剧本(梗概)的备案、影片的审查,是确保电影创作繁荣和导向正确的关键,是电影管理工作中基础而又重要的环节。广电总局于 2006 年发布了《电影剧本(梗概)备案、电影片管理规定》。该规定实施三年多来,对电影的整个创作生产起到了规范保障作用。各省级广电部门要认真总结经验,高度重视并加强这一管理环节,建立健全电影管理和电影审查机构,确保人员、技术设备等尽快落实到位,确保此项工作正常运转。

二、进一步明确管理职责

广电总局负责全国电影剧本(梗概)备案、影片审查的管理工作,广电总局电影审查机构负责影片的终审。

各省级广电部门负责本行政区域内电影剧本(梗概)备案、影片初审的管理工作,并成立相应的管理机构和电影审查机构,具体负责本行政区域内电影剧本(梗

概)备案的上报、批复和影片的初审、上报。实行属地审查(吉林、广东、浙江、陕西、湖北省和北京市)的省级广电部门和电影审查机构负责本行政区域内电影剧本(梗概)备案的上报、批复和影片的初审、部分影片的终审。

(一)电影剧本(梗概)备案

1. 电影制片单位(包括经工商注册登记成立的各类影视文化公司,下同)摄制电影,应在拍摄前由第一出品单位将电影剧本(梗概)送工商注册登记所在地的省级广电部门备案,省级广电部门应按照《行政许可法》规定的期限作出决定并上报广电总局,待总局公布备案结果后,由省级广电部门对持有《摄制电影许可证》的电影制片单位发放《电影剧本(梗概)备案回执单》、其他电影制片单位发放《摄制电影许可证(单片)》,修改后拍摄或不同意拍摄的应说明理由并书面通知制片单位。

2. 凡剧情主要内容和主要人物涉及国家安全、外交、民族、宗教、军事、公安、司法、历史和文化名人、敏感历史事件等方面的(以下简称特殊题材),省级广电部门须将电影剧本征得省级相关主管部门的意见后,方可备案。

3. 拍摄重大革命和重大历史题材影片、重大文献纪录影片、中外合作影片,由省级广电部门审核电影剧本后,按相关的管理规定报广电总局进行立项审批。

4. 中央和国家机关(军队)所属的电影制片单位摄制电影,将电影剧本(梗概)直接送广电总局备案或立项审批。

5. 各省级广电部门应将同意电影剧本(梗概)备案的情况及时报广电总局,内容包括:影片名称、备案单位(联系人、电话)、编剧姓名(实名)、故事摘要(300 字左右)、备案意见等。

6. 广电总局对备案情况进行汇总、审核后,于每月上旬和下旬分两次在广电总局政府网站公布全国电影剧本(梗概)的备案结果。未经备案公布或立项批准的电影剧本(梗概)不得拍摄,完成影片不予受理审查。

(二)影片审查

1. 电影制片单位摄制完成的影片,需按电影剧本(梗概)备案程序,送当地省级广电部门的电影审查机构初审,形成初审意见后由省级广电部门报广电总局电影审查机构进行终审。

2. 中央和国家机关(军队)所属的电影制片单位摄制的各类影片,直接报广电总局电影审查机构审查。

3. 广电总局电影审查机构审查的影片,审查合格的,由广电总局颁发《电影片公映许可证》;审查不合格或需要修改的应书面通知制片单位。

4. 实行属地审查的省级电影审查机构,除对所属电影制片单位摄制的重大革命和重大历史题材影片、重大文献纪录影片、中外合作影片进行初审并报广电总局电影审查机构终审外,对其它各类影片进行终审(特殊题材影片须有省级相关主管部门的意见),审查合格的,由省级广电部门颁发《影片审查决定书》和《送审标准拷贝技术鉴定书》,制片单位持此文件并备齐相关材料到广电总局领取《电影片公映许可证》;需要修改或审查不合格的,应说明理由并书面通知制片单位;省级广电部门对个别难以作出审查决定或制片单位对审查决定不服的影片,可以提交广电总局电影审查机构审查,但需提供书面意见和理由。

5. 电影制片单位对广电总局电影审查委员会的审查决定不服的,可以自收到审查决定之日起三十个工作日内向广电总局电影复审委员会提出复审申请。广电总局电影复审委员会应在二十个工作日内作出复审决定,复审合格的,由广电总局颁发《电影片公映许可证》;复审不合格的,书面通知制片单位。

三、其它有关事项

(一)本通知适用于各类国产故事影片、戏曲影片、动画影片、纪录影片、科教影片(不含国家定制的科教影片)、专题影片等以及专供电影频道播映的国产影片的剧本(梗概)备案和影片审查。

(二)本通知涉及的有关电影剧本(梗概)备案、影片审查的具体工作时限和送交的相关材料,仍按《电影剧本(梗概)备案、电影片管理规定》(广电总局令第 52 号)中第六条、第七条、第十七条、第十八条和《数字电影母版有偿收集暂行规定》(〔2008〕影字 863 号)的相关要求执行。

(三)影片拍摄过程中的相关管理工作,由接受电影剧本(梗概)备案的省级广电部门负责,凡涉及军队、公安、文物等协助拍摄及办理出入境手续的,由省级广电部门审核后,报广电总局批准。

(四)各省级广电部门接到本通知后,请将所属电影审查机构的人员组成、工作程序、技术设备等情况报总局备案(联系人:广电总局电影局制片处刘艳徽、黄治,联系电话:01086090423、01086090424)。

(五)本通知自下发之日起执行,个别省级广电部门因技术设备等原因,暂不能承担影片审查的,需提出书面报告,但必须在 2010 年 6 月 30 日前执行。

附件：

1.《电影剧本（梗概）备案、电影片管理规定》（广电总局令第52号）（略）

2.《数字电影母版有偿收集暂行规定》（广电总局电影局〔2008〕影字863号）（略）

3.《电影剧本（梗概）备案回执单》（式样）（略）

4.《摄制电影许可证（单片）》（式样）（略）

关于设立卫星地面接收设施安装服务机构审批事项的通知

(2010 年 2 月 23 日　广发〔2010〕24 号)

为加强卫星电视广播地面接收设施管理(下称卫星地面接收设施),规范卫星电视传播秩序,维护国家政治安全、文化安全、信息安全和社会和谐稳定,根据《卫星电视广播地面接收设施管理规定》(国务院令第 129 号,下称国务院 129 号令)及《卫星电视广播地面接收设施安装服务暂行办法》(广电总局令第 60 号,下称广电总局 60 号令),现就设立卫星地面接收设施安装服务机构审批事项通知如下:

一、国家对卫星地面接收设施安装服务实行许可制度。设立卫星地面接收设施安装服务机构,应当取得《卫星地面接收设施安装服务许可证》。未持有《卫星地面接收设施安装服务许可证》的单位,不得从事卫星地面接收设施的安装施工及其配套供应、售后服务维修和卫星节目落地代理、收视授权等相关服务活动。

二、设立卫星地面接收设施安装服务机构,应当根据拟申请服务区的范围,向所在地县级以上人民政府广播影视行政部门提出申请,经逐级审核后,报省、自治区、直辖市以上人民政府广播影视行政部门审批。并按照《卫星地面接收设施安装服务许可证》载明的业务类别、服务区等事项从事卫星地面接收设施安装服务活动。

三、县级以上人民政府广播影视行政部门负责指导分层次、分区域建立健全卫星地面接收设施安装专营服务体系及网点,向用户提供及时便捷服务,维护用户基本公共文化权益;并依法维护广播影视事业建设和节目传播的正常秩序,打击非法生产、销售、安装卫星地面接收设施行为。为此:

(一)卫星地面接收设施的安装施工、售后服务维修,以县级行政区域范围划分服务区。设立该业务类别的卫星地面接收设施安装服务机构,应当向拟申请服务区所在地县级人民政府广播影视行政部门提出申请,经逐级审核,报省、自治区、直辖市人民政府广播影视行政部门审批。

(二)卫星地面接收设施的配套供应和卫星节目落地代理、收视授权,以省级行政区域范围或全国范围划分服务区。设立该业务类别的卫星地面接收设施安装服务机构,拟申请服务区为省级行政区域范围的,应当向拟申请服务区所在地省、自治区、直辖市人民政府广播影视行政部门提出申请,报国务院广播影视行政部门审批;拟申请服务区为全国范围的,由国务院广播影视行政部门受理申请并审批。

四、为境外节目接收用户、数字电影院线等特定用户提供服务的卫星地面接收设施安装服务机构,由国务院广播影视行政部门指定。

为各类学校和教育、教学单位,军队以及公安、国家安全部门,外国驻华使(领)馆以及其他享有外交特权与豁免的机构,农村党员远程教育接收站点提供专门服务的卫星地面接收设施安装服务机构,可分别由教育部、中国人民解放军有关部门、公安部、国家安全部、外交部、全国农村党员干部现代远程教育试点工作领导协调小组办公室(下称主管部门)统一组织设立,报国务院广播影视行政部门审批。此类卫星地面接收设施安装服务机构由其所属主管部门负责管理,同时接受广播影视行政部门和公安、国家安全部门的指导、检查和管理。

五、各级人民政府广播影视行政部门应当严格执行《行政许可法》,积极推行电子政务,在本机关网站上公布卫星地面接收设施安装服务机构设立审批审核有关事项。积极创造条件,方便申请人采取数据电文等方式提出行政许可申请,并与其他行政机关共享审批审核信息,提高办事效率。

关于加强法治政府建设的工作规划

(2010 年 11 月 11 日　广发〔2010〕99 号)

贯彻依法治国基本方略,推进依法行政,建设法治政府,是我们党治国理政从理念到方式的革命性变化,具有划时代的重要意义。加强法治政府建设是发展社会主义市场经济的必然要求,是促进社会公平正义的基本保证,是深化政治体制改革的重要方面,是政府建设和反腐败的重要举措。面对新形势、新任务、新要求,必须将加强法治政府建设贯穿于广播影视改革发展全过程,使广播影视工作始终有法律的支撑,始终有法律的保障,始终置于法律的监督之下。为进一步贯彻十七届五中全会精神,加强广播影视法治政府建设,根据《国务院关于加强法治政府建设的意见》(国发〔2010〕33 号)(以下简称《意见》),结合广播影视实际,制定本工作规划。

一、总体要求与基本原则

1. 总体要求。当前和今后一个时期,认真落实依法治国基本方略,将贯彻落实《意见》的要求作为广播影视系统的重要工作,切实增强法治意识,坚持党的领导、人民当家作主和依法治国有机统一,树立正确的权力观和政绩观,全面推进依法行政,不断提高依法决策、依法管理、依法办事的能力,提高广播影视行政部门的公信力和执行力,建设法治政府、廉洁政府和服务型政府,为促进广播影视大发展大繁荣发挥更大的作用。

2. 基本原则

——坚持党的领导,牢固树立法治意识、宗旨意识、大局意识、责任意识。通过法定程序把党和国家在广播影视领域行之有效的路线方针政策转化为法律制度,并在广播影视工作中全面贯彻实施。

——坚持把贯彻落实科学发展观贯穿于法治政府建设全过程。坚持以人为本,维护公平正义,依法决策、依法管理,切实保障和实现人民群众的基本文化权利,满足人民群众日益增长的精神文化需求。

——坚持改革创新、服务广播影视科学发展，以体制机制创新为突破口，积极稳妥地解决广播影视改革发展中出现的新情况、新问题，革除体制性、机制性障碍，为改革发展创造良好的法治环境。

——坚持从实际出发，在法治政府建设中把握广播影视发展的特点和规律，做到与广播影视实际需要相适应，规范管理与促进繁荣发展相统一。

——坚持积极推进与循序渐进的统一，既通盘考虑、统筹规划，又突出重点、分步实施，使立法、普法、执法、法律服务、执法监督检查等各项工作有机衔接，互为支撑，互相带动，共同推进。

3. 规划目标。经过一段时间努力，使广播影视行政部门工作人员特别是领导干部依法行政的意识和能力明显增强，广播影视法律法规体系框架基本形成，广播影视制度建设质量显著提高，行政决策更加依法科学民主，行政执法更加公正文明，管理职责得以切实履行，政务公开得以全面推进，行政监督体系和问责制度更加完善，相关社会矛盾纠纷得到有效防范和化解，法治政府、廉洁政府、服务型政府建设进一步加强。

二、重点任务和措施

4. 提高依法行政意识和能力。各级广播影视行政工作人员特别是领导干部要带头学法、尊法、守法、用法，牢固树立依法治国、执法为民、公平正义、服务大局、党的领导为基本内容的社会主义法治理念，切实提高运用法治思维和法律手段解决广播影视发展管理中的突出矛盾和问题的能力。树立正确的权力观、政绩观、利益观，依法律己、依法治权，坚持权为民所用，利为民所谋。要重视提拔使用依法行政意识强，善于运用法律手段解决问题、推动发展的优秀干部。

加强对各级领导干部的法制教育。完善领导干部学法制度，开展党组中心组集体学法、专题法律讲座等活动，各级广播影视行政部门党组（党委）中心组每年至少应安排一次集体学法。推行依法行政情况考察和法律知识测试制度。研究制定“六五”普法工作规划。按照分级负责、分类指导、讲究实效的原则，抓好重点普法对象、重点普法内容、重点普法工作。采取多种形式，加强广播影视公务员队伍的法治理念教育和业务能力培训。建立法律知识学习培训长效机制，将法制教育作为重要内容纳入公务员在职培训。各级广播影视行政部门要定期组织行政执法人员参加通用法律知识培训、广播影视法律知识轮训、新法律法规专题培训和执法业务培训。针对不同普法对象的实际需求，做好普法教材编写和普法平台建设。

5. 切实加快广播影视立法工作。在广播影视立法工作中,要着眼于解决广播影视改革发展的深层次问题、推动发展方式转变、促进广播影视大发展大繁荣,集中力量加快推进广播影视重点立法项目。起草制定广播影视“十二五”立法工作规划。广电总局将积极配合全国人大、国务院法制办加快推进电影产业促进法、广播电视传输保障法制定工作;适时启动广播电视法制定工作;配合国家司法机关和有关部门,加强有关广播影视法律条款司法解释的制定工作。适时启动广播电视管理条例、电影管理条例、卫星电视广播地面接收设施管理规定、有线电视管理暂行办法、进口影片管理办法等行政法规的修订工作。围绕广播影视改革和发展中最急需解决的问题,进一步做好规章的制定和修改工作。支持鼓励改革实践基础好、立法条件成熟的地方先行出台广播影视地方性法规、政府规章,推动有立法权限地区的广播影视行政部门开展广播影视地方立法工作。借助其他国家层面的立法活动,积极反映并体现广播影视法治诉求。加强行政法规、规章解释工作。

6. 努力提高制度建设质量。在广播影视立法工作中,要坚持依法科学民主立法,严格遵守法定权限和程序,切实提高立法质量,努力探索和把握广播影视立法工作的规律,增强制度、措施的可操作性。坚决维护法制统一,确保政令畅通。实行开门立法,广泛听取意见,提高立法透明度。除依法需要保密的外,行政法规和规章草案要公开征求意见,并以适当方式反馈意见采纳情况及其理由。建立健全专家咨询论证制度。积极探索开展立法成本效益分析、社会风险评估、实施后评估工作。

7. 做好规章和规范性文件的清理。广播影视行政部门要严格按照《意见》及国务院有关文件的要求,做好广播影视规章、规范性文件的清理工作。坚持立“新法”和改“旧法”并重。对不符合经济社会发展要求,与上位法抵触、不一致或者相互之间不协调、发文不规范的规章、规范性文件,要及时修改或废止。要及时向社会公布废止的规章、规范性文件以及继续有效的规章、规范性文件目录。广电总局将每隔 5 年对广播影视规章清理一次,每隔 2 年对广播影视规范性文件清理一次,并向社会公布清理结果。

8. 完善规范性文件制定、备案程序。各级广播影视行政部门要严格依法制定规范性文件。凡广电总局出台的规范性文件,需以广电总局名义发布,不得以司局名义发布。各类规范性文件不得设定行政许可、行政处罚、行政强制等事项,不得违法增加公民、法人和其他组织的义务。制定对公民、法人或者其他组织的权利义务产生直接影响的规范性文件，要公开征求意见，由法制机构进行合法性审查，并经部门领导班子会议集体讨论决定；未经公开征求意见、合法性审查、集体讨论的，不得发布施行。除依法需要保密外，规范性文件都要向社会公开。广电总局将研究制定规范性文件制定和备案审查专门规定，逐步实现统一登记、统一编号、统一发布。广电总局和省级广播影视行政部门的政府网站应设立备案专栏，定期公布通过备案审查的规范性文件目录。

9. 始终坚持依法科学民主决策。各级广播影视行政部门要按照《意见》的要求，完善议事规则，规范行政决策程序。要把公众参与、专家论证、风险评估、合法性审查和集体讨论决定作为重大决策的必经程序。作出重大决策之前，要广泛听取、充分吸收各方面意见，并以适当形式反馈意见采纳情况及其理由。逐步推行重大决策听证制度。完善行政决策风险评估机制，凡是关系广播影视发展和人民群众切身利益的重大政策、重大项目等决策事项，都要进行风险评估，制定相应的化解处置预案。未经风险评估的，不得提交会议讨论、作出决策。

10. 严格依法履行广播影视行政管理职责。各级广播影视行政部门要准确把握广播影视意识形态和产业双重属性，正确处理社会效益和经济效益的关系，遵循广播影视发展规律与社会主义市场经济规律，依法履行经济调节、市场监管、社会管理、公共服务职能，完成把握正确导向、确保安全播出、发展事业产业、依法加强管理的基本任务。要按照中央关于文化体制改革的统一部署和依法行政工作要求，认真执行行政许可法，深化广播影视行政审批制度改革，进一步规范和减少行政审批，推进政府职能转变和管理方式创新。

11. 规范广播影视行政执法行为。各级广播影视行政部门和执法机构要牢固树立执法为民理念，认真贯彻《国务院办公厅关于推行行政执法责任制的若干意见》(国办发〔2005〕37号)，严格落实行政执法责任制。及时梳理执法依据、科学设定执法岗位，合理分解执法职权。逐步建立行政裁量权基准制度，科学合理细化、量化行政裁量权。加强执法程序制度建设，细化执法流程，明确执法环节和步骤，保障程序公正，维护行政相对人的合法权益。健全行政执法调查规则，规范取证活动。加强行政执法信息化建设，逐步推行执法流程网上管理。加强执法评议考核。各级广播影视行政部门要按照中央文化体制改革和总局有关文件的要求，配合做好综合执法机构的组建工作，明确纳入综合执法的广播影视执法职责，依法规范广播影视综合执法的执法主体。广电总局将负责组织编写广播影视行政执法手册和广播影视行政执法案例分析，明确行政处罚事项、统一行政执法文书。完善综合执法协调配合和信息通报制度,加强重大案件的督察督办,切实履行广播影视管理职责。

12. 积极运用高新技术手段改进和创新管理方式。各级广播影视行政部门要加快建立完善覆盖广泛、先进高效的监测监管技术系统,提高广播影视行政管理效率和规范化水平。高度重视三网融合下的互联网视听节目、IP 电视、手机电视等新媒体的技术监管,加快建立统一的广播影视技术和内容监管平台,实现对不同形态广播电视的内容传播、机构运营、传输效果等活动的全面有效监测监管。建立和完善数字电影技术服务监管平台。

13. 大力推进政务公开。各级广播影视行政部门要认真贯彻执行政府信息公开条例和国务院有关规定,健全政府信息主动公开工作机制、政府信息公开申请受理机制,做好政府信息公开目录和指南的编制、更新、补充工作。广电总局将研究制定广播影视政务公开专门规定。全面推进办事公开制度,依法公开办事依据、条件、要求、过程和结果,充分告知办事项目有关信息。对人民群众申请公开政府信息的,要依法在规定时限内予以答复,并做好相应服务工作。推进电子政务信息系统建设,建设好网络信息和便民服务平台,逐步推行网上电子审批、“一个窗口对外”和“一站式”服务,提高服务效率,降低行政成本。加强政府网站建设,完善政府公告形式,拓宽信息公开渠道。完善新闻发布制度,及时就广播影视重大事项对外发布政策。进一步完善信息报送机制,提高信息报送质量。依法妥善处理好信息公开与保守秘密关系。

14. 建立健全行政调解机制。各级广播影视行政部门要研究建立广播影视行政部门负总责、法制机构牵头、业务机构为主体的行政调解工作机制,科学界定调解范围,规范调解程序。对于涉及人数较多、影响较大、可能影响社会稳定的纠纷,要依法进行调解。对于行政调解无法解决的事项,应及时告知当事人或者主动转入其他程序处理。

15. 加强改进行政复议和行政应诉工作。各级广播影视行政部门要畅通复议申请渠道,简化申请手续。对依法不属于复议范围的事项,要认真做好解释、告知工作,坚决纠正无正当理由不受理复议申请的行为。要严格遵循行政复议法的规定,依法公正作出复议决定。健全行政复议机构,确保复议案件依法由 2 名以上复议人员办理。适时启动广播影视行政复议办法的修改工作。完善行政应诉制度,研究制定广播影视行政应诉具体规定。对人民法院受理的行政案件,被诉广播影视行政部门应指派法制机构工作人员和参与被诉行政行为调查的工作人员出庭应诉，积极配合人民法院的行政审判活动。尊重并自觉履行人民法院的生效判决。及时纠正行政复议和行政应诉中发现的行政违法问题，改进行政管理工作。建立健全行政复议、行政应诉案件统计上报制度。

16. 强化行政监督和问责。各级广播影视行政部门要自觉接受人大及其常委会的监督、政协的民主监督和人民法院依法实施的监督。要认真回复各级人大代表、政协委员的提案和询问，并根据其意见和建议改进广播影视工作。完善群众举报投诉制度，公布举报投诉渠道。加强和改进舆论监督，坚持准确监督、科学监督、依法监督、建设性监督，保障人民群众的知情权、表达权、参与权和监督权。加强广播影视行政部门上下级之间的内部层级监督和审计、监察等部门的专门监督。严格行政问责，认真执行行政监察法、公务员法、行政机关公务员处分条例和关于实行党政领导干部问责的暂行规定。研究制定广播影视重大决策跟踪反馈和责任追究具体规定，推进惩治和预防腐败体系建设。

17. 不断强化行业自律。各级广播影视行政部门要充分发挥行业组织的自教自律作用，明确广播影视行政部门和行业组织的职能分工，促进政府宏观调控与行业自律相结合。认真总结广告播放、网络视听节目服务、播音员主持人职业道德建设等方面行业自律的成功做法和有益经验，不断完善，及时推广，使之成为创新管理方式的重要途径。推进各类广播影视行业组织的筹建和规范工作，加强对行业组织和中介机构引导和管理。

18. 加大法治宣传力度。继续发挥广电传媒优势，加大社会普法宣传力度。积极开展多种形式的法制宣传，创新法制栏目节目、办好法制频道频率、抓好法制类题材的影视节目创作生产。搞好“12・4”全国法制宣传日组织活动。在实施农村电影放映工程中开展普法宣传。加强与人民群众生活生产密切相关的法律法规宣传，大力弘扬社会主义法治精神，在全社会营造依法办事、维护法律权威的良好氛围，努力推进法治社会建设。

三、实施与保障

19. 加强对依法行政工作的领导。各级广播影视行政部门要把全面推进依法行政、加强法治政府建设摆在更加突出的位置。强化主要负责人作为依法行政工作第一责任人制度。建立由主要负责人牵头的依法行政领导协调机制，统一领导本部门推进依法行政工作。加强依法行政工作考核，探索制定本部门依法行政考核指标，将依法行政任务与广播影视改革发展稳定任务同时部署、同时落实、同时考核。

20. 制定贯彻落实方案,加强督促检查。各级广播影视行政部门和广电总局各司局要根据《意见》和本工作规划的要求,抓紧制定切实可行、操作性强的具体方案和措施,落实工作任务和责任分工。地方各级广播影视行政部门要将具体方案和措施上报上一级广播影视行政部门备案。各级广播影视行政部门每年要向本级人民政府和上一级主管部门报告推进依法行政情况。加强对推进依法行政工作的督促指导、监督检查,对成绩突出的单位和个人按照国家有关规定给予表彰奖励,对工作不力的予以通报批评。

21. 加强广播影视法制机构和队伍建设。各级广播影视部门要充分发挥法制机构在推进依法行政、建设法治政府方面的组织协调和督促指导作用,进一步加强法制机构建设,使法制机构的规格、编制与其承担的职责和任务相适应。省级广播影视行政部门应有法制机构,配备专门人员,解决专门经费。探索建立法律顾问制度,省级以上广播影视行政部门应设立法律顾问,逐步实现法律顾问制度化。要加大对法制干部的培养、使用和交流力度,重视提拔政治素养高、法律素养好、工作能力强的法制干部;省级以上广播影视行政部门要每年举办法制骨干专题培训班,推进法制干部交流、轮岗,探索法制干部在职教育和学历教育。法制机构要认真履行职责,为建章立制、行政决策、处理矛盾、解决难题等依法行政具体工作出谋划策,提供服务。法制机构工作人员要适应新形势、新任务的要求,围绕提高决策支持水平,提高法制保障水平,着力培养战略思维、法治思维、善于运用法律手段解决发展中的问题的能力,努力提高做好政府法制工作的水平,认真履行职责,为推进本部门依法行政贡献力量。

广播影视知识产权战略实施意见

（2010年11月12日　广发〔2010〕100号）

根据《国家知识产权战略纲要》、《文化产业振兴规划》，为贯彻党的十七届五中全会精神，大幅度提升广播影视知识产权创造、运用、保护和管理能力，建设创新型广播影视事业产业，促进广播影视大发展大繁荣，制定本实施意见。

一、重要意义

1. 知识产权制度是开发和利用知识资源，尊重创造性劳动和激励创新的基本制度，是建设法治国家和诚信社会的重要内容，是提升文化创新能力建设、发展文化事业产业的重要依托。广播影视是文化事业产业的重要组成，是知识产权密集型行业，知识产权是广播影视事业产业发展的战略性资源和核心要素。实施广播影视知识产权战略有利于促进广播影视实现跨越式发展，充分发挥广播影视引导社会、教育人民、推动发展的重要功能，满足人民群众不断增长的精神文化需求，维护国家的文化和意识形态安全，使广播影视在国家经济发展方式转变和创新型国家建设中发挥更大作用。

二、总体要求

2. 高举中国特色社会主义理论旗帜，坚持以邓小平理论和“三个代表”重要思想为指导，深入贯彻落实科学发展观，遵照党的十七届五中全会精神和《国家知识产权战略纲要》的要求，按照激励创造、有效运用、依法保护、科学管理的重要方针，推进《国家知识产权战略纲要》在广播影视领域的全面实施。着力完善广播影视知识产权制度，积极营造良好的知识产权环境，始终把社会效益放在首位，实现经济效益和社会效益有机统一。大幅度提升广播影视知识产权创造、运用、保护和管理能力，不断创新广播影视制作生产和传播方式，增强广播影视创新发展的活力，为推动文化产业成为国民经济支柱性产业、促进文化大发展大繁荣发挥作用。

三、战略目标

3. 到2020 年,我国广播影视知识产权的创造、运用、保护和管理水平获得较大程度提高。尤其在“十二五”期间,广播影视知识产权法律制度进一步完善,促进广播影视舆论引导能力、文化创新能力、创作经营能力和品牌影响力显著提高,广播影视市场发展环境、市场环境进一步改善,国际竞争力显著增强,广播影视技术标准体系基本建成,自主知识产权拥有量逐步增长,科技支撑力显著增强,形成一批拥有知名品牌的广播影视企事业单位和品牌频道频率、栏目节目,造就一支高素质的广播影视知识产权人才队伍。

四、主要任务

4. 推进广播影视知识产权保护制度建设与实施。积极主动参与《著作权法》的修改立法工作和有关网络影视版权等其他广播影视知识产权法律制度的制定、修改工作。指导广播影视企事业单位执行好《著作权法》、《商标法》、《专利法》、《反不正当竞争法》、《广播电台电视台播放录音制品支付报酬暂行办法》等知识产权法律、法规。积极参与世界知识产权组织《广播组织权利公约》制定工作。进一步规范广播电台电视台合法使用作品,提高广播电台电视台尊重创作、尊重知识产权的意识。会同有关部门对涉及广播影视知识产权的法律、法规和规章进行立法后评估。

5. 鼓励广播影视知识产权创造。以知识产权创造为目标,形成广播影视创意产业群。大力实施广播影视精品工程,坚持抓创意、促原创,扶持内容创作生产,提高影视剧、动画片、纪录片的原创能力。发展广播影视新兴业态,增强多元化供给能力,满足人民群众日益增长的对影视节目内容的需求。完善艺术创作激励机制、内容评价机制和技术发明奖励机制,建立健全有关作品创作资助、评奖、推广、评论机制。鼓励广播电台电视台加强台标、栏目的品牌建设,形成一批拥有精品品牌的广播影视播映和制作经营机构。做大做强一批节目内容制作企业,提高集约化经营水平,促进广播影视领域资源整合和结构调整。鼓励和引导广播影视企事业单位与高等院校、科研机构加强合作,建立产、学、研相结合的知识产权联合创造机制。

6. 促进广播影视知识产权运用。促进广播影视知识产权市场化和商品化。建设公平有序的广播影视版权交易市场,在“十二五”期间,推动搭建二至三个广播影视节目交易平台。推动建立广播影视节目版权信息库和审批信息库,有效地提高合法影视作品的公信力和可识别性。加强自主商标运用。提升广播影视企事业单位运用自主商标的能力,支持发展自主品牌特许经营等运营方式,提高自主商标的国际知名度和影响力。开发移动多媒体广播电视、有线数字电视等广播影视专利技术,鼓励具有自主知识产权的高新技术项目发展,推动广播影视系统技术升级。大力支持自主专利技术转化为适应市场需求的技术标准。以数字化、网络化为主线,以三网融合为契机,加强标准规划、完善标准体系,加强高清电视、移动多媒体广播电视、下一代传输网络、数字电影等重点领域的技术标准制定工作。引导广播影视单位综合利用专利、商标、版权对广播影视原作品、复制品、衍生品和形象产品进行多媒体传播,多渠道营销和多层次开发,延伸广播影视产业链,形成广播影视多元盈利模式,充分挖掘广播影视产品的整体效益。

7. 提高广播影视知识产权保护水平。建立健全广播影视知识产权保护体系。以知识产权保护为后盾,营造广播影视创新环境。探索建立广播影视版权认证制度和评估体系,合理划分广播影视作品著作权权利状态和著作权价值。建立健全广播影视系统商业秘密保护机制。指导和帮助广播影视企事业单位对运营方法、营销策略、客户名单、广告标底和使用作品付酬数额等信息进行商业秘密保护。妥善处理广播影视企事业单位商业秘密保护与职工合理流动的关系。开发推广技术保护措施。研发数字电影版权保护技术,研究推广自主的数字电影系统规范,开发网络影视节目内容加密技术和密钥管理技术。

8. 完善广播影视知识产权管理机制。研究制定广播影视知识产权管理规范。加快建设广播影视企事业单位内部版权合同管理、台标标识管理、品牌栏目注册管理等制度,推行知识产权法律文书示范文本。形成由广播影视行政部门、行业组织和企事业单位共同参与的知识产权管理机构,探索建立知识产权预警机制、海外维权机制,积极参与建立和完善知识产权争端解决机制。在重大经济活动中,对知识产权事项进行审查,特别注意保护广播影视著作权、商标权、专利权和有关商业秘密等不受侵害。在转企改制、股份制、规模化、集约化等广播影视改革发展进程中,避免商标、商号、栏目名称等无形资产流失。建立完善媒体资产管理系统。鼓励广播影视企事业单位建设版权信息记录系统,对广播影视作品进行数字化转储与版权登记管理。

9. 实施打击侵犯知识产权的专项行动。指导文化市场综合执法机构和广播影视执法机构实施国家关于打击侵犯知识产权和制售假冒伪劣商品的专项行动,配合工商、新闻出版(版权)、海关、公安、法院等相关部门和机构严厉查处涉及广播影视行业的知识产权侵权盗版和违法犯罪行为。加强对视听节目服务网站播放正版节目的监督工作,严厉打击互联网侵权盗版,重点打击影视剧作品侵权盗版行为。加强对电视购物活动的监管,重点打击利用广播电视网络销售侵犯知识产权和假冒伪劣商品的欺诈行为。加大软件正版化工作力度。2011 年 5 月底前,完成广电总局软件正版化专项检查和整改工作,重点检查办公软件、杀毒软件使用情况。各级广播影视行政部门和广播影视企事业单位购置、更换计算机办公设备必须同时安排必要的软件购置资金,将软件作为资产纳入部门资产管理体系和媒体资产管理体系,购买的计算机办公设备必须符合预装正版操作系统软件的要求,更新计算机操作系统软件必须使用正版产品。

10. 加大知识产权宣传力度。充分发挥广播影视优势,构建广播影视知识产权宣传体系,以多种形式积极开展有关知识产权的宣传报道工作,形成政府主导、媒体支撑、社会公众广泛参与的知识产权宣传工作体系。做好“4・26”世界知识产权日、“12・4”法制宣传日等重点时期的知识产权文化宣传普及,形成尊重知识、崇尚创新、诚信守法的知识产权文化。

11. 增强国际合作和文化交流。创新广播影视“走出去”模式,增强广播影视国际竞争力和影响力。充分利用国际影视节展,加大国产影视作品海外营销力度。推动建立海外节目推广平台,鼓励广播影视企事业单位运用知识产权制度参与国际市场竞争,提高国际传播能力。继续加强与世界知识产权组织、亚洲广播联盟、欧洲广播联盟、亚太广播发展机构等国际组织的交流合作。研究国际广播影视知识产权新问题,关注了解和参考借鉴国际组织和其他国家关于知识产权问题的解决思路和方法。

五、保障措施

12. 加强组织领导,落实责任制。各级广播影视行政部门要从全局与战略的高度重视和加强知识产权工作,协调或配合相关部门的知识产权立法、执法和司法工作,将知识产权工作纳入重要议事日程。广电总局根据年度《国家知识产权战略实施推进计划》和《中国保护知识产权行动计划》,制定广播影视年度知识产权保护计划。各直属单位结合各自的责任和职能,将落实知识产权计划的具体任务纳入单位年度工作。广播影视企事业单位要建立完善法制和知识产权工作部门,做到有办事机构、办事人员和工作经费。发展广播影视知识产权行业管理组织,指导扶持中国电影著作权协会，中国广播电视协会广播版权管理与保护委员会、电视版权委员会，互联网视听节目服务自律联盟等行业自律组织开展工作。

13. 开展知识产权理论研究。加强有关广播影视知识产权理论、案例和管理实务的研究，2011 年，完成《广播影视知识产权案例》的编写工作。建立完善知识产权战略实施评估体系，定期对广播影视知识产权战略实施意见的落实进行阶段性评估，推动本意见的贯彻实施。

14. 加强广播影视知识产权培训与人才队伍建设。广泛开展针对广播影视系统公务员、企事业单位管理人员、专业技术人员和作品创作人员的知识产权培训活动，切实增强各级领导干部与骨干员工驾驭知识产权工作的能力。加快广播影视知识产权人才培养。从 2011 年开始，与高校科研机构加强合作，共建广播影视知识产权人才培训基地和实践基地，开展广播影视知识产权学历教育。继续贯彻实施《广播影视名家培养工程实施意见》和《广播影视青年创新人才工程实施意见》，在全国广播影视行业选拔培养一批既熟悉广播影视法律，又具备知识产权工作能力的人才以及广播影视名家和青年创新人才。建立广播影视知识产权人才供需库，注重引进海外高端人才，合理有序引导知识产权人才的流动和配置。创新广播影视知识产权人才评价体系。完善对广播影视知识产权管理人员的职称评定机制，鼓励广播影视企事业单位建立内部知识产权人才绩效评价和激励机制。

关于进一步规范发文 提高依法行政能力的通知

(2010 年 12 月 6 日　广局〔2010〕543 号)

为贯彻落实《国务院关于加强法治政府建设的意见》(国发〔2010〕33 号)和《广电总局关于印发加强法治政府建设工作规划的通知》(广发〔2010〕99 号)要求,切实解决总局在清理规章和规范性文件过程中发现的问题,完善总局规范性文件制定程序,提高总局依法行政能力,现结合总局实际,就进一步规范发文工作重申和提出以下要求:

一、严格依法制定规范性文件。各司局上报的规范性文件发文稿要符合国发〔2010〕33 号和总局广发〔2010〕99 号文件精神和部门职责,不得违法设定行政许可、行政处罚、行政强制、行政收费等事项,不得违法增加公民、法人和其他组织的义务。

规范性文件名称中不得使用“法”、“条例”和“实施细则”字样。

二、实行规范性文件合法性审查制度。为确保总局规范性文件的制定符合法定权限和法定程序,维护法制统一、防止规范性文件与上位法规冲突,平行文件交叉打架,各司局起草、制定对公民、法人或者其他组织的权利义务产生直接影响,对现行广播影视管理政策、管理措施、制度进行重大调整等各类规范性文件,主办司局要采取多种形式广泛听取意见,并由总局法规司进行合法性审查。法规司会签同意发文后,方可上报发文稿。今后,凡印发全国广播影视系统贯彻执行的规范性文件,未经总局法规司审核会签的,发文稿办公厅不予受理。

三、严格执行协商、会签制度。凡涉及其他司局职权范围的事项,主办司局在报文前应主动与有关司局协商、会签,取得一致意见后方可上报;如有分歧意见,主办司局与有关司局应列出各方理由报分管的总局领导协调解决。

四、加强规范性文件发文审批工作。凡总局出台规范性文件需以总局或总局办公厅名义发布,总局内设司局不能对外发布规范性文件。以总局名义发布的规范性文件,发文稿经法规司会签后,由承办司局送办公厅逐级审核,并按程序经总局分管副局长审核,报总局局长签发;重要的需经总局党组会或局务会议审议通过。以办公厅名义发布的规范性文件，发文稿由承办司局经法规司会签后送办公厅逐级审核，报总局分管副局长签发；重要的由分管副局长报总局局长签发。

新发布的规范性文件中，应当对此前发布的类似内容拟不再执行的文件，做出废止性规定。

五、加强规范性文件保密审查和信息发布工作。按照“先审查、后发布”和“一事一审”的原则，主办司局要对起草的规范性文件是否涉密以及能否在总局政府网站等渠道公开发布提出明确意见，并在发文稿纸上明确标明。主办司局难以确定规范性文件是否涉密的，应报总局办公厅保密办研究确定，必要时报总局领导审批。除依法需要保密的外，规范性文件都要按规定向社会公布。

广播影视“十二五”立法工作规划

(2011 年 1 月 27 日　广发〔2011〕14 号)

“十二五”时期是深入贯彻落实科学发展观,全面推进社会主义现代化建设的关键时期,也是全面贯彻落实依法治国基本方略,推进法治政府建设,推动广播影视大发展大繁荣的重要时期。为进一步推动广播影视工作法制化、规范化、程序化,依法推动广播影视实现全面协调可持续发展,结合广播影视实际,制定本规划。

一、“十一五”时期广播影视立法工作基本情况

“十一五”期间,立法工作在广播影视事业产业改革、发展中的重要作用日益凸现。在党中央、全国人大和国务院的正确领导下,在总局党组的直接指挥下,广播影视系统围绕中心,服务大局,深入贯彻国家依法治国基本方略,按照有利于调动人民群众积极性和创造性、激发社会活力和竞争力、解放和发展生产力、维护公平正义、规范权力运行的要求,努力建设中国特色广播影视法律体系。经过几年实践,立法思路不断创新,立法进程稳步加快,中国特色广播影视法律体系初步建立,广播影视管理和改革、发展的各项活动基本做到有法可依,有章可循,为广播影视依法行政、依法管理、健康发展提供了有力保障。

《电影产业促进法》和《广播电视传输保障法》均已列为国务院立法工作计划重点项目。《电影产业促进法》在中央领导同志高度重视和亲自指导下,全国人大有关委员会提前介入,国务院法制办集中力量修改协调,立法进程明显加快;《广播电视传输保障法》在国务院法制办主导下,按照国务院有关“三网融合”的重要部署和基本原则做了进一步完善、修改,立法进程稳步推进。最高人民法院已经完成《关于审理破坏广播电视设施等刑事案件具体应用法律若干问题的解释》审查工作,有望尽快公布实施。总局参与起草的《广播电台电视台播放录音制品支付报酬暂行办法》,已于 2010 年 1 月 1 日实施。在抓紧推动国家层面立法工作的同时,总局积极开展部门立法工作,陆续制定、修订了涉及新闻宣传、安全播出、市场准入、节目制作、内容审查、广告管理、公共服务、设备入网、网络视听节目监管等多个领

域的部门规章和规范性文件,为广播影视科学发展提供了重要的制度保障。地方广播影视立法步伐明显加快,北京、吉林、甘肃、安徽等省市陆续出台了22个地方性法规和44个地方政府规章,为广播影视国家立法积累了有益经验。2010年按照国务院要求,总局对发布的40个规章和555个规范性文件进行了全面清理,已废止了1个规章、175个规范性文件。目前,广播影视领域共保留有8个行政法规、39个部门规章和380个规范性文件。为贯彻落实《国务院关于加强法治政府建设的意见》,总局建立了规范性文件合法性审查制度,广播影视科学决策水平和依法行政水平明显提高。

二、广播影视立法工作面临的形势和任务

当前,我国仍处在重要的战略机遇期和社会矛盾凸显期。随着经济、社会发展,广播影视已经步入改革发展的关键时期,呈现出一系列阶段性特征,面临一系列重要而紧迫的课题。为广播影视营造良好的法制环境,运用法律制度支撑、保障、服务广播影视事业产业的持续健康发展,是当前和今后一个时期广播影视立法工作的紧迫任务。但同时必须看到,广播影视立法工作中还存在一些问题,与经济社会发展不相适应,与社会主义文化大发展大繁荣的新要求不相适应,与建设中国特色社会主义法律体系的要求不相适应。主要是法律依据层级偏低的情况还没有从根本上得以解决、制度建设反映广播影视客观规律还不够、新技术新媒体发展带来的新情况新变化尚需积极研究和应对、法制机构的能力和水平需要提高、法制队伍建设亟待加强等。

同时,广播影视立法还面临着以下迫切任务:

(一)完善社会主义法律体系需要加快广播影视立法步伐。广播影视领域的法律法规是中国特色社会主义法律体系的重要组成部分,目前广播影视领域在法律层面还是空白,迫切需要加快立法步伐。

(二)公民的基本文化权利需要法律法规的切实保障。依法保障公民的文化权利,是广播影视立法的重要目标和内容。广播影视立法要注重保障公民的文化消费权和文化创造权以及知情权、参与权、表达权、监督权,调动公民参与广播影视事业产业的积极性和创造性。

(三)加强制度建设是全面贯彻落实科学发展观的重要举措。建设法治政府,推进依法行政,是科学发展观的重要内涵。加强制度建设,确保广播影视事业产业有序发展,是贯彻落实科学发展观的重要表现。广播影视立法工作要始终坚持以

科学发展观为指导,提高制度建设质量,健全科学民主决策,推动广播影视事业产业全面协调可持续发展。

(四)制度建设是推进广播影视管理的科学化、民主化和法治化的必由之路。实施依法治国基本方略,要求广播影视行政管理部门进一步转变职能,创新管理思路,改革传统行政管理方式,急需通过立法和制度建设来提高广播影视依法行政的能力和水平,实现广播影视管理的科学化、民主化和法治化。

(五)扩大对外开放需要依法维护国家文化安全。加入世界贸易组织,使我国的文化事业产业面临着国外文化产品和资本进入的严峻挑战,文化领域将面临空前激烈的国际竞争。世贸组织规则与我国广播影视管理制度、措施仍然存在局部的不协调,迫切需要通过广播影视立法来维护国家文化安全,保障广播影视事业产业的健康发展。

(六)加快广播影视事业产业发展需要法律法规的有效支撑。当前广播影视事业产业进入了快速发展的轨道,广播影视行业的科技水平、传播方式的发展日新月异,尤其是网络环境下的新媒体、新业态,使广播影视法制工作面临诸多挑战,急需以法律法规的形式予以规范和提供保障。

三、广播影视“十二五”立法工作规划的指导思想、目标和原则

广播影视“十二五”立法工作规划的指导思想是:高举中国特色社会主义伟大旗帜,以邓小平理论和“三个代表”重要思想为指导,深入贯彻落实科学发展观,认真执行党在新时期的路线、方针、政策,以贯彻依法治国基本方略,落实《全面推进依法行政实施纲要》和《国务院关于加强法治政府建设的意见》为核心,切实做到立法工作与广播影视实际需要相适应,与体制机制改革相协调,与规范管理、促进繁荣发展相统一,与立足国情、借鉴国外有益经验相结合。努力做到广播影视改革发展各项工作始终有法律的支撑,始终有法律的保障,始终置于法律的监督之下。

广播影视“十二五”立法工作规划的目标是:通过一批重点立法项目的推进,力争在“十二五”期间,基本建成以广播影视专门法律为基础,相关行政法规、规章相配套的中国特色广播影视法律法规体系框架。具体而言,要实现三个目的:一是要通过立法程序把党和国家在广播影视领域行之有效的政策、改革实践中的成果和经验,转化为法律规范,使党的路线、方针、政策在广播影视工作中得以全面贯彻落实;二是通过制度创新,积极稳妥地解决广播影视改革发展中的矛盾和问题,为改革发展创造良好的法治环境,提供有力的制度保障;三是要通过立法体现公平公

正,保障和实现人民群众的基本文化权利,满足人民群众日益增长的精神文化需求。

实施广播影视“十二五”立法工作规划应遵循以下原则:

一要坚持立法工作与广播影视实际需要相适应。广播影视立法要坚持从实际出发,把握广播影视业的特点和发展规律。要着眼于解决广播影视发展中急需解决的问题,特别是机制性障碍,应当加强前瞻性研究,积极应对,致力于增强广播影视发展的活力和后劲。

二要坚持加强管理与促进发展相统一。广播影视立法,既要着眼于实施有效管理,更要体现对广播影视发展繁荣的有力保障,既要以管理促进发展,又要在发展中坚持依法管理,实现科学发展、规范发展。

三要坚持立法工作与文化体制改革进程相协调。广播影视立法,要以加快文化体制机制改革创新和加快构建公共文化服务体系为工作重点,着力推动广播影视改革在重点领域取得进展,为加强广播影视市场监管、加快广播影视产业发展、推动广播影视企业建立现代企业制度、推进广播影视重点惠民工程、促进基本广播影视公共服务均等化和广播影视公共服务多元化、社会化等提供制度保障。

四要坚持广播影视法律、法规、政策相一致。努力加强广播影视领域立法的计划性,通过实施立法工作规划,着力提高立法质量,定期开展规章、规范性文件清理工作,确保广播影视领域不同层级法律、法规和政策相一致。

五要坚持立足国情与借鉴国外有益经验相结合。广播影视立法,既要立足我国国情,从行业实际出发,也要适应我国加入世贸组织有关承诺,遵循国际惯例,积极开展对外法律交流,深入研究和合理借鉴国外成功的立法经验。

六要坚持积极推进与稳妥把握相配合。要按照条件成熟、突出重点、先易后难、统筹兼顾的要求,通盘考虑、分步实施广播影视立法工作。着力推动具有实践基础且条件成熟的立法项目。同时,在广播影视立法过程中,要做好舆论引导,避免炒作,消除误解,保证法律制度的顺利实施。

四、广播影视“十二五”立法工作规划的主要任务

各级广播影视行政部门在实施本规划的过程中,应当按照以下工作要求,建立健全广播影视立法机制,切实提高制度建设质量:一是坚持依法立法。立法工作要符合法定的权限和程序,符合《立法法》等相关法律法规的要求。二是坚持科学立法。深入开展立法调研,总结成功经验,研究新的问题,借鉴好的做法,正确认识和把握经济社会发展规律,实行立法预评估和后评估制度,增强法律制度的科学性、

合理性和可操作性。既要重视立“新法”,也要适时改“旧法”。三是坚持民主立法。实行法制机构、管理机构和专家学者相结合的立法机制,开门立法,广征民意,努力提高立法质量。

根据全国人大常委会和国务院有关立法规划,并综合有关方面意见,计划在5年内完成或者启动法律3项,行政法规8项,司法解释1项,部门规章17项,以及相应的规范性文件的制定、修订工作。

(一)力争广播影视专门法律出台

一是争取《电影产业促进法》、《广播电视传输保障法》颁布实施;二是适时启动《广播电视法》的制定工作。

(二)推进广播影视行政法规制定修订工作

一是根据《广播电视传输保障法》和《电影产业促进法》立法进程,及时开展《广播电视管理条例》、《电影管理条例》、《进口影片管理办法》、《卫星电视广播地面接收设施管理规定》、《有线电视管理暂行办法》等行政法规的修订工作;二是适时启动有关广播电视节目管理、广告管理、应急广播管理等方面行政法规的制定工作;三是积极配合有关部门开展《广播电台电视台播放录音制品支付报酬暂行办法》立法后评估,推动有关修订工作。

(三)积极制定广播影视司法解释

出台《关于审理破坏广播电视设施等刑事案件具体应用法律若干问题的解释》,并配合国家司法机关,加强涉及广播影视的有关法律条款司法解释的起草制定工作。

(四)做好广播影视规章、规范性文件的制定修订工作

围绕广播影视媒体建设、安全播出、广播影视公共服务、三网融合、广播影视产业化、国际传播能力建设、知识产权保护等重点内容,根据法律、行政法规的实施情况,按照法定程序,适时制定、修订有关规章和规范性文件,主要包括:

1. 部门规章

(1)制定《有线数字广播电视服务质量管理规定》;

(2)制定《互联网视听节目内容管理办法》;

(3)制定《公共视听载体管理办法》;

(4)制定《广播电视付费频道业务管理暂行办法》;

(5)制定《广播电视广告经营管理暂行办法》;

(6)修订《外商投资电影院暂行规定》;

(7)修订《广播电视设备器材入网认定管理办法》;

(8)修订《广播电视编辑记者、播音员主持人资格管理暂行规定》;

(9)修订《中外合作摄制电影片管理规定》;

(10)修订《广播电视节目制作经营管理规定》;

(11)修订《广播电台电视台审批管理办法》;

(12)修订《互联网等信息网络传播视听节目管理办法》;

(13)修订《电影企业经营资格准入暂行规定》;

(14)修订《〈外商投资电影院暂行规定〉的补充规定》;

(15)修订《〈电影企业经营资格准入暂行规定〉的补充规定》;

(16)修订《〈外商投资电影院暂行规定〉补充规定二》;

(17)修订《电影剧本(梗概)备案、电影片管理规定》。

2. 规范性文件

(1)综合管理方面。适时制定、修订有关档案资料管理、保密管理、行政处罚案件上报、违纪处分规定、行政审批项目等方面的规范性文件。

(2)宣传管理方面。适时制定、修订动画片、纪录片、广播电视节目内容管理等方面的规范性文件。

(3)电影管理方面。适时制定、修订电影制片、发行、放映、进出口、技术、农村电影放映工程等方面的规范性文件。

(4)电视剧管理方面。适时制定、修订审看、制作播出管理、备案等方面的规范性文件。

(5)传媒机构管理和网络视听节目管理方面。适时制定、修订广告管理、公共视听载体管理、广播电视有线网络管理、网络视听节目管理、三网融合等方面的规范性文件。

(6)科技管理方面。适时制定、修订安全播出、科研、标准、成果推行、科技奖励、技术质量、科技外事、无线广播电视、有线广播电视、卫星广播电视、新媒体和信息安全等方面的规范性文件。

(7)财务管理方面。适时制定、修订建设项目设计编审、财务决策决算、统计报表等方面的规范性文件。

(8)国际交流与合作方面。适时制定、修订对外交流立项审批、卫星电视广播地面接收设施管理、电视台播放境外电视剧等方面的规范性文件。

(9)人事管理方面。适时制定、修订津贴管理、企事业单位工资总额管理、职业技能鉴定管理、专业技术职务评聘、编辑记者播音员主持人职业资格注册、教育培训等方面的规范性文件。

(10)安全保卫方面。适时制定、修订重要设施、重点区域和单位管理、突发事件应对等方面的规范性文件。

(11)《民族区域自治法》配套政策方面。围绕少数民族广播电视频道频率开办、重点语种覆盖、西新工程、制片改革、作品评奖等内容,适时制定贯彻落实《民族区域自治法》,扶持民族自治地区广播影视发展的规范性文件。

严格按照《国务院关于加强法治政府建设的意见》的要求,推行规范性文件合法性审查制度。制定对公民、法人或者其他组织的权利义务产生直接影响的规范性文件,应当公开征求意见,由法制机构进行合法性审查,并经部门领导班子会议集体讨论决定;未经公开征求意见、合法性审查、集体讨论的,不得发布施行。除依法需要保密外,规范性文件都要向社会公开。采取有效措施,加快建立健全公众参与、专家论证、风险评估、合法性审查和集体讨论决定相结合的依法科学民主决策机制。

(五)努力将广播影视发展规律和需求融入其他立法之中

创新立法思路,紧密跟踪国家相关立法工作进程,借助国家其他领域立法,体现广播影视发展规律和发展需求。特别关注与广播影视相关的法律、行政法规、规章的制定、修订工作,加强研究,主动参与,针对涉及广播影视事业产业发展的条款,及时提出补充修改意见。

(六)加快推动地方立法

地方立法是整个广播影视法律法规体系框架的重要组成部分和重要基础。广电总局大力支持广播影视地方立法工作。对国家立法时机尚不成熟但实践又急需的领域,在有立法权限的地方,广播影视行政部门要结合本地实际,主动提议制定、修改地方性广播影视法规规章,积极争取地方人大和政府的支持,率先突破、率先实践,为国家立法积累经验,创造条件。

五、广播影视"十二五"立法工作规划的组织实施和保障

(一)加强广播影视立法的领导和协调,保障广播影视立法有序进行。广播影视立法时间紧、任务重、涉及部门多、政策性强、持续时间长,必须加强组织领导。各级广播影视部门应当依照本规划,制定本部门的立法工作计划,纳入总体工作规划,建立健全由行政首长负责的工作机制,统一领导、综合协调;总局也将充分利用现有的文化立法部际联席会议等协调机制,争取中宣部、全国人大、国务院的指导

和支持,做好同有关部门的协调工作。

(二)加强广播影视法制机构和队伍建设,为立法工作提供保障。一是健全广播影视法制机构。各级广播影视部门特别是省级以上广播影视行政部门要设立专门法制机构,配备专门人员,解决专门经费,充分发挥法制机构在依法行政方面的参谋、助手和法律顾问作用。二是建立完善广播影视法制人才培养机制。各级广播影视行政部门要加强法制人才的培养力度,选拔优秀法制干部进入领导班子;建立完善法制人才交流制度;探索建立不低于采编系列的广播影视法制专门人才的晋级、考核、职称评定体系。三是法制机构及其人员要切实承担工作职责。认真履行统筹规划、组织协调、调查研究、审核把关等职责,稳步推进各项立法工作任务;法制机构工作人员也要适应新形势、新任务的要求,不断提高政治素养和业务素质,逐步提升立法工作水平。

(三)推动广播影视法制理论研究,为制度建设提供理论支撑。一是密切联系广播影视实际,积极推进带有全局性的法制理论研究。探索组建中国广播影视法学会。二是针对广播影视发展中出现的新情况、新问题,积极开展理论研究;做好制定《广播电视法》的基础理论研究;开展广播影视普法、行政执法和法律服务理论研究。三是加强对国外广播影视法律制度的研究,吸收借鉴国外广播影视法制建设的先进理论及有益经验。四是加强与高等院校、法制研究机构等机构的合作,积极搭建学术交流和研讨平台,充分借用外脑,完善法制研究的合作机制。

关于规范性文件合法性审查的规定(试行)

(2011 年 1 月 27 日　广办发法字〔2011〕14 号)

一、审查范围

各司局送法规司进行合法性审查的文件应当同时符合下列标准:

1. 以总局或者总局办公厅名义对外公布;
2. 为执行有关法律、行政法规、规章和上级规范性文件(含“三定方案”等);
3. 依照法定权限和程序制定;
4. 涉及广播影视管理相对人的权利和义务;
5. 针对不特定管理对象,对广播影视行业具有普遍约束力;
6. 能够反复适用的行政措施,非临时行政管理行为、政策、制度等。

下列文件原则上不属于规范性文件合法性审查范围:

1. 原文转发的上级部门文件;
2. 不向社会公开的行政管理文件、文书;
3. 依据法定职权做出的具体检查、验收、部署等工作要求;
4. 党内文件以及人事任免、财务计划、外事项目审批等文件、文书;
5. 针对特定对象的行政处罚、行政许可、行政强制等行政管理文书;
6. 不属于规范性文件合法性审查范围的其他文件、文书。

二、审前预核

1. 各司局办公室应当依据审查范围规定的标准,对本司局拟发文件进行预核,选择需进行合法性审查的规范性文件送法规司审查;

2. 办公厅应当依据审查范围规定的标准,对未经法规司合法性审查的文件进行预核,对需进行合法性审查的规范性文件退主办司局,由主办司局根据相关要求送法规司审查。

三、审前情况提供

负责规范性文件起草工作的司局应当按照《规范性文件合法性审查有关工作情况通报表(试行)》的要求,向法规司如实提供相关资料和工作情况。通报表格式可在总局内部网站上下载使用。

四、审查职责

法规司应当从以下六个方面对拟发规范性文件进行合法性审查:

(一)是否符合法律、行政法规、规章和上级规范性文件的规定;

(二)是否与原有的规范性文件相协调、衔接;

(三)是否含有不能设置的行政处罚、行政许可和行政强制以及其他不得由规范性文件设定的事项;

(四)是否属于执行有关法律、行政法规、规章和上级规范性文件且需要制定规范性文件的事项;

(五)是否属于制定司局的法定职权范围;

(六)其他需要审查的内容。

关于贯彻《中华人民共和国民族区域自治法》的若干意见

(2011 年 10 月 28 日　广发〔2011〕88 号)

民族区域自治制度是我国的一项基本政治制度。《中华人民共和国民族区域自治法》(以下简称《民族区域自治法》)是国家保障少数民族和民族地区各项权利的基本法律。为深入贯彻落实科学发展观,宣传贯彻民族区域自治制度,遵守执行《民族区域自治法》,进一步繁荣发展少数民族和民族地区广播影视事业,促进少数民族和民族地区经济发展、政治稳定、文化繁荣、社会进步,有效提高少数民族和民族地区广播影视节目的质量和水平,全面加强少数民族和民族地区广播影视公共服务体系建设,大力培养少数民族和民族地区广播影视人才,解决突出困难和特殊问题,现提出如下意见。

一、指导思想和中心任务

指导思想:高举中国特色社会主义伟大旗帜,以邓小平理论、"三个代表"重要思想为指导,深入贯彻落实科学发展观,牢牢把握社会主义先进文化的前进方向,以建设社会主义核心价值体系为主线,紧紧围绕团结奋斗、共同发展的民族工作主题,不断满足各族人民日益增长的精神文化需求,努力推动少数民族和民族地区广播影视大发展大繁荣。

中心任务:以《民族区域自治法》第三十八条"民族自治地方的自治机关自主地发展具有民族形式和民族特点的文学、艺术、新闻、出版、广播、电影、电视等民族文化事业,加大对文化事业的投入,加强文化设施建设,加快各项文化事业的发展"的规定为工作要求,全国广播影视系统必须高度重视,从实际出发,积极落实总局提出的各项措施。推出内容更加新颖、形式更加多样、数量更加丰富的少数民族广播影视节目;加强优秀节目少数民族语言译制工作;提高民族地区广播电台电视台少数民族语言节目自办率;有效巩固并继续实施广播电视"村村通"工程;进一步巩固少数民族和民族地区,尤其是边远农牧区电影放映工程建设成果,改善电影放映条件；努力推进少数民族广播影视对外交流；加强少数民族广播影视人才队伍建设。

二、主要措施

（一）进一步鼓励和支持少数民族广播影视精品创作

加强对少数民族广播影视创作生产的引导，培育少数民族语言频率、频道品牌栏目和节目。鼓励播放少数民族题材优秀剧目。积极支持少数民族地区影视剧创作。将少数民族题材电影纳入农村题材影片或重点影片的资助范围，对民族地区申报的电影项目给予政策支持和重点关注。支持少数民族题材优秀电影进入主流院线播映。鼓励少数民族题材和少数民族语言广播影视节目参加各类广播影视评奖活动。各地广播电台电视台可积极向中央电视台春节联欢晚会等大型文艺活动主办方推荐当地优秀的民族节目、民族演员；举办大型活动时，应注意排演民族题材节目，吸收民族演员、民族选手参与。

（二）进一步做好少数民族语言广播影视节目译制工作

进一步加强各地少数民族语言译制中心建设，鼓励广播影视企事业单位设立少数民族语言广播影视节目译制中心。增加优秀广播影视节目的民族语言译制量，广电总局每年将推荐一定数量的影片作为少数民族语言译制片目，通过资金支持，加强少数民族地区影视剧译制。继续做好为少数民族地区捐赠优秀影视剧作品的工作，努力满足少数民族地区广大群众的精神文化需求。各级广播电台电视台以及广电系统所属影视制作经营机构，向已开办少数民族语言频道的广播电台电视台提供其拥有版权的电视剧和电视节目时，在收取译制版权费和播出费方面给予减免优惠。

（三）进一步改善少数民族和民族地区广播电视传输、覆盖和接收的条件

继续稳步推进“村村通”工程、西新工程建设，积极实施直播卫星公共服务工程，推动广播电视由“村村通”向“户户通”延伸，让民族地区农民群众收听收看更多更好的广播电视节目。在条件具备的情况下，对尚无广播电台电视台的民族地区广播电视播出机构设立工作，对少数民族语言广播电视频率、频道和栏目的开办以及在境外落地、技术服务输出予以政策支持。对少数民族和民族地区境外卫星电视传播秩序专项整治经费给予财政保障。加强民族地区广播影视设施建设，改善基层广播影视条件。支持民族地区大力发展移动多媒体广播电视、网络广播影视等新媒体新业态。增加中央人民广播电台现有的蒙古、藏、维吾尔、哈萨克、朝鲜

五种少数民族语言广播节目的播出时间,逐步实现各语言节目整频率播出。

(四)进一步实施少数民族和民族地区农村电影公益放映工程

积极争取少数民族和民族地区农村公益放映在资金配套上享受国家西部地区的政策。进一步改善少数民族和民族地区农村电影放映设施的设备和条件,力争到 2020 年室内固定放映点达到三分之一以上,同时实现固定和流动数字化放映全覆盖。积极培育发展少数民族地区农村电影放映主体,形成以国有或国有控股农村数字院线公司为主体,以民营农村数字院线公司为补充的农村电影发行放映新格局。

(五)进一步促进少数民族广播影视节目对外交流

发挥边疆少数民族人文优势,加强与周边国家广播影视文化交流,促进和谐周边环境建设。每年安排一定数量的少数民族影视节目参与中外互办文化年和在国外举办的中国广播影视节展等。打造一批少数民族广播影视对外交流精品。进一步提高边疆民族地区广播电视覆盖率和影响力,支持少数民族语言频率频道在境外落地。鼓励民族地区广播影视技术服务输出。

(六)进一步加强少数民族广播影视人才队伍建设

努力造就一支数量充足、结构合理、门类齐全、素质较高的少数民族广播影视工作者队伍,着力培养一大批广播影视行业少数民族经营管理人员和专业技术人才。加大对少数民族和民族地区广播影视干部的培训力度,建立和完善民族地区与其他地区广播影视干部交流制度。

关于印发《广电总局依法行政工作领导小组工作机制》、《广电总局依法行政工作领导小组办公室工作机制》的通知

（2012 年 2 月 22 日　广办发法字〔2012〕24 号）

广电总局依法行政工作领导小组工作机制

一、主要职责

1. 贯彻落实国务院依法行政工作的重要部署。

2. 研究制定广播影视依法行政工作总体方案，确定年度工作要点。

3. 指导部署广播影视依法行政各项工作，研究解决依法行政工作中的重大问题。

4. 指导广播影视依法行政工作的监督检查和评议工作。

5. 讨论决定需要领导小组审议的其他事项。

二、工作制度

1. 会议制度。广电总局依法行政工作领导小组（以下简称领导小组）每年年初定期召开会议，总结上一年度依法行政工作，布置新一年工作任务，讨论广播影视依法行政相关事项。根据工作需要也可临时召开会议。

领导小组办公室负责会议记录和撰写会议纪要。

会议决定事项，由领导小组办公室负责组织实施，有关情况及时向小组成员通报。总局机关各司局对领导小组决定事项，应认真贯彻落实，加强协调配合。总局机关各司局应认真完成负责的依法行政相关工作，并及时向领导小组汇报。

2. 工作报告制度。每年年底前，总局机关各司局应以书面形式向领导小组报告本司局推进依法行政工作情况，包括年度内采取的重要举措、取得的工作成效、

总结的经验体会、存在的问题以及下一年度工作计划。各司局应积极向领导小组办公室报送依法行政工作信息。

广电总局依法行政工作领导小组办公室工作机制

一、主要职责

1. 起草广播影视依法行政工作规划、年度工作要点等相关文件。

2. 监督、检查、协调广播影视依法行政具体工作任务。

3. 协调解决广播影视依法行政工作的具体问题。

4. 起草广播影视依法行政评议标准,组织广播影视依法行政评议工作。

5. 收集依法行政工作信息。

6. 负责联系广电总局依法行政工作领导小组(以下简称领导小组)成员,为领导小组成员服务。

7. 负责领导小组日常工作。

8. 完成领导小组交办的相关工作。

二、工作制度

1. 领导小组办公室会议制度。广电总局依法行政工作领导小组办公室(以下简称领导小组办公室)会议在每个季度召开一次或根据工作需要临时召开,主要内容为:检查落实领导小组决定的情况;通报本季度依法行政相关情况;研究提出工作建议;审议提交领导小组会议讨论的文件;协调解决具体工作问题等。

2. 法律服务沟通协调制度。领导小组办公室指定法规司具体处室对口服务各司局相关法律事务,并确定法规司各处室的专门工作人员作为联络员。领导小组办公室制作法规司对口服务联络员联系表,并设短信平台保持日常联系。法规司应积极利用专业知识及时解答总局机关各司局的法律咨询。

3. 规范性文件审查协调制度。领导小组办公室及时召集总局相关司局的领导小组办公室成员,研究解决规范性文件审查中发现的问题,完善规范性文件制定程序。

4. 典型案例分析及重大法律风险通报制度。领导小组办公室定期或不定期通报行政复议、行政诉讼等行政争议纠纷的处理情况,提醒防范行政管理中的重大法律风险,提出相关意见建议。

5. 地方广播影视依法行政监督指导制度。领导小组办公室具体负责指导地方广播影视系统依法行政,定期或不定期进行监督检查。

6. 信息简报制度。领导小组办公室整理收集广播影视依法行政相关信息,并通过《广播影视法制工作简报》专栏或信息专报形式传达。

7. 评议评比制度。领导小组办公室负责起草广播影视依法行政评议评比标准,并组织广播影视依法行政评议评比工作,推荐广播影视依法行政先进单位和先进个人。

8. 学习制度。领导小组办公室定期或不定期组织领导小组办公室成员集体学法活动或提供学法书籍,提高运用法治思维和法律手段解决问题的能力。

9. 经费保障制度。总局设依法行政专项经费,由领导小组办公室统筹安排,用于依法行政相关工作。

关于进一步加强网络剧、微电影等网络视听节目管理的通知

(2012 年 7 月 7 日　广发〔2012〕53 号)

近年来,网络剧、微电影等网络视听节目作为一种新兴网络文化业态发展迅速,在丰富人民群众精神文化生活、为人民群众参与文化建设方面提供了新的渠道。但必须看到,部分网络剧、微电影等网络视听节目出现了内容低俗、格调低下、渲染暴力色情等问题,亟需加强引导和规范。为深入贯彻落实党的十七届六中全会精神,进一步繁荣健康向上的网络文化,依据《互联网视听节目服务管理规定》(广电总局、信息产业部令第 56 号),现就进一步加强网络剧、微电影等网络视听节目管理,通知如下:

一、鼓励生产制作健康向上的网络剧、微电影等网络视听节目

(一)生产制作健康向上的网络剧、微电影等网络视听节目,是繁荣发展网络文化、实施网络内容建设工程的重要方面。作为面向社会大众的文化产品,必须始终坚持正确导向,把社会效益放在首位,自觉遵守法律法规和社会道德,积极传播主流价值,充分发挥引领风尚、教育人民、服务社会、推动发展的积极作用。

(二)国家鼓励广播电台、电视台、网络广播电视台、互联网视听节目服务单位、影视节目制作单位等各类机构,生产制作适合网络传播、体现时代精神、弘扬真善美、人民群众喜闻乐见的网络剧、微电影等网络视听节目。

二、强化网络剧、微电影等网络视听节目播出机构准入管理

(一)从事网络剧、微电影等网络视听节目播出的互联网视听节目服务单位,应具有满足审核需求的经国家或省级网络视听节目行业协会培训合格的审核人员,具备健全的节目内容编审管理制度,并依法取得广播影视行政部门颁发的《信息网络传播视听节目许可证》,严格按照许可业务范围开展业务。

(二)从事生产制作并在本网站播出网络剧、微电影等网络视听节目的互联网

视听节目服务单位，应同时依法取得广播影视行政部门颁发的《广播电视节目制作经营许可证》和相应许可的《信息网络传播视听节目许可证》。

三、强化网络剧、微电影等网络视听节目内容审核

（一）互联网视听节目服务单位要按照“谁办网谁负责”的原则，对网络剧、微电影等网络视听节目实行先审后播管理制度。互联网视听节目服务单位在播出网络剧、微电影等网络视听节目前，应组织审核员对拟播出的网络剧、微电影等网络视听节目进行内容审核，审核通过后方可上网播出。

1. 具有网络剧播出资质的互联网视听节目服务单位播放网络剧、微电影、网络电影、影视类动画片、纪录片等视听节目，应组织3名以上审核员进行内容审核，审核一致通过后由本单位内容管理负责人复核、签发。所有审核通过的网络剧、微电影、网络电影、影视类动画片、纪录片，都应在节目片头标注审核单位编制的审核序列号。

2. 具有专业类视听节目播出资质的互联网视听节目服务单位播放文艺、娱乐、科技、财经、体育、教育等专业类视听节目，应组织2名以上审核员进行内容审核，审核一致通过后由本单位内容管理负责人复核、签发。

（二）互联网视听节目服务单位转发上传视听节目，视同为该单位自制视听节目，由该单位按照同样要求先审后播。同时，互联网视听节目服务单位应对向网站上传视听节目的个人和机构核实真实身份信息。

（三）网络剧、微电影等网络视听节目不得含有以下内容：1. 反对宪法确定的基本原则的；2. 危害国家统一、主权和领土完整的；3. 泄露国家秘密、危害国家安全或者损害国家荣誉和利益的；4. 煽动民族仇恨、民族歧视，破坏民族团结，或者侵害民族风俗、习惯的；5. 宣扬邪教、迷信的；6. 扰乱社会秩序，破坏社会稳定的；7. 诱导未成年人违法犯罪和渲染暴力、色情、赌博、恐怖活动的；8. 侮辱或者诽谤他人，侵害公民个人隐私等他人合法权益的；9. 危害社会公德，损害民族优秀文化传统的；10. 有关法律、行政法规和国家规定禁止的其他内容。

（四）网络剧、微电影等网络视听节目涉及重大革命和重大历史题材，应遵照广播影视有关管理规定执行。

（五）凡在广播影视行政部门备案公示，但未取得《电影片公映许可证》、《电视剧发行许可证》的电影和电视剧等，不得在网上播出。

四、强化网络剧、微电影等网络视听节目审核队伍建设

(一)国家和省级广播影视行政部门负责指导中国网络视听节目服务协会和省级网络视听节目行业协会,对网络剧、微电影等网络视听节目审核员开展培训和考核。具体培训内容和考核标准由中国网络视听节目服务协会在国家广播影视行政部门指导下统一制定。

(二)网络剧、微电影等网络视听节目审核员需经过节目内容审核业务培训,考核合格后方可从事节目内容审核工作。

(三)广播电视播出机构从事节目审核工作的中级职称以上人员申请成为网络剧、微电影等网络视听节目审核员,可以免予培训考核。

五、强化网络剧、微电影等网络视听节目监管

(一)各地互联网信息内容主管部门要充分发挥指导协调作用,积极配合广播影视行政部门做好网络视听节目和相关信息内容管理工作。进一步加强对属地内网站的监督管理,指导、督促其坚持正确舆论导向,大力弘扬社会主义核心价值,大力发展健康向上的网络文化,同时建立健全审核工作队伍和内容把关机制,严格依法办网,文明办网,落实行业自律和社会监督等各项措施。

(二)广播影视行政部门、互联网视听节目服务单位、网络视听节目行业协会要进一步加强对网络剧、微电影等网络视听节目的监管。

1. 各级广播影视行政部门要按照属地管理原则,全方位加强辖区内互联网视听节目内容监管。要充实监管力量,不断完善技术监管系统建设;要督促和检查互联网视听节目服务单位落实网络剧、微电影等网络视听节目内容审核的相关管理要求。

2. 互联网视听节目服务单位要切实履行开办主体职责,坚守社会责任,建立和完善本单位网络剧、微电影等网络视听节目内容审核流程,严把网络剧、微电影等网络视听节目播出关,所有网络剧、微电影等网络视听节目一律先审后播;建立网络剧、微电影等网络视听节目监播制度,加强播出监看,发现问题及时处置。

3. 网络视听节目行业协会要在广播影视行政部门指导下,积极开展行业自律活动,引导会员单位传播健康有益的视听节目,营造文明健康的网络环境。要做好网络剧、微电影等网络视听节目审核员培训和考核工作,抓紧健全完善相关工作机制。

（三）互联网视听节目服务单位应将审核通过的网络剧、微电影等网络视听节目信息报本单位所在地省级广播影视行政部门备案。

1. 互联网视听节目服务单位自审的网络剧、微电影、网络电影、影视类动画片、纪录片，应将审核通过的节目名称、内容概要、审核员和本单位内容管理负责人签字的节目审核单等信息报本单位所在地省级广播影视行政部门备案。

2. 互联网视听节目服务单位开设和自审的专业类视听节目栏目，应将审核通过的节目栏目名称、栏目内容概要等信息报本单位所在地省级广播影视行政部门备案。

（四）广播影视行政部门、互联网视听节目服务单位、网络视听节目行业协会应建立投诉受理机制，通过网络、电话等多种形式，及时受理并认真处理群众对网络剧、微电影等网络视听节目的投诉。

六、强化退出机制

（一）广播影视行政部门对违反有关法规、不能履行开办主体责任的互联网视听节目服务单位，要严格依法实行业务退出机制。

（二）互联网视听节目服务单位主要出资者和经营者应对播出的视听节目内容负责。对违规播出网络剧、微电影等网络视听节目的互联网视听节目服务单位的主要出资者和经营者，广播影视行政部门依据《互联网视听节目服务管理规定》，视情节予以警告、罚款直至5年内不得投资和从事互联网视听节目服务的处罚。

（三）对违规播出网络剧、微电影等网络视听节目的互联网视听节目服务单位，广播影视行政部门依据《互联网视听节目服务管理规定》，予以警告、责令改正、罚款等处罚；对违规情节严重的，依据《广播电视管理条例》，可予以没收违法活动设备、没收违法所得、吊销许可证等处罚。

特此通知

关于加强地面数字电视管理的通知

(2012 年 7 月 13 日　广发〔2012〕58 号)

7 月 13 日,广电总局向各省、自治区、直辖市广播影视局,新疆生产建设兵团广播电视局发出《广电总局关于加强地面数字电视管理的通知》(广发〔2012〕58 号),通知说,近段时期,多名群众来信向总局反映个别地区擅自占用无线电视频率进行地面数字电视广播的问题,经核查:

河北省文安县广播电视台擅自使用 3 个电视频道,未办理订购许可违规购买发射设备,擅自加密传输 45 套地面数字电视节目并向用户收费;

黑龙江广播电视网络股份有限公司不具备无线广播电视节目传送业务资质,擅自使用 6 个电视频道,未办理订购许可违规购买发射设备,擅自加密传输 43 套地面数字电视节目并向用户收费;

山东省滕州市广播电视台(原滕州市广播电视局)擅自与不具备无线广播电视节目传送业务资质的山东智达立实业有限公司及滕州智达立广电网络有限公司合作开展地面数字电视业务,擅自使用 5 个电视频道,未办理订购许可违规购买发射设备,使用未经总局入网认定的广播电视设备器材,擅自加密传输 44 套地面数字电视节目并向用户收费;

河南省周口市广播电视局及所属微波站擅自与不具备无线广播电视节目传送业务资质的河南省星河辰雨通讯科技有限公司合作,成立周口广电蜂网传播有限公司开展地面数字电视业务,违规使用 5 个频道,未办理订购许可违规购买发射设备,使用未经总局入网认定的广播电视设备器材,擅自加密传输 52 套地面数字电视节目并向用户收费;

云南省丽江市有线电视有限责任公司及下属的丽江数字电视有限公司不具备无线广播电视节目传送业务资质,违规使用 9 个频道,未办理订购许可违规购买发射设备,使用未经总局入网认定的广播电视设备器材,擅自加密传输 60 余套地面数字电视节目并向用户收费。

上述行为严重违反了《广播电视管理条例》(国务院第 228 号令)、《国务院对确需保留的行政审批项目设定行政许可的决定》(国务院第412号令)和《广播电视无线传输覆盖网管理办法》(广电总局令第45号)、《广播电视设备器材入网认定管理办法》(广电总局令第25号)等法规规章,严重扰乱了广播电视传输覆盖网正常秩序,损害了人民群众利益,影响恶劣。为加强管理,严肃纪律,河北、黑龙江、山东、河南、云南省广播电影电视局要立即组织有关单位认真整改,限期纠正这些违规行为,停止擅自开展的地面数字电视广播,并于2012年8月1日前将整改报告报总局。

地面数字电视广播是广播电视传输覆盖网的重要组成部分,是各级政府提供广播电视公共服务的重要渠道,是广大人民群众获取新闻信息、享受精神文化生活的基本手段。同时,广播电视频率是国家资源,必须按照国家和总局的有关规定统一规划、合法使用。各级广播电视行政主管部门要牢固树立政治意识、大局意识和责任意识,充分认识违规开展地面数字电视业务的危害,切实履行职责,举一反三,全面查找本辖区内是否有上述类似违规行为,一旦发现要立即查处、坚决整改。现将有关要求强调如下:

一、要按照总局统一规划和相关技术标准有序开展地面数字电视广播,确保人民群众的基本收视权益。

二、开展地面数字电视业务必须按程序报总局审批,未经批准不得擅自占用频率、擅自发射。

三、要严格按照批准的技术参数和电视频道发射,不得擅自变更技术参数和业务范围。

四、要使用有广播电视设备器材入网证的设备,要持《无线广播电视发射设备订购证明》购买地面数字电视发射设备。

五、不得与不具备无线广播电视节目传送业务资质的单位进行合作。

各省(区、市)广播影视局要将本通知迅速转发至本省各级广电行政部门和有关单位,按照通知要求,认真贯彻落实,坚决依法打击违规行为,确保地面数字电视健康有序发展。

关于实行电视纪录片题材公告制度的通知

(2013 年 2 月 7 日　广发〔2013〕11 号)

2 月 7 日,广电总局向各省、自治区、直辖市广播影视局,新疆生产建设兵团广播电视局,解放军总政宣传部、中央电视台、中国电影集团公司、中央新影集团、中国教育电视台、中央和国家有关单位发出《关于实行电视纪录片题材公告制度的通知》(广发〔2013〕11 号),通知说,近年来,我国电视纪录片创作生产日趋活跃,产量质量不断提高,呈现出良好的发展势头。根据《广电总局关于印发加快纪录片产业发展的若干意见的通知》(广发〔2010〕88 号)精神,为进一步繁荣电视纪录片市场,推动电视纪录片创作生产健康有序发展,帮助纪录片业界及时了解电视纪录片题材信息,吸引社会力量参与电视纪录片创作生产,避免产生题材撞车、资源浪费等问题,促进形成电视纪录片创作生产题材丰富、布局科学、资源优化、精品涌现、人才辈出的良好局面,国家广电总局自 2013 年起实行电视纪录片题材公告制度,汇总全国电视纪录片创作生产、中外合拍、引进境外电视纪录片(含素材)等题材信息,向社会公告。现就做好相关工作通知如下:

一、本《通知》所称电视纪录片,是指以自然世界、人类社会为表现对象,以非虚构的真实记录为表现手法,以公开播出为展示渠道的电视片。

二、电视纪录片题材实行中央、省(自治区、直辖市)两级汇总,国家广电总局统一公告制度。

(一)中央和国家有关单位所辖机构计划制作电视纪录片题材信息、中外合拍电视纪录片题材信息、从境外引进电视纪录片(含素材)题材信息,报国家广电总局。

(二)军队系统机构计划制作电视纪录片题材信息、中外合拍电视纪录片题材信息、从境外引进电视纪录片(含素材)题材信息,由解放军总政治部宣传部汇总后报国家广电总局。

(三)地方机构计划制作电视纪录片题材信息、中外合拍电视纪录片题材信息、从境外引进电视纪录片(含素材)题材信息,由其所在地省级广播影视行政部门汇总后报国家广电总局。

三、国家广电总局对全国电视纪录片题材信息进行汇总分析，与制作机构沟通协调后，制定《全国电视纪录片题材目录》，向社会公告。

四、列入《全国电视纪录片题材目录》的国产电视纪录片及其制作机构，可优先参评国家广电总局推荐优秀国产纪录片和年度优秀国产纪录片及创作人才扶持项目。

五、列入《全国电视纪录片题材目录》的电视纪录片，如需变更片名、集数、制作机构，应按照本《通知》第二条规定重新报送。

六、各省级广播影视行政部门要高度重视纪录片创作生产工作，认真组织做好电视纪录片题材汇总工作，特别是要做好社会制作机构的电视纪录片题材汇总工作，提高服务意识，以服务促发展，以服务促繁荣。

七、电视纪录片题材公告实行半年制。每年 1 月，发布全国上半年电视纪录片题材公告，中央和国家有关单位、军队系统、各省级广播影视行政部门请于 1 月 1 日前，将上半年电视纪录片题材报国家广电总局。每年 7 月，发布全国下半年电视纪录片题材公告，中央和国家有关单位、军队系统、各省级广播影视行政部门请于 7 月 1 日前，将下半年电视纪录片题材报国家广电总局。

电视纪录片题材公告由国家广电总局印发中央和国家有关单位、军队系统、各省级广播影视行政部门，并通过国家广电总局政府网站和中国纪录片网同时向社会公布，以供查阅。

八、2013 年上半年电视纪录片题材，中央和国家有关单位、军队系统、各省级广播影视行政部门请于 2013 年 4 月 20 日前，报国家广电总局。

九、报送电视纪录片题材，须统一使用国家广电总局制定的表格（见附件），一片一表，用 EMS 寄送（并发电子版，电子邮箱：xcsjlp@ vip. cntv. cn）。

国产电视纪录片题材汇总材料请寄：北京市复兴门外大街 2 号国家广电总局宣传管理司，邮编：100866。联系电话：010 – 86092361；传真：010 – 86092693。

中外合拍电视纪录片题材、从境外引进电视纪录片（含素材）题材汇总材料请寄：北京市复兴门外大街 2 号国家广电总局国际合作司，邮编：100866。联系电话：010 – 68020753；传真：010 – 68010174。

十、本《通知》自下发之日起执行。各有关单位要尽快传达到所辖电视纪录片相关机构，确保相关机构准确了解并落实通知要求。

关于加强未成年人参与的广播电视节目管理的通知

(2013 年 3 月 10 日　广发〔2013〕17 号)

2004 年以来,各级广播电视机构认真贯彻落实中央《关于进一步加强和改进未成年人思想道德建设的若干意见》,在知识性、趣味性、教育性相统一上下工夫,制作播出大量适应不同年龄层次未成年人欣赏需求、促进未成年人健康成长的广播电视节目,取得了良好成效。但同时也要看到,部分有未成年人参与的广播电视节目不同程度地存在商业化、成人化和过度娱乐化的不良倾向及侵犯未成年人权益的现象。如,有的节目让未成年人浓妆艳抹、演唱婚恋情爱歌曲;有的节目戏弄未成年人,让少年儿童出丑、失控;有的节目在未成年人面前展示父母的矛盾、家庭纠纷,给未成年人心理造成伤害;有的节目擅自暴露犯罪、生病、受害的未成年人的姓名、图像、声音等个人信息,等等。这些做法违反了中央关于净化社会文化环境、促进未成年人健康成长的总体要求,背离了广播电视保护未成年人、服务未成年人的公益宗旨,有损未成年人身心健康。为此,现就有关事项通知如下:

一、坚持正确的价值观,充分发挥教育引导功能。广播电视节目按照加强和改进未成年人思想道德建设的总体要求,积极引导未成年人追求真、善、美,树立正确的世界观、人生观、价值观。对不切实际的"明星梦"和幻想"一唱成名"的心理,要加强正面疏导。节目中不宜宣扬童星效应,不要刻意营造"众星捧月"的氛围。对未成年人一些不妥当言行,要善意纠正和及时引导。

二、保护童真童趣,防止成人化倾向。未成年人参与广播电视节目,其服饰、表演要符合年龄特征,一般不以成人妆饰出境,不模仿成人表演。主持人不得诱导未成年人谈论名利、情爱等话题。未成年人表演的歌舞应主要为少儿歌舞、校园歌舞或格调清新健康的民族歌舞。

三、慎设竞赛排名环节,避免造成心理伤害。广播电视节目要充分保护处于心理发育特殊阶段的未成年人的心理健康,尽量减少竞争激烈的竞赛排名环节,不得诱导未成年人现场拉票,不宜强化晋级、淘汰、名次等观念,不宜盘问未成年人失败退出的感受,避免给未成年人造成心理阴影。

四、合理安排节目录制,避免影响未成年人正常学习生活。各播出机构策划制作未成年人参与的广播电视节目要适度适量,防止因人员过多、密度过大而加重未成年人身心负担。要妥善安排录制时间、充分保障参与者正常的学习生活秩序。非少儿类节目要尽量减少未成年人参与。群众参与的选拔类节目要严格遵守有关规定,未经批准不得吸收18周岁以下人员参赛。

五、增强法律意识,保护未成年人隐私。广播电视节目要严格遵守《未成年人保护法》《预防未成年人犯罪法》等法律法规,尊重和保护未成年人个人隐私。对未成年人的罪错经历、身心疾病、受害细节等涉及隐私问题,要谨慎处置,不得随意披露其图像、声音、姓名、住所、学校、家庭关系等有可能造成不良后果的信息资料,不得诱导、强迫未成年人讲述家庭隐私。对未成年人犯罪案件,不得披露该未成年人的姓名、住所、照片及可能推断出该未成年人身份的资料。

六、保护未成年人情感,体现人文关怀。情感故事类、矛盾调解类等节目要特别注意尊重和保护未成年人情感,不宜就家庭矛盾纠纷采访未成年人,不得要求未成年人参与节目录制和现场调解,避免未成年人亲眼目睹亲人的矛盾冲突和冷漠仇视。

七、扩大少儿节目播出阵地,强化正面教育引导。各级广播电视播出机构特别是电视上星频道和省地市级主频道主频率,要在课余和节假日等未成年人相对集中收听收看的时段,积极开办少年儿童节目。各级广播电视行政管理部门对弘扬社会主义核心价值观,富有时代气息,格调积极健康,具有较强的针对性、教育性、贴近性、趣味性的少儿节目,要在资金、评奖等方面给予优先考虑。

八、增加自办少儿节目、贴近少儿现实生活。广播电视少儿频道频率要针对当地少年儿童需求,增加自制节目播出比例。每日6:00至22:00之间,首播自制少儿节目时长达到120分钟的频道频率,可以参与评选该年度的少儿精品发展专项资金项目。各少儿频道频率要坚持"开门办节目"的宗旨,加强与家长、学校、少儿研究机构的联系与合作,着力反映未成年人的成长、学习、生活实际,结合未成年人的心理和行为特质,针对当前少儿成长中的突出问题,合理设置选题和环节,提高少儿节目的针对性、教育性、贴近性、科学性。

九、加大监管力度,坚守频道频率定位。少儿频道频率和动画频道要坚守频道频率定位和宗旨,以播出未成年人节目为主,不得擅自播出以成人为接收对象的影视剧等节目,不得播出不适宜未成年人的商业广告。总局将加大对少儿频道频率和动画频道的监管力度,凡因播出有损未成年人身心健康的节目和广告产生较大负面社会影响、在监听监看评议中有三次以上不良记录或被总局通报批评的少儿频道频率和动画频道,不能参评该年度少儿精品发展专项资金项目,情节严重的要按《广播电视机构违规处理办法(试行)》的有关规定予以处理。

各级广播电视行政管理部门要根据本通知精神,完善相关管理措施,加强对少儿节目的指导,加强对未成年人参与的节目的管理。各级广播电视播出机构要组织台领导、频道频率负责人、节目编播制作人员,特别是制片人、导演导播、主持人等,就贯彻落实本通知开展学习讨论,进一步提高思想认识,树立正确的节目制作理念,坚决防止有损未成年人身心健康的节目播出,为未成年人提供丰富优质的精神食粮。各级收听收看机构要加大对未成年人参与的广播电视节目的监管力度,对节目商业化、成人化和过度娱乐化的错误苗头和倾向,以及侵害未成年人合法权益、影响未成年人身心健康的不当做法,要及时发现和纠正;对思想性、艺术性、观赏性、趣味性俱佳的少儿节目要及时予以表扬、推广。

特此通知

电视剧拍摄制作备案公示管理办法

（2013 年 9 月 22 日　广发〔2013〕65 号）

第一条　为进一步繁荣电视剧创作，促进电视剧产业健康发展，规范电视剧拍摄制作备案公示管理工作，根据《电视剧内容管理规定》（广电总局令第 63 号），制定本办法。

第二条　本办法适用于境内电视台播出或者境内外发行的国产电视剧（不含电视动画片）的拍摄制作管理。

第三条　国家新闻出版广电总局（以下简称总局）负责向总局直接备案制作机构（以下表述为“中直单位制作机构”）电视剧拍摄制作的备案管理、全国电视剧拍摄制作的公示管理。

省级广播影视行政部门负责本行政区域内制作机构电视剧拍摄制作的备案管理。

解放军总政宣传部艺术局、中央电视台负责所辖制作机构电视剧拍摄制作的备案管理。

省级广播影视行政部门、解放军总政宣传部艺术局、中央电视台结合实际情况，制定本地区、本系统的电视剧拍摄制作备案管理办法，并依法具体实施。

第四条　具备下列条件之一的制作机构可以申报电视剧拍摄制作备案公示：

（一）持有《电视剧制作许可证（甲种）》；

（二）持有《广播电视节目制作经营许可证》；

（三）设区的市级以上电视台（含广播电视台、广播影视集团）；

（四）持有《摄制电影许可证》；

（五）其它具备申领《电视剧制作许可证（乙种）》资质的制作机构。

第五条　电视剧拍摄制作备案内容须符合下列条件：

（一）符合《电视剧内容管理规定》（广电总局令第 63 号）的内容要求。

（二）内容涉及政治、军事、外交、国家安全、统战、民族、宗教、司法、公安等敏感内容的（以下简称特殊题材），申报拍摄制作备案公示前须征得省、自治区、直辖市以上人民政府有关主管部门或者有关方面的书面意见。

第六条 省级广播影视行政部门、解放军总政宣传部艺术局、中央电视台的备案管理程序为:

(一)依据第四条之规定,查验、核准、协调、办理备案剧目。

(二)对于合作拍摄制作的剧目,只能核准其中一家机构申报备案,交叉、重复申报备案无效。

(三)依据第五条之规定,对申报备案剧目内容进行审核。

(四)拍摄制作备案公示实行月报制。每月 5 日前(遇国家法定节假日顺延,下同),省级广播影视行政管理部门统一将核准的所辖制作机构上月拟拍摄制作剧目的备案材料,通过总局政府网站的电视剧电子政务平台上报,由总局统一汇总公示。各地的申报备案截止时间,由各省级广播影视行政管理部门自行规定。

第七条 中直单位制作机构按月报制于每月 5 日前,统一将所辖制作机构上月拟拍摄制作剧目的备案材料,通过总局政府网站的电视剧电子政务平台上报,由总局负责核准备案并办理公示。

第八条 全国申报电视剧拍摄制作备案公示的剧目须提交下列纸质材料:

(一)完整填写由总局统一规定的电视剧拍摄制作备案公示表格,加盖对应公章。

(二)1500 - 2000 字的涵盖主题思想、时代背景、主要人物和故事情节的剧情梗概。

(三)特殊题材剧目须附相关主管部门或有关方面的书面意见。

(四)省级广播影视行政管理部门负责本辖区内上述纸质材料的受理和存档工作(特殊题材剧目相关主管部门或有关方面的书面意见传真上报总局);总局负责中直单位制作机构上述纸质材料的受理和存档工作。

第九条 总局按规定对拍摄制作剧目备案材料进行查验、核准,于每月 5 日申报截止日后的 20 个工作日内,通过总局政府网站电视剧电子政务平台公示。

第十条 各级管理部门对于申报备案剧目存有异议的,有权调审材料、商议修改、直至不予备案;总局对于省级管理部门申报公示剧目持有异议的,有权视具体情况做出相应处理,直至不予公示。

对于不予备案的剧目,通过电视剧电子政务平台回复意见;对于须补充材料、修改和调整的剧目,通过电视剧电子政务平台反馈和查询意见。对于未经备案公示擅自拍摄制作的,按违规处理。

第十一条 凡已公示的电视剧目,须按公示内容拍摄制作。确须对主题思想、主要人物和主要情节进行大幅度调整的,须重新履行申报备案公示手续。

第十二条 已公示的电视剧目,如需变更剧名、集数或申报机构的,按照电视剧剧名、集数、申报机构变更管理的有关规定办理。

第十三条 已公示的电视剧目,须自公示之日起两年之内制作完成。确因特殊原因超出有效期的,申报机构须向所在省级广播影视行政部门提交延期申请,中直单位制作机构须向总局提交延期申请。

第十四条 已公示电视剧目的打印文本是该剧目制作完成后送审的必备材料,各级管理部门需进行认真查验。未经备案公示的,剧情与备案公示内容严重不符的完成片,各级审查机构不予受理审查。

第十五条 重大革命和重大历史题材电视剧拍摄制作备案公示申报的管理按有关规定执行,申报时间依照本办法执行。

第十六条 中外合作制作电视剧的拍摄制作备案公示管理按有关规定执行。

第十七条 电视剧题材分类标准、拍摄制作备案公示表附后。

第十八条 本办法自 2013 年 12 月 1 日起施行。

附件:1. 电视剧题材分类标准(略)

2. 电视剧拍摄制作备案公示表(略)

关于进一步加强卫视频道播出电视购物短片广告管理工作的通知

(2013 年 10 月 29 日　广发〔2013〕70 号)

近年来,各级电视台按照《广告法》和总局 61 号令、66 号令要求,强化广告播前审查把关,认真纠正违法违规行为,广告播出秩序持续好转,形成了较为良好的社会氛围和市场环境。但近段时间以来,广告违规问题出现反弹,特别是部分卫视频道的电视购物短片广告存在内容夸大虚假、长时间反复播出等问题,造成恶劣影响。为认真落实党的群众路线教育实践活动要求,切实维护人民群众利益,现就治理卫视频道电视购物短片广告违规问题通知如下:

一、清醒认识电视购物短片广告特点,切实加强管理

电视购物短片广告又称"广告短片购物"或"电视直销广告",是厂家或代理商通过购买电视台广告时段投放广告片,吸引观众拨打广告画面上的电话订购商品的一种商品直销方式。与为推销商品、劳务或观念而通过媒介只向公众进行信息传播的一般性商业广告相比,这种方式多了直接向公众销售商品的环节;而相比电视台自身开办的电视购物频道,两者虽然在开办主体上存在本质区别,但在表现形式上又有一定的相似之处,即都是通过吸引电视观众拨打电视屏幕上的销售电话订购商品,实现销售商品的目的。

电视购物短片广告的这种特点,使得电视观众难以分清其与电视购物节目的区别,往往将两者混为一谈,导致电视购物短片广告违规时直接影响到电视购物节目的声誉和形象,进而给电视台的公信力造成损害。对此,各卫视频道要予以高度重视,严格按照《关于加强电视购物短片广告和居家购物节目管理的通知》(广发〔2009〕71 号)对两者的界定,认真落实《广播电视广告播出管理办法》(原广电总局第 61 号令)和 71 号文件的要求,切实加强对电视购物短片广告的管理工作。

二、从源头抓起，强化企业资质审查

各卫视频道要认真审验在本频道投放电视购物短片广告的企业资质：

（一）证明其注册资本金不少于1000万元人民币和具有固定经营场所的《企业法人营业执照》、《组织机构代码证》等材料。

（二）证明其自行建立呼叫系统、物流配送和结算系统，以及健全的售后服务制度和相应机构、人员的材料。

（三）相关部门出具的证明其经销产品的质量合格检验报告和法律文书。对不具备资质条件或无法出具上述证明材料的企业，一律不得受理和播出其投放的电视购物短片广告。

三、严格规范表现形式，强化播出环节把关

各卫视频道每天18点至24点时段内，不得播出电视购物短片广告。其他时段播出电视购物短片广告时，必须严格执行总局61号令和71号文件的相关具体规定，坚决要做到以下几点：

（一）不得使用主持人作宣传。

（二）不得使用“叫卖式”夸张配音、语调、动作等作宣传。

（三）不得使用新闻报道、新闻采访、现场访谈等形式以及新闻素材、资料等作宣传。

（四）不得使用“矫形”、“塑形”、“透脂”、“甩脂”等宣传或变相宣传丰胸、减肥产品。

（五）要在屏幕画面右上角明确标注“广告”字样。

（六）每天每小时播出电视购物短片广告不得超过1条（次），每条不得超过3分钟，每天播出同一款产品或同一内容的电视购物短片广告不得超过3次。

四、严格备案管理，加强社会监督

各卫视频道要按总局要求，对审核同意在本频道投放的电视购物短片广告，需将本《通知》第2条规定的相关资质证明材料以及该购物短片广告的名称、时段、时长、次数和内容等情况，报省级广电行政部门备案。各省级广电行政部门需于每季度结束前，汇总报总局传媒司备案。总局将定期向社会公示，强化社会监督。

五、加强行政监管,查处违规行为

各省级广电行政部门要严格按照本《通知》要求,认真做好辖区内卫视频道电视购物短片广告播出的监管工作,对存在违规问题的,视情节轻重分别给予限期整改、警告、诫勉谈话、通报批评,直至暂停商业广告播出等处理,并追究相关责任人责任,向社会公开曝光。

同时,要依据总局 61 号令、71 号文件等规定和本《通知》精神,加强对其他频道电视购物短片广告内容的日常监管,发现问题,及时查处。

本《通知》自 2014 年 1 月 1 日实施。请各省局接到本《通知》后,立即转发辖区内有关单位认真遵照执行。

关于进一步完善网络剧、微电影等网络视听节目管理的补充通知

(2014 年 1 月 2 日　新广电发〔2014〕2 号)

《关于进一步加强网络剧、微电影等网络视听节目管理的通知》(广发〔2012〕53 号)下发以来,各地落实情况总体良好,对规范网络剧、微电影等网络视听节目管理起到了促进作用。但是,也有一些地方反映,有的互联网视听节目服务单位自审自播网络剧、微电影等网络视听节目,审核标准尺度不同,导致同一节目出现不同版本;个别节目的制作方不具备广播电视节目制作资质,一些需编辑的节目难以联系制作方进行重新编辑;还有一些节目未按要求及时备案。为进一步完善管理,营造文明健康的网络环境,防止内容低俗、格调低下、渲染暴力色情的网络视听节目对社会产生不良影响,现就有关问题补充通知如下:

一、各地新闻出版广电行政部门要指导辖区内互联网视听节目服务单位全面履行开办主体职责,认真落实好先审后播的管理制度,严把播出关,制作播出适合网络传播、体现时代精神、弘扬真善美、人民群众喜闻乐见的网络剧、微电影等网络视听节目。

二、从事生产制作网络剧、微电影等网络视听节目的机构,应依法取得广播影视行政部门颁发的《广播电视节目制作经营许可证》。互联网视听节目服务单位不得播出未取得《广播电视节目制作经营许可证》机构制作的网络剧、微电影等网络视听节目。

三、个人制作并上传的网络剧、微电影等网络视听节目,由转发该节目的互联网视听节目服务单位履行生产制作机构的责任。互联网视听节目服务单位只能转发已核实真实身份信息并符合内容管理规定的个人上传的网络剧、微电影等网络视听节目,不得转发非实名用户上传的此类节目。

四、各地新闻出版广电行政部门要加强广播电视节目制作经营机构的管理,对生产制作网络剧、微电影等网络视听节目的主创人员开展有针对性的培训,加强网络剧、微电影选题管理,确保所选题材积极健康向上。同时,采取举办创作座谈会、

开展优秀节目评奖、行业自律和文艺批评等方式,引导主创人员自觉坚持正确导向。

五、互联网视听节目服务单位自审自播的网络剧、微电影等网络视听节目,应在上网播出前完成节目信息备案和备案号标注工作。未按要求备案或未标注备案号的节目不得上网播出。

六、网络剧、微电影等网络视听节目播出后,群众举报或新闻出版广电行政部门发现节目内容不符合国家有关规定的,要立即下线。其中,有些节目虽然存在问题,但重新编辑后可以播出的,要立即联系节目制作机构重新编辑,重编节目经相应行政部门审核通过并形成统一版本后,方可重新上线。

七、广播电视节目制作经营机构生产制作网络剧、微电影等网络视听节目,节目内容违反广播影视有关管理规定的,主管部门要按照《广播电视管理条例》、《广播电视节目制作经营管理规定》(广电总局令第34号)予以处罚。

各地新闻出版广电行政部门要及时将本《通知》通知到辖区内《信息网络传播视听节目许可证》持证机构,并督促持证机构落实好通知提出的各项要求。

特此通知

关于广播电视节目规范使用网络信息的通知

（2014年1月13日　新广电发〔2014〕10号）

近年来，随着新媒体的快速兴起，广播电视新闻采编模式发生很大变化，从互联网上发现新闻线索、围绕网上热点展开深度报道已成为广播电视新闻报道的方式之一。广播电视作为主流媒体，对网络信息要以严肃求证的态度把握、使用。为防止和遏制新媒体、自媒体上的虚假不实信息向广播电视渗透，规范广播电视对网络信息的使用，现通知如下：

一、牢牢坚持新闻真实性原则，防止虚假新闻渗透扩散

各级广播电视播出机构要切实把新闻真实性视如生命，严格规范采编流程，健全调查采访核实制度，防止网络虚假信息渗入广播电视并向社会扩散，维护广播电视媒体的权威性和公信力。

（一）广播电视播出机构要加强采编队伍建设，提高新闻自采自制能力。

（二）广播电视节目不可不加核实直接使用网络信息（包括文字、图片、视频、音频），而应把网络信息作为新闻报道线索，经过深入调查、多源求证，按新闻报道的标准程序严谨审核后再发布，确保报道客观、全面、准确、权威。

（三）使用网络信息时，要以正确的价值观考量传播效果，不允许消极、庸俗、猎奇的网络信息通过广播电视渠道二次传播。

（四）涉及党和国家重大方针政策，民族、宗教、军事、外交等敏感领域，以及灾害天气、地震等突发事件的报道，须严格遵守相关规定，只能从权威部门获取信息，不得使用网络信息。

（五）广播电视节目使用网络信息，在核实确认其真实性的基础上，还须注明信息来源，遵守著作权法等相关法律。

二、加强正面理性评论，正确引导社会话题

广播电视要关注涉及公共利益的网络热点话题，积极主动介入讨论，客观理性

加以正面引导。

(六)广播电视要牢牢把握话语权,针对群众关心、网上热议的热点问题,加强正面、理性引导,帮助人们划清是非界限、澄清模糊认识,培育自尊自信、理性平和、积极向上的社会心态。

(七)广播电视要积极发挥主流媒体正面发声作用,对网络错误有害观点要旗帜鲜明地进行批驳,不能沉默失语。

三、规范使用语言文字,不得滥用网络语言

(八)广播电视要自觉遵守语言文字法、行业规章及现代汉语的语法规则,以国家通用语言文字为基本用语用字,维护祖国语言文字的纯洁性,在全社会发挥良好示范作用。

四、开办"以正视听"类节目,还原真相,引导舆论

(九)各级广播电视播出机构要积极开办"以正视听"类栏目,或在新闻报道中以"求真求证"的方式还原事实真相、引导社会舆论。这类节目要紧紧围绕与群众生产生活息息相关、存在疑问和误区的网络热点话题,通过亲身体验、实地调查、实验验证、专家解读等多种方式,还原真相、澄清谣言。针对一些似是而非的网络言论,要加强评论和解读,做出权威、理性、深刻、准确的解释、分析、评论与判断,引导受众理性全面地看待问题。

五、完善相关规章制度,加强培训和管理

(十)各电台电视台不得开办专门转发网络信息的新闻和评论节目。

(十一)各级广播影视行政管理部门要加强对涉网络信息节目的统筹管理,建立健全网络信息使用的规章制度,严格督促检查,规范传播秩序。

(十二)各级收听收看部门要对广播电视涉网络信息节目进行集中监督,对违规使用网络信息问题及时发现、及时警示、及时处理。

(十三)各级广播电视播出机构要加强对编辑记者的马克思主义新闻观和新闻业务培训教育,增强新闻工作者坚定的党性原则和新闻专业精神,牢固树立社会责任意识和职业道德意识,切实提高广播电视新闻宣传的科学性、针对性和权威性。

请你局(台)接此通知后,对所辖各台及各频率频道使用网络信息的情况进行

摸底排查,对不符合本通知要求的节目限期调整,确保导向正确、内容健康、格调高雅、积极向上。摸排及调整情况须于2014年2月底前上报总局。

专此通知

关于加强电影市场管理规范电影票务系统使用的通知

(2014年1月17日　新广电发〔2014〕12号)

近年来,在国家文化产业政策的推动下,我国电影产业保持了良好的发展态势,电影创作生产、影院建设和电影票房连续多年快速增长,迎来了发展的难得机遇期。与此同时,影院市场上一些违法违规经营行为也突出存在,偷漏瞒报票房行为以各种形式存在,干扰了市场秩序,损害了电影声誉,造成了恶劣影响。伴随产业快速发展相产生的市场乱象,如不及时治理整顿,坚决予以处理,将直接损害电影行业的健康、可持续发展。

为建立和完善"公开、公正、公平和透明"的电影市场体系,营造全国统一开放、竞争有序的电影市场环境,实施好国家新闻出版广电总局近日颁布的《电影院票务管理系统技术要求和测量方法》(GY/T276-2013),杜绝电影市场违法违规及各种不规范经营行为,结合目前电影市场的实际情况,现就有关事宜通知如下:

一、严格完善票务软件产品市场准入制度

(一)《电影院票务管理系统技术要求和测量方法》(GY/T276-2013)是在现行《电影院计算机票务管理系统软件技术规范》(GY/T207-2005)基础上修订的,新标准体现了科技进步和电影市场发展的需要。各有关电影单位和电影院票务管理系统软件(以下简称影院票务软件)提供商应及时完成软件升级工作,2014年5月1日起,影院不得新安装不符合新标准的影院票务软件。

(二)影院票务软件实行产品检测和备案的严格准入管理,其产品须经检测并取得备案证书后方可进入市场。

影院票务软件应符合颁布的《电影院票务管理系统技术要求和测量方法》(GY/T276-2013)的所有规定条件,当涉及到规范要求的模块和功能发生改变或升级时,须作为新版软件产品予以重新备案认定。

(三)国家新闻出版广电总局委托国家电影专项资金管理委员会办公室(简称

电影资金办),建立全国电影票务综合信息系统,负责影院票务软件产品的备案管理,并对合格的影院票务软件产品予以备案公示。软件提供商申请影院票务软件产品备案时,须向电影资金办提交软件产品备案申请、软件安装光盘、需求文档、设计文档、用户手册及软件著作权登记文件等相关材料。

(四)总局委托电影技术质量检测所,按照最新颁布的《电影院票务管理系统技术要求和测量方法》,对电影资金办委托检测的影院票务软件产品进行标准符合性检测,对需求文档、设计文档、用户手册、软件著作权登记文件等相关文档进行检验,并对通过检测的软件产品出具检测报告。

二、切实加强票务软件产品市场应用管理

(一)影院所在地县级以上(含县级)电影主管部门负责对电影院票务软件进行安装后的验收及抽查检验。影院同一时期只能安装和使用一套符合国家颁布标准、通过备案准入的影院票务软件产品,否则视为严重违规经营行为。

(二)影院初次安装或换装不同厂商的票务软件,须向软件商索取票务软件产品备案证书复印件备查,安装或换装后须向影院所在地县级以上(含县级)电影主管部门提交验收申请,由该部门或由其委托具有检测资质的机构对影院所装票务软件进行验收检测,与电影资金办票务软件产品备案信息进行核对,对通过检测的票务软件予以确认和存档,作为今后使用过程中抽验的检测依据。

(三)影院对已安装使用并通过验收检测的票务软件进行升级时,须向软件商索取电影资金办出具的该版本软件升级备案说明以备查,以保证抽验特征与电影资金办备案信息一致。

(四)影院在日常经营中须按规定使用影院票务系统出售电影票,并按规定的时间要求向国家电影票务综合信息系统报送票房数据。若特殊情况下采取其他方式出售电影票,须在标准规定的时限内将售票信息补登进入影院票务系统,并将补登日的票房数据报送至国家电影票务综合信息系统。影院不得对安装的影院票务系统软件及相关数据进行改动,若发生任何信息改动行为,则视为严重违规经营行为。

(五)影院的基础信息(影院名称、影厅、座位、影院地址、法人代表及联系方式等)发生变更后应及时填报《影院基础信息变更表》上报省级电影主管部门。省级电影主管部门在收到变更申请后,应在七个工作日内完成审核并录入全国电影票务综合信息系统。

(六)软件商对影院提供票务软件产品安装及售后服务过程中,不得对影院已安装的票务软件及相关票房数据进行改动。一经发现影院信息经过改动,将严肃追究软件商和影院双方的责任。

(七)所有票务软件通过检测、验收并备案后每二至三年须报电影资金办进行审核,由电影资金办重新核发票务软件备案证书。具体时间由电影资金办根据各软件版本的修改、变更和升级情况进行确定并通知各票务软件商。各地电影主管部门及省专项资金管委会负责对辖区内的每家影院票务软件在三年内进行一次复查。除定期复查外,还应进行不定期地抽查,确保影院规范使用票务软件系统。

三、严格规范影院经营行为

(一)加入城市主流院线的影院必须安装使用国家认定的影院票务系统进行售票和票务管理,严格执行新颁布的票务管理系统技术要求和相关市场管理法规。

(二)影院售出的电影票必须是通过经备案许可的计算机售票系统打印的电脑票,符合技术规范的要求,标明影院名称、影片片名、放映时间、票价、影厅名称、座位号及售票软件生成的影票信息二维码等必要信息。

严禁向观众出售非正规电影票,包括手工票及经手工涂改的或票面必要信息打印不完整的电脑票。

(三)影院对观众所持本影院认可的各种电影卡、券、二维码及网络售票凭证等观影凭据,必须通过经备案许可的计算机售票系统兑换为电脑票。

(四)电脑票上打印的票价必须与观众实际支付的票款一致。严禁出票价格与观众支付金额不符的违规行为。

(五)电脑票上打印的影片片名必须与观众实际观看的影片一致。严禁出现电影票上打印片名与观众实际观看的影片不符的行为。严禁出售、使用无明确影片片名的电影票。影院售票系统只用于打印、出具电影票,其它费用均须单独出具票据并予以公示。此项规定包括汽车电影院等各类经营性放映场所。

(六)影院不得擅自将数字放映服务器用于注册地点以外的场所放映。

(七)任何单位和个人应严格遵守《电影管理条例》和国家其他相关法律法规。严禁影院盗录、盗放节目;严禁放映未取得《电影片公映许可证》的影片;严禁影院通过蓝光、DVD、网络下载等非影院放映介质以经营方式放映影片,包括取得《电影片公映许可证》的影片。

四、大力加强行业监管

（一）各级电影行政主管部门和各电影单位要充分认识建立“公开、公正、公平和透明”的市场体系、规范管理和规范经营的重要意义，认真履行职责，增强法制观念，共同营造统一开放、公平诚信、竞争有序的市场环境，抵制危害电影市场秩序的行为。

（二）各级电影行政主管部门要强化市场管理职能，提高日常监管能力和手段，对各种违法违规行为依法严肃处理。

（三）中国电影发行放映协会要充分发挥行业协会在行业管理、监督、约束和职业道德建设等方面的作用，加强行业自律建设，完善行业自律公约，从市场体系建设上指导会员单位遵守行业规范和准则。建立电影行业违法违规经营行为举报制度和通报制度，设立举报电话，对于违法违规的影院及时进行通报、曝光。

（四）各电影院线公司要切实提高规范化、科学化管理水平，对所辖影院的经营行为要加强巡查和日常监督检查，发现问题及时纠正和处理，不得纵容或者包庇违法违规行为。

（五）充分发挥全国性的影片发行放映市场监督管理公司的作用，监督管理公司在依据商业合同稽查各类经营性影院的违法违规行为时，其行为要符合国家相关法律法规的规定，做到文明监察，处罚有章可循，并及时向电影主管部门通报违法违规行为。

（六）各放映单位应在售票大厅明显位置公布本单位的监督电话和行业协会的举报电话，自觉接受社会监督。

五、加大对违法违规行为的打击力度

（一）发行方、院线和影院应牢固树立法律意识，依据相关法律法规和行业规范制定发行放映合同，通过经济合同保障合法权益。各级电影行政主管部门支持有关各方依法维护自己的合法权益不受侵害。

（二）对违反上述一、二、三条款中的有关规定、一般性的违规行为，除合同利益方依据合同对违约方追究违约责任外，还可依情节轻重，单独或同时采取以下惩戒措施：

1. 中国电影发行放映协会向违法违规单位提出警告，在行业内部进行通报并在行业协会网站、《中国电影报》、《中国电影市场》等媒体曝光。

2. 中国电影发行放映协会、中国电影制片人协会联合电影制片方、发行方，在规定时间内向违法违规单位暂停所有供片。

3. 国家电影资金办会同省级专资办,做出取消其当年电影专项资金先征后返资格、各项资金资助、奖励资格。中国电影发行放映协会取消其参加星级影院评定的资格;对存在上述行为的星级影院予以摘牌处理。

(三)对下列严重违反国家相关法律法规的行为,由《电影放映经营许可证》的核发机构做出暂停或吊销该证的处理决定:

1. 使用未经备案的票务软件产品,或使用两套(含)以上票务设备或票务软件,篡改票务数据,上报票务数据严重弄虚作假,造成偷漏瞒报票房和偷税漏税的。

2. 在影院盗录、盗放影片,严重损害著作权人合法权益的。

3. 放映未取得《电影片公映许可证》的影片,或以蓝光、DVD、网络下载等非影院放映介质放映的。

(四)票务软件商销售未经备案的软件产品,或配合影院篡改票务数据、同时使用两套以上的(含两套)票务软件系统,电影资金办将取消该软件商产品备案证并予以公示,永久取消软件商的准入资格。

(五)各电影经营单位的违法违规行为如果涉嫌触犯国家的其他法律法规,各级电影主管部门须将相关信息通报公安、财政、海关、税务等有关部门,由其依法查处。

(六)影院违规事项未处理完毕之前,不得改签院线。各级电影主管部门在审核时,应注意违规影院通过变更企业名称、法人等方式逃避处罚的做法。

六、其它要求

(一)以上规定,未涉及《电影院票务管理系统技术要求和测量方法》(GY/T276 - 2013)的,自本通知发布起执行。涉及《电影院票务管理系统技术要求和测量方法》(GY/T276 - 2013)的,要按新标准进行影院票务软件升级,2014 年 10 月 1 日起,未完成影院票务软件升级的影院,不得从事电影放映经营行为。

(二)各级电影主管部门要严格督查本通知规定的执行和落实,并进行专项整顿治理活动,以确保电影经营的制度化、规范化、秩序化运行。

(三)此规定在执行过程中,各有关单位要及时发现新问题,不断总结经验,完善相关措施,保证电影产业的持续、健康发展。

关于试行国产电影属地审查的通知

（2014 年 2 月 13 日　新广电发〔2014〕27 号）

为贯彻落实党的十八届三中全会精神，进一步简政放权，深化行政审批制度改革，推进文化体制机制创新，更好发挥地方广电主管部门的职能作用，依据《电影管理条例》（国务院令第 342 号）、《电影剧本（梗概）备案、电影片管理规定》（广电总局令第 52 号）和《国家广电总局关于改进和完善电影剧本（梗概）备案，电影片审查工作的通知》（广发〔2010〕19 号），经研究决定，在 2010 年 7 月以来电影实行“一备两审制”的基础上，进一步推动在全国范围内全面试行国产影片属地审查，现将相关要求通知如下：

一、明确管理职责，规范审查程序

（一）省级广电行政部门和电影审查机构职责

1. 负责本行政区域内所属电影制片单位摄制的各类影片的审查，并在规定的行政许可时限内，作出审查决定，颁发《影片审查决定书》和相关文件，并负责电影审查中相关的制片管理工作。

2. 重大革命和重大历史题材影片，按规定要求，由省级广电行政部门电影审查机构审查通过后，送国家新闻出版广电总局重大革命和重大历史题材影视创作领导小组终审通过后，颁发《影片审查决定书》（见附件 1）。

3. 重大文献纪录影片，按规定要求，由省级广电行政部门电影审查机构审查通过后，送国家新闻出版广电总局重大文献纪录影视片创作领导小组终审通过后，颁发《影片审查决定书》（见附件 2）。

4. 中外合作影片由省级广电行政部门电影审查机构审查通过后，经中国电影合作制片公司审核通过，颁发《影片审查决定书》（见附件 3）。

5. 制片单位持省级广电部门颁发的《影片审查决定书》和相关文件送国家新闻出版广电总局，办理领取《电影片公映许可证》的相关手续（见附件 4、5）。

6. 制片单位对省级广电行政部门电影审查机构的审查决定有异议的,可以向国家新闻出版广电总局电影复审委员会申请复审。

(二)国家新闻出版广电总局和电影审查机构职责

1. 负责全国电影管理和电影审查工作的指导、监管。

2. 负责对属地审查的影片(含相关材料)进行核准,并进行抽样检查,发现有与电影审查标准不符的问题,应在属地审查意见的基础上,提出修改意见,并向省级广电主管部门下发《影片核准意见书》。

3. 负责对中央和国家机关(军队)所属电影制片单位摄制的各类影片和进口影片进行审查(重大革命和重大历史题材影片、重大文献纪录影片和中外合作影片需先经相关审查机构审查),并在规定的行政许可时限内,作出审查决定,颁发《影片审查决定书》和相关文件,并负责电影审查中相关的制片管理工作。

4. 办理各类影片发放《电影片公映许可证》的相关手续。

5. 受理电影制片单位对影片审查决定存有异议的审查工作。

二、完善审查制度,提高管理水平

全面试行国产电影的属地审查,是改革电影管理工作的重大举措,各省广电部门必须高度重视、统一思想、提高认识、改进工作,并从以下几点抓好落实:

(一)健全完善机构。要根据本地实际,在原有的电影管理部门和电影审查机构的基础上,进行调整、充实,一要把政治素质好、专业水准高、责任观念牢、服务意识强的优秀人才吸收到电影管理和审查工作中来;二要完备电影审查的技术设备设施,确保属地审查工作落到实处。

(二)严格审查标准。要提倡创作思想性、艺术性、观赏性统一,贴近实际、贴近生活、贴近群众,有利于保护未成年人健康成长的优秀影片,坚持正确的创作导向,大力发展先进文化,支持健康有益文化,努力改造落后文化,坚决抵制腐朽文化。要严格依照《电影管理条例》和相关电影审查的法规,通过电影的依法审查,不断体现和引领电影创作的正确导向,不断提高电影的艺术质量。

(三)增强服务意识。在严格依法审查的同时,必须按照行政审批的规定时限,及时审查影片并作出审查决定,为制片单位提供优质高效的服务,坚决杜绝审查工作中的不正之风。

(四)改进工作作风。今后国家新闻出版广电总局要与各省广电部门建立长效的沟通协调机制,充分吸取各省在电影审查和管理工作中的成功经验,及时了解掌握出现的问题,采取调研、培训、督导等不同方式,有针对性的进行协调和指导。不断提高电影审查质量和电影管理水平,确保电影审查工作正常进行。

本通知自 2014 年 4 月 1 日起执行。个别省级广电行政部门因技术设备等原因,暂不能承担影片审查的,需提出书面报告,但必须在 2014 年 7 月 1 日前执行。

附件:1. 重大革命和重大历史题材影片送审说明(略)

2. 重大文献纪录影片送审说明(略)

3. 合拍影片送审说明(略)

4. 国产影片送审说明(略)

5. 领取《电影片公映许可证》说明(略)

关于做好养生类节目制作播出工作的通知

(2014 年 9 月 29 日　新广电发〔2014〕223 号)

近年来,为满足广大人民群众对疾病预防、健康保健、科学养生等信息的需求,各级电视台开办了一些不同类型的养生节目,宣传普及疾病预防、养生保健等科学知识,受到广大观众欢迎。

但有些电视台播出的养生类节目存在夸大夸张宣传、嘉宾不具备执业资质等问题;有的采取植入产品功能介绍、宣传产品经销企业热线电话或现场观众作证明等方式,直接或间接地为药品、保健食品、医疗器械、医院等作广告。这些误导了电视观众,损害了人民群众的利益,严重影响了电视媒体形象。为严肃宣传纪律,规范养生类节目播出秩序,现就有关事宜通知如下:

一、高度重视电视养生类节目的规范管理

电视养生类节目是电视宣传的合理组成部分,通过专家的权威解答,向社会公众传播疾病预防、控制、治疗以及养生保健等健康知识和科学常识,有助于满足广大人民群众的信息需求,提高广大人民群众的健康防病意识,是电视媒体履行社会责任的表现。规范电视养生类节目的制作和播出,强化内容和形式的审查把关,对普及健康养生知识、维护人民群众合法权益、提升电视媒体社会公信力,具有重要作用。各级电视台要坚持媒体职能,坚守社会责任,始终把社会效益放在首位,切实加强养生类节目制作播出各环节的规范管理,不断提升养生类节目内容质量。

二、切实加强养生类节目审查把关

电视养生类节目只能由电视台策划制作,不得由社会公司制作。凡在专家资源、节目资金、制作能力等方面不具备条件的电视台,不得盲目跟风制作养生类节目。鼓励上星综合频道制作的优秀养生类节目在地面频道播出。

养生类节目应为广大观众提供真实、科学、实用、权威的资讯信息,不得夸大夸

张或虚假宣传、误导观众。要做到以下几点：

（一）主持人必须取得播音员主持人执业资质，依法持证上岗。主持中要有效控制节目进程，引导嘉宾围绕主题介绍相关知识。演员和各类社会名人不得担任养生类节目主持。

（二）聘请医学、养生、营养等方面专家作为嘉宾的，该嘉宾必须具备省级以上卫生行政部门认定的副高以上专业职称、资格，并在节目中据实提示。

（三）开设的观众咨询热线电话，须是以本台或者本频道为主体申请设立的，并只能在节目片尾进行提示。节目中不得出现任何电话号码或其他联系方式。

三、严禁以养生类节目形式发布广告

养生类节目应以介绍疾病预防、控制、治疗以及养生保健等科学知识为主要内容。严禁出现以下变相发布广告的行为：

（一）直接或间接宣传药品、保健品、食品、医疗器械或医疗机构等产品或服务。

（二）直接或间接宣传上述产品或服务的治疗作用，或借助宣传产品中某些成分的功能来明示或暗示治疗作用。

（三）明示或暗示治愈率、有效率、保健养生效果等表示功效的内容。

（四）以医生、专家、现场观众、患者、公众人物或科研机构、学术机构、医疗机构等为产品或服务作证明。

（五）节目中间以“栏目热线”等形式，宣传或提示联系电话、联系方式、地址等信息。

（六）其它违反相关法律、法规和规章的情形。

凡含有以上内容或其它变相发布广告行为的养生类节目，一律认定为商业广告，严格按照《广播电视广告播出管理办法》等广告管理规定进行管理。

四、建立养生类节目备案管理制度

上星综合频道播出养生类节目，需提前 20 个工作日，将制作主体、节目内容、播出时段、播出时长、主持人资质、嘉宾资质、热线电话设立资质和节目相关的广告编排等内容，报省级广电行政部门进行播前备案（备案表见附件）。各省级广电行政部门要认真核验辖区内上星综合频道养生类节目备案情况，并于同意备案后的 10 个工作日内，报国家新闻出版广电总局传媒司备案。备案内容不符合本《通知》要求的，应责成立即整改并重新备案。经备案的养生类节目如发生变化，需重新履行备案手续。未经备案的养生类节目一律不得播出。地面频道的养生类节目也要严格规范管理。

五、严查各类违法违规行为

各省级广电行政部门要切实加强监管,严格按照本《通知》要求,认真做好辖区内养生类节目的备案核验、日常监管和查处违规行为等工作。对存在违规问题的,要责令其立即停止违规,并限期整改。对拒不整改或整改不到位的,应视情节轻重分别给予诫勉谈话、通报批评,直至暂停养生类节目或商业广告播出等严肃处理,并向社会公开曝光。

本《通知》自明年1月1日起正式实施。请各省级广电行政部门接到本《通知》后,立即转发辖区内有关单位遵照执行。

附件:电视台养生类节目制作播出情况备案表(略)

关于进一步加强和改进电视动画片创作和播出工作的通知

（2014 年 11 月 6 日　新广电发〔2014〕268 号）

电视动画片是重要的电视艺术形式，受到各年龄段观众尤其是未成年人的喜爱。为了贯彻落实习近平总书记在文艺工作座谈会上重要讲话精神，努力创作生产更多传播当代中国价值观念、体现中华文化精神、反映中国人审美追求，思想性、艺术性、观赏性有机统一的优秀作品，更好地发挥电视动画片促进未成年人健康成长的重要作用，确保电视动画片导向正确、内容健康，现就有关事项通知如下：

一、积极主动将社会主义核心价值观融入作品。未成年人正处在价值观念确立的关键时期，电视动画片应积极承担社会责任，为未成年人提供精神和文化的营养。电视动画片创作要聚焦中华民族伟大复兴“中国梦”主题，润物无声地把社会主义核心价值观融入作品之中，形成向上向善的正能量，引导未成年人从小树立正确的世界观、人生观、价值观。要正确认识和充分发挥广播电视媒体的教育功能，在创作初期就要充分考虑如何贯穿、结合、融入社会主义核心价值观。对于剧中人物不正确的价值观念要摆明立场，通过剧情予以纠正。

二、尊重成长规律，加强未成年人保护。未成年人在成长中，会经历由形象直觉思维向抽象逻辑思维转变的过程，低龄儿童逻辑思维能力尚未成熟，其对现实与虚幻的分辨能力弱，模仿倾向突出，需要特别保护。电视动画片应找准观众群年龄定位，面向少年儿童的动画片应尊重未成年人成长规律，必须尽量防止对未成年人特别是低龄儿童造成错误示范。

三、妥善控制暴力内容，防止危险情节造成伤害。面向学龄前儿童的动画片，要确保不存在任何暴力内容、危险情节，要防止出现轻信陌生人、离家出走、将日常用品用于危险用途、在危险场所玩耍等危险行为，要实现未成年人可以独立观看而不会因模仿造成伤害。面向其他受众群体的动画片要将片中的暴力内容和危险情节降至剧情所需的最低限度，并通过巧妙的动画手法表现，防止其被儿童模仿或产生误导。

四、精心设计角色和剧情,做出正确示范引导。未成年人模仿倾向较为突出,电视动画片应通过动画角色和剧情的合理设置,主动引导未成年人学习得体的态度与行为,养成健康生活习惯,建立良好家庭关系,树立自我保护意识。动画角色不应举止言语粗俗、不遵守文明礼仪和社会公德,不应欺瞒长辈、顶撞家长,穿着暴露、行为挑逗;动画片中不应展示饮酒、吸烟等行为,不得过度展示犯罪情节。

五、明确目标受众,科学编排播出。电视动画片制作机构在创作阶段应确定目标观众群,针对目标观众群的审美习惯和心理特点,把握好相应的内容尺度,对学龄前儿童要突出保护,对学龄未成年人要突出引导。各级电视台尤其是少儿、动画频道,要根据目标受众特点,结合未成年人作息习惯,制定科学合理的动画播出安排。鼓励电视台开办目标受众明确的动画栏目,通过栏目名称、节目预告、主持人介绍等方式明示目标受众,提醒未成年人尤其是低龄儿童的监护人履行监护职责。

六、加强正面引导,慎用“请勿模仿”。动画制作和播出机构对于一些危险情节,不能简单地采用添加“请勿模仿”等提示标识来处理,更不能把添加提示标识作为规避责任的手段加以滥用,要真正从少年儿童心理发育规律出发,通过情节设计、角色语言等适当方式加以引导。

七、履行社会责任,做好跟踪服务。动画制作机构要树立责任意识、质量意识、服务意识,对广大观众反映的动画片内容问题要高度重视,认真听取各方意见,积极回应社会关切,认真负责修改作品,及时总结经验教训,不断提升创作水平。动画播出机构要严格审查、重播重审,对群众意见较大的作品,必要时及时停止播出,退回制作机构认真修改完善后再重新审定播出。

八、加强内容审查,强化监管职责。各省级广播电视行政部门要牢固树立政治意识、大局意识、责任意识、把关意识,高度重视电视动画片管理工作,严把电视动画片的内容审查关,对内容存在问题的动画片坚决不予放行。同时要关注社会舆情,听取群众意见,切实履行好监管职责,及时处置内容导向、价值取向、格调基调等方面存在的问题,为未成年人健康成长积极营造绿色荧屏空间。

请将本《通知》内容立即传达到所属国家动画产业基地、动画制作机构、播出机构。

专此通知

关于贯彻《中共中央关于全面推进依法治国若干重大问题的决定》的实施意见

（2015 年 5 月 7 日　新广发〔2015〕49 号）

为认真贯彻《中共中央关于全面推进依法治国若干重大问题的决定》精神，按照《中共中央办公厅、国务院办公厅关于印发〈中央有关部门贯彻实施党的十八届四中全会〈决定〉重要举措分工方案〉的通知》要求，为全面推进新闻出版广播影视（版权）法治建设，强化科学立法、严格执法、全民守法，加强法治队伍建设，促进新闻出版广播影视（版权）治理体系和治理能力现代化，依法推动新闻出版广播影视（版权）实现全面、协调、可持续发展，结合新闻出版广播影视（版权）工作实际，制定本实施意见。

一、进一步完善中国特色社会主义新闻出版广播影视（版权）法律法规体系

坚持立法先行，着力提高立法质量，发挥立法的引领和推动作用。尊重新闻出版广播影视（版权）基本规律，立足实际，通过制度创新，形成由专门法与相关法、法规规章、规范性文件、行业自律规则，以及党内法规等组成的完备的法律规范体系，解决新闻出版广播影视（版权）领域法律少、层级低、质量不高等问题，为改革、发展、管理、服务创造良好的法治环境，提供有力的法律保障。

（一）完善新闻出版广播影视（版权）立法体制机制

1. 坚持党对立法工作的领导。认真贯彻宪法精神，通过立法程序把党和国家在新闻出版广播影视（版权）领域行之有效的政策、改革实践中的成果和经验，转化为法律规范，使党的路线、方针、政策在新闻出版广播影视（版权）工作中得以全面贯彻落实。加强党对立法工作的领导，完善党对立法工作中重大问题决策的程序。凡立法涉及重大体制和重大政策调整的，必须按程序上报党组（党委），并向文化立法部际联席会议汇报。

2. 围绕中心工作规划立法项目。围绕新闻出版广播影视（版权）中心工作，按照条件成熟、突出重点、先易后难、统筹兼顾的要求，通盘考虑、分步实施新闻出版

广播影视(版权)立法项目。制订、实施新闻出版广播影视(版权)立法计划,加大立法项目论证调研工作,摸清实际情况,做好制度设计评估。

3. 进一步理顺和完善立法工作机制。认真执行立法法、行政法规制定程序条例和规章制定程序条例,修订完善新闻出版广播影视(版权)立法程序规定,明确新闻出版广播影视(版权)法律法规由法制部门牵头起草,部门规章、规范性文件由业务部门牵头起草,并送法制部门审核。进一步完善规范性文件合法性审查制度,提高规范性文件质量,确保规范性文件程序规范、内容合法、执行有效。

4. 发挥地方立法先行先试的作用。鼓励各地在立法权限和范围内,因地制宜制定地方性法规和地方政府规章,加强对地方新闻出版广播影视(版权)立法的指导,提高地方立法水平和质量。建立地方新闻出版广播影视(版权)立法工作交流平台,推动地方开展规范性文件合法性审查工作。

(二)深入推进科学立法、民主立法

5. 完善立法协调沟通机制。对立法中的重点难点问题和部门间分歧意见较大的重要立法事项,加强沟通协商,防止久拖不决。

6. 拓展参与途径。拓宽社会各方有序参与新闻出版广播影视(版权)立法的途径和方式,建立健全法律法规规章草案公开征求意见和公众意见采纳情况反馈机制。充分发挥政协委员、民主党派、工商联、无党派人士、人民团体、社会组织在立法协商中的作用,广泛凝聚社会共识。

7. 完善立法项目专家论证咨询机制。完善专家参与新闻出版广播影视(版权)立法机制,探索委托第三方起草法律法规规章草案,探索建立有关国家机关、社会团体、专家学者等对立法中涉及的重大利益调整论证咨询机制,探索引入重要立法事项第三方评估机制。

8. 做好立改废释和清理工作。适应文化体制改革要求,积极推进新闻出版广播影视(版权)法律、法规、规章、规范性文件立改废释工作,按国务院要求定期开展清理工作,实现新闻出版广播影视(版权)立法和改革决策相衔接。

(三)加强新闻出版广播影视(版权)重点领域立法

9. 提升管理能力。加快修订印刷业管理条例、出版物市场管理规定等法规规章,积极开展广播电视相关法律制度建设,根据行政审批改革和管理要求,修订起草新闻出版广播影视(版权)方面的部门规章。

10. 完善服务保障。加快起草全民阅读促进条例,配合做好公共文化服务保障法的起草工作,加快广播电视传输保障法立法进程。

11. 推进产业发展。加快推进电影产业促进法,配合做好文化产业促进法起草工作。按照国务院推进商事制度改革和促进民营经济发展的要求,放宽行业准入门槛,研究退出机制和措施,修订新闻出版广播影视(版权)相关规章和规范性文件。

12. 完善知识产权制度。加快推进著作权法及其配套法规的起草修订工作,完善激励创新的产权制度、知识产权保护制度和促进科技成果转化的体制机制。

13. 加强网络和新媒体立法。修订互联网等信息网络传播视听节目管理办法、网络出版服务管理规定。积极配合做好互联网信息服务管理办法修订工作,以及互联网信息服务法、网络安全法、未成年人网络保护条例等起草工作。

14. 密切关注相关法的立法。积极参与电信法、无线电管理条例、地图管理条例等与新闻出版广播影视(版权)有密切关系的法律法规起草修订工作,并认真做好法律法规征求意见的回复工作。

15. 积极参与新闻出版广播影视(版权)国际规则制定。做好新闻出版广播影视和知识产权多双边国际条约的磋商、研究和应对工作,增强我国在国际法律事务中的话语权和影响力,运用法律手段维护我国主权、安全和发展利益,加强有关国际条约和国内立法的衔接。

二、进一步提高新闻出版广播影视(版权)依法行政水平

贯彻落实国务院法治政府建设实施规划有关任务措施,深化行政审批改革,推进依法决策,创新执法体制,理顺综合执法,完善执法程序,严格执法责任,建立权责统一、权威高效的依法行政体制,切实做到“法定职责必须为,法无授权不可为”。

(四)全面履行新闻出版广播影视(版权)行政职能

16. 落实法定职责,明确执法权限。推进新闻出版广播影视(版权)行政部门机构、职能、权限、程序、责任法定化,理清“扫黄打非”机构和文化市场综合执法机构的执法职责权限。加快电子政务与电子监管平台建设,实现权力运行的程序化、清单化。

17. 规范权力运行,完善行政审批制度。深化新闻出版广播影视(版权)行政审批改革,严格按照行政许可法要求履行审批职能。完善政务大厅,一个窗口统一受理。认真研究网上审批改革创新,研究制定“行政审批权力取消、下放后续监管”和“保留的行政审批项目规范化运行”相关制度措施,确保行政审批权力运行合法规范。

18. 改进工作机制,推行依法行政示范点工作。积极开展新闻出版广播影视(版权)行政部门依法行政示范点工作,全面落实依法行政工作意见。改进依法行政工作领导小组工作机制,组织形式多样的专题会议,及时对依法行政中的风险进

行预警和提示。

(五)健全新闻出版广播影视(版权)依法决策机制

19. 完善党组(党委)重大决策程序。认真执行党组(党委)议事规则,把公众参与、专家论证、风险评估、合法性审查、集体讨论决定确定为重大行政决策法定程序,确保决策制度科学、程序正当、过程公开、责任明确。

20. 完善重大决策合法性审查机制。对重大决策事项进行必要的法律风险评估,未经合法性审查或经审查不合法的,不得提交党组(党委)会或局务会讨论。

21. 健全责任追究机制。完善重大决策终身责任追究和责任倒查机制,对决策严重失误或者依法应当及时作出决策但久拖不决造成重大损失、恶劣影响的,依法严格追究相关人员的法律责任。

(六)完善新闻出版广播影视(版权)行政执法机制

22. 加强对文化市场综合执法的指导。按照中央的统一部署,遵循减少层次、整合队伍、提高效率的原则,合理配置执法力量,完善市县两级政府行政执法管理,理顺执法体制,加强统一领导和协调。完善新闻出版广播影视(版权)行政执法证的管理。

23. 规范行政执法行为和程序。重点规范行政许可、行政处罚、行政强制等执法程序,进一步明确执法操作流程,建立执法全过程记录制度,推行执法依据、执法文书等执法公示制度。理顺行政强制执行体制,健全行政执法和刑事司法衔接机制,确保法律公正、有效实施。

24. 建立健全行政裁量权基准制度。修订新闻出版广播影视(版权)行政执法实用手册,细化、量化新闻出版广播影视(版权)行政裁量标准,规范裁量范围、种类、幅度。

25. 加强重大执法决定法制审核。新闻出版广播影视(版权)重大执法决定、行政处罚和行政强制文书须经法制部门审核,确保行政执法程序正当、实体公正、适用法律正确。

26. 加强社会关注、群众关心的重点领域执法。深入开展“扫黄打非”,继续严厉打击“假报刊、假记者站、假记者”、“假新闻”和“乱收费、乱摊派”,坚决打击网络淫秽色情、网上侵权盗版、违法安装卫星地面接收设施及非法设立广播电台电视台等行为,加强新闻出版广播影视广告监管,营造健康向上的舆论环境,维护公民文化权益,规范新闻出版广播影视(版权)市场秩序。

27. 创新执法手段。完善新闻出版广播影视(版权)技术监管体系,提高执法和服务水平，改善地方行政执法条件。

28. 完善执法巡查评查。制定新闻出版广播影视（版权）行政执法监督检查文件，建立健全行政执法巡查制、案件办理评查制、先进典型示范制等制度。

29. 全面落实行政执法责任制。严格确定不同部门及机构、岗位执法人员执法责任和责任追究机制。

（七）强化新闻出版广播影视（版权）行政权力监督制约机制

30. 全面推进政务公开。贯彻实施政府信息公开条例，完善政府信息公开工作机制，明确各相关部门公开范围和职责，加强新闻出版广播影视（版权）政务信息数据服务平台和便民服务平台建设，向社会全面公开新闻出版广播影视（版权）机构职能、法律依据、实施主体、职责权限、管理流程、监督方式等事项，重点推进财政预算、公共资源配置、重大建设项目批准和实施、社会公益事业建设等领域的政府信息公开。依法做好主动公开和依申请公开事项，及时公布涉及相对人权利和义务的规范性文件。

31. 认真做好行政复议和行政诉讼工作。扎实做好行政复议案件和行政诉讼案件的办理工作，进一步提高行政复议案件和行政诉讼案件办理的质量和效率，依法化解法律风险。健全行政机关依法出庭应诉、支持法院受理行政案件、尊重并执行法院生效裁判的制度。密切跟踪行政复议法修订情况，完善新闻出版广播影视行政复议相关制度建设。

32. 健全行政监督制度。加强行政机关内部监督和专门监督，完善纠错问责机制，改进对下级新闻出版广播影视（版权）行政机关的监督方式，加强审计监督，加强依法行政监督队伍建设，推动依法行政监督常态化、制度化、系统化。

三、进一步增强新闻出版广播影视（版权）推动法治社会建设能力

深入开展新闻出版广播影视（版权）法治宣传教育，抓好领导干部这个“关键少数”尊法学法用法守法工作，树立法治思维和法治意识。弘扬社会主义法治精神，建设社会主义法治文化，增强全社会厉行法治的积极性和主动性，形成守法光荣、违法可耻的社会氛围。

（八）深入推进新闻出版广播影视（版权）法治宣传教育

33. 抓好领导干部的尊法学法守法用法。坚持领导干部带头尊法学法守法用法，举办党组（党委）理论中心组专题法治学习活动。完善国家工作人员学法用法制度，把宪法法律列入党组（党委）理论中心组学习内容，列为党校及各类培训的

必修课。

34. 创新普法方式。加强新媒体新技术在普法中的运用,提高普法实效。根据“谁执法谁普法”的普法责任制,综合运用多种方式,对新闻出版广播影视(版权)管理对象和市场主体普及相关法律知识。组织开展新闻出版广播影视法律知识竞赛活动,做好“4·26”世界知识产权日及“12·4”国家宪法日宣传活动。

35. 加大法律培训力度。定期举办法治骨干培训班、综合执法培训班、知识产权骨干培训班等业务培训,培养一专多能的复合型人才。利用网络远程教学平台,加强对机关公务员、经营管理人员、编辑记者、播音员主持人等新闻出版广播影视(版权)从业人员进行分专业、分类别的法律培训,提高防范法律风险的能力。

(九)深入推进多层次多领域法治创建活动

36. 健全媒体公益普法制度。把法治宣传纳入社会主义核心价值观宣传、“中国梦”主题创作中,把法治教育纳入精神文明创建内容。策划和组织出版全面阐释中国特色社会主义法治理论、弘扬社会主义法治文化的主题出版物和广播影视节目,探索建立法治节目栏目的评选评议机制,不断提高法治题材作品的质量。

37. 推进全社会树立法治意识。指导媒体依法宣传报道,规范媒体对案件的报道,防止舆论影响司法公正。充分发挥新闻出版广播影视(版权)行业协会、社会团体行业自律和专业服务功能,发挥其对成员的行为导引、规则约束、权益维护作用。认真执行国家勋章和国家荣誉称号法,表彰有突出贡献的杰出人士。深入推进社会治安综合治理,健全落实领导责任制。

四、进一步完善新闻出版广播影视(版权)法治建设的保障机制

坚持在各级新闻出版广播影视(版权)党组(党委)领导下,在法治轨道上开展工作,严格执行党内法规,着力抓好新闻出版广播影视(版权)法治工作队伍建设,为法治建设提供强有力的组织和人才保障。

(十)健全党组(党委)领导的法治建设工作机制

38. 落实党组(党委)主要负责人第一责任人职责。党组(党委)主要负责人要履行推进法治建设第一责任人职责,完善工作机制,充分发挥党的政治领导和保障作用,统一领导、统一部署、统筹协调法治工作。

39. 完善法制部门定期汇报制度。党组(党委)要定期听取法制部门及相关部门工作汇报,及时了解立法进展、行政执法、重大案件办理及依法行政监督工作情况,切实维护法律权威,保障法律实施。

40. 健全考核评价指标体系和完善选人用人机制。将法治建设成效作为衡量领导班子和党员干部工作实绩重要内容,把能不能遵守法律、依法办事作为考察干部的重要内容,抓住新闻出版广播影视(版权)各级领导班子建设这个关键,突出政治标准,把善于运用法治思维和法治方式推动工作的人选拔到领导岗位上来。

(十一)加强法制机构和法治专门队伍建设

41. 加强法制机构建设。着力解决新闻出版广播影视(版权)行政部门、企事业单位法制机构不健全、人员编制少、无经费、无专职法治工作人员等问题,充实法治工作队伍。

42. 加强法治专门队伍建设。把思想政治建设摆在首位,加强理想信念教育,全面提高新闻出版广播影视(版权)法治人员政治素养、法律素养和业务素质,建设通晓国际法律规则、善于处理涉外法律事务的涉外法治人才队伍。建立不同层级新闻出版广播影视(版权)立法、执法干部间的双向交流和挂职锻炼机制。畅通新闻出版广播影视(版权)法制部门和其他部门具备条件的干部和人才交流渠道,实行定期轮岗。

43. 健全法律顾问制度。健全法制机构人员为主体、吸收专家和律师参加的政府法律顾问队伍,保证法律顾问在制定新闻出版广播影视(版权)重大行政决策、推进依法行政中发挥积极作用。建立健全公职律师制度和企事业单位法律顾问制度,参与决策论证,提供法律意见,促进依法办事,防范法律风险。

44. 加强法治理论研究。针对新闻出版广播影视(版权)改革发展中遇到的新问题,持续开展立法、依法行政、法治宣传教育等法治课题研究工作,形成完善的中国特色社会主义新闻出版广播影视(版权)法治理论体系,推动研究成果转化。

(十二)坚决贯彻实施党内法规

45. 推进党内法规制度体系建设。按照党内法规和规范性文件要求,及时清理、修订或废止新闻出版广播影视(版权)原有党内规范性文件,完善党内规范性文件制定程序,评估有效性,明确标准,形成配套完备的党内法规制度体系。

46. 严格遵行党规党纪。新闻出版广播影视(版权)系统党员干部不仅要模范遵守国家法律,而且要按照党规党纪以更高标准严格要求自己,坚定理想信念,践行党的宗旨,坚决同违法乱纪行为作斗争。

47. 依纪依法反对“四风”。深入开展党风廉政建设和反腐败斗争,严格落实党风廉政建设党委主体责任和纪委监督责任,形成反对和克服形式主义、官僚主义、享乐主义和奢靡之风的长效机制,对任何腐败行为和腐败分子绝不姑息。

关于进一步加快广播电视媒体与新兴媒体融合发展的意见

(2016 年 7 月 2 日　新广电发〔2016〕124 号)

广播电视媒体与新兴媒体融合发展是大势所趋,是广播电视媒体革新图存、赢得未来的必由之路。为深入贯彻党的十八大及十八届三中、四中、五中全会精神和习近平总书记系列重要讲话精神,全面落实中办国办《关于推动传统媒体和新兴媒体融合发展的指导意见》,促进广播电视媒体转型升级,提升广播电视媒体在网络空间的传播力影响力公信力和舆论引导能力,现就进一步加快广播电视媒体与新兴媒体融合发展提出如下意见。

一、总体要求

1. 指导思想。以习近平总书记系列重要讲话为指导,认真履行党的新闻舆论工作的职责和使命,始终坚持以人民为中心的发展思想,通过持续创新加快推动广播电视媒体与新兴媒体深度融合,不断巩固壮大主流宣传思想文化阵地,为协调推进"四个全面"战略布局、落实五大发展理念、决胜全面建成小康社会、实现中华民族伟大复兴的中国梦提供坚实的思想舆论支撑。

2. 基本原则。广播电视媒体与新兴媒体融合发展应坚持以下原则:

坚持正确方向。牢牢坚持党性原则、马克思主义新闻观、正确舆论导向和正面宣传为主,把正确舆论导向要求贯穿到广播电视媒体融合发展各环节、全过程。大力传播正能量,深化"中国梦"主题宣传,激发全社会共同奋进的精神力量。着力壮大广播电视主业,始终把社会效益放在首位,实现社会效益和经济效益相统一。

坚持协同创新。用深度融合的战略谋划,推动广播电视媒体和新兴媒体在内容创新、渠道拓展、平台运营、流程再造、组织重构、安全保障等各个环节的协同演进和一体化发展,通过双向驱动、并行并重、资源共享、此长彼长,实现广播电视媒体与互联网从简单相"加"迈向深度相"融"的根本性转变。

坚持因地制宜。发挥广播电视媒体的品牌优势、区位优势、资源优势和公信力优势，找准与新兴媒体深度融合的切入点和着力点，通过重大项目驱动战略实施，通过局部突破带动整体融合，通过特色服务打造竞争优势。把握分众化、差异化传播趋势，在构建舆论引导新格局中发挥主导作用。

3. 总体目标。力争两年内，广播电视媒体与新兴媒体融合发展在局部区域取得突破性进展，形成几种基本模式。在"十三五"后期，融合发展取得全局性进展，建成多个形态多样、手段先进、具有竞争力的新型主流媒体，打造出数家拥有较强实力的新型媒体集团，基本形成布局合理、竞争有序、特色鲜明、形态多样并具有可持续发展能力的中国广播电视媒体融合新格局。

二、重点任务

4. 树立深度融合发展理念。把握媒体融合发展大势，增强广播电视媒体与新兴媒体深度融合的紧迫感。以深度融合思维统领广播电视发展顶层设计和媒介资源配置，推动广播电视媒体与新兴媒体融为一体、合而为一。按照一体化发展理念，推动频率频道与广播电视媒体网站、移动客户端等新兴媒介资源有机整合，推动节目、技术、平台、人才等生产要素共享融通，实现广播电视节目向产品转变、观众听众向用户转变、分类传播向协同传播转变、传媒服务向现代传媒及综合信息服务转变。完善管理制度，推动网上网下、不同业态统一导向要求和内容标准。

5. 加快融合型节目体系建设。融合发展必须坚持内容为王，以内容优势赢得发展优势。坚持内容为王，必须增强广播电视台的节目原创能力和节目集成能力，构建面向多渠道、多终端传播的节目资源体系。强化"新闻立台"，改进新闻采编，进一步提高新闻发布及时性和节目内容权威性，把握舆论引导主动权。树立精品意识，实施品牌战略，提升节目品质，加大对影视剧、综艺、文化益智、生活服务、社会公益等各类节目内容创作生产的投入。鼓励采取自主原创、联合制作、联合开发、委托制作等方式，创新节目模式和内容，积聚种类多元的优质节目内容版权资源，做大做强节目库。开发节目版权的不同表现形态和呈现方式，为节目版权价值最大化奠定基础。增强广播电视台在原创品牌节目中的主导权，让广播电视台真正做讲好中国故事的主力军，旗帜鲜明引领文化时代风尚。积极利用互动、虚拟现实（VR）等新技术创新节目形态，激发用户参与节目创作热情，增强节目吸引力。

6. 加快融合型制播体系建设。以制播云平台为核心建设融合型的节目制作与播控体系。整合升级现有制播平台的计算、存储和网络资源，统筹各类采编渠道和各种播出方式，构建集采编、制作、存储、发布、安全管控、运营于一体的广播电视制播云平台。根据制播安全需要,建设广播电视制播公有云、私有云、混合云和专属云,并通过规范性接口、网络安全设备、通信策略等明确制播云平台体系安全边界,确保信息传输和系统安全。提升制播云平台业务基础、运营支撑、公共能力、资源适配、平台开发接口等服务能力,优化平台内容生产、内容汇聚、内容管理、内容开发、协同管理、数据分析等功能,适应节目内容多渠道采集、多方式呈现、多平台发布、多业务融合发展需要。

7. 加快融合型传播体系建设。统筹广播电视网、电信网、互联网等多种信息网络,构建泛在、互动、智能并具有信息安全保障的节目传播覆盖体系。充分利用有线、卫星、无线等广播电视网络资源,建设广播电视网络协同传播平台。积极利用电信网、互联网、移动互联网等网络资源,大力发展网络视听节目服务和综合信息服务;在广播电视媒体主导集成播控平台的前提下,稳妥、规范开展 IPTV、互联网电视等广播电视类新业务;以广电为主导,建设几个大型视频平台、音频平台和新闻资讯平台,大幅度提升广电在新兴媒体领域的影响力,为打造新型主流媒体和新型媒体集团奠定基础。适度借力商业平台传播技术和渠道,利用微博、微信公众号等社交媒体方式,“以我为主”发展融合新业态。推进节目制播与社交网络平台对接互动,利用社群吸引用户参与节目制作和传播,丰富用户体验,增强平台粘性。

8. 加快融合型服务体系建设。发挥广播电视媒体公信力优势和广播电视节目表现形态优势,依托制播云平台和各种传播资源,大力开展综合信息服务,积极融入现代服务业。努力寻求广播电视与政务、商务、教育、医疗、旅游、金融、农业、环保等相关行业合作与融合的有效路径,积极参与智慧城市、智慧乡村、智慧社区和智慧家庭建设。加快建立跨区域融合服务平台,推动全行业融合型服务业务协同共进。

9. 加快融合型技术体系建设。抢占网络信息技术制高点,开展云计算、大数据、智能技术等关键技术研发和应用,完善以云平台、大数据等先进技术为核心的广播电视融合技术支撑体系。通过整合和升级广播电视台内网资源、利用公有云服务等方式,建设广播电视制播云,推动全国性融合媒体制播云建设。利用云技术、云服务完善 IPTV 集成播控平台、手机电视集成播控平台、互联网电视集成平台等广播电视新媒体平台。建立用户大数据平台,深入分析用户的群体分布特征和多样化个性化需求,以用户数据、用户画像作为节目创新和服务创新的重要参考,做到精准生产、精准传播、精准服务。健全运营支撑系统,增强广播电视媒体直接面向用户提供服务能力。推动智能电视操作系统 TVOS 在广播电视智能终端应用，促进广播电视媒体终端智能化、标准化。

10. 加快融合型经营体系建设。树立一体化营销理念，把增强广播电视媒体整体实力作为主要经营目标，推动各类经营性业务协同发展。依托优质内容和创新平台，开发付费服务市场。创新广告经营模式，在融合发展领域培育新的广告经营增长点。面向市场深度挖掘版权内容价值，延伸版权内容产业链，实现长尾效应。借助社交网络的交融混合传播力，着力经营节目和产品的粉丝圈，深耕不同粉丝社群的潜在价值，延伸服务空间和产业价值。依托广播电视节目丰富的信息承载能力，开发从线上到线下的各类新型业务，力争从信息服务、电子商务、实体经济等多个领域获取收益。

11. 加快融合型运行机制建设。把握新闻传播规律和互联网发展规律，按照媒体融合发展需要，重构广播电视业务流程和运行机制。以广播电视新闻制播为基础，打造新闻信息的“中央厨房”，做到一次性采集、多媒体呈现、多渠道发布。以融合性业务为核心，整合广播电视资源，做大做强广播电视主业。建立融合协调机制，统一协调融合发展中的资源调度、流程对接等工作。发挥市场在资源配置中的积极作用，探索以资本为纽带加快融合发展，参与控股或参股互联网企业、科技企业，开展对互联网企业有关特许经营业务实行特殊管理股制度试点。探索跨区域资源整合和资源共享的运行方式，实现新媒体业务的集约化、规模化发展。借助社会力量加强融合项目的技术研发和市场开拓。

12. 加快融合型人才队伍建设。坚持政治家办台办网，在关键岗位、核心岗位配备政治坚定、业务精湛、作风优良的专业人才。探索人才激励措施，建立科学合理、适应新媒体特点的人才激励机制，凝聚人才，激发活力，鼓励创新，调动从业人员融合发展积极性。加强新兴媒体内容生产人才、技术研发人才、资本运作人才和经营管理人才的培养引进，优化人才结构。加强全媒型、融合型、专家型媒体人才培训，造就一批拔尖创新人才。推动人才在广播电视媒体与新媒体平台之间合理流动，激发人才创新活力。

三、实施保障

13. 加强组织领导。高度重视广播电视媒体融合发展，主要负责同志要亲自抓、负总责。各级新闻出版广电行政部门要从多方面创造条件支持加快广播电视媒体与新兴媒体融合发展。各级广播电视台要把媒体融合发展作为一把手工程，对广播电视媒体融合工作进行统一领导、统一调度、统一管理；要加强统筹规划，制定进度安排,确立重点项目,依靠项目驱动加快深度融合;要安排熟悉情况、了解新兴媒体的班子成员落实具体工作。

14. 加大政策扶持力度。国家新闻出版广电总局将从完善法规、行业准入、内容建设扶持、行业秩序规范等多个层面支持广播电视媒体融合发展,重点扶持一批新型主流媒体和新型媒体集团。各级新闻出版广电行政部门要加强辖区内融合发展重点项目的规划与设计,争取将广播电视媒体融合发展项目纳入当地经济社会文化发展规划;要探索设立广播电视媒体融合发展专项资金,现有的文化产业发展专项资金要向广播电视媒体融合重大传播平台、重点项目适当倾斜;要规范广播电视媒体引入金融资本和社会资本参与融合发展项目。各级广播电视台要以良好的公信力及优质服务保障,争取地方政府的公开信息、数据、资金等媒体合作资源优先提供给当地广播电视媒体融合发展项目;要加大对新媒体业务和媒体融合项目的直接投入,积极争取财政补助资金支持,并将全台一定比例的创收收入用于新媒体平台的建设和运营。

15. 加强知识产权保护。加强节目内容版权保护,加大对盗版、盗播等侵权行为的查处力度,维护著作人权益。完善节目版权交易制度和交易平台建设,为节目版权交易提供便利条件。推动版权保护相关技术研发应用,提升对盗版、盗播等侵权行为的追溯能力。发挥行业协会作用,强化行业自教自律,增强行业正版化意识。强化节目、信息制作传播中相关版权、商标权、专利权、商业秘密等知识产权保护意识,支持从业机构尽早申请获取相关权益。

16. 完善融合考评体系。把广播电视媒体融合发展推进成效纳入广播电视台领导班子考核体系。统筹收视收听率调查、专家评价、新媒体平台传播指数等指标,探索建立适应广播电视媒体融合发展需要的节目综合评价体系。尊重新兴媒体发展规律,把广播电视媒体综合效益的提升作为主要考核目标,避免向新媒体业务硬压经济指标和追求短期利益,给新媒体业务和融合平台必要的培育周期与成长空间。建立健全基于全媒体、大数据的节目传播综合评价标准体系,引导行业协会、第三方服务机构等单位客观提供节目综合传播监测数据服务,确保数据的公正性和权威性。

关于进一步加强社会类、娱乐类新闻节目管理的通知

（2016 年 7 月 29 日　新广电发〔2016〕141 号）

近年来，广播电视播出机构和视听新媒体机构充分发挥社会类、娱乐类新闻节目贴近性强、生动活泼的特点，服务百姓，培育风尚，受到人民群众的广泛关注；但也有一些报道出现了正能量不足、价值观不正、审美情趣不高等问题，引起社会舆论批评。部分商业视听节目网站违规发布社会类、娱乐类新闻节目，内容导向不正等问题时有发生。为进一步深入贯彻习近平总书记在全国宣传思想工作会议、文艺工作座谈会、党的新闻舆论工作座谈会上的重要讲话精神，确保社会类、娱乐类新闻始终坚持正确舆论导向、主流价值方向、高尚道德取向和健康审美风范，发挥好成风化人、凝心聚力的重要作用，现通知如下，请贯彻执行。

一、坚持把正确导向放在首要位置。要深入领悟习近平总书记关于“八个导向”的重要论述，坚决落实“时政新闻要讲导向，社会类、娱乐类新闻也要讲导向”的重要指示，始终把导向放在最根本、最重要的位置，以主旋律、正能量主导社会类、娱乐类新闻。要牢牢坚持“四个有利于”标准，确保社会类、娱乐类新闻始终有利于坚持党的领导和社会主义制度、有利于推动改革发展、有利于增进人民团结、有利于维护和谐稳定。要牢牢坚持正面引导，积极传达正确的立场、观点、态度，引导人们分清对错、好坏、善恶、美丑，激发向上向善的精神力量。要牢牢坚持导向管理全流程、全覆盖，把正确舆论导向贯穿到社会类、娱乐类新闻采编制播各个环节，覆盖到广播、电视、新媒体各类传播平台，层层把关、人人负责，确保万无一失。

二、坚持团结稳定鼓劲、正面宣传为主。社会类、娱乐类新闻要加大正面宣传力度，充分展示社会各方面健康发展和蓬勃向上的态势，聚焦主流，反映进步，凝聚人心，鼓舞士气；要防止集纳社会阴暗面、炒作无聊信息、调侃严肃话题，以免消解信心、涣散士气。要坚持全面、准确、真实、客观原则，运用马克思主义立场、观点、方法分析新闻现象，严格新闻采编规范流程，依规慎用来自网络等渠道的新闻线索；坚决防止主观片面、以偏概全、误导群众，坚决防止道听途说、主观臆测、跟风炒

作。广播电视播出机构不得开办专门转发网络信息的新闻和评论节目。要确保舆论监督与正面宣传相统一,坚持科学、依法、建设性监督,激浊扬清,解疑释惑,引导心理预期,推动改进工作;坚决防止批评性报道在一定时期内集中于一个地区或行业,不要公开批评报道现阶段暂时解决不了的问题和有关地方、部门已经依法处理解决的问题,不要跨区域进行舆论监督采访报道。

三、坚持以社会主义核心价值观为引领。社会类、娱乐类新闻要大力弘扬中华优秀传统文化,倡导自强不息、敬业乐群、扶正扬善、扶危济困、孝老爱亲等优秀思想和传统美德,涵养道德情操;不得恶搞优秀传统、亵渎文化经典、调侃崇高精神和追捧西方生活方式。要大力弘扬革命文化和社会主义先进文化,弘扬以爱国主义为核心的民族精神和以改革开放为核心的时代精神,突出报道新时期各行各业涌现出爱国、敬业、诚信、友善的时代楷模和身边典型,唱响爱国主义、集体主义;坚决防止追捧明星、大款、网络红人,坚决防止炒作个人隐私、情感纠纷、家庭矛盾,坚决防止宣扬一夜成名、炫富享乐、自私自利、勾心斗角。要坚持健康格调品位,积极传播真善美;坚决防止不加批评地展示丑闻劣迹、丑行恶态,坚决抵制搜奇猎艳、血腥暴力、矫情滥情、低俗媚俗、挖苦贬损。

四、加强议题设置和舆论引导。社会类、娱乐类新闻要深刻把握"时度效"的要求,不断提高舆论引导能力。要深入研究分析社会、娱乐领域的舆情动态,提高议题设置的准确性、主动性,把握时机,精准介入。广播电视播出机构要主动设置相关议题引导社会舆论话题,避免被动应对。要掌握好舆论引导的密度和尺度;坚决防止为取悦受众而"失向"、因盲目介入而"失准"、为吸引眼球而"失真"、为过分渲染而"失范"、为刻意迎合而"失态"。要抓住广大群众关注关切的现实问题和热点问题,找准思想认识的共同点、情感交流的共鸣点、利益关切的交汇点、化解矛盾的切入点,改进方法、讲求艺术,增强报道的针对性、亲和力、说服力、感染力。

五、加强广播电视节目制作播出机构、互联网视听节目服务机构资质管理。广播电视社会类新闻不得实行制播分离,社会制作机构不得制作社会类新闻。广播电视娱乐类新闻实施制播分离要严格把关、规范管理。对违反规定的广播电视节目制作机构和播出机构,将视情节轻重,采取通报批评、停播、吊销节目制作资质等处罚措施。互联网视听节目服务机构不得超出许可证载明的业务范围制作和播出社会类、娱乐类新闻节目。只有取得《信息网络传播视听节目许可证》,且许可项目中含有相关资质的网站,才能首发或转载社会类、娱乐类新闻节目。

六、深入开展从业人员教育和队伍建设。各广播电视和互联网视听节目服务机构要针对从业人员年轻人多、思想活跃的特点，组织好马克思主义新闻观、文艺观教育培训工作，强化从业人员的党性原则、职业道德和职业精神。要组织从业人员深入学习领会习近平总书记系列重要讲话精神和关于宣传思想工作重要讲话精神，增强政治意识、大局意识、核心意识、看齐意识，在围绕中心、服务大局中找到坐标、找准定位。要坚持“三贴近”，深化“走转改”，解决好新闻队伍“为了谁、依靠谁、我是谁”这个根本问题，培养扎实的工作作风和业务素质，在报道中体现百姓情怀、人民本色。要加强《新闻出版广播影视从业人员职业道德自律公约》、《新闻出版广播影视从业人员廉洁行为若干规定》、《中国网络视听节目服务自律公约》教育，引导从业人员自觉践行职业道德和行为准则，严格实行采编与经营分开，坚决抵制有偿新闻、有偿不闻和新闻欺诈等违法违规行为。

七、加强属地管理和监听监看工作。各级新闻出版广电行政管理部门要履行好属地管理责任，高度重视，敢抓敢管，加强指导检查，严肃追究问责，切实监督所辖广播电视节目制作播出机构和互联网视听节目服务机构将社会类、娱乐类新闻管理要求落到实处。各级广播电视播出机构特别是地面频率频道要强化问题意识和底线思维，压紧压实导向责任，认真寻找工作风险点，完善防控措施机制，严格执行采编播各环节审查把关制度。各级广播电视、视听新媒体监听监看机构要做好相关节目监听监看和评议工作，为节目改进创新提出科学建议；加强分析研判，发现苗头性倾向性问题及时报告，及时警示，及时纠正。

八、加强机构考核和评优评奖管理。要实行社会类、娱乐类新闻导向考评与机构考核、评优评奖工作挂钩联动机制，强化约束，倡优汰劣。总局和省局监管中心要加强对相关节目的监听监看。对于积极创新创优、产生良好社会效益和反响的节目及播出机构，总局将在评奖评优中予以鼓励。对于出现问题的节目及播出机构，一律不允许参评总局和有关行业协会组织的评奖评优项目，并在机构考核中予以相关处罚。各级新闻出版广电行政管理部门和播出机构也要建立相应的内部考评奖惩机制。

九、加强节目版权保护和流向管理。各级广播电视播出机构要高度重视社会类、娱乐类新闻的影响力，切实提高版权意识，加强节目版权保护，管好节目资源流向，防止被一些媒体违规集纳或篡改使用，造成不良社会效果。

关于进一步加强医疗养生类节目和医药广告播出管理的通知

(2016 年 8 月 24 日　新广电发〔2016〕156 号)

近年来,各级广播电台电视台开办了形式多样的医疗资讯、医疗养生类节目,积极宣传普及疾病预防、养生保健等科学知识,较好地满足了广大人民群众的医疗健康信息需求。但有的节目利用非专业机构、非专业人士假借普及健康知识的名义非法兜售药品、保健品和医疗服务等,唯利是图,危害群众健康。同时,播放虚假医药广告的问题也比较突出、屡禁不止,既损害人民群众利益,也严重影响了广播电视媒体形象。为此,现就进一步加强医疗养生类节目和医药广告播出管理通知如下:

一、高度重视医疗养生类节目和医药广告播出的管理。医疗养生类节目和医药广告播出,是广播电视宣传的重要组成部分。做好医疗养生类节目和医药广告播出,对于宣传国家医药卫生政策,传播医学科学知识,引导民众增强健康意识、养成健康生活方式,促进医患和谐,为健康中国创造良好氛围、培育厚田沃土,具有十分重要的意义。各级新闻出版广电行政部门和电台电视台等播出机构要深入学习贯彻习近平总书记系列重要讲话特别是在党的新闻舆论工作座谈会、全国卫生与健康大会上的重要讲话精神,切实增强政治意识、大局意识、核心意识、看齐意识,始终坚持媒体属性和正确导向,始终坚持人民的利益高于一切,始终坚持把社会效益放在首位,切实加强医疗养生类节目和医药广告的建设管理,不断提高节目质量和服务水平,努力为加快推进健康中国建设、全面保障人民健康做贡献。

二、严格医疗养生类节目管理。电台电视台开办医疗养生类节目,应认真贯彻执行《国家新闻出版广电总局关于做好养生类节目制作播出工作的通知》(新广电发〔2014〕223 号)精神,坚持以宣传普及疾病预防、控制、治疗和养生保健等科学知识为主体内容,坚持真实、科学、权威、实用的原则,不得夸大夸张或虚假宣传、误导受众。

(一)医疗养生类节目只能由电台电视台策划制作,不得由社会公司制作。

（二）严格医疗养生类节目备案管理。中央广播电视机构、全国卫视频道播出医疗养生类节目，报总局备案。其它频道、频率播出医疗养生类节目，一律报所在地省级新闻出版广电行政部门备案。未经备案的医疗养生类节目一律不得播出。

（三）医疗养生类节目聘请医学、营养等专家作为嘉宾的，该嘉宾必须具备国家认定的相应执业资质和相应专业副高以上职称，并在节目中据实提示。医疗养生类节目主持人须取得播音员主持人执业资质，依法持证上岗。

（四）严禁医疗养生类节目以介绍医疗、健康、养生知识等形式直接或间接发布广告、推销商品和服务。严禁直接或间接宣传医疗、药品、医疗器械、保健品、食品、化妆品、美容等企业、产品或服务。严禁节目中间以包括“栏目热线”以及二维码等在内的任何形式，宣传或提示联系电话、联系方式、地址等信息。

三、严格医药广告播出管理。各级电台电视台播出医药广告，要严格遵守《广告法》、《广播电视广告播出管理办法》等法律法规和政策规定，严禁播出任何虚假医药广告。严格限制医药广告播出的时长和方式，医疗、药品、医疗器械、保健品、食品、化妆品、美容等企业、产品或服务的广告，不得以任何节目形态变相发布，不得以电视购物短片广告形式播出，且单条广告时长不得超过一分钟。

四、坚决查处各类违法违规行为。各级新闻出版广电行政部门接到本《通知》后，要针对辖区内电台电视台医疗养生类节目和医药广告播出情况，迅速组织开展清理核查工作，发现问题坚决整治，确保取得明显成效。各级电台电视台要按照《通知》要求立即开展自查自纠、认真整改。各级新闻出版广电行政部门要在全面开展清理整治的同时，切实加强监听监看体系建设，建立健全长效监管机制。要积极主动与当地卫生、医药、工商、公安等部门沟通协作，共同形成有效治理的合力。

各省（区、市）贯彻落实本《通知》的情况，请于 9 月底前报总局传媒机构管理司。中央三台、电影频道节目中心、中国教育电视台请于 9 月上旬报总局传媒机构管理司。

特此通知。

关于进一步加强电视剧购播工作管理的通知

(2016 年 9 月 1 日　新广电办发〔2016〕93 号)

近年来,随着电视剧行业的持续繁荣发展,电视剧演员队伍不断充实壮大,演员群体成为电视剧产业发展的核心要素之一,成为建设社会主义先进文化、繁荣发展社会主义文艺事业的重要力量。但近段时间以来,个别电视台片面单纯以明星论价,客观上造成了拍摄制作成本结构不尽合理、分配比例失衡,影响到行业健康有序发展。为切实加强电视剧购播工作管理,规范购播行为,维护行业健康发展,现通知如下:

一、以品质评价为核心,加强对电视剧购播工作的管理

电视剧购播评价体系要以总局《关于建立广播电视节目综合评价体系的指导意见的通知》(广发〔2012〕76 号)、《关于加强广播电视收视(听)率调查数据使用管理工作的通知》(广发〔2012〕77 号)为指导,坚持思想性、艺术性和观赏性相统一的原则,以品质评价为核心,实行全面分析、综合评价。

二、切实增强社会责任感,不以明星为议价标准

电视剧购播工作对创作方向具有十分重要的引领作用。各级广播电视播出机构要切实加强对电视剧购播工作的管理,切实增强社会责任感,不得在电视剧购播工作中指定明星演员、划定明星演员范围、以明星演员为议价标准。尤其是上星播出的频道更要率先垂范、严格执行。

三、以思想性、艺术性为导向,规范电视剧宣传行为

各级广播电视播出机构要以思想性、艺术性为重心,进一步规范电视剧宣传行为,在各类宣传活动中要着重突出电视剧的思想内容、艺术风格、制作品质,以及主创团队共同参与的情况,不得在电视剧宣传片、访谈等宣传活动中过度炒作明星演员。

四、强化监管职责，严查各类违规行为

各省级新闻出版广电行政部门要严格按照本通知要求，切实履行监管职责，对本辖区内广播电视播出机构电视剧购播工作、宣传工作加强指导和管理，对发生违规行为的要视情节轻重采取惩戒措施。

请各省级新闻出版广电行政部门将本通知转发至辖区内广播电视播出机构遵照执行。

关于加强网络视听节目直播服务管理有关问题的通知

(2016 年 9 月 2 日　新广电发〔2016〕172 号)

为保障网络视听节目直播服务健康有序发展,根据《互联网视听节目服务管理规定》、《广电总局关于发布〈互联网视听节目服务业务分类目录(试行)〉的通告》,现就网络视听节目直播服务管理有关问题通知如下:

一、持有新闻出版广电行政部门颁发的《信息网络传播视听节目许可证》(以下简称《许可证》)、且许可项目为第一类互联网视听节目服务第五项的互联网视听节目服务机构,方可通过互联网对重大政治、军事、经济、社会、文化、体育等活动、事件的实况进行视音频直播。

持有《许可证》且许可项目为第二类互联网视听节目服务第七项的互联网视听节目服务机构,方可通过互联网对一般社会团体文化活动、体育赛事等组织活动的实况进行视音频直播。

不符合上述条件的机构及个人,包括开设互联网直播间以个人网络演艺形式开展直播业务但不持有《许可证》的机构,均不得通过互联网开展上述所列活动、事件的视音频直播服务,也不得利用网络直播平台(直播间)开办新闻、综艺、体育、访谈、评论等各类视听节目,不得开办视听节目直播频道。

未经批准,任何机构和个人不得在互联网上使用"电视台"、"广播电台"、"电台"、"TV"等广播电视专有名称开展业务。

二、通过互联网开展视听节目直播服务的互联网视听节目服务机构,开展重大政治、军事、经济、社会、文化、体育等活动、事件的实况直播前 5 天,开展一般社会团体文化活动、体育赛事等组织活动的实况直播前 48 小时,应将拟直播的具体活动相关信息报所在地省级新闻出版广电行政部门备案。

三、通过互联网开展视听节目直播服务的互联网视听节目服务机构,在开展网络视听节目直播服务时,应具备以下条件、满足相关要求:

1. 配备与活动内容相适应的审核人员对直播内容进行审看;

2. 建立备用节目紧急替换技术手段和工作机制，在直播过程中遇到不符合法律法规内容时实现切换；

3. 对所直播的节目进行录制，并留存至少60日，以备管理部门核查。

四、通过互联网开展视听节目直播服务的互联网视听节目服务机构，开展重大政治、军事、经济、社会、文化、体育等活动、事件的实况直播，不得开通弹幕功能；开展一般社会团体文化活动、体育赛事等组织活动的直播中如开通弹幕功能，则应加强对弹幕内容的管理能力，配备专门的审核员对弹幕内容进行审核。

通过互联网开展视听节目直播服务的互联网视听节目服务机构，在弹幕发布服务管理中应落实用户真实身份信息注册相关规定，弹幕内容应符合国家相关法律法规规定和社会公序良俗。

五、通过互联网开展视听节目直播服务的互联网视听节目服务机构，开展网络视听节目直播活动，应坚持健康的格调品位，直播节目不得含有国家法律法规规定所禁止的内容，并自觉抵制内容低俗、过度娱乐化、宣扬拜金主义和崇尚奢华等问题。

六、通过互联网开展视听节目直播服务的互联网视听节目服务机构，在网络视听节目直播活动中所聘请或邀请的主持人、嘉宾、直播对象，应当符合以下要求：

1. 守法爱国，无违法犯罪行为；

2. 具有良好的公众口碑和社会形象，无丑闻劣迹；

3. 不得有违背公序良俗的着装、发型、语言、动作，不得以低俗或不宜面向公众公开讨论的内容制造话题。

七、请各省局根据本《通知》精神，加强对辖区内网络视听节目直播行为的管理，对开展网络视听节目直播服务的网站进行全面排查：对持证网站超出《许可证》载明业务范围擅自开展网络视听节目直播服务的行为予以制止；对未持有相应许可利用网络直播平台非法开展网络视听节目直播服务（包括开办新闻、综艺、体育、访谈、评论等各类视听节目）的，责成限期停办，对拒不停止的予以关闭。相关情况请于10月底前报总局网络视听节目管理司。

关于加强和改进总局行政应诉工作的通知

(2016 年 10 月 27 日　新广办发〔2016〕77 号)

近年来,新闻出版广播影视(版权)领域行政诉讼案件明显增多,特别是涉及政府信息公开类案件频发。在应诉过程中,各参与部门依法履行行政应诉职责,积累了经验,教育了干部,依法行政的意识和水平有明显提高;但一些部门在文件运转、办理程序及证据保存等方面依然存在法律意识不强、责任意识不足、时限意识不清等问题,影响行政应诉工作的有效开展。2016 年 6 月 27 日,国务院办公厅发布《关于加强和改进行政应诉工作的意见》(国办发〔2016〕54 号)(以下简称"《意见》")。《意见》的出台,对于规范政府行政应诉行为,提高行政应诉水平,促进依法行政,提高领导干部学法用法的能力,具有重大意义。根据行政诉讼法的相关规定,为进一步规范和促进行政应诉工作,现就有关问题通知如下:

一、充分认识规范行政诉讼应诉的重大意义

规范行政诉讼应诉,是贯彻落实《中共中央关于全面推进依法治国若干重大问题的决定》关于"健全行政机关依法出庭应诉、支持法院受理行政案件、尊重并执行法院生效裁判的制度"的具体要求;推动行政机关负责人出庭应诉,是保障行政诉讼法有效实施,全面推进依法行政,加快建设法治政府的重要举措。《意见》是我国首个全面规范行政应诉工作的专门性文件,从十个方面对加强和改进行政应诉工作提出明确要求,作出具体部署。总局机关各司局要结合工作实际,认真组织学习《意见》内容,深刻领会精神实质,充分认识《意见》出台的重大意义,确保《意见》各项要求在总局依法行政工作中落实到位。

二、依法履行行政机关负责人出庭应诉职责

准确理解行政诉讼法和相关司法解释的有关规定,正确把握行政机关负责人出庭应诉的基本要求,依法推进行政机关负责人出庭应诉工作。应诉过程中,对于可能危害国家意识形态安全的案件,相关司局应当分析研判原告方诉讼意图,及时

提出应对预案,必要时应当向上级主管部门汇报。涉及重大公共利益、社会高度关注或者可能引发群体性事件等案件以及人民法院书面建议行政机关负责人出庭的案件,总局领导带头履行行政应诉职责,积极出庭应诉;其他一般性案件,也可由总局局长委托的被诉行政行为承办司局或政策法制司工作人员和总局法律顾问作为诉讼代理人出庭应诉。

三、明确机关内部各部门应诉职责分工

以国家新闻出版广电总局(国家版权局)为被告的行政诉讼案件,由政策法制司牵头组织应诉工作,相关司局参加。

(一)政策法制司负责应诉工作的组织、协调和指导,主要包括:

1. 组织与审理案件的人民法院和主审法官积极沟通案情;

2. 组织相关司局依法、准确、按时向人民法院提交答辩状、授权委托书、法定代表人身份证明、涉案证据等法律文书,上述材料应当在收到起诉状副本之日起十五日内向人民法院提交;

3. 收到起诉状副本七日内,组织总局法律顾问及相关司局研究应诉方案;

4. 及时向总局领导汇报案件进展;

5. 发现利用诉讼、恶意诉讼、滥诉等情况,及时向相关司局通报,做好应对防范措施;

6. 组织相关司局履行人民法院生效裁判,配合提供法律意见;

7. 每年六月底前完成上一年度行政应诉案件材料的归档;

8. 针对案件中反映出的问题,提出改进工作、完善制度机制等建议;

9. 每年在总局范围内通报办理案件过程中发现的法律风险点。

(二)办公厅负责相关法律文书的登记、用章和流转,主要包括:

1. 做好行政应诉法律文书的登记工作,准确记载收发时间和责任人等内容;

2. 在行政应诉案件中,规范使用各类印章,包括总局局长个人名章等;

3. 树立证据意识和时限观念,对于总局收到与人民法院之间的各类法律文书,一般应当于当日流转办理完毕;并且做到处处留痕,做好证据固定及留存备查工作。

(三)被诉行政行为承办司局负责提供材料并参加庭审,主要包括:

1. 全面、准确、及时提出作出涉案行政行为的事实、理由和法律依据,提交相关答辩意见和涉案证据,上述材料一般应当于收到政策法制司通知后五日内向政策

法制司提供;

2. 指定专人负责联系应诉事宜,参加庭审,配合人民法院查明案情;

3. 积极、全面、及时履行人民法院的生效裁判中需要本司局履行的义务,履行判决应当在判决书规定的期限内完成。

(四)人事、党务、纪检等部门要加强对行政应诉工作的督促检查,对于不按照前述要求积极应诉、落实《意见》不力的部门和人员,在推优评比、年度考核、提拔任用等工作中依法依规处理。

四、支持人民法院做好行政案件相关工作

各司局要不断强化依法行政和风险防控意识,明确工作职责,规范工作流程,严格办理时限,确保各项工作于法有据,不留瑕疵,确保行政应诉工作有序开展。要接受人民法院依法对行政机关行使职权的监督,不得干扰、阻碍人民法院依法受理和审理行政案件。要按时向人民法院提交答辩状,做到答辩形式规范、说理充分,提供证据全面、准确、及时。要积极配合人民法院查明案情,协助人民法院依法开展调解。要依法自觉履行人民法院生效判决、裁定和调解书。要认真研究落实人民法院提出的司法建议,不断规范行政行为,从源头上预防和化解行政争议。

关于加强微博、微信等网络社交平台传播视听节目管理的通知

（2016 年 11 月 2 日　新广电发〔2016〕196 号）

随着微博、微信等网络社交平台的迅速发展，利用网络社交平台传播影视剧、纪录片和新闻节目等视听节目的行为日益增多，其中不乏大量由无资质的机构或个人制作的新闻节目和不符合国家相关管理政策的影视剧、纪录片。为进一步规范互联网视听节目的传播秩序，根据《互联网视听节目服务管理规定》等有关规定，现就加强微博、微信等网络社交平台（含微博账号、微信公众号，下同）面向公众传播视听节目管理通知如下：

一、利用微博、微信等各类社交应用开展互联网视听节目服务的网络平台，应当取得《信息网络传播视听节目许可证》（AVSP）等法律法规规定的相关资质，并严格在许可证载明的业务范围内开展业务。在网络平台上使用微博账号、微信公众号等各类社交应用开展互联网视听节目服务，且已持有《信息网络传播视听节目许可证》的机构，应当按照许可证的各项要求开展业务；未持有《信息网络传播视听节目许可证》的机构和个人使用微博账号、微信公众号等各类社交应用开展互联网视听节目服务，应由网络平台作为该项服务的开办主体，按照视听节目管理的各项要求，对节目内容履行内容把关等各项管理责任，节目范围不得超出平台自身许可证载明的业务范围。网络平台对不符合上述要求的微博账号、微信公众号等，不得为其提供信息上传服务等技术支持。

二、利用微博、微信等各类网络社交平台传播的电影、电视剧，相关影视剧应当具有《电影片公映许可证》或《电视剧发行许可证》。

三、利用微博、微信等各类网络社交平台传播的网络剧、网络电影、新闻节目、纪录片、专题片、综艺节目等视听节目，节目内容应当符合互联网视听节目管理的相关规定。微博、微信等网络社交平台不得转发网民上传的自制时政类视听新闻节目。

四、各省（自治区、直辖市）新闻出版广电局要按照本通知要求，会同相关部门

对本区域内利用微博、微信等各类网络社交平台传播视听节目的情况进行全面排查,并组织不符合要求的网络社交平台立即进行整改。排查和整改情况报我局网络司。

特此通知。

关于进一步加强网络原创视听节目规划建设和管理的通知

（2016年11月4日　新广电发〔2016〕198号）

自《关于进一步加强网络剧、微电影等网络视听节目管理的通知》（广发〔2012〕53号）、《关于进一步完善网络剧、微电影等网络视听节目管理的补充通知》（新广电发〔2014〕2号）发布实施以来，各地新闻出版广电部门和各互联网视听节目服务单位认真落实内容把关责任，网络剧、微电影及各类网络视听节目栏目的内容质量明显改进，网络视听节目行业朝着健康有序的方向发展。为深入贯彻落实习近平总书记系列重要讲话精神，进一步提升网络原创视听节目的质量，用思想精深、艺术精湛、制作精良的作品更好地满足人民群众精神文化需要，现就进一步加强网络原创视听节目的建设和管理通知如下：

一、充分发挥网络视听节目优势，弘扬主旋律、传播社会主义先进文化

网络剧、微电影等各类网络原创视听节目是网络文艺的重要组成部分。各级新闻出版广电行政部门要牢牢抓住创作生产优秀作品这一文艺工作的中心环节，充分运用政策支持、资金扶持、评优表彰、组织展播、教育培训等多种方式，引导和鼓励网络原创视听节目制作单位和主创人员在创作中坚持以人民为中心的创作导向，重人民需求、重社会效益、重内涵品质，把握网络传播规律，紧跟时代发展，努力创作更多传播当代中国价值观念、体现中华文化精神、反映中国人审美追求，思想性、艺术性、观赏性有机统一的优秀网络视听作品。

二、加强对网络原创视听节目的规划指导，打造更多精品节目

各级新闻出版广电部门要积极鼓励各互联网视听节目服务单位充分发挥网络原创视听节目形式新颖、接地气、在年轻人中有广泛影响力的特点，大力创作和传播优质精品网络视听节目，不断丰富人民群众的精神文化生活。

国家和省级新闻出版广电部门应当加强对重点网络原创视听节目的规划指

导。各视听节目网站要主动将重点网络原创节目的名称、制作机构、题材、时长,以及不少于1500字的内容简介和不少于300字的思想内涵阐释等信息,在创作规划阶段通过“网络剧、微电影等网络视听节目信息备案系统”进行备案。拍摄重大题材或者涉及政治、军事、外交、国家安全、统战、民族、宗教、司法、公安等特殊题材的节目,应当征求省级以上人民政府有关主管部门或有关方面的意见。国家和省级新闻出版广电部门应当及时组织专家对节目题材、思想性、艺术性等进行评议并提出改进性意见,指导网站提升节目品质,努力成为精品。

符合以下条件之一的网络剧、微电影、网络电影及用于网络首发的影视类动画片、纪录片和文艺(综艺)、娱乐、科技、财经、体育、教育等专业类视听节目,为重点网络原创视听节目:

1. 互联网视听节目服务单位招商主推的节目;
2. 拟在互联网视听节目服务单位网站(客户端)首页推广的节目;
3. 拟优先供网站会员观看的节目;
4. 投资超过500万元的网络剧或投资超过100万元的网络电影(微电影);
5. 互联网视听节目服务单位自愿备案的其他重点网络原创视听节目。

三、充分发挥行业组织自律作用,加强网络原创视听节目内容把关

国家和省级新闻出版广电行政部门要充分发挥两级网络视听节目服务行业协会的自律作用,广泛发掘和邀请政治可靠、艺术素养高、熟悉网络文艺、在业内有较高声望的专家,组建和完善网络视听节目评议专家库,为视听节目网站提供优质服务。同时支持和鼓励互联网视听节目服务单位从专家库中选请专家对本网站节目内容进行评议和把关。

四、充分履行行业管理职责,加强网络原创视听节目监看监管

各省级新闻出版广电行政部门要按照属地管理原则切实履行管理职责,积极督促互联网视听节目服务单位落实总编辑负责制,对网络原创视听节目规划、创作、生产、审核等各个环节严格把关;要加强网上原创视听节目的内容监看监管,对重点网络原创视听节目在上线前应当组织进行内容抽查;要进一步加强互联网视听节目服务单位播放行为的监管,对播放违规节目的单位,视情节严重程度,依法采取诫勉谈话、责令整改、行政处罚等措施及时进行处置。

五、高度重视和切实加强文艺评论工作

各级新闻出版广电行政部门要高度重视文艺评论对于网络原创视听节目创作生产的重要引导作用，切实加强文艺评论工作，充分发挥行业协会、从业单位、学术机构、专家学者的作用，组织和引导他们积极发声，运用历史的、人民的、艺术的、美学的观点评判和鉴赏作品，说真话、讲道理，既要让优秀作品脱颖而出，为行业树立榜样和标杆，又要及时指出节目创作传播中存在的问题，提出建设性意见，从而使网络原创视听节目不断提升品质，端正价值审美导向。

特此通知。

新闻出版广播影视网络安全管理办法(试行)

(2017年1月6日　新广办发〔2017〕4号)

第一章　总　　则

第一条　为加强新闻出版广播影视行业信息系统网络安全监督与管理,落实网络安全责任,提高网络安全防护能力,维护国家安全、社会稳定和用户合法权益,根据《中华人民共和国网络安全法》、《中华人民共和国计算机信息系统安全保护条例》以及国家网络安全等级保护等有关规定,制定本办法。

第二条　各单位为保障以下信息系统的网络安全所开展的相关工作,适用本规定。

(一)与新闻出版广播影视采集、制作、播出、放映、媒资、集成、传输、覆盖、生产控制、生产管理、业务调度、运营支撑、监测监管等生产业务相关的信息系统;

(二)与新媒体(含交互式网络电视(IPTV)、互联网电视、手机电视、网络出版等)集成播控平台,网络广播电视台,网络出版平台(网站),移动客户端等相关的信息系统;

(三)新闻出版广播影视行业内政府网站、所属单位的机构网站以及与公网连接的业务系统等。

涉密信息系统的网络安全管理按照国家有关法律法规执行。

有关信息内容安全管理按照有关规定执行。

第三条　新闻出版广播影视行业信息系统网络安全(以下简称"网络安全")工作遵循"以安全保发展,以发展促安全"的指导思想,坚持"谁主管谁负责、谁运行谁负责"的原则。

第四条　国务院新闻出版广电行政部门(以下简称行政部门)负责指导监督管理全行业网络安全工作,配合国家网信部门开展有关工作。

省、市、县新闻出版广电行政部门负责所辖区域内网络安全监督管理工作,配合上级新闻出版广电行政部门和同级网信部门开展有关工作。

各级新闻出版广播影视监测监管机构(以下简称监管机构)在本级行政部门的指导下,开展网络安全监测工作。

信息系统运行使用单位(以下简称运行机构)是本单位网络安全责任主体,负责组织实施本单位网络安全各项工作,配合行政部门开展网络安全监督管理相关工作。

各级行政部门、监管机构、运行机构主要负责人对责任范围内的网络安全工作负总体责任,包括建立健全体制机制、编制完善制度预案、落实网络安全责任制,提供人财物保障,定期听取汇报,解决重大问题等。

第二章　监 督 管 理

第五条　各级行政部门应牵头设立本级网络安全领导小组,建立网络安全监测、预警、通报、上报、例会、检查、应急处置等工作机制。

第六条　网络安全领导小组每年组织 1 至 2 次全体成员会议,每季度组织一次联络员会议,对近期网络安全形势进行通报分析,对重要工作进行部署。

第七条　各级行政部门每年至少对辖区内运行机构的网络安全责任制落实情况进行一次检查,根据需要,不定期进行专项检查、抽测抽查,对存在问题的单位,下发整改通知书,督促整改。

第八条　各级行政部门应将重要活动期、会议期、节假日等设为重要保障期。重要保障期前,要组织技术力量,对辖区内重要信息系统开展技术检测和风险评估,督促相关单位进行整改。

第九条　各级行政部门应编制本级新闻出版广播影视行业网络安全事件应急预案,并根据预案建立工作机制,至少每年组织一次应急演练。

第十条　各级行政部门应建立(或指导同级监管机构建立)本级网络安全监测预警技术支撑系统,并与上级行业相关系统以及同级网信、公安等部门有关系统实现对接,实时掌握本辖区相关信息系统的网络安全情况,以及最新网络安全风险、威胁等。

第十一条　各级行政部门应建立网络安全信息通报制度,指定监管机构(或自行)及时将发现的网络安全事件、风险、威胁等,通知辖区内相关单位,根据需要发布预警、组织应急处置。

第十二条　各级行政部门应建立包含行业内外网络安全领域相关专家组成的

专家组,必要时对网络安全趋势研判、事件处置、方案制定、专项规划、标准研究等进行技术支撑。

第三章　安全运行

第十三条　运行机构主要负责人为第一责任人,应建立完善本单位网络安全运行机制,可设立专门的部门负责本单位网络安全工作的组织、协调、检查和对外联络,应明确各信息系统的网络安全责任主体,并与各主体责任人签订网络安全责任书。

第十四条　信息系统实行等级保护制度,运行机构应按照国家和行业有关要求,进行信息系统定级,编写备案材料,经行政部门审核后,送公安机关备案,并将备案情况反馈行政部门。应按照等级保护有关要求开展安全测评和安全整改。

第十五条　运行机构应遵循“同步规划、同步建设、同步运行”的原则,网络安全防护体系与主体工程同时规划、建设、验收和使用。

第十六条　信息系统应在安全测评通过后方可上线运行。上线运行后,应对系统的安全性和可能存在的风险每年至少进行一次检测评估,发现问题及时整改。网络广播电视台等连通互联网的信息系统还应每年至少进行一次网络安全渗透测试。相关检测测试结果和整改情况,报所属行政部门备案。

第十七条　运行机构应建立包括业务、产品、服务的立项、开发、测试、验收、上线、运行、检修、维护、合作、外包、下线等环节在内的安全管理制度,确保产品、数据、业务等安全。

第十八条　重要保障期前,运行机构应开展隐患排查,完善各项防范措施。重要保障期间,领导应靠前指挥,重点部门、重要岗位应建立 24 小时值班制度,加强监测。

第十九条　运行机构应建立本单位的网络安全监测系统,实时监测信息系统的运行状态,对可能引发网络安全事件的信息进行收集、分析和判断,发现异常情况及时处置和报告。

第二十条　运行机构要与属地公安机关及相关的安全服务提供商、内容分发网络(CDN)服务提供商、互联网接入服务提供商、网络服务提供商等建立联动机制,发生安全事件时,各负其责,快速处置。

第二十一条　发生网络安全事件时,相关单位应立即启动预案,采取有效措施，阻止有害信息传播，降低信息系统损害程度，尽快分析查找事件原因，对发现的问题及时进行整改。如涉及攻击、破坏等违法犯罪，应尽可能保护好相关数据、记录、资料和现场，于24小时内向当地公安机关报案，并配合调查取证。

第二十二条 运行机构发生网络安全事件，应按照相关要求立即报告行政部门。

第二十三条 运行机构应根据行业的网络安全事件应急预案制定本单位的应急预案，并到所属行政部门备案。根据网络安全风险及业务变化及时修订，定期组织开展应急演练。

第二十四条 运行机构应配合行政部门建立完善相关工作机制，为监测提供必要的数据接口，为检查提供必要的资料、场地，按要求及时报送相关工作情况和数据报表。建立本单位信息通报机制，及时反馈行政部门通报网络安全威胁漏洞的整改情况。

第二十五条 有用户信息收集行为的运行机构，应建立健全用户信息保护制度，采取必要的防护措施，确保用户信息安全。

第二十六条 行政部门应将培训、检查、检测等所需经费纳入年度预算，运行机构应将网络安全建设、运维、培训、测评、应急处置等所需经费纳入年度预算。各单位应以专项形式按程序申报预算，财务管理部门应优先安排该类经费，保证各项工作顺利开展。

第二十七条 运行机构应定期对全体人员进行网络安全教育，对网络安全技术人员进行网络安全专业知识和技能培训，定期考核，考核合格后方可上岗。

第四章 附 则

第二十八条 本规定由国家新闻出版广电总局负责解释。

第二十九条 本办法自2017年1月6日起施行。

关于规范点播影院、点播院线经营管理工作的通知

(2017年4月21日　新广电发〔2017〕81号)

为促进电影产业健康繁荣发展,丰富人民群众精神文化生活,更好地弘扬社会主义核心价值观,满足广大观众日益增长的多样化消费需求,积极开拓和培育电影产业新业态,进一步规范电影市场秩序,根据《中华人民共和国电影产业促进法》及相关法律法规,现就点播影院、点播院线经营管理工作通知如下:

一、点播影院是指通过互联网或者电影技术系统,以实时点播、轮播、下载播放等方式,向群体性观众提供营利性电影放映服务的固定场所。

由一定数量的点播影院构成的电影放映组织和管理机构可称之为点播院线,负责通过合法渠道获取节目源,为所辖点播影院提供获得合法放映授权的播放片源,并指导和规范其运营服务。

二、从事点播影院、点播院线电影放映、发行服务,应当遵守宪法和有关法律、法规,弘扬社会主义核心价值观,传播正能量,并依法取得电影主管部门核发的许可证。

三、国务院电影主管部门负责全国点播影院、点播院线电影放映、发行服务的监督管理工作。

县级以上地方人民政府电影主管部门负责本行政区域内点播影院、点播院线电影放映、发行服务的监督管理工作。

四、申请成立点播影院,除工商注册信息外,应当明确隶属院线、所用点播影院计费系统和放映系统设备等信息,经所在地县级人民政府电影主管部门批准,获得专项《电影放映经营许可证》。

五、申请成立省内点播院线,所辖点播影院数量应不少于30家,由所在地省级电影主管部门批准,获得专项《电影发行经营许可证》。

申请成立跨省点播院线,所辖点播影院数量应不少于60家,由国务院电影主管部门批准,获得专项《电影发行经营许可证》。

六、点播影院、点播院线放映、发行的影片须依法通过审查，包括依法获得公映许可的国内外影片和依法设立的电视台、互联网视频网站按照国家有关规定引进的电影等。上述电影均应当获得合法放映授权。

七、点播影院应当建立健全各项管理制度，选用符合《点播影院暂行技术规范》（详见附件）的点播影院计费系统和放映系统设备，规范经营并确保放映质量。

八、点播影院应当遵守治安、消防、公共场所卫生等法律、行政法规，维护放映场所的公共秩序和环境卫生，保证观众的安全与健康。

九、现已开展电影放映、发行经营服务的点播影院、点播院线，应当在本通知发布之日起30日内，按照本通知规定进行整改，并分别向所在地县级人民政府电影主管部门、省级电影主管部门登记备案。

正在制定的《点播影院放映电影管理办法》发布后，将对符合条件的点播影院、点播院线核发许可证件，不符合条件的，将依法予以取缔和处罚。

十、各省级电影主管部门应当在本通知发布之日起60天内，将本行政区域内点播影院、点播院线的基本情况汇总上报国务院电影主管部门。

与广播影视相关的
法律、行政法规、
部门规章及规范性文件

中华人民共和国行政诉讼法

（1989年4月4日第七届全国人民代表大会第二次会议通过　根据2014年11月1日第十二届全国人民代表大会常务委员会第十一次会议《关于修改〈中华人民共和国行政诉讼法〉的决定》第一次修正　根据2017年6月27日第十二届全国人民代表大会常务委员会第二十八次会议《关于修改〈中华人民共和国民事诉讼法〉和〈中华人民共和国行政诉讼法〉的决定》第二次修正）

第一章　总　　则

第一条　为保证人民法院公正、及时审理行政案件，解决行政争议，保护公民、法人和其他组织的合法权益，监督行政机关依法行使职权，根据宪法，制定本法。

第二条　公民、法人或者其他组织认为行政机关和行政机关工作人员的行政行为侵犯其合法权益，有权依照本法向人民法院提起诉讼。

前款所称行政行为，包括法律、法规、规章授权的组织作出的行政行为。

第三条　人民法院应当保障公民、法人和其他组织的起诉权利，对应当受理的行政案件依法受理。

行政机关及其工作人员不得干预、阻碍人民法院受理行政案件。

被诉行政机关负责人应当出庭应诉。不能出庭的，应当委托行政机关相应的工作人员出庭。

第四条　人民法院依法对行政案件独立行使审判权，不受行政机关、社会团体和个人的干涉。

人民法院设行政审判庭，审理行政案件。

第五条　人民法院审理行政案件，以事实为根据，以法律为准绳。

第六条　人民法院审理行政案件，对行政行为是否合法进行审查。

第七条　人民法院审理行政案件，依法实行合议、回避、公开审判和两审终审制度。

第八条 当事人在行政诉讼中的法律地位平等。

第九条 各民族公民都有用本民族语言、文字进行行政诉讼的权利。

在少数民族聚居或者多民族共同居住的地区,人民法院应当用当地民族通用的语言、文字进行审理和发布法律文书。

人民法院应当对不通晓当地民族通用的语言、文字的诉讼参与人提供翻译。

第十条 当事人在行政诉讼中有权进行辩论。

第十一条 人民检察院有权对行政诉讼实行法律监督。

第二章 受案范围

第十二条 人民法院受理公民、法人或者其他组织提起的下列诉讼:

(一)对行政拘留、暂扣或者吊销许可证和执照、责令停产停业、没收违法所得、没收非法财物、罚款、警告等行政处罚不服的;

(二)对限制人身自由或者对财产的查封、扣押、冻结等行政强制措施和行政强制执行不服的;

(三)申请行政许可,行政机关拒绝或者在法定期限内不予答复,或者对行政机关作出的有关行政许可的其他决定不服的;

(四)对行政机关作出的关于确认土地、矿藏、水流、森林、山岭、草原、荒地、滩涂、海域等自然资源的所有权或者使用权的决定不服的;

(五)对征收、征用决定及其补偿决定不服的;

(六)申请行政机关履行保护人身权、财产权等合法权益的法定职责,行政机关拒绝履行或者不予答复的;

(七)认为行政机关侵犯其经营自主权或者农村土地承包经营权、农村土地经营权的;

(八)认为行政机关滥用行政权力排除或者限制竞争的;

(九)认为行政机关违法集资、摊派费用或者违法要求履行其他义务的;

(十)认为行政机关没有依法支付抚恤金、最低生活保障待遇或者社会保险待遇的;

(十一)认为行政机关不依法履行、未按照约定履行或者违法变更、解除政府特许经营协议、土地房屋征收补偿协议等协议的;

(十二)认为行政机关侵犯其他人身权、财产权等合法权益的。

除前款规定外，人民法院受理法律、法规规定可以提起诉讼的其他行政案件。

第十三条 人民法院不受理公民、法人或者其他组织对下列事项提起的诉讼：

（一）国防、外交等国家行为；

（二）行政法规、规章或者行政机关制定、发布的具有普遍约束力的决定、命令；

（三）行政机关对行政机关工作人员的奖惩、任免等决定；

（四）法律规定由行政机关最终裁决的行政行为。

第三章 管 辖

第十四条 基层人民法院管辖第一审行政案件。

第十五条 中级人民法院管辖下列第一审行政案件：

（一）对国务院部门或者县级以上地方人民政府所作的行政行为提起诉讼的案件；

（二）海关处理的案件；

（三）本辖区内重大、复杂的案件；

（四）其他法律规定由中级人民法院管辖的案件。

第十六条 高级人民法院管辖本辖区内重大、复杂的第一审行政案件。

第十七条 最高人民法院管辖全国范围内重大、复杂的第一审行政案件。

第十八条 行政案件由最初作出行政行为的行政机关所在地人民法院管辖。经复议的案件，也可以由复议机关所在地人民法院管辖。

经最高人民法院批准，高级人民法院可以根据审判工作的实际情况，确定若干人民法院跨行政区域管辖行政案件。

第十九条 对限制人身自由的行政强制措施不服提起的诉讼，由被告所在地或者原告所在地人民法院管辖。

第二十条 因不动产提起的行政诉讼，由不动产所在地人民法院管辖。

第二十一条 两个以上人民法院都有管辖权的案件，原告可以选择其中一个人民法院提起诉讼。原告向两个以上有管辖权的人民法院提起诉讼的，由最先立案的人民法院管辖。

第二十二条 人民法院发现受理的案件不属于本院管辖的，应当移送有管辖权的人民法院，受移送的人民法院应当受理。受移送的人民法院认为受移送的案件按照规定不属于本院管辖的,应当报请上级人民法院指定管辖,不得再自行移送。

第二十三条 有管辖权的人民法院由于特殊原因不能行使管辖权的,由上级人民法院指定管辖。

人民法院对管辖权发生争议,由争议双方协商解决。协商不成的,报它们的共同上级人民法院指定管辖。

第二十四条 上级人民法院有权审理下级人民法院管辖的第一审行政案件。

下级人民法院对其管辖的第一审行政案件,认为需要由上级人民法院审理或者指定管辖的,可以报请上级人民法院决定。

第四章 诉讼参加人

第二十五条 行政行为的相对人以及其他与行政行为有利害关系的公民、法人或者其他组织,有权提起诉讼。

有权提起诉讼的公民死亡,其近亲属可以提起诉讼。

有权提起诉讼的法人或者其他组织终止,承受其权利的法人或者其他组织可以提起诉讼。

人民检察院在履行职责中发现生态环境和资源保护、食品药品安全、国有财产保护、国有土地使用权出让等领域负有监督管理职责的行政机关违法行使职权或者不作为,致使国家利益或者社会公共利益受到侵害的,应当向行政机关提出检察建议,督促其依法履行职责。行政机关不依法履行职责的,人民检察院依法向人民法院提起诉讼。

第二十六条 公民、法人或者其他组织直接向人民法院提起诉讼的,作出行政行为的行政机关是被告。

经复议的案件,复议机关决定维持原行政行为的,作出原行政行为的行政机关和复议机关是共同被告;复议机关改变原行政行为的,复议机关是被告。

复议机关在法定期限内未作出复议决定,公民、法人或者其他组织起诉原行政行为的,作出原行政行为的行政机关是被告;起诉复议机关不作为的,复议机关是被告。

两个以上行政机关作出同一行政行为的,共同作出行政行为的行政机关是共同被告。

行政机关委托的组织所作的行政行为,委托的行政机关是被告。

行政机关被撤销或者职权变更的,继续行使其职权的行政机关是被告。

第二十七条 当事人一方或者双方为二人以上,因同一行政行为发生的行政案件,或者因同类行政行为发生的行政案件、人民法院认为可以合并审理并经当事人同意的,为共同诉讼。

第二十八条 当事人一方人数众多的共同诉讼,可以由当事人推选代表人进行诉讼。代表人的诉讼行为对其所代表的当事人发生效力,但代表人变更、放弃诉讼请求或者承认对方当事人的诉讼请求,应当经被代表的当事人同意。

第二十九条 公民、法人或者其他组织同被诉行政行为有利害关系但没有提起诉讼,或者同案件处理结果有利害关系的,可以作为第三人申请参加诉讼,或者由人民法院通知参加诉讼。

人民法院判决第三人承担义务或者减损第三人权益的,第三人有权依法提起上诉。

第三十条 没有诉讼行为能力的公民,由其法定代理人代为诉讼。法定代理人互相推诿代理责任的,由人民法院指定其中一人代为诉讼。

第三十一条 当事人、法定代理人,可以委托一至二人作为诉讼代理人。

下列人员可以被委托为诉讼代理人:

(一)律师、基层法律服务工作者;

(二)当事人的近亲属或者工作人员;

(三)当事人所在社区、单位以及有关社会团体推荐的公民。

第三十二条 代理诉讼的律师,有权按照规定查阅、复制本案有关材料,有权向有关组织和公民调查,收集与本案有关的证据。对涉及国家秘密、商业秘密和个人隐私的材料,应当依照法律规定保密。

当事人和其他诉讼代理人有权按照规定查阅、复制本案庭审材料,但涉及国家秘密、商业秘密和个人隐私的内容除外。

第五章　证　　据

第三十三条 证据包括:

(一)书证;

(二)物证;

(三)视听资料;

(四)电子数据;

(五)证人证言;

(六)当事人的陈述;

(七)鉴定意见;

(八)勘验笔录、现场笔录。

以上证据经法庭审查属实,才能作为认定案件事实的根据。

第三十四条 被告对作出的行政行为负有举证责任,应当提供作出该行政行为的证据和所依据的规范性文件。

被告不提供或者无正当理由逾期提供证据,视为没有相应证据。但是,被诉行政行为涉及第三人合法权益,第三人提供证据的除外。

第三十五条 在诉讼过程中,被告及其诉讼代理人不得自行向原告、第三人和证人收集证据。

第三十六条 被告在作出行政行为时已经收集了证据,但因不可抗力等正当事由不能提供的,经人民法院准许,可以延期提供。

原告或者第三人提出了其在行政处理程序中没有提出的理由或者证据的,经人民法院准许,被告可以补充证据。

第三十七条 原告可以提供证明行政行为违法的证据。原告提供的证据不成立的,不免除被告的举证责任。

第三十八条 在起诉被告不履行法定职责的案件中,原告应当提供其向被告提出申请的证据。但有下列情形之一的除外:

(一)被告应当依职权主动履行法定职责的;

(二)原告因正当理由不能提供证据的。

在行政赔偿、补偿的案件中,原告应当对行政行为造成的损害提供证据。因被告的原因导致原告无法举证的,由被告承担举证责任。

第三十九条 人民法院有权要求当事人提供或者补充证据。

第四十条 人民法院有权向有关行政机关以及其他组织、公民调取证据。但是,不得为证明行政行为的合法性调取被告作出行政行为时未收集的证据。

第四十一条 与本案有关的下列证据,原告或者第三人不能自行收集的,可以申请人民法院调取:

(一)由国家机关保存而须由人民法院调取的证据;

(二)涉及国家秘密、商业秘密和个人隐私的证据;

(三)确因客观原因不能自行收集的其他证据。

第四十二条 在证据可能灭失或者以后难以取得的情况下,诉讼参加人可以向人民法院申请保全证据,人民法院也可以主动采取保全措施。

第四十三条 证据应当在法庭上出示,并由当事人互相质证。对涉及国家秘密、商业秘密和个人隐私的证据,不得在公开开庭时出示。

人民法院应当按照法定程序,全面、客观地审查核实证据。对未采纳的证据应当在裁判文书中说明理由。

以非法手段取得的证据,不得作为认定案件事实的根据。

第六章 起诉和受理

第四十四条 对属于人民法院受案范围的行政案件,公民、法人或者其他组织可以先向行政机关申请复议,对复议决定不服的,再向人民法院提起诉讼;也可以直接向人民法院提起诉讼。

法律、法规规定应当先向行政机关申请复议,对复议决定不服再向人民法院提起诉讼的,依照法律、法规的规定。

第四十五条 公民、法人或者其他组织不服复议决定的,可以在收到复议决定书之日起十五日内向人民法院提起诉讼。复议机关逾期不作决定的,申请人可以在复议期满之日起十五日内向人民法院提起诉讼。法律另有规定的除外。

第四十六条 公民、法人或者其他组织直接向人民法院提起诉讼的,应当自知道或者应当知道作出行政行为之日起六个月内提出。法律另有规定的除外。

因不动产提起诉讼的案件自行政行为作出之日起超过二十年,其他案件自行政行为作出之日起超过五年提起诉讼的,人民法院不予受理。

第四十七条 公民、法人或者其他组织申请行政机关履行保护其人身权、财产权等合法权益的法定职责,行政机关在接到申请之日起两个月内不履行的,公民、法人或者其他组织可以向人民法院提起诉讼。法律、法规对行政机关履行职责的期限另有规定的,从其规定。

公民、法人或者其他组织在紧急情况下请求行政机关履行保护其人身权、财产权等合法权益的法定职责,行政机关不履行的,提起诉讼不受前款规定期限的限制。

第四十八条 公民、法人或者其他组织因不可抗力或者其他不属于其自身的原因耽误起诉期限的,被耽误的时间不计算在起诉期限内。

公民、法人或者其他组织因前款规定以外的其他特殊情况耽误起诉期限的,在障碍消除后十日内,可以申请延长期限,是否准许由人民法院决定。

第四十九条 提起诉讼应当符合下列条件:

(一)原告是符合本法第二十五条规定的公民、法人或者其他组织;

(二)有明确的被告;

(三)有具体的诉讼请求和事实根据;

(四)属于人民法院受案范围和受诉人民法院管辖。

第五十条 起诉应当向人民法院递交起诉状,并按照被告人数提出副本。

书写起诉状确有困难的,可以口头起诉,由人民法院记入笔录,出具注明日期的书面凭证,并告知对方当事人。

第五十一条 人民法院在接到起诉状时对符合本法规定的起诉条件的,应当登记立案。

对当场不能判定是否符合本法规定的起诉条件的,应当接收起诉状,出具注明收到日期的书面凭证,并在七日内决定是否立案。不符合起诉条件的,作出不予立案的裁定。裁定书应当载明不予立案的理由。原告对裁定不服的,可以提起上诉。

起诉状内容欠缺或者有其他错误的,应当给予指导和释明,并一次性告知当事人需要补正的内容。不得未经指导和释明即以起诉不符合条件为由不接收起诉状。

对于不接收起诉状、接收起诉状后不出具书面凭证,以及不一次性告知当事人需要补正的起诉状内容的,当事人可以向上级人民法院投诉,上级人民法院应当责令改正,并对直接负责的主管人员和其他直接责任人员依法给予处分。

第五十二条 人民法院既不立案,又不作出不予立案裁定的,当事人可以向上一级人民法院起诉。上一级人民法院认为符合起诉条件的,应当立案、审理,也可以指定其他下级人民法院立案、审理。

第五十三条 公民、法人或者其他组织认为行政行为所依据的国务院部门和地方人民政府及其部门制定的规范性文件不合法,在对行政行为提起诉讼时,可以一并请求对该规范性文件进行审查。

前款规定的规范性文件不含规章。

第七章　审理和判决

第一节　一般规定

第五十四条　人民法院公开审理行政案件，但涉及国家秘密、个人隐私和法律另有规定的除外。

涉及商业秘密的案件，当事人申请不公开审理的，可以不公开审理。

第五十五条　当事人认为审判人员与本案有利害关系或者有其他关系可能影响公正审判，有权申请审判人员回避。

审判人员认为自己与本案有利害关系或者有其他关系，应当申请回避。

前两款规定，适用于书记员、翻译人员、鉴定人、勘验人。

院长担任审判长时的回避，由审判委员会决定；审判人员的回避，由院长决定；其他人员的回避，由审判长决定。当事人对决定不服的，可以申请复议一次。

第五十六条　诉讼期间，不停止行政行为的执行。但有下列情形之一的，裁定停止执行：

（一）被告认为需要停止执行的；

（二）原告或者利害关系人申请停止执行，人民法院认为该行政行为的执行会造成难以弥补的损失，并且停止执行不损害国家利益、社会公共利益的；

（三）人民法院认为该行政行为的执行会给国家利益、社会公共利益造成重大损害的；

（四）法律、法规规定停止执行的。

当事人对停止执行或者不停止执行的裁定不服的，可以申请复议一次。

第五十七条　人民法院对起诉行政机关没有依法支付抚恤金、最低生活保障金和工伤、医疗社会保险金的案件，权利义务关系明确、不先予执行将严重影响原告生活的，可以根据原告的申请，裁定先予执行。

当事人对先予执行裁定不服的，可以申请复议一次。复议期间不停止裁定的执行。

第五十八条　经人民法院传票传唤，原告无正当理由拒不到庭，或者未经法庭许可中途退庭的，可以按照撤诉处理；被告无正当理由拒不到庭，或者未经法庭许可中途退庭的，可以缺席判决。

第五十九条 诉讼参与人或者其他人有下列行为之一的,人民法院可以根据情节轻重,予以训诫、责令具结悔过或者处一万元以下的罚款、十五日以下的拘留;构成犯罪的,依法追究刑事责任:

(一)有义务协助调查、执行的人,对人民法院的协助调查决定、协助执行通知书,无故推拖、拒绝或者妨碍调查、执行的;

(二)伪造、隐藏、毁灭证据或者提供虚假证明材料,妨碍人民法院审理案件的;

(三)指使、贿买、胁迫他人作伪证或者威胁、阻止证人作证的;

(四)隐藏、转移、变卖、毁损已被查封、扣押、冻结的财产的;

(五)以欺骗、胁迫等非法手段使原告撤诉的;

(六)以暴力、威胁或者其他方法阻碍人民法院工作人员执行职务,或者以哄闹、冲击法庭等方法扰乱人民法院工作秩序的;

(七)对人民法院审判人员或者其他工作人员、诉讼参与人、协助调查和执行的人员恐吓、侮辱、诽谤、诬陷、殴打、围攻或者打击报复的。

人民法院对有前款规定的行为之一的单位,可以对其主要负责人或者直接责任人员依照前款规定予以罚款、拘留;构成犯罪的,依法追究刑事责任。

罚款、拘留须经人民法院院长批准。当事人不服的,可以向上一级人民法院申请复议一次。复议期间不停止执行。

第六十条 人民法院审理行政案件,不适用调解。但是,行政赔偿、补偿以及行政机关行使法律、法规规定的自由裁量权的案件可以调解。

调解应当遵循自愿、合法原则,不得损害国家利益、社会公共利益和他人合法权益。

第六十一条 在涉及行政许可、登记、征收、征用和行政机关对民事争议所作的裁决的行政诉讼中,当事人申请一并解决相关民事争议的,人民法院可以一并审理。

在行政诉讼中,人民法院认为行政案件的审理需以民事诉讼的裁判为依据的,可以裁定中止行政诉讼。

第六十二条 人民法院对行政案件宣告判决或者裁定前,原告申请撤诉的,或者被告改变其所作的行政行为,原告同意并申请撤诉的,是否准许,由人民法院裁定。

第六十三条 人民法院审理行政案件,以法律和行政法规、地方性法规为依据。地方性法规适用于本行政区域内发生的行政案件。

人民法院审理民族自治地方的行政案件,并以该民族自治地方的自治条例和单行条例为依据。

人民法院审理行政案件,参照规章。

第六十四条 人民法院在审理行政案件中,经审查认为本法第五十三条规定的规范性文件不合法的,不作为认定行政行为合法的依据,并向制定机关提出处理建议。

第六十五条 人民法院应当公开发生法律效力的判决书、裁定书,供公众查阅,但涉及国家秘密、商业秘密和个人隐私的内容除外。

第六十六条 人民法院在审理行政案件中,认为行政机关的主管人员、直接责任人员违法违纪的,应当将有关材料移送监察机关、该行政机关或者其上一级行政机关;认为有犯罪行为的,应当将有关材料移送公安、检察机关。

人民法院对被告经传票传唤无正当理由拒不到庭,或者未经法庭许可中途退庭的,可以将被告拒不到庭或者中途退庭的情况予以公告,并可以向监察机关或者被告的上一级行政机关提出依法给予其主要负责人或者直接责任人员处分的司法建议。

第二节　第一审普通程序

第六十七条 人民法院应当在立案之日起五日内,将起诉状副本发送被告。被告应当在收到起诉状副本之日起十五日内向人民法院提交作出行政行为的证据和所依据的规范性文件,并提出答辩状。人民法院应当在收到答辩状之日起五日内,将答辩状副本发送原告。

被告不提出答辩状的,不影响人民法院审理。

第六十八条 人民法院审理行政案件,由审判员组成合议庭,或者由审判员、陪审员组成合议庭。合议庭的成员,应当是三人以上的单数。

第六十九条 行政行为证据确凿,适用法律、法规正确,符合法定程序的,或者原告申请被告履行法定职责或者给付义务理由不成立的,人民法院判决驳回原告的诉讼请求。

第七十条 行政行为有下列情形之一的,人民法院判决撤销或者部分撤销,并可以判决被告重新作出行政行为:

(一)主要证据不足的;

(二)适用法律、法规错误的;

(三)违反法定程序的;

(四)超越职权的;

(五)滥用职权的;

(六)明显不当的。

第七十一条 人民法院判决被告重新作出行政行为的,被告不得以同一的事实和理由作出与原行政行为基本相同的行政行为。

第七十二条 人民法院经过审理,查明被告不履行法定职责的,判决被告在一定期限内履行。

第七十三条 人民法院经过审理,查明被告依法负有给付义务的,判决被告履行给付义务。

第七十四条 行政行为有下列情形之一的,人民法院判决确认违法,但不撤销行政行为:

(一)行政行为依法应当撤销,但撤销会给国家利益、社会公共利益造成重大损害的;

(二)行政行为程序轻微违法,但对原告权利不产生实际影响的。

行政行为有下列情形之一,不需要撤销或者判决履行的,人民法院判决确认违法:

(一)行政行为违法,但不具有可撤销内容的;

(二)被告改变原违法行政行为,原告仍要求确认原行政行为违法的;

(三)被告不履行或者拖延履行法定职责,判决履行没有意义的。

第七十五条 行政行为有实施主体不具有行政主体资格或者没有依据等重大且明显违法情形,原告申请确认行政行为无效的,人民法院判决确认无效。

第七十六条 人民法院判决确认违法或者无效的,可以同时判决责令被告采取补救措施;给原告造成损失的,依法判决被告承担赔偿责任。

第七十七条 行政处罚明显不当,或者其他行政行为涉及对款额的确定、认定确有错误的,人民法院可以判决变更。

人民法院判决变更,不得加重原告的义务或者减损原告的权益。但利害关系人同为原告,且诉讼请求相反的除外。

第七十八条 被告不依法履行、未按照约定履行或者违法变更、解除本法第十二条第一款第十一项规定的协议的,人民法院判决被告承担继续履行、采取补救措施或者赔偿损失等责任。

被告变更、解除本法第十二条第一款第十一项规定的协议合法,但未依法给予补偿的,人民法院判决给予补偿。

第七十九条 复议机关与作出原行政行为的行政机关为共同被告的案件,人民法院应当对复议决定和原行政行为一并作出裁判。

第八十条 人民法院对公开审理和不公开审理的案件,一律公开宣告判决。

当庭宣判的,应当在十日内发送判决书;定期宣判的,宣判后立即发给判决书。

宣告判决时,必须告知当事人上诉权利、上诉期限和上诉的人民法院。

第八十一条 人民法院应当在立案之日起六个月内作出第一审判决。有特殊情况需要延长的,由高级人民法院批准,高级人民法院审理第一审案件需要延长的,由最高人民法院批准。

第三节 简易程序

第八十二条 人民法院审理下列第一审行政案件,认为事实清楚、权利义务关系明确、争议不大的,可以适用简易程序:

(一)被诉行政行为是依法当场作出的;

(二)案件涉及款额二千元以下的;

(三)属于政府信息公开案件的。

除前款规定以外的第一审行政案件,当事人各方同意适用简易程序的,可以适用简易程序。

发回重审、按照审判监督程序再审的案件不适用简易程序。

第八十三条 适用简易程序审理的行政案件,由审判员一人独任审理,并应当在立案之日起四十五日内审结。

第八十四条 人民法院在审理过程中,发现案件不宜适用简易程序的,裁定转为普通程序。

第四节 第二审程序

第八十五条 当事人不服人民法院第一审判决的,有权在判决书送达之日起十五日内向上一级人民法院提起上诉。当事人不服人民法院第一审裁定的,有权在裁定书送达之日起十日内向上一级人民法院提起上诉。逾期不提起上诉的,人民法院的第一审判决或者裁定发生法律效力。

第八十六条 人民法院对上诉案件,应当组成合议庭,开庭审理。经过阅卷、调查和询问当事人,对没有提出新的事实、证据或者理由,合议庭认为不需要开庭审理的,也可以不开庭审理。

第八十七条 人民法院审理上诉案件,应当对原审人民法院的判决、裁定和被诉行政行为进行全面审查。

第八十八条 人民法院审理上诉案件,应当在收到上诉状之日起三个月内作出终审判决。有特殊情况需要延长的,由高级人民法院批准,高级人民法院审理上诉案件需要延长的,由最高人民法院批准。

第八十九条 人民法院审理上诉案件,按照下列情形,分别处理:

(一)原判决、裁定认定事实清楚,适用法律、法规正确的,判决或者裁定驳回上诉,维持原判决、裁定;

(二)原判决、裁定认定事实错误或者适用法律、法规错误的,依法改判、撤销或者变更;

(三)原判决认定基本事实不清、证据不足的,发回原审人民法院重审,或者查清事实后改判;

(四)原判决遗漏当事人或者违法缺席判决等严重违反法定程序的,裁定撤销原判决,发回原审人民法院重审。

原审人民法院对发回重审的案件作出判决后,当事人提起上诉的,第二审人民法院不得再次发回重审。

人民法院审理上诉案件,需要改变原审判决的,应当同时对被诉行政行为作出判决。

第五节 审判监督程序

第九十条 当事人对已经发生法律效力的判决、裁定,认为确有错误的,可以向上一级人民法院申请再审,但判决、裁定不停止执行。

第九十一条 当事人的申请符合下列情形之一的,人民法院应当再审:

(一)不予立案或者驳回起诉确有错误的;

(二)有新的证据,足以推翻原判决、裁定的;

(三)原判决、裁定认定事实的主要证据不足、未经质证或者系伪造的;

(四)原判决、裁定适用法律、法规确有错误的;

(五)违反法律规定的诉讼程序,可能影响公正审判的;

(六)原判决、裁定遗漏诉讼请求的;

（七）据以作出原判决、裁定的法律文书被撤销或者变更的；

（八）审判人员在审理该案件时有贪污受贿、徇私舞弊、枉法裁判行为的。

第九十二条 各级人民法院院长对本院已经发生法律效力的判决、裁定，发现有本法第九十一条规定情形之一，或者发现调解违反自愿原则或者调解书内容违法，认为需要再审的，应当提交审判委员会讨论决定。

最高人民法院对地方各级人民法院已经发生法律效力的判决、裁定，上级人民法院对下级人民法院已经发生法律效力的判决、裁定，发现有本法第九十一条规定情形之一，或者发现调解违反自愿原则或者调解书内容违法的，有权提审或者指令下级人民法院再审。

第九十三条 最高人民检察院对各级人民法院已经发生法律效力的判决、裁定，上级人民检察院对下级人民法院已经发生法律效力的判决、裁定，发现有本法第九十一条规定情形之一，或者发现调解书损害国家利益、社会公共利益的，应当提出抗诉。

地方各级人民检察院对同级人民法院已经发生法律效力的判决、裁定，发现有本法第九十一条规定情形之一，或者发现调解书损害国家利益、社会公共利益的，可以向同级人民法院提出检察建议，并报上级人民检察院备案；也可以提请上级人民检察院向同级人民法院提出抗诉。

各级人民检察院对审判监督程序以外的其他审判程序中审判人员的违法行为，有权向同级人民法院提出检察建议。

第八章　执　　行

第九十四条 当事人必须履行人民法院发生法律效力的判决、裁定、调解书。

第九十五条 公民、法人或者其他组织拒绝履行判决、裁定、调解书的，行政机关或者第三人可以向第一审人民法院申请强制执行，或者由行政机关依法强制执行。

第九十六条 行政机关拒绝履行判决、裁定、调解书的，第一审人民法院可以采取下列措施：

（一）对应当归还的罚款或者应当给付的款额，通知银行从该行政机关的账户内划拨；

（二）在规定期限内不履行的，从期满之日起，对该行政机关负责人按日处五

十元至一百元的罚款;

(三)将行政机关拒绝履行的情况予以公告;

(四)向监察机关或者该行政机关的上一级行政机关提出司法建议。接受司法建议的机关,根据有关规定进行处理,并将处理情况告知人民法院;

(五)拒不履行判决、裁定、调解书,社会影响恶劣的,可以对该行政机关直接负责的主管人员和其他直接责任人员予以拘留;情节严重,构成犯罪的,依法追究刑事责任。

第九十七条 公民、法人或者其他组织对行政行为在法定期限内不提起诉讼又不履行的,行政机关可以申请人民法院强制执行,或者依法强制执行。

第九章 涉外行政诉讼

第九十八条 外国人、无国籍人、外国组织在中华人民共和国进行行政诉讼,适用本法。法律另有规定的除外。

第九十九条 外国人、无国籍人、外国组织在中华人民共和国进行行政诉讼,同中华人民共和国公民、组织有同等的诉讼权利和义务。

外国法院对中华人民共和国公民、组织的行政诉讼权利加以限制的,人民法院对该国公民、组织的行政诉讼权利,实行对等原则。

第一百条 外国人、无国籍人、外国组织在中华人民共和国进行行政诉讼,委托律师代理诉讼的,应当委托中华人民共和国律师机构的律师。

第十章 附 则

第一百零一条 人民法院审理行政案件,关于期间、送达、财产保全、开庭审理、调解、中止诉讼、终结诉讼、简易程序、执行等,以及人民检察院对行政案件受理、审理、裁判、执行的监督,本法没有规定的,适用《中华人民共和国民事诉讼法》的相关规定。

第一百零二条 人民法院审理行政案件,应当收取诉讼费用。诉讼费用由败诉方承担,双方都有责任的由双方分担。收取诉讼费用的具体办法另行规定。

第一百零三条 本法自1990年10月1日起施行。

中华人民共和国著作权法

（1990 年 9 月 7 日第七届全国人民代表大会常务委员会第十五次会议通过　根据 2001 年 10 月 27 日第九届全国人民代表大会常务委员会第二十四次会议《关于修改〈中华人民共和国著作权法〉的决定》第一次修正　根据 2010 年 2 月 26 日第十一届全国人民代表大会常务委员会第十三次会议《关于修改〈中华人民共和国著作权法〉的决定》第二次修正）

第一章　总　则

第一条　为保护文学、艺术和科学作品作者的著作权，以及与著作权有关的权益，鼓励有益于社会主义精神文明、物质文明建设的作品的创作和传播，促进社会主义文化和科学事业的发展与繁荣，根据宪法制定本法。

第二条　中国公民、法人或者其他组织的作品，不论是否发表，依照本法享有著作权。

外国人、无国籍人的作品根据其作者所属国或者经常居住地国同中国签订的协议或者共同参加的国际条约享有的著作权，受本法保护。

外国人、无国籍人的作品首先在中国境内出版的，依照本法享有著作权。

未与中国签订协议或者共同参加国际条约的国家的作者以及无国籍人的作品首次在中国参加的国际条约的成员国出版的，或者在成员国和非成员国同时出版的，受本法保护。

第三条　本法所称的作品，包括以下列形式创作的文学、艺术和自然科学、社会科学、工程技术等作品：

（一）文字作品；

（二）口述作品；

（三）音乐、戏剧、曲艺、舞蹈、杂技艺术作品；

（四）美术、建筑作品；

（五）摄影作品；

(六)电影作品和以类似摄制电影的方法创作的作品;

(七)工程设计图、产品设计图、地图、示意图等图形作品和模型作品;

(八)计算机软件;

(九)法律、行政法规规定的其他作品。

第四条 著作权人行使著作权,不得违反宪法和法律,不得损害公共利益。国家对作品的出版、传播依法进行监督管理。

第五条 本法不适用于:

(一)法律、法规,国家机关的决议、决定、命令和其他具有立法、行政、司法性质的文件,及其官方正式译文;

(二)时事新闻;

(三)历法、通用数表、通用表格和公式。

第六条 民间文学艺术作品的著作权保护办法由国务院另行规定。

第七条 国务院著作权行政管理部门主管全国的著作权管理工作;各省、自治区、直辖市人民政府的著作权行政管理部门主管本行政区域的著作权管理工作。

第八条 著作权人和与著作权有关的权利人可以授权著作权集体管理组织行使著作权或者与著作权有关的权利。著作权集体管理组织被授权后,可以以自己的名义为著作权人和与著作权有关的权利人主张权利,并可以作为当事人进行涉及著作权或者与著作权有关的权利的诉讼、仲裁活动。

著作权集体管理组织是非营利性组织,其设立方式、权利义务、著作权许可使用费的收取和分配,以及对其监督和管理等由国务院另行规定。

第二章　著作权

第一节　著作权人及其权利

第九条 著作权人包括:

(一)作者;

(二)其他依照本法享有著作权的公民、法人或者其他组织。

第十条 著作权包括下列人身权和财产权:

(一)发表权,即决定作品是否公之于众的权利;

(二)署名权,即表明作者身份,在作品上署名的权利;

（三）修改权，即修改或者授权他人修改作品的权利；

（四）保护作品完整权，即保护作品不受歪曲、篡改的权利；

（五）复制权，即以印刷、复印、拓印、录音、录像、翻录、翻拍等方式将作品制作一份或者多份的权利；

（六）发行权，即以出售或者赠与方式向公众提供作品的原件或者复制件的权利；

（七）出租权，即有偿许可他人临时使用电影作品和以类似摄制电影的方法创作的作品、计算机软件的权利，计算机软件不是出租的主要标的的除外；

（八）展览权，即公开陈列美术作品、摄影作品的原件或者复制件的权利；

（九）表演权，即公开表演作品，以及用各种手段公开播送作品的表演的权利；

（十）放映权，即通过放映机、幻灯机等技术设备公开再现美术、摄影、电影和以类似摄制电影的方法创作的作品等的权利；

（十一）广播权，即以无线方式公开广播或者传播作品，以有线传播或者转播的方式向公众传播广播的作品，以及通过扩音器或者其他传送符号、声音、图像的类似工具向公众传播广播的作品的权利；

（十二）信息网络传播权，即以有线或者无线方式向公众提供作品，使公众可以在其个人选定的时间和地点获得作品的权利；

（十三）摄制权，即以摄制电影或者以类似摄制电影的方法将作品固定在载体上的权利；

（十四）改编权，即改变作品，创作出具有独创性的新作品的权利；

（十五）翻译权，即将作品从一种语言文字转换成另一种语言文字的权利；

（十六）汇编权，即将作品或者作品的片段通过选择或者编排，汇集成新作品的权利；

（十七）应当由著作权人享有的其他权利。

著作权人可以许可他人行使前款第（五）项至第（十七）项规定的权利，并依照约定或者本法有关规定获得报酬。

著作权人可以全部或者部分转让本条第一款第（五）项至第（十七）项规定的权利，并依照约定或者本法有关规定获得报酬。

第二节　著作权归属

第十一条　著作权属于作者，本法另有规定的除外。

创作作品的公民是作者。

由法人或者其他组织主持,代表法人或者其他组织意志创作,并由法人或者其他组织承担责任的作品,法人或者其他组织视为作者。

如无相反证明,在作品上署名的公民、法人或者其他组织为作者。

第十二条 改编、翻译、注释、整理已有作品而产生的作品,其著作权由改编、翻译、注释、整理人享有,但行使著作权时不得侵犯原作品的著作权。

第十三条 两人以上合作创作的作品,著作权由合作作者共同享有。没有参加创作的人,不能成为合作作者。

合作作品可以分割使用的,作者对各自创作的部分可以单独享有著作权,但行使著作权时不得侵犯合作作品整体的著作权。

第十四条 汇编若干作品、作品的片段或者不构成作品的数据或者其他材料,对其内容的选择或者编排体现独创性的作品,为汇编作品,其著作权由汇编人享有,但行使著作权时,不得侵犯原作品的著作权。

第十五条 电影作品和以类似摄制电影的方法创作的作品的著作权由制片者享有,但编剧、导演、摄影、作词、作曲等作者享有署名权,并有权按照与制片者签订的合同获得报酬。

电影作品和以类似摄制电影的方法创作的作品中的剧本、音乐等可以单独使用的作品的作者有权单独行使其著作权。

第十六条 公民为完成法人或者其他组织工作任务所创作的作品是职务作品,除本条第二款的规定以外,著作权由作者享有,但法人或者其他组织有权在其业务范围内优先使用。作品完成两年内,未经单位同意,作者不得许可第三人以与单位使用的相同方式使用该作品。

有下列情形之一的职务作品,作者享有署名权,著作权的其他权利由法人或者其他组织享有,法人或者其他组织可以给予作者奖励:

(一)主要是利用法人或者其他组织的物质技术条件创作,并由法人或者其他组织承担责任的工程设计图、产品设计图、地图、计算机软件等职务作品;

(二)法律、行政法规规定或者合同约定著作权由法人或者其他组织享有的职务作品。

第十七条 受委托创作的作品,著作权的归属由委托人和受托人通过合同约定。合同未作明确约定或者没有订立合同的,著作权属于受托人。

第十八条 美术等作品原件所有权的转移,不视为作品著作权的转移,但美术作品原件的展览权由原件所有人享有。

第十九条 著作权属于公民的，公民死亡后，其本法第十条第一款第(五)项至第(十七)项规定的权利在本法规定的保护期内，依照继承法的规定转移。

著作权属于法人或者其他组织的，法人或者其他组织变更、终止后，其本法第十条第一款第(五)项至第(十七)项规定的权利在本法规定的保护期内，由承受其权利义务的法人或者其他组织享有；没有承受其权利义务的法人或者其他组织的，由国家享有。

第三节 权利的保护期

第二十条 作者的署名权、修改权、保护作品完整权的保护期不受限制。

第二十一条 公民的作品，其发表权、本法第十条第一款第(五)项至第(十七)项规定的权利的保护期为作者终生及其死亡后五十年，截止于作者死亡后第五十年的12月31日；如果是合作作品，截止于最后死亡的作者死亡后第五十年的12月31日。

法人或者其他组织的作品、著作权(署名权除外)由法人或者其他组织享有的职务作品，其发表权、本法第十条第一款第(五)项至第(十七)项规定的权利的保护期为五十年，截止于作品首次发表后第五十年的12月31日，但作品自创作完成后五十年内未发表的，本法不再保护。

电影作品和以类似摄制电影的方法创作的作品、摄影作品，其发表权、本法第十条第一款第(五)项至第(十七)项规定的权利的保护期为五十年，截止于作品首次发表后第五十年的12月31日，但作品自创作完成后五十年内未发表的，本法不再保护。

第四节 权利的限制

第二十二条 在下列情况下使用作品，可以不经著作权人许可，不向其支付报酬，但应当指明作者姓名、作品名称，并且不得侵犯著作权人依照本法享有的其他权利：

(一)为个人学习、研究或者欣赏，使用他人已经发表的作品；

(二)为介绍、评论某一作品或者说明某一问题，在作品中适当引用他人已经发表的作品；

(三)为报道时事新闻，在报纸、期刊、广播电台、电视台等媒体中不可避免地再现或者引用已经发表的作品；

(四)报纸、期刊、广播电台、电视台等媒体刊登或者播放其他报纸、期刊、广播电台、电视台等媒体已经发表的关于政治、经济、宗教问题的时事性文章,但作者声明不许刊登、播放的除外;

(五)报纸、期刊、广播电台、电视台等媒体刊登或者播放在公众集会上发表的讲话,但作者声明不许刊登、播放的除外;

(六)为学校课堂教学或者科学研究,翻译或者少量复制已经发表的作品,供教学或者科研人员使用,但不得出版发行;

(七)国家机关为执行公务在合理范围内使用已经发表的作品;

(八)图书馆、档案馆、纪念馆、博物馆、美术馆等为陈列或者保存版本的需要,复制本馆收藏的作品;

(九)免费表演已经发表的作品,该表演未向公众收取费用,也未向表演者支付报酬;

(十)对设置或者陈列在室外公共场所的艺术作品进行临摹、绘画、摄影、录像;

(十一)将中国公民、法人或者其他组织已经发表的以汉语言文字创作的作品翻译成少数民族语言文字作品在国内出版发行;

(十二)将已经发表的作品改成盲文出版。

前款规定适用于对出版者、表演者、录音录像制作者、广播电台、电视台的权利的限制。

第二十三条 为实施九年制义务教育和国家教育规划而编写出版教科书,除作者事先声明不许使用的外,可以不经著作权人许可,在教科书中汇编已经发表的作品片段或者短小的文字作品、音乐作品或者单幅的美术作品、摄影作品,但应当按照规定支付报酬,指明作者姓名、作品名称,并且不得侵犯著作权人依照本法享有的其他权利。

前款规定适用于对出版者、表演者、录音录像制作者、广播电台、电视台的权利的限制。

第三章 著作权许可使用和转让合同

第二十四条 使用他人作品应当同著作权人订立许可使用合同,本法规定可以不经许可的除外。

许可使用合同包括下列主要内容:

(一)许可使用的权利种类;

(二)许可使用的权利是专有使用权或者非专有使用权;

(三)许可使用的地域范围、期间;

(四)付酬标准和办法;

(五)违约责任;

(六)双方认为需要约定的其他内容。

第二十五条 转让本法第十条第一款第(五)项至第(十七)项规定的权利,应当订立书面合同。

权利转让合同包括下列主要内容:

(一)作品的名称;

(二)转让的权利种类、地域范围;

(三)转让价金;

(四)交付转让价金的日期和方式;

(五)违约责任;

(六)双方认为需要约定的其他内容。

第二十六条 以著作权出质的,由出质人和质权人向国务院著作权行政管理部门办理出质登记。

第二十七条 许可使用合同和转让合同中著作权人未明确许可、转让的权利,未经著作权人同意,另一方当事人不得行使。

第二十八条 使用作品的付酬标准可以由当事人约定,也可以按照国务院著作权行政管理部门会同有关部门制定的付酬标准支付报酬。当事人约定不明确的,按照国务院著作权行政管理部门会同有关部门制定的付酬标准支付报酬。

第二十九条 出版者、表演者、录音录像制作者、广播电台、电视台等依照本法有关规定使用他人作品的,不得侵犯作者的署名权、修改权、保护作品完整权和获得报酬的权利。

第四章 出版、表演、录音录像、播放

第一节 图书、报刊的出版

第三十条 图书出版者出版图书应当和著作权人订立出版合同,并支付报酬。

第三十一条 图书出版者对著作权人交付出版的作品,按照合同约定享有的专有出版权受法律保护,他人不得出版该作品。

第三十二条 著作权人应当按照合同约定期限交付作品。图书出版者应当按照合同约定的出版质量、期限出版图书。

图书出版者不按照合同约定期限出版,应当依照本法第五十四条的规定承担民事责任。

图书出版者重印、再版作品的,应当通知著作权人,并支付报酬。图书脱销后,图书出版者拒绝重印、再版的,著作权人有权终止合同。

第三十三条 著作权人向报社、期刊社投稿的,自稿件发出之日起十五日内未收到报社通知决定刊登的,或者自稿件发出之日起三十日内未收到期刊社通知决定刊登的,可以将同一作品向其他报社、期刊社投稿。双方另有约定的除外。

作品刊登后,除著作权人声明不得转载、摘编的外,其他报刊可以转载或者作为文摘、资料刊登,但应当按照规定向著作权人支付报酬。

第三十四条 图书出版者经作者许可,可以对作品修改、删节。

报社、期刊社可以对作品作文字性修改、删节。对内容的修改,应当经作者许可。

第三十五条 出版改编、翻译、注释、整理、汇编已有作品而产生的作品,应当取得改编、翻译、注释、整理、汇编作品的著作权人和原作品的著作权人许可,并支付报酬。

第三十六条 出版者有权许可或者禁止他人使用其出版的图书、期刊的版式设计。

前款规定的权利的保护期为十年,截止于使用该版式设计的图书、期刊首次出版后第十年的12月31日。

第二节　表　演

第三十七条 使用他人作品演出,表演者(演员、演出单位)应当取得著作权人许可,并支付报酬。演出组织者组织演出,由该组织者取得著作权人许可,并支付报酬。

使用改编、翻译、注释、整理已有作品而产生的作品进行演出,应当取得改编、翻译、注释、整理作品的著作权人和原作品的著作权人许可,并支付报酬。

第三十八条 表演者对其表演享有下列权利:

(一)表明表演者身份;

(二)保护表演形象不受歪曲;

(三)许可他人从现场直播和公开传送其现场表演,并获得报酬;

(四)许可他人录音录像,并获得报酬;

(五)许可他人复制、发行录有其表演的录音录像制品,并获得报酬;

(六)许可他人通过信息网络向公众传播其表演,并获得报酬。

被许可人以前款第(三)项至第(六)项规定的方式使用作品,还应当取得著作权人许可,并支付报酬。

第三十九条 本法第三十八条第一款第(一)项、第(二)项规定的权利的保护期不受限制。

本法第三十八条第一款第(三)项至第(六)项规定的权利的保护期为五十年,截止于该表演发生后第五十年的12月31日。

第三节 录音录像

第四十条 录音录像制作者使用他人作品制作录音录像制品,应当取得著作权人许可,并支付报酬。

录音录像制作者使用改编、翻译、注释、整理已有作品而产生的作品,应当取得改编、翻译、注释、整理作品的著作权人和原作品著作权人许可,并支付报酬。

录音制作者使用他人已经合法录制为录音制品的音乐作品制作录音制品,可以不经著作权人许可,但应当按照规定支付报酬;著作权人声明不许使用的不得使用。

第四十一条 录音录像制作者制作录音录像制品,应当同表演者订立合同,并支付报酬。

第四十二条 录音录像制作者对其制作的录音录像制品,享有许可他人复制、发行、出租、通过信息网络向公众传播并获得报酬的权利;权利的保护期为五十年,截止于该制品首次制作完成后第五十年的12月31日。

被许可人复制、发行、通过信息网络向公众传播录音录像制品,还应当取得著作权人、表演者许可,并支付报酬。

第四节 广播电台、电视台播放

第四十三条 广播电台、电视台播放他人未发表的作品,应当取得著作权人许可,并支付报酬。

广播电台、电视台播放他人已发表的作品,可以不经著作权人许可,但应当支付报酬。

第四十四条 广播电台、电视台播放已经出版的录音制品,可以不经著作权人许可,但应当支付报酬。当事人另有约定的除外。具体办法由国务院规定。

第四十五条 广播电台、电视台有权禁止未经其许可的下列行为:

(一)将其播放的广播、电视转播;

(二)将其播放的广播、电视录制在音像载体上以及复制音像载体。

前款规定的权利的保护期为五十年,截止于该广播、电视首次播放后第五十年的 12 月 31 日。

第四十六条 电视台播放他人的电影作品和以类似摄制电影的方法创作的作品、录像制品,应当取得制片者或者录像制作者许可,并支付报酬;播放他人的录像制品,还应当取得著作权人许可,并支付报酬。

第五章 法律责任和执法措施

第四十七条 有下列侵权行为的,应当根据情况,承担停止侵害、消除影响、赔礼道歉、赔偿损失等民事责任:

(一)未经著作权人许可,发表其作品的;

(二)未经合作作者许可,将与他人合作创作的作品当作自己单独创作的作品发表的;

(三)没有参加创作,为谋取个人名利,在他人作品上署名的;

(四)歪曲、篡改他人作品的;

(五)剽窃他人作品的;

(六)未经著作权人许可,以展览、摄制电影和以类似摄制电影的方法使用作品,或者以改编、翻译、注释等方式使用作品的,本法另有规定的除外;

(七)使用他人作品,应当支付报酬而未支付的;

(八)未经电影作品和以类似摄制电影的方法创作的作品、计算机软件、录音录像制品的著作权人或者与著作权有关的权利人许可,出租其作品或者录音录像制品的,本法另有规定的除外;

(九)未经出版者许可,使用其出版的图书、期刊的版式设计的;

(十)未经表演者许可,从现场直播或者公开传送其现场表演,或者录制其表演的；

（十一）其他侵犯著作权以及与著作权有关的权益的行为。

第四十八条 有下列侵权行为的，应当根据情况，承担停止侵害、消除影响、赔礼道歉、赔偿损失等民事责任；同时损害公共利益的，可以由著作权行政管理部门责令停止侵权行为，没收违法所得，没收、销毁侵权复制品，并可处以罚款；情节严重的，著作权行政管理部门还可以没收主要用于制作侵权复制品的材料、工具、设备等；构成犯罪的，依法追究刑事责任：

（一）未经著作权人许可，复制、发行、表演、放映、广播、汇编、通过信息网络向公众传播其作品的，本法另有规定的除外；

（二）出版他人享有专有出版权的图书的；

（三）未经表演者许可，复制、发行录有其表演的录音录像制品，或者通过信息网络向公众传播其表演的，本法另有规定的除外；

（四）未经录音录像制作者许可，复制、发行、通过信息网络向公众传播其制作的录音录像制品的，本法另有规定的除外；

（五）未经许可，播放或者复制广播、电视的，本法另有规定的除外；

（六）未经著作权人或者与著作权有关的权利人许可，故意避开或者破坏权利人为其作品、录音录像制品等采取的保护著作权或者与著作权有关的权利的技术措施的，法律、行政法规另有规定的除外；

（七）未经著作权人或者与著作权有关的权利人许可，故意删除或者改变作品、录音录像制品等的权利管理电子信息的，法律、行政法规另有规定的除外；

（八）制作、出售假冒他人署名的作品的。

第四十九条 侵犯著作权或者与著作权有关的权利的，侵权人应当按照权利人的实际损失给予赔偿；实际损失难以计算的，可以按照侵权人的违法所得给予赔偿。赔偿数额还应当包括权利人为制止侵权行为所支付的合理开支。

权利人的实际损失或者侵权人的违法所得不能确定的，由人民法院根据侵权行为的情节，判决给予五十万元以下的赔偿。

第五十条 著作权人或者与著作权有关的权利人有证据证明他人正在实施或者即将实施侵犯其权利的行为，如不及时制止将会使其合法权益受到难以弥补的损害的，可以在起诉前向人民法院申请采取责令停止有关行为和财产保全的措施。

人民法院处理前款申请，适用《中华人民共和国民事诉讼法》第九十三条至第九十六条和第九十九条的规定。

第五十一条 为制止侵权行为,在证据可能灭失或者以后难以取得的情况下,著作权人或者与著作权有关的权利人可以在起诉前向人民法院申请保全证据。

人民法院接受申请后,必须在四十八小时内作出裁定;裁定采取保全措施的,应当立即开始执行。

人民法院可以责令申请人提供担保,申请人不提供担保的,驳回申请。

申请人在人民法院采取保全措施后十五日内不起诉的,人民法院应当解除保全措施。

第五十二条 人民法院审理案件,对于侵犯著作权或者与著作权有关的权利的,可以没收违法所得、侵权复制品以及进行违法活动的财物。

第五十三条 复制品的出版者、制作者不能证明其出版、制作有合法授权的,复制品的发行者或者电影作品或者以类似摄制电影的方法创作的作品、计算机软件、录音录像制品的复制品的出租者不能证明其发行、出租的复制品有合法来源的,应当承担法律责任。

第五十四条 当事人不履行合同义务或者履行合同义务不符合约定条件的,应当依照《中华人民共和国民法通则》、《中华人民共和国合同法》等有关法律规定承担民事责任。

第五十五条 著作权纠纷可以调解,也可以根据当事人达成的书面仲裁协议或者著作权合同中的仲裁条款,向仲裁机构申请仲裁。

当事人没有书面仲裁协议,也没有在著作权合同中订立仲裁条款的,可以直接向人民法院起诉。

第五十六条 当事人对行政处罚不服的,可以自收到行政处罚决定书之日起三个月内向人民法院起诉,期满不起诉又不履行的,著作权行政管理部门可以申请人民法院执行。

第六章 附 则

第五十七条 本法所称的著作权即版权。

第五十八条 本法第二条所称的出版,指作品的复制、发行。

第五十九条 计算机软件、信息网络传播权的保护办法由国务院另行规定。

第六十条 本法规定的著作权人和出版者、表演者、录音录像制作者、广播电台、电视台的权利，在本法施行之日尚未超过本法规定的保护期的，依照本法予以保护。

本法施行前发生的侵权或者违约行为，依照侵权或者违约行为发生时的有关规定和政策处理。

第六十一条 本法自1991年6月1日起施行。

中华人民共和国广告法

(1994 年 10 月 27 日第八届全国人民代表大会常务委员会第十次会议通过　2015 年 4 月 24 日第十二届全国人民代表大会常务委员会第十四次会议修订)

第一章　总　　则

第一条　为了规范广告活动,保护消费者的合法权益,促进广告业的健康发展,维护社会经济秩序,制定本法。

第二条　在中华人民共和国境内,商品经营者或者服务提供者通过一定媒介和形式直接或者间接地介绍自己所推销的商品或者服务的商业广告活动,适用本法。

本法所称广告主,是指为推销商品或者服务,自行或者委托他人设计、制作、发布广告的自然人、法人或者其他组织。

本法所称广告经营者,是指接受委托提供广告设计、制作、代理服务的自然人、法人或者其他组织。

本法所称广告发布者,是指为广告主或者广告主委托的广告经营者发布广告的自然人、法人或者其他组织。

本法所称广告代言人,是指广告主以外的,在广告中以自己的名义或者形象对商品、服务作推荐、证明的自然人、法人或者其他组织。

第三条　广告应当真实、合法,以健康的表现形式表达广告内容,符合社会主义精神文明建设和弘扬中华民族优秀传统文化的要求。

第四条　广告不得含有虚假或者引人误解的内容,不得欺骗、误导消费者。

广告主应当对广告内容的真实性负责。

第五条　广告主、广告经营者、广告发布者从事广告活动,应当遵守法律、法规,诚实信用,公平竞争。

第六条　国务院工商行政管理部门主管全国的广告监督管理工作,国务院有关部门在各自的职责范围内负责广告管理相关工作。

县级以上地方工商行政管理部门主管本行政区域的广告监督管理工作，县级以上地方人民政府有关部门在各自的职责范围内负责广告管理相关工作。

第七条 广告行业组织依照法律、法规和章程的规定，制定行业规范，加强行业自律，促进行业发展，引导会员依法从事广告活动，推动广告行业诚信建设。

第二章 广告内容准则

第八条 广告中对商品的性能、功能、产地、用途、质量、成分、价格、生产者、有效期限、允诺等或者对服务的内容、提供者、形式、质量、价格、允诺等有表示的，应当准确、清楚、明白。

广告中表明推销的商品或者服务附带赠送的，应当明示所附带赠送商品或者服务的品种、规格、数量、期限和方式。

法律、行政法规规定广告中应当明示的内容，应当显著、清晰表示。

第九条 广告不得有下列情形：

(一)使用或者变相使用中华人民共和国的国旗、国歌、国徽，军旗、军歌、军徽；

(二)使用或者变相使用国家机关、国家机关工作人员的名义或者形象；

(三)使用“国家级”、“最高级”、“最佳”等用语；

(四)损害国家的尊严或者利益，泄露国家秘密；

(五)妨碍社会安定，损害社会公共利益；

(六)危害人身、财产安全，泄露个人隐私；

(七)妨碍社会公共秩序或者违背社会良好风尚；

(八)含有淫秽、色情、赌博、迷信、恐怖、暴力的内容；

(九)含有民族、种族、宗教、性别歧视的内容；

(十)妨碍环境、自然资源或者文化遗产保护；

(十一)法律、行政法规规定禁止的其他情形。

第十条 广告不得损害未成年人和残疾人的身心健康。

第十一条 广告内容涉及的事项需要取得行政许可的，应当与许可的内容相符合。

广告使用数据、统计资料、调查结果、文摘、引用语等引证内容的，应当真实、准确，并表明出处。引证内容有适用范围和有效期限的，应当明确表示。

第十二条 广告中涉及专利产品或者专利方法的,应当标明专利号和专利种类。

未取得专利权的,不得在广告中谎称取得专利权。

禁止使用未授予专利权的专利申请和已经终止、撤销、无效的专利作广告。

第十三条 广告不得贬低其他生产经营者的商品或者服务。

第十四条 广告应当具有可识别性,能够使消费者辨明其为广告。

大众传播媒介不得以新闻报道形式变相发布广告。通过大众传播媒介发布的广告应当显著标明“广告”,与其他非广告信息相区别,不得使消费者产生误解。

广播电台、电视台发布广告,应当遵守国务院有关部门关于时长、方式的规定,并应当对广告时长作出明显提示。

第十五条 麻醉药品、精神药品、医疗用毒性药品、放射性药品等特殊药品,药品类易制毒化学品,以及戒毒治疗的药品、医疗器械和治疗方法,不得作广告。

前款规定以外的处方药,只能在国务院卫生行政部门和国务院药品监督管理部门共同指定的医学、药学专业刊物上作广告。

第十六条 医疗、药品、医疗器械广告不得含有下列内容:

(一)表示功效、安全性的断言或者保证;

(二)说明治愈率或者有效率;

(三)与其他药品、医疗器械的功效和安全性或者其他医疗机构比较;

(四)利用广告代言人作推荐、证明;

(五)法律、行政法规规定禁止的其他内容。

药品广告的内容不得与国务院药品监督管理部门批准的说明书不一致,并应当显著标明禁忌、不良反应。处方药广告应当显著标明“本广告仅供医学药学专业人士阅读”,非处方药广告应当显著标明“请按药品说明书或者在药师指导下购买和使用”。

推荐给个人自用的医疗器械的广告,应当显著标明“请仔细阅读产品说明书或者在医务人员的指导下购买和使用”。医疗器械产品注册证明文件中有禁忌内容、注意事项的,广告中应当显著标明“禁忌内容或者注意事项详见说明书”。

第十七条 除医疗、药品、医疗器械广告外,禁止其他任何广告涉及疾病治疗功能,并不得使用医疗用语或者易使推销的商品与药品、医疗器械相混淆的用语。

第十八条 保健食品广告不得含有下列内容:

(一)表示功效、安全性的断言或者保证;

（二）涉及疾病预防、治疗功能；

（三）声称或者暗示广告商品为保障健康所必需；

（四）与药品、其他保健食品进行比较；

（五）利用广告代言人作推荐、证明；

（六）法律、行政法规规定禁止的其他内容。

保健食品广告应当显著标明“本品不能代替药物”。

第十九条 广播电台、电视台、报刊音像出版单位、互联网信息服务提供者不得以介绍健康、养生知识等形式变相发布医疗、药品、医疗器械、保健食品广告。

第二十条 禁止在大众传播媒介或者公共场所发布声称全部或者部分替代母乳的婴儿乳制品、饮料和其他食品广告。

第二十一条 农药、兽药、饲料和饲料添加剂广告不得含有下列内容：

（一）表示功效、安全性的断言或者保证；

（二）利用科研单位、学术机构、技术推广机构、行业协会或者专业人士、用户的名义或者形象作推荐、证明；

（三）说明有效率；

（四）违反安全使用规程的文字、语言或者画面；

（五）法律、行政法规规定禁止的其他内容。

第二十二条 禁止在大众传播媒介或者公共场所、公共交通工具、户外发布烟草广告。禁止向未成年人发送任何形式的烟草广告。

禁止利用其他商品或者服务的广告、公益广告，宣传烟草制品名称、商标、包装、装潢以及类似内容。

烟草制品生产者或者销售者发布的迁址、更名、招聘等启事中，不得含有烟草制品名称、商标、包装、装潢以及类似内容。

第二十三条 酒类广告不得含有下列内容：

（一）诱导、怂恿饮酒或者宣传无节制饮酒；

（二）出现饮酒的动作；

（三）表现驾驶车、船、飞机等活动；

（四）明示或者暗示饮酒有消除紧张和焦虑、增加体力等功效。

第二十四条 教育、培训广告不得含有下列内容：

（一）对升学、通过考试、获得学位学历或者合格证书，或者对教育、培训的效果作出明示或者暗示的保证性承诺；

(二)明示或者暗示有相关考试机构或者其工作人员、考试命题人员参与教育、培训;

(三)利用科研单位、学术机构、教育机构、行业协会、专业人士、受益者的名义或者形象作推荐、证明。

第二十五条 招商等有投资回报预期的商品或者服务广告,应当对可能存在的风险以及风险责任承担有合理提示或者警示,并不得含有下列内容:

(一)对未来效果、收益或者与其相关的情况作出保证性承诺,明示或者暗示保本、无风险或者保收益等,国家另有规定的除外;

(二)利用学术机构、行业协会、专业人士、受益者的名义或者形象作推荐、证明。

第二十六条 房地产广告,房源信息应当真实,面积应当表明为建筑面积或者套内建筑面积,并不得含有下列内容:

(一)升值或者投资回报的承诺;

(二)以项目到达某一具体参照物的所需时间表示项目位置;

(三)违反国家有关价格管理的规定;

(四)对规划或者建设中的交通、商业、文化教育设施以及其他市政条件作误导宣传。

第二十七条 农作物种子、林木种子、草种子、种畜禽、水产苗种和种养殖广告关于品种名称、生产性能、生长量或者产量、品质、抗性、特殊使用价值、经济价值、适宜种植或者养殖的范围和条件等方面的表述应当真实、清楚、明白,并不得含有下列内容:

(一)作科学上无法验证的断言;

(二)表示功效的断言或者保证;

(三)对经济效益进行分析、预测或者作保证性承诺;

(四)利用科研单位、学术机构、技术推广机构、行业协会或者专业人士、用户的名义或者形象作推荐、证明。

第二十八条 广告以虚假或者引人误解的内容欺骗、误导消费者的,构成虚假广告。

广告有下列情形之一的,为虚假广告:

(一)商品或者服务不存在的;

(二)商品的性能、功能、产地、用途、质量、规格、成分、价格、生产者、有效期限、销售状况、曾获荣誉等信息,或者服务的内容、提供者、形式、质量、价格、销售状况、曾获荣誉等信息,以及与商品或者服务有关的允诺等信息与实际情况不符,对购买行为有实质性影响的;

(三)使用虚构、伪造或者无法验证的科研成果、统计资料、调查结果、文摘、引用语等信息作证明材料的;

(四)虚构使用商品或者接受服务的效果的;

(五)以虚假或者引人误解的内容欺骗、误导消费者的其他情形。

第三章　广告行为规范

第二十九条　广播电台、电视台、报刊出版单位从事广告发布业务的,应当设有专门从事广告业务的机构,配备必要的人员,具有与发布广告相适应的场所、设备,并向县级以上地方工商行政管理部门办理广告发布登记。

第三十条　广告主、广告经营者、广告发布者之间在广告活动中应当依法订立书面合同。

第三十一条　广告主、广告经营者、广告发布者不得在广告活动中进行任何形式的不正当竞争。

第三十二条　广告主委托设计、制作、发布广告,应当委托具有合法经营资格的广告经营者、广告发布者。

第三十三条　广告主或者广告经营者在广告中使用他人名义或者形象的,应当事先取得其书面同意;使用无民事行为能力人、限制民事行为能力人的名义或者形象的,应当事先取得其监护人的书面同意。

第三十四条　广告经营者、广告发布者应当按照国家有关规定,建立、健全广告业务的承接登记、审核、档案管理制度。

广告经营者、广告发布者依据法律、行政法规查验有关证明文件,核对广告内容。对内容不符或者证明文件不全的广告,广告经营者不得提供设计、制作、代理服务,广告发布者不得发布。

第三十五条　广告经营者、广告发布者应当公布其收费标准和收费办法。

第三十六条　广告发布者向广告主、广告经营者提供的覆盖率、收视率、点击率、发行量等资料应当真实。

第三十七条　法律、行政法规规定禁止生产、销售的产品或者提供的服务,以及禁止发布广告的商品或者服务,任何单位或者个人不得设计、制作、代理、发布广告。

第三十八条 广告代言人在广告中对商品、服务作推荐、证明,应当依据事实,符合本法和有关法律、行政法规规定,并不得为其未使用过的商品或者未接受过的服务作推荐、证明。

不得利用不满十周岁的未成年人作为广告代言人。

对在虚假广告中作推荐、证明受到行政处罚未满三年的自然人、法人或者其他组织,不得利用其作为广告代言人。

第三十九条 不得在中小学校、幼儿园内开展广告活动,不得利用中小学生和幼儿的教材、教辅材料、练习册、文具、教具、校服、校车等发布或者变相发布广告,但公益广告除外。

第四十条 在针对未成年人的大众传播媒介上不得发布医疗、药品、保健食品、医疗器械、化妆品、酒类、美容广告,以及不利于未成年人身心健康的网络游戏广告。

针对不满十四周岁的未成年人的商品或者服务的广告不得含有下列内容:

(一)劝诱其要求家长购买广告商品或者服务;

(二)可能引发其模仿不安全行为。

第四十一条 县级以上地方人民政府应当组织有关部门加强对利用户外场所、空间、设施等发布户外广告的监督管理,制定户外广告设置规划和安全要求。

户外广告的管理办法,由地方性法规、地方政府规章规定。

第四十二条 有下列情形之一的,不得设置户外广告:

(一)利用交通安全设施、交通标志的;

(二)影响市政公共设施、交通安全设施、交通标志、消防设施、消防安全标志使用的;

(三)妨碍生产或者人民生活,损害市容市貌的;

(四)在国家机关、文物保护单位、风景名胜区等的建筑控制地带,或者县级以上地方人民政府禁止设置户外广告的区域设置的。

第四十三条 任何单位或者个人未经当事人同意或者请求,不得向其住宅、交通工具等发送广告,也不得以电子信息方式向其发送广告。

以电子信息方式发送广告的,应当明示发送者的真实身份和联系方式,并向接收者提供拒绝继续接收的方式。

第四十四条 利用互联网从事广告活动,适用本法的各项规定。

利用互联网发布、发送广告,不得影响用户正常使用网络。在互联网页面以弹出等形式发布的广告,应当显著标明关闭标志,确保一键关闭。

第四十五条 公共场所的管理者或者电信业务经营者、互联网信息服务提供者对其明知或者应知的利用其场所或者信息传输、发布平台发送、发布违法广告的,应当予以制止。

第四章 监督管理

第四十六条 发布医疗、药品、医疗器械、农药、兽药和保健食品广告,以及法律、行政法规规定应当进行审查的其他广告,应当在发布前由有关部门(以下称广告审查机关)对广告内容进行审查;未经审查,不得发布。

第四十七条 广告主申请广告审查,应当依照法律、行政法规向广告审查机关提交有关证明文件。

广告审查机关应当依照法律、行政法规规定作出审查决定,并应当将审查批准文件抄送同级工商行政管理部门。广告审查机关应当及时向社会公布批准的广告。

第四十八条 任何单位或者个人不得伪造、变造或者转让广告审查批准文件。

第四十九条 工商行政管理部门履行广告监督管理职责,可以行使下列职权:

(一)对涉嫌从事违法广告活动的场所实施现场检查;

(二)询问涉嫌违法当事人或者其法定代表人、主要负责人和其他有关人员,对有关单位或者个人进行调查;

(三)要求涉嫌违法当事人限期提供有关证明文件;

(四)查阅、复制与涉嫌违法广告有关的合同、票据、账簿、广告作品和其他有关资料;

(五)查封、扣押与涉嫌违法广告直接相关的广告物品、经营工具、设备等财物;

(六)责令暂停发布可能造成严重后果的涉嫌违法广告;

(七)法律、行政法规规定的其他职权。

工商行政管理部门应当建立健全广告监测制度,完善监测措施,及时发现和依法查处违法广告行为。

第五十条 国务院工商行政管理部门会同国务院有关部门,制定大众传播媒介广告发布行为规范。

第五十一条 工商行政管理部门依照本法规定行使职权,当事人应当协助、配合,不得拒绝、阻挠。

第五十二条 工商行政管理部门和有关部门及其工作人员对其在广告监督管理活动中知悉的商业秘密负有保密义务。

第五十三条 任何单位或者个人有权向工商行政管理部门和有关部门投诉、举报违反本法的行为。工商行政管理部门和有关部门应当向社会公开受理投诉、举报的电话、信箱或者电子邮件地址,接到投诉、举报的部门应当自收到投诉之日起七个工作日内,予以处理并告知投诉、举报人。

工商行政管理部门和有关部门不依法履行职责的,任何单位或者个人有权向其上级机关或者监察机关举报。接到举报的机关应当依法作出处理,并将处理结果及时告知举报人。

有关部门应当为投诉、举报人保密。

第五十四条 消费者协会和其他消费者组织对违反本法规定,发布虚假广告侵害消费者合法权益,以及其他损害社会公共利益的行为,依法进行社会监督。

第五章　法律责任

第五十五条 违反本法规定,发布虚假广告的,由工商行政管理部门责令停止发布广告,责令广告主在相应范围内消除影响,处广告费用三倍以上五倍以下的罚款,广告费用无法计算或者明显偏低的,处二十万元以上一百万元以下的罚款;两年内有三次以上违法行为或者有其他严重情节的,处广告费用五倍以上十倍以下的罚款,广告费用无法计算或者明显偏低的,处一百万元以上二百万元以下的罚款,可以吊销营业执照,并由广告审查机关撤销广告审查批准文件、一年内不受理其广告审查申请。

医疗机构有前款规定违法行为,情节严重的,除由工商行政管理部门依照本法处罚外,卫生行政部门可以吊销诊疗科目或者吊销医疗机构执业许可证。

广告经营者、广告发布者明知或者应知广告虚假仍设计、制作、代理、发布的,由工商行政管理部门没收广告费用,并处广告费用三倍以上五倍以下的罚款,广告费用无法计算或者明显偏低的,处二十万元以上一百万元以下的罚款;两年内有三次以上违法行为或者有其他严重情节的,处广告费用五倍以上十倍以下的罚款,广告费用无法计算或者明显偏低的,处一百万元以上二百万元以下的罚款,并可以由有关部门暂停广告发布业务、吊销营业执照、吊销广告发布登记证件。

广告主、广告经营者、广告发布者有本条第一款、第三款规定行为,构成犯罪的,依法追究刑事责任。

第五十六条 违反本法规定,发布虚假广告,欺骗、误导消费者,使购买商品或者接受服务的消费者的合法权益受到损害的,由广告主依法承担民事责任。广告经营者、广告发布者不能提供广告主的真实名称、地址和有效联系方式的,消费者可以要求广告经营者、广告发布者先行赔偿。

关系消费者生命健康的商品或者服务的虚假广告,造成消费者损害的,其广告经营者、广告发布者、广告代言人应当与广告主承担连带责任。

前款规定以外的商品或者服务的虚假广告,造成消费者损害的,其广告经营者、广告发布者、广告代言人,明知或者应知广告虚假仍设计、制作、代理、发布或者作推荐、证明的,应当与广告主承担连带责任。

第五十七条 有下列行为之一的,由工商行政管理部门责令停止发布广告,对广告主处二十万元以上一百万元以下的罚款,情节严重的,并可以吊销营业执照,由广告审查机关撤销广告审查批准文件、一年内不受理其广告审查申请;对广告经营者、广告发布者,由工商行政管理部门没收广告费用,处二十万元以上一百万元以下的罚款,情节严重的,并可以吊销营业执照、吊销广告发布登记证件:

(一)发布有本法第九条、第十条规定的禁止情形的广告的;

(二)违反本法第十五条规定发布处方药广告、药品类易制毒化学品广告、戒毒治疗的医疗器械和治疗方法广告的;

(三)违反本法第二十条规定,发布声称全部或者部分替代母乳的婴儿乳制品、饮料和其他食品广告的;

(四)违反本法第二十二条规定发布烟草广告的;

(五)违反本法第三十七条规定,利用广告推销禁止生产、销售的产品或者提供的服务,或者禁止发布广告的商品或者服务的;

(六)违反本法第四十条第一款规定,在针对未成年人的大众传播媒介上发布医疗、药品、保健食品、医疗器械、化妆品、酒类、美容广告,以及不利于未成年人身心健康的网络游戏广告的。

第五十八条 有下列行为之一的,由工商行政管理部门责令停止发布广告,责令广告主在相应范围内消除影响,处广告费用一倍以上三倍以下的罚款,广告费用无法计算或者明显偏低的,处十万元以上二十万元以下的罚款;情节严重的,处广告费用三倍以上五倍以下的罚款,广告费用无法计算或者明显偏低的,处二十万元以上一百万元以下的罚款,可以吊销营业执照,并由广告审查机关撤销广告审查批准文件、一年内不受理其广告审查申请:

(一)违反本法第十六条规定发布医疗、药品、医疗器械广告的;

(二)违反本法第十七条规定,在广告中涉及疾病治疗功能,以及使用医疗用语或者易使推销的商品与药品、医疗器械相混淆的用语的;

(三)违反本法第十八条规定发布保健食品广告的;

(四)违反本法第二十一条规定发布农药、兽药、饲料和饲料添加剂广告的;

(五)违反本法第二十三条规定发布酒类广告的;

(六)违反本法第二十四条规定发布教育、培训广告的;

(七)违反本法第二十五条规定发布招商等有投资回报预期的商品或者服务广告的;

(八)违反本法第二十六条规定发布房地产广告的;

(九)违反本法第二十七条规定发布农作物种子、林木种子、草种子、种畜禽、水产苗种和种养殖广告的;

(十)违反本法第三十八条第二款规定,利用不满十周岁的未成年人作为广告代言人的;

(十一)违反本法第三十八条第三款规定,利用自然人、法人或者其他组织作为广告代言人的;

(十二)违反本法第三十九条规定,在中小学校、幼儿园内或者利用与中小学生、幼儿有关的物品发布广告的;

(十三)违反本法第四十条第二款规定,发布针对不满十四周岁的未成年人的商品或者服务的广告的;

(十四)违反本法第四十六条规定,未经审查发布广告的。

医疗机构有前款规定违法行为,情节严重的,除由工商行政管理部门依照本法处罚外,卫生行政部门可以吊销诊疗科目或者吊销医疗机构执业许可证。

广告经营者、广告发布者明知或者应知有本条第一款规定违法行为仍设计、制作、代理、发布的,由工商行政管理部门没收广告费用,并处广告费用一倍以上三倍以下的罚款,广告费用无法计算或者明显偏低的,处十万元以上二十万元以下的罚款;情节严重的,处广告费用三倍以上五倍以下的罚款,广告费用无法计算或者明显偏低的,处二十万元以上一百万元以下的罚款,并可以由有关部门暂停广告发布业务、吊销营业执照、吊销广告发布登记证件。

第五十九条 有下列行为之一的,由工商行政管理部门责令停止发布广告,对广告主处十万元以下的罚款:

(一)广告内容违反本法第八条规定的;

(二)广告引证内容违反本法第十一条规定的;

(三)涉及专利的广告违反本法第十二条规定的;

(四)违反本法第十三条规定,广告贬低其他生产经营者的商品或者服务的。

广告经营者、广告发布者明知或者应知有前款规定违法行为仍设计、制作、代理、发布的,由工商行政管理部门处十万元以下的罚款。

广告违反本法第十四条规定,不具有可识别性的,或者违反本法第十九条规定,变相发布医疗、药品、医疗器械、保健食品广告的,由工商行政管理部门责令改正,对广告发布者处十万元以下的罚款。

第六十条 违反本法第二十九条规定,广播电台、电视台、报刊出版单位未办理广告发布登记,擅自从事广告发布业务的,由工商行政管理部门责令改正,没收违法所得,违法所得一万元以上的,并处违法所得一倍以上三倍以下的罚款;违法所得不足一万元的,并处五千元以上三万元以下的罚款。

第六十一条 违反本法第三十四条规定,广告经营者、广告发布者未按照国家有关规定建立、健全广告业务管理制度的,或者未对广告内容进行核对的,由工商行政管理部门责令改正,可以处五万元以下的罚款。

违反本法第三十五条规定,广告经营者、广告发布者未公布其收费标准和收费办法的,由价格主管部门责令改正,可以处五万元以下的罚款。

第六十二条 广告代言人有下列情形之一的,由工商行政管理部门没收违法所得,并处违法所得一倍以上二倍以下的罚款:

(一)违反本法第十六条第一款第四项规定,在医疗、药品、医疗器械广告中作推荐、证明的;

(二)违反本法第十八条第一款第五项规定,在保健食品广告中作推荐、证明的;

(三)违反本法第三十八条第一款规定,为其未使用过的商品或者未接受过的服务作推荐、证明的;

(四)明知或者应知广告虚假仍在广告中对商品、服务作推荐、证明的。

第六十三条 违反本法第四十三条规定发送广告的,由有关部门责令停止违法行为,对广告主处五千元以上三万元以下的罚款。

违反本法第四十四条第二款规定,利用互联网发布广告,未显著标明关闭标志,确保一键关闭的,由工商行政管理部门责令改正,对广告主处五千元以上三万元以下的罚款。

第六十四条 违反本法第四十五条规定,公共场所的管理者和电信业务经营者、互联网信息服务提供者,明知或者应知广告活动违法不予制止的,由工商行政管理部门没收违法所得,违法所得五万元以上的,并处违法所得一倍以上三倍以下的罚款,违法所得不足五万元的,并处一万元以上五万元以下的罚款;情节严重的,由有关部门依法停止相关业务。

第六十五条 违反本法规定,隐瞒真实情况或者提供虚假材料申请广告审查的,广告审查机关不予受理或者不予批准,予以警告,一年内不受理该申请人的广告审查申请;以欺骗、贿赂等不正当手段取得广告审查批准的,广告审查机关予以撤销,处十万元以上二十万元以下的罚款,三年内不受理该申请人的广告审查申请。

第六十六条 违反本法规定,伪造、变造或者转让广告审查批准文件的,由工商行政管理部门没收违法所得,并处一万元以上十万元以下的罚款。

第六十七条 有本法规定的违法行为的,由工商行政管理部门记入信用档案,并依照有关法律、行政法规规定予以公示。

第六十八条 广播电台、电视台、报刊音像出版单位发布违法广告,或者以新闻报道形式变相发布广告,或者以介绍健康、养生知识等形式变相发布医疗、药品、医疗器械、保健食品广告,工商行政管理部门依照本法给予处罚的,应当通报新闻出版广电部门以及其他有关部门。新闻出版广电部门以及其他有关部门应当依法对负有责任的主管人员和直接责任人员给予处分;情节严重的,并可以暂停媒体的广告发布业务。

新闻出版广电部门以及其他有关部门未依照前款规定对广播电台、电视台、报刊音像出版单位进行处理的,对负有责任的主管人员和直接责任人员,依法给予处分。

第六十九条 广告主、广告经营者、广告发布者违反本法规定,有下列侵权行为之一的,依法承担民事责任:

(一)在广告中损害未成年人或者残疾人的身心健康的;

（二）假冒他人专利的；

（三）贬低其他生产经营者的商品、服务的；

（四）在广告中未经同意使用他人名义或者形象的；

（五）其他侵犯他人合法民事权益的。

第七十条 因发布虚假广告，或者有其他本法规定的违法行为，被吊销营业执照的公司、企业的法定代表人，对违法行为负有个人责任的，自该公司、企业被吊销营业执照之日起三年内不得担任公司、企业的董事、监事、高级管理人员。

第七十一条 违反本法规定，拒绝、阻挠工商行政管理部门监督检查，或者有其他构成违反治安管理行为的，依法给予治安管理处罚；构成犯罪的，依法追究刑事责任。

第七十二条 广告审查机关对违法的广告内容作出审查批准决定的，对负有责任的主管人员和直接责任人员，由任免机关或者监察机关依法给予处分；构成犯罪的，依法追究刑事责任。

第七十三条 工商行政管理部门对在履行广告监测职责中发现的违法广告行为或者对经投诉、举报的违法广告行为，不依法予以查处的，对负有责任的主管人员和直接责任人员，依法给予处分。

工商行政管理部门和负责广告管理相关工作的有关部门的工作人员玩忽职守、滥用职权、徇私舞弊的，依法给予处分。

有前两款行为，构成犯罪的，依法追究刑事责任。

第六章 附　　则

第七十四条 国家鼓励、支持开展公益广告宣传活动，传播社会主义核心价值观，倡导文明风尚。

大众传播媒介有义务发布公益广告。广播电台、电视台、报刊出版单位应当按照规定的版面、时段、时长发布公益广告。公益广告的管理办法，由国务院工商行政管理部门会同有关部门制定。

第七十五条 本法自 2015 年 9 月 1 日起施行。

中华人民共和国行政处罚法

(1996年3月17日第八届全国人民代表大会第四次会议通过
根据2009年8月27日第十一届全国人民代表大会常务委员会
第十次会议《关于修改部分法律的决定》修正)

第一章 总 则

第一条 为了规范行政处罚的设定和实施,保障和监督行政机关有效实施行政管理,维护公共利益和社会秩序,保护公民、法人或者其他组织的合法权益,根据宪法,制定本法。

第二条 行政处罚的设定和实施,适用本法。

第三条 公民、法人或者其他组织违反行政管理秩序的行为,应当给予行政处罚的,依照本法由法律、法规或者规章规定,并由行政机关依照本法规定的程序实施。

没有法定依据或者不遵守法定程序的,行政处罚无效。

第四条 行政处罚遵循公正、公开的原则。

设定和实施行政处罚必须以事实为依据,与违法行为的事实、性质、情节以及社会危害程度相当。

对违法行为给予行政处罚的规定必须公布;未经公布的,不得作为行政处罚的依据。

第五条 实施行政处罚,纠正违法行为,应当坚持处罚与教育相结合,教育公民、法人或者其他组织自觉守法。

第六条 公民、法人或者其他组织对行政机关所给予的行政处罚,享有陈述权、申辩权;对行政处罚不服的,有权依法申请行政复议或者提起行政诉讼。

公民、法人或者其他组织因行政机关违法给予行政处罚受到损害的,有权依法提出赔偿要求。

第七条 公民、法人或者其他组织因违法受到行政处罚,其违法行为对他人造成损害的,应当依法承担民事责任。

违法行为构成犯罪,应当依法追究刑事责任,不得以行政处罚代替刑事处罚。

第二章　行政处罚的种类和设定

第八条　行政处罚的种类:

(一) 警告;

(二) 罚款;

(三) 没收违法所得、没收非法财物;

(四) 责令停产停业;

(五) 暂扣或者吊销许可证、暂扣或者吊销执照;

(六) 行政拘留;

(七) 法律、行政法规规定的其他行政处罚。

第九条　法律可以设定各种行政处罚。

限制人身自由的行政处罚,只能由法律设定。

第十条　行政法规可以设定除限制人身自由以外的行政处罚。

法律对违法行为已经作出行政处罚规定,行政法规需要作出具体规定的,必须在法律规定的给予行政处罚的行为、种类和幅度的范围内规定。

第十一条　地方性法规可以设定除限制人身自由、吊销企业营业执照以外的行政处罚。

法律、行政法规对违法行为已经作出行政处罚规定,地方性法规需要作出具体规定的,必须在法律、行政法规规定的给予行政处罚的行为、种类和幅度的范围内规定。

第十二条　国务院部、委员会制定的规章可以在法律、行政法规规定的给予行政处罚的行为、种类和幅度的范围内作出具体规定。

尚未制定法律、行政法规的,前款规定的国务院部、委员会制定的规章对违反行政管理秩序的行为,可以设定警告或者一定数量罚款的行政处罚。罚款的限额由国务院规定。

国务院可以授权具有行政处罚权的直属机构依照本条第一款、第二款的规定,规定行政处罚。

第十三条 省、自治区、直辖市人民政府和省、自治区人民政府所在地的市人民政府以及经国务院批准的较大的市人民政府制定的规章可以在法律、法规规定的给予行政处罚的行为、种类和幅度的范围内作出具体规定。

尚未制定法律、法规的,前款规定的人民政府制定的规章对违反行政管理秩序的行为,可以设定警告或者一定数量罚款的行政处罚。罚款的限额由省、自治区、直辖市人民代表大会常务委员会规定。

第十四条 除本法第九条、第十条、第十一条、第十二条以及第十三条的规定外,其他规范性文件不得设定行政处罚。

第三章 行政处罚的实施机关

第十五条 行政处罚由具有行政处罚权的行政机关在法定职权范围内实施。

第十六条 国务院或者经国务院授权的省、自治区、直辖市人民政府可以决定一个行政机关行使有关行政机关的行政处罚权,但限制人身自由的行政处罚权只能由公安机关行使。

第十七条 法律、法规授权的具有管理公共事务职能的组织可以在法定授权范围内实施行政处罚。

第十八条 行政机关依照法律、法规或者规章的规定,可以在其法定权限内委托符合本法第十九条规定条件的组织实施行政处罚。行政机关不得委托其他组织或者个人实施行政处罚。

委托行政机关对受委托的组织实施行政处罚的行为应当负责监督,并对该行为的后果承担法律责任。

受委托组织在委托范围内,以委托行政机关名义实施行政处罚;不得再委托其他任何组织或者个人实施行政处罚。

第十九条 受委托组织必须符合以下条件:

(一)依法成立的管理公共事务的事业组织;

(二)具有熟悉有关法律、法规、规章和业务的工作人员;

(三)对违法行为需要进行技术检查或者技术鉴定的,应当有条件组织进行相应的技术检查或者技术鉴定。

第四章　行政处罚的管辖和适用

第二十条　行政处罚由违法行为发生地的县级以上地方人民政府具有行政处罚权的行政机关管辖。法律、行政法规另有规定的除外。

第二十一条　对管辖发生争议的,报请共同的上一级行政机关指定管辖。

第二十二条　违法行为构成犯罪的,行政机关必须将案件移送司法机关,依法追究刑事责任。

第二十三条　行政机关实施行政处罚时,应当责令当事人改正或者限期改正违法行为。

第二十四条　对当事人的同一个违法行为,不得给予两次以上罚款的行政处罚。

第二十五条　不满14周岁的人有违法行为的,不予行政处罚,责令监护人加以管教;已满14周岁不满18周岁的人有违法行为的,从轻或者减轻行政处罚。

第二十六条　精神病人在不能辨认或者不能控制自己行为时有违法行为的,不予行政处罚,但应当责令其监护人严加看管和治疗。间歇性精神病人在精神正常时有违法行为的,应当给予行政处罚。

第二十七条　当事人有下列情形之一的,应当依法从轻或者减轻行政处罚:

(一)主动消除或者减轻违法行为危害后果的;

(二)受他人胁迫有违法行为的;

(三)配合行政机关查处违法行为有立功表现的;

(四)其他依法从轻或者减轻行政处罚的。

违法行为轻微并及时纠正,没有造成危害后果的,不予行政处罚。

第二十八条　违法行为构成犯罪,人民法院判处拘役或者有期徒刑时,行政机关已经给予当事人行政拘留的,应当依法折抵相应刑期。

违法行为构成犯罪,人民法院判处罚金时,行政机关已经给予当事人罚款的,应当折抵相应罚金。

第二十九条　违法行为在2年内未被发现的,不再给予行政处罚。法律另有规定的除外。

前款规定的期限,从违法行为发生之日起计算;违法行为有连续或者继续状态的,从行为终了之日起计算。

第五章　行政处罚的决定

第三十条　公民、法人或者其他组织违反行政管理秩序的行为,依法应当给予行政处罚的,行政机关必须查明事实;违法事实不清的,不得给予行政处罚。

第三十一条　行政机关在作出行政处罚决定之前,应当告知当事人作出行政处罚决定的事实、理由及依据,并告知当事人依法享有的权利。

第三十二条　当事人有权进行陈述和申辩。行政机关必须充分听取当事人的意见,对当事人提出的事实、理由和证据,应当进行复核;当事人提出的事实、理由或者证据成立的,行政机关应当采纳。

行政机关不得因当事人申辩而加重处罚。

第一节　简易程序

第三十三条　违法事实确凿并有法定依据,对公民处以50元以下、对法人或者其他组织处以1000元以下罚款或者警告的行政处罚的,可以当场作出行政处罚决定。当事人应当依照本法第四十六条、第四十七条、第四十八条的规定履行行政处罚决定。

第三十四条　执法人员当场作出行政处罚决定的,应当向当事人出示执法身份证件,填写预定格式、编有号码的行政处罚决定书。行政处罚决定书应当当场交付当事人。

前款规定的行政处罚决定书应当载明当事人的违法行为、行政处罚依据、罚款数额、时间、地点以及行政机关名称,并由执法人员签名或者盖章。

执法人员当场作出的行政处罚决定,必须报所属行政机关备案。

第三十五条　当事人对当场作出的行政处罚决定不服的,可以依法申请行政复议或者提起行政诉讼。

第二节　一般程序

第三十六条　除本法第三十三条规定的可以当场作出的行政处罚外,行政机关发现公民、法人或者其他组织有依法应当给予行政处罚的行为的,必须全面、客观、公正地调查,收集有关证据;必要时,依照法律、法规的规定,可以进行检查。

第三十七条　行政机关在调查或者进行检查时,执法人员不得少于两人,并应当向当事人或者有关人员出示证件。当事人或者有关人员应当如实回答询问，并协助调查或者检查，不得阻挠。询问或者检查应当制作笔录。

行政机关在收集证据时，可以采取抽样取证的方法；在证据可能灭失或者以后难以取得的情况下，经行政机关负责人批准，可以先行登记保存，并应当在7日内及时作出处理决定，在此期间，当事人或者有关人员不得销毁或者转移证据。

执法人员与当事人有直接利害关系的，应当回避。

第三十八条 调查终结，行政机关负责人应当对调查结果进行审查，根据不同情况，分别作出如下决定：

（一）确有应受行政处罚的违法行为的，根据情节轻重及具体情况，作出行政处罚决定；

（二）违法行为轻微，依法可以不予行政处罚的，不予行政处罚；

（三）违法事实不能成立的，不得给予行政处罚；

（四）违法行为已构成犯罪的，移送司法机关。

对情节复杂或者重大违法行为给予较重的行政处罚，行政机关的负责人应当集体讨论决定。

第三十九条 行政机关依照本法第三十八条的规定给予行政处罚，应当制作行政处罚决定书。行政处罚决定书应当载明下列事项：

（一）当事人的姓名或者名称、地址；

（二）违反法律、法规或者规章的事实和证据；

（三）行政处罚的种类和依据；

（四）行政处罚的履行方式和期限；

（五）不服行政处罚决定，申请行政复议或者提起行政诉讼的途径和期限；

（六）作出行政处罚决定的行政机关名称和作出决定的日期。

行政处罚决定书必须盖有作出行政处罚决定的行政机关的印章。

第四十条 行政处罚决定书应当在宣告后当场交付当事人；当事人不在场的，行政机关应当在7日内依照民事诉讼法的有关规定，将行政处罚决定书送达当事人。

第四十一条 行政机关及其执法人员在作出行政处罚决定之前，不依照本法第三十一条、第三十二条的规定向当事人告知给予行政处罚的事实、理由和依据，或者拒绝听取当事人的陈述、申辩，行政处罚决定不能成立；当事人放弃陈述或者申辩权利的除外。

第三节　听证程序

第四十二条　行政机关作出责令停产停业、吊销许可证或者执照、较大数额罚款等行政处罚决定之前,应当告知当事人有要求举行听证的权利;当事人要求听证的,行政机关应当组织听证。当事人不承担行政机关组织听证的费用。听证依照以下程序组织:

(一)当事人要求听证的,应当在行政机关告知后 3 日内提出;

(二)行政机关应当在听证的 7 日前,通知当事人举行听证的时间、地点;

(三)除涉及国家秘密、商业秘密或者个人隐私外,听证公开举行;

(四)听证由行政机关指定的非本案调查人员主持;当事人认为主持人与本案有直接利害关系的,有权申请回避;

(五)当事人可以亲自参加听证,也可以委托 1 至 2 人代理;

(六)举行听证时,调查人员提出当事人违法的事实、证据和行政处罚建议;当事人进行申辩和质证;

(七)听证应当制作笔录;笔录应当交当事人审核无误后签字或者盖章。

当事人对限制人身自由的行政处罚有异议的,依照治安管理处罚法有关规定执行。

第四十三条　听证结束后,行政机关依照本法第三十八条的规定,作出决定。

第六章　行政处罚的执行

第四十四条　行政处罚决定依法作出后,当事人应当在行政处罚决定的期限内,予以履行。

第四十五条　当事人对行政处罚决定不服申请行政复议或者提起行政诉讼的,行政处罚不停止执行,法律另有规定的除外。

第四十六条　作出罚款决定的行政机关应当与收缴罚款的机构分离。

除依照本法第四十七条、第四十八条的规定当场收缴的罚款外,作出行政处罚决定的行政机关及其执法人员不得自行收缴罚款。

当事人应当自收到行政处罚决定书之日起 15 日内,到指定的银行缴纳罚款。银行应当收受罚款,并将罚款直接上缴国库。

第四十七条　依照本法第三十三条的规定当场作出行政处罚决定,有下列情形之一的，执法人员可以当场收缴罚款：

（一）依法给予20元以下的罚款的；

（二）不当场收缴事后难以执行的。

第四十八条 在边远、水上、交通不便地区，行政机关及其执法人员依照本法第三十三条、第三十八条的规定作出罚款决定后，当事人向指定的银行缴纳罚款确有困难，经当事人提出，行政机关及其执法人员可以当场收缴罚款。

第四十九条 行政机关及其执法人员当场收缴罚款的，必须向当事人出具省、自治区、直辖市财政部门统一制发的罚款收据；不出具财政部门统一制发的罚款收据的，当事人有权拒绝缴纳罚款。

第五十条 执法人员当场收缴的罚款，应当自收缴罚款之日起2日内，交至行政机关；在水上当场收缴的罚款，应当自抵岸之日起2日内交至行政机关；行政机关应当在2日内将罚款缴付指定的银行。

第五十一条 当事人逾期不履行行政处罚决定的，作出行政处罚决定的行政机关可以采取下列措施：

（一）到期不缴纳罚款的，每日按罚款数额的3%加处罚款；

（二）根据法律规定，将查封、扣押的财物拍卖或者将冻结的存款划拨抵缴罚款；

（三）申请人民法院强制执行。

第五十二条 当事人确有经济困难，需要延期或者分期缴纳罚款的，经当事人申请和行政机关批准，可以暂缓或者分期缴纳。

第五十三条 除依法应当予以销毁的物品外，依法没收的非法财物必须按照国家规定公开拍卖或者按照国家有关规定处理。

罚款、没收违法所得或者没收非法财物拍卖的款项，必须全部上缴国库，任何行政机关或者个人不得以任何形式截留、私分或者变相私分；财政部门不得以任何形式向作出行政处罚决定的行政机关返还罚款、没收的违法所得或者返还没收非法财物的拍卖款项。

第五十四条 行政机关应当建立健全对行政处罚的监督制度。县级以上人民政府应当加强对行政处罚的监督检查。

公民、法人或者其他组织对行政机关作出的行政处罚，有权申诉或者检举；行政机关应当认真审查，发现行政处罚有错误的，应当主动改正。

第七章　法律责任

第五十五条　行政机关实施行政处罚,有下列情形之一的,由上级行政机关或者有关部门责令改正,可以对直接负责的主管人员和其他直接责任人员依法给予行政处分:

(一)没有法定的行政处罚依据的;

(二)擅自改变行政处罚种类、幅度的;

(三)违反法定的行政处罚程序的;

(四)违反本法第十八条关于委托处罚的规定的。

第五十六条　行政机关对当事人进行处罚不使用罚款、没收财物单据或者使用非法定部门制发的罚款、没收财物单据的,当事人有权拒绝处罚,并有权予以检举。上级行政机关或者有关部门对使用的非法单据予以收缴销毁,对直接负责的主管人员和其他直接责任人员依法给予行政处分。

第五十七条　行政机关违反本法第四十六条的规定自行收缴罚款的,财政部门违反本法第五十三条的规定向行政机关返还罚款或者拍卖款项的,由上级行政机关或者有关部门责令改正,对直接负责的主管人员和其他直接责任人员依法给予行政处分。

第五十八条　行政机关将罚款、没收的违法所得或者财物截留、私分或者变相私分的,由财政部门或者有关部门予以追缴,对直接负责的主管人员和其他直接责任人员依法给予行政处分;情节严重构成犯罪的,依法追究刑事责任。

执法人员利用职务上的便利,索取或者收受他人财物、收缴罚款据为己有,构成犯罪的,依法追究刑事责任;情节轻微不构成犯罪的,依法给予行政处分。

第五十九条　行政机关使用或者损毁扣押的财物,对当事人造成损失的,应当依法予以赔偿,对直接负责的主管人员和其他直接责任人员依法给予行政处分。

第六十条　行政机关违法实行检查措施或者执行措施,给公民人身或者财产造成损害、给法人或者其他组织造成损失的,应当依法予以赔偿,对直接负责的主管人员和其他直接责任人员依法给予行政处分;情节严重构成犯罪的,依法追究刑事责任。

第六十一条　行政机关为牟取本单位私利,对应当依法移交司法机关追究刑事责任的不移交,以行政处罚代替刑罚,由上级行政机关或者有关部门责令纠正;

拒不纠正的，对直接负责的主管人员给予行政处分；徇私舞弊、包庇纵容违法行为的，依照刑法有关规定追究刑事责任。

第六十二条 执法人员玩忽职守，对应当予以制止和处罚的违法行为不予制止、处罚，致使公民、法人或者其他组织的合法权益、公共利益和社会秩序遭受损害的，对直接负责的主管人员和其他直接责任人员依法给予行政处分；情节严重构成犯罪的，依法追究刑事责任。

第八章 附 则

第六十三条 本法第四十六条罚款决定与罚款收缴分离的规定，由国务院制定具体实施办法。

第六十四条 本法自 1996 年 10 月 1 日起施行。

本法公布前制定的法规和规章关于行政处罚的规定与本法不符合的，应当自本法公布之日起，依照本法规定予以修订，在 1997 年 12 月 31 日前修订完毕。

中华人民共和国行政监察法

(1997年5月9日第八届全国人民代表大会常务委员会第二十五次会议通过 根据2010年6月25日第十一届全国人民代表大会常务委员会第十五次会议《关于修改〈中华人民共和国行政监察法〉的决定》修正)

第一章 总 则

第一条 为了加强监察工作,保证政令畅通,维护行政纪律,促进廉政建设,改善行政管理,提高行政效能,根据宪法,制定本法。

第二条 监察机关是人民政府行使监察职能的机关,依照本法对国家行政机关及其公务员和国家行政机关任命的其他人员实施监察。

第三条 监察机关依法行使职权,不受其他行政部门、社会团体和个人的干涉。

第四条 监察工作必须坚持实事求是,重证据、重调查研究,在适用法律和行政纪律上人人平等。

第五条 监察工作应当实行教育与惩处相结合、监督检查与制度建设相结合。

第六条 监察工作应当依靠群众。监察机关建立举报制度,公民、法人或者其他组织对于任何国家行政机关及其公务员和国家行政机关任命的其他人员的违反行政纪律行为,有权向监察机关提出控告或者检举。监察机关应当受理举报并依法调查处理;对实名举报的,应当将处理结果等情况予以回复。

监察机关应当对举报事项、举报受理情况以及与举报人相关的信息予以保密,保护举报人的合法权益,具体办法由国务院规定。

第二章 监察机关和监察人员

第七条 国务院监察机关主管全国的监察工作。

县级以上地方各级人民政府监察机关负责本行政区域内的监察工作,对本级人民政府和上一级监察机关负责并报告工作,监察业务以上级监察机关领导为主。

第八条 县级以上各级人民政府监察机关根据工作需要,经本级人民政府批准,可以向政府所属部门派出监察机构或者监察人员。

监察机关派出的监察机构或者监察人员,对监察机关负责并报告工作。监察机关对派出的监察机构和监察人员实行统一管理,对派出的监察人员实行交流制度。

第九条 监察人员必须遵纪守法,忠于职守,秉公执法,清正廉洁,保守秘密。

第十条 监察人员必须熟悉监察业务,具备相应的文化水平和专业知识。

第十一条 县级以上地方各级人民政府监察机关正职、副职领导人员的任命或者免职,在提请决定前,必须经上一级监察机关同意。

第十二条 监察机关对监察人员执行职务和遵守纪律实行监督的制度。

第十三条 监察人员依法执行职务,受法律保护。

任何组织和个人不得拒绝、阻碍监察人员依法执行职务,不得打击报复监察人员。

第十四条 监察人员办理的监察事项与本人或者其近亲属有利害关系的,应当回避。

第三章 监察机关的职责

第十五条 国务院监察机关对下列机关和人员实施监察:

(一)国务院各部门及其公务员;

(二)国务院及国务院各部门任命的其他人员;

(三)省、自治区、直辖市人民政府及其领导人员。

第十六条 县级以上地方各级人民政府监察机关对下列机关和人员实施监察:

(一)本级人民政府各部门及其公务员;

(二)本级人民政府及本级人民政府各部门任命的其他人员;

(三)下一级人民政府及其领导人员。

县、自治县、不设区的市、市辖区人民政府监察机关还对本辖区所属的乡、民族乡、镇人民政府的公务员以及乡、民族乡、镇人民政府任命的其他人员实施监察。

第十七条 上级监察机关可以办理下一级监察机关管辖范围内的监察事项;

必要时也可以办理所辖各级监察机关管辖范围内的监察事项。

监察机关之间对管辖范围有争议的,由其共同的上级监察机关确定。

第十八条 监察机关对监察对象执法、廉政、效能情况进行监察,履行下列职责:

(一)检查国家行政机关在遵守和执行法律、法规和人民政府的决定、命令中的问题;

(二)受理对国家行政机关及其公务员和国家行政机关任命的其他人员违反行政纪律行为的控告、检举;

(三)调查处理国家行政机关及其公务员和国家行政机关任命的其他人员违反行政纪律的行为;

(四)受理国家行政机关公务员和国家行政机关任命的其他人员不服主管行政机关给予处分决定的申诉,以及法律、行政法规规定的其他由监察机关受理的申诉;

(五)法律、行政法规规定由监察机关履行的其他职责。

监察机关按照国务院的规定,组织协调、检查指导政务公开工作和纠正损害群众利益的不正之风工作。

第四章 监察机关的权限

第十九条 监察机关履行职责,有权采取下列措施:

(一)要求被监察的部门和人员提供与监察事项有关的文件、资料、财务账目及其他有关的材料,进行查阅或者予以复制;

(二)要求被监察的部门和人员就监察事项涉及的问题作出解释和说明;

(三)责令被监察的部门和人员停止违反法律、法规和行政纪律的行为。

第二十条 监察机关在调查违反行政纪律行为时,可以根据实际情况和需要采取下列措施:

(一)暂予扣留、封存可以证明违反行政纪律行为的文件、资料、财务账目及其他有关的材料;

(二)责令案件涉嫌单位和涉嫌人员在调查期间不得变卖、转移与案件有关的财物;

(三)责令有违反行政纪律嫌疑的人员在指定的时间、地点就调查事项涉及的问题作出解释和说明，但是不得对其实行拘禁或者变相拘禁；

（四）建议有关机关暂停有严重违反行政纪律嫌疑的人员执行职务。

第二十一条 监察机关在调查贪污、贿赂、挪用公款等违反行政纪律的行为时，经县级以上监察机关领导人员批准，可以查询案件涉嫌单位和涉嫌人员在银行或者其他金融机构的存款；必要时，可以提请人民法院采取保全措施，依法冻结涉嫌人员在银行或者其他金融机构的存款。

第二十二条 监察机关在办理违反行政纪律案件中，可以提请有关行政部门、机构予以协助。

被提请协助的行政部门、机构应当根据监察机关提请协助办理的事项和要求，在职权范围内予以协助。

第二十三条 监察机关根据检查、调查结果，遇有下列情形之一的，可以提出监察建议：

（一）拒不执行法律、法规或者违反法律、法规以及人民政府的决定、命令，应当予以纠正的；

（二）本级人民政府所属部门和下级人民政府作出的决定、命令、指示违反法律、法规或者国家政策，应当予以纠正或者撤销的；

（三）给国家利益、集体利益和公民合法权益造成损害，需要采取补救措施的；

（四）录用、任免、奖惩决定明显不适当，应当予以纠正的；

（五）依照有关法律、法规的规定，应当给予行政处罚的；

（六）需要给予责令公开道歉、停职检查、引咎辞职、责令辞职、免职等问责处理的；

（七）需要完善廉政、勤政制度的；

（八）其他需要提出监察建议的。

第二十四条 监察机关根据检查、调查结果，遇有下列情形之一的，可以作出监察决定或者提出监察建议：

（一）违反行政纪律，依法应当给予警告、记过、记大过、降级、撤职、开除处分的；

（二）违反行政纪律取得的财物，依法应当没收、追缴或者责令退赔的。

对前款第（一）项所列情形作出监察决定或者提出监察建议的，应当按照国家有关人事管理权限和处理程序的规定办理。

第二十五条 监察机关依法作出的监察决定，有关部门和人员应当执行。监察机关依法提出的监察建议,有关部门无正当理由的,应当采纳。

第二十六条 监察机关对监察事项涉及的单位和个人有权进行查询。

第二十七条 监察机关应当依法公开监察工作信息。

第二十八条 监察机关的领导人员可以列席本级人民政府的有关会议,监察人员可以列席被监察部门的与监察事项有关的会议。

第二十九条 监察机关对控告、检举重大违法违纪行为的有功人员,可以依照有关规定给予奖励。

第五章 监察程序

第三十条 监察机关按照下列程序进行检查:

(一)对需要检查的事项予以立项;

(二)制定检查方案并组织实施;

(三)向本级人民政府或者上级监察机关提出检查情况报告;

(四)根据检查结果,作出监察决定或者提出监察建议。

重要检查事项的立项,应当报本级人民政府和上一级监察机关备案。

第三十一条 监察机关按照下列程序对违反行政纪律的行为进行调查处理:

(一)对需要调查处理的事项进行初步审查;认为有违反行政纪律的事实,需要追究行政纪律责任的,予以立案;

(二)组织实施调查,收集有关证据;

(三)有证据证明违反行政纪律,需要给予处分或者作出其他处理的,进行审理;

(四)作出监察决定或者提出监察建议。

重要、复杂案件的立案,应当报本级人民政府和上一级监察机关备案。

第三十二条 监察机关对于立案调查的案件,经调查认定不存在违反行政纪律事实的,或者不需要追究行政纪律责任的,应当予以撤销,并告知被调查单位及其上级部门或者被调查人员及其所在单位。

重要、复杂案件的撤销,应当报本级人民政府和上一级监察机关备案。

第三十三条 监察机关立案调查的案件,应当自立案之日起六个月内结案;因特殊原因需要延长办案期限的,可以适当延长,但是最长不得超过一年,并应当报上一级监察机关备案。

第三十四条 监察机关在检查、调查中应当听取被监察的部门和人员的陈述和申辩。

第三十五条 监察机关作出的重要监察决定和提出的重要监察建议,应当报经本级人民政府和上一级监察机关同意。国务院监察机关作出的重要监察决定和提出的重要监察建议,应当报经国务院同意。

第三十六条 监察决定、监察建议应当以书面形式送达有关单位、人员。

监察机关对违反行政纪律的人员作出给予处分的监察决定,由人民政府人事部门或者有关部门按照人事管理权限执行。

人民政府人事部门或者有关部门应当将监察机关作出的给予处分的监察决定及其执行的有关材料归入受处分人员的档案。

第三十七条 有关单位和人员应当自收到监察决定或者监察建议之日起三十日内将执行监察决定或者采纳监察建议的情况通报监察机关。

第三十八条 国家行政机关公务员和国家行政机关任命的其他人员对主管行政机关作出的处分决定不服的,可以自收到处分决定之日起三十日内向监察机关提出申诉,监察机关应当自收到申诉之日起三十日内作出复查决定;对复查决定仍不服的,可以自收到复查决定之日起三十日内向上一级监察机关申请复核,上一级监察机关应当自收到复核申请之日起六十日内作出复核决定。

复查、复核期间,不停止原决定的执行。

第三十九条 监察机关对受理的不服主管行政机关处分决定的申诉,经复查认为原决定不适当的,可以建议原决定机关予以变更或者撤销;监察机关在职权范围内,也可以直接作出变更或者撤销的决定。

法律、行政法规规定由监察机关受理的其他申诉,依照有关法律、行政法规的规定办理。

第四十条 对监察决定不服的,可以自收到监察决定之日起三十日内向作出决定的监察机关申请复审,监察机关应当自收到复审申请之日起三十日内作出复审决定;对复审决定仍不服的,可以自收到复审决定之日起三十日内向上一级监察机关申请复核,上一级监察机关应当自收到复核申请之日起六十日内作出复核决定。

复审、复核期间,不停止原决定的执行。

第四十一条 上一级监察机关认为下一级监察机关的监察决定不适当的,可以责成下一级监察机关予以变更或者撤销,必要时也可以直接作出变更或者撤销的决定。

第四十二条 上一级监察机关的复核决定和国务院监察机关的复查决定或者复审决定为最终决定。

第四十三条 对监察建议有异议的,可以自收到监察建议之日起三十日内向作出监察建议的监察机关提出,监察机关应当自收到异议之日起三十日内回复;对回复仍有异议的,由监察机关提请本级人民政府或者上一级监察机关裁决。

第四十四条 监察机关在办理监察事项中,发现所调查的事项不属于监察机关职责范围内的,应当移送有处理权的单位处理;涉嫌犯罪的,应当移送司法机关依法处理。

接受移送的单位或者机关应当将处理结果告知监察机关。

第六章 法律责任

第四十五条 被监察的部门和人员违反本法规定,有下列行为之一的,由主管机关或者监察机关责令改正,对部门给予通报批评;对负有直接责任的主管人员和其他直接责任人员依法给予处分:

(一)隐瞒事实真相、出具伪证或者隐匿、转移、篡改、毁灭证据的;

(二)故意拖延或者拒绝提供与监察事项有关的文件、资料、财务账目及其他有关材料和其他必要情况的;

(三)在调查期间变卖、转移涉嫌财物的;

(四)拒绝就监察机关所提问题作出解释和说明的;

(五)拒不执行监察决定或者无正当理由拒不采纳监察建议的;

(六)有其他违反本法规定的行为,情节严重的。

第四十六条 泄露举报事项、举报受理情况以及与举报人相关的信息的,依法给予处分;构成犯罪的,依法追究刑事责任。

第四十七条 对申诉人、控告人、检举人或者监察人员进行报复陷害的,依法给予处分;构成犯罪的,依法追究刑事责任。

第四十八条 监察人员滥用职权、徇私舞弊、玩忽职守、泄露秘密的,依法给予处分;构成犯罪的,依法追究刑事责任。

第四十九条 监察机关和监察人员违法行使职权,侵犯公民、法人和其他组织的合法权益,造成损害的,应当依法赔偿。

第七章　附　则

第五十条　监察机关对法律、法规授权的具有公共事务管理职能的组织及其从事公务的人员和国家行政机关依法委托从事公共事务管理活动的组织及其从事公务的人员实施监察，适用本法。

第五十一条　本法自公布之日起施行。1990 年 12 月 9 日国务院发布的《中华人民共和国行政监察条例》同时废止。

中华人民共和国行政复议法

(1999 年 4 月 29 日第九届全国人民代表大会常务委员会第九次会议通过
根据 2009 年 8 月 27 日第十一届全国人民代表大会常务委员会
第十次会议《关于修改部分法律的决定》修正)

第一章　总　则

第一条　为了防止和纠正违法的或者不当的具体行政行为,保护公民、法人和其他组织的合法权益,保障和监督行政机关依法行使职权,根据宪法,制定本法。

第二条　公民、法人或者其他组织认为具体行政行为侵犯其合法权益,向行政机关提出行政复议申请,行政机关受理行政复议申请、作出行政复议决定,适用本法。

第三条　依照本法履行行政复议职责的行政机关是行政复议机关。行政复议机关负责法制工作的机构具体办理行政复议事项,履行下列职责:

(一)受理行政复议申请;

(二)向有关组织和人员调查取证,查阅文件和资料;

(三)审查申请行政复议的具体行政行为是否合法与适当,拟订行政复议决定;

(四)处理或者转送对本法第七条所列有关规定的审查申请;

(五)对行政机关违反本法规定的行为依照规定的权限和程序提出处理建议;

(六)办理因不服行政复议决定提起行政诉讼的应诉事项;

(七)法律、法规规定的其他职责。

第四条　行政复议机关履行行政复议职责,应当遵循合法、公正、公开、及时、便民的原则,坚持有错必纠,保障法律、法规的正确实施。

第五条　公民、法人或者其他组织对行政复议决定不服的,可以依照行政诉讼法的规定向人民法院提起行政诉讼,但是法律规定行政复议决定为最终裁决的除外。

第二章　行政复议范围

第六条　有下列情形之一的,公民、法人或者其他组织可以依照本法申请行政复议:

(一)对行政机关作出的警告、罚款、没收违法所得、没收非法财物、责令停产停业、暂扣或者吊销许可证、暂扣或者吊销执照、行政拘留等行政处罚决定不服的;

(二)对行政机关作出的限制人身自由或者查封、扣押、冻结财产等行政强制措施决定不服的;

(三)对行政机关作出的有关许可证、执照、资质证、资格证等证书变更、中止、撤销的决定不服的;

(四)对行政机关作出的关于确认土地、矿藏、水流、森林、山岭、草原、荒地、滩涂、海域等自然资源的所有权或者使用权的决定不服的;

(五)认为行政机关侵犯合法的经营自主权的;

(六)认为行政机关变更或者废止农业承包合同,侵犯其合法权益的;

(七)认为行政机关违法集资、征收财物、摊派费用或者违法要求履行其他义务的;

(八)认为符合法定条件,申请行政机关颁发许可证、执照、资质证、资格证等证书,或者申请行政机关审批、登记有关事项,行政机关没有依法办理的;

(九)申请行政机关履行保护人身权利、财产权利、受教育权利的法定职责,行政机关没有依法履行的;

(十)申请行政机关依法发放抚恤金、社会保险金或者最低生活保障费,行政机关没有依法发放的;

(十一)认为行政机关的其他具体行政行为侵犯其合法权益的。

第七条　公民、法人或者其他组织认为行政机关的具体行政行为所依据的下列规定不合法,在对具体行政行为申请行政复议时,可以一并向行政复议机关提出对该规定的审查申请:

(一)国务院部门的规定;

(二)县级以上地方各级人民政府及其工作部门的规定;

(三)乡、镇人民政府的规定。

前款所列规定不含国务院部、委员会规章和地方人民政府规章。规章的审查依照法律、行政法规办理。

第八条 不服行政机关作出的行政处分或者其他人事处理决定的,依照有关法律、行政法规的规定提出申诉。

不服行政机关对民事纠纷作出的调解或者其他处理,依法申请仲裁或者向人民法院提起诉讼。

第三章 行政复议申请

第九条 公民、法人或者其他组织认为具体行政行为侵犯其合法权益的,可以自知道该具体行政行为之日起 60 日内提出行政复议申请;但是法律规定的申请期限超过 60 日的除外。

因不可抗力或者其他正当理由耽误法定申请期限的,申请期限自障碍消除之日起继续计算。

第十条 依照本法申请行政复议的公民、法人或者其他组织是申请人。

有权申请行政复议的公民死亡的,其近亲属可以申请行政复议。有权申请行政复议的公民为无民事行为能力人或者限制民事行为能力人的,其法定代理人可以代为申请行政复议。有权申请行政复议的法人或者其他组织终止的,承受其权利的法人或者其他组织可以申请行政复议。

同申请行政复议的具体行政行为有利害关系的其他公民、法人或者其他组织,可以作为第三人参加行政复议。

公民、法人或者其他组织对行政机关的具体行政行为不服申请行政复议的,作出具体行政行为的行政机关是被申请人。

申请人、第三人可以委托代理人代为参加行政复议。

第十一条 申请人申请行政复议,可以书面申请,也可以口头申请;口头申请的,行政复议机关应当当场记录申请人的基本情况、行政复议请求、申请行政复议的主要事实、理由和时间。

第十二条 对县级以上地方各级人民政府工作部门的具体行政行为不服的,由申请人选择,可以向该部门的本级人民政府申请行政复议,也可以向上一级主管部门申请行政复议。

对海关、金融、国税、外汇管理等实行垂直领导的行政机关和国家安全机关的具体行政行为不服的,向上一级主管部门申请行政复议。

第十三条 对地方各级人民政府的具体行政行为不服的,向上一级地方人民政府申请行政复议。

对省、自治区人民政府依法设立的派出机关所属的县级地方人民政府的具体行政行为不服的,向该派出机关申请行政复议。

第十四条 对国务院部门或者省、自治区、直辖市人民政府的具体行政行为不服的,向作出该具体行政行为的国务院部门或者省、自治区、直辖市人民政府申请行政复议。对行政复议决定不服的,可以向人民法院提起行政诉讼;也可以向国务院申请裁决,国务院依照本法的规定作出最终裁决。

第十五条 对本法第十二条、第十三条、第十四条规定以外的其他行政机关、组织的具体行政行为不服的,按照下列规定申请行政复议:

(一)对县级以上地方人民政府依法设立的派出机关的具体行政行为不服的,向设立该派出机关的人民政府申请行政复议;

(二)对政府工作部门依法设立的派出机构依照法律、法规或者规章规定,以自己的名义作出的具体行政行为不服的,向设立该派出机构的部门或者该部门的本级地方人民政府申请行政复议;

(三)对法律、法规授权的组织的具体行政行为不服的,分别向直接管理该组织的地方人民政府、地方人民政府工作部门或者国务院部门申请行政复议;

(四)对两个或者两个以上行政机关以共同的名义作出的具体行政行为不服的,向其共同上一级行政机关申请行政复议;

(五)对被撤销的行政机关在撤销前所作出的具体行政行为不服的,向继续行使其职权的行政机关的上一级行政机关申请行政复议。

有前款所列情形之一的,申请人也可以向具体行政行为发生地的县级地方人民政府提出行政复议申请,由接受申请的县级地方人民政府依照本法第十八条的规定办理。

第十六条 公民、法人或者其他组织申请行政复议,行政复议机关已经依法受理的,或者法律、法规规定应当先向行政复议机关申请行政复议、对行政复议决定不服再向人民法院提起行政诉讼的,在法定行政复议期限内不得向人民法院提起行政诉讼。

公民、法人或者其他组织向人民法院提起行政诉讼,人民法院已经依法受理的,不得申请行政复议。

第四章 行政复议受理

第十七条 行政复议机关收到行政复议申请后,应当在 5 日内进行审查,对不符合本法规定的行政复议申请,决定不予受理,并书面告知申请人;对符合本法规定,但是不属于本机关受理的行政复议申请,应当告知申请人向有关行政复议机关提出。

除前款规定外,行政复议申请自行政复议机关负责法制工作的机构收到之日起即为受理。

第十八条 依照本法第十五条第二款的规定接受行政复议申请的县级地方人民政府,对依照本法第十五条第一款的规定属于其他行政复议机关受理的行政复议申请,应当自接到该行政复议申请之日起 7 日内,转送有关行政复议机关,并告知申请人。接受转送的行政复议机关应当依照本法第十七条的规定办理。

第十九条 法律、法规规定应当先向行政复议机关申请行政复议、对行政复议决定不服再向人民法院提起行政诉讼的,行政复议机关决定不予受理或者受理后超过行政复议期限不作答复的,公民、法人或者其他组织可以自收到不予受理决定书之日起或者行政复议期满之日起 15 日内,依法向人民法院提起行政诉讼。

第二十条 公民、法人或者其他组织依法提出行政复议申请,行政复议机关无正当理由不予受理的,上级行政机关应当责令其受理;必要时,上级行政机关也可以直接受理。

第二十一条 行政复议期间具体行政行为不停止执行;但是,有下列情形之一的,可以停止执行:

(一) 被申请人认为需要停止执行的;

(二) 行政复议机关认为需要停止执行的;

(三) 申请人申请停止执行,行政复议机关认为其要求合理,决定停止执行的;

(四) 法律规定停止执行的。

第五章 行政复议决定

第二十二条 行政复议原则上采取书面审查的办法,但是申请人提出要求或者行政复议机关负责法制工作的机构认为有必要时,可以向有关组织和人员调查情况,听取申请人、被申请人和第三人的意见。

第二十三条 行政复议机关负责法制工作的机构应当自行政复议申请受理之日起7日内,将行政复议申请书副本或者行政复议申请笔录复印件发送被申请人。被申请人应当自收到申请书副本或者申请笔录复印件之日起10日内,提出书面答复,并提交当初作出具体行政行为的证据、依据和其他有关材料。

申请人、第三人可以查阅被申请人提出的书面答复、作出具体行政行为的证据、依据和其他有关材料,除涉及国家秘密、商业秘密或者个人隐私外,行政复议机关不得拒绝。

第二十四条 在行政复议过程中,被申请人不得自行向申请人和其他有关组织或者个人收集证据。

第二十五条 行政复议决定作出前,申请人要求撤回行政复议申请的,经说明理由,可以撤回;撤回行政复议申请的,行政复议终止。

第二十六条 申请人在申请行政复议时,一并提出对本法第七条所列有关规定的审查申请的,行政复议机关对该规定有权处理的,应当在30日内依法处理;无权处理的,应当在7日内按照法定程序转送有权处理的行政机关依法处理,有权处理的行政机关应当在60日内依法处理。处理期间,中止对具体行政行为的审查。

第二十七条 行政复议机关在对被申请人作出的具体行政行为进行审查时,认为其依据不合法,本机关有权处理的,应当在30日内依法处理;无权处理的,应当在7日内按照法定程序转送有权处理的国家机关依法处理。处理期间,中止对具体行政行为的审查。

第二十八条 行政复议机关负责法制工作的机构应当对被申请人作出的具体行政行为进行审查,提出意见,经行政复议机关的负责人同意或者集体讨论通过后,按照下列规定作出行政复议决定:

(一)具体行政行为认定事实清楚,证据确凿,适用依据正确,程序合法,内容适当的,决定维持;

(二)被申请人不履行法定职责的,决定其在一定期限内履行;

(三)具体行政行为有下列情形之一的,决定撤销、变更或者确认该具体行政行为违法;决定撤销或者确认该具体行政行为违法的,可以责令被申请人在一定期限内重新作出具体行政行为:

1. 主要事实不清、证据不足的;

2. 适用依据错误的;

3. 违反法定程序的;

4. 超越或者滥用职权的;

5. 具体行政行为明显不当的。

(四) 被申请人不按照本法第二十三条的规定提出书面答复、提交当初作出具体行政行为的证据、依据和其他有关材料的,视为该具体行政行为没有证据、依据,决定撤销该具体行政行为。

行政复议机关责令被申请人重新作出具体行政行为的,被申请人不得以同一的事实和理由作出与原具体行政行为相同或者基本相同的具体行政行为。

第二十九条 申请人在申请行政复议时可以一并提出行政赔偿请求,行政复议机关对符合国家赔偿法的有关规定应当给予赔偿的,在决定撤销、变更具体行政行为或者确认具体行政行为违法时,应当同时决定被申请人依法给予赔偿。

申请人在申请行政复议时没有提出行政赔偿请求的,行政复议机关在依法决定撤销或者变更罚款,撤销违法集资、没收财物、征收财物、摊派费用以及对财产的查封、扣押、冻结等具体行政行为时,应当同时责令被申请人返还财产,解除对财产的查封、扣押、冻结措施,或者赔偿相应的价款。

第三十条 公民、法人或者其他组织认为行政机关的具体行政行为侵犯其已经依法取得的土地、矿藏、水流、森林、山岭、草原、荒地、滩涂、海域等自然资源的所有权或者使用权的,应当先申请行政复议;对行政复议决定不服的,可以依法向人民法院提起行政诉讼。

根据国务院或者省、自治区、直辖市人民政府对行政区划的勘定、调整或者征收土地的决定,省、自治区、直辖市人民政府确认土地、矿藏、水流、森林、山岭、草原、荒地、滩涂、海域等自然资源的所有权或者使用权的行政复议决定为最终裁决。

第三十一条 行政复议机关应当自受理申请之日起 60 日内作出行政复议决定;但是法律规定的行政复议期限少于 60 日的除外。情况复杂,不能在规定期限内作出行政复议决定的,经行政复议机关的负责人批准,可以适当延长,并告知申请人和被申请人;但是延长期限最多不超过 30 日。

行政复议机关作出行政复议决定,应当制作行政复议决定书,并加盖印章。

行政复议决定书一经送达,即发生法律效力。

第三十二条 被申请人应当履行行政复议决定。

被申请人不履行或者无正当理由拖延履行行政复议决定的,行政复议机关或者有关上级行政机关应当责令其限期履行。

第三十三条 申请人逾期不起诉又不履行行政复议决定的,或者不履行最终裁决的行政复议决定的,按照下列规定分别处理:

(一)维持具体行政行为的行政复议决定,由作出具体行政行为的行政机关依法强制执行,或者申请人民法院强制执行;

(二)变更具体行政行为的行政复议决定,由行政复议机关依法强制执行,或者申请人民法院强制执行。

第六章 法律责任

第三十四条 行政复议机关违反本法规定,无正当理由不予受理依法提出的行政复议申请或者不按照规定转送行政复议申请的,或者在法定期限内不作出行政复议决定的,对直接负责的主管人员和其他直接责任人员依法给予警告、记过、记大过的行政处分;经责令受理仍不受理或者不按照规定转送行政复议申请,造成严重后果的,依法给予降级、撤职、开除的行政处分。

第三十五条 行政复议机关工作人员在行政复议活动中,徇私舞弊或者有其他渎职、失职行为的,依法给予警告、记过、记大过的行政处分;情节严重的,依法给予降级、撤职、开除的行政处分;构成犯罪的,依法追究刑事责任。

第三十六条 被申请人违反本法规定,不提出书面答复或者不提交作出具体行政行为的证据、依据和其他有关材料,或者阻挠、变相阻挠公民、法人或者其他组织依法申请行政复议的,对直接负责的主管人员和其他直接责任人员依法给予警告、记过、记大过的行政处分;进行报复陷害的,依法给予降级、撤职、开除的行政处分;构成犯罪的,依法追究刑事责任。

第三十七条 被申请人不履行或者无正当理由拖延履行行政复议决定的,对直接负责的主管人员和其他直接责任人员依法给予警告、记过、记大过的行政处分;经责令履行仍拒不履行的,依法给予降级、撤职、开除的行政处分。

第三十八条 行政复议机关负责法制工作的机构发现有无正当理由不予受理行政复议申请、不按照规定期限作出行政复议决定、徇私舞弊、对申请人打击报复或者不履行行政复议决定等情形的,应当向有关行政机关提出建议,有关行政机关应当依照本法和有关法律、行政法规的规定作出处理。

第七章　附　则

第三十九条　行政复议机关受理行政复议申请,不得向申请人收取任何费用。行政复议活动所需经费,应当列入本机关的行政经费,由本级财政予以保障。

第四十条　行政复议期间的计算和行政复议文书的送达,依照民事诉讼法关于期间、送达的规定执行。

本法关于行政复议期间有关“5 日”、“7 日”的规定是指工作日,不含节假日。

第四十一条　外国人、无国籍人、外国组织在中华人民共和国境内申请行政复议,适用本法。

第四十二条　本法施行前公布的法律有关行政复议的规定与本法的规定不一致的,以本法的规定为准。

第四十三条　本法自 1999 年 10 月 1 日起施行。1990 年 12 月 24 日国务院发布、1994 年 10 月 9 日国务院修订发布的《行政复议条例》同时废止。

中华人民共和国立法法

（2000 年 3 月 15 日第九届全国人民代表大会第三次会议通过　根据 2015 年 3 月 15 日第十二届全国人民代表大会第三次会议《关于修改〈中华人民共和国立法法〉的决定》修正）

第一章　总　　则

第一条　为了规范立法活动，健全国家立法制度，提高立法质量，完善中国特色社会主义法律体系，发挥立法的引领和推动作用，保障和发展社会主义民主，全面推进依法治国，建设社会主义法治国家，根据宪法，制定本法。

第二条　法律、行政法规、地方性法规、自治条例和单行条例的制定、修改和废止，适用本法。

国务院部门规章和地方政府规章的制定、修改和废止，依照本法的有关规定执行。

第三条　立法应当遵循宪法的基本原则，以经济建设为中心，坚持社会主义道路、坚持人民民主专政、坚持中国共产党的领导、坚持马克思列宁主义毛泽东思想邓小平理论，坚持改革开放。

第四条　立法应当依照法定的权限和程序，从国家整体利益出发，维护社会主义法制的统一和尊严。

第五条　立法应当体现人民的意志，发扬社会主义民主，坚持立法公开，保障人民通过多种途径参与立法活动。

第六条　立法应当从实际出发，适应经济社会发展和全面深化改革的要求，科学合理地规定公民、法人和其他组织的权利与义务、国家机关的权力与责任。

法律规范应当明确、具体，具有针对性和可执行性。

第二章　法　　律

第一节　立法权限

第七条　全国人民代表大会和全国人民代表大会常务委员会行使国家立法权。

全国人民代表大会制定和修改刑事、民事、国家机构的和其他的基本法律。

全国人民代表大会常务委员会制定和修改除应当由全国人民代表大会制定的法律以外的其他法律;在全国人民代表大会闭会期间,对全国人民代表大会制定的法律进行部分补充和修改,但是不得同该法律的基本原则相抵触。

第八条　下列事项只能制定法律:

(一)国家主权的事项;

(二)各级人民代表大会、人民政府、人民法院和人民检察院的产生、组织和职权;

(三)民族区域自治制度、特别行政区制度、基层群众自治制度;

(四)犯罪和刑罚;

(五)对公民政治权利的剥夺、限制人身自由的强制措施和处罚;

(六)税种的设立、税率的确定和税收征收管理等税收基本制度;

(七)对非国有财产的征收、征用;

(八)民事基本制度;

(九)基本经济制度以及财政、海关、金融和外贸的基本制度;

(十)诉讼和仲裁制度;

(十一)必须由全国人民代表大会及其常务委员会制定法律的其他事项。

第九条　本法第八条规定的事项尚未制定法律的,全国人民代表大会及其常务委员会有权作出决定,授权国务院可以根据实际需要,对其中的部分事项先制定行政法规,但是有关犯罪和刑罚、对公民政治权利的剥夺和限制人身自由的强制措施和处罚、司法制度等事项除外。

第十条　授权决定应当明确授权的目的、事项、范围、期限以及被授权机关实施授权决定应当遵循的原则等。

授权的期限不得超过五年,但是授权决定另有规定的除外。

被授权机关应当在授权期限届满的六个月以前，向授权机关报告授权决定实施的情况，并提出是否需要制定有关法律的意见；需要继续授权的，可以提出相关意见，由全国人民代表大会及其常务委员会决定。

第十一条 授权立法事项，经过实践检验，制定法律的条件成熟时，由全国人民代表大会及其常务委员会及时制定法律。法律制定后，相应立法事项的授权终止。

第十二条 被授权机关应当严格按照授权决定行使被授予的权力。

被授权机关不得将被授予的权力转授给其他机关。

第十三条 全国人民代表大会及其常务委员会可以根据改革发展的需要，决定就行政管理等领域的特定事项授权在一定期限内在部分地方暂时调整或者暂时停止适用法律的部分规定。

第二节 全国人民代表大会立法程序

第十四条 全国人民代表大会主席团可以向全国人民代表大会提出法律案，由全国人民代表大会会议审议。

全国人民代表大会常务委员会、国务院、中央军事委员会、最高人民法院、最高人民检察院、全国人民代表大会各专门委员会，可以向全国人民代表大会提出法律案，由主席团决定列入会议议程。

第十五条 一个代表团或者三十名以上的代表联名，可以向全国人民代表大会提出法律案，由主席团决定是否列入会议议程，或者先交有关的专门委员会审议、提出是否列入会议议程的意见，再决定是否列入会议议程。

专门委员会审议的时候，可以邀请提案人列席会议，发表意见。

第十六条 向全国人民代表大会提出的法律案，在全国人民代表大会闭会期间，可以先向常务委员会提出，经常务委员会会议依照本法第二章第三节规定的有关程序审议后，决定提请全国人民代表大会审议，由常务委员会向大会全体会议作说明，或者由提案人向大会全体会议作说明。

常务委员会依照前款规定审议法律案，应当通过多种形式征求全国人民代表大会代表的意见，并将有关情况予以反馈；专门委员会和常务委员会工作机构进行立法调研，可以邀请有关的全国人民代表大会代表参加。

第十七条 常务委员会决定提请全国人民代表大会会议审议的法律案，应当在会议举行的一个月前将法律草案发给代表。

第十八条 列入全国人民代表大会会议议程的法律案,大会全体会议听取提案人的说明后,由各代表团进行审议。

各代表团审议法律案时,提案人应当派人听取意见,回答询问。

各代表团审议法律案时,根据代表团的要求,有关机关、组织应当派人介绍情况。

第十九条 列入全国人民代表大会会议议程的法律案,由有关的专门委员会进行审议,向主席团提出审议意见,并印发会议。

第二十条 列入全国人民代表大会会议议程的法律案,由法律委员会根据各代表团和有关的专门委员会的审议意见,对法律案进行统一审议,向主席团提出审议结果报告和法律草案修改稿,对重要的不同意见应当在审议结果报告中予以说明,经主席团会议审议通过后,印发会议。

第二十一条 列入全国人民代表大会会议议程的法律案,必要时,主席团常务主席可以召开各代表团团长会议,就法律案中的重大问题听取各代表团的审议意见,进行讨论,并将讨论的情况和意见向主席团报告。

主席团常务主席也可以就法律案中的重大的专门性问题,召集代表团推选的有关代表进行讨论,并将讨论的情况和意见向主席团报告。

第二十二条 列入全国人民代表大会会议议程的法律案,在交付表决前,提案人要求撤回的,应当说明理由,经主席团同意,并向大会报告,对该法律案的审议即行终止。

第二十三条 法律案在审议中有重大问题需要进一步研究的,经主席团提出,由大会全体会议决定,可以授权常务委员会根据代表的意见进一步审议,作出决定,并将决定情况向全国人民代表大会下次会议报告;也可以授权常务委员会根据代表的意见进一步审议,提出修改方案,提请全国人民代表大会下次会议审议决定。

第二十四条 法律草案修改稿经各代表团审议,由法律委员会根据各代表团的审议意见进行修改,提出法律草案表决稿,由主席团提请大会全体会议表决,由全体代表的过半数通过。

第二十五条 全国人民代表大会通过的法律由国家主席签署主席令予以公布。

第三节 全国人民代表大会常务委员会立法程序

第二十六条 委员长会议可以向常务委员会提出法律案,由常务委员会会议审议。

国务院、中央军事委员会、最高人民法院、最高人民检察院、全国人民代表大会各专门委员会，可以向常务委员会提出法律案，由委员长会议决定列入常务委员会会议议程，或者先交有关的专门委员会审议、提出报告，再决定列入常务委员会会议议程。如果委员长会议认为法律案有重大问题需要进一步研究，可以建议提案人修改完善后再向常务委员会提出。

第二十七条 常务委员会组成人员十人以上联名，可以向常务委员会提出法律案，由委员长会议决定是否列入常务委员会会议议程，或者先交有关的专门委员会审议、提出是否列入会议议程的意见，再决定是否列入常务委员会会议议程。不列入常务委员会会议议程的，应当向常务委员会会议报告或者向提案人说明。

专门委员会审议的时候，可以邀请提案人列席会议，发表意见。

第二十八条 列入常务委员会会议议程的法律案，除特殊情况外，应当在会议举行的七日前将法律草案发给常务委员会组成人员。

常务委员会会议审议法律案时，应当邀请有关的全国人民代表大会代表列席会议。

第二十九条 列入常务委员会会议议程的法律案，一般应当经三次常务委员会会议审议后再交付表决。

常务委员会会议第一次审议法律案，在全体会议上听取提案人的说明，由分组会议进行初步审议。

常务委员会会议第二次审议法律案，在全体会议上听取法律委员会关于法律草案修改情况和主要问题的汇报，由分组会议进一步审议。

常务委员会会议第三次审议法律案，在全体会议上听取法律委员会关于法律草案审议结果的报告，由分组会议对法律草案修改稿进行审议。

常务委员会审议法律案时，根据需要，可以召开联组会议或者全体会议，对法律草案中的主要问题进行讨论。

第三十条 列入常务委员会会议议程的法律案，各方面意见比较一致的，可以经两次常务委员会会议审议后交付表决；调整事项较为单一或者部分修改的法律案，各方面的意见比较一致的，也可以经一次常务委员会会议审议即交付表决。

第三十一条 常务委员会分组会议审议法律案时，提案人应当派人听取意见，回答询问。

常务委员会分组会议审议法律案时，根据小组的要求，有关机关、组织应当派人介绍情况。

第三十二条 列入常务委员会会议议程的法律案,由有关的专门委员会进行审议,提出审议意见,印发常务委员会会议。

有关的专门委员会审议法律案时,可以邀请其他专门委员会的成员列席会议,发表意见。

第三十三条 列入常务委员会会议议程的法律案,由法律委员会根据常务委员会组成人员、有关的专门委员会的审议意见和各方面提出的意见,对法律案进行统一审议,提出修改情况的汇报或者审议结果报告和法律草案修改稿,对重要的不同意见应当在汇报或者审议结果报告中予以说明。对有关的专门委员会的审议意见没有采纳的,应当向有关的专门委员会反馈。

法律委员会审议法律案时,应当邀请有关的专门委员会的成员列席会议,发表意见。

第三十四条 专门委员会审议法律案时,应当召开全体会议审议,根据需要,可以要求有关机关、组织派有关负责人说明情况。

第三十五条 专门委员会之间对法律草案的重要问题意见不一致时,应当向委员长会议报告。

第三十六条 列入常务委员会会议议程的法律案,法律委员会、有关的专门委员会和常务委员会工作机构应当听取各方面的意见。听取意见可以采取座谈会、论证会、听证会等多种形式。

法律案有关问题专业性较强,需要进行可行性评价的,应当召开论证会,听取有关专家、部门和全国人民代表大会代表等方面的意见。论证情况应当向常务委员会报告。

法律案有关问题存在重大意见分歧或者涉及利益关系重大调整,需要进行听证的,应当召开听证会,听取有关基层和群体代表、部门、人民团体、专家、全国人民代表大会代表和社会有关方面的意见。听证情况应当向常务委员会报告。

常务委员会工作机构应当将法律草案发送相关领域的全国人民代表大会代表、地方人民代表大会常务委员会以及有关部门、组织和专家征求意见。

第三十七条 列入常务委员会会议议程的法律案,应当在常务委员会会议后将法律草案及其起草、修改的说明等向社会公布,征求意见,但是经委员长会议决定不公布的除外。向社会公布征求意见的时间一般不少于三十日。征求意见的情况应当向社会通报。

第三十八条 列入常务委员会会议议程的法律案，常务委员会工作机构应当收集整理分组审议的意见和各方面提出的意见以及其他有关资料，分送法律委员会和有关的专门委员会，并根据需要，印发常务委员会会议。

第三十九条 拟提请常务委员会会议审议通过的法律案，在法律委员会提出审议结果报告前，常务委员会工作机构可以对法律草案中主要制度规范的可行性、法律出台时机、法律实施的社会效果和可能出现的问题等进行评估。评估情况由法律委员会在审议结果报告中予以说明。

第四十条 列入常务委员会会议议程的法律案，在交付表决前，提案人要求撤回的，应当说明理由，经委员长会议同意，并向常务委员会报告，对该法律案的审议即行终止。

第四十一条 法律草案修改稿经常务委员会会议审议，由法律委员会根据常务委员会组成人员的审议意见进行修改，提出法律草案表决稿，由委员长会议提请常务委员会全体会议表决，由常务委员会全体组成人员的过半数通过。

法律草案表决稿交付常务委员会会议表决前，委员长会议根据常务委员会会议审议的情况，可以决定将个别意见分歧较大的重要条款提请常务委员会会议单独表决。

单独表决的条款经常务委员会会议表决后，委员长会议根据单独表决的情况，可以决定将法律草案表决稿交付表决，也可以决定暂不付表决，交法律委员会和有关的专门委员会进一步审议。

第四十二条 列入常务委员会会议审议的法律案，因各方面对制定该法律的必要性、可行性等重大问题存在较大意见分歧搁置审议满两年的，或者因暂不付表决经过两年没有再次列入常务委员会会议议程审议的，由委员长会议向常务委员会报告，该法律案终止审议。

第四十三条 对多部法律中涉及同类事项的个别条款进行修改，一并提出法律案的，经委员长会议决定，可以合并表决，也可以分别表决。

第四十四条 常务委员会通过的法律由国家主席签署主席令予以公布。

第四节　法 律 解 释

第四十五条 法律解释权属于全国人民代表大会常务委员会。

法律有以下情况之一的，由全国人民代表大会常务委员会解释：

（一）法律的规定需要进一步明确具体含义的；

(二)法律制定后出现新的情况,需要明确适用法律依据的。

第四十六条 国务院、中央军事委员会、最高人民法院、最高人民检察院和全国人民代表大会各专门委员会以及省、自治区、直辖市的人民代表大会常务委员会可以向全国人民代表大会常务委员会提出法律解释要求。

第四十七条 常务委员会工作机构研究拟订法律解释草案,由委员长会议决定列入常务委员会会议议程。

第四十八条 法律解释草案经常务委员会会议审议,由法律委员会根据常务委员会组成人员的审议意见进行审议、修改,提出法律解释草案表决稿。

第四十九条 法律解释草案表决稿由常务委员会全体组成人员的过半数通过,由常务委员会发布公告予以公布。

第五十条 全国人民代表大会常务委员会的法律解释同法律具有同等效力。

第五节 其他规定

第五十一条 全国人民代表大会及其常务委员会加强对立法工作的组织协调,发挥在立法工作中的主导作用。

第五十二条 全国人民代表大会常务委员会通过立法规划、年度立法计划等形式,加强对立法工作的统筹安排。编制立法规划和年度立法计划,应当认真研究代表议案和建议,广泛征集意见,科学论证评估,根据经济社会发展和民主法治建设的需要,确定立法项目,提高立法的及时性、针对性和系统性。立法规划和年度立法计划由委员长会议通过并向社会公布。

全国人民代表大会常务委员会工作机构负责编制立法规划和拟订年度立法计划,并按照全国人民代表大会常务委员会的要求,督促立法规划和年度立法计划的落实。

第五十三条 全国人民代表大会有关的专门委员会、常务委员会工作机构应当提前参与有关方面的法律草案起草工作;综合性、全局性、基础性的重要法律草案,可以由有关的专门委员会或者常务委员会工作机构组织起草。

专业性较强的法律草案,可以吸收相关领域的专家参与起草工作,或者委托有关专家、教学科研单位、社会组织起草。

第五十四条 提出法律案,应当同时提出法律草案文本及其说明,并提供必要的参阅资料。修改法律的,还应当提交修改前后的对照文本。法律草案的说明应当包括制定或者修改法律的必要性、可行性和主要内容,以及起草过程中对重大分歧意见的协调处理情况。

第五十五条 向全国人民代表大会及其常务委员会提出的法律案，在列入会议议程前，提案人有权撤回。

第五十六条 交付全国人民代表大会及其常务委员会全体会议表决未获得通过的法律案，如果提案人认为必须制定该法律，可以按照法律规定的程序重新提出，由主席团、委员长会议决定是否列入会议议程；其中，未获得全国人民代表大会通过的法律案，应当提请全国人民代表大会审议决定。

第五十七条 法律应当明确规定施行日期。

第五十八条 签署公布法律的主席令载明该法律的制定机关、通过和施行日期。

法律签署公布后，及时在全国人民代表大会常务委员会公报和中国人大网以及在全国范围内发行的报纸上刊载。

在常务委员会公报上刊登的法律文本为标准文本。

第五十九条 法律的修改和废止程序，适用本章的有关规定。

法律被修改的，应当公布新的法律文本。

法律被废止的，除由其他法律规定废止该法律的以外，由国家主席签署主席令予以公布。

第六十条 法律草案与其他法律相关规定不一致的，提案人应当予以说明并提出处理意见，必要时应当同时提出修改或者废止其他法律相关规定的议案。

法律委员会和有关的专门委员会审议法律案时，认为需要修改或者废止其他法律相关规定的，应当提出处理意见。

第六十一条 法律根据内容需要，可以分编、章、节、条、款、项、目。

编、章、节、条的序号用中文数字依次表述，款不编序号，项的序号用中文数字加括号依次表述，目的序号用阿拉伯数字依次表述。

法律标题的题注应当载明制定机关、通过日期。经过修改的法律，应当依次载明修改机关、修改日期。

第六十二条 法律规定明确要求有关国家机关对专门事项作出配套的具体规定的，有关国家机关应当自法律施行之日起一年内作出规定，法律对配套的具体规定制定期限另有规定的，从其规定。有关国家机关未能在期限内作出配套的具体规定的，应当向全国人民代表大会常务委员会说明情况。

第六十三条 全国人民代表大会有关的专门委员会、常务委员会工作机构可以组织对有关法律或者法律中有关规定进行立法后评估。评估情况应当向常务委员会报告。

第六十四条 全国人民代表大会常务委员会工作机构可以对有关具体问题的法律询问进行研究予以答复,并报常务委员会备案。

第三章 行政法规

第六十五条 国务院根据宪法和法律,制定行政法规。

行政法规可以就下列事项作出规定:

(一)为执行法律的规定需要制定行政法规的事项;

(二)宪法第八十九条规定的国务院行政管理职权的事项。

应当由全国人民代表大会及其常务委员会制定法律的事项,国务院根据全国人民代表大会及其常务委员会的授权决定先制定的行政法规,经过实践检验,制定法律的条件成熟时,国务院应当及时提请全国人民代表大会及其常务委员会制定法律。

第六十六条 国务院法制机构应当根据国家总体工作部署拟订国务院年度立法计划,报国务院审批。国务院年度立法计划中的法律项目应当与全国人民代表大会常务委员会的立法规划和年度立法计划相衔接。国务院法制机构应当及时跟踪了解国务院各部门落实立法计划的情况,加强组织协调和督促指导。

国务院有关部门认为需要制定行政法规的,应当向国务院报请立项。

第六十七条 行政法规由国务院有关部门或者国务院法制机构具体负责起草,重要行政管理的法律、行政法规草案由国务院法制机构组织起草。行政法规在起草过程中,应当广泛听取有关机关、组织、人民代表大会代表和社会公众的意见。听取意见可以采取座谈会、论证会、听证会等多种形式。

行政法规草案应当向社会公布,征求意见,但是经国务院决定不公布的除外。

第六十八条 行政法规起草工作完成后,起草单位应当将草案及其说明、各方面对草案主要问题的不同意见和其他有关资料送国务院法制机构进行审查。

国务院法制机构应当向国务院提出审查报告和草案修改稿,审查报告应当对草案主要问题作出说明。

第六十九条 行政法规的决定程序依照中华人民共和国国务院组织法的有关规定办理。

第七十条 行政法规由总理签署国务院令公布。

有关国防建设的行政法规，可以由国务院总理、中央军事委员会主席共同签署国务院、中央军事委员会令公布。

第七十一条 行政法规签署公布后，及时在国务院公报和中国政府法制信息网以及在全国范围内发行的报纸上刊载。

在国务院公报上刊登的行政法规文本为标准文本。

第四章 地方性法规、自治条例和单行条例、规章

第一节 地方性法规、自治条例和单行条例

第七十二条 省、自治区、直辖市的人民代表大会及其常务委员会根据本行政区域的具体情况和实际需要，在不同宪法、法律、行政法规相抵触的前提下，可以制定地方性法规。

设区的市的人民代表大会及其常务委员会根据本市的具体情况和实际需要，在不同宪法、法律、行政法规和本省、自治区的地方性法规相抵触的前提下，可以对城乡建设与管理、环境保护、历史文化保护等方面的事项制定地方性法规，法律对设区的市制定地方性法规的事项另有规定的，从其规定。设区的市的地方性法规须报省、自治区的人民代表大会常务委员会批准后施行。省、自治区的人民代表大会常务委员会对报请批准的地方性法规，应当对其合法性进行审查，同宪法、法律、行政法规和本省、自治区的地方性法规不抵触的，应当在四个月内予以批准。

省、自治区的人民代表大会常务委员会在对报请批准的设区的市的地方性法规进行审查时，发现其同本省、自治区的人民政府的规章相抵触的，应当作出处理决定。

除省、自治区的人民政府所在地的市，经济特区所在地的市和国务院已经批准的较大的市以外，其他设区的市开始制定地方性法规的具体步骤和时间，由省、自治区的人民代表大会常务委员会综合考虑本省、自治区所辖的设区的市的人口数量、地域面积、经济社会发展情况以及立法需求、立法能力等因素确定，并报全国人民代表大会常务委员会和国务院备案。

自治州的人民代表大会及其常务委员会可以依照本条第二款规定行使设区的市制定地方性法规的职权。自治州开始制定地方性法规的具体步骤和时间，依照

前款规定确定。

省、自治区的人民政府所在地的市,经济特区所在地的市和国务院已经批准的较大的市已经制定的地方性法规,涉及本条第二款规定事项范围以外的,继续有效。

第七十三条 地方性法规可以就下列事项作出规定:

(一)为执行法律、行政法规的规定,需要根据本行政区域的实际情况作具体规定的事项;

(二)属于地方性事务需要制定地方性法规的事项。

除本法第八条规定的事项外,其他事项国家尚未制定法律或者行政法规的,省、自治区、直辖市和设区的市、自治州根据本地方的具体情况和实际需要,可以先制定地方性法规。在国家制定的法律或者行政法规生效后,地方性法规同法律或者行政法规相抵触的规定无效,制定机关应当及时予以修改或者废止。

设区的市、自治州根据本条第一款、第二款制定地方性法规,限于本法第七十二条第二款规定的事项。

制定地方性法规,对上位法已经明确规定的内容,一般不作重复性规定。

第七十四条 经济特区所在地的省、市的人民代表大会及其常务委员会根据全国人民代表大会的授权决定,制定法规,在经济特区范围内实施。

第七十五条 民族自治地方的人民代表大会有权依照当地民族的政治、经济和文化的特点,制定自治条例和单行条例。自治区的自治条例和单行条例,报全国人民代表大会常务委员会批准后生效。自治州、自治县的自治条例和单行条例,报省、自治区、直辖市的人民代表大会常务委员会批准后生效。

自治条例和单行条例可以依照当地民族的特点,对法律和行政法规的规定作出变通规定,但不得违背法律或者行政法规的基本原则,不得对宪法和民族区域自治法的规定以及其他有关法律、行政法规专门就民族自治地方所作的规定作出变通规定。

第七十六条 规定本行政区域特别重大事项的地方性法规,应当由人民代表大会通过。

第七十七条 地方性法规案、自治条例和单行条例案的提出、审议和表决程序,根据中华人民共和国地方各级人民代表大会和地方各级人民政府组织法,参照本法第二章第二节、第三节、第五节的规定,由本级人民代表大会规定。

地方性法规草案由负责统一审议的机构提出审议结果的报告和草案修改稿。

第七十八条 省、自治区、直辖市的人民代表大会制定的地方性法规由大会主席团发布公告予以公布。

省、自治区、直辖市的人民代表大会常务委员会制定的地方性法规由常务委员会发布公告予以公布。

设区的市、自治州的人民代表大会及其常务委员会制定的地方性法规报经批准后,由设区的市、自治州的人民代表大会常务委员会发布公告予以公布。

自治条例和单行条例报经批准后,分别由自治区、自治州、自治县的人民代表大会常务委员会发布公告予以公布。

第七十九条 地方性法规、自治区的自治条例和单行条例公布后,及时在本级人民代表大会常务委员会公报和中国人大网、本地方人民代表大会网站以及在本行政区域范围内发行的报纸上刊载。

在常务委员会公报上刊登的地方性法规、自治条例和单行条例文本为标准文本。

第二节 规 章

第八十条 国务院各部、委员会、中国人民银行、审计署和具有行政管理职能的直属机构,可以根据法律和国务院的行政法规、决定、命令,在本部门的权限范围内,制定规章。

部门规章规定的事项应当属于执行法律或者国务院的行政法规、决定、命令的事项。没有法律或者国务院的行政法规、决定、命令的依据,部门规章不得设定减损公民、法人和其他组织权利或者增加其义务的规范,不得增加本部门的权力或者减少本部门的法定职责。

第八十一条 涉及两个以上国务院部门职权范围的事项,应当提请国务院制定行政法规或者由国务院有关部门联合制定规章。

第八十二条 省、自治区、直辖市和设区的市、自治州的人民政府,可以根据法律、行政法规和本省、自治区、直辖市的地方性法规,制定规章。

地方政府规章可以就下列事项作出规定:

(一)为执行法律、行政法规、地方性法规的规定需要制定规章的事项;

(二)属于本行政区域的具体行政管理事项。

设区的市、自治州的人民政府根据本条第一款、第二款制定地方政府规章,限于城乡建设与管理、环境保护、历史文化保护等方面的事项。已经制定的地方政府规章,涉及上述事项范围以外的,继续有效。

除省、自治区的人民政府所在地的市,经济特区所在地的市和国务院已经批准的较大的市以外,其他设区的市、自治州的人民政府开始制定规章的时间,与本省、自治区人民代表大会常务委员会确定的本市、自治州开始制定地方性法规的时间同步。

应当制定地方性法规但条件尚不成熟的,因行政管理迫切需要,可以先制定地方政府规章。规章实施满两年需要继续实施规章所规定的行政措施的,应当提请本级人民代表大会或者其常务委员会制定地方性法规。

没有法律、行政法规、地方性法规的依据,地方政府规章不得设定减损公民、法人和其他组织权利或者增加其义务的规范。

第八十三条 国务院部门规章和地方政府规章的制定程序,参照本法第三章的规定,由国务院规定。

第八十四条 部门规章应当经部务会议或者委员会会议决定。

地方政府规章应当经政府常务会议或者全体会议决定。

第八十五条 部门规章由部门首长签署命令予以公布。

地方政府规章由省长、自治区主席、市长或者自治州州长签署命令予以公布。

第八十六条 部门规章签署公布后,及时在国务院公报或者部门公报和中国政府法制信息网以及在全国范围内发行的报纸上刊载。

地方政府规章签署公布后,及时在本级人民政府公报和中国政府法制信息网以及在本行政区域范围内发行的报纸上刊载。

在国务院公报或者部门公报和地方人民政府公报上刊登的规章文本为标准文本。

第五章 适用与备案审查

第八十七条 宪法具有最高的法律效力,一切法律、行政法规、地方性法规、自治条例和单行条例、规章都不得同宪法相抵触。

第八十八条 法律的效力高于行政法规、地方性法规、规章。

行政法规的效力高于地方性法规、规章。

第八十九条 地方性法规的效力高于本级和下级地方政府规章。

省、自治区的人民政府制定的规章的效力高于本行政区域内的设区的市、自治州的人民政府制定的规章。

第九十条 自治条例和单行条例依法对法律、行政法规、地方性法规作变通规定的，在本自治地方适用自治条例和单行条例的规定。

经济特区法规根据授权对法律、行政法规、地方性法规作变通规定的，在本经济特区适用经济特区法规的规定。

第九十一条 部门规章之间、部门规章与地方政府规章之间具有同等效力，在各自的权限范围内施行。

第九十二条 同一机关制定的法律、行政法规、地方性法规、自治条例和单行条例、规章，特别规定与一般规定不一致的，适用特别规定；新的规定与旧的规定不一致的，适用新的规定。

第九十三条 法律、行政法规、地方性法规、自治条例和单行条例、规章不溯及既往，但为了更好地保护公民、法人和其他组织的权利和利益而作的特别规定除外。

第九十四条 法律之间对同一事项的新的一般规定与旧的特别规定不一致，不能确定如何适用时，由全国人民代表大会常务委员会裁决。

行政法规之间对同一事项的新的一般规定与旧的特别规定不一致，不能确定如何适用时，由国务院裁决。

第九十五条 地方性法规、规章之间不一致时，由有关机关依照下列规定的权限作出裁决：

（一）同一机关制定的新的一般规定与旧的特别规定不一致时，由制定机关裁决；

（二）地方性法规与部门规章之间对同一事项的规定不一致，不能确定如何适用时，由国务院提出意见，国务院认为应当适用地方性法规的，应当决定在该地方适用地方性法规的规定；认为应当适用部门规章的，应当提请全国人民代表大会常务委员会裁决；

（三）部门规章之间、部门规章与地方政府规章之间对同一事项的规定不一致时，由国务院裁决。

根据授权制定的法规与法律规定不一致，不能确定如何适用时，由全国人民代表大会常务委员会裁决。

第九十六条 法律、行政法规、地方性法规、自治条例和单行条例、规章有下列情形之一的，由有关机关依照本法第九十七条规定的权限予以改变或者撤销：

（一）超越权限的；

（二）下位法违反上位法规定的；

（三）规章之间对同一事项的规定不一致,经裁决应当改变或者撤销一方的规定的；

（四）规章的规定被认为不适当,应当予以改变或者撤销的；

（五）违背法定程序的。

第九十七条　改变或者撤销法律、行政法规、地方性法规、自治条例和单行条例、规章的权限是：

（一）全国人民代表大会有权改变或者撤销它的常务委员会制定的不适当的法律,有权撤销全国人民代表大会常务委员会批准的违背宪法和本法第七十五条第二款规定的自治条例和单行条例；

（二）全国人民代表大会常务委员会有权撤销同宪法和法律相抵触的行政法规,有权撤销同宪法、法律和行政法规相抵触的地方性法规,有权撤销省、自治区、直辖市的人民代表大会常务委员会批准的违背宪法和本法第七十五条第二款规定的自治条例和单行条例；

（三）国务院有权改变或者撤销不适当的部门规章和地方政府规章；

（四）省、自治区、直辖市的人民代表大会有权改变或者撤销它的常务委员会制定的和批准的不适当的地方性法规；

（五）地方人民代表大会常务委员会有权撤销本级人民政府制定的不适当的规章；

（六）省、自治区的人民政府有权改变或者撤销下一级人民政府制定的不适当的规章；

（七）授权机关有权撤销被授权机关制定的超越授权范围或者违背授权目的的法规,必要时可以撤销授权。

第九十八条　行政法规、地方性法规、自治条例和单行条例、规章应当在公布后的三十日内依照下列规定报有关机关备案：

（一）行政法规报全国人民代表大会常务委员会备案；

（二）省、自治区、直辖市的人民代表大会及其常务委员会制定的地方性法规,报全国人民代表大会常务委员会和国务院备案；设区的市、自治州的人民代表大会及其常务委员会制定的地方性法规,由省、自治区的人民代表大会常务委员会报全国人民代表大会常务委员会和国务院备案；

（三）自治州、自治县的人民代表大会制定的自治条例和单行条例，由省、自治区、直辖市的人民代表大会常务委员会报全国人民代表大会常务委员会和国务院备案；自治条例、单行条例报送备案时，应当说明对法律、行政法规、地方性法规作出变通的情况；

（四）部门规章和地方政府规章报国务院备案；地方政府规章应当同时报本级人民代表大会常务委员会备案；设区的市、自治州的人民政府制定的规章应当同时报省、自治区的人民代表大会常务委员会和人民政府备案；

（五）根据授权制定的法规应当报授权决定规定的机关备案；经济特区法规报送备案时，应当说明对法律、行政法规、地方性法规作出变通的情况。

第九十九条 国务院、中央军事委员会、最高人民法院、最高人民检察院和各省、自治区、直辖市的人民代表大会常务委员会认为行政法规、地方性法规、自治条例和单行条例同宪法或者法律相抵触的，可以向全国人民代表大会常务委员会书面提出进行审查的要求，由常务委员会工作机构分送有关的专门委员会进行审查、提出意见。

前款规定以外的其他国家机关和社会团体、企业事业组织以及公民认为行政法规、地方性法规、自治条例和单行条例同宪法或者法律相抵触的，可以向全国人民代表大会常务委员会书面提出进行审查的建议，由常务委员会工作机构进行研究，必要时，送有关的专门委员会进行审查、提出意见。

有关的专门委员会和常务委员会工作机构可以对报送备案的规范性文件进行主动审查。

第一百条 全国人民代表大会专门委员会、常务委员会工作机构在审查、研究中认为行政法规、地方性法规、自治条例和单行条例同宪法或者法律相抵触的，可以向制定机关提出书面审查意见、研究意见；也可以由法律委员会与有关的专门委员会、常务委员会工作机构召开联合审查会议，要求制定机关到会说明情况，再向制定机关提出书面审查意见。制定机关应当在两个月内研究提出是否修改的意见，并向全国人民代表大会法律委员会和有关的专门委员会或者常务委员会工作机构反馈。

全国人民代表大会法律委员会、有关的专门委员会、常务委员会工作机构根据前款规定，向制定机关提出审查意见、研究意见，制定机关按照所提意见对行政法规、地方性法规、自治条例和单行条例进行修改或者废止的，审查终止。

全国人民代表大会法律委员会、有关的专门委员会、常务委员会工作机构经审查、研究认为行政法规、地方性法规、自治条例和单行条例同宪法或者法律相抵触而制定机关不予修改的,应当向委员长会议提出予以撤销的议案、建议,由委员长会议决定提请常务委员会会议审议决定。

第一百零一条 全国人民代表大会有关的专门委员会和常务委员会工作机构应当按照规定要求,将审查、研究情况向提出审查建议的国家机关、社会团体、企业事业组织以及公民反馈,并可以向社会公开。

第一百零二条 其他接受备案的机关对报送备案的地方性法规、自治条例和单行条例、规章的审查程序,按照维护法制统一的原则,由接受备案的机关规定。

第六章 附 则

第一百零三条 中央军事委员会根据宪法和法律,制定军事法规。

中央军事委员会各总部、军兵种、军区、中国人民武装警察部队,可以根据法律和中央军事委员会的军事法规、决定、命令,在其权限范围内,制定军事规章。

军事法规、军事规章在武装力量内部实施。

军事法规、军事规章的制定、修改和废止办法,由中央军事委员会依照本法规定的原则规定。

第一百零四条 最高人民法院、最高人民检察院作出的属于审判、检察工作中具体应用法律的解释,应当主要针对具体的法律条文,并符合立法的目的、原则和原意。遇有本法第四十五条第二款规定情况的,应当向全国人民代表大会常务委员会提出法律解释的要求或者提出制定、修改有关法律的议案。

最高人民法院、最高人民检察院作出的属于审判、检察工作中具体应用法律的解释,应当自公布之日起三十日内报全国人民代表大会常务委员会备案。

最高人民法院、最高人民检察院以外的审判机关和检察机关,不得作出具体应用法律的解释。

第一百零五条 本法自 2000 年 7 月 1 日起施行。

中华人民共和国行政许可法

（2003 年 8 月 27 日第十届全国人民代表大会常务委员会第四次会议通过 2003 年 8 月 27 日中华人民共和国主席令第 7 号公布　自 2004 年 7 月 1 日起施行）

第一章　总　则

第一条　为了规范行政许可的设定和实施，保护公民、法人和其他组织的合法权益，维护公共利益和社会秩序，保障和监督行政机关有效实施行政管理，根据宪法，制定本法。

第二条　本法所称行政许可，是指行政机关根据公民、法人或者其他组织的申请，经依法审查，准予其从事特定活动的行为。

第三条　行政许可的设定和实施，适用本法。

有关行政机关对其他机关或者对其直接管理的事业单位的人事、财务、外事等事项的审批，不适用本法。

第四条　设定和实施行政许可，应当依照法定的权限、范围、条件和程序。

第五条　设定和实施行政许可，应当遵循公开、公平、公正的原则。

有关行政许可的规定应当公布；未经公布的，不得作为实施行政许可的依据。行政许可的实施和结果，除涉及国家秘密、商业秘密或者个人隐私的外，应当公开。

符合法定条件、标准的，申请人有依法取得行政许可的平等权利，行政机关不得歧视。

第六条　实施行政许可，应当遵循便民的原则，提高办事效率，提供优质服务。

第七条　公民、法人或者其他组织对行政机关实施行政许可，享有陈述权、申辩权；有权依法申请行政复议或者提起行政诉讼；其合法权益因行政机关违法实施行政许可受到损害的，有权依法要求赔偿。

第八条　公民、法人或者其他组织依法取得的行政许可受法律保护，行政机关不得擅自改变已经生效的行政许可。

行政许可所依据的法律、法规、规章修改或者废止，或者准予行政许可所依据的客观情况发生重大变化的，为了公共利益的需要，行政机关可以依法变更或者撤回已经生效的行政许可。由此给公民、法人或者其他组织造成财产损失的,行政机关应当依法给予补偿。

第九条 依法取得的行政许可,除法律、法规规定依照法定条件和程序可以转让的外,不得转让。

第十条 县级以上人民政府应当建立健全对行政机关实施行政许可的监督制度,加强对行政机关实施行政许可的监督检查。

行政机关应当对公民、法人或者其他组织从事行政许可事项的活动实施有效监督。

第二章 行政许可的设定

第十一条 设定行政许可,应当遵循经济和社会发展规律,有利于发挥公民、法人或者其他组织的积极性、主动性,维护公共利益和社会秩序,促进经济、社会和生态环境协调发展。

第十二条 下列事项可以设定行政许可:

(一)直接涉及国家安全、公共安全、经济宏观调控、生态环境保护以及直接关系人身健康、生命财产安全等特定活动,需要按照法定条件予以批准的事项;

(二)有限自然资源开发利用、公共资源配置以及直接关系公共利益的特定行业的市场准入等,需要赋予特定权利的事项;

(三)提供公众服务并且直接关系公共利益的职业、行业,需要确定具备特殊信誉、特殊条件或者特殊技能等资格、资质的事项;

(四)直接关系公共安全、人身健康、生命财产安全的重要设备、设施、产品、物品,需要按照技术标准、技术规范,通过检验、检测、检疫等方式进行审定的事项;

(五)企业或者其他组织的设立等,需要确定主体资格的事项;

(六)法律、行政法规规定可以设定行政许可的其他事项。

第十三条 本法第十二条所列事项,通过下列方式能够予以规范的,可以不设行政许可:

(一)公民、法人或者其他组织能够自主决定的;

(二)市场竞争机制能够有效调节的;

(三)行业组织或者中介机构能够自律管理的;

(四)行政机关采用事后监督等其他行政管理方式能够解决的。

第十四条 本法第十二条所列事项,法律可以设定行政许可。尚未制定法律的,行政法规可以设定行政许可。

必要时,国务院可以采用发布决定的方式设定行政许可。实施后,除临时性行政许可事项外,国务院应当及时提请全国人民代表大会及其常务委员会制定法律,或者自行制定行政法规。

第十五条 本法第十二条所列事项,尚未制定法律、行政法规的,地方性法规可以设定行政许可;尚未制定法律、行政法规和地方性法规的,因行政管理的需要,确需立即实施行政许可的,省、自治区、直辖市人民政府规章可以设定临时性的行政许可。临时性的行政许可实施满一年需要继续实施的,应当提请本级人民代表大会及其常务委员会制定地方性法规。

地方性法规和省、自治区、直辖市人民政府规章,不得设定应当由国家统一确定的公民、法人或者其他组织的资格、资质的行政许可;不得设定企业或者其他组织的设立登记及其前置性行政许可。其设定的行政许可,不得限制其他地区的个人或者企业到本地区从事生产经营和提供服务,不得限制其他地区的商品进入本地区市场。

第十六条 行政法规可以在法律设定的行政许可事项范围内,对实施该行政许可作出具体规定。

地方性法规可以在法律、行政法规设定的行政许可事项范围内,对实施该行政许可作出具体规定。

规章可以在上位法设定的行政许可事项范围内,对实施该行政许可作出具体规定。

法规、规章对实施上位法设定的行政许可作出的具体规定,不得增设行政许可;对行政许可条件作出的具体规定,不得增设违反上位法的其他条件。

第十七条 除本法第十四条、第十五条规定的外,其他规范性文件一律不得设定行政许可。

第十八条 设定行政许可,应当规定行政许可的实施机关、条件、程序、期限。

第十九条 起草法律草案、法规草案和省、自治区、直辖市人民政府规章草案,拟设定行政许可的,起草单位应当采取听证会、论证会等形式听取意见,并向制定机关说明设定该行政许可的必要性、对经济和社会可能产生的影响以及听取和采纳意见的情况。

第二十条 行政许可的设定机关应当定期对其设定的行政许可进行评价;对

已设定的行政许可,认为通过本法第十三条所列方式能够解决的,应当对设定该行政许可的规定及时予以修改或者废止。

行政许可的实施机关可以对已设定的行政许可的实施情况及存在的必要性适时进行评价,并将意见报告该行政许可的设定机关。

公民、法人或者其他组织可以向行政许可的设定机关和实施机关就行政许可的设定和实施提出意见和建议。

第二十一条 省、自治区、直辖市人民政府对行政法规设定的有关经济事务的行政许可,根据本行政区域经济和社会发展情况,认为通过本法第十三条所列方式能够解决的,报国务院批准后,可以在本行政区域内停止实施该行政许可。

第三章 行政许可的实施机关

第二十二条 行政许可由具有行政许可权的行政机关在其法定职权范围内实施。

第二十三条 法律、法规授权的具有管理公共事务职能的组织,在法定授权范围内,以自己的名义实施行政许可。被授权的组织适用本法有关行政机关的规定。

第二十四条 行政机关在其法定职权范围内,依照法律、法规、规章的规定,可以委托其他行政机关实施行政许可。委托机关应当将受委托行政机关和受委托实施行政许可的内容予以公告。

委托行政机关对受委托行政机关实施行政许可的行为应当负责监督,并对该行为的后果承担法律责任。

受委托行政机关在委托范围内,以委托行政机关名义实施行政许可;不得再委托其他组织或者个人实施行政许可。

第二十五条 经国务院批准,省、自治区、直辖市人民政府根据精简、统一、效能的原则,可以决定一个行政机关行使有关行政机关的行政许可权。

第二十六条 行政许可需要行政机关内设的多个机构办理的,该行政机关应当确定一个机构统一受理行政许可申请,统一送达行政许可决定。

行政许可依法由地方人民政府两个以上部门分别实施的,本级人民政府可以确定一个部门受理行政许可申请并转告有关部门分别提出意见后统一办理,或者组织有关部门联合办理、集中办理。

第二十七条 行政机关实施行政许可,不得向申请人提出购买指定商品、接受有偿服务等不正当要求。

行政机关工作人员办理行政许可,不得索取或者收受申请人的财物,不得谋取其他利益。

第二十八条 对直接关系公共安全、人身健康、生命财产安全的设备、设施、产品、物品的检验、检测、检疫,除法律、行政法规规定由行政机关实施的外,应当逐步由符合法定条件的专业技术组织实施。专业技术组织及其有关人员对所实施的检验、检测、检疫结论承担法律责任。

第四章 行政许可的实施程序

第一节 申请与受理

第二十九条 公民、法人或者其他组织从事特定活动,依法需要取得行政许可的,应当向行政机关提出申请。申请书需要采用格式文本的,行政机关应当向申请人提供行政许可申请书格式文本。申请书格式文本中不得包含与申请行政许可事项没有直接关系的内容。

申请人可以委托代理人提出行政许可申请。但是,依法应当由申请人到行政机关办公场所提出行政许可申请的除外。

行政许可申请可以通过信函、电报、电传、传真、电子数据交换和电子邮件等方式提出。

第三十条 行政机关应当将法律、法规、规章规定的有关行政许可的事项、依据、条件、数量、程序、期限以及需要提交的全部材料的目录和申请书示范文本等在办公场所公示。

申请人要求行政机关对公示内容予以说明、解释的,行政机关应当说明、解释,提供准确、可靠的信息。

第三十一条 申请人申请行政许可,应当如实向行政机关提交有关材料和反映真实情况,并对其申请材料实质内容的真实性负责。行政机关不得要求申请人提交与其申请的行政许可事项无关的技术资料和其他材料。

第三十二条 行政机关对申请人提出的行政许可申请,应当根据下列情况分别作出处理:

(一)申请事项依法不需要取得行政许可的,应当即时告知申请人不受理;

(二)申请事项依法不属于本行政机关职权范围的,应当即时作出不予受理的决定,并告知申请人向有关行政机关申请;

(三)申请材料存在可以当场更正的错误的,应当允许申请人当场更正;

(四)申请材料不齐全或者不符合法定形式的,应当当场或者在 5 日内一次告知申请人需要补正的全部内容,逾期不告知的,自收到申请材料之日起即为受理;

(五)申请事项属于本行政机关职权范围,申请材料齐全、符合法定形式,或者申请人按照本行政机关的要求提交全部补正申请材料的,应当受理行政许可申请。

行政机关受理或者不予受理行政许可申请,应当出具加盖本行政机关专用印章和注明日期的书面凭证。

第三十三条 行政机关应当建立和完善有关制度,推行电子政务,在行政机关的网站上公布行政许可事项,方便申请人采取数据电文等方式提出行政许可申请;应当与其他行政机关共享有关行政许可信息,提高办事效率。

第二节 审查与决定

第三十四条 行政机关应当对申请人提交的申请材料进行审查。

申请人提交的申请材料齐全、符合法定形式,行政机关能够当场作出决定的,应当当场作出书面的行政许可决定。

根据法定条件和程序,需要对申请材料的实质内容进行核实的,行政机关应当指派两名以上工作人员进行核查。

第三十五条 依法应当先经下级行政机关审查后报上级行政机关决定的行政许可,下级行政机关应当在法定期限内将初步审查意见和全部申请材料直接报送上级行政机关。上级行政机关不得要求申请人重复提供申请材料。

第三十六条 行政机关对行政许可申请进行审查时,发现行政许可事项直接关系他人重大利益的,应当告知该利害关系人。申请人、利害关系人有权进行陈述和申辩。行政机关应当听取申请人、利害关系人的意见。

第三十七条 行政机关对行政许可申请进行审查后,除当场作出行政许可决定的外,应当在法定期限内按照规定程序作出行政许可决定。

第三十八条 申请人的申请符合法定条件、标准的,行政机关应当依法作出准予行政许可的书面决定。

行政机关依法作出不予行政许可的书面决定的,应当说明理由,并告知申请人享有依法申请行政复议或者提起行政诉讼的权利。

第三十九条 行政机关作出准予行政许可的决定,需要颁发行政许可证件的,应当向申请人颁发加盖本行政机关印章的下列行政许可证件:

(一)许可证、执照或者其他许可证书;

(二)资格证、资质证或者其他合格证书;

(三)行政机关的批准文件或者证明文件;

(四)法律、法规规定的其他行政许可证件。

行政机关实施检验、检测、检疫的,可以在检验、检测、检疫合格的设备、设施、产品、物品上加贴标签或者加盖检验、检测、检疫印章。

第四十条 行政机关作出的准予行政许可决定,应当予以公开,公众有权查阅。

第四十一条 法律、行政法规设定的行政许可,其适用范围没有地域限制的,申请人取得的行政许可在全国范围内有效。

第三节 期 限

第四十二条 除可以当场作出行政许可决定的外,行政机关应当自受理行政许可申请之日起20日内作出行政许可决定。20日内不能作出决定的,经本行政机关负责人批准,可以延长10日,并应当将延长期限的理由告知申请人。但是,法律、法规另有规定的,依照其规定。

依照本法第二十六条的规定,行政许可采取统一办理或者联合办理、集中办理的,办理的时间不得超过45日;45日内不能办结的,经本级人民政府负责人批准,可以延长15日,并应当将延长期限的理由告知申请人。

第四十三条 依法应当先经下级行政机关审查后报上级行政机关决定的行政许可,下级行政机关应当自其受理行政许可申请之日起20日内审查完毕。但是,法律、法规另有规定的,依照其规定。

第四十四条 行政机关作出准予行政许可的决定,应当自作出决定之日起10日内向申请人颁发、送达行政许可证件,或者加贴标签、加盖检验、检测、检疫印章。

第四十五条 行政机关作出行政许可决定,依法需要听证、招标、拍卖、检验、检测、检疫、鉴定和专家评审的,所需时间不计算在本节规定的期限内。行政机关应当将所需时间书面告知申请人。

第四节 听 证

第四十六条 法律、法规、规章规定实施行政许可应当听证的事项,或者行政机关认为需要听证的其他涉及公共利益的重大行政许可事项,行政机关应当向社会公告,并举行听证。

第四十七条 行政许可直接涉及申请人与他人之间重大利益关系的,行政机关在作出行政许可决定前,应当告知申请人、利害关系人享有要求听证的权利;申请人、利害关系人在被告知听证权利之日起 5 日内提出听证申请的,行政机关应当在 20 日内组织听证。

申请人、利害关系人不承担行政机关组织听证的费用。

第四十八条 听证按照下列程序进行:

(一)行政机关应当于举行听证的 7 日前将举行听证的时间、地点通知申请人、利害关系人,必要时予以公告;

(二)听证应当公开举行;

(三)行政机关应当指定审查该行政许可申请的工作人员以外的人员为听证主持人,申请人、利害关系人认为主持人与该行政许可事项有直接利害关系的,有权申请回避;

(四)举行听证时,审查该行政许可申请的工作人员应当提供审查意见的证据、理由,申请人、利害关系人可以提出证据,并进行申辩和质证;

(五)听证应当制作笔录,听证笔录应当交听证参加人确认无误后签字或者盖章。

行政机关应当根据听证笔录,作出行政许可决定。

第五节 变更与延续

第四十九条 被许可人要求变更行政许可事项的,应当向作出行政许可决定的行政机关提出申请;符合法定条件、标准的,行政机关应当依法办理变更手续。

第五十条 被许可人需要延续依法取得的行政许可的有效期的,应当在该行政许可有效期届满 30 日前向作出行政许可决定的行政机关提出申请。但是,法律、法规、规章另有规定的,依照其规定。

行政机关应当根据被许可人的申请,在该行政许可有效期届满前作出是否准予延续的决定;逾期未作决定的,视为准予延续。

第六节 特别规定

第五十一条 实施行政许可的程序,本节有规定的,适用本节规定;本节没有规定的,适用本章其他有关规定。

第五十二条 国务院实施行政许可的程序,适用有关法律、行政法规的规定。

第五十三条 实施本法第十二条第二项所列事项的行政许可的,行政机关应当通过招标、拍卖等公平竞争的方式作出决定。但是,法律、行政法规另有规定的,依照其规定。

行政机关通过招标、拍卖等方式作出行政许可决定的具体程序,依照有关法律、行政法规的规定。

行政机关按照招标、拍卖程序确定中标人、买受人后,应当作出准予行政许可的决定,并依法向中标人、买受人颁发行政许可证件。

行政机关违反本条规定,不采用招标、拍卖方式,或者违反招标、拍卖程序,损害申请人合法权益的,申请人可以依法申请行政复议或者提起行政诉讼。

第五十四条 实施本法第十二条第三项所列事项的行政许可,赋予公民特定资格,依法应当举行国家考试的,行政机关根据考试成绩和其他法定条件作出行政许可决定;赋予法人或者其他组织特定的资格、资质的,行政机关根据申请人的专业人员构成、技术条件、经营业绩和管理水平等的考核结果作出行政许可决定。但是,法律、行政法规另有规定的,依照其规定。

公民特定资格的考试依法由行政机关或者行业组织实施,公开举行。行政机关或者行业组织应当事先公布资格考试的报名条件、报考办法、考试科目以及考试大纲。但是,不得组织强制性的资格考试的考前培训,不得指定教材或者其他助考材料。

第五十五条 实施本法第十二条第四项所列事项的行政许可的,应当按照技术标准、技术规范依法进行检验、检测、检疫,行政机关根据检验、检测、检疫的结果作出行政许可决定。

行政机关实施检验、检测、检疫,应当自受理申请之日起 5 日内指派两名以上工作人员按照技术标准、技术规范进行检验、检测、检疫。不需要对检验、检测、检疫结果作进一步技术分析即可认定设备、设施、产品、物品是否符合技术标准、技术规范的,行政机关应当当场作出行政许可决定。

行政机关根据检验、检测、检疫结果,作出不予行政许可决定的,应当书面说明不予行政许可所依据的技术标准、技术规范。

第五十六条 实施本法第十二条第五项所列事项的行政许可,申请人提交的申请材料齐全、符合法定形式的,行政机关应当当场予以登记。需要对申请材料的实质内容进行核实的,行政机关依照本法第三十四条第三款的规定办理。

第五十七条 有数量限制的行政许可,两个或者两个以上申请人的申请均符合法定条件、标准的,行政机关应当根据受理行政许可申请的先后顺序作出准予行政许可的决定。但是,法律、行政法规另有规定的,依照其规定。

第五章 行政许可的费用

第五十八条 行政机关实施行政许可和对行政许可事项进行监督检查,不得收取任何费用。但是,法律、行政法规另有规定的,依照其规定。

行政机关提供行政许可申请书格式文本,不得收费。

行政机关实施行政许可所需经费应当列入本行政机关的预算,由本级财政予以保障,按照批准的预算予以核拨。

第五十九条 行政机关实施行政许可,依照法律、行政法规收取费用的,应当按照公布的法定项目和标准收费;所收取的费用必须全部上缴国库,任何机关或者个人不得以任何形式截留、挪用、私分或者变相私分。财政部门不得以任何形式向行政机关返还或者变相返还实施行政许可所收取的费用。

第六章 监督检查

第六十条 上级行政机关应当加强对下级行政机关实施行政许可的监督检查,及时纠正行政许可实施中的违法行为。

第六十一条 行政机关应当建立健全监督制度,通过核查反映被许可人从事行政许可事项活动情况的有关材料,履行监督责任。

行政机关依法对被许可人从事行政许可事项的活动进行监督检查时,应当将监督检查的情况和处理结果予以记录,由监督检查人员签字后归档。公众有权查阅行政机关监督检查记录。

行政机关应当创造条件,实现与被许可人、其他有关行政机关的计算机档案系统互联,核查被许可人从事行政许可事项活动情况。

第六十二条 行政机关可以对被许可人生产经营的产品依法进行抽样检查、检验、检测,对其生产经营场所依法进行实地检查。检查时,行政机关可以依法查阅或者要求被许可人报送有关材料;被许可人应当如实提供有关情况和材料。

行政机关根据法律、行政法规的规定，对直接关系公共安全、人身健康、生命财产安全的重要设备、设施进行定期检验。对检验合格的，行政机关应当发给相应的证明文件。

第六十三条 行政机关实施监督检查，不得妨碍被许可人正常的生产经营活动，不得索取或者收受被许可人的财物，不得谋取其他利益。

第六十四条 被许可人在作出行政许可决定的行政机关管辖区域外违法从事行政许可事项活动的，违法行为发生地的行政机关应当依法将被许可人的违法事实、处理结果抄告作出行政许可决定的行政机关。

第六十五条 个人和组织发现违法从事行政许可事项的活动，有权向行政机关举报，行政机关应当及时核实、处理。

第六十六条 被许可人未依法履行开发利用自然资源义务或者未依法履行利用公共资源义务的，行政机关应当责令限期改正；被许可人在规定期限内不改正的，行政机关应当依照有关法律、行政法规的规定予以处理。

第六十七条 取得直接关系公共利益的特定行业的市场准入行政许可的被许可人，应当按照国家规定的服务标准、资费标准和行政机关依法规定的条件，向用户提供安全、方便、稳定和价格合理的服务，并履行普遍服务的义务；未经作出行政许可决定的行政机关批准，不得擅自停业、歇业。

被许可人不履行前款规定的义务的，行政机关应当责令限期改正，或者依法采取有效措施督促其履行义务。

第六十八条 对直接关系公共安全、人身健康、生命财产安全的重要设备、设施，行政机关应当督促设计、建造、安装和使用单位建立相应的自检制度。

行政机关在监督检查时，发现直接关系公共安全、人身健康、生命财产安全的重要设备、设施存在安全隐患的，应当责令停止建造、安装和使用，并责令设计、建造、安装和使用单位立即改正。

第六十九条 有下列情形之一的，作出行政许可决定的行政机关或者其上级行政机关，根据利害关系人的请求或者依据职权，可以撤销行政许可：

（一）行政机关工作人员滥用职权、玩忽职守作出准予行政许可决定的；

（二）超越法定职权作出准予行政许可决定的；

（三）违反法定程序作出准予行政许可决定的；

（四）对不具备申请资格或者不符合法定条件的申请人准予行政许可的；

（五）依法可以撤销行政许可的其他情形。

被许可人以欺骗、贿赂等不正当手段取得行政许可的,应当予以撤销。

依照前两款的规定撤销行政许可,可能对公共利益造成重大损害的,不予撤销。

依照本条第一款的规定撤销行政许可,被许可人的合法权益受到损害的,行政机关应当依法给予赔偿。依照本条第二款的规定撤销行政许可的,被许可人基于行政许可取得的利益不受保护。

第七十条 有下列情形之一的,行政机关应当依法办理有关行政许可的注销手续:

(一)行政许可有效期届满未延续的;

(二)赋予公民特定资格的行政许可,该公民死亡或者丧失行为能力的;

(三)法人或者其他组织依法终止的;

(四)行政许可依法被撤销、撤回,或者行政许可证件依法被吊销的;

(五)因不可抗力导致行政许可事项无法实施的;

(六)法律、法规规定的应当注销行政许可的其他情形。

第七章 法律责任

第七十一条 违反本法第十七条规定设定的行政许可,有关机关应当责令设定该行政许可的机关改正,或者依法予以撤销。

第七十二条 行政机关及其工作人员违反本法的规定,有下列情形之一的,由其上级行政机关或者监察机关责令改正;情节严重的,对直接负责的主管人员和其他直接责任人员依法给予行政处分:

(一)对符合法定条件的行政许可申请不予受理的;

(二)不在办公场所公示依法应当公示的材料的;

(三)在受理、审查、决定行政许可过程中,未向申请人、利害关系人履行法定告知义务的;

(四)申请人提交的申请材料不齐全、不符合法定形式,不一次告知申请人必须补正的全部内容的;

(五)未依法说明不受理行政许可申请或者不予行政许可的理由的;

(六)依法应当举行听证而不举行听证的。

第七十三条 行政机关工作人员办理行政许可、实施监督检查,索取或者收受他人财物或者谋取其他利益，构成犯罪的，依法追究刑事责任；尚不构成犯罪的，依法给予行政处分。

第七十四条 行政机关实施行政许可，有下列情形之一的，由其上级行政机关或者监察机关责令改正，对直接负责的主管人员和其他直接责任人员依法给予行政处分；构成犯罪的，依法追究刑事责任：

（一）对不符合法定条件的申请人准予行政许可或者超越法定职权作出准予行政许可决定的；

（二）对符合法定条件的申请人不予行政许可或者不在法定期限内作出准予行政许可决定的；

（三）依法应当根据招标、拍卖结果或者考试成绩择优作出准予行政许可决定，未经招标、拍卖或者考试，或者不根据招标、拍卖结果或者考试成绩择优作出准予行政许可决定的。

第七十五条 行政机关实施行政许可，擅自收费或者不按照法定项目和标准收费的，由其上级行政机关或者监察机关责令退还非法收取的费用；对直接负责的主管人员和其他直接责任人员依法给予行政处分。

截留、挪用、私分或者变相私分实施行政许可依法收取的费用的，予以追缴；对直接负责的主管人员和其他直接责任人员依法给予行政处分；构成犯罪的，依法追究刑事责任。

第七十六条 行政机关违法实施行政许可，给当事人的合法权益造成损害的，应当依照国家赔偿法的规定给予赔偿。

第七十七条 行政机关不依法履行监督职责或者监督不力，造成严重后果的，由其上级行政机关或者监察机关责令改正，对直接负责的主管人员和其他直接责任人员依法给予行政处分；构成犯罪的，依法追究刑事责任。

第七十八条 行政许可申请人隐瞒有关情况或者提供虚假材料申请行政许可的，行政机关不予受理或者不予行政许可，并给予警告；行政许可申请属于直接关系公共安全、人身健康、生命财产安全事项的，申请人在一年内不得再次申请该行政许可。

第七十九条 被许可人以欺骗、贿赂等不正当手段取得行政许可的，行政机关应当依法给予行政处罚；取得的行政许可属于直接关系公共安全、人身健康、生命财产安全事项的，申请人在3年内不得再次申请该行政许可；构成犯罪的，依法追究刑事责任。

第八十条 被许可人有下列行为之一的,行政机关应当依法给予行政处罚;构成犯罪的,依法追究刑事责任:

(一)涂改、倒卖、出租、出借行政许可证件,或者以其他形式非法转让行政许可的;

(二)超越行政许可范围进行活动的;

(三)向负责监督检查的行政机关隐瞒有关情况、提供虚假材料或者拒绝提供反映其活动情况的真实材料的;

(四)法律、法规、规章规定的其他违法行为。

第八十一条 公民、法人或者其他组织未经行政许可,擅自从事依法应当取得行政许可的活动的,行政机关应当依法采取措施予以制止,并依法给予行政处罚;构成犯罪的,依法追究刑事责任。

第八章 附 则

第八十二条 本法规定的行政机关实施行政许可的期限以工作日计算,不含法定节假日。

第八十三条 本法自 2004 年 7 月 1 日起施行。

本法施行前有关行政许可的规定,制定机关应当依照本法规定予以清理;不符合本法规定的,自本法施行之日起停止执行。

中华人民共和国行政强制法

（2011年6月30日第十一届全国人民代表大会常务委员会第二十一次会议通过 2011年6月30日中华人民共和国主席令第49号公布 自2012年1月1日起施行）

第一章 总 则

第一条 为了规范行政强制的设定和实施，保障和监督行政机关依法履行职责，维护公共利益和社会秩序，保护公民、法人和其他组织的合法权益，根据宪法，制定本法。

第二条 本法所称行政强制，包括行政强制措施和行政强制执行。

行政强制措施，是指行政机关在行政管理过程中，为制止违法行为、防止证据损毁、避免危害发生、控制危险扩大等情形，依法对公民的人身自由实施暂时性限制，或者对公民、法人或者其他组织的财物实施暂时性控制的行为。

行政强制执行，是指行政机关或者行政机关申请人民法院，对不履行行政决定的公民、法人或者其他组织，依法强制履行义务的行为。

第三条 行政强制的设定和实施，适用本法。

发生或者即将发生自然灾害、事故灾难、公共卫生事件或者社会安全事件等突发事件，行政机关采取应急措施或者临时措施，依照有关法律、行政法规的规定执行。

行政机关采取金融业审慎监管措施、进出境货物强制性技术监控措施，依照有关法律、行政法规的规定执行。

第四条 行政强制的设定和实施，应当依照法定的权限、范围、条件和程序。

第五条 行政强制的设定和实施，应当适当。采用非强制手段可以达到行政管理目的的，不得设定和实施行政强制。

第六条 实施行政强制，应当坚持教育与强制相结合。

第七条 行政机关及其工作人员不得利用行政强制权为单位或者个人谋取利益。

第八条 公民、法人或者其他组织对行政机关实施行政强制，享有陈述权、申辩权；有权依法申请行政复议或者提起行政诉讼；因行政机关违法实施行政强制受到损害的，有权依法要求赔偿。

公民、法人或者其他组织因人民法院在强制执行中有违法行为或者扩大强制执行范围受到损害的，有权依法要求赔偿。

第二章 行政强制的种类和设定

第九条 行政强制措施的种类：

（一）限制公民人身自由；

（二）查封场所、设施或者财物；

（三）扣押财物；

（四）冻结存款、汇款；

（五）其他行政强制措施。

第十条 行政强制措施由法律设定。

尚未制定法律，且属于国务院行政管理职权事项的，行政法规可以设定除本法第九条第一项、第四项和应当由法律规定的行政强制措施以外的其他行政强制措施。

尚未制定法律、行政法规，且属于地方性事务的，地方性法规可以设定本法第九条第二项、第三项的行政强制措施。

法律、法规以外的其他规范性文件不得设定行政强制措施。

第十一条 法律对行政强制措施的对象、条件、种类作了规定的，行政法规、地方性法规不得作出扩大规定。

法律中未设定行政强制措施的，行政法规、地方性法规不得设定行政强制措施。但是，法律规定特定事项由行政法规规定具体管理措施的，行政法规可以设定除本法第九条第一项、第四项和应当由法律规定的行政强制措施以外的其他行政强制措施。

第十二条 行政强制执行的方式：

（一）加处罚款或者滞纳金；

（二）划拨存款、汇款；

（三）拍卖或者依法处理查封、扣押的场所、设施或者财物；

（四）排除妨碍、恢复原状；

（五）代履行；

（六）其他强制执行方式。

第十三条 行政强制执行由法律设定。

法律没有规定行政机关强制执行的，作出行政决定的行政机关应当申请人民法院强制执行。

第十四条 起草法律草案、法规草案，拟设定行政强制的，起草单位应当采取听证会、论证会等形式听取意见，并向制定机关说明设定该行政强制的必要性、可能产生的影响以及听取和采纳意见的情况。

第十五条 行政强制的设定机关应当定期对其设定的行政强制进行评价，并对不适当的行政强制及时予以修改或者废止。

行政强制的实施机关可以对已设定的行政强制的实施情况及存在的必要性适时进行评价，并将意见报告该行政强制的设定机关。

公民、法人或者其他组织可以向行政强制的设定机关和实施机关就行政强制的设定和实施提出意见和建议。有关机关应当认真研究论证，并以适当方式予以反馈。

第三章　行政强制措施实施程序

第一节　一般规定

第十六条 行政机关履行行政管理职责，依照法律、法规的规定，实施行政强制措施。

违法行为情节显著轻微或者没有明显社会危害的，可以不采取行政强制措施。

第十七条 行政强制措施由法律、法规规定的行政机关在法定职权范围内实施。行政强制措施权不得委托。

依据《中华人民共和国行政处罚法》的规定行使相对集中行政处罚权的行政机关，可以实施法律、法规规定的与行政处罚权有关的行政强制措施。

行政强制措施应当由行政机关具备资格的行政执法人员实施，其他人员不得实施。

第十八条 行政机关实施行政强制措施应当遵守下列规定：

(一)实施前须向行政机关负责人报告并经批准;

(二)由两名以上行政执法人员实施;

(三)出示执法身份证件;

(四)通知当事人到场;

(五)当场告知当事人采取行政强制措施的理由、依据以及当事人依法享有的权利、救济途径;

(六)听取当事人的陈述和申辩;

(七)制作现场笔录;

(八)现场笔录由当事人和行政执法人员签名或者盖章,当事人拒绝的,在笔录中予以注明;

(九)当事人不到场的,邀请见证人到场,由见证人和行政执法人员在现场笔录上签名或者盖章;

(十)法律、法规规定的其他程序。

第十九条 情况紧急,需要当场实施行政强制措施的,行政执法人员应当在二十四小时内向行政机关负责人报告,并补办批准手续。行政机关负责人认为不应当采取行政强制措施的,应当立即解除。

第二十条 依照法律规定实施限制公民人身自由的行政强制措施,除应当履行本法第十八条规定的程序外,还应当遵守下列规定:

(一)当场告知或者实施行政强制措施后立即通知当事人家属实施行政强制措施的行政机关、地点和期限;

(二)在紧急情况下当场实施行政强制措施的,在返回行政机关后,立即向行政机关负责人报告并补办批准手续;

(三)法律规定的其他程序。

实施限制人身自由的行政强制措施不得超过法定期限。实施行政强制措施的目的已经达到或者条件已经消失,应当立即解除。

第二十一条 违法行为涉嫌犯罪应当移送司法机关的,行政机关应当将查封、扣押、冻结的财物一并移送,并书面告知当事人。

第二节 查封、扣押

第二十二条 查封、扣押应当由法律、法规规定的行政机关实施,其他任何行政机关或者组织不得实施。

第二十三条 查封、扣押限于涉案的场所、设施或者财物,不得查封、扣押与违法行为无关的场所、设施或者财物;不得查封、扣押公民个人及其所扶养家属的生活必需品。

当事人的场所、设施或者财物已被其他国家机关依法查封的,不得重复查封。

第二十四条 行政机关决定实施查封、扣押的,应当履行本法第十八条规定的程序,制作并当场交付查封、扣押决定书和清单。

查封、扣押决定书应当载明下列事项:

(一)当事人的姓名或者名称、地址;

(二)查封、扣押的理由、依据和期限;

(三)查封、扣押场所、设施或者财物的名称、数量等;

(四)申请行政复议或者提起行政诉讼的途径和期限;

(五)行政机关的名称、印章和日期。

查封、扣押清单一式二份,由当事人和行政机关分别保存。

第二十五条 查封、扣押的期限不得超过三十日;情况复杂的,经行政机关负责人批准,可以延长,但是延长期限不得超过三十日。法律、行政法规另有规定的除外。

延长查封、扣押的决定应当及时书面告知当事人,并说明理由。

对物品需要进行检测、检验、检疫或者技术鉴定的,查封、扣押的期间不包括检测、检验、检疫或者技术鉴定的期间。检测、检验、检疫或者技术鉴定的期间应当明确,并书面告知当事人。检测、检验、检疫或者技术鉴定的费用由行政机关承担。

第二十六条 对查封、扣押的场所、设施或者财物,行政机关应当妥善保管,不得使用或者损毁;造成损失的,应当承担赔偿责任。

对查封的场所、设施或者财物,行政机关可以委托第三人保管,第三人不得损毁或者擅自转移、处置。因第三人的原因造成的损失,行政机关先行赔付后,有权向第三人追偿。

因查封、扣押发生的保管费用由行政机关承担。

第二十七条 行政机关采取查封、扣押措施后,应当及时查清事实,在本法第二十五条规定的期限内作出处理决定。对违法事实清楚,依法应当没收的非法财物予以没收;法律、行政法规规定应当销毁的,依法销毁;应当解除查封、扣押的,作出解除查封、扣押的决定。

第二十八条 有下列情形之一的,行政机关应当及时作出解除查封、扣押

决定:

(一)当事人没有违法行为;

(二)查封、扣押的场所、设施或者财物与违法行为无关;

(三)行政机关对违法行为已经作出处理决定,不再需要查封、扣押;

(四)查封、扣押期限已经届满;

(五)其他不再需要采取查封、扣押措施的情形。

解除查封、扣押应当立即退还财物;已将鲜活物品或者其他不易保管的财物拍卖或者变卖的,退还拍卖或者变卖所得款项。变卖价格明显低于市场价格,给当事人造成损失的,应当给予补偿。

第三节　冻　结

第二十九条　冻结存款、汇款应当由法律规定的行政机关实施,不得委托给其他行政机关或者组织;其他任何行政机关或者组织不得冻结存款、汇款。

冻结存款、汇款的数额应当与违法行为涉及的金额相当;已被其他国家机关依法冻结的,不得重复冻结。

第三十条　行政机关依照法律规定决定实施冻结存款、汇款的,应当履行本法第十八条第一项、第二项、第三项、第七项规定的程序,并向金融机构交付冻结通知书。

金融机构接到行政机关依法作出的冻结通知书后,应当立即予以冻结,不得拖延,不得在冻结前向当事人泄露信息。

法律规定以外的行政机关或者组织要求冻结当事人存款、汇款的,金融机构应当拒绝。

第三十一条　依照法律规定冻结存款、汇款的,作出决定的行政机关应当在三日内向当事人交付冻结决定书。冻结决定书应当载明下列事项:

(一)当事人的姓名或者名称、地址;

(二)冻结的理由、依据和期限;

(三)冻结的账号和数额;

(四)申请行政复议或者提起行政诉讼的途径和期限;

(五)行政机关的名称、印章和日期。

第三十二条　自冻结存款、汇款之日起三十日内,行政机关应当作出处理决定或者作出解除冻结决定;情况复杂的,经行政机关负责人批准,可以延长,但是延长期限不得超过三十日。法律另有规定的除外。

延长冻结的决定应当及时书面告知当事人,并说明理由。

第三十三条 有下列情形之一的,行政机关应当及时作出解除冻结决定:

(一)当事人没有违法行为;

(二)冻结的存款、汇款与违法行为无关;

(三)行政机关对违法行为已经作出处理决定,不再需要冻结;

(四)冻结期限已经届满;

(五)其他不再需要采取冻结措施的情形。

行政机关作出解除冻结决定的,应当及时通知金融机构和当事人。金融机构接到通知后,应当立即解除冻结。

行政机关逾期未作出处理决定或者解除冻结决定的,金融机构应当自冻结期满之日起解除冻结。

第四章 行政机关强制执行程序

第一节 一般规定

第三十四条 行政机关依法作出行政决定后,当事人在行政机关决定的期限内不履行义务的,具有行政强制执行权的行政机关依照本章规定强制执行。

第三十五条 行政机关作出强制执行决定前,应当事先催告当事人履行义务。催告应当以书面形式作出,并载明下列事项:

(一)履行义务的期限;

(二)履行义务的方式;

(三)涉及金钱给付的,应当有明确的金额和给付方式;

(四)当事人依法享有的陈述权和申辩权。

第三十六条 当事人收到催告书后有权进行陈述和申辩。行政机关应当充分听取当事人的意见,对当事人提出的事实、理由和证据,应当进行记录、复核。当事人提出的事实、理由或者证据成立的,行政机关应当采纳。

第三十七条 经催告,当事人逾期仍不履行行政决定,且无正当理由的,行政机关可以作出强制执行决定。

强制执行决定应当以书面形式作出,并载明下列事项:

(一)当事人的姓名或者名称、地址;

(二)强制执行的理由和依据;

(三)强制执行的方式和时间;

(四)申请行政复议或者提起行政诉讼的途径和期限;

(五)行政机关的名称、印章和日期。

在催告期间,对有证据证明有转移或者隐匿财物迹象的,行政机关可以作出立即强制执行决定。

第三十八条 催告书、行政强制执行决定书应当直接送达当事人。当事人拒绝接收或者无法直接送达当事人的,应当依照《中华人民共和国民事诉讼法》的有关规定送达。

第三十九条 有下列情形之一的,中止执行:

(一)当事人履行行政决定确有困难或者暂无履行能力的;

(二)第三人对执行标的主张权利,确有理由的;

(三)执行可能造成难以弥补的损失,且中止执行不损害公共利益的;

(四)行政机关认为需要中止执行的其他情形。

中止执行的情形消失后,行政机关应当恢复执行。对没有明显社会危害,当事人确无能力履行,中止执行满三年未恢复执行的,行政机关不再执行。

第四十条 有下列情形之一的,终结执行:

(一)公民死亡,无遗产可供执行,又无义务承受人的;

(二)法人或者其他组织终止,无财产可供执行,又无义务承受人的;

(三)执行标的灭失的;

(四)据以执行的行政决定被撤销的;

(五)行政机关认为需要终结执行的其他情形。

第四十一条 在执行中或者执行完毕后,据以执行的行政决定被撤销、变更,或者执行错误的,应当恢复原状或者退还财物;不能恢复原状或者退还财物的,依法给予赔偿。

第四十二条 实施行政强制执行,行政机关可以在不损害公共利益和他人合法权益的情况下,与当事人达成执行协议。执行协议可以约定分阶段履行;当事人采取补救措施的,可以减免加处的罚款或者滞纳金。

执行协议应当履行。当事人不履行执行协议的,行政机关应当恢复强制执行。

第四十三条 行政机关不得在夜间或者法定节假日实施行政强制执行。但是，情况紧急的除外。

行政机关不得对居民生活采取停止供水、供电、供热、供燃气等方式迫使当事人履行相关行政决定。

第四十四条 对违法的建筑物、构筑物、设施等需要强制拆除的，应当由行政机关予以公告，限期当事人自行拆除。当事人在法定期限内不申请行政复议或者提起行政诉讼，又不拆除的，行政机关可以依法强制拆除。

第二节 金钱给付义务的执行

第四十五条 行政机关依法作出金钱给付义务的行政决定，当事人逾期不履行的，行政机关可以依法加处罚款或者滞纳金。加处罚款或者滞纳金的标准应当告知当事人。

加处罚款或者滞纳金的数额不得超出金钱给付义务的数额。

第四十六条 行政机关依照本法第四十五条规定实施加处罚款或者滞纳金超过三十日，经催告当事人仍不履行的，具有行政强制执行权的行政机关可以强制执行。

行政机关实施强制执行前，需要采取查封、扣押、冻结措施的，依照本法第三章规定办理。

没有行政强制执行权的行政机关应当申请人民法院强制执行。但是，当事人在法定期限内不申请行政复议或者提起行政诉讼，经催告仍不履行的，在实施行政管理过程中已经采取查封、扣押措施的行政机关，可以将查封、扣押的财物依法拍卖抵缴罚款。

第四十七条 划拨存款、汇款应当由法律规定的行政机关决定，并书面通知金融机构。金融机构接到行政机关依法作出划拨存款、汇款的决定后，应当立即划拨。

法律规定以外的行政机关或者组织要求划拨当事人存款、汇款的，金融机构应当拒绝。

第四十八条 依法拍卖财物，由行政机关委托拍卖机构依照《中华人民共和国拍卖法》的规定办理。

第四十九条 划拨的存款、汇款以及拍卖和依法处理所得的款项应当上缴国库或者划入财政专户。任何行政机关或者个人不得以任何形式截留、私分或者变相私分。

第三节　代　履　行

第五十条　行政机关依法作出要求当事人履行排除妨碍、恢复原状等义务的行政决定,当事人逾期不履行,经催告仍不履行,其后果已经或者将危害交通安全、造成环境污染或者破坏自然资源的,行政机关可以代履行,或者委托没有利害关系的第三人代履行。

第五十一条　代履行应当遵守下列规定:

(一)代履行前送达决定书,代履行决定书应当载明当事人的姓名或者名称、地址,代履行的理由和依据、方式和时间、标的、费用预算以及代履行人;

(二)代履行三日前,催告当事人履行,当事人履行的,停止代履行;

(三)代履行时,作出决定的行政机关应当派员到场监督;

(四)代履行完毕,行政机关到场监督的工作人员、代履行人和当事人或者见证人应当在执行文书上签名或者盖章。

代履行的费用按照成本合理确定,由当事人承担。但是,法律另有规定的除外。

代履行不得采用暴力、胁迫以及其他非法方式。

第五十二条　需要立即清除道路、河道、航道或者公共场所的遗洒物、障碍物或者污染物,当事人不能清除的,行政机关可以决定立即实施代履行;当事人不在场的,行政机关应当在事后立即通知当事人,并依法作出处理。

第五章　申请人民法院强制执行

第五十三条　当事人在法定期限内不申请行政复议或者提起行政诉讼,又不履行行政决定的,没有行政强制执行权的行政机关可以自期限届满之日起三个月内,依照本章规定申请人民法院强制执行。

第五十四条　行政机关申请人民法院强制执行前,应当催告当事人履行义务。催告书送达十日后当事人仍未履行义务的,行政机关可以向所在地有管辖权的人民法院申请强制执行;执行对象是不动产的,向不动产所在地有管辖权的人民法院申请强制执行。

第五十五条　行政机关向人民法院申请强制执行,应当提供下列材料:

(一)强制执行申请书;

（二）行政决定书及作出决定的事实、理由和依据；

（三）当事人的意见及行政机关催告情况；

（四）申请强制执行标的情况；

（五）法律、行政法规规定的其他材料。

强制执行申请书应当由行政机关负责人签名，加盖行政机关的印章，并注明日期。

第五十六条　人民法院接到行政机关强制执行的申请，应当在五日内受理。

行政机关对人民法院不予受理的裁定有异议的，可以在十五日内向上一级人民法院申请复议，上一级人民法院应当自收到复议申请之日起十五日内作出是否受理的裁定。

第五十七条　人民法院对行政机关强制执行的申请进行书面审查，对符合本法第五十五条规定，且行政决定具备法定执行效力的，除本法第五十八条规定的情形外，人民法院应当自受理之日起七日内作出执行裁定。

第五十八条　人民法院发现有下列情形之一的，在作出裁定前可以听取被执行人和行政机关的意见：

（一）明显缺乏事实根据的；

（二）明显缺乏法律、法规依据的；

（三）其他明显违法并损害被执行人合法权益的。

人民法院应当自受理之日起三十日内作出是否执行的裁定。裁定不予执行的，应当说明理由，并在五日内将不予执行的裁定送达行政机关。

行政机关对人民法院不予执行的裁定有异议的，可以自收到裁定之日起十五日内向上一级人民法院申请复议，上一级人民法院应当自收到复议申请之日起三十日内作出是否执行的裁定。

第五十九条　因情况紧急，为保障公共安全，行政机关可以申请人民法院立即执行。经人民法院院长批准，人民法院应当自作出执行裁定之日起五日内执行。

第六十条　行政机关申请人民法院强制执行，不缴纳申请费。强制执行的费用由被执行人承担。

人民法院以划拨、拍卖方式强制执行的，可以在划拨、拍卖后将强制执行的费用扣除。

依法拍卖财物，由人民法院委托拍卖机构依照《中华人民共和国拍卖法》的规定办理。

划拨的存款、汇款以及拍卖和依法处理所得的款项应当上缴国库或者划入财政专户,不得以任何形式截留、私分或者变相私分。

第六章　法律责任

第六十一条　行政机关实施行政强制,有下列情形之一的,由上级行政机关或者有关部门责令改正,对直接负责的主管人员和其他直接责任人员依法给予处分:

(一)没有法律、法规依据的;

(二)改变行政强制对象、条件、方式的;

(三)违反法定程序实施行政强制的;

(四)违反本法规定,在夜间或者法定节假日实施行政强制执行的;

(五)对居民生活采取停止供水、供电、供热、供燃气等方式迫使当事人履行相关行政决定的;

(六)有其他违法实施行政强制情形的。

第六十二条　违反本法规定,行政机关有下列情形之一的,由上级行政机关或者有关部门责令改正,对直接负责的主管人员和其他直接责任人员依法给予处分:

(一)扩大查封、扣押、冻结范围的;

(二)使用或者损毁查封、扣押场所、设施或者财物的;

(三)在查封、扣押法定期间不作出处理决定或者未依法及时解除查封、扣押的;

(四)在冻结存款、汇款法定期间不作出处理决定或者未依法及时解除冻结的。

第六十三条　行政机关将查封、扣押的财物或者划拨的存款、汇款以及拍卖和依法处理所得的款项,截留、私分或者变相私分的,由财政部门或者有关部门予以追缴;对直接负责的主管人员和其他直接责任人员依法给予记大过、降级、撤职或者开除的处分。

行政机关工作人员利用职务上的便利,将查封、扣押的场所、设施或者财物据为己有的,由上级行政机关或者有关部门责令改正,依法给予记大过、降级、撤职或者开除的处分。

第六十四条　行政机关及其工作人员利用行政强制权为单位或者个人谋取利益的,由上级行政机关或者有关部门责令改正,对直接负责的主管人员和其他直接责任人员依法给予处分。

第六十五条 违反本法规定，金融机构有下列行为之一的，由金融业监督管理机构责令改正，对直接负责的主管人员和其他直接责任人员依法给予处分：

（一）在冻结前向当事人泄露信息的；

（二）对应当立即冻结、划拨的存款、汇款不冻结或者不划拨，致使存款、汇款转移的；

（三）将不应当冻结、划拨的存款、汇款予以冻结或者划拨的；

（四）未及时解除冻结存款、汇款的。

第六十六条 违反本法规定，金融机构将款项划入国库或者财政专户以外的其他账户的，由金融业监督管理机构责令改正，并处以违法划拨款项二倍的罚款；对直接负责的主管人员和其他直接责任人员依法给予处分。

违反本法规定，行政机关、人民法院指令金融机构将款项划入国库或者财政专户以外的其他账户的，对直接负责的主管人员和其他直接责任人员依法给予处分。

第六十七条 人民法院及其工作人员在强制执行中有违法行为或者扩大强制执行范围的，对直接负责的主管人员和其他直接责任人员依法给予处分。

第六十八条 违反本法规定，给公民、法人或者其他组织造成损失的，依法给予赔偿。

违反本法规定，构成犯罪的，依法追究刑事责任。

第七章　附　则

第六十九条 本法中十日以内期限的规定是指工作日，不含法定节假日。

第七十条 法律、行政法规授权的具有管理公共事务职能的组织在法定授权范围内，以自己的名义实施行政强制，适用本法有关行政机关的规定。

第七十一条 本法自 2012 年 1 月 1 日起施行。

中华人民共和国网络安全法

(2016 年 11 月 7 日中华人民共和国第十二届全国人民代表大会常务委员会第二十四次会议通过　2016 年 11 月 7 日中华人民共和国主席令第 53 号公布　自 2017 年 6 月 1 日起施行)

第一章　总　　则

第一条　为了保障网络安全,维护网络空间主权和国家安全、社会公共利益,保护公民、法人和其他组织的合法权益,促进经济社会信息化健康发展,制定本法。

第二条　在中华人民共和国境内建设、运营、维护和使用网络,以及网络安全的监督管理,适用本法。

第三条　国家坚持网络安全与信息化发展并重,遵循积极利用、科学发展、依法管理、确保安全的方针,推进网络基础设施建设和互联互通,鼓励网络技术创新和应用,支持培养网络安全人才,建立健全网络安全保障体系,提高网络安全保护能力。

第四条　国家制定并不断完善网络安全战略,明确保障网络安全的基本要求和主要目标,提出重点领域的网络安全政策、工作任务和措施。

第五条　国家采取措施,监测、防御、处置来源于中华人民共和国境内外的网络安全风险和威胁,保护关键信息基础设施免受攻击、侵入、干扰和破坏,依法惩治网络违法犯罪活动,维护网络空间安全和秩序。

第六条　国家倡导诚实守信、健康文明的网络行为,推动传播社会主义核心价值观,采取措施提高全社会的网络安全意识和水平,形成全社会共同参与促进网络安全的良好环境。

第七条　国家积极开展网络空间治理、网络技术研发和标准制定、打击网络违法犯罪等方面的国际交流与合作,推动构建和平、安全、开放、合作的网络空间,建立多边、民主、透明的网络治理体系。

第八条　国家网信部门负责统筹协调网络安全工作和相关监督管理工作。国务院电信主管部门、公安部门和其他有关机关依照本法和有关法律、行政法规的规定，在各自职责范围内负责网络安全保护和监督管理工作。

县级以上地方人民政府有关部门的网络安全保护和监督管理职责，按照国家有关规定确定。

第九条 网络运营者开展经营和服务活动，必须遵守法律、行政法规，尊重社会公德，遵守商业道德，诚实信用，履行网络安全保护义务，接受政府和社会的监督，承担社会责任。

第十条 建设、运营网络或者通过网络提供服务，应当依照法律、行政法规的规定和国家标准的强制性要求，采取技术措施和其他必要措施，保障网络安全、稳定运行，有效应对网络安全事件，防范网络违法犯罪活动，维护网络数据的完整性、保密性和可用性。

第十一条 网络相关行业组织按照章程，加强行业自律，制定网络安全行为规范，指导会员加强网络安全保护，提高网络安全保护水平，促进行业健康发展。

第十二条 国家保护公民、法人和其他组织依法使用网络的权利，促进网络接入普及，提升网络服务水平，为社会提供安全、便利的网络服务，保障网络信息依法有序自由流动。

任何个人和组织使用网络应当遵守宪法法律，遵守公共秩序，尊重社会公德，不得危害网络安全，不得利用网络从事危害国家安全、荣誉和利益，煽动颠覆国家政权、推翻社会主义制度，煽动分裂国家、破坏国家统一，宣扬恐怖主义、极端主义，宣扬民族仇恨、民族歧视，传播暴力、淫秽色情信息，编造、传播虚假信息扰乱经济秩序和社会秩序，以及侵害他人名誉、隐私、知识产权和其他合法权益等活动。

第十三条 国家支持研究开发有利于未成年人健康成长的网络产品和服务，依法惩治利用网络从事危害未成年人身心健康的活动，为未成年人提供安全、健康的网络环境。

第十四条 任何个人和组织有权对危害网络安全的行为向网信、电信、公安等部门举报。收到举报的部门应当及时依法作出处理；不属于本部门职责的，应当及时移送有权处理的部门。

有关部门应当对举报人的相关信息予以保密，保护举报人的合法权益。

第二章 网络安全支持与促进

第十五条 国家建立和完善网络安全标准体系。国务院标准化行政主管部门和国务院其他有关部门根据各自的职责,组织制定并适时修订有关网络安全管理以及网络产品、服务和运行安全的国家标准、行业标准。

国家支持企业、研究机构、高等学校、网络相关行业组织参与网络安全国家标准、行业标准的制定。

第十六条 国务院和省、自治区、直辖市人民政府应当统筹规划,加大投入,扶持重点网络安全技术产业和项目,支持网络安全技术的研究开发和应用,推广安全可信的网络产品和服务,保护网络技术知识产权,支持企业、研究机构和高等学校等参与国家网络安全技术创新项目。

第十七条 国家推进网络安全社会化服务体系建设,鼓励有关企业、机构开展网络安全认证、检测和风险评估等安全服务。

第十八条 国家鼓励开发网络数据安全保护和利用技术,促进公共数据资源开放,推动技术创新和经济社会发展。

国家支持创新网络安全管理方式,运用网络新技术,提升网络安全保护水平。

第十九条 各级人民政府及其有关部门应当组织开展经常性的网络安全宣传教育,并指导、督促有关单位做好网络安全宣传教育工作。

大众传播媒介应当有针对性地面向社会进行网络安全宣传教育。

第二十条 国家支持企业和高等学校、职业学校等教育培训机构开展网络安全相关教育与培训,采取多种方式培养网络安全人才,促进网络安全人才交流。

第三章 网络运行安全

第一节 一般规定

第二十一条 国家实行网络安全等级保护制度。网络运营者应当按照网络安全等级保护制度的要求,履行下列安全保护义务,保障网络免受干扰、破坏或者未经授权的访问,防止网络数据泄露或者被窃取、篡改:

(一)制定内部安全管理制度和操作规程,确定网络安全负责人,落实网络安全保护责任;

(二)采取防范计算机病毒和网络攻击、网络侵入等危害网络安全行为的技术措施;

(三)采取监测、记录网络运行状态、网络安全事件的技术措施,并按照规定留存相关的网络日志不少于六个月；

（四）采取数据分类、重要数据备份和加密等措施；

（五）法律、行政法规规定的其他义务。

第二十二条 网络产品、服务应当符合相关国家标准的强制性要求。网络产品、服务的提供者不得设置恶意程序；发现其网络产品、服务存在安全缺陷、漏洞等风险时，应当立即采取补救措施，按照规定及时告知用户并向有关主管部门报告。

网络产品、服务的提供者应当为其产品、服务持续提供安全维护；在规定或者当事人约定的期限内，不得终止提供安全维护。

网络产品、服务具有收集用户信息功能的，其提供者应当向用户明示并取得同意；涉及用户个人信息的，还应当遵守本法和有关法律、行政法规关于个人信息保护的规定。

第二十三条 网络关键设备和网络安全专用产品应当按照相关国家标准的强制性要求，由具备资格的机构安全认证合格或者安全检测符合要求后，方可销售或者提供。国家网信部门会同国务院有关部门制定、公布网络关键设备和网络安全专用产品目录，并推动安全认证和安全检测结果互认，避免重复认证、检测。

第二十四条 网络运营者为用户办理网络接入、域名注册服务，办理固定电话、移动电话等入网手续，或者为用户提供信息发布、即时通讯等服务，在与用户签订协议或者确认提供服务时，应当要求用户提供真实身份信息。用户不提供真实身份信息的，网络运营者不得为其提供相关服务。

国家实施网络可信身份战略，支持研究开发安全、方便的电子身份认证技术，推动不同电子身份认证之间的互认。

第二十五条 网络运营者应当制定网络安全事件应急预案，及时处置系统漏洞、计算机病毒、网络攻击、网络侵入等安全风险；在发生危害网络安全的事件时，立即启动应急预案，采取相应的补救措施，并按照规定向有关主管部门报告。

第二十六条 开展网络安全认证、检测、风险评估等活动，向社会发布系统漏洞、计算机病毒、网络攻击、网络侵入等网络安全信息，应当遵守国家有关规定。

第二十七条 任何个人和组织不得从事非法侵入他人网络、干扰他人网络正常功能、窃取网络数据等危害网络安全的活动；不得提供专门用于从事侵入网络、干扰网络正常功能及防护措施、窃取网络数据等危害网络安全活动的程序、工具；明知他人从事危害网络安全的活动的，不得为其提供技术支持、广告推广、支付结算等帮助。

第二十八条 网络运营者应当为公安机关、国家安全机关依法维护国家安全和侦查犯罪的活动提供技术支持和协助。

第二十九条 国家支持网络运营者之间在网络安全信息收集、分析、通报和应急处置等方面进行合作,提高网络运营者的安全保障能力。

有关行业组织建立健全本行业的网络安全保护规范和协作机制,加强对网络安全风险的分析评估,定期向会员进行风险警示,支持、协助会员应对网络安全风险。

第三十条 网信部门和有关部门在履行网络安全保护职责中获取的信息,只能用于维护网络安全的需要,不得用于其他用途。

第二节 关键信息基础设施的运行安全

第三十一条 国家对公共通信和信息服务、能源、交通、水利、金融、公共服务、电子政务等重要行业和领域,以及其他一旦遭到破坏、丧失功能或者数据泄露,可能严重危害国家安全、国计民生、公共利益的关键信息基础设施,在网络安全等级保护制度的基础上,实行重点保护。关键信息基础设施的具体范围和安全保护办法由国务院制定。

国家鼓励关键信息基础设施以外的网络运营者自愿参与关键信息基础设施保护体系。

第三十二条 按照国务院规定的职责分工,负责关键信息基础设施安全保护工作的部门分别编制并组织实施本行业、本领域的关键信息基础设施安全规划,指导和监督关键信息基础设施运行安全保护工作。

第三十三条 建设关键信息基础设施应当确保其具有支持业务稳定、持续运行的性能,并保证安全技术措施同步规划、同步建设、同步使用。

第三十四条 除本法第二十一条的规定外,关键信息基础设施的运营者还应当履行下列安全保护义务:

(一)设置专门安全管理机构和安全管理负责人,并对该负责人和关键岗位的人员进行安全背景审查;

(二)定期对从业人员进行网络安全教育、技术培训和技能考核;

(三)对重要系统和数据库进行容灾备份;

(四)制定网络安全事件应急预案,并定期进行演练;

(五)法律、行政法规规定的其他义务。

第三十五条 关键信息基础设施的运营者采购网络产品和服务,可能影响国家安全的，应当通过国家网信部门会同国务院有关部门组织的国家安全审查。

第三十六条 关键信息基础设施的运营者采购网络产品和服务，应当按照规定与提供者签订安全保密协议，明确安全和保密义务与责任。

第三十七条 关键信息基础设施的运营者在中华人民共和国境内运营中收集和产生的个人信息和重要数据应当在境内存储。因业务需要，确需向境外提供的，应当按照国家网信部门会同国务院有关部门制定的办法进行安全评估；法律、行政法规另有规定的，依照其规定。

第三十八条 关键信息基础设施的运营者应当自行或者委托网络安全服务机构对其网络的安全性和可能存在的风险每年至少进行一次检测评估，并将检测评估情况和改进措施报送相关负责关键信息基础设施安全保护工作的部门。

第三十九条 国家网信部门应当统筹协调有关部门对关键信息基础设施的安全保护采取下列措施：

（一）对关键信息基础设施的安全风险进行抽查检测，提出改进措施，必要时可以委托网络安全服务机构对网络存在的安全风险进行检测评估；

（二）定期组织关键信息基础设施的运营者进行网络安全应急演练，提高应对网络安全事件的水平和协同配合能力；

（三）促进有关部门、关键信息基础设施的运营者以及有关研究机构、网络安全服务机构等之间的网络安全信息共享；

（四）对网络安全事件的应急处置与网络功能的恢复等，提供技术支持和协助。

第四章 网络信息安全

第四十条 网络运营者应当对其收集的用户信息严格保密，并建立健全用户信息保护制度。

第四十一条 网络运营者收集、使用个人信息，应当遵循合法、正当、必要的原则，公开收集、使用规则，明示收集、使用信息的目的、方式和范围，并经被收集者同意。

网络运营者不得收集与其提供的服务无关的个人信息，不得违反法律、行政法规的规定和双方的约定收集、使用个人信息，并应当依照法律、行政法规的规定和与用户的约定，处理其保存的个人信息。

第四十二条 网络运营者不得泄露、篡改、毁损其收集的个人信息；未经被收集者同意,不得向他人提供个人信息。但是,经过处理无法识别特定个人且不能复原的除外。

网络运营者应当采取技术措施和其他必要措施,确保其收集的个人信息安全,防止信息泄露、毁损、丢失。在发生或者可能发生个人信息泄露、毁损、丢失的情况时,应当立即采取补救措施,按照规定及时告知用户并向有关主管部门报告。

第四十三条 个人发现网络运营者违反法律、行政法规的规定或者双方的约定收集、使用其个人信息的,有权要求网络运营者删除其个人信息;发现网络运营者收集、存储的其个人信息有错误的,有权要求网络运营者予以更正。网络运营者应当采取措施予以删除或者更正。

第四十四条 任何个人和组织不得窃取或者以其他非法方式获取个人信息,不得非法出售或者非法向他人提供个人信息。

第四十五条 依法负有网络安全监督管理职责的部门及其工作人员,必须对在履行职责中知悉的个人信息、隐私和商业秘密严格保密,不得泄露、出售或者非法向他人提供。

第四十六条 任何个人和组织应当对其使用网络的行为负责,不得设立用于实施诈骗,传授犯罪方法,制作或者销售违禁物品、管制物品等违法犯罪活动的网站、通讯群组,不得利用网络发布涉及实施诈骗,制作或者销售违禁物品、管制物品以及其他违法犯罪活动的信息。

第四十七条 网络运营者应当加强对其用户发布的信息的管理,发现法律、行政法规禁止发布或者传输的信息的,应当立即停止传输该信息,采取消除等处置措施,防止信息扩散,保存有关记录,并向有关主管部门报告。

第四十八条 任何个人和组织发送的电子信息、提供的应用软件,不得设置恶意程序,不得含有法律、行政法规禁止发布或者传输的信息。

电子信息发送服务提供者和应用软件下载服务提供者,应当履行安全管理义务,知道其用户有前款规定行为的,应当停止提供服务,采取消除等处置措施,保存有关记录,并向有关主管部门报告。

第四十九条 网络运营者应当建立网络信息安全投诉、举报制度,公布投诉、举报方式等信息,及时受理并处理有关网络信息安全的投诉和举报。

网络运营者对网信部门和有关部门依法实施的监督检查,应当予以配合。

第五十条 国家网信部门和有关部门依法履行网络信息安全监督管理职责,发现法律、行政法规禁止发布或者传输的信息的,应当要求网络运营者停止传输,采取消除等处置措施,保存有关记录;对来源于中华人民共和国境外的上述信息,应当通知有关机构采取技术措施和其他必要措施阻断传播。

第五章　监测预警与应急处置

第五十一条　国家建立网络安全监测预警和信息通报制度。国家网信部门应当统筹协调有关部门加强网络安全信息收集、分析和通报工作,按照规定统一发布网络安全监测预警信息。

第五十二条　负责关键信息基础设施安全保护工作的部门,应当建立健全本行业、本领域的网络安全监测预警和信息通报制度,并按照规定报送网络安全监测预警信息。

第五十三条　国家网信部门协调有关部门建立健全网络安全风险评估和应急工作机制,制定网络安全事件应急预案,并定期组织演练。

负责关键信息基础设施安全保护工作的部门应当制定本行业、本领域的网络安全事件应急预案,并定期组织演练。

网络安全事件应急预案应当按照事件发生后的危害程度、影响范围等因素对网络安全事件进行分级,并规定相应的应急处置措施。

第五十四条　网络安全事件发生的风险增大时,省级以上人民政府有关部门应当按照规定的权限和程序,并根据网络安全风险的特点和可能造成的危害,采取下列措施:

(一)要求有关部门、机构和人员及时收集、报告有关信息,加强对网络安全风险的监测;

(二)组织有关部门、机构和专业人员,对网络安全风险信息进行分析评估,预测事件发生的可能性、影响范围和危害程度;

(三)向社会发布网络安全风险预警,发布避免、减轻危害的措施。

第五十五条　发生网络安全事件,应当立即启动网络安全事件应急预案,对网络安全事件进行调查和评估,要求网络运营者采取技术措施和其他必要措施,消除安全隐患,防止危害扩大,并及时向社会发布与公众有关的警示信息。

第五十六条　省级以上人民政府有关部门在履行网络安全监督管理职责中,发现网络存在较大安全风险或者发生安全事件的,可以按照规定的权限和程序对该网络的运营者的法定代表人或者主要负责人进行约谈。网络运营者应当按照要求采取措施,进行整改,消除隐患。

第五十七条 因网络安全事件,发生突发事件或者生产安全事故的,应当依照《中华人民共和国突发事件应对法》、《中华人民共和国安全生产法》等有关法律、行政法规的规定处置。

第五十八条 因维护国家安全和社会公共秩序,处置重大突发社会安全事件的需要,经国务院决定或者批准,可以在特定区域对网络通信采取限制等临时措施。

第六章 法律责任

第五十九条 网络运营者不履行本法第二十一条、第二十五条规定的网络安全保护义务的,由有关主管部门责令改正,给予警告;拒不改正或者导致危害网络安全等后果的,处一万元以上十万元以下罚款,对直接负责的主管人员处五千元以上五万元以下罚款。

关键信息基础设施的运营者不履行本法第三十三条、第三十四条、第三十六条、第三十八条规定的网络安全保护义务的,由有关主管部门责令改正,给予警告;拒不改正或者导致危害网络安全等后果的,处十万元以上一百万元以下罚款,对直接负责的主管人员处一万元以上十万元以下罚款。

第六十条 违反本法第二十二条第一款、第二款和第四十八条第一款规定,有下列行为之一的,由有关主管部门责令改正,给予警告;拒不改正或者导致危害网络安全等后果的,处五万元以上五十万元以下罚款,对直接负责的主管人员处一万元以上十万元以下罚款:

(一)设置恶意程序的;

(二)对其产品、服务存在的安全缺陷、漏洞等风险未立即采取补救措施,或者未按照规定及时告知用户并向有关主管部门报告的;

(三)擅自终止为其产品、服务提供安全维护的。

第六十一条 网络运营者违反本法第二十四条第一款规定,未要求用户提供真实身份信息,或者对不提供真实身份信息的用户提供相关服务的,由有关主管部门责令改正;拒不改正或者情节严重的,处五万元以上五十万元以下罚款,并可以由有关主管部门责令暂停相关业务、停业整顿、关闭网站、吊销相关业务许可证或者吊销营业执照,对直接负责的主管人员和其他直接责任人员处一万元以上十万元以下罚款。

第六十二条 违反本法第二十六条规定，开展网络安全认证、检测、风险评估等活动，或者向社会发布系统漏洞、计算机病毒、网络攻击、网络侵入等网络安全信息的，由有关主管部门责令改正，给予警告；拒不改正或者情节严重的，处一万元以上十万元以下罚款，并可以由有关主管部门责令暂停相关业务、停业整顿、关闭网站、吊销相关业务许可证或者吊销营业执照，对直接负责的主管人员和其他直接责任人员处五千元以上五万元以下罚款。

第六十三条 违反本法第二十七条规定，从事危害网络安全的活动，或者提供专门用于从事危害网络安全活动的程序、工具，或者为他人从事危害网络安全的活动提供技术支持、广告推广、支付结算等帮助，尚不构成犯罪的，由公安机关没收违法所得，处五日以下拘留，可以并处五万元以上五十万元以下罚款；情节较重的，处五日以上十五日以下拘留，可以并处十万元以上一百万元以下罚款。

单位有前款行为的，由公安机关没收违法所得，处十万元以上一百万元以下罚款，并对直接负责的主管人员和其他直接责任人员依照前款规定处罚。

违反本法第二十七条规定，受到治安管理处罚的人员，五年内不得从事网络安全管理和网络运营关键岗位的工作；受到刑事处罚的人员，终身不得从事网络安全管理和网络运营关键岗位的工作。

第六十四条 网络运营者、网络产品或者服务的提供者违反本法第二十二条第三款、第四十一条至第四十三条规定，侵害个人信息依法得到保护的权利的，由有关主管部门责令改正，可以根据情节单处或者并处警告、没收违法所得、处违法所得一倍以上十倍以下罚款，没有违法所得的，处一百万元以下罚款，对直接负责的主管人员和其他直接责任人员处一万元以上十万元以下罚款；情节严重的，并可以责令暂停相关业务、停业整顿、关闭网站、吊销相关业务许可证或者吊销营业执照。

违反本法第四十四条规定，窃取或者以其他非法方式获取、非法出售或者非法向他人提供个人信息，尚不构成犯罪的，由公安机关没收违法所得，并处违法所得一倍以上十倍以下罚款，没有违法所得的，处一百万元以下罚款。

第六十五条 关键信息基础设施的运营者违反本法第三十五条规定，使用未经安全审查或者安全审查未通过的网络产品或者服务的，由有关主管部门责令停止使用，处采购金额一倍以上十倍以下罚款；对直接负责的主管人员和其他直接责任人员处一万元以上十万元以下罚款。

第六十六条 关键信息基础设施的运营者违反本法第三十七条规定，在境外存储网络数据，或者向境外提供网络数据的，由有关主管部门责令改正，给予警告，没收违法所得,处五万元以上五十万元以下罚款,并可以责令暂停相关业务、停业整顿、关闭网站、吊销相关业务许可证或者吊销营业执照;对直接负责的主管人员和其他直接责任人员处一万元以上十万元以下罚款。

第六十七条 违反本法第四十六条规定,设立用于实施违法犯罪活动的网站、通讯群组,或者利用网络发布涉及实施违法犯罪活动的信息,尚不构成犯罪的,由公安机关处五日以下拘留,可以并处一万元以上十万元以下罚款;情节较重的,处五日以上十五日以下拘留,可以并处五万元以上五十万元以下罚款。关闭用于实施违法犯罪活动的网站、通讯群组。

单位有前款行为的,由公安机关处十万元以上五十万元以下罚款,并对直接负责的主管人员和其他直接责任人员依照前款规定处罚。

第六十八条 网络运营者违反本法第四十七条规定,对法律、行政法规禁止发布或者传输的信息未停止传输、采取消除等处置措施、保存有关记录的,由有关主管部门责令改正,给予警告,没收违法所得;拒不改正或者情节严重的,处十万元以上五十万元以下罚款,并可以责令暂停相关业务、停业整顿、关闭网站、吊销相关业务许可证或者吊销营业执照,对直接负责的主管人员和其他直接责任人员处一万元以上十万元以下罚款。

电子信息发送服务提供者、应用软件下载服务提供者,不履行本法第四十八条第二款规定的安全管理义务的,依照前款规定处罚。

第六十九条 网络运营者违反本法规定,有下列行为之一的,由有关主管部门责令改正;拒不改正或者情节严重的,处五万元以上五十万元以下罚款,对直接负责的主管人员和其他直接责任人员,处一万元以上十万元以下罚款:

(一)不按照有关部门的要求对法律、行政法规禁止发布或者传输的信息,采取停止传输、消除等处置措施的;

(二)拒绝、阻碍有关部门依法实施的监督检查的;

(三)拒不向公安机关、国家安全机关提供技术支持和协助的。

第七十条 发布或者传输本法第十二条第二款和其他法律、行政法规禁止发布或者传输的信息的,依照有关法律、行政法规的规定处罚。

第七十一条 有本法规定的违法行为的,依照有关法律、行政法规的规定记入信用档案,并予以公示。

第七十二条 国家机关政务网络的运营者不履行本法规定的网络安全保护义务的,由其上级机关或者有关机关责令改正;对直接负责的主管人员和其他直接责任任人员依法给予处分。

第七十三条 网信部门和有关部门违反本法第三十条规定，将在履行网络安全保护职责中获取的信息用于其他用途的，对直接负责的主管人员和其他直接责任人员依法给予处分。

网信部门和有关部门的工作人员玩忽职守、滥用职权、徇私舞弊，尚不构成犯罪的，依法给予处分。

第七十四条 违反本法规定，给他人造成损害的，依法承担民事责任。

违反本法规定，构成违反治安管理行为的，依法给予治安管理处罚；构成犯罪的，依法追究刑事责任。

第七十五条 境外的机构、组织、个人从事攻击、侵入、干扰、破坏等危害中华人民共和国的关键信息基础设施的活动，造成严重后果的，依法追究法律责任；国务院公安部门和有关部门并可以决定对该机构、组织、个人采取冻结财产或者其他必要的制裁措施。

第七章　附　　则

第七十六条 本法下列用语的含义：

（一）网络，是指由计算机或者其他信息终端及相关设备组成的按照一定的规则和程序对信息进行收集、存储、传输、交换、处理的系统。

（二）网络安全，是指通过采取必要措施，防范对网络的攻击、侵入、干扰、破坏和非法使用以及意外事故，使网络处于稳定可靠运行的状态，以及保障网络数据的完整性、保密性、可用性的能力。

（三）网络运营者，是指网络的所有者、管理者和网络服务提供者。

（四）网络数据，是指通过网络收集、存储、传输、处理和产生的各种电子数据。

（五）个人信息，是指以电子或者其他方式记录的能够单独或者与其他信息结合识别自然人个人身份的各种信息，包括但不限于自然人的姓名、出生日期、身份证件号码、个人生物识别信息、住址、电话号码等。

第七十七条 存储、处理涉及国家秘密信息的网络的运行安全保护，除应当遵守本法外，还应当遵守保密法律、行政法规的规定。

第七十八条 军事网络的安全保护，由中央军事委员会另行规定。

第七十九条 本法自 2017 年 6 月 1 日起施行。

中华人民共和国无线电管理条例

(1993 年 9 月 11 日中华人民共和国国务院、中华人民共和国中央军事委员会令第 128 号发布　2016 年 11 月 11 日中华人民共和国国务院、中华人民共和国中央军事委员会令第 672 号修订　自 2016 年 12 月 1 日起施行)

第一章　总　　则

第一条　为了加强无线电管理,维护空中电波秩序,有效开发、利用无线电频谱资源,保证各种无线电业务的正常进行,制定本条例。

第二条　在中华人民共和国境内使用无线电频率,设置、使用无线电台(站),研制、生产、进口、销售和维修无线电发射设备,以及使用辐射无线电波的非无线电设备,应当遵守本条例。

第三条　无线电频谱资源属于国家所有。国家对无线电频谱资源实行统一规划、合理开发、有偿使用的原则。

第四条　无线电管理工作在国务院、中央军事委员会的统一领导下分工管理、分级负责,贯彻科学管理、保护资源、保障安全、促进发展的方针。

第五条　国家鼓励、支持对无线电频谱资源的科学技术研究和先进技术的推广应用,提高无线电频谱资源的利用效率。

第六条　任何单位或者个人不得擅自使用无线电频率,不得对依法开展的无线电业务造成有害干扰,不得利用无线电台(站)进行违法犯罪活动。

第七条　根据维护国家安全、保障国家重大任务、处置重大突发事件等需要,国家可以实施无线电管制。

第二章　管理机构及其职责

第八条　国家无线电管理机构负责全国无线电管理工作,依据职责拟订无线电管理的方针、政策,统一管理无线电频率和无线电台(站),负责无线电监测、干扰查处和涉外无线电管理等工作,协调处理无线电管理相关事宜。

第九条 中国人民解放军电磁频谱管理机构负责军事系统的无线电管理工作,参与拟订国家有关无线电管理的方针、政策。

第十条 省、自治区、直辖市无线电管理机构在国家无线电管理机构和省、自治区、直辖市人民政府领导下,负责本行政区域除军事系统外的无线电管理工作,根据审批权限实施无线电频率使用许可,审查无线电台(站)的建设布局和台址,核发无线电台执照及无线电台识别码(含呼号,下同),负责本行政区域无线电监测和干扰查处,协调处理本行政区域无线电管理相关事宜。

省、自治区无线电管理机构根据工作需要可以在本行政区域内设立派出机构。派出机构在省、自治区无线电管理机构的授权范围内履行职责。

第十一条 军地建立无线电管理协调机制,共同划分无线电频率,协商处理涉及军事系统与非军事系统间的无线电管理事宜。无线电管理重大问题报国务院、中央军事委员会决定。

第十二条 国务院有关部门的无线电管理机构在国家无线电管理机构的业务指导下,负责本系统(行业)的无线电管理工作,贯彻执行国家无线电管理的方针、政策和法律、行政法规、规章,依照本条例规定和国务院规定的部门职权,管理国家无线电管理机构分配给本系统(行业)使用的航空、水上无线电专用频率,规划本系统(行业)无线电台(站)的建设布局和台址,核发制式无线电台执照及无线电台识别码。

第三章 频率管理

第十三条 国家无线电管理机构负责制定无线电频率划分规定,并向社会公布。

制定无线电频率划分规定应当征求国务院有关部门和军队有关单位的意见,充分考虑国家安全和经济社会、科学技术发展以及频谱资源有效利用的需要。

第十四条 使用无线电频率应当取得许可,但下列频率除外:

(一)业余无线电台、公众对讲机、制式无线电台使用的频率;

(二)国际安全与遇险系统,用于航空、水上移动业务和无线电导航业务的国际固定频率;

(三)国家无线电管理机构规定的微功率短距离无线电发射设备使用的频率。

第十五条 取得无线电频率使用许可,应当符合下列条件:

(一)所申请的无线电频率符合无线电频率划分和使用规定,有明确具体的用途;

(二)使用无线电频率的技术方案可行;

(三)有相应的专业技术人员;

(四)对依法使用的其他无线电频率不会产生有害干扰。

第十六条 无线电管理机构应当自受理无线电频率使用许可申请之日起 20 个工作日内审查完毕,依照本条例第十五条规定的条件,并综合考虑国家安全需要和可用频率的情况,作出许可或者不予许可的决定。予以许可的,颁发无线电频率使用许可证;不予许可的,书面通知申请人并说明理由。

无线电频率使用许可证应当载明无线电频率的用途、使用范围、使用率要求、使用期限等事项。

第十七条 地面公众移动通信使用频率等商用无线电频率的使用许可,可以依照有关法律、行政法规的规定采取招标、拍卖的方式。

无线电管理机构采取招标、拍卖的方式确定中标人、买受人后,应当作出许可的决定,并依法向中标人、买受人颁发无线电频率使用许可证。

第十八条 无线电频率使用许可由国家无线电管理机构实施。国家无线电管理机构确定范围内的无线电频率使用许可,由省、自治区、直辖市无线电管理机构实施。

国家无线电管理机构分配给交通运输、渔业、海洋系统(行业)使用的水上无线电专用频率,由所在地省、自治区、直辖市无线电管理机构分别会同相关主管部门实施许可;国家无线电管理机构分配给民用航空系统使用的航空无线电专用频率,由国务院民用航空主管部门实施许可。

第十九条 无线电频率使用许可的期限不得超过 10 年。

无线电频率使用期限届满后需要继续使用的,应当在期限届满 30 个工作日前向作出许可决定的无线电管理机构提出延续申请。受理申请的无线电管理机构应当依照本条例第十五条、第十六条的规定进行审查并作出决定。

无线电频率使用期限届满前拟终止使用无线电频率的,应当及时向作出许可决定的无线电管理机构办理注销手续。

第二十条 转让无线电频率使用权的,受让人应当符合本条例第十五条规定的条件,并提交双方转让协议,依照本条例第十六条规定的程序报请无线电管理机构批准。

第二十一条 使用无线电频率应当按照国家有关规定缴纳无线电频率占用费。

无线电频率占用费的项目、标准,由国务院财政部门、价格主管部门制定。

第二十二条 国际电信联盟依照国际规则规划给我国使用的卫星无线电频率,由国家无线电管理机构统一分配给使用单位。

申请使用国际电信联盟非规划的卫星无线电频率,应当通过国家无线电管理机构统一提出申请。国家无线电管理机构应当及时组织有关单位进行必要的国内协调,并依照国际规则开展国际申报、协调、登记工作。

第二十三条 组建卫星通信网需要使用卫星无线电频率的,除应当符合本条例第十五条规定的条件外,还应当提供拟使用的空间无线电台、卫星轨道位置和卫星覆盖范围等信息,以及完成国内协调并开展必要国际协调的证明材料等。

第二十四条 使用其他国家、地区的卫星无线电频率开展业务,应当遵守我国卫星无线电频率管理的规定,并完成与我国申报的卫星无线电频率的协调。

第二十五条 建设卫星工程,应当在项目规划阶段对拟使用的卫星无线电频率进行可行性论证;建设须经国务院、中央军事委员会批准的卫星工程,应当在项目规划阶段与国家无线电管理机构协商确定拟使用的卫星无线电频率。

第二十六条 除因不可抗力外,取得无线电频率使用许可后超过 2 年不使用或者使用率达不到许可证规定要求的,作出许可决定的无线电管理机构有权撤销无线电频率使用许可,收回无线电频率。

第四章 无线电台(站)管理

第二十七条 设置、使用无线电台(站)应当向无线电管理机构申请取得无线电台执照,但设置、使用下列无线电台(站)的除外:

(一)地面公众移动通信终端;

(二)单收无线电台(站);

(三)国家无线电管理机构规定的微功率短距离无线电台(站)。

第二十八条 除本条例第二十九条规定的业余无线电台外,设置、使用无线电台(站),应当符合下列条件:

(一)有可用的无线电频率;

(二)所使用的无线电发射设备依法取得无线电发射设备型号核准证且符合

国家规定的产品质量要求;

(三)有熟悉无线电管理规定、具备相关业务技能的人员;

(四)有明确具体的用途,且技术方案可行;

(五)有能够保证无线电台(站)正常使用的电磁环境,拟设置的无线电台(站)对依法使用的其他无线电台(站)不会产生有害干扰。

申请设置、使用空间无线电台,除应当符合前款规定的条件外,还应当有可利用的卫星无线电频率和卫星轨道资源。

第二十九条 申请设置、使用业余无线电台的,应当熟悉无线电管理规定,具有相应的操作技术能力,所使用的无线电发射设备应当符合国家标准和国家无线电管理的有关规定。

第三十条 设置、使用有固定台址的无线电台(站),由无线电台(站)所在地的省、自治区、直辖市无线电管理机构实施许可。设置、使用没有固定台址的无线电台,由申请人住所地的省、自治区、直辖市无线电管理机构实施许可。

设置、使用空间无线电台、卫星测控(导航)站、卫星关口站、卫星国际专线地球站、15 瓦以上的短波无线电台(站)以及涉及国家主权、安全的其他重要无线电台(站),由国家无线电管理机构实施许可。

第三十一条 无线电管理机构应当自受理申请之日起 30 个工作日内审查完毕,依照本条例第二十八条、第二十九条规定的条件,作出许可或者不予许可的决定。予以许可的,颁发无线电台执照,需要使用无线电台识别码的,同时核发无线电台识别码;不予许可的,书面通知申请人并说明理由。

无线电台(站)需要变更、增加无线电台识别码的,由无线电管理机构核发。

第三十二条 无线电台执照应当载明无线电台(站)的台址、使用频率、发射功率、有效期、使用要求等事项。

无线电台执照的样式由国家无线电管理机构统一规定。

第三十三条 无线电台(站)使用的无线电频率需要取得无线电频率使用许可的,其无线电台执照有效期不得超过无线电频率使用许可证规定的期限;依照本条例第十四条规定不需要取得无线电频率使用许可的,其无线电台执照有效期不得超过 5 年。

无线电台执照有效期届满后需要继续使用无线电台(站)的,应当在期限届满 30 个工作日前向作出许可决定的无线电管理机构申请更换无线电台执照。受理申请的无线电管理机构应当依照本条例第三十一条的规定作出决定。

第三十四条 国家无线电管理机构向国际电信联盟统一申请无线电台识别码序列，并对无线电台识别码进行编制和分配。

第三十五条 建设固定台址的无线电台（站）的选址，应当符合城乡规划的要求，避开影响其功能发挥的建筑物、设施等。地方人民政府制定、修改城乡规划，安排可能影响大型无线电台（站）功能发挥的建设项目的，应当考虑其功能发挥的需要，并征求所在地无线电管理机构和军队电磁频谱管理机构的意见。

设置大型无线电台（站）、地面公众移动通信基站，其台址布局规划应当符合资源共享和电磁环境保护的要求。

第三十六条 船舶、航空器、铁路机车（含动车组列车，下同）设置、使用制式无线电台应当符合国家有关规定，由国务院有关部门的无线电管理机构颁发无线电台执照；需要使用无线电台识别码的，同时核发无线电台识别码。国务院有关部门应当将制式无线电台执照及无线电台识别码的核发情况定期通报国家无线电管理机构。

船舶、航空器、铁路机车设置、使用非制式无线电台的管理办法，由国家无线电管理机构会同国务院有关部门制定。

第三十七条 遇有危及国家安全、公共安全、生命财产安全的紧急情况或者为了保障重大社会活动的特殊需要，可以不经批准临时设置、使用无线电台（站），但是应当及时向无线电台（站）所在地无线电管理机构报告，并在紧急情况消除或者重大社会活动结束后及时关闭。

第三十八条 无线电台（站）应当按照无线电台执照规定的许可事项和条件设置、使用；变更许可事项的，应当向作出许可决定的无线电管理机构办理变更手续。

无线电台（站）终止使用的，应当及时向作出许可决定的无线电管理机构办理注销手续，交回无线电台执照，拆除无线电台（站）及天线等附属设备。

第三十九条 使用无线电台（站）的单位或者个人应当对无线电台（站）进行定期维护，保证其性能指标符合国家标准和国家无线电管理的有关规定，避免对其他依法设置、使用的无线电台（站）产生有害干扰。

第四十条 使用无线电台（站）的单位或者个人应当遵守国家环境保护的规定，采取必要措施防止无线电波发射产生的电磁辐射污染环境。

第四十一条 使用无线电台（站）的单位或者个人不得故意收发无线电台执照许可事项之外的无线电信号，不得传播、公布或者利用无意接收的信息。

业余无线电台只能用于相互通信、技术研究和自我训练,并在业余业务或者卫星业余业务专用频率范围内收发信号,但是参与重大自然灾害等突发事件应急处置的除外。

第五章　无线电发射设备管理

第四十二条　研制无线电发射设备使用的无线电频率,应当符合国家无线电频率划分规定。

第四十三条　生产或者进口在国内销售、使用的无线电发射设备,应当符合产品质量等法律法规、国家标准和国家无线电管理的有关规定。

第四十四条　除微功率短距离无线电发射设备外,生产或者进口在国内销售、使用的其他无线电发射设备,应当向国家无线电管理机构申请型号核准。无线电发射设备型号核准目录由国家无线电管理机构公布。

生产或者进口应当取得型号核准的无线电发射设备,除应当符合本条例第四十三条的规定外,还应当符合无线电发射设备型号核准证核定的技术指标,并在设备上标注型号核准代码。

第四十五条　取得无线电发射设备型号核准,应当符合下列条件:

(一)申请人有相应的生产能力、技术力量、质量保证体系;

(二)无线电发射设备的工作频率、功率等技术指标符合国家标准和国家无线电管理的有关规定。

第四十六条　国家无线电管理机构应当依法对申请型号核准的无线电发射设备是否符合本条例第四十五条规定的条件进行审查,自受理申请之日起 30 个工作日内作出核准或者不予核准的决定。予以核准的,颁发无线电发射设备型号核准证;不予核准的,书面通知申请人并说明理由。

国家无线电管理机构应当定期将无线电发射设备型号核准的情况向社会公布。

第四十七条　进口依照本条例第四十四条的规定应当取得型号核准的无线电发射设备,进口货物收货人、携带无线电发射设备入境的人员、寄递无线电发射设备的收件人,应当主动向海关申报,凭无线电发射设备型号核准证办理通关手续。

进行体育比赛、科学实验等活动,需要携带、寄递依照本条例第四十四条的规定应当取得型号核准而未取得型号核准的无线电发射设备临时进关的,应当经无线电管理机构批准,凭批准文件办理通关手续。

第四十八条 销售依照本条例第四十四条的规定应当取得型号核准的无线电发射设备,应当向省、自治区、直辖市无线电管理机构办理销售备案。不得销售未依照本条例规定标注型号核准代码的无线电发射设备。

第四十九条 维修无线电发射设备,不得改变无线电发射设备型号核准证核定的技术指标。

第五十条 研制、生产、销售和维修大功率无线电发射设备,应当采取措施有效抑制电波发射,不得对依法设置、使用的无线电台(站)产生有害干扰。进行实效发射试验的,应当依照本条例第三十条的规定向省、自治区、直辖市无线电管理机构申请办理临时设置、使用无线电台(站)手续。

第六章 涉外无线电管理

第五十一条 无线电频率协调的涉外事宜,以及我国境内电台与境外电台的相互有害干扰,由国家无线电管理机构会同有关单位与有关的国际组织或者国家、地区协调处理。

需要向国际电信联盟或者其他国家、地区提供无线电管理相关资料的,由国家无线电管理机构统一办理。

第五十二条 在边境地区设置、使用无线电台(站),应当遵守我国与相关国家、地区签订的无线电频率协调协议。

第五十三条 外国领导人访华、各国驻华使领馆和享有外交特权与豁免的国际组织驻华代表机构需要设置、使用无线电台(站)的,应当通过外交途径经国家无线电管理机构批准。

除使用外交邮袋装运外,外国领导人访华、各国驻华使领馆和享有外交特权与豁免的国际组织驻华代表机构携带、寄递或者以其他方式运输依照本条例第四十四条的规定应当取得型号核准而未取得型号核准的无线电发射设备入境的,应当通过外交途径经国家无线电管理机构批准后办理通关手续。

其他境外组织或者个人在我国境内设置、使用无线电台(站)的,应当按照我国有关规定经相关业务主管部门报请无线电管理机构批准;携带、寄递或者以其他方式运输依照本条例第四十四条的规定应当取得型号核准而未取得型号核准的无线电发射设备入境的,应当按照我国有关规定经相关业务主管部门报无线电管理机构批准后,到海关办理无线电发射设备入境手续,但国家无线电管理机构规定不需要批准的除外。

第五十四条 外国船舶(含海上平台)、航空器、铁路机车、车辆等设置的无线电台在我国境内使用,应当遵守我国的法律、法规和我国缔结或者参加的国际条约。

第五十五条 境外组织或者个人不得在我国境内进行电波参数测试或者电波监测。

任何单位或者个人不得向境外组织或者个人提供涉及国家安全的境内电波参数资料。

第七章 无线电监测和电波秩序维护

第五十六条 无线电管理机构应当定期对无线电频率的使用情况和在用的无线电台(站)进行检查和检测,保障无线电台(站)的正常使用,维护正常的无线电波秩序。

第五十七条 国家无线电监测中心和省、自治区、直辖市无线电监测站作为无线电管理技术机构,分别在国家无线电管理机构和省、自治区、直辖市无线电管理机构领导下,对无线电信号实施监测,查找无线电干扰源和未经许可设置、使用的无线电台(站)。

第五十八条 国务院有关部门的无线电监测站负责对本系统(行业)的无线电信号实施监测。

第五十九条 工业、科学、医疗设备,电气化运输系统、高压电力线和其他电器装置产生的无线电波辐射,应当符合国家标准和国家无线电管理的有关规定。

制定辐射无线电波的非无线电设备的国家标准和技术规范,应当征求国家无线电管理机构的意见。

第六十条 辐射无线电波的非无线电设备对已依法设置、使用的无线电台(站)产生有害干扰的,设备所有者或者使用者应当采取措施予以消除。

第六十一条 经无线电管理机构确定的产生无线电波辐射的工程设施,可能对已依法设置、使用的无线电台(站)造成有害干扰的,其选址定点由地方人民政府城乡规划主管部门和省、自治区、直辖市无线电管理机构协商确定。

第六十二条 建设射电天文台、气象雷达站、卫星测控(导航)站、机场等需要电磁环境特殊保护的项目,项目建设单位应当在确定工程选址前对其选址进行电磁兼容分析和论证,并征求无线电管理机构的意见;未进行电磁兼容分析和论证,或者未征求、采纳无线电管理机构的意见的,不得向无线电管理机构提出排除有害干扰的要求。

第六十三条 在已建射电天文台、气象雷达站、卫星测控(导航)站、机场的周边区域,不得新建阻断无线电信号传输的高大建筑、设施,不得设置、使用干扰其正常使用的设施、设备。无线电管理机构应当会同城乡规划主管部门和其他有关部门制定具体的保护措施并向社会公布。

第六十四条 国家对船舶、航天器、航空器、铁路机车专用的无线电导航、遇险救助和安全通信等涉及人身安全的无线电频率予以特别保护。任何无线电发射设备和辐射无线电波的非无线电设备对其产生有害干扰的,应当立即消除有害干扰。

第六十五条 依法设置、使用的无线电台(站)受到有害干扰的,可以向无线电管理机构投诉。受理投诉的无线电管理机构应当及时处理,并将处理情况告知投诉人。

处理无线电频率相互有害干扰,应当遵循频带外让频带内、次要业务让主要业务、后用让先用、无规划让有规划的原则。

第六十六条 无线电管理机构可以要求产生有害干扰的无线电台(站)采取维修无线电发射设备、校准发射频率或者降低功率等措施消除有害干扰;无法消除有害干扰的,可以责令产生有害干扰的无线电台(站)暂停发射。

第六十七条 对非法的无线电发射活动,无线电管理机构可以暂扣无线电发射设备或者查封无线电台(站),必要时可以采取技术性阻断措施;无线电管理机构在无线电监测、检查工作中发现涉嫌违法犯罪活动的,应当及时通报公安机关并配合调查处理。

第六十八条 省、自治区、直辖市无线电管理机构应当加强对生产、销售无线电发射设备的监督检查,依法查处违法行为。县级以上地方人民政府产品质量监督部门、工商行政管理部门应当配合监督检查,并及时向无线电管理机构通报其在产品质量监督、市场监管执法过程中发现的违法生产、销售无线电发射设备的行为。

第六十九条 无线电管理机构和无线电监测中心(站)的工作人员应当对履行职责过程中知悉的通信秘密和无线电信号保密。

第八章　法律责任

第七十条　违反本条例规定,未经许可擅自使用无线电频率,或者擅自设置、使用无线电台(站)的,由无线电管理机构责令改正,没收从事违法活动的设备和违法所得,可以并处5万元以下的罚款;拒不改正的,并处5万元以上20万元以下的罚款;擅自设置、使用无线电台(站)从事诈骗等违法活动,尚不构成犯罪的,并处20万元以上50万元以下的罚款。

第七十一条　违反本条例规定,擅自转让无线电频率的,由无线电管理机构责令改正,没收违法所得;拒不改正的,并处违法所得1倍以上3倍以下的罚款;没有违法所得或者违法所得不足10万元的,处1万元以上10万元以下的罚款;造成严重后果的,吊销无线电频率使用许可证。

第七十二条　违反本条例规定,有下列行为之一的,由无线电管理机构责令改正,没收违法所得,可以并处3万元以下的罚款;造成严重后果的,吊销无线电台执照,并处3万元以上10万元以下的罚款:

(一)不按照无线电台执照规定的许可事项和要求设置、使用无线电台(站);

(二)故意收发无线电台执照许可事项之外的无线电信号,传播、公布或者利用无意接收的信息;

(三)擅自编制、使用无线电台识别码。

第七十三条　违反本条例规定,使用无线电发射设备、辐射无线电波的非无线电设备干扰无线电业务正常进行的,由无线电管理机构责令改正,拒不改正的,没收产生有害干扰的设备,并处5万元以上20万元以下的罚款,吊销无线电台执照;对船舶、航天器、航空器、铁路机车专用无线电导航、遇险救助和安全通信等涉及人身安全的无线电频率产生有害干扰的,并处20万元以上50万元以下的罚款。

第七十四条　未按照国家有关规定缴纳无线电频率占用费的,由无线电管理机构责令限期缴纳;逾期不缴纳的,自滞纳之日起按日加收0.05%的滞纳金。

第七十五条　违反本条例规定,有下列行为之一的,由无线电管理机构责令改正;拒不改正的,没收从事违法活动的设备,并处3万元以上10万元以下的罚款;造成严重后果的,并处10万元以上30万元以下的罚款:

(一)研制、生产、销售和维修大功率无线电发射设备,未采取有效措施抑制电波发射;

(二)境外组织或者个人在我国境内进行电波参数测试或者电波监测;

(三)向境外组织或者个人提供涉及国家安全的境内电波参数资料。

第七十六条 违反本条例规定,生产或者进口在国内销售、使用的无线电发射设备未取得型号核准的,由无线电管理机构责令改正,处5万元以上20万元以下的罚款;拒不改正的,没收未取得型号核准的无线电发射设备,并处20万元以上100万元以下的罚款。

第七十七条 销售依照本条例第四十四条的规定应当取得型号核准的无线电发射设备未向无线电管理机构办理销售备案的,由无线电管理机构责令改正;拒不改正的,处1万元以上3万元以下的罚款。

第七十八条 销售依照本条例第四十四条的规定应当取得型号核准而未取得型号核准的无线电发射设备的,由无线电管理机构责令改正,没收违法销售的无线电发射设备和违法所得,可以并处违法销售的设备货值10%以下的罚款;拒不改正的,并处违法销售的设备货值10%以上30%以下的罚款。

第七十九条 维修无线电发射设备改变无线电发射设备型号核准证核定的技术指标的,由无线电管理机构责令改正;拒不改正的,处1万元以上3万元以下的罚款。

第八十条 生产、销售无线电发射设备违反产品质量管理法律法规的,由产品质量监督部门依法处罚。

进口无线电发射设备,携带、寄递或者以其他方式运输无线电发射设备入境,违反海关监管法律法规的,由海关依法处罚。

第八十一条 违反本条例规定,构成违反治安管理行为的,依法给予治安管理处罚;构成犯罪的,依法追究刑事责任。

第八十二条 无线电管理机构及其工作人员不依照本条例规定履行职责的,对负有责任的领导人员和其他直接责任人员依法给予处分。

第九章 附 则

第八十三条 实施本条例规定的许可需要完成有关国内、国际协调或者履行国际规则规定程序的,进行协调以及履行程序的时间不计算在许可审查期限内。

第八十四条 军事系统无线电管理,按照军队有关规定执行。

涉及广播电视的无线电管理,法律、行政法规另有规定的,依照其规定执行。

第八十五条 本条例自2016年12月1日起施行。

行政法规制定程序条例

(2001 年 11 月 16 日中华人民共和国国务院令
第 321 号公布　自 2002 年 1 月 1 日起施行)

第一章　总　则

第一条　为了规范行政法规制定程序,保证行政法规质量,根据宪法、立法法和国务院组织法的有关规定,制定本条例。

第二条　行政法规的立项、起草、审查、决定、公布、解释,适用本条例。

第三条　制定行政法规,应当遵循立法法确定的立法原则,符合宪法和法律的规定。

第四条　行政法规的名称一般称“条例”,也可以称“规定”、“办法”等。国务院根据全国人民代表大会及其常务委员会的授权决定制定的行政法规,称“暂行条例”或者“暂行规定”。

国务院各部门和地方人民政府制定的规章不得称“条例”。

第五条　行政法规应当备而不繁,逻辑严密,条文明确、具体,用语准确、简洁,具有可操作性。

行政法规根据内容需要,可以分章、节、条、款、项、目。章、节、条的序号用中文数字依次表述,款不编序号,项的序号用中文数字加括号依次表述,目的序号用阿拉伯数字依次表述。

第二章　立　项

第六条　国务院于每年年初编制本年度的立法工作计划。

第七条　国务院有关部门认为需要制定行政法规的,应当于每年年初编制国务院年度立法工作计划前,向国务院报请立项。

国务院有关部门报送的行政法规立项申请,应当说明立法项目所要解决的主要问题、依据的方针政策和拟确立的主要制度。

第八条 国务院法制机构应当根据国家总体工作部署对部门报送的行政法规立项申请汇总研究，突出重点，统筹兼顾，拟订国务院年度立法工作计划，报国务院审批。

列入国务院年度立法工作计划的行政法规项目应当符合下列要求：

（一）适应改革、发展、稳定的需要；

（二）有关的改革实践经验基本成熟；

（三）所要解决的问题属于国务院职权范围并需要国务院制定行政法规的事项。

第九条 对列入国务院年度立法工作计划的行政法规项目，承担起草任务的部门应当抓紧工作，按照要求上报国务院。

国务院年度立法工作计划在执行中可以根据实际情况予以调整。

第三章 起 草

第十条 行政法规由国务院组织起草。国务院年度立法工作计划确定行政法规由国务院的一个部门或者几个部门具体负责起草工作，也可以确定由国务院法制机构起草或者组织起草。

第十一条 起草行政法规，除应当遵循立法法确定的立法原则，并符合宪法和法律的规定外，还应当符合下列要求：

（一）体现改革精神，科学规范行政行为，促进政府职能向经济调节、社会管理、公共服务转变；

（二）符合精简、统一、效能的原则，相同或者相近的职能规定由一个行政机关承担，简化行政管理手续；

（三）切实保障公民、法人和其他组织的合法权益，在规定其应当履行的义务的同时，应当规定其相应的权利和保障权利实现的途径；

（四）体现行政机关的职权与责任相统一的原则，在赋予有关行政机关必要的职权的同时，应当规定其行使职权的条件、程序和应承担的责任。

第十二条 起草行政法规，应当深入调查研究，总结实践经验，广泛听取有关机关、组织和公民的意见。听取意见可以采取召开座谈会、论证会、听证会等多种形式。

第十三条 起草行政法规,起草部门应当就涉及其他部门的职责或者与其他部门关系紧密的规定,与有关部门协商一致;经过充分协商不能取得一致意见的,应当在上报行政法规草案送审稿(以下简称行政法规送审稿)时说明情况和理由。

第十四条 起草行政法规,起草部门应当对涉及有关管理体制、方针政策等需要国务院决策的重大问题提出解决方案,报国务院决定。

第十五条 起草部门向国务院报送的行政法规送审稿,应当由起草部门主要负责人签署。几个部门共同起草的行政法规送审稿,应当由该几个部门主要负责人共同签署。

第十六条 起草部门将行政法规送审稿报送国务院审查时,应当一并报送行政法规送审稿的说明和有关材料。

行政法规送审稿的说明应当对立法的必要性,确立的主要制度,各方面对送审稿主要问题的不同意见,征求有关机关、组织和公民意见的情况等作出说明。有关材料主要包括国内外的有关立法资料、调研报告、考察报告等。

第四章 审 查

第十七条 报送国务院的行政法规送审稿,由国务院法制机构负责审查。

国务院法制机构主要从以下方面对行政法规送审稿进行审查:

(一)是否符合宪法、法律的规定和国家的方针政策;

(二)是否符合本条例第十一条的规定;

(三)是否与有关行政法规协调、衔接;

(四)是否正确处理有关机关、组织和公民对送审稿主要问题的意见;

(五)其他需要审查的内容。

第十八条 行政法规送审稿有下列情形之一的,国务院法制机构可以缓办或者退回起草部门:

(一)制定行政法规的基本条件尚不成熟的;

(二)有关部门对送审稿规定的主要制度存在较大争议,起草部门未与有关部门协商的;

(三)上报送审稿不符合本条例第十五条、第十六条规定的。

第十九条 国务院法制机构应当将行政法规送审稿或者行政法规送审稿涉及的主要问题发送国务院有关部门、地方人民政府、有关组织和专家征求意见。国务院有关部门、地方人民政府反馈的书面意见,应当加盖本单位或者本单位办公厅(室)印章。

重要的行政法规送审稿,经报国务院同意,向社会公布,征求意见。

第二十条 国务院法制机构应当就行政法规送审稿涉及的主要问题,深入基层进行实地调查研究,听取基层有关机关、组织和公民的意见。

第二十一条 行政法规送审稿涉及重大、疑难问题的,国务院法制机构应当召开由有关单位、专家参加的座谈会、论证会,听取意见,研究论证。

第二十二条 行政法规送审稿直接涉及公民、法人或者其他组织的切身利益的,国务院法制机构可以举行听证会,听取有关机关、组织和公民的意见。

第二十三条 国务院有关部门对行政法规送审稿涉及的主要制度、方针政策、管理体制、权限分工等有不同意见的,国务院法制机构应当进行协调,力求达成一致意见;不能达成一致意见的,应当将争议的主要问题、有关部门的意见以及国务院法制机构的意见报国务院决定。

第二十四条 国务院法制机构应当认真研究各方面的意见,与起草部门协商后,对行政法规送审稿进行修改,形成行政法规草案和对草案的说明。

第二十五条 行政法规草案由国务院法制机构主要负责人提出提请国务院常务会议审议的建议;对调整范围单一、各方面意见一致或者依据法律制定的配套行政法规草案,可以采取传批方式,由国务院法制机构直接提请国务院审批。

第五章 决定与公布

第二十六条 行政法规草案由国务院常务会议审议,或者由国务院审批。

国务院常务会议审议行政法规草案时,由国务院法制机构或者起草部门作说明。

第二十七条 国务院法制机构应当根据国务院对行政法规草案的审议意见,对行政法规草案进行修改,形成草案修改稿,报请总理签署国务院令公布施行。

签署公布行政法规的国务院令载明该行政法规的施行日期。

第二十八条 行政法规签署公布后,及时在国务院公报和在全国范围内发行的报纸上刊登。国务院法制机构应当及时汇编出版行政法规的国家正式版本。

在国务院公报上刊登的行政法规文本为标准文本。

第二十九条 行政法规应当自公布之日起30日后施行;但是,涉及国家安全、外汇汇率、货币政策的确定以及公布后不立即施行将有碍行政法规施行的,可以自公布之日起施行。

第三十条 行政法规在公布后的 30 日内由国务院办公厅报全国人民代表大会常务委员会备案。

第六章 行政法规解释

第三十一条 行政法规条文本身需要进一步明确界限或者作出补充规定的,由国务院解释。

国务院法制机构研究拟订行政法规解释草案,报国务院同意后,由国务院公布或者由国务院授权国务院有关部门公布。

行政法规的解释与行政法规具有同等效力。

第三十二条 国务院各部门和省、自治区、直辖市人民政府可以向国务院提出行政法规解释要求。

第三十三条 对属于行政工作中具体应用行政法规的问题,省、自治区、直辖市人民政府法制机构以及国务院有关部门法制机构请求国务院法制机构解释的,国务院法制机构可以研究答复;其中涉及重大问题的,由国务院法制机构提出意见,报国务院同意后答复。

第七章 附 则

第三十四条 拟订国务院提请全国人民代表大会或者全国人民代表大会常务委员会审议的法律草案,参照本条例的有关规定办理。

第三十五条 修改行政法规的程序,适用本条例的有关规定。

行政法规修改后,应当及时公布新的行政法规文本。

第三十六条 行政法规的外文正式译本和民族语言文本,由国务院法制机构审定。

第三十七条 本条例自 2002 年 1 月 1 日起施行。1987 年 4 月 21 日国务院批准、国务院办公厅发布的《行政法规制定程序暂行条例》同时废止。

规章制定程序条例

（2001 年 11 月 16 日中华人民共和国国务院令第 322 号公布
自 2002 年 1 月 1 日起施行）

第一章　总　则

第一条　为了规范规章制定程序，保证规章质量，根据立法法的有关规定，制定本条例。

第二条　规章的立项、起草、审查、决定、公布、解释，适用本条例。

违反本条例规定制定的规章无效。

第三条　制定规章，应当遵循立法法确定的立法原则，符合宪法、法律、行政法规和其他上位法的规定。

第四条　制定规章，应当切实保障公民、法人和其他组织的合法权益，在规定其应当履行的义务的同时，应当规定其相应的权利和保障权利实现的途径。

制定规章，应当体现行政机关的职权与责任相统一的原则，在赋予有关行政机关必要的职权的同时，应当规定其行使职权的条件、程序和应承担的责任。

第五条　制定规章，应当体现改革精神，科学规范行政行为，促进政府职能向经济调节、社会管理和公共服务转变。

制定规章，应当符合精简、统一、效能的原则，相同或者相近的职能应当规定由一个行政机关承担，简化行政管理手续。

第六条　规章的名称一般称"规定"、"办法"，但不得称"条例"。

第七条　规章用语应当准确、简洁，条文内容应当明确、具体，具有可操作性。

法律、法规已经明确规定的内容，规章原则上不作重复规定。

除内容复杂的外，规章一般不分章、节。

第八条　涉及国务院两个以上部门职权范围的事项，制定行政法规条件尚不成熟，需要制定规章的，国务院有关部门应当联合制定规章。

有前款规定情形的，国务院有关部门单独制定的规章无效。

第二章　立　项

第九条　国务院部门内设机构或者其他机构认为需要制定部门规章的,应当向该部门报请立项。

省、自治区、直辖市和较大的市的人民政府所属工作部门或者下级人民政府认为需要制定地方政府规章的,应当向该省、自治区、直辖市或者较大的市的人民政府报请立项。

第十条　报送制定规章的立项申请,应当对制定规章的必要性、所要解决的主要问题、拟确立的主要制度等作出说明。

第十一条　国务院部门法制机构,省、自治区、直辖市和较大的市的人民政府法制机构(以下简称法制机构),应当对制定规章的立项申请进行汇总研究,拟订本部门、本级人民政府年度规章制定工作计划,报本部门、本级人民政府批准后执行。

年度规章制定工作计划应当明确规章的名称、起草单位、完成时间等。

第十二条　国务院部门,省、自治区、直辖市和较大的市的人民政府,应当加强对执行年度规章制定工作计划的领导。对列入年度规章制定工作计划的项目,承担起草工作的单位应当抓紧工作,按照要求上报本部门或者本级人民政府决定。

年度规章制定工作计划在执行中,可以根据实际情况予以调整,对拟增加的规章项目应当进行补充论证。

第三章　起　草

第十三条　部门规章由国务院部门组织起草,地方政府规章由省、自治区、直辖市和较大的市的人民政府组织起草。

国务院部门可以确定规章由其一个或者几个内设机构或者其他机构具体负责起草工作,也可以确定由其法制机构起草或者组织起草。

省、自治区、直辖市和较大的市的人民政府可以确定规章由其一个部门或者几个部门具体负责起草工作,也可以确定由其法制机构起草或者组织起草。

起草规章可以邀请有关专家、组织参加,也可以委托有关专家、组织起草。

第十四条　起草规章,应当深入调查研究,总结实践经验,广泛听取有关机关、组织和公民的意见。听取意见可以采取书面征求意见、座谈会、论证会、听证会等多种形式。

第十五条 起草的规章直接涉及公民、法人或者其他组织切身利益,有关机关、组织或者公民对其有重大意见分歧的,应当向社会公布,征求社会各界的意见;起草单位也可以举行听证会。听证会依照下列程序组织:

(一)听证会公开举行,起草单位应当在举行听证会的30日前公布听证会的时间、地点和内容;

(二)参加听证会的有关机关、组织和公民对起草的规章,有权提问和发表意见;

(三)听证会应当制作笔录,如实记录发言人的主要观点和理由;

(四)起草单位应当认真研究听证会反映的各种意见,起草的规章在报送审查时,应当说明对听证会意见的处理情况及其理由。

第十六条 起草部门规章,涉及国务院其他部门的职责或者与国务院其他部门关系紧密的,起草单位应当充分征求国务院其他部门的意见。

起草地方政府规章,涉及本级人民政府其他部门的职责或者与其他部门关系紧密的,起草单位应当充分征求其他部门的意见。起草单位与其他部门有不同意见的,应当充分协商;经过充分协商不能取得一致意见的,起草单位应当在上报规章草案送审稿(以下简称规章送审稿)时说明情况和理由。

第十七条 起草单位应当将规章送审稿及其说明、对规章送审稿主要问题的不同意见和其他有关材料按规定报送审查。

报送审查的规章送审稿,应当由起草单位主要负责人签署;几个起草单位共同起草的规章送审稿,应当由该几个起草单位主要负责人共同签署。

规章送审稿的说明应当对制定规章的必要性、规定的主要措施、有关方面的意见等情况作出说明。

有关材料主要包括汇总的意见、听证会笔录、调研报告、国内外有关立法资料等。

第四章 审 查

第十八条 规章送审稿由法制机构负责统一审查。

法制机构主要从以下方面对送审稿进行审查:

(一) 是否符合本条例第三条、第四条、第五条的规定;

(二) 是否与有关规章协调、衔接;

(三) 是否正确处理有关机关、组织和公民对规章送审稿主要问题的意见;

(四) 是否符合立法技术要求;

(五) 需要审查的其他内容。

第十九条 规章送审稿有下列情形之一的,法制机构可以缓办或者退回起草单位:

(一) 制定规章的基本条件尚不成熟的;

(二) 有关机构或者部门对规章送审稿规定的主要制度存在较大争议,起草单位未与有关机构或者部门协商的;

(三) 上报送审稿不符合本条例第十七条规定的。

第二十条 法制机构应当将规章送审稿或者规章送审稿涉及的主要问题发送有关机关、组织和专家征求意见。

第二十一条 法制机构应当就规章送审稿涉及的主要问题,深入基层进行实地调查研究,听取基层有关机关、组织和公民的意见。

第二十二条 规章送审稿涉及重大问题的,法制机构应当召开由有关单位、专家参加的座谈会、论证会,听取意见,研究论证。

第二十三条 规章送审稿直接涉及公民、法人或者其他组织切身利益,有关机关、组织或者公民对其有重大意见分歧,起草单位在起草过程中未向社会公布,也未举行听证会的,法制机构经本部门或者本级人民政府批准,可以向社会公布,也可以举行听证会。

举行听证会的,应当依照本条例第十五条规定的程序组织。

第二十四条 有关机构或者部门对规章送审稿涉及的主要措施、管理体制、权限分工等问题有不同意见的,法制机构应当进行协调,达成一致意见;不能达成一致意见的,应当将主要问题、有关机构或者部门的意见和法制机构的意见上报本部门或者本级人民政府决定。

第二十五条 法制机构应当认真研究各方面的意见,与起草单位协商后,对规章送审稿进行修改,形成规章草案和对草案的说明。说明应当包括制定规章拟解决的主要问题、确立的主要措施以及与有关部门的协调情况等。

规章草案和说明由法制机构主要负责人签署,提出提请本部门或者本级人民政府有关会议审议的建议。

第二十六条 法制机构起草或者组织起草的规章草案，由法制机构主要负责人签署，提出提请本部门或者本级人民政府有关会议审议的建议。

第五章 决定和公布

第二十七条 部门规章应当经部务会议或者委员会会议决定。

地方政府规章应当经政府常务会议或者全体会议决定。

第二十八条 审议规章草案时，由法制机构作说明，也可以由起草单位作说明。

第二十九条 法制机构应当根据有关会议审议意见对规章草案进行修改，形成草案修改稿，报请本部门首长或者省长、自治区主席、市长签署命令予以公布。

第三十条 公布规章的命令应当载明该规章的制定机关、序号、规章名称、通过日期、施行日期、部门首长或者省长、自治区主席、市长署名以及公布日期。

部门联合规章由联合制定的部门首长共同署名公布，使用主办机关的命令序号。

第三十一条 部门规章签署公布后，部门公报或者国务院公报和全国范围内发行的有关报纸应当及时予以刊登。

地方政府规章签署公布后，本级人民政府公报和本行政区域范围内发行的报纸应当及时刊登。

在部门公报或者国务院公报和地方人民政府公报上刊登的规章文本为标准文本。

第三十二条 规章应当自公布之日起30日后施行；但是，涉及国家安全、外汇汇率、货币政策的确定以及公布后不立即施行将有碍规章施行的，可以自公布之日起施行。

第六章 解释与备案

第三十三条 规章解释权属于规章制定机关。

规章有下列情况之一的，由制定机关解释：

（一）规章的规定需要进一步明确具体含义的；

（二）规章制定后出现新的情况，需要明确适用规章依据的。

规章解释由规章制定机关的法制机构参照规章送审稿审查程序提出意见,报请制定机关批准后公布。

规章的解释同规章具有同等效力。

第三十四条 规章应当自公布之日起 30 日内,由法制机构依照立法法和《法规规章备案条例》的规定向有关机关备案。

第三十五条 国家机关、社会团体、企业事业组织、公民认为规章同法律、行政法规相抵触的,可以向国务院书面提出审查的建议,由国务院法制机构研究处理。

国家机关、社会团体、企业事业组织、公民认为较大的市的人民政府规章同法律、行政法规相抵触或者违反其他上位法的规定的,也可以向本省、自治区人民政府书面提出审查的建议,由省、自治区人民政府法制机构研究处理。

第七章 附 则

第三十六条 依法不具有规章制定权的县级以上地方人民政府制定、发布具有普遍约束力的决定、命令,参照本条例规定的程序执行。

第三十七条 国务院部门,省、自治区、直辖市和较大的市的人民政府,应当经常对规章进行清理,发现与新公布的法律、行政法规或者其他上位法的规定不一致的,或者与法律、行政法规或者其他上位法相抵触的,应当及时修改或者废止。

修改、废止规章的程序,参照本条例的有关规定执行。

第三十八条 编辑出版正式版本、民族文版、外文版本的规章汇编,由法制机构依照《法规汇编编辑出版管理规定》的有关规定执行。

第三十九条 本条例自 2002 年 1 月 1 日起施行。

法规规章备案条例

（2001 年 12 月 14 日中华人民共和国国务院令第 337 号公布
自 2002 年 1 月 1 日起施行）

第一条 为了维护社会主义法制的统一，加强对法规、规章的监督，根据立法法的有关规定，制定本条例。

第二条 本条例所称法规，是指省、自治区、直辖市和较大的市的人民代表大会及其常务委员会依照法定职权和程序制定的地方性法规，经济特区所在地的省、市的人民代表大会及其常务委员会依照法定职权和程序制定的经济特区法规，以及自治州、自治县的人民代表大会依照法定职权和程序制定的自治条例和单行条例。

本条例所称规章，包括部门规章和地方政府规章。部门规章，是指国务院各部、各委员会、中国人民银行、审计署和具有行政管理职能的直属机构（以下简称国务院部门）根据法律和国务院的行政法规、决定、命令，在本部门的职权范围内依照《规章制定程序条例》制定的规章。地方政府规章，是指省、自治区、直辖市和较大的市的人民政府根据法律、行政法规和本省、自治区、直辖市的地方性法规，依照《规章制定程序条例》制定的规章。

第三条 法规、规章公布后，应当自公布之日起 30 日内，依照下列规定报送备案：

（一）地方性法规、自治州和自治县的自治条例和单行条例由省、自治区、直辖市的人民代表大会常务委员会报国务院备案；

（二）部门规章由国务院部门报国务院备案，两个或者两个以上部门联合制定的规章，由主办的部门报国务院备案；

（三）省、自治区、直辖市人民政府规章由省、自治区、直辖市人民政府报国务院备案；

（四）较大的市的人民政府规章由较大的市的人民政府报国务院备案，同时报省、自治区人民政府备案；

（五）经济特区法规由经济特区所在地的省、市的人民代表大会常务委员会报国务院备案。

第四条 国务院部门,省、自治区、直辖市和较大的市的人民政府应当依法履行规章备案职责,加强对规章备案工作的组织领导。

国务院部门法制机构,省、自治区、直辖市人民政府和较大的市的人民政府法制机构,具体负责本部门、本地方的规章备案工作。

第五条 国务院法制机构依照本条例的规定负责国务院的法规、规章备案工作,履行备案审查监督职责。

第六条 依照本条例报送国务院备案的法规、规章,径送国务院法制机构。

报送法规备案,按照全国人民代表大会常务委员会关于法规备案的有关规定执行。

报送规章备案,应当提交备案报告、规章文本和说明,并按照规定的格式装订成册,一式十份。

报送法规、规章备案,具备条件的,应当同时报送法规、规章的电子文本。

第七条 报送法规、规章备案,符合本条例第二条和第六条第二款、第三款规定的,国务院法制机构予以备案登记;不符合第二条规定的,不予备案登记;符合第二条规定但不符合第六条第二款、第三款规定的,暂缓办理备案登记。

暂缓办理备案登记的,由国务院法制机构通知制定机关补充报送备案或者重新报送备案;补充或者重新报送备案符合规定的,予以备案登记。

第八条 经备案登记的法规、规章,由国务院法制机构按月公布目录。

编辑出版法规、规章汇编的范围,应当以公布的法规、规章目录为准。

第九条 国家机关、社会团体、企业事业组织、公民认为地方性法规同行政法规相抵触的,或者认为规章以及国务院各部门、省、自治区、直辖市和较大的市的人民政府发布的其他具有普遍约束力的行政决定、命令同法律、行政法规相抵触的,可以向国务院书面提出审查建议,由国务院法制机构研究并提出处理意见,按照规定程序处理。

第十条 国务院法制机构对报送国务院备案的法规、规章,就下列事项进行审查:

(一)是否超越权限;

(二)下位法是否违反上位法的规定;

(三)地方性法规与部门规章之间或者不同规章之间对同一事项的规定不一致,是否应当改变或者撤销一方的或者双方的规定;

(四)规章的规定是否适当;

(五)是否违背法定程序。

第十一条 国务院法制机构审查法规、规章时，认为需要有关的国务院部门或者地方人民政府提出意见的，有关的机关应当在规定期限内回复；认为需要法规、规章的制定机关说明有关情况的，有关的制定机关应当在规定期限内予以说明。

第十二条 经审查，地方性法规同行政法规相抵触的，由国务院提请全国人民代表大会常务委员会处理。

第十三条 地方性法规与部门规章之间对同一事项的规定不一致的，由国务院法制机构提出处理意见，报国务院依照立法法第八十六条第一款第（二）项的规定处理。

第十四条 经审查，规章超越权限，违反法律、行政法规的规定，或者其规定不适当的，由国务院法制机构建议制定机关自行纠正；或者由国务院法制机构提出处理意见报国务院决定，并通知制定机关。

第十五条 部门规章之间、部门规章与地方政府规章之间对同一事项的规定不一致的，由国务院法制机构进行协调；经协调不能取得一致意见的，由国务院法制机构提出处理意见报国务院决定，并通知制定机关。

第十六条 对《规章制定程序条例》第二条第二款、第八条第二款规定的无效规章，国务院法制机构不予备案，并通知制定机关。

规章在制定技术上存在问题的，国务院法制机构可以向制定机关提出处理意见，由制定机关自行处理。

第十七条 规章的制定机关应当自接到本条例第十四条、第十五条、第十六条规定的通知之日起 30 日内，将处理情况报国务院法制机构。

第十八条 根据本条例第十五条作出的处理结果，可以作为对最高人民法院依照行政诉讼法第五十三条送请国务院解释或者裁决的答复。

第十九条 法规、规章的制定机关应当于每年 1 月底前将上一年所制定的法规、规章目录报国务院法制机构。

第二十条 对于不报送规章备案或者不按时报送规章备案的，由国务院法制机构通知制定机关，限期报送；逾期仍不报送的，给予通报，并责令限期改正。

第二十一条 省、自治区、直辖市人民政府应当依法加强对下级行政机关发布的规章和其他具有普遍约束力的行政决定、命令的监督，依照本条例的有关规定，建立相关的备案审查制度，维护社会主义法制的统一，保证法律、法规的正确实施。

第二十二条 本条例自 2002 年 1 月 1 日起施行。1990 年 2 月 18 日国务院发布的《法规、规章备案规定》同时废止。

中华人民共和国著作权法实施条例

(2002年8月2日中华人民共和国国务院令第359号公布　根据2011年1月8日《国务院关于废止和修改部分行政法规的决定》第一次修订　根据2013年1月30日《国务院关于修改〈中华人民共和国著作权法实施条例〉的决定》第二次修订)

第一条　根据《中华人民共和国著作权法》(以下简称著作权法),制定本条例。

第二条　著作权法所称作品,是指文学、艺术和科学领域内具有独创性并能以某种有形形式复制的智力成果。

第三条　著作权法所称创作,是指直接产生文学、艺术和科学作品的智力活动。

为他人创作进行组织工作,提供咨询意见、物质条件,或者进行其他辅助工作,均不视为创作。

第四条　著作权法和本条例中下列作品的含义:

(一)文字作品,是指小说、诗词、散文、论文等以文字形式表现的作品;

(二)口述作品,是指即兴的演说、授课、法庭辩论等以口头语言形式表现的作品;

(三)音乐作品,是指歌曲、交响乐等能够演唱或者演奏的带词或者不带词的作品;

(四)戏剧作品,是指话剧、歌剧、地方戏等供舞台演出的作品;

(五)曲艺作品,是指相声、快书、大鼓、评书等以说唱为主要形式表演的作品;

(六)舞蹈作品,是指通过连续的动作、姿势、表情等表现思想情感的作品;

(七)杂技艺术作品,是指杂技、魔术、马戏等通过形体动作和技巧表现的作品;

(八)美术作品,是指绘画、书法、雕塑等以线条、色彩或者其他方式构成的有审美意义的平面或者立体的造型艺术作品;

(九)建筑作品,是指以建筑物或者构筑物形式表现的有审美意义的作品;

(十)摄影作品,是指借助器械在感光材料或者其他介质上记录客观物体形象的艺术作品;

(十一)电影作品和以类似摄制电影的方法创作的作品,是指摄制在一定介质上,由一系列有伴音或者无伴音的画面组成,并且借助适当装置放映或者以其他方式传播的作品;

(十二)图形作品,是指为施工、生产绘制的工程设计图、产品设计图,以及反映地理现象、说明事物原理或者结构的地图、示意图等作品;

(十三)模型作品,是指为展示、试验或者观测等用途,根据物体的形状和结构,按照一定比例制成的立体作品。

第五条 著作权法和本条例中下列用语的含义:

(一)时事新闻,是指通过报纸、期刊、广播电台、电视台等媒体报道的单纯事实消息;

(二)录音制品,是指任何对表演的声音和其他声音的录制品;

(三)录像制品,是指电影作品和以类似摄制电影的方法创作的作品以外的任何有伴音或者无伴音的连续相关形象、图像的录制品;

(四)录音制作者,是指录音制品的首次制作人;

(五)录像制作者,是指录像制品的首次制作人;

(六)表演者,是指演员、演出单位或者其他表演文学、艺术作品的人。

第六条 著作权自作品创作完成之日起产生。

第七条 著作权法第二条第三款规定的首先在中国境内出版的外国人、无国籍人的作品,其著作权自首次出版之日起受保护。

第八条 外国人、无国籍人的作品在中国境外首先出版后,30 日内在中国境内出版的,视为该作品同时在中国境内出版。

第九条 合作作品不可以分割使用的,其著作权由各合作作者共同享有,通过协商一致行使;不能协商一致,又无正当理由的,任何一方不得阻止他方行使除转让以外的其他权利,但是所得收益应当合理分配给所有合作作者。

第十条 著作权人许可他人将其作品摄制成电影作品和以类似摄制电影的方法创作的作品的,视为已同意对其作品进行必要的改动,但是这种改动不得歪曲篡改原作品。

第十一条 著作权法第十六条第一款关于职务作品的规定中的"工作任务",是指公民在该法人或者该组织中应当履行的职责。

著作权法第十六条第二款关于职务作品的规定中的“物质技术条件”,是指该法人或者该组织为公民完成创作专门提供的资金、设备或者资料。

第十二条 职务作品完成两年内,经单位同意,作者许可第三人以与单位使用的相同方式使用作品所获报酬,由作者与单位按约定的比例分配。

作品完成两年的期限,自作者向单位交付作品之日起计算。

第十三条 作者身份不明的作品,由作品原件的所有人行使除署名权以外的著作权。作者身份确定后,由作者或者其继承人行使著作权。

第十四条 合作作者之一死亡后,其对合作作品享有的著作权法第十条第一款第五项至第十七项规定的权利无人继承又无人受遗赠的,由其他合作作者享有。

第十五条 作者死亡后,其著作权中的署名权、修改权和保护作品完整权由作者的继承人或者受遗赠人保护。

著作权无人继承又无人受遗赠的,其署名权、修改权和保护作品完整权由著作权行政管理部门保护。

第十六条 国家享有著作权的作品的使用,由国务院著作权行政管理部门管理。

第十七条 作者生前未发表的作品,如果作者未明确表示不发表,作者死亡后50 年内,其发表权可由继承人或者受遗赠人行使;没有继承人又无人受遗赠的,由作品原件的所有人行使。

第十八条 作者身份不明的作品,其著作权法第十条第一款第五项至第十七项规定的权利的保护期截止于作品首次发表后第 50 年的 12 月 31 日。作者身份确定后,适用著作权法第二十一条的规定。

第十九条 使用他人作品的,应当指明作者姓名、作品名称;但是,当事人另有约定或者由于作品使用方式的特性无法指明的除外。

第二十条 著作权法所称已经发表的作品,是指著作权人自行或者许可他人公之于众的作品。

第二十一条 依照著作权法有关规定,使用可以不经著作权人许可的已经发表的作品的,不得影响该作品的正常使用,也不得不合理地损害著作权人的合法利益。

第二十二条 依照著作权法第二十三条、第三十三条第二款、第四十条第三款的规定使用作品的付酬标准,由国务院著作权行政管理部门会同国务院价格主管部门制定、公布。

第二十三条 使用他人作品应当同著作权人订立许可使用合同,许可使用的权利是专有使用权的,应当采取书面形式,但是报社、期刊社刊登作品除外。

第二十四条 著作权法第二十四条规定的专有使用权的内容由合同约定,合同没有约定或者约定不明的,视为被许可人有权排除包括著作权人在内的任何人以同样的方式使用作品;除合同另有约定外,被许可人许可第三人行使同一权利,必须取得著作权人的许可。

第二十五条 与著作权人订立专有许可使用合同、转让合同的,可以向著作权行政管理部门备案。

第二十六条 著作权法和本条例所称与著作权有关的权益,是指出版者对其出版的图书和期刊的版式设计享有的权利,表演者对其表演享有的权利,录音录像制作者对其制作的录音录像制品享有的权利,广播电台、电视台对其播放的广播、电视节目享有的权利。

第二十七条 出版者、表演者、录音录像制作者、广播电台、电视台行使权利,不得损害被使用作品和原作品著作权人的权利。

第二十八条 图书出版合同中约定图书出版者享有专有出版权但没有明确其具体内容的,视为图书出版者享有在合同有效期限内和在合同约定的地域范围内以同种文字的原版、修订版出版图书的专有权利。

第二十九条 著作权人寄给图书出版者的两份订单在 6 个月内未能得到履行,视为著作权法第三十二条所称图书脱销。

第三十条 著作权人依照著作权法第三十三条第二款声明不得转载、摘编其作品的,应当在报纸、期刊刊登该作品时附带声明。

第三十一条 著作权人依照著作权法第四十条第三款声明不得对其作品制作录音制品的,应当在该作品合法录制为录音制品时声明。

第三十二条 依照著作权法第二十三条、第三十三条第二款、第四十条第三款的规定,使用他人作品的,应当自使用该作品之日起 2 个月内向著作权人支付报酬。

第三十三条 外国人、无国籍人在中国境内的表演,受著作权法保护。

外国人、无国籍人根据中国参加的国际条约对其表演享有的权利,受著作权法保护。

第三十四条 外国人、无国籍人在中国境内制作、发行的录音制品,受著作权法保护。

外国人、无国籍人根据中国参加的国际条约对其制作、发行的录音制品享有的权利,受著作权法保护。

第三十五条 外国的广播电台、电视台根据中国参加的国际条约对其播放的广播、电视节目享有的权利,受著作权法保护。

第三十六条 有著作权法第四十八条所列侵权行为,同时损害社会公共利益,非法经营额 5 万元以上的,著作权行政管理部门可处非法经营额 1 倍以上 5 倍以下的罚款;没有非法经营额或者非法经营额 5 万元以下的,著作权行政管理部门根据情节轻重,可处 25 万元以下的罚款。

第三十七条 有著作权法第四十八条所列侵权行为,同时损害社会公共利益的,由地方人民政府著作权行政管理部门负责查处。

国务院著作权行政管理部门可以查处在全国有重大影响的侵权行为。

第三十八条 本条例自 2002 年 9 月 15 日起施行。1991 年 5 月 24 日国务院批准、1991 年 5 月 30 日国家版权局发布的《中华人民共和国著作权法实施条例》同时废止。

著作权集体管理条例

(2004 年 12 月 28 日中华人民共和国国务院令第 429 号公布 根据 2011 年 1 月 8 日《国务院关于废止和修改部分行政法规的决定》第一次修订 根据 2013 年 12 月 7 日《国务院关于修改部分行政法规的决定》第二次修订)

第一章 总 则

第一条 为了规范著作权集体管理活动,便于著作权人和与著作权有关的权利人(以下简称权利人)行使权利和使用者使用作品,根据《中华人民共和国著作权法》(以下简称著作权法)制定本条例。

第二条 本条例所称著作权集体管理,是指著作权集体管理组织经权利人授权,集中行使权利人的有关权利并以自己的名义进行的下列活动:

(一)与使用者订立著作权或者与著作权有关的权利许可使用合同(以下简称许可使用合同);

(二)向使用者收取使用费;

(三)向权利人转付使用费;

(四)进行涉及著作权或者与著作权有关的权利的诉讼、仲裁等。

第三条 本条例所称著作权集体管理组织,是指为权利人的利益依法设立,根据权利人授权、对权利人的著作权或者与著作权有关的权利进行集体管理的社会团体。

著作权集体管理组织应当依照有关社会团体登记管理的行政法规和本条例的规定进行登记并开展活动。

第四条 著作权法规定的表演权、放映权、广播权、出租权、信息网络传播权、复制权等权利人自己难以有效行使的权利,可以由著作权集体管理组织进行集体管理。

第五条 国务院著作权管理部门主管全国的著作权集体管理工作。

第六条 除依照本条例规定设立的著作权集体管理组织外,任何组织和个人不得从事著作权集体管理活动。

第二章 著作权集体管理组织的设立

第七条 依法享有著作权或者与著作权有关的权利的中国公民、法人或者其他组织,可以发起设立著作权集体管理组织。

设立著作权集体管理组织,应当具备下列条件:

(一)发起设立著作权集体管理组织的权利人不少于 50 人;

(二)不与已经依法登记的著作权集体管理组织的业务范围交叉、重合;

(三)能在全国范围代表相关权利人的利益;

(四)有著作权集体管理组织的章程草案、使用费收取标准草案和向权利人转付使用费的办法(以下简称使用费转付办法)草案。

第八条 著作权集体管理组织章程应当载明下列事项:

(一)名称、住所;

(二)设立宗旨;

(三)业务范围;

(四)组织机构及其职权;

(五)会员大会的最低人数;

(六)理事会的职责及理事会负责人的条件和产生、罢免的程序;

(七)管理费提取、使用办法;

(八)会员加入、退出著作权集体管理组织的条件、程序;

(九)章程的修改程序;

(十)著作权集体管理组织终止的条件、程序和终止后资产的处理。

第九条 申请设立著作权集体管理组织,应当向国务院著作权管理部门提交证明符合本条例第七条规定的条件的材料。国务院著作权管理部门应当自收到材料之日起 60 日内,作出批准或者不予批准的决定。批准的,发给著作权集体管理许可证;不予批准的,应当说明理由。

第十条 申请人应当自国务院著作权管理部门发给著作权集体管理许可证之日起 30 日内,依照有关社会团体登记管理的行政法规到国务院民政部门办理登记手续。

第十一条 依法登记的著作权集体管理组织，应当自国务院民政部门发给登记证书之日起30日内，将其登记证书副本报国务院著作权管理部门备案；国务院著作权管理部门应当将报备的登记证书副本以及著作权集体管理组织章程、使用费收取标准、使用费转付办法予以公告。

第十二条 著作权集体管理组织设立分支机构，应当经国务院著作权管理部门批准，并依照有关社会团体登记管理的行政法规到国务院民政部门办理登记手续。经依法登记的，应当将分支机构的登记证书副本报国务院著作权管理部门备案，由国务院著作权管理部门予以公告。

第十三条 著作权集体管理组织应当根据下列因素制定使用费收取标准：

（一）使用作品、录音录像制品等的时间、方式和地域范围；

（二）权利的种类；

（三）订立许可使用合同和收取使用费工作的繁简程度。

第十四条 著作权集体管理组织应当根据权利人的作品或者录音录像制品等使用情况制定使用费转付办法。

第十五条 著作权集体管理组织修改章程，应当依法经国务院民政部门核准后，由国务院著作权管理部门予以公告。

第十六条 著作权集体管理组织被依法撤销登记的，自被撤销登记之日起不得再进行著作权集体管理业务活动。

第三章 著作权集体管理组织的机构

第十七条 著作权集体管理组织会员大会（以下简称会员大会）为著作权集体管理组织的权力机构。

会员大会由理事会依照本条例规定负责召集。理事会应当于会员大会召开60日以前将会议的时间、地点和拟审议事项予以公告；出席会员大会的会员，应当于会议召开30日以前报名。报名出席会员大会的会员少于章程规定的最低人数时，理事会应当将会员大会报名情况予以公告，会员可以于会议召开5日以前补充报名，并由全部报名出席会员大会的会员举行会员大会。

会员大会行使下列职权：

（一）制定和修改章程；

（二）制定和修改使用费收取标准；

(三)制定和修改使用费转付办法;

(四)选举和罢免理事;

(五)审议批准理事会的工作报告和财务报告;

(六)制定内部管理制度;

(七)决定使用费转付方案和著作权集体管理组织提取管理费的比例;

(八)决定其他重大事项。

会员大会每年召开一次;经 10% 以上会员或者理事会提议,可以召开临时会员大会。会员大会作出决定,应当经出席会议的会员过半数表决通过。

第十八条 著作权集体管理组织设立理事会,对会员大会负责,执行会员大会决定。理事会成员不得少于 9 人。

理事会任期为 4 年,任期届满应当进行换届选举。因特殊情况可以提前或者延期换届,但是换届延期不得超过 1 年。

第四章 著作权集体管理活动

第十九条 权利人可以与著作权集体管理组织以书面形式订立著作权集体管理合同,授权该组织对其依法享有的著作权或者与著作权有关的权利进行管理。权利人符合章程规定加入条件的,著作权集体管理组织应当与其订立著作权集体管理合同,不得拒绝。

权利人与著作权集体管理组织订立著作权集体管理合同并按照章程规定履行相应手续后,即成为该著作权集体管理组织的会员。

第二十条 权利人与著作权集体管理组织订立著作权集体管理合同后,不得在合同约定期限内自己行使或者许可他人行使合同约定的由著作权集体管理组织行使的权利。

第二十一条 权利人可以依照章程规定的程序,退出著作权集体管理组织,终止著作权集体管理合同。但是,著作权集体管理组织已经与他人订立许可使用合同的,该合同在期限届满前继续有效;该合同有效期内,权利人有权获得相应的使用费并可以查阅有关业务材料。

第二十二条 外国人、无国籍人可以通过与中国的著作权集体管理组织订立相互代表协议的境外同类组织,授权中国的著作权集体管理组织管理其依法在中国境内享有的著作权或者与著作权有关的权利。

前款所称相互代表协议，是指中国的著作权集体管理组织与境外的同类组织相互授权对方在其所在国家或者地区进行集体管理活动的协议。

著作权集体管理组织与境外同类组织订立的相互代表协议应当报国务院著作权管理部门备案，由国务院著作权管理部门予以公告。

第二十三条 著作权集体管理组织许可他人使用其管理的作品、录音录像制品等，应当与使用者以书面形式订立许可使用合同。

著作权集体管理组织不得与使用者订立专有许可使用合同。

使用者以合理的条件要求与著作权集体管理组织订立许可使用合同，著作权集体管理组织不得拒绝。

许可使用合同的期限不得超过2年；合同期限届满可以续订。

第二十四条 著作权集体管理组织应当建立权利信息查询系统，供权利人和使用者查询。权利信息查询系统应当包括著作权集体管理组织管理的权利种类和作品、录音录像制品等的名称、权利人姓名或者名称、授权管理的期限。

权利人和使用者对著作权集体管理组织管理的权利的信息进行咨询时，该组织应当予以答复。

第二十五条 除著作权法第二十三条、第三十三条第二款、第四十条第三款、第四十三条第二款和第四十四条规定应当支付的使用费外，著作权集体管理组织应当根据国务院著作权管理部门公告的使用费收取标准，与使用者约定收取使用费的具体数额。

第二十六条 两个或者两个以上著作权集体管理组织就同一使用方式向同一使用者收取使用费，可以事先协商确定由其中一个著作权集体管理组织统一收取。统一收取的使用费在有关著作权集体管理组织之间经协商分配。

第二十七条 使用者向著作权集体管理组织支付使用费时，应当提供其使用的作品、录音录像制品等的名称、权利人姓名或者名称和使用的方式、数量、时间等有关使用情况；许可使用合同另有约定的除外。

使用者提供的有关使用情况涉及该使用者商业秘密的，著作权集体管理组织负有保密义务。

第二十八条 著作权集体管理组织可以从收取的使用费中提取一定比例作为管理费，用于维持其正常的业务活动。

著作权集体管理组织提取管理费的比例应当随着使用费收入的增加而逐步降低。

第二十九条 著作权集体管理组织收取的使用费,在提取管理费后,应当全部转付给权利人,不得挪作他用。

著作权集体管理组织转付使用费,应当编制使用费转付记录。使用费转付记录应当载明使用费总额、管理费数额、权利人姓名或者名称、作品或者录音录像制品等的名称、有关使用情况、向各权利人转付使用费的具体数额等事项,并应当保存 10 年以上。

第五章 对著作权集体管理组织的监督

第三十条 著作权集体管理组织应当依法建立财务、会计制度和资产管理制度,并按照国家有关规定设置会计账簿。

第三十一条 著作权集体管理组织的资产使用和财务管理受国务院著作权管理部门和民政部门的监督。

著作权集体管理组织应当在每个会计年度结束时制作财务会计报告,委托会计师事务所依法进行审计,并公布审计结果。

第三十二条 著作权集体管理组织应当对下列事项进行记录,供权利人和使用者查阅:

(一)作品许可使用情况;

(二)使用费收取和转付情况;

(三)管理费提取和使用情况。

权利人有权查阅、复制著作权集体管理组织的财务报告、工作报告和其他业务材料;著作权集体管理组织应当提供便利。

第三十三条 权利人认为著作权集体管理组织有下列情形之一的,可以向国务院著作权管理部门检举:

(一)权利人符合章程规定的加入条件要求加入著作权集体管理组织,或者会员依照章程规定的程序要求退出著作权集体管理组织,著作权集体管理组织拒绝的;

(二)著作权集体管理组织不按照规定收取、转付使用费,或者不按照规定提取、使用管理费的;

(三)权利人要求查阅本条例第三十二条规定的记录、业务材料,著作权集体管理组织拒绝提供的。

第三十四条 使用者认为著作权集体管理组织有下列情形之一的，可以向国务院著作权管理部门检举：

（一）著作权集体管理组织违反本条例第二十三条规定拒绝与使用者订立许可使用合同的；

（二）著作权集体管理组织未根据公告的使用费收取标准约定收取使用费的具体数额的；

（三）使用者要求查阅本条例第三十二条规定的记录，著作权集体管理组织拒绝提供的。

第三十五条 权利人和使用者以外的公民、法人或者其他组织认为著作权集体管理组织有违反本条例规定的行为的，可以向国务院著作权管理部门举报。

第三十六条 国务院著作权管理部门应当自接到检举、举报之日起60日内对检举、举报事项进行调查并依法处理。

第三十七条 国务院著作权管理部门可以采取下列方式对著作权集体管理组织进行监督，并应当对监督活动作出记录：

（一）检查著作权集体管理组织的业务活动是否符合本条例及其章程的规定；

（二）核查著作权集体管理组织的会计账簿、年度预算和决算报告及其他有关业务材料；

（三）派员列席著作权集体管理组织的会员大会、理事会等重要会议。

第三十八条 著作权集体管理组织应当依法接受国务院民政部门和其他有关部门的监督。

第六章 法律责任

第三十九条 著作权集体管理组织有下列情形之一的，由国务院著作权管理部门责令限期改正：

（一）违反本条例第二十二条规定，未将与境外同类组织订立的相互代表协议报国务院著作权管理部门备案的；

（二）违反本条例第二十四条规定，未建立权利信息查询系统的；

（三）未根据公告的使用费收取标准约定收取使用费的具体数额的。

著作权集体管理组织超出业务范围管理权利人的权利的，由国务院著作权管理部门责令限期改正，其与使用者订立的许可使用合同无效；给权利人、使用者造成损害的,依法承担民事责任。

第四十条 著作权集体管理组织有下列情形之一的,由国务院著作权管理部门责令限期改正;逾期不改正的,责令会员大会或者理事会根据本条例规定的权限罢免或者解聘直接负责的主管人员:

(一)违反本条例第十九条规定拒绝与权利人订立著作权集体管理合同的,或者违反本条例第二十一条的规定拒绝会员退出该组织的要求的;

(二)违反本条例第二十三条规定,拒绝与使用者订立许可使用合同的;

(三)违反本条例第二十八条规定提取管理费的;

(四)违反本条例第二十九条规定转付使用费的;

(五)拒绝提供或者提供虚假的会计账簿、年度预算和决算报告或者其他有关业务材料的。

第四十一条 著作权集体管理组织自国务院民政部门发给登记证书之日起超过 6 个月无正当理由未开展著作权集体管理活动,或者连续中止著作权集体管理活动 6 个月以上的,由国务院著作权管理部门吊销其著作权集体管理许可证,并由国务院民政部门撤销登记。

第四十二条 著作权集体管理组织从事营利性经营活动的,由工商行政管理部门依法予以取缔,没收违法所得;构成犯罪的,依法追究刑事责任。

第四十三条 违反本条例第二十七条的规定,使用者能够提供有关使用情况而拒绝提供,或者在提供有关使用情况时弄虚作假的,由国务院著作权管理部门责令改正;著作权集体管理组织可以中止许可使用合同。

第四十四条 擅自设立著作权集体管理组织或者分支机构,或者擅自从事著作权集体管理活动的,由国务院著作权管理部门或者民政部门依照职责分工予以取缔,没收违法所得;构成犯罪的,依法追究刑事责任。

第四十五条 依照本条例规定从事著作权集体管理组织审批和监督工作的国家行政机关工作人员玩忽职守、滥用职权、徇私舞弊,构成犯罪的,依法追究刑事责任;尚不构成犯罪的,依法给予行政处分。

第七章　附　则

第四十六条 本条例施行前已经设立的著作权集体管理组织,应当自本条例生效之日起 3 个月内,将其章程、使用费收取标准、使用费转付办法及其他有关材料报国务院著作权管理部门审核，并将其与境外同类组织订立的相互代表协议报国务院著作权管理部门备案。

第四十七条 依照著作权法第二十三条、第三十三条第二款、第四十条第三款的规定使用他人作品，未能依照《中华人民共和国著作权法实施条例》第三十二条的规定向权利人支付使用费的，应当将使用费连同邮资以及使用作品的有关情况送交管理相关权利的著作权集体管理组织，由该著作权集体管理组织将使用费转付给权利人。

负责转付使用费的著作权集体管理组织应当建立作品使用情况查询系统，供权利人、使用者查询。

负责转付使用费的著作权集体管理组织可以从其收到的使用费中提取管理费，管理费按照会员大会决定的该集体管理组织管理费的比例减半提取。除管理费外，该著作权集体管理组织不得从其收到的使用费中提取其他任何费用。

第四十八条 本条例自 2005 年 3 月 1 日起施行。

信息网络传播权保护条例

(2006 年 5 月 18 日中华人民共和国国务院令第 468 号公布　根据 2013 年 1 月 30 日《国务院关于修改〈信息网络传播权保护条例〉的决定》修订)

第一条　为保护著作权人、表演者、录音录像制作者(以下统称权利人)的信息网络传播权,鼓励有益于社会主义精神文明、物质文明建设的作品的创作和传播,根据《中华人民共和国著作权法》(以下简称著作权法),制定本条例。

第二条　权利人享有的信息网络传播权受著作权法和本条例保护。除法律、行政法规另有规定的外,任何组织或者个人将他人的作品、表演、录音录像制品通过信息网络向公众提供,应当取得权利人许可,并支付报酬。

第三条　依法禁止提供的作品、表演、录音录像制品,不受本条例保护。

权利人行使信息网络传播权,不得违反宪法和法律、行政法规,不得损害公共利益。

第四条　为了保护信息网络传播权,权利人可以采取技术措施。

任何组织或者个人不得故意避开或者破坏技术措施,不得故意制造、进口或者向公众提供主要用于避开或者破坏技术措施的装置或者部件,不得故意为他人避开或者破坏技术措施提供技术服务。但是,法律、行政法规规定可以避开的除外。

第五条　未经权利人许可,任何组织或者个人不得进行下列行为:

(一)故意删除或者改变通过信息网络向公众提供的作品、表演、录音录像制品的权利管理电子信息,但由于技术上的原因无法避免删除或者改变的除外;

(二)通过信息网络向公众提供明知或者应知未经权利人许可被删除或者改变权利管理电子信息的作品、表演、录音录像制品。

第六条　通过信息网络提供他人作品,属于下列情形的,可以不经著作权人许可,不向其支付报酬:

(一)为介绍、评论某一作品或者说明某一问题,在向公众提供的作品中适当引用已经发表的作品;

(二)为报道时事新闻,在向公众提供的作品中不可避免地再现或者引用已经发表的作品；

（三）为学校课堂教学或者科学研究，向少数教学、科研人员提供少量已经发表的作品；

（四）国家机关为执行公务，在合理范围内向公众提供已经发表的作品；

（五）将中国公民、法人或者其他组织已经发表的、以汉语言文字创作的作品翻译成的少数民族语言文字作品，向中国境内少数民族提供；

（六）不以营利为目的，以盲人能够感知的独特方式向盲人提供已经发表的文字作品；

（七）向公众提供在信息网络上已经发表的关于政治、经济问题的时事性文章；

（八）向公众提供在公众集会上发表的讲话。

第七条 图书馆、档案馆、纪念馆、博物馆、美术馆等可以不经著作权人许可，通过信息网络向本馆馆舍内服务对象提供本馆收藏的合法出版的数字作品和依法为陈列或者保存版本的需要以数字化形式复制的作品，不向其支付报酬，但不得直接或者间接获得经济利益。当事人另有约定的除外。

前款规定的为陈列或者保存版本需要以数字化形式复制的作品，应当是已经损毁或者濒临损毁、丢失或者失窃，或者其存储格式已经过时，并且在市场上无法购买或者只能以明显高于标定的价格购买的作品。

第八条 为通过信息网络实施九年制义务教育或者国家教育规划，可以不经著作权人许可，使用其已经发表作品的片断或者短小的文字作品、音乐作品或者单幅的美术作品、摄影作品制作课件，由制作课件或者依法取得课件的远程教育机构通过信息网络向注册学生提供，但应当向著作权人支付报酬。

第九条 为扶助贫困，通过信息网络向农村地区的公众免费提供中国公民、法人或者其他组织已经发表的种植养殖、防病治病、防灾减灾等与扶助贫困有关的作品和适应基本文化需求的作品，网络服务提供者应当在提供前公告拟提供的作品及其作者、拟支付报酬的标准。自公告之日起 30 日内，著作权人不同意提供的，网络服务提供者不得提供其作品；自公告之日起满 30 日，著作权人没有异议的，网络服务提供者可以提供其作品，并按照公告的标准向著作权人支付报酬。网络服务提供者提供著作权人的作品后，著作权人不同意提供的，网络服务提供者应当立即删除著作权人的作品，并按照公告的标准向著作权人支付提供作品期间的报酬。

依照前款规定提供作品的，不得直接或者间接获得经济利益。

第十条 依照本条例规定不经著作权人许可、通过信息网络向公众提供其作品的,还应当遵守下列规定:

(一)除本条例第六条第(一)项至第(六)项、第七条规定的情形外,不得提供作者事先声明不许提供的作品;

(二)指明作品的名称和作者的姓名(名称);

(三)依照本条例规定支付报酬;

(四)采取技术措施,防止本条例第七条、第八条、第九条规定的服务对象以外的其他人获得著作权人的作品,并防止本条例第七条规定的服务对象的复制行为对著作权人利益造成实质性损害;

(五)不得侵犯著作权人依法享有的其他权利。

第十一条 通过信息网络提供他人表演、录音录像制品的,应当遵守本条例第六条至第十条的规定。

第十二条 属于下列情形的,可以避开技术措施,但不得向他人提供避开技术措施的技术、装置或者部件,不得侵犯权利人依法享有的其他权利:

(一)为学校课堂教学或者科学研究,通过信息网络向少数教学、科研人员提供已经发表的作品、表演、录音录像制品,而该作品、表演、录音录像制品只能通过信息网络获取;

(二)不以营利为目的,通过信息网络以盲人能够感知的独特方式向盲人提供已经发表的文字作品,而该作品只能通过信息网络获取;

(三)国家机关依照行政、司法程序执行公务;

(四)在信息网络上对计算机及其系统或者网络的安全性能进行测试。

第十三条 著作权行政管理部门为了查处侵犯信息网络传播权的行为,可以要求网络服务提供者提供涉嫌侵权的服务对象的姓名(名称)、联系方式、网络地址等资料。

第十四条 对提供信息存储空间或者提供搜索、链接服务的网络服务提供者,权利人认为其服务所涉及的作品、表演、录音录像制品,侵犯自己的信息网络传播权或者被删除、改变了自己的权利管理电子信息的,可以向该网络服务提供者提交书面通知,要求网络服务提供者删除该作品、表演、录音录像制品,或者断开与该作品、表演、录音录像制品的链接。通知书应当包含下列内容:

(一)权利人的姓名(名称)、联系方式和地址;

(二)要求删除或者断开链接的侵权作品、表演、录音录像制品的名称和网络地址；

（三）构成侵权的初步证明材料。

权利人应当对通知书的真实性负责。

第十五条 网络服务提供者接到权利人的通知书后，应当立即删除涉嫌侵权的作品、表演、录音录像制品，或者断开与涉嫌侵权的作品、表演、录音录像制品的链接，并同时将通知书转送提供作品、表演、录音录像制品的服务对象；服务对象网络地址不明、无法转送的，应当将通知书的内容同时在信息网络上公告。

第十六条 服务对象接到网络服务提供者转送的通知书后，认为其提供的作品、表演、录音录像制品未侵犯他人权利的，可以向网络服务提供者提交书面说明，要求恢复被删除的作品、表演、录音录像制品，或者恢复与被断开的作品、表演、录音录像制品的链接。书面说明应当包含下列内容：

（一）服务对象的姓名（名称）、联系方式和地址；

（二）要求恢复的作品、表演、录音录像制品的名称和网络地址；

（三）不构成侵权的初步证明材料。

服务对象应当对书面说明的真实性负责。

第十七条 网络服务提供者接到服务对象的书面说明后，应当立即恢复被删除的作品、表演、录音录像制品，或者可以恢复与被断开的作品、表演、录音录像制品的链接，同时将服务对象的书面说明转送权利人。权利人不得再通知网络服务提供者删除该作品、表演、录音录像制品，或者断开与该作品、表演、录音录像制品的链接。

第十八条 违反本条例规定，有下列侵权行为之一的，根据情况承担停止侵害、消除影响、赔礼道歉、赔偿损失等民事责任；同时损害公共利益的，可以由著作权行政管理部门责令停止侵权行为，没收违法所得，非法经营额 5 万元以上的，可处非法经营额 1 倍以上 5 倍以下的罚款；没有非法经营额或者非法经营额 5 万元以下的，根据情节轻重，可处 25 万元以下的罚款；情节严重的，著作权行政管理部门可以没收主要用于提供网络服务的计算机等设备；构成犯罪的，依法追究刑事责任：

（一）通过信息网络擅自向公众提供他人的作品、表演、录音录像制品的；

（二）故意避开或者破坏技术措施的；

（三）故意删除或者改变通过信息网络向公众提供的作品、表演、录音录像制品的权利管理电子信息，或者通过信息网络向公众提供明知或者应知未经权利人

许可而被删除或者改变权利管理电子信息的作品、表演、录音录像制品的;

(四)为扶助贫困通过信息网络向农村地区提供作品、表演、录音录像制品超过规定范围,或者未按照公告的标准支付报酬,或者在权利人不同意提供其作品、表演、录音录像制品后未立即删除的;

(五)通过信息网络提供他人的作品、表演、录音录像制品,未指明作品、表演、录音录像制品的名称或者作者、表演者、录音录像制作者的姓名(名称),或者未支付报酬,或者未依照本条例规定采取技术措施防止服务对象以外的其他人获得他人的作品、表演、录音录像制品,或者未防止服务对象的复制行为对权利人利益造成实质性损害的。

第十九条 违反本条例规定,有下列行为之一的,由著作权行政管理部门予以警告,没收违法所得,没收主要用于避开、破坏技术措施的装置或者部件;情节严重的,可以没收主要用于提供网络服务的计算机等设备;非法经营额 5 万元以上的,可处非法经营额 1 倍以上 5 倍以下的罚款;没有非法经营额或者非法经营额 5 万元以下的,根据情节轻重,可处 25 万元以下的罚款;构成犯罪的,依法追究刑事责任:

(一)故意制造、进口或者向他人提供主要用于避开、破坏技术措施的装置或者部件,或者故意为他人避开或者破坏技术措施提供技术服务的;

(二)通过信息网络提供他人的作品、表演、录音录像制品,获得经济利益的;

(三)为扶助贫困通过信息网络向农村地区提供作品、表演、录音录像制品,未在提供前公告作品、表演、录音录像制品的名称和作者、表演者、录音录像制作者的姓名(名称)以及报酬标准的。

第二十条 网络服务提供者根据服务对象的指令提供网络自动接入服务,或者对服务对象提供的作品、表演、录音录像制品提供自动传输服务,并具备下列条件的,不承担赔偿责任:

(一)未选择并且未改变所传输的作品、表演、录音录像制品;

(二)向指定的服务对象提供该作品、表演、录音录像制品,并防止指定的服务对象以外的其他人获得。

第二十一条 网络服务提供者为提高网络传输效率,自动存储从其他网络服务提供者获得的作品、表演、录音录像制品,根据技术安排自动向服务对象提供,并具备下列条件的,不承担赔偿责任:

(一)未改变自动存储的作品、表演、录音录像制品;

（二）不影响提供作品、表演、录音录像制品的原网络服务提供者掌握服务对象获取该作品、表演、录音录像制品的情况；

（三）在原网络服务提供者修改、删除或者屏蔽该作品、表演、录音录像制品时，根据技术安排自动予以修改、删除或者屏蔽。

第二十二条 网络服务提供者为服务对象提供信息存储空间，供服务对象通过信息网络向公众提供作品、表演、录音录像制品，并具备下列条件的，不承担赔偿责任：

（一）明确标示该信息存储空间是为服务对象所提供，并公开网络服务提供者的名称、联系人、网络地址；

（二）未改变服务对象所提供的作品、表演、录音录像制品；

（三）不知道也没有合理的理由应当知道服务对象提供的作品、表演、录音录像制品侵权；

（四）未从服务对象提供作品、表演、录音录像制品中直接获得经济利益；

（五）在接到权利人的通知书后，根据本条例规定删除权利人认为侵权的作品、表演、录音录像制品。

第二十三条 网络服务提供者为服务对象提供搜索或者链接服务，在接到权利人的通知书后，根据本条例规定断开与侵权的作品、表演、录音录像制品的链接的，不承担赔偿责任；但是，明知或者应知所链接的作品、表演、录音录像制品侵权的，应当承担共同侵权责任。

第二十四条 因权利人的通知导致网络服务提供者错误删除作品、表演、录音录像制品，或者错误断开与作品、表演、录音录像制品的链接，给服务对象造成损失的，权利人应当承担赔偿责任。

第二十五条 网络服务提供者无正当理由拒绝提供或者拖延提供涉嫌侵权的服务对象的姓名（名称）、联系方式、网络地址等资料的，由著作权行政管理部门予以警告；情节严重的，没收主要用于提供网络服务的计算机等设备。

第二十六条 本条例下列用语的含义：

信息网络传播权，是指以有线或者无线方式向公众提供作品、表演或者录音录像制品，使公众可以在其个人选定的时间和地点获得作品、表演或者录音录像制品的权利。

技术措施，是指用于防止、限制未经权利人许可浏览、欣赏作品、表演、录音录像制品的或者通过信息网络向公众提供作品、表演、录音录像制品的有效技术、装置或者部件。

权利管理电子信息,是指说明作品及其作者、表演及其表演者、录音录像制品及其制作者的信息,作品、表演、录音录像制品权利人的信息和使用条件的信息,以及表示上述信息的数字或者代码。

第二十七条 本条例自 2006 年 7 月 1 日起施行。

中华人民共和国政府信息公开条例

(2007年1月17日国务院第165次常务会议通过　2007年4月5日中华人民共和国国务院令第492号公布　自2008年5月1日起施行)

第一章　总　　则

第一条　为了保障公民、法人和其他组织依法获取政府信息,提高政府工作的透明度,促进依法行政,充分发挥政府信息对人民群众生产、生活和经济社会活动的服务作用,制定本条例。

第二条　本条例所称政府信息,是指行政机关在履行职责过程中制作或者获取的,以一定形式记录、保存的信息。

第三条　各级人民政府应当加强对政府信息公开工作的组织领导。

国务院办公厅是全国政府信息公开工作的主管部门,负责推进、指导、协调、监督全国的政府信息公开工作。

县级以上地方人民政府办公厅(室)或者县级以上地方人民政府确定的其他政府信息公开工作主管部门负责推进、指导、协调、监督本行政区域的政府信息公开工作。

第四条　各级人民政府及县级以上人民政府部门应当建立健全本行政机关的政府信息公开工作制度,并指定机构(以下统称政府信息公开工作机构)负责本行政机关政府信息公开的日常工作。

政府信息公开工作机构的具体职责是:

(一)具体承办本行政机关的政府信息公开事宜;

(二)维护和更新本行政机关公开的政府信息;

(三)组织编制本行政机关的政府信息公开指南、政府信息公开目录和政府信息公开工作年度报告;

(四)对拟公开的政府信息进行保密审查;

(五)本行政机关规定的与政府信息公开有关的其他职责。

第五条 行政机关公开政府信息,应当遵循公正、公平、便民的原则。

第六条 行政机关应当及时、准确地公开政府信息。行政机关发现影响或者可能影响社会稳定、扰乱社会管理秩序的虚假或者不完整信息的,应当在其职责范围内发布准确的政府信息予以澄清。

第七条 行政机关应当建立健全政府信息发布协调机制。行政机关发布政府信息涉及其他行政机关的,应当与有关行政机关进行沟通、确认,保证行政机关发布的政府信息准确一致。

行政机关发布政府信息依照国家有关规定需要批准的,未经批准不得发布。

第八条 行政机关公开政府信息,不得危及国家安全、公共安全、经济安全和社会稳定。

第二章 公开的范围

第九条 行政机关对符合下列基本要求之一的政府信息应当主动公开:

(一)涉及公民、法人或者其他组织切身利益的;

(二)需要社会公众广泛知晓或者参与的;

(三)反映本行政机关机构设置、职能、办事程序等情况的;

(四)其他依照法律、法规和国家有关规定应当主动公开的。

第十条 县级以上各级人民政府及其部门应当依照本条例第九条的规定,在各自职责范围内确定主动公开的政府信息的具体内容,并重点公开下列政府信息:

(一)行政法规、规章和规范性文件;

(二)国民经济和社会发展规划、专项规划、区域规划及相关政策;

(三)国民经济和社会发展统计信息;

(四)财政预算、决算报告;

(五)行政事业性收费的项目、依据、标准;

(六)政府集中采购项目的目录、标准及实施情况;

(七)行政许可的事项、依据、条件、数量、程序、期限以及申请行政许可需要提交的全部材料目录及办理情况;

(八)重大建设项目的批准和实施情况;

(九)扶贫、教育、医疗、社会保障、促进就业等方面的政策、措施及其实施情况;

(十)突发公共事件的应急预案、预警信息及应对情况;

(十一)环境保护、公共卫生、安全生产、食品药品、产品质量的监督检查情况。

第十一条 设区的市级人民政府、县级人民政府及其部门重点公开的政府信息还应当包括下列内容:

(一)城乡建设和管理的重大事项;

(二)社会公益事业建设情况;

(三)征收或者征用土地、房屋拆迁及其补偿、补助费用的发放、使用情况;

(四)抢险救灾、优抚、救济、社会捐助等款物的管理、使用和分配情况。

第十二条 乡(镇)人民政府应当依照本条例第九条的规定,在其职责范围内确定主动公开的政府信息的具体内容,并重点公开下列政府信息:

(一)贯彻落实国家关于农村工作政策的情况;

(二)财政收支、各类专项资金的管理和使用情况;

(三)乡(镇)土地利用总体规划、宅基地使用的审核情况;

(四)征收或者征用土地、房屋拆迁及其补偿、补助费用的发放、使用情况;

(五)乡(镇)的债权债务、筹资筹劳情况;

(六)抢险救灾、优抚、救济、社会捐助等款物的发放情况;

(七)乡镇集体企业及其他乡镇经济实体承包、租赁、拍卖等情况;

(八)执行计划生育政策的情况。

第十三条 除本条例第九条、第十条、第十一条、第十二条规定的行政机关主动公开的政府信息外,公民、法人或者其他组织还可以根据自身生产、生活、科研等特殊需要,向国务院部门、地方各级人民政府及县级以上地方人民政府部门申请获取相关政府信息。

第十四条 行政机关应当建立健全政府信息发布保密审查机制,明确审查的程序和责任。

行政机关在公开政府信息前,应当依照《中华人民共和国保守国家秘密法》以及其他法律、法规和国家有关规定对拟公开的政府信息进行审查。

行政机关对政府信息不能确定是否可以公开时,应当依照法律、法规和国家有关规定报有关主管部门或者同级保密工作部门确定。

行政机关不得公开涉及国家秘密、商业秘密、个人隐私的政府信息。但是,经权利人同意公开或者行政机关认为不公开可能对公共利益造成重大影响的涉及商业秘密、个人隐私的政府信息,可以予以公开。

第三章　公开的方式和程序

第十五条　行政机关应当将主动公开的政府信息,通过政府公报、政府网站、新闻发布会以及报刊、广播、电视等便于公众知晓的方式公开。

第十六条　各级人民政府应当在国家档案馆、公共图书馆设置政府信息查阅场所,并配备相应的设施、设备,为公民、法人或者其他组织获取政府信息提供便利。

行政机关可以根据需要设立公共查阅室、资料索取点、信息公告栏、电子信息屏等场所、设施,公开政府信息。

行政机关应当及时向国家档案馆、公共图书馆提供主动公开的政府信息。

第十七条　行政机关制作的政府信息,由制作该政府信息的行政机关负责公开;行政机关从公民、法人或者其他组织获取的政府信息,由保存该政府信息的行政机关负责公开。法律、法规对政府信息公开的权限另有规定的,从其规定。

第十八条　属于主动公开范围的政府信息,应当自该政府信息形成或者变更之日起 20 个工作日内予以公开。法律、法规对政府信息公开的期限另有规定的,从其规定。

第十九条　行政机关应当编制、公布政府信息公开指南和政府信息公开目录,并及时更新。

政府信息公开指南,应当包括政府信息的分类、编排体系、获取方式,政府信息公开工作机构的名称、办公地址、办公时间、联系电话、传真号码、电子邮箱等内容。

政府信息公开目录,应当包括政府信息的索引、名称、内容概述、生成日期等内容。

第二十条　公民、法人或者其他组织依照本条例第十三条规定向行政机关申请获取政府信息的,应当采用书面形式(包括数据电文形式);采用书面形式确有困难的,申请人可以口头提出,由受理该申请的行政机关代为填写政府信息公开申请。

政府信息公开申请应当包括下列内容:

(一)申请人的姓名或者名称、联系方式;

(二)申请公开的政府信息的内容描述;

(三)申请公开的政府信息的形式要求。

第二十一条 对申请公开的政府信息,行政机关根据下列情况分别作出答复:

(一)属于公开范围的,应当告知申请人获取该政府信息的方式和途径;

(二)属于不予公开范围的,应当告知申请人并说明理由;

(三)依法不属于本行政机关公开或者该政府信息不存在的,应当告知申请人,对能够确定该政府信息的公开机关的,应当告知申请人该行政机关的名称、联系方式;

(四)申请内容不明确的,应当告知申请人作出更改、补充。

第二十二条 申请公开的政府信息中含有不应当公开的内容,但是能够作区分处理的,行政机关应当向申请人提供可以公开的信息内容。

第二十三条 行政机关认为申请公开的政府信息涉及商业秘密、个人隐私,公开后可能损害第三方合法权益的,应当书面征求第三方的意见;第三方不同意公开的,不得公开。但是,行政机关认为不公开可能对公共利益造成重大影响的,应当予以公开,并将决定公开的政府信息内容和理由书面通知第三方。

第二十四条 行政机关收到政府信息公开申请,能够当场答复的,应当当场予以答复。

行政机关不能当场答复的,应当自收到申请之日起 15 个工作日内予以答复;如需延长答复期限的,应当经政府信息公开工作机构负责人同意,并告知申请人,延长答复的期限最长不得超过 15 个工作日。

申请公开的政府信息涉及第三方权益的,行政机关征求第三方意见所需时间不计算在本条第二款规定的期限内。

第二十五条 公民、法人或者其他组织向行政机关申请提供与其自身相关的税费缴纳、社会保障、医疗卫生等政府信息的,应当出示有效身份证件或者证明文件。

公民、法人或者其他组织有证据证明行政机关提供的与其自身相关的政府信息记录不准确的,有权要求该行政机关予以更正。该行政机关无权更正的,应当转送有权更正的行政机关处理,并告知申请人。

第二十六条 行政机关依申请公开政府信息,应当按照申请人要求的形式予以提供;无法按照申请人要求的形式提供的,可以通过安排申请人查阅相关资料、提供复制件或者其他适当形式提供。

第二十七条 行政机关依申请提供政府信息,除可以收取检索、复制、邮寄等成本费用外,不得收取其他费用。行政机关不得通过其他组织、个人以有偿服务方式提供政府信息。

行政机关收取检索、复制、邮寄等成本费用的标准由国务院价格主管部门会同国务院财政部门制定。

第二十八条 申请公开政府信息的公民确有经济困难的,经本人申请、政府信息公开工作机构负责人审核同意,可以减免相关费用。

申请公开政府信息的公民存在阅读困难或者视听障碍的,行政机关应当为其提供必要的帮助。

第四章 监督和保障

第二十九条 各级人民政府应当建立健全政府信息公开工作考核制度、社会评议制度和责任追究制度,定期对政府信息公开工作进行考核、评议。

第三十条 政府信息公开工作主管部门和监察机关负责对行政机关政府信息公开的实施情况进行监督检查。

第三十一条 各级行政机关应当在每年 3 月 31 日前公布本行政机关的政府信息公开工作年度报告。

第三十二条 政府信息公开工作年度报告应当包括下列内容:

(一)行政机关主动公开政府信息的情况;

(二)行政机关依申请公开政府信息和不予公开政府信息的情况;

(三)政府信息公开的收费及减免情况;

(四)因政府信息公开申请行政复议、提起行政诉讼的情况;

(五)政府信息公开工作存在的主要问题及改进情况;

(六)其他需要报告的事项。

第三十三条 公民、法人或者其他组织认为行政机关不依法履行政府信息公开义务的,可以向上级行政机关、监察机关或者政府信息公开工作主管部门举报。收到举报的机关应当予以调查处理。

公民、法人或者其他组织认为行政机关在政府信息公开工作中的具体行政行为侵犯其合法权益的,可以依法申请行政复议或者提起行政诉讼。

第三十四条 行政机关违反本条例的规定,未建立健全政府信息发布保密审查机制的,由监察机关、上一级行政机关责令改正;情节严重的,对行政机关主要负责人依法给予处分。

第三十五条　行政机关违反本条例的规定，有下列情形之一的，由监察机关、上一级行政机关责令改正；情节严重的，对行政机关直接负责的主管人员和其他直接责任人员依法给予处分；构成犯罪的，依法追究刑事责任：

（一）不依法履行政府信息公开义务的；

（二）不及时更新公开的政府信息内容、政府信息公开指南和政府信息公开目录的；

（三）违反规定收取费用的；

（四）通过其他组织、个人以有偿服务方式提供政府信息的；

（五）公开不应当公开的政府信息的；

（六）违反本条例规定的其他行为。

第五章　附　　则

第三十六条　法律、法规授权的具有管理公共事务职能的组织公开政府信息的活动，适用本条例。

第三十七条　教育、医疗卫生、计划生育、供水、供电、供气、供热、环保、公共交通等与人民群众利益密切相关的公共企事业单位在提供社会公共服务过程中制作、获取的信息的公开，参照本条例执行，具体办法由国务院有关主管部门或者机构制定。

第三十八条　本条例自2008年5月1日起施行。

事业单位人事管理条例

(2014 年 4 月 25 日中华人民共和国国务院令
第 652 号公布　自 2014 年 7 月 1 日起施行)

第一章　总　　则

第一条　为了规范事业单位的人事管理,保障事业单位工作人员的合法权益,建设高素质的事业单位工作人员队伍,促进公共服务发展,制定本条例。

第二条　事业单位人事管理,坚持党管干部、党管人才原则,全面准确贯彻民主、公开、竞争、择优方针。

国家对事业单位工作人员实行分级分类管理。

第三条　中央事业单位人事综合管理部门负责全国事业单位人事综合管理工作。

县级以上地方各级事业单位人事综合管理部门负责本辖区事业单位人事综合管理工作。

事业单位主管部门具体负责所属事业单位人事管理工作。

第四条　事业单位应当建立健全人事管理制度。

事业单位制定或者修改人事管理制度,应当通过职工代表大会或者其他形式听取工作人员意见。

第二章　岗 位 设 置

第五条　国家建立事业单位岗位管理制度,明确岗位类别和等级。

第六条　事业单位根据职责任务和工作需要,按照国家有关规定设置岗位。

岗位应当具有明确的名称、职责任务、工作标准和任职条件。

第七条　事业单位拟订岗位设置方案,应当报人事综合管理部门备案。

第三章　公开招聘和竞聘上岗

第八条　事业单位新聘用工作人员，应当面向社会公开招聘。但是，国家政策性安置、按照人事管理权限由上级任命、涉密岗位等人员除外。

第九条　事业单位公开招聘工作人员按照下列程序进行：

（一）制定公开招聘方案；

（二）公布招聘岗位、资格条件等招聘信息；

（三）审查应聘人员资格条件；

（四）考试、考察；

（五）体检；

（六）公示拟聘人员名单；

（七）订立聘用合同，办理聘用手续。

第十条　事业单位内部产生岗位人选，需要竞聘上岗的，按照下列程序进行：

（一）制定竞聘上岗方案；

（二）在本单位公布竞聘岗位、资格条件、聘期等信息；

（三）审查竞聘人员资格条件；

（四）考评；

（五）在本单位公示拟聘人员名单；

（六）办理聘任手续。

第十一条　事业单位工作人员可以按照国家有关规定进行交流。

第四章　聘用合同

第十二条　事业单位与工作人员订立的聘用合同，期限一般不低于3年。

第十三条　初次就业的工作人员与事业单位订立的聘用合同期限3年以上的，试用期为12个月。

第十四条　事业单位工作人员在本单位连续工作满10年且距法定退休年龄不足10年，提出订立聘用至退休的合同的，事业单位应当与其订立聘用至退休的合同。

第十五条　事业单位工作人员连续旷工超过15个工作日，或者1年内累计旷工超过30个工作日的，事业单位可以解除聘用合同。

第十六条 事业单位工作人员年度考核不合格且不同意调整工作岗位,或者连续两年年度考核不合格的,事业单位提前 30 日书面通知,可以解除聘用合同。

第十七条 事业单位工作人员提前 30 日书面通知事业单位,可以解除聘用合同。但是,双方对解除聘用合同另有约定的除外。

第十八条 事业单位工作人员受到开除处分的,解除聘用合同。

第十九条 自聘用合同依法解除、终止之日起,事业单位与被解除、终止聘用合同人员的人事关系终止。

第五章 考核和培训

第二十条 事业单位应当根据聘用合同规定的岗位职责任务,全面考核工作人员的表现,重点考核工作绩效。考核应当听取服务对象的意见和评价。

第二十一条 考核分为平时考核、年度考核和聘期考核。

年度考核的结果可以分为优秀、合格、基本合格和不合格等档次,聘期考核的结果可以分为合格和不合格等档次。

第二十二条 考核结果作为调整事业单位工作人员岗位、工资以及续订聘用合同的依据。

第二十三条 事业单位应当根据不同岗位的要求,编制工作人员培训计划,对工作人员进行分级分类培训。

工作人员应当按照所在单位的要求,参加岗前培训、在岗培训、转岗培训和为完成特定任务的专项培训。

第二十四条 培训经费按照国家有关规定列支。

第六章 奖励和处分

第二十五条 事业单位工作人员或者集体有下列情形之一的,给予奖励:

(一)长期服务基层,爱岗敬业,表现突出的;

(二)在执行国家重要任务、应对重大突发事件中表现突出的;

(三)在工作中有重大发明创造、技术革新的;

(四)在培养人才、传播先进文化中作出突出贡献的;

(五)有其他突出贡献的。

第二十六条 奖励坚持精神奖励与物质奖励相结合、以精神奖励为主的原则。

第二十七条 奖励分为嘉奖、记功、记大功、授予荣誉称号。

第二十八条 事业单位工作人员有下列行为之一的,给予处分:

(一)损害国家声誉和利益的;

(二)失职渎职的;

(三)利用工作之便谋取不正当利益的;

(四)挥霍、浪费国家资财的;

(五)严重违反职业道德、社会公德的;

(六)其他严重违反纪律的。

第二十九条 处分分为警告、记过、降低岗位等级或者撤职、开除。

受处分的期间为:警告,6 个月;记过,12 个月;降低岗位等级或者撤职,24 个月。

第三十条 给予工作人员处分,应当事实清楚、证据确凿、定性准确、处理恰当、程序合法、手续完备。

第三十一条 工作人员受开除以外的处分,在受处分期间没有再发生违纪行为的,处分期满后,由处分决定单位解除处分并以书面形式通知本人。

第七章 工资福利和社会保险

第三十二条 国家建立激励与约束相结合的事业单位工资制度。

事业单位工作人员工资包括基本工资、绩效工资和津贴补贴。

事业单位工资分配应当结合不同行业事业单位特点,体现岗位职责、工作业绩、实际贡献等因素。

第三十三条 国家建立事业单位工作人员工资的正常增长机制。

事业单位工作人员的工资水平应当与国民经济发展相协调、与社会进步相适应。

第三十四条 事业单位工作人员享受国家规定的福利待遇。

事业单位执行国家规定的工时制度和休假制度。

第三十五条 事业单位及其工作人员依法参加社会保险,工作人员依法享受社会保险待遇。

第三十六条 事业单位工作人员符合国家规定退休条件的,应当退休。

第八章　人事争议处理

第三十七条　事业单位工作人员与所在单位发生人事争议的,依照《中华人民共和国劳动争议调解仲裁法》等有关规定处理。

第三十八条　事业单位工作人员对涉及本人的考核结果、处分决定等不服的,可以按照国家有关规定申请复核、提出申诉。

第三十九条　负有事业单位聘用、考核、奖励、处分、人事争议处理等职责的人员履行职责,有下列情形之一的,应当回避:

(一)与本人有利害关系的;

(二)与本人近亲属有利害关系的;

(三)其他可能影响公正履行职责的。

第四十条　对事业单位人事管理工作中的违法违纪行为,任何单位或者个人可以向事业单位人事综合管理部门、主管部门或者监察机关投诉、举报,有关部门和机关应当及时调查处理。

第九章　法 律 责 任

第四十一条　事业单位违反本条例规定的,由县级以上事业单位人事综合管理部门或者主管部门责令限期改正;逾期不改正的,对直接负责的主管人员和其他直接责任人员依法给予处分。

第四十二条　对事业单位工作人员的人事处理违反本条例规定给当事人造成名誉损害的,应当赔礼道歉、恢复名誉、消除影响;造成经济损失的,依法给予赔偿。

第四十三条　事业单位人事综合管理部门和主管部门的工作人员在事业单位人事管理工作中滥用职权、玩忽职守、徇私舞弊的,依法给予处分;构成犯罪的,依法追究刑事责任。

第十章　附　　则

第四十四条　本条例自 2014 年 7 月 1 日起施行。

文化市场综合行政执法管理办法

（2011 年 12 月 19 日文化部令第 52 号公布　自 2012 年 2 月 1 日起施行）

第一章　总　则

第一条　为规范文化市场综合行政执法行为，加强文化市场管理，维护文化市场秩序，保护公民、法人和其他组织的合法权益，促进文化市场健康发展，根据《中华人民共和国行政处罚法》、《中华人民共和国行政强制法》等国家有关法律、法规，制定本办法。

第二条　本办法所称文化市场综合行政执法是指文化市场综合行政执法机构（以下简称综合执法机构），依照国家有关法律、法规、规章的规定，对公民、法人或者其他组织的文化经营活动进行监督检查，并对违法行为进行处理的具体行政行为。

第三条　本办法所称综合执法机构包括：

（一）经法律、法规授权实施文化市场综合行政执法，对同级人民政府负责的执法机构；

（二）接受有关行政部门委托实施文化市场综合行政执法，接受委托机关的指导和监督，对委托机关负责的执法机构。

第四条　文化市场综合行政执法应当遵循公平、公正、公开的原则，建立权责明确、行为规范、监督有效、保障有力的行政执法运行机制。

第五条　文化部负责指导全国文化市场综合行政执法，建立统一完善的文化市场综合行政执法工作制度，建设全国文化市场技术监管体系，加强文化市场综合行政执法队伍的专业化、规范化、信息化建设，完善对文化市场综合行政执法工作的绩效考核。

各有关行政部门在各自职责权限范围内，指导综合执法机构依法开展执法业务。

各级综合执法机构依照职责分工负责本行政区域内的文化市场综合行政执法工作。

第二章　执法机构与执法人员

第六条　综合执法机构与各有关行政部门应当建立协作机制,及时掌握行政执法的依据、标准以及相关行政许可情况,定期通报市场动态和行政执法情况,提出政策或者工作建议。

第七条　文化市场综合行政执法人员(以下简称执法人员)应当具备以下条件:

(一)具有中华人民共和国国籍;

(二)年满十八周岁;

(三)遵纪守法、品行良好、身体健康;

(四)熟悉文化市场管理法律法规,掌握文化市场管理所需的业务知识和技能;

(五)无犯罪或者开除公职记录;

(六)法律法规规定的其他条件。

录用执法人员应当参照《中华人民共和国公务员法》的有关规定公开招考,择优录取。

第八条　执法人员经岗位培训和考试合格,取得《中华人民共和国文化市场综合行政执法证》或者各级人民政府核发的行政执法证后,方可从事行政执法工作。

综合执法机构应当每年对执法人员进行业务考核。对考核不合格的执法人员,应当暂扣执法证件。

第九条　综合执法机构应当有计划地对执法人员进行业务培训,鼓励和支持执法人员参加在职继续教育。

第十条　综合执法机构应当配备调查询问、证据保存等专用房间及交通、通讯、取证、检测等行政执法所必需的设施设备;为执法人员购买人身意外伤害保险。

第十一条　综合执法机构应当实行执法人员定期岗位轮换制度。执法人员在同一执法岗位上连续工作时间原则上不超过 5 年。

第十二条　各有关行政部门或者综合执法机构可按有关规定对工作成绩显著的综合执法机构和执法人员给予表彰、奖励。

第三章　执法程序

第十三条　综合执法机构应当建立健全12318文化市场举报体系，向社会公布举报方式，依法及时有效受理、办理举报，对举报有功人员可给予一定奖励。

对日常巡查或者定期检查中发现的违法行为，公民、法人及其他组织举报的违法行为，上级交办的、下级报请处理的或者有关部门移送的案件，应当及时处理。

第十四条　重大案件发生后12小时内，当地综合执法机构应当将案件情况向上级报告。上级综合执法机构或者委托机关应当对重大案件的查处进行督办。

第十五条　文化市场行政违法案件由违法行为发生地所在的县级以上有关行政部门或者综合执法机构管辖。法律、法规、规章另有规定的，从其规定。对管辖发生争议的，报请共同的上一级行政机关指定管辖。

发现受理的案件不属于自己管辖的，应当及时将案件移交给有管辖权的有关行政部门、综合执法机构；违法行为涉嫌构成犯罪的，应当移送司法机关依法处理。

第十六条　执法人员依法执行公务时，应当规范着装，佩戴执法标志。

第十七条　综合执法机构开展行政执法活动，应当严格按照法律、法规和本办法规定的程序进行，并依法制作执法文书。

第十八条　对于公民、法人或者其他组织违反文化市场管理法律法规的行为，依法应当给予行政处罚的，必须查明事实；违法事实不清的，不得给予行政处罚。

第十九条　在作出行政处罚之前，应当告知当事人作出行政处罚决定的事实、理由和依据，并告知当事人依法享有的权利。

执法人员应当充分听取当事人的陈述和申辩，并制作笔录，对当事人提出的事实、理由和证据进行复核，经复核成立的应当采纳。

第二十条　违法事实确凿并有法定依据，对公民处以50元以下、对法人或者其他组织处以1000元以下罚款或者警告的行政处罚的，可以当场作出处罚决定；执法人员应当填写预定格式、编有号码的行政处罚决定书，经签名或者盖章后，当场交付当事人。

执法人员应当自作出当场处罚决定之日起3日内向所属综合执法机构报告并备案。

第二十一条　除依法可以当场作出的行政处罚外，发现公民、法人或者其他组织有依法应当给予行政处罚的行为的，应当登记立案，客观公正地进行调查，收集有关证据,必要时可以依照法律、法规的有关规定进行检查。

证据包括书证、物证、证人证言、视听资料、当事人陈述、鉴定结论、勘验笔录和现场笔录或者其他有关证据。证据必须查证属实,才能作为认定事实的根据。

第二十二条 在调查或者执法检查时,执法人员不得少于 2 名,并应当向当事人或者有关人员出示执法证件。当事人及有关人员应当如实回答询问,并协助调查或者检查。执法人员应当制作调查询问或者现场检查笔录,经当事人或者有关人员核对无误后,由当事人或者有关人员签名或者盖章。当事人或者有关人员拒绝的,由 2 名以上执法人员在笔录上注明情况并签名。

执法人员与当事人有直接利害关系的,应当回避。

第二十三条 在调查或者执法检查中,发现正在发生的违法违规行为,情况紧急无法立案的,执法人员可以采取以下措施:

(一)对违法行为予以制止或者纠正;

(二)依据相关法律法规规定,对有关物品、工具进行查封或者扣押;

(三)收集、提取有关证据。

第二十四条 执法人员在收集证据时,可以采取抽样取证的方法;在证据可能灭失或者以后难以取得的情况下,经依法批准后,可以采取先行登记保存等措施。

对证据进行抽样取证或者登记保存,应当有当事人在场;当事人不在场或者拒绝到场的,可以请在场的其他人员见证并注明。

对抽样取证或者登记保存的物品应当开列清单,并依据情况分别制作抽样取证凭证或者证据登记保存清单,标明物品名称、数量、单价等事项,由执法人员、当事人签名或者盖章,交付当事人。当事人拒绝签名、盖章或者接收的,由 2 名以上执法人员在凭证或者清单上注明情况并签名。

登记保存物品时,在原地保存可能灭失或者妨害公共安全的,可以异地保存。

第二十五条 对先行登记保存的证据,应当在 7 日内作出下列处理决定:

(一)需要进行技术检验或者鉴定的,送交检验或者鉴定;

(二)依法不需要没收的物品,退还当事人;

(三)依法应当移交有关部门处理的,移交有关部门。

法律法规另有规定的,从其规定。

第二十六条 对情节复杂或者重大的案件作出责令停业整顿、吊销许可证或者较大数额罚款等行政处罚前,应当经过集体讨论后,再做决定。

第二十七条 拟作出责令停业整顿、吊销许可证、较大数额罚款等行政处罚决定的,应当告知当事人有听证的权利。当事人要求听证的,应当组织听证。

第二十八条 听证会应当按照以下程序进行:

(一)听证主持人宣布听证开始,宣布案由、听证纪律、当事人的权利和义务,宣布和核对听证参加人员名单;

(二)调查人员提出当事人违法的事实、证据、处罚依据和行政处罚的理由;

(三)当事人可以提出证据,进行陈述和申辩,对调查人员提出的证据进行质证;

(四)听证主持人向当事人、调查人员、证人等有关人员询问;

(五)当事人最后陈述;

(六)听证主持人宣布听证结束。

第二十九条 听证会应当制作笔录,交当事人核阅无误后签字或者盖章。

听证主持人应当依据听证情况作出书面报告,报告的主要内容为:案由,听证时间、地点,听证参加人姓名或者名称,申辩和质证的事项,证据鉴别和事实认定情况。

第三十条 行政处罚决定书应当在宣告后当场交付当事人,由当事人在送达回证上记明收到日期,签名或者盖章。

当事人不在场的,应当自作出行政处罚决定之日起7日内依照民事诉讼法的有关规定,将行政处罚决定书送达当事人。

第三十一条 作出责令停业整顿、吊销许可证等重大行政处罚的,应当自作出行政处罚决定之日起15日内,报许可机关和上级综合执法机构备案,必要时可将处罚决定抄告有关部门。

第三十二条 依法没收的财物,必须按照国家有关规定公开拍卖或者处理。

依法应当予以销毁的物品,经综合执法机构负责人批准,由2名以上执法人员监督销毁,并制作销毁记录。

第三十三条 执法文书及有关材料,应当依照有关法律、法规、规章的规定,编目装订,立卷归档。

第四章 执法监督与责任追究

第三十四条 上级综合执法机构对下级综合执法机构及执法人员的执法行为实行执法监督。

综合执法机构接受同级人民政府及有关行政部门的执法监督。

第三十五条 执法监督的内容包括:

(一)执法主体;

(二)执法程序;

(三)法律、法规、规章的适用;

(四)履行法定职责的情况;

(五)罚没财物的处理;

(六)其他需要监督的内容。

第三十六条 执法监督的方式:

(一)受理对违法违规执法行为的申诉、控告和检举,并直接处理或者责成有关部门处理;

(二)对执法工作进行检查;

(三)调阅执法案卷和其他资料;

(四)在职权范围内采取的其他方式。

第三十七条 在执法过程中有下列情形之一的,应当予以纠正或者撤销行政处罚,损害当事人合法权益的,应当依法给予赔偿:

(一)执法主体不合法的;

(二)执法程序违法的;

(三)具体行政行为适用法律、法规、规章错误的;

(四)违法处置罚没或者扣押财物的。

第三十八条 因第三十七条列举情形造成以下后果的,应当依法追究直接责任人和主要负责人的责任:

(一)人民法院撤销、变更行政处罚决定的;

(二)复议机关撤销、变更行政处罚决定的。

第三十九条 执法人员有下列情形之一,尚不构成犯罪的,应当依法给予行政处分,并收回其执法证件;情节严重,构成犯罪的,依法追究刑事责任:

(一)滥用职权,侵犯公民、法人及其他组织合法权益的;

(二)利用职权或者工作之便索取或者收受他人财物,或者支持、纵容、包庇文化市场违法经营活动的;

(三)伪造、篡改、隐匿和销毁证据的;

(四)玩忽职守、贻误工作的;

（五）泄露举报内容和执法行动安排的；

（六）其他违反法律、法规、规章的行为。

第四十条 执法人员在被暂扣执法证件期间，不得从事行政执法工作；执法人员被收回执法证件的，应当调离执法岗位，不得再从事行政执法工作。

第五章 附 则

第四十一条 《中华人民共和国文化市场综合行政执法证》是执法人员履行职责时的合法证件，由文化部统一制式，省级文化行政部门或者综合执法机构监制并核发。

各级人民政府核发的行政执法证，也是执法人员履行职责时的合法证件。

执法文书由文化部统一格式，省级文化行政部门或者综合执法机构监制。

第四十二条 本办法所称“较大数额罚款”是指对公民处以 1 万元以上、对法人或者其他组织处以 5 万元以上的罚款，法律、法规、规章另有规定的，从其规定。

第四十三条 本办法由文化部负责解释。

第四十四条 本办法自 2012 年 2 月 1 日起施行。2006 年 7 月 1 日文化部发布的《文化市场行政执法管理办法》同时废止。

互联网广告管理暂行办法

(2016 年 7 月 4 日国家工商行政管理总局令
第 87 号公布　自 2016 年 9 月 1 日起施行)

第一条　为了规范互联网广告活动,保护消费者的合法权益,促进互联网广告业的健康发展,维护公平竞争的市场经济秩序,根据《中华人民共和国广告法》(以下简称广告法)等法律、行政法规,制定本办法。

第二条　利用互联网从事广告活动,适用广告法和本办法的规定。

第三条　本办法所称互联网广告,是指通过网站、网页、互联网应用程序等互联网媒介,以文字、图片、音频、视频或者其他形式,直接或者间接地推销商品或者服务的商业广告。

前款所称互联网广告包括:

(一)推销商品或者服务的含有链接的文字、图片或者视频等形式的广告;

(二)推销商品或者服务的电子邮件广告;

(三)推销商品或者服务的付费搜索广告;

(四)推销商品或者服务的商业性展示中的广告,法律、法规和规章规定经营者应当向消费者提供的信息的展示依照其规定;

(五)其他通过互联网媒介推销商品或者服务的商业广告。

第四条　鼓励和支持广告行业组织依照法律、法规、规章和章程的规定,制定行业规范,加强行业自律,促进行业发展,引导会员依法从事互联网广告活动,推动互联网广告行业诚信建设。

第五条　法律、行政法规规定禁止生产、销售的商品或者提供的服务,以及禁止发布广告的商品或者服务,任何单位或者个人不得在互联网上设计、制作、代理、发布广告。

禁止利用互联网发布处方药和烟草的广告。

第六条　医疗、药品、特殊医学用途配方食品、医疗器械、农药、兽药、保健食品广告等法律、行政法规规定须经广告审查机关进行审查的特殊商品或者服务的广告,未经审查,不得发布。

第七条 互联网广告应当具有可识别性,显著标明“广告”,使消费者能够辨明其为广告。

付费搜索广告应当与自然搜索结果明显区分。

第八条 利用互联网发布、发送广告,不得影响用户正常使用网络。在互联网页面以弹出等形式发布的广告,应当显著标明关闭标志,确保一键关闭。

不得以欺骗方式诱使用户点击广告内容。

未经允许,不得在用户发送的电子邮件中附加广告或者广告链接。

第九条 互联网广告主、广告经营者、广告发布者之间在互联网广告活动中应当依法订立书面合同。

第十条 互联网广告主应当对广告内容的真实性负责。

广告主发布互联网广告需具备的主体身份、行政许可、引证内容等证明文件,应当真实、合法、有效。

广告主可以通过自设网站或者拥有合法使用权的互联网媒介自行发布广告,也可以委托互联网广告经营者、广告发布者发布广告。

互联网广告主委托互联网广告经营者、广告发布者发布广告,修改广告内容时,应当以书面形式或者其他可以被确认的方式通知为其提供服务的互联网广告经营者、广告发布者。

第十一条 为广告主或者广告经营者推送或者展示互联网广告,并能够核对广告内容、决定广告发布的自然人、法人或者其他组织,是互联网广告的发布者。

第十二条 互联网广告发布者、广告经营者应当按照国家有关规定建立、健全互联网广告业务的承接登记、审核、档案管理制度;审核查验并登记广告主的名称、地址和有效联系方式等主体身份信息,建立登记档案并定期核实更新。

互联网广告发布者、广告经营者应当查验有关证明文件,核对广告内容,对内容不符或者证明文件不全的广告,不得设计、制作、代理、发布。

互联网广告发布者、广告经营者应当配备熟悉广告法规的广告审查人员;有条件的还应当设立专门机构,负责互联网广告的审查。

第十三条 互联网广告可以以程序化购买广告的方式,通过广告需求方平台、媒介方平台以及广告信息交换平台等所提供的信息整合、数据分析等服务进行有针对性地发布。

通过程序化购买广告方式发布的互联网广告,广告需求方平台经营者应当清晰标明广告来源。

第十四条 广告需求方平台是指整合广告主需求,为广告主提供发布服务的广告主服务平台。广告需求方平台的经营者是互联网广告发布者、广告经营者。

媒介方平台是指整合媒介方资源,为媒介所有者或者管理者提供程序化的广告分配和筛选的媒介服务平台。

广告信息交换平台是提供数据交换、分析匹配、交易结算等服务的数据处理平台。

第十五条 广告需求方平台经营者、媒介方平台经营者、广告信息交换平台经营者以及媒介方平台的成员,在订立互联网广告合同时,应当查验合同相对方的主体身份证明文件、真实名称、地址和有效联系方式等信息,建立登记档案并定期核实更新。

媒介方平台经营者、广告信息交换平台经营者以及媒介方平台成员,对其明知或者应知的违法广告,应当采取删除、屏蔽、断开链接等技术措施和管理措施,予以制止。

第十六条 互联网广告活动中不得有下列行为:

(一)提供或者利用应用程序、硬件等对他人正当经营的广告采取拦截、过滤、覆盖、快进等限制措施;

(二)利用网络通路、网络设备、应用程序等破坏正常广告数据传输,篡改或者遮挡他人正当经营的广告,擅自加载广告;

(三)利用虚假的统计数据、传播效果或者互联网媒介价值,诱导错误报价,谋取不正当利益或者损害他人利益。

第十七条 未参与互联网广告经营活动,仅为互联网广告提供信息服务的互联网信息服务提供者,对其明知或者应知利用其信息服务发布违法广告的,应当予以制止。

第十八条 对互联网广告违法行为实施行政处罚,由广告发布者所在地工商行政管理部门管辖。广告发布者所在地工商行政管理部门管辖异地广告主、广告经营者有困难的,可以将广告主、广告经营者的违法情况移交广告主、广告经营者所在地工商行政管理部门处理。

广告主所在地、广告经营者所在地工商行政管理部门先行发现违法线索或者收到投诉、举报的,也可以进行管辖。

对广告主自行发布的违法广告实施行政处罚,由广告主所在地工商行政管理部门管辖。

第十九条 工商行政管理部门在查处违法广告时,可以行使下列职权:

(一)对涉嫌从事违法广告活动的场所实施现场检查;

(二)询问涉嫌违法的有关当事人,对有关单位或者个人进行调查;

(三)要求涉嫌违法当事人限期提供有关证明文件;

(四)查阅、复制与涉嫌违法广告有关的合同、票据、账簿、广告作品和互联网广告后台数据,采用截屏、页面另存、拍照等方法确认互联网广告内容;

(五)责令暂停发布可能造成严重后果的涉嫌违法广告。

工商行政管理部门依法行使前款规定的职权时,当事人应当协助、配合,不得拒绝、阻挠或者隐瞒真实情况。

第二十条 工商行政管理部门对互联网广告的技术监测记录资料,可以作为对违法的互联网广告实施行政处罚或者采取行政措施的电子数据证据。

第二十一条 违反本办法第五条第一款规定,利用互联网广告推销禁止生产、销售的产品或者提供的服务,或者禁止发布广告的商品或者服务的,依照广告法第五十七条第五项的规定予以处罚;违反第二款的规定,利用互联网发布处方药、烟草广告的,依照广告法第五十七条第二项、第四项的规定予以处罚。

第二十二条 违反本办法第六条规定,未经审查发布广告的,依照广告法第五十八条第一款第十四项的规定予以处罚。

第二十三条 互联网广告违反本办法第七条规定,不具有可识别性的,依照广告法第五十九条第三款的规定予以处罚。

第二十四条 违反本办法第八条第一款规定,利用互联网发布广告,未显著标明关闭标志并确保一键关闭的,依照广告法第六十三条第二款的规定进行处罚;违反第二款、第三款规定,以欺骗方式诱使用户点击广告内容的,或者未经允许,在用户发送的电子邮件中附加广告或者广告链接的,责令改正,处一万元以上三万元以下的罚款。

第二十五条 违反本办法第十二条第一款、第二款规定,互联网广告发布者、广告经营者未按照国家有关规定建立、健全广告业务管理制度的,或者未对广告内容进行核对的,依照广告法第六十一条第一款的规定予以处罚。

第二十六条 有下列情形之一的,责令改正,处一万元以上三万元以下的罚款:

(一)广告需求方平台经营者违反本办法第十三条第二款规定,通过程序化购

买方式发布的广告未标明来源的;

(二)媒介方平台经营者、广告信息交换平台经营者以及媒介方平台成员,违反本办法第十五条第一款、第二款规定,未履行相关义务的。

第二十七条 违反本办法第十七条规定,互联网信息服务提供者明知或者应知互联网广告活动违法不予制止的,依照广告法第六十四条规定予以处罚。

第二十八条 工商行政管理部门依照广告法和本办法规定所做出的行政处罚决定,应当通过企业信用信息公示系统依法向社会公示。

第二十九条 本办法自 2016 年 9 月 1 日起施行。

互联网新闻信息服务管理规定

（2017年5月2日国家互联网信息办公室令
第1号公布　自2017年6月1日起施行）

第一章　总　　则

第一条　为加强互联网信息内容管理，促进互联网新闻信息服务健康有序发展，根据《中华人民共和国网络安全法》《互联网信息服务管理办法》《国务院关于授权国家互联网信息办公室负责互联网信息内容管理工作的通知》，制定本规定。

第二条　在中华人民共和国境内提供互联网新闻信息服务，适用本规定。

本规定所称新闻信息，包括有关政治、经济、军事、外交等社会公共事务的报道、评论，以及有关社会突发事件的报道、评论。

第三条　提供互联网新闻信息服务，应当遵守宪法、法律和行政法规，坚持为人民服务、为社会主义服务的方向，坚持正确舆论导向，发挥舆论监督作用，促进形成积极健康、向上向善的网络文化，维护国家利益和公共利益。

第四条　国家互联网信息办公室负责全国互联网新闻信息服务的监督管理执法工作。地方互联网信息办公室依据职责负责本行政区域内互联网新闻信息服务的监督管理执法工作。

第二章　许　　可

第五条　通过互联网站、应用程序、论坛、博客、微博客、公众账号、即时通信工具、网络直播等形式向社会公众提供互联网新闻信息服务，应当取得互联网新闻信息服务许可，禁止未经许可或超越许可范围开展互联网新闻信息服务活动。

前款所称互联网新闻信息服务，包括互联网新闻信息采编发布服务、转载服务、传播平台服务。

第六条　申请互联网新闻信息服务许可，应当具备下列条件：

(一)在中华人民共和国境内依法设立的法人;

(二)主要负责人、总编辑是中国公民;

(三)有与服务相适应的专职新闻编辑人员、内容审核人员和技术保障人员;

(四)有健全的互联网新闻信息服务管理制度;

(五)有健全的信息安全管理制度和安全可控的技术保障措施;

(六)有与服务相适应的场所、设施和资金。

申请互联网新闻信息采编发布服务许可的,应当是新闻单位(含其控股的单位)或新闻宣传部门主管的单位。

符合条件的互联网新闻信息服务提供者实行特殊管理股制度,具体实施办法由国家互联网信息办公室另行制定。

提供互联网新闻信息服务,还应当依法向电信主管部门办理互联网信息服务许可或备案手续。

第七条 任何组织不得设立中外合资经营、中外合作经营和外资经营的互联网新闻信息服务单位。

互联网新闻信息服务单位与境内外中外合资经营、中外合作经营和外资经营的企业进行涉及互联网新闻信息服务业务的合作,应当报经国家互联网信息办公室进行安全评估。

第八条 互联网新闻信息服务提供者的采编业务和经营业务应当分开,非公有资本不得介入互联网新闻信息采编业务。

第九条 申请互联网新闻信息服务许可,申请主体为中央新闻单位(含其控股的单位)或中央新闻宣传部门主管的单位的,由国家互联网信息办公室受理和决定;申请主体为地方新闻单位(含其控股的单位)或地方新闻宣传部门主管的单位的,由省、自治区、直辖市互联网信息办公室受理和决定;申请主体为其他单位的,经所在地省、自治区、直辖市互联网信息办公室受理和初审后,由国家互联网信息办公室决定。

国家或省、自治区、直辖市互联网信息办公室决定批准的,核发《互联网新闻信息服务许可证》。《互联网新闻信息服务许可证》有效期为三年。有效期届满,需继续从事互联网新闻信息服务活动的,应当于有效期届满三十日前申请续办。

省、自治区、直辖市互联网信息办公室应当定期向国家互联网信息办公室报告许可受理和决定情况。

第十条 申请互联网新闻信息服务许可,应当提交下列材料:

（一）主要负责人、总编辑为中国公民的证明；

（二）专职新闻编辑人员、内容审核人员和技术保障人员的资质情况；

（三）互联网新闻信息服务管理制度；

（四）信息安全管理制度和技术保障措施；

（五）互联网新闻信息服务安全评估报告；

（六）法人资格、场所、资金和股权结构等证明；

（七）法律法规规定的其他材料。

第三章　运　　行

第十一条　互联网新闻信息服务提供者应当设立总编辑，总编辑对互联网新闻信息内容负总责。总编辑人选应当具有相关从业经验，符合相关条件，并报国家或省、自治区、直辖市互联网信息办公室备案。

互联网新闻信息服务相关从业人员应当依法取得相应资质，接受专业培训、考核。互联网新闻信息服务相关从业人员从事新闻采编活动，应当具备新闻采编人员职业资格，持有国家新闻出版广电总局统一颁发的新闻记者证。

第十二条　互联网新闻信息服务提供者应当健全信息发布审核、公共信息巡查、应急处置等信息安全管理制度，具有安全可控的技术保障措施。

第十三条　互联网新闻信息服务提供者为用户提供互联网新闻信息传播平台服务，应当按照《中华人民共和国网络安全法》的规定，要求用户提供真实身份信息。用户不提供真实身份信息的，互联网新闻信息服务提供者不得为其提供相关服务。

互联网新闻信息服务提供者对用户身份信息和日志信息负有保密的义务，不得泄露、篡改、毁损，不得出售或非法向他人提供。

互联网新闻信息服务提供者及其从业人员不得通过采编、发布、转载、删除新闻信息，干预新闻信息呈现或搜索结果等手段谋取不正当利益。

第十四条　互联网新闻信息服务提供者提供互联网新闻信息传播平台服务，应当与在其平台上注册的用户签订协议，明确双方权利义务。

对用户开设公众账号的，互联网新闻信息服务提供者应当审核其账号信息、服务资质、服务范围等信息，并向所在地省、自治区、直辖市互联网信息办公室分类备案。

第十五条 互联网新闻信息服务提供者转载新闻信息,应当转载中央新闻单位或省、自治区、直辖市直属新闻单位等国家规定范围内的单位发布的新闻信息,注明新闻信息来源、原作者、原标题、编辑真实姓名等,不得歪曲、篡改标题原意和新闻信息内容,并保证新闻信息来源可追溯。

互联网新闻信息服务提供者转载新闻信息,应当遵守著作权相关法律法规的规定,保护著作权人的合法权益。

第十六条 互联网新闻信息服务提供者和用户不得制作、复制、发布、传播法律、行政法规禁止的信息内容。

互联网新闻信息服务提供者提供服务过程中发现含有违反本规定第三条或前款规定内容的,应当依法立即停止传输该信息、采取消除等处置措施,保存有关记录,并向有关主管部门报告。

第十七条 互联网新闻信息服务提供者变更主要负责人、总编辑、主管单位、股权结构等影响许可条件的重大事项,应当向原许可机关办理变更手续。

互联网新闻信息服务提供者应用新技术、调整增设具有新闻舆论属性或社会动员能力的应用功能,应当报国家或省、自治区、直辖市互联网信息办公室进行互联网新闻信息服务安全评估。

第十八条 互联网新闻信息服务提供者应当在明显位置明示互联网新闻信息服务许可证编号。

互联网新闻信息服务提供者应当自觉接受社会监督,建立社会投诉举报渠道,设置便捷的投诉举报入口,及时处理公众投诉举报。

第四章　监督检查

第十九条 国家和地方互联网信息办公室应当建立日常检查和定期检查相结合的监督管理制度,依法对互联网新闻信息服务活动实施监督检查,有关单位、个人应当予以配合。

国家和地方互联网信息办公室应当健全执法人员资格管理制度。执法人员开展执法活动,应当依法出示执法证件。

第二十条 任何组织和个人发现互联网新闻信息服务提供者有违反本规定行为的,可以向国家和地方互联网信息办公室举报。

国家和地方互联网信息办公室应当向社会公开举报受理方式,收到举报后,应当依法予以处置。互联网新闻信息服务提供者应当予以配合。

第二十一条 国家和地方互联网信息办公室应当建立互联网新闻信息服务网络信用档案,建立失信黑名单制度和约谈制度。

国家互联网信息办公室会同国务院电信、公安、新闻出版广电等部门建立信息共享机制,加强工作沟通和协作配合,依法开展联合执法等专项监督检查活动。

第五章 法律责任

第二十二条 违反本规定第五条规定,未经许可或超越许可范围开展互联网新闻信息服务活动的,由国家和省、自治区、直辖市互联网信息办公室依据职责责令停止相关服务活动,处一万元以上三万元以下罚款。

第二十三条 互联网新闻信息服务提供者运行过程中不再符合许可条件的,由原许可机关责令限期改正;逾期仍不符合许可条件的,暂停新闻信息更新;《互联网新闻信息服务许可证》有效期届满仍不符合许可条件的,不予换发许可证。

第二十四条 互联网新闻信息服务提供者违反本规定第七条第二款、第八条、第十一条、第十二条、第十三条第三款、第十四条、第十五条第一款、第十七条、第十八条规定的,由国家和地方互联网信息办公室依据职责给予警告,责令限期改正;情节严重或拒不改正的,暂停新闻信息更新,处五千元以上三万元以下罚款;构成犯罪的,依法追究刑事责任。

第二十五条 互联网新闻信息服务提供者违反本规定第三条、第十六条第一款、第十九条第一款、第二十条第二款规定的,由国家和地方互联网信息办公室依据职责给予警告,责令限期改正;情节严重或拒不改正的,暂停新闻信息更新,处二万元以上三万元以下罚款;构成犯罪的,依法追究刑事责任。

第二十六条 互联网新闻信息服务提供者违反本规定第十三条第一款、第十六条第二款规定的,由国家和地方互联网信息办公室根据《中华人民共和国网络安全法》的规定予以处理。

第六章 附 则

第二十七条 本规定所称新闻单位,是指依法设立的报刊社、广播电台、电视台、通讯社和新闻电影制片厂。

第二十八条 违反本规定,同时违反互联网信息服务管理规定的,由国家和地方互联网信息办公室根据本规定处理后,转由电信主管部门依法处置。

国家对互联网视听节目服务、网络出版服务等另有规定的,应当同时符合其规定。

第二十九条 本规定自 2017 年 6 月 1 日起施行。本规定施行之前颁布的有关规定与本规定不一致的,按照本规定执行。

法治政府建设实施纲要(2015—2020年)

(2015年12月23日　中发〔2015〕36号)

党的十八大把法治政府基本建成确立为到2020年全面建成小康社会的重要目标之一,意义重大、影响深远、任务艰巨。为深入推进依法行政,加快建设法治政府,如期实现法治政府基本建成的奋斗目标,针对当前法治政府建设实际,制定本纲要。

一、总体要求

(一)指导思想

高举中国特色社会主义伟大旗帜,全面贯彻党的十八大和十八届二中、三中、四中、五中全会精神,以马克思列宁主义、毛泽东思想、邓小平理论、“三个代表”重要思想、科学发展观为指导,深入贯彻习近平总书记系列重要讲话精神,根据全面建成小康社会、全面深化改革、全面依法治国、全面从严治党的战略布局,围绕建设中国特色社会主义法治体系、建设社会主义法治国家的全面推进依法治国总目标,坚持依法治国、依法执政、依法行政共同推进,坚持法治国家、法治政府、法治社会一体建设,深入推进依法行政,加快建设法治政府,培育和践行社会主义核心价值观,弘扬社会主义法治精神,推进国家治理体系和治理能力现代化,为实现“两个一百年”奋斗目标、实现中华民族伟大复兴的中国梦提供有力法治保障。

(二)总体目标

经过坚持不懈的努力,到2020年基本建成职能科学、权责法定、执法严明、公开公正、廉洁高效、守法诚信的法治政府。

(三)基本原则

建设法治政府必须坚持中国共产党的领导,坚持人民主体地位,坚持法律面前人人平等,坚持依法治国和以德治国相结合,坚持从中国实际出发,坚持依宪施政、依法行政、简政放权,把政府工作全面纳入法治轨道,实行法治政府建设与创新政府、廉洁政府、服务型政府建设相结合。

(四)衡量标准

政府职能依法全面履行,依法行政制度体系完备,行政决策科学民主合法,宪法法律严格公正实施,行政权力规范透明运行,人民权益切实有效保障,依法行政能力普遍提高。

二、主要任务和具体措施

(一)依法全面履行政府职能

目标:牢固树立创新、协调、绿色、开放、共享的发展理念,坚持政企分开、政资分开、政事分开、政社分开,简政放权、放管结合、优化服务,政府与市场、政府与社会的关系基本理顺,政府职能切实转变,宏观调控、市场监管、社会管理、公共服务、环境保护等职责依法全面履行。

措施:

1. 深化行政审批制度改革。全面清理行政审批事项,全部取消非行政许可审批事项。最大程度减少对生产经营活动的许可,最大限度缩小投资项目审批、核准的范围,最大幅度减少对各类机构及其活动的认定。取消不符合行政许可法规定的资质资格准入许可,研究建立国家职业资格目录清单管理制度。直接面向基层、量大面广、由地方实施更方便有效的行政审批事项,一律下放地方和基层管理。加大取消和下放束缚企业生产经营、影响群众就业创业行政许可事项的力度,做好已取消和下放行政审批事项的落实和衔接,鼓励大众创业、万众创新。严格控制新设行政许可,加强合法性、必要性、合理性审查论证。对增加企业和公民负担的证照进行清理规范。对保留的行政审批事项,探索目录化、编码化管理,全面推行一个窗口办理、并联办理、限时办理、规范办理、透明办理、网上办理,提高行政效能,激发社会活力。加快投资项目在线审批监管平台建设,实施在线监测并向社会公开,2015 年实现部门间的横向联通及中央和地方的纵向贯通。加快推进相对集中行政许可权工作,支持地方开展相对集中行政许可权改革试点。全面清理规范行政审批中介服务,对保留的行政审批中介服务实行清单管理并向社会公布,坚决整治“红顶中介”,切断行政机关与中介服务机构之间的利益链,推进中介服务行业公平竞争。

2. 大力推行权力清单、责任清单、负面清单制度并实行动态管理。在全面梳理、清理调整、审核确认、优化流程的基础上,将政府职能、法律依据、实施主体、职责权限、管理流程、监督方式等事项以权力清单的形式向社会公开,逐一厘清与行政权力相对应的责任事项、责任主体、责任方式。省级政府 2015 年年底前、市县两级政府2016年年底前基本完成政府工作部门、依法承担行政职能的事业单位权力清单的公布工作。开展编制国务院部门权力和责任清单试点。实行统一的市场准入制度,在制定负面清单基础上,各类市场主体可依法平等进入清单之外领域。建立行政事业性收费和政府性基金清单制度,清理取消不合法、不合规、不合理的收费基金项目,公布全国性、中央部门和单位及省级收费目录清单,减轻企业和公民负担。2015年年底前,没有法律法规依据且未按规定批准、越权设立的收费基金项目,政府提供普遍公共服务或体现一般性管理职能的行政事业性收费,没有法定依据的行政审批中介服务项目及收费,一律取消;擅自提高征收标准、扩大征收范围的,一律停止执行。

3. 优化政府组织结构。完善行政组织和行政程序法律制度,推进机构、职能、权限、程序、责任法定化。深化行政体制改革,优化政府机构设置、职能配置、工作流程,理顺部门职责关系,积极稳妥实施大部门制。创新行政管理方式,完善政府绩效管理。推进各级政府事权规范化、法律化,完善不同层级政府特别是中央和地方政府事权法律制度,强化中央政府宏观管理、制度设定职责和必要的执法权,强化省级政府统筹推进区域内基本公共服务均等化职责,强化市县政府执行职责。

4. 完善宏观调控。健全发展规划、投资管理、财政税收、金融等方面法律制度,加强发展战略、规划、政策、标准等制定和实施。切实转变政府投资管理职能,确立企业投资主体地位,制定并公开企业投资项目核准目录清单。完善主要由市场决定价格的机制,大幅缩减政府定价种类和项目,制定并公布政府定价目录,全面放开竞争性领域商品和服务价格。

5. 加强市场监管。清理、废除妨碍全国统一市场和公平竞争的各种规定和做法,破除部门保护、地区封锁和行业垄断。深化商事制度改革,继续清理工商登记前置审批,加快工商登记后置审批改革。进一步推进工商注册登记制度便利化,2015年年底前实现工商营业执照、组织机构代码证、税务登记证“三证合一”、“一照一码”。推行电子营业执照和全程电子化登记,实行“一址多照”和“一照多址”。加强事中事后监管,创新市场监管方式,完善市场监管体系,建立透明、规范、高效的投资项目纵横联动、协同监管机制,实行综合监管,推广随机抽查,探索“智能”监管。加强社会信用体系建设,建立健全全国统一的社会信用代码制度和信用信息共享交换平台,推进企业信用信息公示“全国一张网”建设,依法保护企业和个人信息安全。完善外资管理法律法规,保持外资政策稳定、透明、可预期。健全对外投资促进制度和服务体系,支持企业扩大对外投资,推动装备、技术、标准、服务走出去。

6. 创新社会治理。加强社会治理法律、体制机制、能力、人才队伍和信息化建设,提高社会治理科学化和法治化水平。完善社会组织登记管理制度。适合由社会组织提供的公共服务和解决的事项,交由社会组织承担。支持和发展社会工作服务机构和志愿服务组织。规范和引导网络社团社群健康发展,加强监督管理。深入推进社会治安综合治理,健全落实领导责任制。完善立体化社会治安防控体系,有效防范管控影响社会安定的问题,保护人民生命财产安全。提高公共突发事件防范处置和防灾救灾减灾能力。全方位强化安全生产,全过程保障食品药品安全。推进社会自治,发挥市民公约、乡规民约、行业规章、团体章程等社会规范在社会治理中的积极作用。

7. 优化公共服务。着力促进教育、卫生、文化等社会事业健康发展,强化政府促进就业、调节收入分配和完善社会保障职能,加快形成政府主导、覆盖城乡、可持续的基本公共服务体系,实现基本公共服务标准化、均等化、法定化。建立健全政府购买公共服务制度,公开政府购买公共服务目录,加强政府购买公共服务质量监管。推进公共服务提供主体和提供方式多元化,凡属事务性管理服务,原则上都要引入竞争机制向社会购买;确需政府参与的,实行政府和社会资本合作模式。

8. 强化生态环境保护。加快建立和完善有效约束开发行为和促进绿色发展、循环发展、低碳发展的生态文明法律制度。深化资源型产品价格和税费改革,实行资源有偿使用制度和生态补偿制度。改革生态环境保护管理体制,完善并严格实行环境信息公开制度、环境影响评价制度和污染物排放总量控制制度。健全生态环境保护责任追究制度和生态环境损害赔偿制度。对领导干部实行自然资源资产离任审计。

(二)完善依法行政制度体系

目标:提高政府立法质量,构建系统完备、科学规范、运行有效的依法行政制度体系,使政府管理各方面制度更加成熟更加定型,为建设社会主义市场经济、民主政治、先进文化、和谐社会、生态文明,促进人的全面发展,提供有力制度保障。

措施:

9. 完善政府立法体制机制。严格落实立法法规定,坚持立改废释并举,完善行政法规、规章制定程序,健全政府立法立项、起草、论证、协调、审议机制,推进政府立法精细化,增强政府立法的及时性、系统性、针对性、有效性。完善立法项目向社会公开征集制度。通过开展立法前评估等方式,健全立法项目论证制度。重要行政管理法律法规由政府法制机构组织起草，有效防止部门利益和地方保护主义法律化。对部门间争议较大的重要立法事项，由决策机关引入第三方评估，充分听取各方意见，协调决定，不能久拖不决。探索委托第三方起草法律法规规章草案。定期开展法规规章立法后评估，提高政府立法科学性。对不适应改革和经济社会发展要求的法律法规规章，要及时修改和废止。加强行政法规、规章解释工作。

10. 加强重点领域政府立法。围绕党和国家中心工作，加快推进完善社会主义市场经济体制，发展社会主义民主政治，建设社会主义先进文化，创新社会治理，保障公民权利和改善民生，维护国家安全，保护生态环境和加强政府自身建设等领域的政府立法。坚持在法治下推进改革、在改革中完善法治，实现立法和改革决策相统一、相衔接，做到重大改革于法有据、立法主动适应改革和经济社会发展需要。对实践证明已经比较成熟的改革经验和行之有效的改革举措，要及时上升为法律法规规章。

11. 提高政府立法公众参与度。拓展社会各方有序参与政府立法的途径和方式。健全法律法规规章起草征求人大代表意见制度，充分发挥政协委员、民主党派、工商联、无党派人士、人民团体、社会组织在立法协商中的作用。建立有关国家机关、社会团体、专家学者等对政府立法中涉及的重大利益调整论证咨询机制。拟设定的制度涉及群众切身利益或各方面存在较大意见分歧的，要采取座谈会、论证会、听证会、问卷调查等形式广泛听取意见。除依法需要保密的外，法律法规规章草案要通过网络、报纸等媒体向社会公开征求意见，期限一般不少于 30 日。加强与社会公众的沟通，健全公众意见采纳情况反馈机制，广泛凝聚社会共识。

12. 加强规范性文件监督管理。完善规范性文件制定程序，落实合法性审查、集体讨论决定等制度，实行制定机关对规范性文件统一登记、统一编号、统一印发制度。规范性文件不得设定行政许可、行政处罚、行政强制等事项，不得减损公民、法人和其他组织合法权益或者增加其义务。涉及公民、法人和其他组织权利义务的规范性文件，应当按照法定要求和程序予以公布，未经公布的不得作为行政管理依据。加强备案审查制度和能力建设，把所有规范性文件纳入备案审查范围，健全公民、法人和其他组织对规范性文件的建议审查制度，加大备案审查力度，做到有件必备、有错必纠。

13. 建立行政法规、规章和规范性文件清理长效机制。根据全面深化改革、经济社会发展需要，以及上位法制定、修改、废止情况，及时清理有关行政法规、规章、规范性文件。自 2015 年起用 3 年时间，对国务院文件进行全面清理，清理结果向社会公布。2017 年年底前,有关部门和地方政府要完成对现行行政法规、规章、规范性文件的清理工作,清理结果向社会公布。实行行政法规、规章、规范性文件目录和文本动态化、信息化管理,各级政府及其部门要根据规范性文件立改废情况及时作出调整并向社会公布。

(三)推进行政决策科学化、民主化、法治化

目标:行政决策制度科学、程序正当、过程公开、责任明确,决策法定程序严格落实,决策质量显著提高,决策效率切实保证,违法决策、不当决策、拖延决策明显减少并得到及时纠正,行政决策公信力和执行力大幅提升。

措施:

14. 健全依法决策机制。完善重大行政决策程序制度,明确决策主体、事项范围、法定程序、法律责任,规范决策流程,强化决策法定程序的刚性约束。

15. 增强公众参与实效。事关经济社会发展全局和涉及群众切身利益的重大行政决策事项,应当广泛听取意见,与利害关系人进行充分沟通,并注重听取有关人大代表、政协委员、人民团体、基层组织、社会组织的意见。各级行政机关特别是市县两级政府要加强公众参与平台建设,对社会关注度高的决策事项,应当公开信息、解释说明,及时反馈意见采纳情况和理由。推行文化教育、医疗卫生、资源开发、环境保护、公用事业等重大民生决策事项民意调查制度。

16. 提高专家论证和风险评估质量。加强中国特色新型智库建设,建立行政决策咨询论证专家库。对专业性、技术性较强的决策事项,应当组织专家、专业机构进行论证。选择论证专家要注重专业性、代表性、均衡性,支持其独立开展工作,逐步实行专家信息和论证意见公开。落实重大决策社会稳定风险评估机制。

17. 加强合法性审查。建立行政机关内部重大决策合法性审查机制,未经合法性审查或经审查不合法的,不得提交讨论。建立政府法制机构人员为主体、吸收专家和律师参加的法律顾问队伍,保证法律顾问在制定重大行政决策、推进依法行政中发挥积极作用。

18. 坚持集体讨论决定。重大行政决策应当经政府常务会议或者全体会议、部门领导班子会议讨论,由行政首长在集体讨论基础上作出决定。行政首长拟作出的决定与会议组成人员多数人的意见不一致的,应当在会上说明理由。集体讨论情况和决定要如实记录、完整存档。

19. 严格决策责任追究。决策机关应当跟踪决策执行情况和实施效果,根据实际需要进行重大行政决策后评估。健全并严格实施重大决策终身责任追究制度

及责任倒查机制，对决策严重失误或者依法应该及时作出决策但久拖不决造成重大损失、恶劣影响的，严格追究行政首长、负有责任的其他领导人员和相关责任人员的党纪政纪和法律责任。

（四）坚持严格规范公正文明执法

目标：权责统一、权威高效的行政执法体制建立健全，法律法规规章得到严格实施，各类违法行为得到及时查处和制裁，公民、法人和其他组织的合法权益得到切实保障，经济社会秩序得到有效维护，行政违法或不当行为明显减少，对行政执法的社会满意度显著提高。

措施：

20. 改革行政执法体制。根据不同层级政府的事权和职能，按照减少层次、整合队伍、提高效率的原则，合理配置执法力量。推进执法重心向市县两级政府下移，把机构改革、政府职能转变调整出来的人员编制重点用于充实基层执法力量。完善市县两级政府行政执法管理，加强统一领导和协调。大幅减少市县两级政府执法队伍种类，重点在食品药品安全、工商质检、公共卫生、安全生产、文化旅游、资源环境、农林水利、交通运输、城乡建设、海洋渔业、商务等领域内推行综合执法，支持有条件的领域推行跨部门综合执法。加大关系群众切身利益的重点领域执法力度。理顺城管执法体制，加强城市管理综合执法机构和队伍建设，提高执法和服务水平。理顺行政强制执行体制，科学配置行政强制执行权，提高行政强制执行效率。健全行政执法和刑事司法衔接机制，完善案件移送标准和程序，建立健全行政执法机关、公安机关、检察机关、审判机关信息共享、案情通报、案件移送制度。

21. 完善行政执法程序。建立健全行政裁量权基准制度，细化、量化行政裁量标准，规范裁量范围、种类、幅度。建立执法全过程记录制度，制定行政执法程序规范，明确具体操作流程，重点规范行政许可、行政处罚、行政强制、行政征收、行政收费、行政检查等执法行为。健全行政执法调查取证、告知、罚没收入管理等制度，明确听证、集体讨论决定的适用条件。完善行政执法权限协调机制，及时解决执法机关之间的权限争议，建立异地行政执法协助制度。严格执行重大行政执法决定法制审核制度，未经法制审核或者审核未通过的，不得作出决定。

22. 创新行政执法方式。推行行政执法公示制度。加强行政执法信息化建设和信息共享，有条件的地方和部门 2016 年年底前要建立统一的行政执法信息平台，完善网上执法办案及信息查询系统。强化科技、装备在行政执法中的应用。推广运用说服教育、劝导示范、行政指导、行政奖励等非强制性执法手段。健全公民和组织守法信用记录,完善守法诚信褒奖机制和违法失信行为惩戒机制。

23. 全面落实行政执法责任制。严格确定不同部门及机构、岗位执法人员的执法责任,建立健全常态化的责任追究机制。加强执法监督,加快建立统一的行政执法监督网络平台,建立健全投诉举报、情况通报等制度,坚决排除对执法活动的干预,防止和克服部门利益和地方保护主义,防止和克服执法工作中的利益驱动,惩治执法腐败现象。

24. 健全行政执法人员管理制度。2016 年年底前,各地区各部门对行政执法人员进行一次严格清理,全面实行行政执法人员持证上岗和资格管理制度,未经执法资格考试合格,不得授予执法资格,不得从事执法活动。健全纪律约束机制,加强职业道德教育,全面提高执法人员素质。逐步推行行政执法人员平时考核制度,科学合理设计考核指标体系,考核结果作为执法人员职务级别调整、交流轮岗、教育培训、奖励惩戒的重要依据。规范执法辅助人员管理,明确其适用岗位、身份性质、职责权限、权利义务、聘用条件和程序等。

25. 加强行政执法保障。推动形成全社会支持行政执法机关依法履职的氛围。对妨碍行政机关正常工作秩序、阻碍行政执法人员依法履责的违法行为,坚决依法处理。各级党政机关和领导干部要支持行政执法机关依法公正行使职权,不得让行政执法人员做不符合法律规定的事情。行政机关履行执法职责所需经费,由各级政府纳入本级政府预算,保证执法经费足额拨付。改善执法条件,合理安排执法装备配备、科技建设方面的投入。严格执行罚缴分离和收支两条线管理制度,严禁下达或者变相下达罚没指标,严禁将行政事业性收费、罚没收入同部门利益直接或者变相挂钩。

(五)强化对行政权力的制约和监督

目标:科学有效的行政权力运行制约和监督体系基本形成,惩治和预防腐败体系进一步健全,各方面监督形成合力,人民群众的知情权、参与权、表达权、监督权得到切实保障,损害公民、法人和其他组织合法权益的违法行政行为得到及时纠正,违法行政责任人依法依纪受到严肃追究。

措施:

26. 健全行政权力运行制约和监督体系。坚持用制度管权管事管人,坚持决策权、执行权、监督权既相互制约又相互协调,完善各方面监督制度,确保行政机关按照法定权限和程序行使权力。起草法律法规规章和规范性文件,要有效落实公开行政权力运行流程、惩治和预防腐败、防控廉政风险、防止利益冲突等要求,切实把权力关进制度的笼子。加强行政程序制度建设,严格规范作出各类行政行为的主体、权限、方式、步骤和时限。发挥政府诚信建设示范作用,加快政府守信践诺机制建设。加强公务员诚信管理,建立公务员诚信档案。

27. 自觉接受党内监督、人大监督、民主监督、司法监督。在党委对党风廉政建设和反腐败工作的统一领导下,各级政府及其部门党组(党委)要切实履行主体责任,主要负责人是第一责任人,对本级政府本部门党风廉政建设负总责。认真执行向本级人大及其常委会报告工作制度,接受询问和质询制度,报备行政法规、规章制度。认真研究处理人大及其常委会组成人员对政府工作提出的有关审议意见,及时研究办理人大代表和政协委员提出的意见和建议,切实改进工作。健全知情明政机制,政府相关部门向政协定期通报有关情况,为政协委员履职提供便利、创造条件。支持人民法院依法受理行政案件,健全行政机关依法出庭应诉制度,尊重并执行人民法院生效裁判。检察机关对在履行职责中发现的行政违法行为进行监督,行政机关应当积极配合。

28. 加强行政监督和审计监督。完善政府内部层级监督,改进上级行政机关对下级行政机关的监督,建立健全常态化、长效化监督制度。加强对政府内部权力的制约,对财政资金分配使用、国有资产监管、政府投资、政府采购、公共资源转让、公共工程建设等权力集中的部门和岗位实行分事行权、分岗设权、分级授权,定期轮岗,强化内部流程控制,防止权力滥用。各级监察机关要切实履行监督责任,确保廉政建设各项任务落实。完善审计制度,健全有利于依法独立行使审计监督权的审计管理体制,建立具有审计职业特点的审计人员管理制度,基本形成与国家治理体系和治理能力现代化相适应的审计监督机制。对公共资金、国有资产、国有资源和领导干部履行经济责任情况实行审计全覆盖。强化上级审计机关对下级审计机关的领导。

29. 完善社会监督和舆论监督机制。建立对行政机关违法行政行为投诉举报登记制度,畅通举报箱、电子信箱、热线电话等监督渠道,方便群众投诉举报、反映问题,依法及时调查处理违法行政行为。发挥报刊、广播、电视等传统媒体监督作用,加强与互联网等新兴媒体的互动,重视运用和规范网络监督,建立健全网络舆情监测、收集、研判、处置机制,推动网络监督规范化、法治化。

30. 全面推进政务公开。坚持以公开为常态、不公开为例外原则,推进决策公开、执行公开、管理公开、服务公开、结果公开。完善政府信息公开制度,拓宽政府信息公开渠道,进一步明确政府信息公开范围和内容。重点推进财政预算、公共资源配置、重大建设项目批准和实施、社会公益事业建设等领域的政府信息公开。完善政府新闻发言人、突发事件信息发布等制度,做好对热点敏感问题的舆论引导,及时回应人民群众关切。创新政务公开方式,加强互联网政务信息数据服务平台和便民服务平台建设,提高政务公开信息化、集中化水平。

31. 完善纠错问责机制。加强行政问责规范化、制度化建设,增强行政问责的针对性和时效性。加大问责力度,坚决纠正行政不作为、乱作为,坚决克服懒政、庸政、怠政,坚决惩处失职、渎职。认真落实党风廉政建设责任制,坚持有错必纠、有责必问,对"四风"问题突出、发生顶风违纪问题或者出现区域性、系统性腐败案件的地方、部门和单位,既要追究主体责任、监督责任,又要严肃追究领导责任。

(六)依法有效化解社会矛盾纠纷

目标:公民、法人和其他组织的合法权益得到切实维护,公正、高效、便捷、成本低廉的多元化矛盾纠纷解决机制全面形成,行政机关在预防、解决行政争议和民事纠纷中的作用充分发挥,通过法定渠道解决矛盾纠纷的比率大幅提升。

措施:

32. 健全依法化解纠纷机制。构建对维护群众利益具有重大作用的制度体系,建立健全社会矛盾预警机制、利益表达机制、协商沟通机制、救济救助机制。及时收集分析热点、敏感、复杂矛盾纠纷信息,加强群体性、突发性事件预警监测。强化依法应对和处置群体性事件机制和能力。依法加强对影响或危害食品药品安全、安全生产、生态环境、网络安全、社会安全等方面重点问题的治理。加大普法力度,引导和支持公民、法人和其他组织依法表达诉求和维护权益。

33. 加强行政复议工作。完善行政复议制度,改革行政复议体制,积极探索整合地方行政复议职责。健全行政复议案件审理机制,加大公开听证审理力度,纠正违法或不当行政行为。提高行政复议办案质量,增强行政复议的专业性、透明度和公信力。县级以上地方政府要依法加强行政复议能力建设,推动相关机构设置、人员配备与所承担的工作任务相适应,充分发挥行政复议在解决行政争议中的重要作用。切实提高行政复议人员素质,落实办案场所和有关装备保障,行政复议经费列入本级政府预算。

34. 完善行政调解、行政裁决、仲裁制度。健全行政调解制度,进一步明确行政调解范围,完善行政调解机制,规范行政调解程序。健全行政裁决制度,强化行政机关解决同行政管理活动密切相关的民事纠纷功能。有关行政机关要依法开展行政调解、行政裁决工作,及时有效化解矛盾纠纷。完善仲裁制度,提高仲裁公信力，充分发挥仲裁解决经济纠纷、化解社会矛盾、促进社会和谐的作用。

35. 加强人民调解工作。贯彻落实人民调解法，健全人民调解组织网络，实现村委会、居委会人民调解组织全覆盖，推进企事业单位、乡镇街道、社会团体、行业组织中人民调解组织建设。重点协调解决消费者权益、劳动关系、医患关系、物业管理等方面的矛盾纠纷，促进当事人平等协商、公平公正解决矛盾纠纷。完善人民调解、行政调解、司法调解联动工作体系。

36. 改革信访工作制度。把信访纳入法治化轨道，保障合理合法诉求依照法律规定和程序就能得到合理合法的结果。规范信访工作程序，畅通群众诉求表达、利益协调和权益保障渠道，维护信访秩序。优化传统信访途径，实行网上受理信访制度，健全及时就地解决群众合理诉求机制。严格实行诉访分离，推进通过法定途径分类处理信访投诉请求，引导群众在法治框架内解决矛盾纠纷，完善涉法涉诉信访依法终结制度。

（七）全面提高政府工作人员法治思维和依法行政能力

目标：政府工作人员特别是领导干部牢固树立宪法法律至上、法律面前人人平等、权由法定、权依法使等基本法治理念，恪守合法行政、合理行政、程序正当、高效便民、诚实守信、权责统一等依法行政基本要求，做尊法学法守法用法的模范，法治思维和依法行政能力明显提高，在法治轨道上全面推进政府各项工作。

措施：

37. 树立重视法治素养和法治能力的用人导向。抓住领导干部这个全面依法治国的“关键少数”，把法治观念强不强、法治素养好不好作为衡量干部德才的重要标准，把能不能遵守法律、依法办事作为考察干部的重要内容，把严守党纪、恪守国法的干部用起来。在相同条件下，优先提拔使用法治素养好、依法办事能力强的干部。对特权思想严重、法治观念淡薄的干部要批评教育、督促整改，问题严重或违法违纪的，依法依纪严肃处理。

38. 加强对政府工作人员的法治教育培训。政府工作人员特别是领导干部要系统学习中国特色社会主义法治理论，学好宪法以及与自己所承担工作密切相关的法律法规。完善学法制度，国务院各部门、县级以上地方各级政府每年至少举办一期领导干部法治专题培训班，地方各级政府领导班子每年应当举办两期以上法治专题讲座。各级党校、行政学院、干部学院等要把宪法法律列为干部教育的必修课。健全行政执法人员岗位培训制度，每年组织开展行政执法人员通用法律知识、专门法律知识、新法律法规等专题培训。加大对公务员初任培训、任职培训中法律知识的培训力度。

39. 完善政府工作人员法治能力考查测试制度。加强对领导干部任职前法律知识考查和依法行政能力测试,将考查和测试结果作为领导干部任职的重要参考,促进政府及其部门负责人严格履行法治建设职责。优化公务员录用考试测查内容,增加公务员录用考试中法律知识的比重。实行公务员晋升依法行政考核制度。

40. 注重通过法治实践提高政府工作人员法治思维和依法行政能力。政府工作人员特别是领导干部想问题、作决策、办事情必须守法律、重程序、受监督,牢记职权法定,切实保护人民权益。要自觉运用法治思维和法治方式深化改革、推动发展、化解矛盾、维护稳定,依法治理经济,依法协调和处理各种利益问题,避免埋钉子、留尾巴,努力营造办事依法、遇事找法、解决问题用法、化解矛盾靠法的良好法治环境。注重发挥法律顾问和法律专家的咨询论证、审核把关作用。落实“谁执法谁普法”的普法责任制,建立行政执法人员以案释法制度,使执法人员在执法普法的同时不断提高自身法治素养和依法行政能力。

三、组织保障和落实机制

党的领导是全面推进依法治国、加快建设法治政府最根本的保证,必须坚持党总揽全局、协调各方,发挥各级党委领导核心作用,把党的领导贯彻到法治政府建设各方面。各级政府及其部门要自觉接受党的领导,切实增强建设法治政府的使命感、紧迫感和责任感,加强组织领导,强化工作责任,一级抓一级,层层抓落实。

41. 加强党对法治政府建设的领导。各级政府要在党委统一领导下,谋划和落实好法治政府建设的各项任务,主动向党委报告法治政府建设中的重大问题,及时消除制约法治政府建设的体制机制障碍。各级政府及其部门要结合本地区本部门实际,每年部署法治政府建设年度重点工作,发挥牵引和突破作用,带动法治政府建设各项工作全面深入开展。加强各级政府及其部门法制力量建设,不断提高工作人员的思想政治素质和业务工作能力。

42. 落实第一责任人责任。党政主要负责人要履行推进法治建设第一责任人职责,将建设法治政府摆在工作全局的重要位置。对不认真履行第一责任人职责,本地区本部门一年内发生多起重大违法行政案件、造成严重社会后果的,依法追究主要负责人的责任。县级以上地方各级政府每年第一季度要向同级党委、人大常委会和上一级政府报告上一年度法治政府建设情况,政府部门每年第一季度要向本级政府和上一级政府有关部门报告上一年度法治政府建设情况,报告要通过报刊、政府网站等向社会公开。

43. 强化考核评价和督促检查。各级党委要把法治建设成效作为衡量各级领导班子和领导干部工作实绩的重要内容，纳入政绩考核指标体系，充分发挥考核评价对法治政府建设的重要推动作用。各级政府及其部门的党组织要领导和监督本单位模范遵守宪法法律，坚决查处执法犯法、违法用权等行为。要加强对法治政府建设进展情况的督促检查，结合法治政府建设年度重点工作，开展定期检查和专项督查。对工作不力、问题较多的，要及时约谈、责令整改、通报批评。

44. 加强理论研究、典型示范和宣传引导。加强中国特色社会主义法治政府理论研究，坚持从中国实际出发，解决中国实际问题，为法治政府建设提供理论支撑和决策参考。积极开展建设法治政府示范创建活动，大力培育建设法治政府先进典型。通过召开现场会、经验交流会等形式及时总结、交流和推广经验，充分发挥先进典型的示范带动作用。定期通报和曝光违法行政典型案例，分析原因、吸取教训、改进工作。大力开展推进依法行政、建设法治政府宣传工作。加强正面宣传引导，以报刊、广播、电视、网络等多种媒体形式，广泛宣传法治政府建设目标、工作部署、先进经验、典型做法，正确引导舆论、凝聚社会共识，营造全社会关心、支持和参与法治政府建设的良好社会氛围。

各地区各部门要结合实际制定实施方案，明确提出时间进度安排和可检验的成果形式，党政主要负责人要亲自抓落实，各项工作任务除本纲要有明确时间要求外，原则上应当在2019年年底前完成。中央和国家机关有关部门要根据部门职责承担并履行好本纲要确定的相关任务，并做好统筹协调，及时沟通协商，形成工作合力。作为牵头单位和负责单位的中央和国家机关有关部门和省级政府要建立法治政府建设年度进展报告制度，及时向党中央、国务院报告工作进展情况。国务院法制办要牵头做好督促检查。各地区各部门在实施本纲要的过程中，要注意研究法治政府建设的新情况新问题，解放思想、大胆实践、开拓进取、久久为功，运用法治思维和法治方式引领改革发展破障闯关、推动民生改善和社会公正，以更加奋发有为的精神状态，推动法治政府建设一步一个脚印向前迈进，为全面推进依法治国、建设社会主义法治国家作出扎扎实实的贡献。

中共中央、国务院关于完善产权保护制度依法保护产权的意见

(2016 年 11 月 4 日　中发〔2016〕28 号)

产权制度是社会主义市场经济的基石,保护产权是坚持社会主义基本经济制度的必然要求。有恒产者有恒心,经济主体财产权的有效保障和实现是经济社会持续健康发展的基础。改革开放以来,通过大力推进产权制度改革,我国基本形成了归属清晰、权责明确、保护严格、流转顺畅的现代产权制度和产权保护法律框架,全社会产权保护意识不断增强,保护力度不断加大。同时也要看到,我国产权保护仍然存在一些薄弱环节和问题:国有产权由于所有者和代理人关系不够清晰,存在内部人控制、关联交易等导致国有资产流失的问题;利用公权力侵害私有产权、违法查封扣押冻结民营企业财产等现象时有发生;知识产权保护不力,侵权易发多发。解决这些问题,必须加快完善产权保护制度,依法有效保护各种所有制经济组织和公民财产权,增强人民群众财产财富安全感,增强社会信心,形成良好预期,增强各类经济主体创业创新动力,维护社会公平正义,保持经济社会持续健康发展和国家长治久安。现就完善产权保护制度、依法保护产权提出以下意见。

一、总体要求

加强产权保护,根本之策是全面推进依法治国。要全面贯彻党的十八大和十八届三中、四中、五中、六中全会精神,深入学习贯彻习近平总书记系列重要讲话精神,按照党中央、国务院决策部署,紧紧围绕统筹推进“五位一体”总体布局和协调推进“四个全面”战略布局,牢固树立和贯彻落实新发展理念,着力推进供给侧结构性改革,进一步完善现代产权制度,推进产权保护法治化,在事关产权保护的立法、执法、司法、守法等各方面各环节体现法治理念。要坚持以下原则:

——坚持平等保护。健全以公平为核心原则的产权保护制度,毫不动摇巩固和发展公有制经济,毫不动摇鼓励、支持、引导非公有制经济发展,公有制经济财产权不可侵犯,非公有制经济财产权同样不可侵犯。

——坚持全面保护。保护产权不仅包括保护物权、债权、股权,也包括保护知识产权及其他各种无形财产权。

——坚持依法保护。不断完善社会主义市场经济法律制度,强化法律实施,确保有法可依、有法必依。

——坚持共同参与。做到政府诚信和公众参与相结合,建设法治政府、责任政府、诚信政府,增强公民产权保护观念和契约意识,强化社会监督。

——坚持标本兼治。着眼长远,着力当下,抓紧解决产权保护方面存在的突出问题,提高产权保护精准度,加快建立产权保护长效机制,激发各类经济主体的活力和创造力。

二、加强各种所有制经济产权保护

深化国有企业和国有资产监督管理体制改革,进一步明晰国有产权所有者和代理人关系,推动实现国有企业股权多元化和公司治理现代化,健全涉及财务、采购、营销、投资等方面的内部监督制度和内控机制,强化董事会规范运作和对经理层的监督,完善国有资产交易方式,严格规范国有资产登记、转让、清算、退出等程序和交易行为,以制度化保障促进国有产权保护,防止内部人任意支配国有资产,切实防止国有资产流失。建立健全归属清晰、权责明确、监管有效的自然资源资产产权制度,完善自然资源有偿使用制度,逐步实现各类市场主体按照市场规则和市场价格依法平等使用土地等自然资源。完善农村集体产权确权和保护制度,分类建立健全集体资产清产核资、登记、保管、使用、处置制度和财务管理监督制度,规范农村产权流转交易,切实防止集体经济组织内部少数人侵占、非法处置集体资产,防止外部资本侵吞、非法控制集体资产。坚持权利平等、机会平等、规则平等,废除对非公有制经济各种形式的不合理规定,消除各种隐性壁垒,保证各种所有制经济依法平等使用生产要素、公开公平公正参与市场竞争、同等受到法律保护、共同履行社会责任。

三、完善平等保护产权的法律制度

加快推进民法典编纂工作,完善物权、合同、知识产权相关法律制度,清理有违公平的法律法规条款,将平等保护作为规范财产关系的基本原则。健全以企业组织形式和出资人承担责任方式为主的市场主体法律制度,统筹研究清理、废止按照所有制不同类型制定的市场主体法律和行政法规,开展部门规章和规范性文件专项清理,平等保护各类市场主体。加大对非公有财产的刑法保护力度。

四、妥善处理历史形成的产权案件

坚持有错必纠,抓紧甄别纠正一批社会反映强烈的产权纠纷申诉案件,剖析一批侵害产权的案例。对涉及重大财产处置的产权纠纷申诉案件、民营企业和投资人违法申诉案件依法甄别,确属事实不清、证据不足、适用法律错误的错案冤案,要依法予以纠正并赔偿当事人的损失。完善办案质量终身负责制和错案责任倒查问责制,从源头上有效预防错案冤案的发生。严格遵循法不溯及既往、罪刑法定、在新旧法之间从旧兼从轻等原则,以发展眼光客观看待和依法妥善处理改革开放以来各类企业特别是民营企业经营过程中存在的不规范问题。

五、严格规范涉案财产处置的法律程序

进一步细化涉嫌违法的企业和人员财产处置规则,依法慎重决定是否采取相关强制措施。确需采取查封、扣押、冻结等措施的,要严格按照法定程序进行,除依法需责令关闭企业的情形外,在条件允许情况下可以为企业预留必要的流动资金和往来账户,最大限度降低对企业正常生产经营活动的不利影响。采取查封、扣押、冻结措施和处置涉案财物时,要依法严格区分个人财产和企业法人财产。对股东、企业经营管理者等自然人违法,在处置其个人财产时不任意牵连企业法人财产;对企业违法,在处置企业法人财产时不任意牵连股东、企业经营管理者个人合法财产。严格区分违法所得和合法财产,区分涉案人员个人财产和家庭成员财产,在处置违法所得时不牵连合法财产。完善涉案财物保管、鉴定、估价、拍卖、变卖制度,做到公开公正和规范高效,充分尊重和依法保护当事人及其近亲属、股东、债权人等相关方的合法权益。

六、审慎把握处理产权和经济纠纷的司法政策

充分考虑非公有制经济特点,严格区分经济纠纷与经济犯罪的界限、企业正当融资与非法集资的界限、民营企业参与国有企业兼并重组中涉及的经济纠纷与恶意侵占国有资产的界限,准确把握经济违法行为入刑标准,准确认定经济纠纷和经济犯罪的性质,防范刑事执法介入经济纠纷,防止选择性司法。对于法律界限不明、罪与非罪不清的,司法机关应严格遵循罪刑法定、疑罪从无、严禁有罪推定的原则,防止把经济纠纷当作犯罪处理。严禁党政干部干预司法活动、介入司法纠纷、插手具体案件处理。对民营企业在生产、经营、融资活动中的经济行为,除法律、行

政法规明确禁止外，不以违法犯罪对待。对涉及犯罪的民营企业投资人，在当事人服刑期间依法保障其行使财产权利等民事权利。

七、完善政府守信践诺机制

大力推进法治政府和政务诚信建设，地方各级政府及有关部门要严格兑现向社会及行政相对人依法作出的政策承诺，认真履行在招商引资、政府与社会资本合作等活动中与投资主体依法签订的各类合同，不得以政府换届、领导人员更替等理由违约毁约，因违约毁约侵犯合法权益的，要承担法律和经济责任。因国家利益、公共利益或者其他法定事由需要改变政府承诺和合同约定的，要严格依照法定权限和程序进行，并对企业和投资人因此而受到的财产损失依法予以补偿。对因政府违约等导致企业和公民财产权受到损害等情形，进一步完善赔偿、投诉和救济机制，畅通投诉和救济渠道。将政务履约和守诺服务纳入政府绩效评价体系，建立政务失信记录，建立健全政府失信责任追究制度及责任倒查机制，加大对政务失信行为惩戒力度。

八、完善财产征收征用制度

完善土地、房屋等财产征收征用法律制度，合理界定征收征用适用的公共利益范围，不将公共利益扩大化，细化规范征收征用法定权限和程序。遵循及时合理补偿原则，完善国家补偿制度，进一步明确补偿的范围、形式和标准，给予被征收征用者公平合理补偿。

九、加大知识产权保护力度

加大知识产权侵权行为惩治力度，提高知识产权侵权法定赔偿上限，探索建立对专利权、著作权等知识产权侵权惩罚性赔偿制度，对情节严重的恶意侵权行为实施惩罚性赔偿，并由侵权人承担权利人为制止侵权行为所支付的合理开支，提高知识产权侵权成本。建立收集假冒产品来源地信息工作机制，将故意侵犯知识产权行为情况纳入企业和个人信用记录，进一步推进侵犯知识产权行政处罚案件信息公开。完善知识产权审判工作机制，积极发挥知识产权法院作用，推进知识产权民事、刑事、行政案件审判“三审合一”，加强知识产权行政执法与刑事司法的衔接，加大知识产权司法保护力度。完善涉外知识产权执法机制，加强刑事执法国际合作，加大涉外知识产权犯罪案件侦办力度。严厉打击不正当竞争行为，加强品牌商誉保护。将知识产权保护和运用相结合,加强机制和平台建设,加快知识产权转移转化。

十、健全增加城乡居民财产性收入的各项制度

研究住宅建设用地等土地使用权到期后续期的法律安排,推动形成全社会对公民财产长久受保护的良好和稳定预期。在国有企业混合所有制改革中,依照相关规定支持有条件的混合所有制企业实行员工持股,坚持同股同权、同股同利,着力避免大股东凭借优势地位侵害中小股东权益的行为,建立员工利益和企业利益、国家利益激励相容机制。深化金融改革,推动金融创新,鼓励创造更多支持实体经济发展、使民众分享增值收益的金融产品,增加民众投资渠道。深化农村土地制度改革,坚持土地公有制性质不改变、耕地红线不突破、粮食生产能力不减弱、农民利益不受损的底线,从实际出发,因地制宜,落实承包地、宅基地、集体经营性建设用地的用益物权,赋予农民更多财产权利,增加农民财产收益。

十一、营造全社会重视和支持产权保护的良好环境

大力宣传党和国家平等保护各种所有制经济产权的方针政策和法律法规,使平等保护、全面保护、依法保护观念深入人心,营造公平、公正、透明、稳定的法治环境。在坚持以经济建设为中心、提倡勤劳致富、保护产权、弘扬企业家精神等方面加强舆论引导,总结宣传一批依法有效保护产权的好做法、好经验、好案例,推动形成保护产权的良好社会氛围。完善法律援助制度,健全司法救助体系,确保人民群众在产权受到侵害时获得及时有效的法律帮助。有效发挥工商业联合会、行业协会商会在保护非公有制经济和民营企业产权、维护企业合法权益方面的作用,建立对涉及产权纠纷的中小企业维权援助机制。更好发挥调解、仲裁的积极作用,完善产权纠纷多元化解机制。

各地区各部门要充分认识完善产权保护制度、依法保护产权的重要性和紧迫性,统一思想,形成共识和合力,狠抓工作落实。各地区要建立党委牵头,人大、政府、司法机关共同参加的产权保护协调工作机制,加强对产权保护工作的组织领导和统筹协调。各有关部门和单位要按照本意见要求,抓紧制定具体实施方案,启动基础性、标志性、关键性工作,加强协调配合,确保各项举措落到实处、见到实效。

中共中央办公厅、国务院办公厅关于进一步加强农村文化建设的意见

（2005 年 11 月 7 日　中办发〔2005〕27 号）

为贯彻落实党的十六大和十六届三中、四中、五中全会精神，促进农村文化和经济、政治、社会协调发展，经党中央、国务院领导同志同意，现就进一步加强农村文化建设提出如下意见。

一、充分认识加强农村文化建设的重要性和紧迫性

1. 解决好农业、农村和农民问题，是全党和全国工作的重中之重。加强农村文化建设，是全面建设小康社会的内在要求，是树立和落实科学发展观、构建社会主义和谐社会的重要内容，是建设社会主义新农村、满足广大农民群众多层次多方面精神文化需求的有效途径，对于提高党的执政能力和巩固党的执政基础，促进农村经济发展和社会进步，实现农村物质文明、政治文明和精神文明协调发展，具有重大意义。

2. 近年来，党和政府高度重视农村文化建设，采取一系列政策措施，着力推进重点文化工程建设，组织开展形式多样的农村文化活动，积极培育农村文化市场，广泛开展文化科技卫生“三下乡”，农民群众精神文化生活得到改善，农村文化建设呈现较好的发展局面。同时也要看到，农村文化建设与全面建设小康社会的目标要求还不相适应，与经济社会的协调发展还不相适应，与农民群众的精神文化需求还不相适应，主要问题是文化基础设施落后，现有资源尚未得到有效利用，文化体制不顺、机制不活，文化产品、文化服务供给不足，文化活动相对贫乏，城乡文化发展水平差距较大。这种状况必须引起高度重视，迫切需要采取有效措施，切实加以改变。

二、农村文化建设的指导思想和目标任务

3. 农村文化建设要坚持以邓小平理论和“三个代表”重要思想为指导，树立和落实科学发展观，全面贯彻党的十六大和十六届三中、四中、五中全会精神，始终把

握社会主义先进文化的前进方向,努力满足广大农民群众多层次多方面精神文化需求。要坚持“多予少取放活”,加大政府投入,调整资源配置,深化体制改革,加强文化基础设施建设,构建公共文化服务体系,实现和保障农民群众的基本文化权益。发挥市场机制作用,加强政策调控,积极发展文化产业,充分调动社会各方面力量参与农村文化建设,提供更多更好的文化产品和服务。大力发展先进文化,支持健康有益文化,改造落后文化,抵制腐朽文化,倡导科学、文明,克服愚昧、落后,促进农村物质文明、政治文明、精神文明协调发展。

4. 农村文化建设的目标任务是,按照建设社会主义新农村的要求,经过 5 年的努力,基本形成适应社会主义市场经济体制、符合社会主义精神文明建设规律的农村文化建设新格局。县、乡、村文化基础设施相对完备,公共文化服务切实加强。农村文化工作体制机制逐步理顺,现有文化资源得到有效利用。文化队伍不断壮大,农民自办文化更加活跃。文化产业较快发展,看书难、看戏难、看电影难、收听收看广播电视难的问题基本解决。农村文明程度和农民整体素质有所提高,文化在促进农村生产发展、生活宽裕、乡风文明、村容整洁、管理民主等方面发挥重要作用。

三、加强农村公共文化建设

5. 大力推进广播电视进村入户。以提高中央台和省台广播电视节目入户率为重点,采取多种技术手段,加大实施广播电视村村通工程的力度,争取到 2010 年基本实现 20 户以上的已通电自然村全部通广播电视。重视完善和发挥现有无线转播台站的作用,利用无线、有线和卫星等多种技术手段,力争使农民群众收听收看到套数更多、质量更好的广播电视节目。中央财政对中部地区国家扶贫开发工作重点县和西部地区村村通的建设给予适当的基建投资支持,对新疆、西藏、内蒙古、宁夏和青海、甘肃、云南、四川藏区的村村通工程运行维护给予适当的经费补助。西新工程要继续重点解决好新疆、西藏等老少边穷地区广播电视覆盖和少数民族语言译制等问题。完善农村广播电视公共服务覆盖体系,做好农村接收广播电视的服务工作,积极探索适合当地实际的运行服务机制,确保村村通长期有效运行。

6. 积极发展农村电影放映。继续实施农村电影数字化放映“2131”工程,加大专项资金投入,重点做好配送电影流动放映车和电影拷贝工作,丰富农村电影片源。加强农村中小学爱国主义教育影片和农村科教影片的放映。采取定点、流动、录像放映等多种形式，积极探索农村电影放映的新方法新模式，到2010年基本实现全国农村一村一月放映一场电影的目标。加强农村影院的更新改造，增加农村电影固定放映点。推广电影数字放映技术，在农村逐步实现由胶片放映向数字放映的转变。

7. 开展农村数字化文化信息服务。加快全国文化信息资源共享工程建设。积极发展文化信息资源共享工程农村基层服务点，重点支持边远贫穷地区乡镇、村基层服务点建设。文化信息资源共享工程要与农村文化设施建设统筹规划，综合利用，使县文化馆、图书馆和乡综合文化站、村文化活动室逐步具备提供数字化文化信息服务的能力。要依托农村党员干部现代远程教育和农村中小学现代远程教育网络，以共建方式发展基层服务点。

8. 推动服务"三农"的出版物出版发行。实施服务"三农"重点出版物出版工程，出版单位选题规划要向农村倾斜，重点支持和培育一批服务"三农"为主的出版单位，增加农民群众买得起、读得懂、用得上的通俗读物的品种和数量。发展农民书社等农民自助读书组织，为农民群众读书提供方便。继续实施送书下乡工程。以政府采购形式，每年集中招标采购一批适用于农村的图书，直接配送到国家扶贫开发工作重点县的乡村文化站（室），方便农民群众阅读。改进报刊订阅发行工作，缩短发送时间，使农民群众及时看到报刊。

9. 加强乡村文化设施建设。坚持以政府为主导，以乡镇为依托，以村为重点，以农户为对象，发展县、乡镇、村文化设施和文化活动场所，构建农村公共文化服务网络。到2010年，实现县有文化馆、图书馆，乡镇有综合文化站，行政村有文化活动室。县文化馆要具备综合性功能，图书馆要加强数字化建设。乡镇可结合乡镇机构改革和站（所）整合，组建集图书阅读、广播影视、宣传教育、文艺演出、科技推广、科普培训、体育和青少年校外活动等于一体的综合性文化站，配备专职人员管理。村文化活动室可"一室多用"，明确由一名村干部具体负责。在学校布点整顿中腾出的闲置校舍，可改造为村文化活动基地。充分发挥农村中小学在开展农村文化活动方面的作用，提倡中小学图书室、电子阅览室定时就近向农民群众开放，把中小学校建成宣传、文化、信息中心。对西部及其他老少边穷等地广人稀适宜开展流动服务的地区，由政府给乡文化站配备多功能流动文化车，开展灵活、多样、方便的文化服务。

10. 加大文化资源向农村的倾斜。对重要的公共文化资源进行合理调整，逐步增加为农村服务的资源总量。人民日报要加大农村和农业报道的分量，逐步创造条件开办农村版。农民日报等专门面向农村的报刊要不断提高质量,坚持为“三农”服务的方向。中央人民广播电台、中央电视台增加农村节目、栏目和播出时间。农业大省的省级党报要开设农村版,电台、电视台要开办农村频率、频道。有条件的省级党报和电台、电视台也可开办专门的农村版和农村频率、频道。市(地)党报和市(地)县广播电台、电视台要把面向基层、服务“三农”作为主要任务。

四、丰富农民群众精神文化生活

11. 开展多种形式的群众文化活动。农村文化活动要贴近群众生产生活实际,坚持业余自愿、形式多样、健康有益、便捷长效原则,丰富和活跃农民群众精神文化生活。充分利用农闲、节日和集市,组织花会、灯会、赛歌会、文艺演出、劳动技能比赛等活动。紧密结合农民脱贫致富的需求,倡导他们读书用书、学文化、学技能,普及先进实用的农业科技知识和卫生保健常识。以创建文明村镇、文明户等为载体,积极引导广大农民群众崇尚科学,破除迷信,移风易俗,抵制腐朽文化,提高思想道德水平和科学文化素质,形成文明健康的生活方式和社会风尚。根据时代的特点和农民群众精神文化需求的变化,不断充实活动内涵,创新活动形式。

12. 着力发展农村特色文化。加强对农村优秀民族民间文化资源的系统发掘、整理和保护。授予秉承传统、技艺精湛的民间艺人“民间艺术大师”、“民间工艺大师”等称号,开展“民间艺术之乡”、“特色艺术之乡”命名活动。对农村传统文化生态保持较完整并具有特殊价值的村落或特定区域进行动态整体性保护,逐步建立科学有效的民族民间文化遗产传承机制。积极开发具有民族传统和地域特色的剪纸、绘画、陶瓷、泥塑、雕刻、编织等民间工艺项目,戏曲、杂技、花灯、龙舟、舞狮舞龙等民间艺术和民俗表演项目,古镇游、生态游、农家乐等民俗旅游项目。实施特色文化品牌战略,培育一批文化名镇、名村、名园、名人、名品。

13. 提供更多更好的农村题材文化产品。加强选题规划和内容建设,把农村题材纳入舞台艺术生产、电影和电视剧制作、各类书刊和音像制品出版计划,保证农村题材文艺作品在出品总量中占一定比例。宣传文化领域的有关专项资金要加大对农村题材重点选题的资助力度,每年推出一批反映当代农村生活、农民喜闻乐见的文艺精品。购买适合农村需要的优秀剧本版权,免费供给基层艺术团体使用、改编并为农民群众演出。全国性文艺出版评奖要安排一定数额,用于奖励反映农民生活的优秀文艺作品。报刊、电台、电视台对优秀农村题材文艺作品,在刊发、播出、宣传评介等方面给予重点支持。

五、创新农村文化建设的体制和机制

14. 加快公益性文化事业单位改革。县级文化馆、图书馆的改革主要是增加投入,转换机制,增强活力,提高公共服务水平。深化劳动、人事、分配等方面的内部改革,建立健全竞争、激励、约束机制和岗位目标责任制,全面实行聘用制和劳动合同制。县文化馆、图书馆、乡镇综合文化站等属于公益性事业单位,不得企业化或变相企业化,不得以拍卖、租赁等任何形式,改变其文化设施的用途;已挪作他用的,要限期收回。县、乡文化机构要面向农村,面向基层,制订年度农村公益性文化项目实施计划,明确服务规范,改进服务方式,开展流动文化服务,加强对农村文化骨干和文化中心户的免费培训辅导,扶持奖励民办文化。

15. 逐步推动经营性国有文化事业单位转企改制。根据试点先行、稳步推进的原则,推动基层国有艺术团体、电影公司、电影院、新华书店等经营性国有文化事业单位转企改制。转制企业按现行文化体制改革试点工作有关配套政策内容,给予 3 年财政税收、社会保障、劳动人事等方面的优惠政策。加快产权制度改革,积极鼓励社会资本参与经营性文化事业单位的股份制改造,实现投资主体多元化。鼓励艺术团体以各种形式和企业合作。鼓励电影公司、电影院以“院线制”形式、新华书店以连锁经营形式,在更大范围内进行文化资源整合,提高经营能力。

16. 大力发展农村民办文化。通过民办公助、政策扶持,鼓励农民自办文化,开展各种面向农村、面向农民的文化经营活动,使农民群众成为农村文化建设的主体。积极扶持热心文化公益事业的农户组建文化大院、文化中心户、文化室、图书室等,允许其以市场运作的方式开展形式多样的文化活动。支持农民群众自筹资金、自己组织、自负盈亏、自我管理,兴办农民书社、集(个)体放映队等,大力扶持民间职业剧团和农村业余剧团的发展。引导文化专业户相互联合,进行市场化运作,逐步向个体、私营等非公有制文化企业发展,开发文化资源,变资源优势为产业优势。扶持以公司加农户、专业加工户等形式,从事农村特色文化产品开发和文化服务,促进农村文化产业发展。有关行政部门要简化对农村个体、私营等非公有制文化企业的登记审核程序,在土地使用、信贷、行业政策等方面,与国有文化企业享受同等待遇。鼓励社会资本在政策范围内,以各种形式兴办文化实体,形成以公有制为主体、多种所有制共同发展的文化产业格局。

17. 加强对拓宽农村文化市场的政策调控。按照普遍服务原则,运用市场准入、资格认定、价格调节、财税优惠等政策,引导各类市场主体在出版物发行、电影放映、文艺表演、网络服务等领域,积极开发农村文化市场。重点推动面向大众的文化产品和服务进入中西部和老少边穷的农村地区。通过各种有效的调控,把发挥市场机制积极作用和构建公共文化服务体系有机结合起来,努力使广大农民群众享有更加充分、质优价廉的文化产品和服务。

18. 探索农村文化设施运行管理新机制新办法。统筹文化、教育、科技、体育和青少年、老年活动场所的规划建设和综合利用,努力做到相关设施能够共建共享,着力解决农村文化设施分散、使用效率不高的问题。对电影院、剧院等设施,在确保其功能不变的前提下,鼓励其进入大型文化企业集团,也可以实行所有权与经营权相分离的运营模式,采取公办民营、公开招标、委托经营的方式,更好地提供文化服务。机关、学校内部的文化设施,有条件的要采取多种方式对农民群众开放。

19. 规范农村文化市场。坚持一手抓繁荣、一手抓管理的方针,大力加强农村文化市场管理,营造扶持健康文化、抵制腐朽文化的社会环境。加强和充实县级文化市场行政执法队伍,充分发挥乡镇综合文化站监管作用,健全农村文化市场管理体系,加强执法力量,加大监管力度,提高执法水平。整顿和规范市场秩序,严厉打击违法违规活动,取缔无证经营。重点加强对演出娱乐、电影放映、出版物印刷和销售、网吧等方面管理,坚决打击传播色情、封建迷信等违法活动,确保农村文化市场健康有序发展。

六、动员社会力量支持农村文化建设

20. 继续开展文化科技卫生"三下乡"、文化对口支援活动。积极探索"三下乡"活动的长效机制。对重要项目和产品采取财政补贴,以政府采购的方式,直接送到农村。充分发挥流动文化车、文化小分队的作用,使"三下乡"活动小型化、经常化,努力做到灵活多样、行之有效。鼓励和组织专业文化工作者到农村辅导群众文化活动。把农村文化建设纳入对口扶贫计划,建立和完善东部地区对西部地区、发达地区对欠发达地区、城市对农村的文化援助机制,支援农村文化建设。

21. 积极引导社会力量捐助农村文化事业。重点捐助文化站(室)、图书室等农村文化基础设施建设以及农村公益性文化实体和文化活动。动员城市单位和居民以各种方式捐赠电视机、收音机、计算机和农民群众需要的图书杂志、音像电子出版物等,可由捐助者直接交付农村,也可由民政部门、人民团体和有关民间组织负责组织发送。鼓励权利人许可基层文化单位无偿使用其作品或录音录像制品。社会力量通过依法成立的非营利公益性组织或国家机关向农村文化事业的捐赠,纳入公益性捐赠范围,按税法的有关规定税前扣除。对贡献突出的单位和个人,给予表彰和奖励。

22. 积极组织开展农村文化服务活动。在"大学生志愿服务西部计划"和"高校毕业生到农村服务计划"中增加农村文化服务的内容,鼓励应届大学毕业生深入广大农村从事文化信息传播、活动组织、人员培训等活动。有关部门应根据实际情况及时研究解决因增加农村文化服务内容而需要扩大人员规模和经费等问题,确保农村文化服务活动的顺利开展。

七、加强对农村文化建设的组织领导

23. 高度重视农村文化建设。各级党委和政府对加强农村文化建设负有重要责任。要把农村文化建设纳入各级党委和政府的重要议事日程,纳入经济和社会发展规划,纳入财政支出预算,纳入扶贫攻坚计划,纳入干部晋升考核指标,确保农村文化建设各项目标任务的实现。建立农村文化建设目标责任制,把农村文化工作列入创建文化先进县(市)、乡镇和创建文明城市、文明村镇等相关评价体系。建立健全基层文化单位的评价机制,将服务农村、服务农民情况作为文化单位工作的重要考核内容。推动农村文化建设的法制化、规范化、制度化。

24. 切实加大政府投入力度。各级财政要统筹规划,加大对农村文化建设的投入,扩大公共财政覆盖农村的范围,不断提高用于乡镇和村的比例。保证一定数量的中央转移支付资金用于乡镇和村的文化建设。中央和省、市三级设立农村文化建设专项资金,确保农村重点文化建设的资金需求。提高财政资金的使用效益。

25. 加强农村文化队伍建设。采取有效措施,稳定和发展专兼职结合的农村文化队伍,逐步提高队伍的整体素质。根据相关法律法规的规定对农村文化事业单位的人员实行从业资格制度。鼓励高校毕业生到农村从事文化工作。采取多种形式,充分发挥专业艺术人员的积极性,加强农村文化队伍的教育培训。积极培养农民文化骨干,充分发挥民间艺人、文化能人在活跃农村文化生活、传承发展民族民间文化方面的作用,巩固农村文化建设的群众基础。注意发挥农村文化经纪人的作用。对作出突出贡献的农村文化单位和基层文化工作者予以表彰奖励,在全社会形成关心支持农村文化建设的良好氛围。

26. 落实有关部门责任。中央和国家机关有关部门要按照中央的统一部署，认真制订农村文化建设规划，因地制宜，分类指导，完善政策，明确措施，抓好各项工作的贯彻落实。建立党委、政府农村文化工作联席会议制度，明确各有关部门职责，密切协作、各负其责、齐抓共管、形成合力，共同做好农村文化工作。宣传文化部门要充分发挥主管部门的职能作用，搞好综合协调。群众团体要努力发挥在农村文化建设中的重要作用。有关部门对农村文化建设特别是重点文化工程，要加强专项监督检查。

各省(自治区、直辖市)、中央和国家机关有关部门要按照本意见的精神，结合实际，制定贯彻落实的具体措施。有关部门要加强对本意见贯彻执行情况的督促检查。

中共中央办公厅、国务院办公厅《关于全面推进政务公开工作的意见》

（2016年2月4日　中办发〔2016〕8号）

公开透明是法治政府的基本特征。全面推进政务公开，让权力在阳光下运行，对于发展社会主义民主政治，提升国家治理能力，增强政府公信力执行力，保障人民群众知情权、参与权、表达权、监督权具有重要意义。党中央、国务院高度重视政务公开，作出了一系列重大部署，各级政府认真贯彻落实，政务公开工作取得积极成效。但与人民群众的期待相比，与建设法治政府的要求相比，仍存在公开理念不到位、制度规范不完善、工作力度不够强、公开实效不理想等问题。为进一步做好当前和今后一个时期政务公开工作，现提出以下意见。

一、全面推进政务公开工作的总体要求

（一）指导思想。认真落实党的十八大和十八届三中、四中、五中全会精神，深入贯彻习近平总书记系列重要讲话精神，紧紧围绕“四个全面”战略布局，牢固树立创新、协调、绿色、开放、共享的发展理念，深入推进依法行政，全面落实党中央、国务院有关决策部署和政府信息公开条例，坚持以公开为常态、不公开为例外，推进行政决策公开、执行公开、管理公开、服务公开和结果公开，推动简政放权、放管结合、优化服务改革，激发市场活力和社会创造力，打造法治政府、创新政府、廉洁政府和服务型政府。

（二）基本原则。紧紧围绕经济社会发展和人民群众关注关切，以公开促落实，以公开促规范，以公开促服务。依法依规明确政务公开的主体、内容、标准、方式、程序，加快推进权力清单、责任清单、负面清单公开。坚持改革创新，注重精细化、可操作性，务求公开实效，让群众看得到、听得懂、能监督。以社会需求为导向，以新闻媒体为载体，推行“互联网＋政务”，扩大公众参与，促进政府有效施政。

（三）工作目标。到2020年，政务公开工作总体迈上新台阶，依法积极稳妥实行政务公开负面清单制度，公开内容覆盖权力运行全流程、政务服务全过程，公开

制度化、标准化、信息化水平显著提升,公众参与度高,用政府更加公开透明赢得人民群众更多理解、信任和支持。

二、推进政务阳光透明

(四)推进决策公开。把公众参与、专家论证、风险评估、合法性审查、集体讨论决定确定为重大行政决策法定程序。实行重大决策预公开制度,涉及群众切身利益、需要社会广泛知晓的重要改革方案、重大政策措施、重点工程项目,除依法应当保密的外,在决策前应向社会公布决策草案、决策依据,通过听证座谈、调查研究、咨询协商、媒体沟通等方式广泛听取公众意见,以适当方式公布意见收集和采纳情况。探索利益相关方、公众、专家、媒体等列席政府有关会议制度,增强决策透明度。决策作出后,按照规定及时公开议定事项和相关文件。

(五)推进执行公开。主动公开重点改革任务、重要政策、重大工程项目的执行措施、实施步骤、责任分工、监督方式,根据工作进展公布取得成效、后续举措,听取公众意见建议,加强和改进工作,确保执行到位。各级政府及其工作部门都要做好督查和审计发现问题及整改落实情况的公开,对不作为、慢作为、乱作为问责情况也要向社会公开,增强抓落实的执行力。

(六)推进管理公开。全面推行权力清单、责任清单、负面清单公开工作,建立健全清单动态调整公开机制。推行行政执法公示制度,各级政府要根据各自的事权和职能,按照突出重点、依法有序、准确便民的原则,推动执法部门公开职责权限、执法依据、裁量基准、执法流程、执法结果、救济途径等,规范行政裁量,促进执法公平公正。推进监管情况公开,重点公开安全生产、生态环境、卫生防疫、食品药品、保障性住房、质量价格、国土资源、社会信用、交通运输、旅游市场、国有企业运营、公共资源交易等监管信息。公开民生资金等分配使用情况,重点围绕实施精准扶贫、精准脱贫,加大扶贫对象、扶贫资金分配、扶贫资金使用等信息公开力度,接受社会监督。

(七)推进服务公开。把实体政务服务中心与网上办事大厅结合起来,推动政务服务向网上办理延伸。各地区各部门要全面公开服务事项,编制发布办事指南,简化优化办事流程,让群众不跑冤枉路,办事更明白、更舒心。公布行政审批中介服务事项清单,公开项目名称、设置依据、服务时限。推行政府购买公共服务、政府和社会资本合作(PPP)提供公共服务的公开。大力推进公共企事业单位办事公开,行业主管部门要加强分类指导,组织编制公开服务事项目录,制定完善具体办法,切实承担组织协调、监督指导职责。通过最大限度方便企业和群众办事,打通政府联系服务群众“最后一公里”。

（八）推进结果公开。各级行政机关都要主动公开重大决策、重要政策落实情况,加大对党中央、国务院决策部署贯彻落实结果的公开力度。推进发展规划、政府工作报告、政府决定事项落实情况的公开,重点公开发展目标、改革任务、民生举措等方面事项。建立健全重大决策跟踪反馈和评估制度,注重运用第三方评估、专业机构鉴定、社情民意调查等多种方式,科学评价政策落实效果,增强结果公开的可信度,以工作实绩取信于民。

（九）推进重点领域信息公开。着力推进财政预决算、公共资源配置、重大建设项目批准和实施、社会公益事业建设等领域的政府信息公开,有关部门要制定实施办法,明确具体要求。各级行政机关对涉及公民、法人或其他组织权利和义务的规范性文件,都要按照政府信息公开要求和程序予以公布。规范性文件清理结果要向社会公开。加强突发事件、公共安全、重大疫情等信息发布,负责处置的地方和部门是信息发布第一责任人,要快速反应、及时发声,根据处置进展动态发布信息。

三、扩大政务开放参与

（十）推进政府数据开放。按照促进大数据发展行动纲要的要求,实施政府数据资源清单管理,加快建设国家政府数据统一开放平台,制定开放目录和数据采集标准,稳步推进政府数据共享开放。优先推动民生保障、公共服务和市场监管等领域的政府数据向社会有序开放。制定实施稳步推进公共信息资源开放的政策意见。支持鼓励社会力量充分开发利用政府数据资源,推动开展众创、众包、众扶、众筹,为大众创业、万众创新提供条件。

（十一）加强政策解读。将政策解读与政策制定工作同步考虑,同步安排。各地区各部门要发挥政策参与制定者,掌握相关政策、熟悉有关领域业务的专家学者和新闻媒体的作用,注重运用数字化、图表图解、音频视频等方式,提高政策解读的针对性、科学性、权威性。对涉及面广、社会关注度高、实施难度大、专业性强的政策法规,要通过新闻发布、政策吹风、接受访谈、发表文章等方式做好解读,深入浅出地讲解政策背景、目标和要点。各省（自治区、直辖市）政府和国务院各部门要充分利用新闻发布会和政策吹风会进行政策解读,领导干部要带头宣讲政策,特别是遇有重大突发事件、重要社会关切等,主要负责人要带头接受媒体采访,表明立场态度,发出权威声音,当好“第一新闻发言人”。新闻媒体、新闻网站、研究机构要做好党中央、国务院重大政策解读工作。

(十二)扩大公众参与。通过政务公开让公众更大程度参与政策制定、执行和监督,汇众智定政策抓落实,不断完善政策,改进工作。研究探索不同层级、不同领域公众参与的事项种类和方式,搭建政民互动平台,问政于民、问需于民、问计于民,增进公众对政府工作的认同和支持。充分利用互联网优势,积极探索公众参与新模式,提高政府公共政策制定、公共管理、公共服务的响应速度。

(十三)回应社会关切。建立健全政务舆情收集、研判、处置和回应机制,加强重大政务舆情回应督办工作,开展效果评估。对涉及本地区本部门的重要政务舆情、媒体关切、突发事件等热点问题,要按程序及时发布权威信息,讲清事实真相、政策措施以及处置结果等,认真回应关切。依法依规明确回应主体,落实责任,确保在应对重大突发事件及社会热点事件时不失声、不缺位。

(十四)发挥媒体作用。把新闻媒体作为党和政府联系群众的桥梁纽带,运用主要新闻媒体及时发布信息,解读政策,引领社会舆论。安排中央和地方媒体、新闻网站负责人参与重要活动,了解重大决策;畅通采访渠道,积极为媒体采访提供便利。同时也要发挥新闻网站、商业网站以及微博微信、移动客户端等新媒体的网络传播力和社会影响力,提高宣传引导的针对性和有效性。

四、提升政务公开能力

(十五)完善制度规范。建立健全政务公开制度,注重将政务公开实践成果上升为制度规范,对不适应形势要求的规定及时予以调整清理。修订政府信息公开条例,完善主动公开、依申请公开信息等规定。建立公开促进依法行政的机制,推动相关部门解决行政行为不规范等问题。建立健全政务公开内容、流程、平台、时限等相关标准。推进政务服务中心标准化建设,统一名称标识、进驻部门、办理事项、管理服务等。制定政府网站发展指引,明确功能定位、栏目设置、内容保障等要求。

(十六)建立政务公开负面清单。各省(自治区、直辖市)政府和国务院各部门要依法积极稳妥制定政务公开负面清单,细化明确不予公开范围,对公开后危及国家安全、经济安全、公共安全、社会稳定等方面的事项纳入负面清单管理,及时进行调整更新。负面清单要详细具体,便于检查监督,负面清单外的事项原则上都要依法依规予以公开。健全公开前保密审查机制,规范保密审查程序,妥善处理好政务公开与保守秘密的关系,对依法应当保密的,要切实做好保密工作。

(十七)提高信息化水平。积极运用大数据、云计算、移动互联网等信息技术,提升政务公开信息化、集中化水平。加快推进“互联网 + 政务”,构建基于互联网的一体化政务服务体系,通过信息共享、互联互通、业务协同,实行审批和服务事项在线咨询、网上办理、电子监察,做到利企便民。推动信用信息互联共享,促进“信用中国”建设。充分利用政务微博微信、政务客户端等新平台,扩大信息传播,开展在线服务,增强用户体验。

(十八)加强政府门户网站建设。强化政府门户网站信息公开第一平台作用,整合政府网站信息资源,加强各级政府网站之间协调联动,强化与中央和地方主要新闻媒体、主要新闻网站、重点商业网站的联动,充分运用新媒体手段拓宽信息传播渠道,完善功能,健全制度,加强内容和技术保障,将政府网站打造成更加全面的信息公开平台、更加权威的政策发布解读和舆论引导平台、更加及时的回应关切和便民服务平台。

(十九)抓好教育培训。各级政府要把政务公开列入公务员培训科目,依托各级党校、行政学院、干部学院等干部教育培训机构,加强对行政机关工作人员特别是领导干部的培训,增强公开意识,提高发布信息、解读政策、回应关切的能力。制定业务培训计划,精心安排培训科目和内容,分级分层组织实施,力争 3 年内将全国从事政务公开工作人员轮训一遍,支持政务公开工作人员接受相关继续教育。教育主管部门要鼓励高等学校开设政务公开课程,培养政务公开方面的专门人才。

五、强化保障措施

(二十)加强组织领导。各级党委和政府要高度重视政务公开工作。各级政府要在党委统一领导下,牵头做好政务公开工作,确定一位政府领导分管,建立健全协调机制,明确责任分工,切实抓好工作落实。各级政府及其工作部门办公厅(室)是政务公开工作的主管部门,具体负责组织协调、指导推进、监督检查本地区本系统的政务公开工作,要整合政务公开方面的力量和资源,加强与新闻媒体、新闻网站等的沟通协调,做好统筹指导;进一步理顺机制,明确工作机构,配齐配强专职工作人员。有条件的应把政务公开、政务服务、政府数据开放、公共资源交易监督管理等工作统筹考虑、协同推进。要加强政务公开工作经费保障,为工作顺利开展创造条件。鼓励通过引进社会资源、购买服务等方式,提升政务公开专业化水平。

(二十一)加强考核监督。把政务公开工作纳入绩效考核体系,加大分值权重。鼓励支持第三方机构对政务公开质量和效果进行独立公正的评估。指导新闻媒体和政府网站做好发布政府信息、解读政策、回应关切的工作。充分发挥人大代表、政协委员、民主党派、人民团体、社会公众、新闻媒体对政务公开工作的监督作用。强化激励和问责,对政务公开工作落实好的,按照有关规定予以表彰;对公开工作落实不到位的,予以通报批评;对违反政务公开有关规定、不履行公开义务或公开不应当公开事项,并造成严重影响的,依法依规严肃追究责任。

国务院办公厅根据本意见制定相关实施细则。各地区各部门要结合实际,制定具体实施办法,细化任务措施,明确责任分工,认真抓好落实。

中共中央办公厅、国务院办公厅《关于进一步深化文化市场综合执法改革的意见》

（2016 年 3 月 27 日　中办发〔2016〕20 号）

为贯彻落实《中共中央关于全面推进依法治国若干重大问题的决定》、《国务院关于促进市场公平竞争维护市场正常秩序的若干意见》，进一步深化文化市场综合执法改革，促进文化市场持续健康发展，现提出如下意见。

一、重要意义

2004 年以来，按照党中央、国务院决策部署，文化市场综合执法改革由试点逐步向全国推开，各直辖市和市、县两级基本完成文化（文物）、新闻出版广电（版权）等文化市场领域有关行政执法力量的整合，组建文化市场综合执法机构，提升了执法效能，规范了市场秩序，推动了优秀文化产品的生产和传播，促进了社会效益和经济效益有机统一。

当前，文化市场发展与管理面临许多新形势新要求。文化体制改革向纵深拓展，文化开放水平不断提高，各类文化市场主体迅速发展，新型文化业态大量涌现，迫切需要创新文化市场管理体制机制，丰富方式手段。行政执法体制、市场准入制度等方面改革逐步深入，迫切需要文化市场综合执法改革同步跟进、有效衔接。文化市场存在一些突出问题，如不良文化产品和服务时有泛滥，有害文化信息不断出现，损害未成年人文化权益、侵犯知识产权等行为屡禁不止，广大人民群众反映十分强烈，迫切需要进一步提高文化市场综合执法能力和水平。文化产品既具有经济属性，也具有意识形态属性，必须坚持把社会效益放在首位、社会效益和经济效益相统一。要高度重视文化市场管理问题，进一步完善文化市场综合执法，推动现代文化市场体系建设，更好地维护国家文化安全和意识形态安全，更好地促进文化事业文化产业繁荣发展。

二、总体要求

（一）指导思想。全面贯彻党的十八大和十八届三中、四中、五中全会精神，以邓小平理论、“三个代表”重要思想、科学发展观为指导,深入贯彻习近平总书记系列重要讲话精神,围绕“四个全面”战略布局,建立健全符合社会主义核心价值观要求、适应现代文化市场体系需要的文化市场综合执法管理体制,维护文化市场正常秩序,推动社会主义文化大发展大繁荣。

(二)总体目标。通过深化改革,建设文化市场综合执法法律法规支撑体系;形成权责明确、监督有效、保障有力的文化市场综合执法管理体制;建设一支政治坚定、行为规范、业务精通、作风过硬的文化市场综合执法队伍;进一步整合文化市场执法权,加快实现跨部门、跨行业综合执法。

(三)基本原则

——坚持党的领导。坚持社会主义先进文化前进方向,弘扬社会主义核心价值观,通过有力有效的文化市场综合执法,加强思想文化阵地建设,向社会传导正确价值取向,维护国家文化安全。

——坚持依法行政。坚持法定职责必须为、法无授权不可为,严格规范公正文明执法。加强执法监督,完善执法责任制,提升执法公信力。

——坚持分类指导。针对不同层级综合执法机构职责,确定工作任务和执法重点;针对不同地区经济文化差异,科学设置综合执法机构;针对不同执法事项的特点,采取有效方式加强监管。

——坚持权责一致。落实市场主体守法经营责任、综合执法机构执法责任、行政主管部门监管责任和属地政府领导责任。厘清综合执法机构和行政主管部门关系,减少职责交叉,形成监管合力。

三、重点任务

(一)明确综合执法适用范围。文化市场综合执法机构的职能主要包括:依法查处娱乐场所、互联网上网服务营业场所的违法行为,查处演出、艺术品经营及进出口、文物经营等活动中的违法行为;查处文化艺术经营、展览展播活动中的违法行为;查处除制作、播出、传输等机构外的企业、个人和社会组织从事广播、电影、电视活动中的违法行为,查处电影放映单位的违法行为,查处安装和设置卫星电视广播地面接收设施、传送境外卫星电视节目中的违法行为,查处放映未取得《电影片公映许可证》的电影片和走私放映盗版影片等违法活动;查处图书、音像制品、电子出版物等方面的违法出版活动和印刷、复制、出版物发行中的违法经营活动,查处非法出版单位和个人的违法出版活动;查处著作权侵权行为;查处网络文化、网络视听、网络出版等方面的违法经营活动；配合查处生产、销售、使用“伪基站”设备的违法行为；承担“扫黄打非”有关工作任务；依法履行法律法规规章及地方政府赋予的其他职责。

（二）加强综合执法队伍建设。严格实行执法人员持证上岗和资格管理制度，未经执法资格考试合格，不得授予执法资格，不得从事执法活动。探索建立执法人员资格等级考试制度。健全执法人员培训机制，实施业务技能训练考核大纲和中西部地区执法能力提升计划，定期组织开展岗位练兵、技能比武活动。全面落实综合执法责任制，严格确定不同岗位执法人员执法责任，建立健全责任追究机制，通过落实党内监督、行政监督、社会监督、舆论监督等方式强化文化市场执法监督。落实综合执法标准规范，加强队容风纪管理，严格廉政纪律。使用统一执法标识、执法证件和执法文书，按规定配备综合执法车辆。

（三）健全综合执法制度机制。建立文化市场综合执法权力清单制度和行政裁量权基准制度，完善举报办理、交叉检查、随机抽查、案件督办、应急处置等各项工作流程。严格执行罚缴分离和收支两条线制度，严禁将罚没收入同综合执法机构利益直接或变相挂钩。建立文化市场跨部门、跨区域执法协作联动机制，完善上级与下级之间、部门之间、地区之间线索通报、案件协办、联合执法制度。建立文化市场行政执法和刑事司法衔接机制，坚决防止有案不移、有案难移、以罚代刑现象。推进政务信息公开，向社会公开执法案件主体信息、案由、处罚依据及处罚结果，提高执法透明度和公信力。

（四）推进综合执法信息化建设。加快全国文化市场技术监管与服务平台建设应用，加强与各有关行政部门信息系统的衔接共享，推进行政许可与行政执法在线办理，实现互联互通。通过视频监控、在线监测等远程监管措施，加强非现场监管执法。采用移动执法、电子案卷等手段，提升综合执法效能。推动信息化建设与执法办案监督管理深度融合，运用信息技术对执法流程进行实时监控、在线监察，规范执法行为，强化内外监督，建立开放、透明、便民的执法机制。构建文化市场重点领域风险评估体系，形成来源可查、去向可追的信息链条，切实防范区域性、行业性和系统性风险。

（五）完善文化市场信用体系。建设文化市场基础数据库，完善市场主体信用信息记录，探索实施文化市场信用分类监管，建立文化市场守信激励和失信惩戒机制。建立健全文化市场警示名单和黑名单制度，对从事违法违规经营、屡查屡犯的经营单位和个人，依法公开其违法违规记录，使失信违规者在市场交易中受到制约和限制。落实市场主体守法经营的主体责任,指导其加强事前防范、事中监管和事后处理工作。推动行业协会、商会等社会组织建立健全行业经营自律规范、自律公约和职业道德准则,引导行业健康发展。

(六)建立健全综合执法运行机制。文化市场综合执法机构依据法定职责和程序,相对集中行使文化(文物)、新闻出版广电(版权)等部门文化市场领域的行政处罚权以及相关的行政强制权、监督检查权,开展日常巡查、查办案件等执法工作。有关行政部门在各自职责范围内指导、监督综合执法机构开展执法工作,综合执法机构认真落实各有关行政部门的工作部署和任务,及时反馈执法工作有关情况,形成分工负责、相互支持、密切配合的工作格局。

四、组织领导

(一)加强组织实施。中央文化体制改革和发展工作领导小组统一领导全国深化文化市场综合执法改革工作,领导小组办公室负责组织对改革进展情况进行督促检查。中央宣传部、中央网信办、文化部、新闻出版广电总局要根据本意见要求统筹推进改革,涉及互联网信息内容的执法工作由中央网信办统筹协调。各省(自治区、直辖市)党委和政府要高度重视,将深化文化市场综合执法改革工作列入重要议事日程,确保改革各项措施落实到位。

(二)完善文化市场综合执法管理体制。建立由国务院文化行政部门牵头的全国文化市场管理工作联席会议制度,充分发挥各部门职能作用和资源优势,加强统筹、协调和指导。充实完善省、市、县三级文化市场管理工作领导小组,统一领导本行政区文化市场管理和综合执法工作,推动文化领域跨部门、跨行业综合执法;领导小组由同级党委宣传部部长任组长,同级政府有关负责同志任副组长。

国务院文化行政部门负责指导全国文化市场综合执法工作,推动各直辖市和市、县两级文化(文物)、新闻出版广电(版权)等部门整合文化市场领域的执法职能;建立统一规范的综合执法工作规则,建设全国文化市场技术监管体系,推进综合执法队伍建设;协调各有关行政部门对综合执法工作进行绩效考核。

省(自治区)文化行政部门负责指导本地区文化市场综合执法工作,统筹综合执法队伍建设;依法履行执法指导监督、跨区域执法协作、重大案件查处等职责。

(三)明确机构设置、编制、人员和经费。各地应根据中央关于深化行政执法体制改革的有关精神,结合本地实际,探索文化市场综合执法机构设置的有效形式。直辖市文化市场综合执法机构可探索对区县文化市场综合执法工作实行直接管理,整合执法资源,提升执法能力。副省级城市、省辖市可整合市区两级文化市场综合执法队伍,组建市级文化市场综合执法机构。县级市和县的文化市场综合执法机构要加强队伍建设,切实履行监管责任。对经济发达、城镇化水平较高的乡镇,县级市和县文化广电新闻出版行政部门可根据需要和条件通过法定程序委托乡镇政府行使部分文化市场执法权。

文化市场综合执法机构干部任免参照宣传文化单位干部管理规定办理。综合执法人员依法依规纳入参照公务员法管理。在省(自治区、直辖市)范围内,要统一规范综合执法机构名称,并结合本辖区地理范围、执法任务等情况,统筹考虑综合执法机构编制安排。综合执法机构的工作经费和能力建设经费列入同级政府财政预算。

(四)健全考核机制。文化市场综合执法工作要纳入社会治安综合治理成效评价体系,推动各级党委和政府履职尽责。健全文化市场综合执法绩效考评制度,加强对依法行政、市场监管、社会服务效能等方面的监督和评估。充分发挥“12318”文化市场举报电话和网络平台作用,畅通公众意见反馈渠道。建立文化市场综合执法工作第三方评价机制和群众评议反馈机制,制定公众满意度指标,增强综合执法工作评价的客观性和科学性。

(五)推动相关立法。做好文化市场综合执法立法与文化市场综合执法改革重大政策的衔接,加强理论研究,积累改革经验,研究制定文化市场综合执法管理规定,加快制定地方文化市场综合执法相关法规,推动综合执法机构依法行政,提高文化市场综合执法工作法治化水平。

中共中央办公厅、国务院办公厅《关于推行法律顾问制度和公职律师公司律师制度的意见》

(2016 年 5 月 26 日　中办发〔2016〕30 号)

为贯彻落实党的十八大和十八届三中、四中、五中全会精神,积极推行法律顾问制度和公职律师、公司律师制度,充分发挥法律顾问、公职律师、公司律师作用,现提出以下意见。

一、指导思想、基本原则和目标任务

(一)指导思想。认真贯彻落实党的十八大和十八届三中、四中、五中全会精神,以邓小平理论、"三个代表"重要思想、科学发展观为指导,深入学习贯彻习近平总书记系列重要讲话精神,坚定不移走中国特色社会主义法治道路,从我国国情出发,遵循法治建设规律和法律顾问、律师工作特点,积极推行法律顾问制度和公职律师、公司律师制度,提高依法执政、依法行政、依法经营、依法管理的能力水平,促进依法办事,为协调推进"四个全面"战略布局提供法治保障。

(二)基本原则。坚持正确政治方向。坚持党的领导,选拔政治素质高、拥护党的理论和路线方针政策的法律专业人才进入法律顾问和公职律师、公司律师队伍。

坚持分类规范实施。从实际出发,在党政机关、人民团体、国有企事业单位分类推行法律顾问制度和公职律师、公司律师制度,明确政策导向和基本要求,鼓励各地区各部门各单位综合考虑机构、人员情况和工作需要,选择符合实际的组织形式、工作模式和管理方式,积极稳妥实施。

坚持统筹衔接推进。着眼于社会主义法治工作队伍建设大局,处理好法律顾问与公职律师、公司律师之间的衔接,畅通公职律师、公司律师与社会律师、法官、检察官之间的交流渠道。实行老人老办法、新人新办法,国家统一法律职业资格制度实施后,党政机关、人民团体、国有企事业单位拟担任法律顾问的人员应当具有法律职业资格或者律师资格。

（三）目标任务。2017年底前，中央和国家机关各部委，县级以上地方各级党政机关普遍设立法律顾问、公职律师，乡镇党委和政府根据需要设立法律顾问、公职律师，国有企业深入推进法律顾问、公司律师制度，事业单位探索建立法律顾问制度，到2020年全面形成与经济社会发展和法律服务需求相适应的中国特色法律顾问、公职律师、公司律师制度体系。

二、建立健全党政机关法律顾问、公职律师制度

（四）积极推行党政机关法律顾问制度，建立以党内法规工作机构、政府法制机构人员为主体，吸收法学专家和律师参加的法律顾问队伍。

党政机关内部专门从事法律事务的工作人员和机关外聘的法学专家、律师，可以担任法律顾问。党内法规工作机构、政府法制机构以集体名义发挥法律顾问作用。

（五）在党政机关已担任法律顾问但未取得法律职业资格或者律师资格的人员，可以继续履行法律顾问职责。国家统一法律职业资格制度实施后，党政机关拟担任法律顾问的人员应当具有法律职业资格或者律师资格。

（六）县级以上地方党委和政府以及法律事务较多的工作部门应当配备与工作任务相适应的专职人员担任法律顾问；法律事务较少的县级以上地方党委和政府工作部门可以配备兼职人员履行法律顾问职责。乡镇党委和政府可以根据工作需要，配备专职或者兼职人员履行法律顾问职责。

（七）党政机关法律顾问履行下列职责：

1. 为重大决策、重大行政行为提供法律意见；

2. 参与法律法规规章草案、党内法规草案和规范性文件送审稿的起草、论证；

3. 参与合作项目的洽谈，协助起草、修改重要的法律文书或者以党政机关为一方当事人的重大合同；

4. 为处置涉法涉诉案件、信访案件和重大突发事件等提供法律服务；

5. 参与处理行政复议、诉讼、仲裁等法律事务；

6. 所在党政机关规定的其他职责。

（八）外聘法律顾问应当具备下列条件：

1. 政治素质高，拥护党的理论和路线方针政策，一般应当是中国共产党党员；

2. 具有良好职业道德和社会责任感；

3. 在所从事的法学教学、法学研究、法律实践等领域具有一定影响和经验的法学专家,或者具有5年以上执业经验、专业能力较强的律师;

4. 严格遵纪守法,未受过刑事处罚,受聘担任法律顾问的律师还应当未受过司法行政部门的行政处罚或者律师协会的行业处分;

5. 聘任机关规定的其他条件。

(九)外聘法律顾问应当通过公开、公平、公正的方式遴选。被聘为法律顾问的,由聘任机关发放聘书。

(十)外聘法律顾问在履行法律顾问职责期间享有下列权利:

1. 依据事实和法律,提出法律意见;

2. 获得与履行职责相关的信息资料、文件和其他必需的工作条件;

3. 获得约定的工作报酬和待遇;

4. 与聘任机关约定的其他权利。

(十一)外聘法律顾问在履行法律顾问职责期间承担下列义务:

1. 遵守保密制度,不得泄漏党和国家的秘密、工作秘密、商业秘密以及其他不应公开的信息,不得擅自对外透露所承担的工作内容;

2. 不得利用在工作期间获得的非公开信息或者便利条件,为本人及所在单位或者他人牟取利益;

3. 不得以法律顾问的身份从事商业活动以及与法律顾问职责无关的活动;

4. 不得接受其他当事人委托,办理与聘任单位有利益冲突的法律事务,法律顾问与所承办的业务有利害关系、可能影响公正履行职责的,应当回避;

5. 与聘任机关约定的其他义务。

(十二)市、县、乡同级党委和政府可以联合外聘法律顾问,为党政机关提供服务;党委和政府可以分别统一外聘法律顾问,为党委和政府及其工作部门提供服务。

(十三)各级党政机关根据本意见设立公职律师。公职律师是依照本意见第二十五条、第二十六条规定取得公职律师证书的党政机关公职人员。

(十四)公职律师履行党政机关法律顾问承担的职责,可以受所在单位委托,代表所在单位从事律师法律服务。公职律师在执业活动中享有律师法等规定的会见、阅卷、调查取证和发问、质证、辩论等方面的律师执业权利,以及律师法规定的其他权利。

(十五)公职律师不得从事有偿法律服务,不得在律师事务所等法律服务机构兼职，不得以律师身份办理所在单位以外的诉讼或者非诉讼法律事务。

（十六）党政机关法律顾问、公职律师玩忽职守、徇私舞弊的，依法依纪处理；属于外聘法律顾问的，予以解聘，并记入法律顾问工作档案和个人诚信档案，通报律师协会或者所在单位，依法追究责任。

三、建立健全国有企业法律顾问、公司律师制度

（十七）工商、金融、文化等行业的国有独资或者控股企业（以下简称国有企业）内部专门从事企业法律事务的工作人员和企业外聘的律师，可以担任法律顾问。

在国有企业已担任法律顾问但未取得法律职业资格或者律师资格的人员，可以继续履行法律顾问职责。国家统一法律职业资格制度实施后，国有企业拟担任法律顾问的工作人员或者外聘的其他人员，应当具有法律职业资格或者律师资格，但外聘其他国有企业现任法律顾问的除外。少数偏远地方国有企业难以聘任到具有法律职业资格或者律师资格的法律顾问的，可以沿用现行聘任法律顾问的做法。

法律顾问的辅助人员可不具有法律职业资格或者律师资格。

国有企业外聘法律顾问参照本意见第八条、第九条、第十条、第十一条规定办理。

（十八）国有企业可以根据企业规模和业务需要设立法律事务机构或者配备、聘请一定数量的法律顾问。

国有大中型企业可以设立总法律顾问，发挥总法律顾问对经营管理活动的法律审核把关作用，推进企业依法经营、合规管理。

（十九）国有企业法律顾问履行下列职责：

1. 参与企业章程、董事会运行规则的制定；

2. 对企业重要经营决策、规章制度、合同进行法律审核；

3. 为企业改制重组、并购上市、产权转让、破产重整、和解及清算等重大事项提出法律意见；

4. 组织开展合规管理、风险管理、知识产权管理、外聘律师管理、法治宣传教育培训、法律咨询；

5. 组织处理诉讼、仲裁案件；

6. 所在企业规定的其他职责。

（二十）国有企业法律顾问对企业经营管理行为的合法合规性负有监督职责，

对企业违法违规行为提出意见,督促整改。法律顾问明知企业存在违法违规行为,不警示、不制止的,承担相应责任。

(二十一)国有企业根据需要设立公司律师。公司律师是与企业依法签订劳动合同,依照本意见第二十五条、第二十六条规定取得公司律师证书的员工。

(二十二)公司律师履行国有企业法律顾问承担的职责,可以受所在单位委托,代表所在单位从事律师法律服务。公司律师在执业活动中享有律师法等规定的会见、阅卷、调查取证和发问、质证、辩论等方面的律师执业权利,以及律师法规定的其他权利。

(二十三)公司律师不得从事有偿法律服务,不得在律师事务所等法律服务机构兼职,不得以律师身份办理所在单位以外的诉讼或者非诉讼法律事务。

四、完善管理体制

(二十四)党内法规工作机构、政府法制机构和国有企业法律事务部门,分别承担本单位法律顾问办公室职责,负责本单位法律顾问、公职律师、公司律师的日常业务管理,协助组织人事部门对法律顾问、公职律师、公司律师进行遴选、聘任、培训、考核、奖惩,以及对本单位申请公职律师、公司律师证书的工作人员进行审核等。

(二十五)在党政机关专门从事法律事务工作或者担任法律顾问、在国有企业担任法律顾问,并具有法律职业资格或者律师资格的人员,经所在单位同意可以向司法行政部门申请颁发公职律师、公司律师证书。经审查,申请人具有法律职业资格或者律师资格的,司法行政部门应当向其颁发公职律师、公司律师证书。

(二十六)国家统一法律职业资格制度实施前已担任法律顾问、未取得法律职业资格或者律师资格的人员具备下列条件,经国务院司法行政部门考核合格的,由国务院司法行政部门向其颁发公职律师、公司律师证书:

1. 在党政机关、国有企业担任法律顾问满 15 年;

2. 具有高等学校法学类本科学历并获得学士及以上学位,或者高等学校非法学类本科及以上学历并获得法律硕士、法学硕士及以上学位或者获得其他相应学位;

3. 具有高级职称或者同等专业水平。

(二十七)公职律师、公司律师脱离原单位,可以申请转为社会律师,其担任公职律师、公司律师的经历计入社会律师执业年限。依照本意见第二十六条规定担任公职律师、公司律师，申请转为社会律师的，应当符合国家统一法律职业资格制度的相关规定。公职律师、公司律师依照有关程序遴选为法官、检察官的，确定法官、检察官等级应当考虑其从事公职律师、公司律师工作的年限、经历。

（二十八）律师协会承担公职律师、公司律师的业务交流指导、律师权益维护、行业自律等工作。

五、加强组织领导

（二十九）党政机关主要负责同志作为推进法治建设第一责任人，要认真抓好本地区本部门本单位法律顾问、公职律师、公司律师制度的实施。

（三十）党政机关要按照以下要求充分发挥法律顾问、公职律师的作用：

1. 讨论、决定重大事项之前，应当听取法律顾问、公职律师的法律意见；

2. 起草、论证有关法律法规规章草案、党内法规草案和规范性文件送审稿，应当请法律顾问、公职律师参加，或者听取其法律意见；

3. 依照有关规定应当听取法律顾问、公职律师的法律意见而未听取的事项，或者法律顾问、公职律师认为不合法不合规的事项，不得提交讨论、作出决定。

对应当听取法律顾问、公职律师的法律意见而未听取，应当请法律顾问、公职律师参加而未落实，应当采纳法律顾问、公职律师的法律意见而未采纳，造成重大损失或者严重不良影响的，依法依规追究党政机关主要负责人、负有责任的其他领导人员和相关责任人员的责任。

（三十一）国有企业要按照以下要求充分发挥法律顾问、公司律师的作用：

1. 讨论、决定企业经营管理重大事项之前，应当听取法律顾问、公司律师的法律意见；

2. 起草企业章程、董事会运行规则等，应当请法律顾问、公司律师参加，或者听取其法律意见；

3. 依照有关规定应当听取法律顾问、公司律师的法律意见而未听取的事项，或者法律顾问、公司律师认为不合法不合规的事项，不得提交讨论、作出决定。

对应当听取法律顾问、公司律师的法律意见而未听取，应当交由法律顾问、公司律师进行法律审核而未落实，应当采纳法律顾问、公司律师的法律意见而未采纳，造成重大损失或者严重不良影响的，依法依规追究国有企业主要负责人、负有责任的其他领导人员和相关责任人员的责任。

（三十二）各级党政机关要将法律顾问、公职律师、公司律师工作纳入党政机关、国有企业目标责任制考核。推动法律顾问、公职律师、公司律师力量建设,完善日常管理、业务培训、考评奖惩等工作机制和管理办法,促进有关工作科学化、规范化。

(三十三)党政机关要将法律顾问、公职律师经费列入财政预算,采取政府购买或者财政补贴的方式,根据工作量和工作绩效合理确定外聘法律顾问报酬,为法律顾问、公职律师开展工作提供必要保障。

(三十四)县级以上地方各级党委和政府以及教育、卫生等行政主管部门要加强指导、分类施策、重点推进、鼓励探索,有步骤地推进事业单位法律顾问制度建设。

(三十五)人民团体参照本意见建立法律顾问、公职律师制度。

(三十六)各地区各部门可结合实际,按照本意见制定具体办法。

中共中央办公厅、国务院办公厅《党政主要负责人履行推进法治建设第一责任人职责规定》

（2016 年 11 月 30 日　中办发〔2016〕71 号）

第一条　为贯彻落实党中央关于全面依法治国的部署要求，推动党政主要负责人切实履行推进法治建设第一责任人职责，根据有关党内法规和国家法律法规，制定本规定。

第二条　本规定适用于县级以上地方党委和政府主要负责人。

第三条　党政主要负责人履行推进法治建设第一责任人职责，必须坚持党的领导、人民当家作主、依法治国有机统一；坚持宪法法律至上，反对以言代法、以权压法、徇私枉法；坚持统筹协调，做到依法治国、依法执政、依法行政共同推进，法治国家、法治政府、法治社会一体建设；坚持权责一致，确保有权必有责、有责要担当、失责必追究；坚持以身作则、以上率下，带头尊法学法守法用法。

第四条　党政主要负责人作为推进法治建设第一责任人，应当切实履行依法治国重要组织者、推动者和实践者的职责，贯彻落实党中央关于法治建设的重大决策部署，统筹推进科学立法、严格执法、公正司法、全民守法，自觉运用法治思维和法治方式深化改革、推动发展、化解矛盾、维护稳定，对法治建设重要工作亲自部署、重大问题亲自过问、重点环节亲自协调、重要任务亲自督办，把本地区各项工作纳入法治化轨道。

第五条　党委主要负责人在推进法治建设中应当履行以下主要职责：

（一）充分发挥党委在推进本地区法治建设中的领导核心作用，定期听取有关工作汇报，及时研究解决有关重大问题，将法治建设纳入地区发展总体规划和年度工作计划，与经济社会发展同部署、同推进、同督促、同考核、同奖惩；

（二）坚持全面从严治党、依规治党，加强党内法规制度建设，提高党内法规制度执行力；

(三)严格依法依规决策,落实党委法律顾问制度、公职律师制度,加强对党委文件、重大决策的合法合规性审查;

(四)支持本级人大、政府、政协、法院、检察院依法依章程履行职能、开展工作,督促领导班子其他成员和下级党政主要负责人依法办事,不得违规干预司法活动、插手具体案件处理;

(五)坚持重视法治素养和法治能力的用人导向,加强法治工作队伍建设和政法机关领导班子建设;

(六)深入推进法治宣传教育,推动全社会形成浓厚法治氛围。

第六条 政府主要负责人在推进法治建设中应当履行以下主要职责:

(一)加强对本地区法治政府建设的组织领导,制定工作规划和年度工作计划,及时研究解决法治政府建设有关重大问题,为推进法治建设提供保障、创造条件;

(二)严格执行重大行政决策法定程序,建立健全政府法律顾问制度、公职律师制度,依法制定规章和规范性文件,全面推进政务公开;

(三)依法全面履行政府职能,推进行政执法责任制落实,推动严格规范公正文明执法;

(四)督促领导班子其他成员和政府部门主要负责人依法行政,推动完善政府内部层级监督和专门监督,纠正行政不作为、乱作为;

(五)自觉维护司法权威,认真落实行政机关出庭应诉、支持法院受理行政案件、尊重并执行法院生效裁判的制度;

(六)完善行政机关工作人员学法用法制度,组织实施普法规划,推动落实"谁执法谁普法"责任。

第七条 党政主要负责人应当将履行推进法治建设第一责任人职责情况列入年终述职内容,上级党委应当对下级党政主要负责人履行推进法治建设第一责任人职责情况开展定期检查、专项督查。

第八条 上级党委应当将下级党政主要负责人履行推进法治建设第一责任人职责情况纳入政绩考核指标体系,作为考察使用干部、推进干部能上能下的重要依据。

第九条 党政主要负责人不履行或者不正确履行推进法治建设第一责任人职责的,应当依照《中国共产党问责条例》等有关党内法规和国家法律法规予以问责。

第十条 中共中央、国务院工作部门的主要负责人，县级以上地方党委和政府工作部门的主要负责人，乡（镇、街道）党政主要负责人，参照本规定执行。

第十一条 本规定由中央办公厅、国务院办公厅负责解释。

第十二条 本规定自2016年11月30日起施行。

中共中央办公厅、国务院办公厅《关于进一步把社会主义核心价值观融入法治建设的指导意见》

(2016 年 12 月 11 日　厅字〔2016〕50 号)

为深入贯彻习近平总书记系列重要讲话精神,大力培育和践行社会主义核心价值观,运用法律法规和公共政策向社会传导正确价值取向,把社会主义核心价值观融入法治建设,现提出如下意见。

一、重要意义和总体要求

社会主义核心价值观是社会主义法治建设的灵魂。把社会主义核心价值观融入法治建设,是坚持依法治国和以德治国相结合的必然要求,是加强社会主义核心价值观建设的重要途径。党的十八大以来,在以习近平同志为核心的党中央坚强领导下,各地区各部门积极运用法治思维和法治方式,推动以富强、民主、文明、和谐,自由、平等、公正、法治,爱国、敬业、诚信、友善为主要内容的社会主义核心价值观建设,各方面工作呈现向上向好的发展态势。同时也要看到,与推进国家治理体系和治理能力现代化建设的要求相比,把社会主义核心价值观融入法治建设还存在不小差距。有的法规和政策价值导向不鲜明,针对性、可操作性不强,保障不够有力;一些地方和部门在执法司法过程中存在与社会主义核心价值观要求不符的现象;部分社会成员尊法学法守法用法意识不强,全民法治观念需要进一步提高,等等。要从巩固全体人民团结奋斗的共同思想道德基础的战略高度,充分认识把社会主义核心价值观融入法治建设的重要性紧迫性,切实发挥法治的规范和保障作用,推动社会主义核心价值观内化于心、外化于行。

进一步把社会主义核心价值观融入法治建设,必须全面贯彻党的十八大和十八届三中、四中、五中、六中全会精神,深入贯彻习近平总书记系列重要讲话精神和治国理政新理念新思想新战略,全面落实依法治国基本方略,坚持依法治国和以德治国相结合,把社会主义核心价值观融入法治国家、法治政府、法治社会建设全过程,融入科学立法、严格执法、公正司法、全民守法各环节,以法治体现道德理念、强化法律对道德建设的促进作用,推动社会主义核心价值观更加深入人心,为实现"两个一百年"奋斗目标、实现中华民族伟大复兴的中国梦提供强大价值引导力、文化凝聚力和精神推动力。

二、推动社会主义核心价值观入法入规

法律法规体现鲜明价值导向,社会主义法律法规直接影响人们对社会主义核心价值观的认知认同和自觉践行。要坚持以社会主义核心价值观为引领,恪守以民为本、立法为民理念,把社会主义核心价值观的要求体现到宪法法律、法规规章和公共政策之中,转化为具有刚性约束力的法律规定。

加强重点领域立法。深入分析社会主义核心价值观建设的立法需求,把法律的规范性和引领性结合起来,坚持立改废释并举,积极推进相关领域立法,使法律法规更好体现国家的价值目标、社会的价值取向、公民的价值准则。加快完善体现权利公平、机会公平、规则公平的法律制度,依法保障公民权利,维护公平正义。不断完善社会主义市场经济法律制度,加快形成保护产权、维护契约、统一市场、平等交换、公平竞争、有效监管的体制机制,促进社会诚信建设。推进民法典编纂工作,健全民事基本法律制度,强化全社会的契约精神。加强保障和改善民生、推进社会治理体系创新方面的立法,完善教育、劳动就业、收入分配、社会保障、医疗卫生、扶贫济困、社会救助、婚姻家庭和妇女儿童、老年人、残疾人合法权益保护等方面的法律法规。注重把一些基本道德规范转化为法律规范,把实践中行之有效的政策制度及时上升为法律法规,推动文明行为、社会诚信、见义勇为、尊崇英雄、志愿服务、勤劳节俭、孝亲敬老等方面的立法工作。推动设区的市提高立法精细化水平,促进社会文明建设。加强互联网领域立法,完善网络信息服务、网络安全保护、网络社会管理等方面的法律法规。不断完善有效约束开发行为和推动绿色低碳循环发展的生态文明法律制度,推动人与自然和谐发展。加强规范性文件备案审查制度和能力建设,建立健全法律法规定期清理机制,对与社会主义核心价值观要求不相适应的,依照法定程序及时进行修改和废止。

强化公共政策的价值目标。制定经济社会政策和重大改革措施,出台与人们生产生活和现实利益密切相关的具体政策措施,要充分体现公平正义和社会责任,注重政策目标和价值导向有机统一,注重经济效益和社会效益有机统一,形成有利

于培育和弘扬社会主义核心价值观的良好政策导向和利益引导机制。完善政策评估和纠偏机制,防止具体政策措施与社会主义核心价值观相背离,实现公共政策和道德建设良性互动。

加强党内法规制度建设。以党章为根本遵循,完善党内法规,健全制度保障,构建起配套完备的党内法规制度体系,推动党员干部带头践行社会主义核心价值观。把从严治党实践成果转化为道德规范和纪律要求,做到依规治党和以德治党相统一,充分展现共产党人高尚思想道德情操和价值追求。

三、强化社会治理的价值导向

推动社会主义核心价值观建设既要靠良法,又要靠善治。社会治理要承担起倡导社会主义核心价值观的责任,注重在日常管理中体现鲜明价值导向,使符合社会主义核心价值观的行为得到倡导和鼓励,违背社会主义核心价值观的行为受到制约和惩处。

严格规范公正文明执法。强化严格依法履行职责观念、法律面前人人平等观念、尊重和保障人权观念,深入推进依法行政,加快建设法治政府,推进平安中国建设。着眼维护健康市场秩序和公平市场环境,严厉打击破坏社会主义市场经济秩序的犯罪行为。着眼保护人民群众合法权益,健全利益表达、利益协调、利益保护机制,加大食品药品、安全生产、环境保护、劳动保障、医疗卫生、商贸服务等关系群众切身利益的重点领域执法力度。加强文化市场综合执法,深入开展"扫黄打非",依法查处有害文化信息、不良文化产品和服务,维护国家文化安全和意识形态安全。依法加强网络空间治理,严惩网上造谣欺诈、攻击谩骂、传播淫秽色情等行为,净化网络环境。贯彻总体国家安全观,切实维护国家政治安全和政权安全。依法严惩暴力恐怖、民族分裂等危害国家安全和社会稳定的犯罪行为,依法妥善处置涉及民族、宗教等因素的社会问题,维护祖国统一、民族团结、社会和谐。完善执法程序,改进执法方式,尊重自然人和法人的合法权益,准确把握适用裁量标准,实现执法要求与执法形式相统一、执法效果与社会效果相统一。行政执法和刑事司法要善于把握引导社会心态和群众情绪,综合运用法律、经济、行政等手段和教育、调解、疏导等办法,融法、理、情于一体,引导和支持人们合理合法表达利益诉求,妥善化解各类社会矛盾。

推进多层次多领域依法治理。深入开展道德领域突出问题专项教育和治理,依法惩处公德失范、诚信缺失的违法行为,大力整治突破道德底线、丧失道德良知的现象,弘扬真善美、贬斥假恶丑。加强社会信用体系建设,完善守法诚信褒奖激励机制和违法失信行为惩戒机制,加大失信被执行人信用监督、威慑和惩戒力度。完善科研诚信规范。激发社会组织活力,加强自我约束、自我管理,发挥好参与社会事务、维护公共利益、救助困难群众、帮教特殊人群、预防违法犯罪的作用。深化政风行风建设,切实纠正行业不正之风。完善市民公约、乡规民约、学生守则、行业规章、团体章程等社会规范,发挥党和国家功勋荣誉表彰制度的引领作用、礼仪制度的教化作用,使社会治理的过程成为培育和践行社会主义核心价值观的过程。

坚持依规治党。加强和规范党内政治生活,严肃党的政治纪律和政治规矩,全面净化党内政治生态。加强党的作风建设,重点突出坚定理想信念、践行根本宗旨、加强道德修养,坚持不懈整治形式主义、官僚主义、享乐主义和奢靡之风,使党的作风全面纯洁起来。以零容忍态度惩治腐败,严格依纪依法查处各类腐败案件,建设廉洁政治。

四、用司法公正引领社会公正

司法是维护社会公平正义的最后一道防线,司法公正对社会公正具有重要引领作用。要全面深化司法体制改革,加快建立健全公正高效权威的社会主义司法制度,确保审判机关、检察机关依法独立公正行使审判权、检察权,提供优质高效的司法服务和保障,努力让人民群众在每一个司法案件中都感受到公平正义,推动社会主义核心价值观落地生根。

提高司法公信力。坚持以事实为依据、以法律为准绳,严格依照事实和法律办案,确保办案过程符合程序公正、办案结果符合实体公正,用公正司法培育和弘扬社会主义核心价值观。加强弱势群体合法权益司法保护,加大涉民生案件查办工作力度,通过具体案件的办理,推动形成良好社会关系和社会氛围。根据案件难易、刑罚轻重等情况,积极推进繁简分流,依法适用简易程序、小额诉讼程序、刑事案件速裁程序,引导和鼓励自主选择调解、和解、协调等解决纠纷方式,在更高层次上实现公正和效率的平衡。切实解决执行难问题,依法保障胜诉当事人及时实现合法权益。严格落实罪刑法定、疑罪从无、非法证据排除等法律原则和制度,建立健全纠错机制,有效防范冤假错案。坚持以公开促公正、以透明保廉洁,严格落实司法责任制,建立健全司法人员履行法定职责保护机制,推进审判公开、检务公开、警务公开、狱务公开,严禁领导干部干预司法活动、插手具体案件处理,加强对司法活动的监督,让司法在阳光下运行。

建设完备的法律服务体系。加强司法救助、法律援助,统筹城乡、区域法律服务资源,加快推动法律服务向欠发达地区、基层村(社区)延伸。畅通依法维权渠道,深入推进诉讼服务中心建设,不断完善诉讼服务设施,因地制宜推行预约立案、远程立案、网上立案等制度,加强巡回审判,方便群众诉讼,减轻群众诉累,依法保障当事人和其他诉讼参与人的诉讼权利,最大限度发挥司法的人权保障功能。

完善司法政策,加强司法解释,强化案例指导。遵循法律精神和原则,实行适应社会主义核心价值观要求的司法政策,增强适用法律法规的及时性、针对性、有效性,为惩治违背社会主义核心价值观、严重失德败德行为,提供具体、明确的司法政策支持。准确把握法律精神和法律原则,适应社会主义核心价值观建设的实践要求,发挥司法解释功能,正确解释法律。完善案例指导制度,及时选择对司法办案有普遍指导意义,对培育和弘扬社会主义核心价值观有示范作用的案例,作为指导性案例发布,通过个案解释法律和统一法律适用标准。

五、弘扬社会主义法治精神

根植于全民心中的法治精神,是社会主义核心价值观建设的基本内容和重要基础。要坚持法治宣传教育与法治实践相结合,建设社会主义法治文化,推动全社会树立法治意识、增强法治观念,形成守法光荣、违法可耻的社会氛围,使全体人民都成为社会主义法治的忠实崇尚者、社会主义核心价值观的自觉践行者。

深入开展法治宣传教育。深入学习宣传习近平总书记关于全面依法治国的重要论述,增强走中国特色社会主义法治道路的自觉性和坚定性。深入开展宪法宣传教育,弘扬宪法精神,增强宪法意识,形成崇尚宪法、遵守宪法、维护宪法权威的社会氛围。深入宣传中国特色社会主义法律体系,重点宣传与经济社会发展和人民生产生活密切相关的法律法规,通过公开审判、典型案例发布、诉前诉后答疑等方式,引导全体公民自觉守法、遇事找法、解决问题靠法。在全体党员中深入开展党章和党内法规学习教育,明确基本标准,树立行为规范。把领导干部带头学法、模范守法作为树立法治意识的关键,完善国家工作人员学法用法制度,提高党员、干部法治思维和依法办事能力。坚持从青少年抓起,切实把法治教育纳入国民教育体系,使青少年从小树立宪法意识、国家意识和法治观念。健全普法宣传教育机制,实行国家机关"谁执法谁普法"的普法责任制,建立和实施法官、检察官、行政执法人员、律师等以案释法制度，把法治教育纳入文明城市、文明村镇、文明单位、文明家庭、文明校园创建活动，强化基层党组织开展法治宣传教育职责，广泛开展群众性法治文化活动，开展普法益民和公益广告宣传活动，推动法律进机关、进乡村、进社区、进学校、进企业、进单位。

增强法治的道德底蕴。把法治教育与道德教育结合起来，深化社会主义核心价值观学习教育实践，深入开展社会公德、职业道德、家庭美德、个人品德教育，大力弘扬爱国主义、集体主义、社会主义思想，以道德滋养法治精神。强化规则意识，倡导契约精神，弘扬公序良俗，引导人们自觉履行法定义务、社会责任、家庭责任，努力形成中华儿女互有责任的良好风尚。广泛开展时代楷模、道德模范、最美人物和身边好人学习宣传活动，积极倡导助人为乐、见义勇为、诚实守信、敬业奉献、孝老爱亲等美德善行。大力弘扬中华优秀传统文化，深入挖掘和阐发中华民族讲仁爱、重民本、守诚信、崇正义、尚和合、求大同的时代价值，汲取中华法律文化精华，使之成为涵养社会主义法治文化的重要源泉。

六、加强组织领导

各级党委要高度重视把社会主义核心价值观融入法治建设工作，加强组织领导，加大工作力度。人大、政府、政协、审判机关、检察机关要认真履职尽责，各领域各部门要充分发挥各自优势，积极主动开展工作。党委宣传部和政法委要加强工作指导，统筹各方力量、协调各方职能，形成齐抓共管的工作合力，为社会主义核心价值观建设创造良好法治环境。

加强法治工作队伍建设。着力增强法治工作队伍的思想政治素质、业务工作能力、职业道德水准，做到忠于党、忠于国家、忠于人民、忠于法律。在立法队伍、行政执法队伍、司法队伍中，深入开展社会主义核心价值观和社会主义法治理念教育，强化职业道德和职业操守，努力建设一支信念坚定、执法为民、敢于担当、清正廉洁的政法队伍。按照重品行、讲操守、守规矩的要求，加强律师队伍建设，发展公证员、基层法律服务工作者、人民调解员队伍。推动法律服务志愿者队伍建设。坚持立德树人、德育为先导向，推动中国特色社会主义法治理论进教材进课堂进头脑，培养造就熟悉和坚持社会主义法治理念和社会主义核心价值观的法治人才及后备力量。

坚持改革创新。按照贯穿结合融入、落细落小落实的要求，积极探索有效途径和办法，使社会主义核心价值观和社会主义法治建设相互促进、相得益彰。坚持人民主体地位,拓宽人民群众有序参与立法、执法、司法的渠道和方式,调动人民群众投身依法治国实践的积极性和主动性,使法律及其实施充分体现人民意志、体现社会主义核心价值观要求。注重总结推广新创造新经验,不断提高工作针对性实效性,依靠教育引导、实践养成和良法善治,开创社会主义核心价值观建设新局面。

国务院关于支持文化事业发展若干经济政策的通知

（2000 年 12 月 18 日　国发〔2000〕41 号）

改革开放以来，特别是党的十四大以来，党中央、国务院先后出台了一系列文化经济政策，对改革宣传文化管理体制和完善宣传文化机构内部经营机制，促进精神文化产品生产和宣传文化设施建设，改善宣传文化机构的物质条件，发挥了积极作用，推动了宣传文化事业健康发展。

为认真贯彻《中共中央关于制定国民经济和社会发展第十个五年计划的建议》中关于“继续实行支持文化事业发展的有关政策，增加对重要新闻媒体和公益文化事业的投入”的精神，深化宣传文化管理体制改革，推动宣传文化事业发展，在“九五”结束后，要继续执行《国务院关于进一步完善文化经济政策的若干规定》（国发〔1996〕37 号）及相关文件并加大财税支持力度，对现行的各项文化经济政策加以调整和完善。现将有关问题通知如下：

一、继续征收文化事业建设费。

（一）各种营业性的歌厅、舞厅、卡拉 OK 歌舞厅、音乐茶座和高尔夫球、台球、保龄球等娱乐场所，按营业收入的 3% 缴纳文化事业建设费。

广播电台、电视台和报纸、刊物等广告媒介单位以及户外广告经营单位，按经营收入的 3% 缴纳文化事业建设费。

（二）文化事业建设费由地方税务机关在征收娱乐业、广告业的营业税时一并征收。中央和国家机关所属单位缴纳的文化事业建设费，由地方税务机关征收后全额上缴中央金库。地方缴纳的文化事业建设费，全额缴入省级金库。

（三）文化事业建设费纳入财政预算管理，分别由中央和省级建立专项资金，用于文化事业建设。文化事业建设费的管理和使用，继续按照财政部、中宣部《关于颁发〈文化事业建设费使用管理办法〉的通知》（财文字〔1997〕243 号）执行。

二、对下列出版物的增值税继续实行先征后退的办法。违规出版物和多次出现违规出版物的出版社不得享受此项政策。

(一)中国共产党和各民主党派的机关报和机关刊物。

(二)各级人民政府的机关报和机关刊物。

(三)各级人大、政协、工会、共青团、妇联组织的机关报和机关刊物。

(四)新华通讯社的机关报和机关刊物。

(五)军事部门的机关报和机关刊物。

(六)大中小学原学生课本和专为少年儿童出版发行的报纸和刊物。

(七)科技图书和科技期刊。

三、全国县(含县级市)及县以下新华书店和农村供销社销售出版物的增值税,继续实行先征后退的办法。

四、继续实施下列发展电影事业的五项经济政策。

(一)对经国务院批准成立的电影制片厂销售的电影拷贝收入,免征增值税;对电影发行单位向放映单位收取的发行收入,免征营业税。

(二)从电影放映收入中提取5%建立“国家电影事业发展专项资金”,用于电影行业的宏观调控。

(三)从电视广告纯收入中提取3%建立“电影精品专项资金”,用于支持电影精品摄制。

(四)从进口影片收入中提取部分资金用于电影制片、译制。

(五)特别重点影片的创作生产,可个案报批财政补贴。

五、继续增加对宣传文化事业的财政投入。

(一)中央和省级财政继续按宣传文化企业上年上缴所得税的实际入库数列支出预算,建立宣传文化发展专项资金;中央和省级财政要继续在预算中安排部分专项经费,纳入宣传文化发展专项资金。

(二)适当增加“万里边境文化长廊”补助经费。在民族事业费和边境建设费中安排一定数量扶持边远地区、民族地区发展文化事业。有关地方人民政府也应逐步增加对边远地区、民族地区文化事业的投入。

六、建立健全专项资金制度。为促进宣传文化事业发展、增强调控能力、保证重点需要、规范资金管理,中央和省级要建立健全有关专项资金制度。

专项资金的来源为财政预算资金和按国家有关规定批准的收费等预算外资金。财政部门要做好专项资金的预算安排,有关部门要严禁各按照规定征收预算外资金。要进一步完善“宣传文化发展专项资金”、“优秀剧(节)目创作演出专项资金”、“国家电影事业发展专项资金”、“电影精品专项资金”和“出版发展专项资金”等专项资金制度。

专项资金是财政资金，要按照有关财政法规的要求健全制度、加强管理，保证专项专用并接受财政和审计部门监督检查。

七、继续鼓励对宣传文化事业的捐赠。社会力量通过国家批准成立的非营利性的公益组织或国家机关对下列宣传文化事业的捐赠，纳入公益性捐赠范围，经税务机关审核后，纳税人缴纳企业所得税时，在年度应纳税所得额 10% 以内的部分，可在计算应纳税所得额时予以扣除；纳税人缴纳个人所得税时，捐赠额未超过纳税人申报的应纳税所得额 30% 的部分，可从其应纳税所得额中扣除。

（一）对国家重点交响乐团、芭蕾舞团、歌剧团、京剧团和其他民族艺术表演团体的捐赠。

（二）对公益性的图书馆、博物馆、科技馆、美术馆、革命历史纪念馆的捐赠。

（三）对重点文物保护单位的捐赠。

（四）对文化行政管理部门所属的非生产经营性的文化馆或群众艺术馆接受的社会公益性活动、项目和文化设施等方面的捐赠。

八、抓好落实，加强管理。各级财税部门要认真落实各项文化经济政策。宣传文化主管部门要充分发挥文化经济政策的宏观调控作用。宣传文化机构要深化内部改革，转换经营机制，健全财务制度，加强资金管理，接受的捐赠资金要专门用于发展宣传文化事业，不得挤占、挪用甚至私分，也不得以捐赠为由搞乱摊派、乱集资等活动。对出现的各种违法违纪行为，要追究责任，严肃处理。

国务院关于印发《全面推进依法行政实施纲要》的通知

(2004年3月22日　国发〔2004〕10号)

现将《全面推进依法行政实施纲要》印发给你们,请结合本地区、本部门实际,认真贯彻执行。

为适应全面建设小康社会的新形势和依法治国的进程,《全面推进依法行政实施纲要》(以下简称《纲要》)确立了建设法治政府的目标,明确规定了今后十年全面推进依法行政的指导思想和具体目标、基本原则和要求、主要任务和措施,是进一步推进我国社会主义政治文明建设的重要政策文件。地方各级人民政府和各部门都要从立党为公、执政为民的高度,充分认识《纲要》的重大意义,切实抓紧做好《纲要》的贯彻执行工作。一是认真学习、大力宣传《纲要》的基本精神、主要内容。二是认真组织制订落实《纲要》的具体办法和配套措施,确定不同阶段的重点,做到五年有规划、年度有安排,确保《纲要》得到全面正确执行。三是地方各级人民政府和各部门的主要负责同志要加强领导,切实担负起贯彻执行《纲要》、全面推进依法行政第一责任人的责任,一级抓一级,逐级抓落实。四是加强对贯彻执行《纲要》的监督检查,对贯彻执行不力的,要严肃纪律,追究责任。五是地方各级人民政府和各部门的法制机构要以高度的责任感和使命感,认真做好综合协调、督促指导、政策研究和情况交流工作,为本级政府和本部门贯彻执行《纲要》、全面推进依法行政,充分发挥参谋、助手和法律顾问的作用。

地方各级人民政府和各部门要及时总结贯彻执行《纲要》、推进依法行政的经验、做法,贯彻执行中的有关情况和问题要及时向国务院报告。

全面推进依法行政实施纲要

为贯彻落实依法治国基本方略和党的十六大、十六届三中全会精神,坚持执政为民，全面推进依法行政，建设法治政府，根据宪法和有关法律、行政法规，制定本实施纲要。

一、全面推进依法行政的重要性和紧迫性

1. 全面推进依法行政的重要性和紧迫性。党的十一届三中全会以来，我国社会主义民主与法制建设取得了显著成绩。党的十五大确立依法治国、建设社会主义法治国家的基本方略，1999 年九届全国人大二次会议将其载入宪法。作为依法治国的重要组成部分，依法行政也取得了明显进展。1999 年 11 月，国务院发布了《国务院关于全面推进依法行政的决定》（国发〔1999〕23 号），各级政府及其工作部门加强制度建设，严格行政执法，强化行政执法监督，依法办事的能力和水平不断提高。党的十六大把发展社会主义民主政治，建设社会主义政治文明，作为全面建设小康社会的重要目标之一，并明确提出“加强对执法活动的监督，推进依法行政”。与完善社会主义市场经济体制、建设社会主义政治文明以及依法治国的客观要求相比，依法行政还存在不少差距，主要是：行政管理体制与发展社会主义市场经济的要求还不适应，依法行政面临诸多体制性障碍；制度建设反映客观规律不够，难以全面、有效解决实际问题；行政决策程序和机制不够完善；有法不依、执法不严、违法不究现象时有发生，人民群众反映比较强烈；对行政行为的监督制约机制不够健全，一些违法或者不当的行政行为得不到及时、有效的制止或者纠正，行政管理相对人的合法权益受到损害得不到及时救济；一些行政机关工作人员依法行政的观念还比较淡薄，依法行政的能力和水平有待进一步提高。这些问题在一定程度上损害了人民群众的利益和政府的形象，妨碍了经济社会的全面发展。解决这些问题，适应全面建设小康社会的新形势和依法治国的进程，必须全面推进依法行政，建设法治政府。

二、全面推进依法行政的指导思想和目标

2. 全面推进依法行政的指导思想。全面推进依法行政，必须以邓小平理论和“三个代表”重要思想为指导，坚持党的领导，坚持执政为民，忠实履行宪法和法律赋予的职责，保护公民、法人和其他组织的合法权益，提高行政管理效能，降低管理成本，创新管理方式，增强管理透明度，推进社会主义物质文明、政治文明和精神文明协调发展，全面建设小康社会。

3. 全面推进依法行政的目标。全面推进依法行政，经过十年左右坚持不懈的

努力,基本实现建设法治政府的目标:

——政企分开、政事分开,政府与市场、政府与社会的关系基本理顺,政府的经济调节、市场监管、社会管理和公共服务职能基本到位。中央政府和地方政府之间、政府各部门之间的职能和权限比较明确。行为规范、运转协调、公正透明、廉洁高效的行政管理体制基本形成。权责明确、行为规范、监督有效、保障有力的行政执法体制基本建立。

——提出法律议案、地方性法规草案,制定行政法规、规章、规范性文件等制度建设符合宪法和法律规定的权限和程序,充分反映客观规律和最广大人民的根本利益,为社会主义物质文明、政治文明和精神文明协调发展提供制度保障。

——法律、法规、规章得到全面、正确实施,法制统一,政令畅通,公民、法人和其他组织合法的权利和利益得到切实保护,违法行为得到及时纠正、制裁,经济社会秩序得到有效维护。政府应对突发事件和风险的能力明显增强。

——科学化、民主化、规范化的行政决策机制和制度基本形成,人民群众的要求、意愿得到及时反映。政府提供的信息全面、准确、及时,制定的政策、发布的决定相对稳定,行政管理做到公开、公平、公正、便民、高效、诚信。

——高效、便捷、成本低廉的防范、化解社会矛盾的机制基本形成,社会矛盾得到有效防范和化解。

——行政权力与责任紧密挂钩、与行政权力主体利益彻底脱钩。行政监督制度和机制基本完善,政府的层级监督和专门监督明显加强,行政监督效能显著提高。

——行政机关工作人员特别是各级领导干部依法行政的观念明显提高,尊重法律、崇尚法律、遵守法律的氛围基本形成;依法行政的能力明显增强,善于运用法律手段管理经济、文化和社会事务,能够依法妥善处理各种社会矛盾。

三、依法行政的基本原则和基本要求

4. 依法行政的基本原则。依法行政必须坚持党的领导、人民当家作主和依法治国三者的有机统一;必须把维护最广大人民的根本利益作为政府工作的出发点;必须维护宪法权威,确保法制统一和政令畅通;必须把发展作为执政兴国的第一要务,坚持以人为本和全面、协调、可持续的发展观,促进经济社会和人的全面发展;必须把依法治国和以德治国有机结合起来,大力推进社会主义政治文明、精神文明建设;必须把推进依法行政与深化行政管理体制改革、转变政府职能有机结合起来，坚持开拓创新与循序渐进的统一，既要体现改革和创新的精神，又要有计划、有步骤地分类推进；必须把坚持依法行政与提高行政效率统一起来，做到既严格依法办事，又积极履行职责。

5. 依法行政的基本要求。

——合法行政。行政机关实施行政管理，应当依照法律、法规、规章的规定进行；没有法律、法规、规章的规定，行政机关不得作出影响公民、法人和其他组织合法权益或者增加公民、法人和其他组织义务的决定。

——合理行政。行政机关实施行政管理，应当遵循公平、公正的原则。要平等对待行政管理相对人，不偏私、不歧视。行使自由裁量权应当符合法律目的，排除不相关因素的干扰；所采取的措施和手段应当必要、适当；行政机关实施行政管理可以采用多种方式实现行政目的的，应当避免采用损害当事人权益的方式。

——程序正当。行政机关实施行政管理，除涉及国家秘密和依法受到保护的商业秘密、个人隐私的外，应当公开，注意听取公民、法人和其他组织的意见；要严格遵循法定程序，依法保障行政管理相对人、利害关系人的知情权、参与权和救济权。行政机关工作人员履行职责，与行政管理相对人存在利害关系时，应当回避。

——高效便民。行政机关实施行政管理，应当遵守法定时限，积极履行法定职责，提高办事效率，提供优质服务，方便公民、法人和其他组织。

——诚实守信。行政机关公布的信息应当全面、准确、真实。非因法定事由并经法定程序，行政机关不得撤销、变更已经生效的行政决定；因国家利益、公共利益或者其他法定事由需要撤回或者变更行政决定的，应当依照法定权限和程序进行，并对行政管理相对人因此而受到的财产损失依法予以补偿。

——权责统一。行政机关依法履行经济、社会和文化事务管理职责，要由法律、法规赋予其相应的执法手段。行政机关违法或者不当行使职权，应当依法承担法律责任，实现权力和责任的统一。依法做到执法有保障、有权必有责、用权受监督、违法受追究、侵权须赔偿。

四、转变政府职能，深化行政管理体制改革

6. 依法界定和规范经济调节、市场监管、社会管理和公共服务的职能。推进政企分开、政事分开，实行政府公共管理职能与政府履行出资人职能分开，充分发挥市场在资源配置中的基础性作用。凡是公民、法人和其他组织能够自主解决的，市场竞争机制能够调节的，行业组织或者中介机构通过自律能够解决的事项，除法

律另有规定的外,行政机关不要通过行政管理去解决。要加强对行业组织和中介机构的引导和规范。行政机关应当根据经济发展的需要,主要运用经济和法律手段管理经济,依法履行市场监管职能,保证市场监管的公正性和有效性,打破部门保护、地区封锁和行业垄断,建设统一、开放、竞争、有序的现代市场体系。要进一步转变经济调节和市场监管的方式,切实把政府经济管理职能转到主要为市场主体服务和创造良好发展环境上来。在继续加强经济调节和市场监管职能的同时,完善政府的社会管理和公共服务职能。建立健全各种预警和应急机制,提高政府应对突发事件和风险的能力,妥善处理各种突发事件,维持正常的社会秩序,保护国家、集体和个人利益不受侵犯;完善劳动、就业和社会保障制度;强化公共服务职能和公共服务意识,简化公共服务程序,降低公共服务成本,逐步建立统一、公开、公平、公正的现代公共服务体制。

7. 合理划分和依法规范各级行政机关的职能和权限。科学合理设置政府机构,核定人员编制,实现政府职责、机构和编制的法定化。加强政府对所属部门职能争议的协调。

8. 完善依法行政的财政保障机制。完善集中统一的公共财政体制,逐步实现规范的部门预算,统筹安排和规范使用财政资金,提高财政资金使用效益;清理和规范行政事业性收费等政府非税收入;完善和规范行政机关工作人员工资和津补贴制度,逐步解决同一地区不同行政机关相同职级工作人员收入差距较大的矛盾;行政机关不得设立任何形式的“小金库”;严格执行“收支两条线”制度,行政事业性收费和罚没收入必须全部上缴财政,严禁以各种形式返还;行政经费统一由财政纳入预算予以保障,并实行国库集中支付。

9. 改革行政管理方式。要认真贯彻实施行政许可法,减少行政许可项目,规范行政许可行为,改革行政许可方式。要充分运用间接管理、动态管理和事后监督管理等手段对经济和社会事务实施管理;充分发挥行政规划、行政指导、行政合同等方式的作用;加快电子政务建设,推进政府上网工程的建设和运用,扩大政府网上办公的范围;政府部门之间应当尽快做到信息互通和资源共享,提高政府办事效率,降低管理成本,创新管理方式,方便人民群众。

10. 推进政府信息公开。除涉及国家秘密和依法受到保护的商业秘密、个人隐私的事项外,行政机关应当公开政府信息。对公开的政府信息,公众有权查阅。行政机关应当为公众查阅政府信息提供便利条件。

五、建立健全科学民主决策机制

11. 健全行政决策机制。科学、合理界定各级政府、政府各部门的行政决策权，完善政府内部决策规则。建立健全公众参与、专家论证和政府决定相结合的行政决策机制。实行依法决策、科学决策、民主决策。

12. 完善行政决策程序。除依法应当保密的外，决策事项、依据和结果要公开，公众有权查阅。涉及全国或者地区经济社会发展的重大决策事项以及专业性较强的决策事项，应当事先组织专家进行必要性和可行性论证。社会涉及面广、与人民群众利益密切相关的决策事项，应当向社会公布，或者通过举行座谈会、听证会、论证会等形式广泛听取意见。重大行政决策在决策过程中要进行合法性论证。

13. 建立健全决策跟踪反馈和责任追究制度。行政机关应当确定机构和人员，定期对决策的执行情况进行跟踪与反馈，并适时调整和完善有关决策。要加强对决策活动的监督，完善行政决策的监督制度和机制，明确监督主体、监督内容、监督对象、监督程序和监督方式。要按照“谁决策、谁负责”的原则，建立健全决策责任追究制度，实现决策权和决策责任相统一。

六、提高制度建设质量

14. 制度建设的基本要求。提出法律议案和地方性法规草案，制定行政法规、规章以及规范性文件等制度建设，重在提高质量。要遵循并反映经济和社会发展规律，紧紧围绕全面建设小康社会的奋斗目标，紧密结合改革发展稳定的重大决策，体现、推动和保障发展这个执政兴国的第一要务，发挥公民、法人和其他组织的积极性、主动性和创造性，为在经济发展的基础上实现社会全面发展，促进人的全面发展，促进经济、社会和生态环境的协调发展，提供法律保障；要根据宪法和立法法的规定，严格按照法定权限和法定程序进行。法律、法规、规章和规范性文件的内容要具体、明确，具有可操作性，能够切实解决问题；内在逻辑要严密，语言要规范、简洁、准确。

15. 按照条件成熟、突出重点、统筹兼顾的原则，科学合理制定政府立法工作计划。要进一步加强政府立法工作，统筹考虑城乡、区域、经济与社会、人与自然以及国内和对外开放等各项事业的发展，在继续加强有关经济调节、市场监管方面的立法的同时，更加重视有关社会管理、公共服务方面的立法。要把握立法规律和立法时机，正确处理好政府立法与改革的关系，做到立法决策与改革决策相统一，立法进程与改革进程相适应。

16. 改进政府立法工作方法,扩大政府立法工作的公众参与程度。实行立法工作者、实际工作者和专家学者三结合,建立健全专家咨询论证制度。起草法律、法规、规章和作为行政管理依据的规范性文件草案,要采取多种形式广泛听取意见。重大或者关系人民群众切身利益的草案,要采取听证会、论证会、座谈会或者向社会公布草案等方式向社会听取意见,尊重多数人的意愿,充分反映最广大人民的根本利益。要积极探索建立对听取和采纳意见情况的说明制度。行政法规、规章和作为行政管理依据的规范性文件通过后,应当在政府公报、普遍发行的报刊和政府网站上公布。政府公报应当便于公民、法人和其他组织获取。

17. 积极探索对政府立法项目尤其是经济立法项目的成本效益分析制度。政府立法不仅要考虑立法过程成本,还要研究其实施后的执法成本和社会成本。

18. 建立和完善行政法规、规章修改、废止的工作制度和规章、规范性文件的定期清理制度。要适应完善社会主义市场经济体制、扩大对外开放和社会全面进步的需要,适时对现行行政法规、规章进行修改或者废止,切实解决法律规范之间的矛盾和冲突。规章、规范性文件施行后,制定机关、实施机关应当定期对其实施情况进行评估。实施机关应当将评估意见报告制定机关;制定机关要定期对规章、规范性文件进行清理。

七、理顺行政执法体制,加快行政程序建设,规范行政执法行为

19. 深化行政执法体制改革。加快建立权责明确、行为规范、监督有效、保障有力的行政执法体制。继续开展相对集中行政处罚权工作,积极探索相对集中行政许可权,推进综合执法试点。要减少行政执法层次,适当下移执法重心;对与人民群众日常生活、生产直接相关的行政执法活动,主要由市、县两级行政执法机关实施。要完善行政执法机关的内部监督制约机制。

20. 严格按照法定程序行使权力、履行职责。行政机关作出对行政管理相对人、利害关系人不利的行政决定之前,应当告知行政管理相对人、利害关系人,并给予其陈述和申辩的机会;作出行政决定后,应当告知行政管理相对人依法享有申请行政复议或者提起行政诉讼的权利。对重大事项,行政管理相对人、利害关系人依法要求听证的,行政机关应当组织听证。行政机关行使自由裁量权的,应当在行政决定中说明理由。要切实解决行政机关违法行使权力侵犯人民群众切身利益的问题。

21. 健全行政执法案卷评查制度。行政机关应当建立有关行政处罚、行政许可、行政强制等行政执法的案卷。对公民、法人和其他组织的有关监督检查记录、证据材料、执法文书应当立卷归档。

22. 建立健全行政执法主体资格制度。行政执法由行政机关在其法定职权范围内实施,非行政机关的组织未经法律、法规授权或者行政机关的合法委托,不得行使行政执法权;要清理、确认并向社会公告行政执法主体;实行行政执法人员资格制度,没有取得执法资格的不得从事行政执法工作。

23. 推行行政执法责任制。依法界定执法职责,科学设定执法岗位,规范执法程序。要建立公开、公平、公正的评议考核制和执法过错或者错案责任追究制,评议考核应当听取公众的意见。要积极探索行政执法绩效评估和奖惩办法。

八、积极探索高效、便捷和成本低廉的防范、化解社会矛盾的机制

24. 积极探索预防和解决社会矛盾的新路子。要大力开展矛盾纠纷排查调处工作,建立健全相应的制度。对矛盾纠纷要依法妥善解决。对依法应当由行政机关调处的民事纠纷,行政机关要依照法定权限和程序,遵循公开、公平、公正的原则及时予以处理。要积极探索解决民事纠纷的新机制。

25. 充分发挥调解在解决社会矛盾中的作用。对民事纠纷,经行政机关调解达成协议的,行政机关应当制作调解书;调解不能达成协议的,行政机关应当及时告知当事人救济权利和渠道。要完善人民调解制度,积极支持居民委员会和村民委员会等基层组织的人民调解工作。

26. 切实解决人民群众通过信访举报反映的问题。要完善信访制度,及时办理信访事项,切实保障信访人、举报人的权利和人身安全。任何行政机关和个人不得以任何理由或者借口压制、限制人民群众信访和举报,不得打击报复信访和举报人员,不得将信访、举报材料及有关情况透露或者转送给被举报人。对可以通过复议、诉讼等法律程序解决的信访事项,行政机关应当告知信访人、举报人申请复议、提起诉讼的权利,积极引导当事人通过法律途径解决。

九、完善行政监督制度和机制,强化对行政行为的监督

27. 自觉接受人大监督和政协的民主监督。各级人民政府应当自觉接受同级人大及其常委会的监督,向其报告工作、接受质询,依法向有关人大常委会备案行政法规、规章;自觉接受政协的民主监督,虚心听取其对政府工作的意见和建议。

28. 接受人民法院依照行政诉讼法的规定对行政机关实施的监督。对人民法院受理的行政案件,行政机关应当积极出庭应诉、答辩。对人民法院依法作出的生效的行政判决和裁定,行政机关应当自觉履行。

29. 加强对规章和规范性文件的监督。规章和规范性文件应当依法报送备案。对报送备案的规章和规范性文件,政府法制机构应当依法严格审查,做到有件必备、有备必审、有错必纠。公民、法人和其他组织对规章和规范性文件提出异议的,制定机关或者实施机关应当依法及时研究处理。

30. 认真贯彻行政复议法,加强行政复议工作。对符合法律规定的行政复议申请,必须依法受理;审理行政复议案件,要重依据、重证据、重程序,公正作出行政复议决定,坚决纠正违法、明显不当的行政行为,保护公民、法人和其他组织的合法权益。要完善行政复议工作制度,积极探索提高行政复议工作质量的新方式、新举措。对事实清楚、争议不大的行政复议案件,要探索建立简易程序解决行政争议。加强行政复议机构的队伍建设,提高行政复议工作人员的素质。完善行政复议责任追究制度,对依法应当受理而不受理行政复议申请,应当撤销、变更或者确认具体行政行为违法而不撤销、变更或者确认具体行政行为违法,不在法定期限内作出行政复议决定以及违反行政复议法的其他规定的,应当依法追究其法律责任。

31. 完善并严格执行行政赔偿和补偿制度。要按照国家赔偿法实施行政赔偿。严格执行《国家赔偿费用管理办法》关于赔偿费用核拨的规定,依法从财政支取赔偿费用,保障公民、法人和其他组织依法获得赔偿。要探索在行政赔偿程序中引入听证、协商和和解制度。建立健全行政补偿制度。

32. 创新层级监督新机制,强化上级行政机关对下级行政机关的监督。上级行政机关要建立健全经常性的监督制度,探索层级监督的新方式,加强对下级行政机关具体行政行为的监督。

33. 加强专门监督。各级行政机关要积极配合监察、审计等专门监督机关的工作,自觉接受监察、审计等专门监督机关的监督决定。拒不履行监督决定的,要依法追究有关机关和责任人员的法律责任。监察、审计等专门监督机关要切实履行职责,依法独立开展专门监督。监察、审计等专门监督机关要与检察机关密切配合,及时通报情况,形成监督合力。

34. 强化社会监督。各级人民政府及其工作部门要依法保护公民、法人和其他组织对行政行为实施监督的权利,拓宽监督渠道,完善监督机制,为公民、法人和其他组织实施监督创造条件。要完善群众举报违法行为的制度。要高度重视新闻舆论监督,对新闻媒体反映的问题要认真调查、核实,并依法及时作出处理。

十、不断提高行政机关工作人员依法行政的观念和能力

35. 提高领导干部依法行政的能力和水平。各级人民政府及其工作部门的领导干部要带头学习和掌握宪法、法律和法规的规定,不断增强法律意识,提高法律素养,提高依法行政的能力和水平,把依法行政贯穿于行政管理的各个环节,列入各级人民政府经济社会发展的考核内容。要实行领导干部的学法制度,定期或者不定期对领导干部进行依法行政知识培训。积极探索对领导干部任职前实行法律知识考试的制度。

36. 建立行政机关工作人员学法制度,增强法律意识,提高法律素质,强化依法行政知识培训。要采取自学与集中培训相结合、以自学为主的方式,组织行政机关工作人员学习通用法律知识以及与本职工作有关的专门法律知识。

37. 建立和完善行政机关工作人员依法行政情况考核制度。要把依法行政情况作为考核行政机关工作人员的重要内容,完善考核制度,制定具体的措施和办法。

38. 积极营造全社会尊法守法、依法维权的良好环境。要采取各种形式,加强普法和法制宣传,增强全社会尊重法律、遵守法律的观念和意识,积极引导公民、法人和其他组织依法维护自身权益,逐步形成与建设法治政府相适应的良好社会氛围。

十一、提高认识,明确责任,切实加强对推进依法行政工作的领导

39. 提高认识,加强领导。各级人民政府和政府各部门要从"立党为公、执政为民"的高度,充分认识全面推进依法行政的必要性和紧迫性,真正把依法行政作为政府运作的基本准则。各地方、各部门的行政首长作为本地方、本部门推进依法行政工作的第一责任人,要加强对推进依法行政工作的领导,一级抓一级,逐级抓落实。

40. 明确责任,严肃纪律。各级人民政府和政府各部门要结合本地方、本部门经济和社会发展的实际,制定落实本纲要的具体办法和配套措施,确定不同阶段的重点,有计划、分步骤地推进依法行政,做到五年有规划、年度有安排,将本纲要的规定落到实处。上级行政机关应当加强对下级行政机关贯彻本纲要情况的监督检

查。对贯彻落实本纲要不力的,要严肃纪律,予以通报,并追究有关人员相应的责任。

41. 定期报告推进依法行政工作情况。地方各级人民政府应当定期向本级人大及其常委会和上一级人民政府报告推进依法行政的情况;国务院各部门、地方各级人民政府工作部门要定期向本级人民政府报告推进依法行政的情况。

42. 各级人民政府和政府各部门要充分发挥政府法制机构在依法行政方面的参谋、助手和法律顾问作用。全面推进依法行政、建设法治政府,涉及面广、难度大、要求高,需要一支政治强、作风硬、业务精的政府法制工作队伍,协助各级人民政府和政府各部门领导做好全面推进依法行政的各项工作。各级人民政府和政府各部门要切实加强政府法制机构和队伍建设,充分发挥政府法制机构在依法行政方面的参谋、助手和法律顾问的作用,并为他们开展工作创造必要的条件。

国务院关于非公有资本进入文化产业的若干决定

（2005 年 4 月 13 日　国发〔2005〕10 号）

为大力发展社会主义先进文化，充分调动全社会参与文化建设的积极性，进一步引导和规范非公有资本进入文化产业，逐步形成以公有制为主体、多种所有制经济共同发展的文化产业格局，提高我国文化产业的整体实力和竞争力，现就有关问题作出如下决定：

一、鼓励和支持非公有资本进入以下领域：文艺表演团体、演出场所、博物馆和展览馆、互联网上网服务营业场所、艺术教育与培训、文化艺术中介、旅游文化服务、文化娱乐、艺术品经营、动漫和网络游戏、广告、电影电视剧制作发行、广播影视技术开发运用、电影院和电影院线、农村电影放映、书报刊分销、音像制品分销、包装装潢印刷品印刷等。

二、鼓励和支持非公有资本从事文化产品和文化服务出口业务。

三、鼓励和支持非公有资本参与文艺表演团体、演出场所等国有文化单位的公司制改建，非公有资本可以控股。

四、允许非公有资本进入出版物印刷、可录类光盘生产、只读类光盘复制等文化行业和领域。

五、非公有资本可以投资参股下列领域国有文化企业：出版物印刷、发行，新闻出版单位的广告、发行，广播电台和电视台的音乐、科技、体育、娱乐方面的节目制作，电影制作发行放映。上述文化企业国有资本必须控股 51% 以上。

六、非公有资本可以建设和经营有线电视接入网，参与有线电视接收端数字化改造，从事上述业务的文化企业国有资本必须控股 51% 以上。非公有资本可以控股从事有线电视接入网社区部分业务的企业。

七、非公有资本可以开办户外、楼宇内、交通工具内、店堂等显示屏广告业务，可以在符合条件的宾馆饭店内提供广播电视视频节目点播服务。有关部门要严格资质认定，明确经营范围，加强日常监管。

八、非公有资本进入文化产业按现行有关规定管理,其中第五条、第六条、第七条规定的事项还须经有关行政主管部门批准。有关投资项目的审批或核准,按照《国务院关于投资体制改革的决定》(国发〔2004〕20 号)的规定办理。要严格审批程序,完善审批办法,规范文化产业发展,保护企业合法权益,取缔违法违规经营。非公有制文化企业在项目审批、资质认定、融资等方面与国有文化企业享受同等待遇。

九、非公有资本不得投资设立和经营通讯社、报刊社、出版社、广播电台(站)、电视台(站)、广播电视发射台(站)、转播台(站)、广播电视卫星、卫星上行站和收转站、微波站、监测台(站)、有线电视传输骨干网等;不得利用信息网络开展视听节目服务以及新闻网站等业务;不得经营报刊版面、广播电视频率频道和时段栏目;不得从事书报刊、影视片、音像制品成品等文化产品进口业务;不得进入国有文物博物馆。

十、文化部、广电总局、新闻出版总署根据本决定,制定具体实施办法,明确国家鼓励、允许、限制和禁止投资的产业目录,引导非公有制文化企业持续快速健康发展。

各地区、各部门要依法清理和修订与本决定相抵触的规定。外资进入文化产业依照有关法律法规的规定执行。

国务院关于印发国家知识产权战略纲要的通知

(2008 年 6 月 5 日　国发〔2008〕18 号)

现将《国家知识产权战略纲要》印发给你们,请认真贯彻实施。

国家知识产权战略纲要

为提升我国知识产权创造、运用、保护和管理能力,建设创新型国家,实现全面建设小康社会目标,制定本纲要。

一、序　言

(1)改革开放以来,我国经济社会持续快速发展,科学技术和文化创作取得长足进步,创新能力不断提升,知识在经济社会发展中的作用越来越突出。我国正站在新的历史起点上,大力开发和利用知识资源,对于转变经济发展方式,缓解资源环境约束,提升国家核心竞争力,满足人民群众日益增长的物质文化生活需要,具有重大战略意义。

(2)知识产权制度是开发和利用知识资源的基本制度。知识产权制度通过合理确定人们对于知识及其他信息的权利,调整人们在创造、运用知识和信息过程中产生的利益关系,激励创新,推动经济发展和社会进步。当今世界,随着知识经济和经济全球化深入发展,知识产权日益成为国家发展的战略性资源和国际竞争力的核心要素,成为建设创新型国家的重要支撑和掌握发展主动权的关键。国际社会更加重视知识产权,更加重视鼓励创新。发达国家以创新为主要动力推动经济发展,充分利用知识产权制度维护其竞争优势;发展中国家积极采取适应国情的知识产权政策措施,促进自身发展。

(3)经过多年发展,我国知识产权法律法规体系逐步健全,执法水平不断提高;知识产权拥有量快速增长,效益日益显现;市场主体运用知识产权能力逐步提高;知识产权领域的国际交往日益增多,国际影响力逐渐增强。知识产权制度的建立和实施,规范了市场秩序,激励了发明创造和文化创作,促进了对外开放和知识资源的引进,对经济社会发展发挥了重要作用。但是,从总体上看,我国知识产权制度仍不完善,自主知识产权水平和拥有量尚不能满足经济社会发展需要,社会公众知识产权意识仍较薄弱,市场主体运用知识产权能力不强,侵犯知识产权现象还比较突出,知识产权滥用行为时有发生,知识产权服务支撑体系和人才队伍建设滞后,知识产权制度对经济社会发展的促进作用尚未得到充分发挥。

(4)实施国家知识产权战略,大力提升知识产权创造、运用、保护和管理能力,有利于增强我国自主创新能力,建设创新型国家;有利于完善社会主义市场经济体制,规范市场秩序和建立诚信社会;有利于增强我国企业市场竞争力和提高国家核心竞争力;有利于扩大对外开放,实现互利共赢。必须把知识产权战略作为国家重要战略,切实加强知识产权工作。

二、指导思想和战略目标

(一)指导思想。

(5)实施国家知识产权战略,要坚持以邓小平理论和"三个代表"重要思想为指导,深入贯彻落实科学发展观,按照激励创造、有效运用、依法保护、科学管理的方针,着力完善知识产权制度,积极营造良好的知识产权法治环境、市场环境、文化环境,大幅度提升我国知识产权创造、运用、保护和管理能力,为建设创新型国家和全面建设小康社会提供强有力支撑。

(二)战略目标。

(6)到2020年,把我国建设成为知识产权创造、运用、保护和管理水平较高的国家。知识产权法治环境进一步完善,市场主体创造、运用、保护和管理知识产权的能力显著增强,知识产权意识深入人心,自主知识产权的水平和拥有量能够有效支撑创新型国家建设,知识产权制度对经济发展、文化繁荣和社会建设的促进作用充分显现。

(7)近五年的目标是:

——自主知识产权水平大幅度提高,拥有量进一步增加。本国申请人发明专利年度授权量进入世界前列,对外专利申请大幅度增加。培育一批国际知名品牌。核心版权产业产值占国内生产总值的比重明显提高。拥有一批优良植物新品种和高水平集成电路布图设计。商业秘密、地理标志、遗传资源、传统知识和民间文艺等得到有效保护与合理利用。

——运用知识产权的效果明显增强，知识产权密集型商品比重显著提高。企业知识产权管理制度进一步健全，对知识产权领域的投入大幅度增加，运用知识产权参与市场竞争的能力明显提升。形成一批拥有知名品牌和核心知识产权，熟练运用知识产权制度的优势企业。

——知识产权保护状况明显改善。盗版、假冒等侵权行为显著减少，维权成本明显下降，滥用知识产权现象得到有效遏制。

——全社会特别是市场主体的知识产权意识普遍提高，知识产权文化氛围初步形成。

三、战略重点

（一）完善知识产权制度。

（8）进一步完善知识产权法律法规。及时修订专利法、商标法、著作权法等知识产权专门法律及有关法规。适时做好遗传资源、传统知识、民间文艺和地理标志等方面的立法工作。加强知识产权立法的衔接配套，增强法律法规可操作性。完善反不正当竞争、对外贸易、科技、国防等方面法律法规中有关知识产权的规定。

（9）健全知识产权执法和管理体制。加强司法保护体系和行政执法体系建设，发挥司法保护知识产权的主导作用，提高执法效率和水平，强化公共服务。深化知识产权行政管理体制改革，形成权责一致、分工合理、决策科学、执行顺畅、监督有力的知识产权行政管理体制。

（10）强化知识产权在经济、文化和社会政策中的导向作用。加强产业政策、区域政策、科技政策、贸易政策与知识产权政策的衔接。制定适合相关产业发展的知识产权政策，促进产业结构的调整与优化；针对不同地区发展特点，完善知识产权扶持政策，培育地区特色经济，促进区域经济协调发展；建立重大科技项目的知识产权工作机制，以知识产权的获取和保护为重点开展全程跟踪服务；健全与对外贸易有关的知识产权政策，建立和完善对外贸易领域知识产权管理体制、预警应急机制、海外维权机制和争端解决机制。加强文化、教育、科研、卫生等政策与知识产权政策的协调衔接，保障公众在文化、教育、科研、卫生等活动中依法合理使用创新成果和信息的权利，促进创新成果合理分享；保障国家应对公共危机的能力。

（二）促进知识产权创造和运用。

（11）运用财政、金融、投资、政府采购政策和产业、能源、环境保护政策，引导和支持市场主体创造和运用知识产权。强化科技创新活动中的知识产权政策导向作用,坚持技术创新以能够合法产业化为基本前提,以获得知识产权为追求目标,以形成技术标准为努力方向。完善国家资助开发的科研成果权利归属和利益分享机制。将知识产权指标纳入科技计划实施评价体系和国有企业绩效考核体系。逐步提高知识产权密集型商品出口比例,促进贸易增长方式的根本转变和贸易结构的优化升级。

(12)推动企业成为知识产权创造和运用的主体。促进自主创新成果的知识产权化、商品化、产业化,引导企业采取知识产权转让、许可、质押等方式实现知识产权的市场价值。充分发挥高等学校、科研院所在知识产权创造中的重要作用。选择若干重点技术领域,形成一批核心自主知识产权和技术标准。鼓励群众性发明创造和文化创新。促进优秀文化产品的创作。

(三)加强知识产权保护。

(13)修订惩处侵犯知识产权行为的法律法规,加大司法惩处力度。提高权利人自我维权的意识和能力。降低维权成本,提高侵权代价,有效遏制侵权行为。

(四)防止知识产权滥用。

(14)制定相关法律法规,合理界定知识产权的界限,防止知识产权滥用,维护公平竞争的市场秩序和公众合法权益。

(五)培育知识产权文化。

(15)加强知识产权宣传,提高全社会知识产权意识。广泛开展知识产权普及型教育。在精神文明创建活动和国家普法教育中增加有关知识产权的内容。在全社会弘扬以创新为荣、剽窃为耻,以诚实守信为荣、假冒欺骗为耻的道德观念,形成尊重知识、崇尚创新、诚信守法的知识产权文化。

四、专项任务

(一)专利。

(16)以国家战略需求为导向,在生物和医药、信息、新材料、先进制造、先进能源、海洋、资源环境、现代农业、现代交通、航空航天等技术领域超前部署,掌握一批核心技术的专利,支撑我国高技术产业与新兴产业发展。

(17)制定和完善与标准有关的政策,规范将专利纳入标准的行为。支持企业、行业组织积极参与国际标准的制定。

(18)完善职务发明制度,建立既有利于激发职务发明人创新积极性,又有利于促进专利技术实施的利益分配机制。

(19)按照授予专利权的条件,完善专利审查程序,提高审查质量。防止非正常专利申请。

(20)正确处理专利保护和公共利益的关系。在依法保护专利权的同时,完善强制许可制度,发挥例外制度作用,研究制定合理的相关政策,保证在发生公共危机时,公众能够及时、充分获得必需的产品和服务。

(二)商标。

(21)切实保护商标权人和消费者的合法权益。加强执法能力建设,严厉打击假冒等侵权行为,维护公平竞争的市场秩序。

(22)支持企业实施商标战略,在经济活动中使用自主商标。引导企业丰富商标内涵,增加商标附加值,提高商标知名度,形成驰名商标。鼓励企业进行国际商标注册,维护商标权益,参与国际竞争。

(23)充分发挥商标在农业产业化中的作用。积极推动市场主体注册和使用商标,促进农产品质量提高,保证食品安全,提高农产品附加值,增强市场竞争力。

(24)加强商标管理。提高商标审查效率,缩短审查周期,保证审查质量。尊重市场规律,切实解决驰名商标、著名商标、知名商品、名牌产品、优秀品牌的认定等问题。

(三)版权。

(25)扶持新闻出版、广播影视、文学艺术、文化娱乐、广告设计、工艺美术、计算机软件、信息网络等版权相关产业发展,支持具有鲜明民族特色、时代特点作品的创作,扶持难以参与市场竞争的优秀文化作品的创作。

(26)完善制度,促进版权市场化。进一步完善版权质押、作品登记和转让合同备案等制度,拓展版权利用方式,降低版权交易成本和风险。充分发挥版权集体管理组织、行业协会、代理机构等中介组织在版权市场化中的作用。

(27)依法处置盗版行为,加大盗版行为处罚力度。重点打击大规模制售、传播盗版产品的行为,遏制盗版现象。

(28)有效应对互联网等新技术发展对版权保护的挑战。妥善处理保护版权与保障信息传播的关系,既要依法保护版权,又要促进信息传播。

(四)商业秘密。

(29)引导市场主体依法建立商业秘密管理制度。依法打击窃取他人商业秘密的行为。妥善处理保护商业秘密与自由择业、涉密者竞业限制与人才合理流动的关系,维护职工合法权益。

(五)植物新品种。

(30)建立激励机制,扶持新品种培育,推动育种创新成果转化为植物新品种权。支持形成一批拥有植物新品种权的种苗单位。建立健全植物新品种保护的技术支撑体系,加快制订植物新品种测试指南,提高审查测试水平。

(31)合理调节资源提供者、育种者、生产者和经营者之间的利益关系,注重对农民合法权益的保护。提高种苗单位及农民的植物新品种权保护意识,使品种权人、品种生产经销单位和使用新品种的农民共同受益。

(六)特定领域知识产权。

(32)完善地理标志保护制度。建立健全地理标志的技术标准体系、质量保证体系与检测体系。普查地理标志资源,扶持地理标志产品,促进具有地方特色的自然、人文资源优势转化为现实生产力。

(33)完善遗传资源保护、开发和利用制度,防止遗传资源流失和无序利用。协调遗传资源保护、开发和利用的利益关系,构建合理的遗传资源获取与利益分享机制。保障遗传资源提供者知情同意权。

(34)建立健全传统知识保护制度。扶持传统知识的整理和传承,促进传统知识发展。完善传统医药知识产权管理、保护和利用协调机制,加强对传统工艺的保护、开发和利用。

(35)加强民间文艺保护,促进民间文艺发展。深入发掘民间文艺作品,建立民间文艺保存人与后续创作人之间合理分享利益的机制,维护相关个人、群体的合法权益。

(36)加强集成电路布图设计专有权的有效利用,促进集成电路产业发展。

(七)国防知识产权。

(37)建立国防知识产权的统一协调管理机制,着力解决权利归属与利益分配、有偿使用、激励机制以及紧急状态下技术有效实施等重大问题。

(38)加强国防知识产权管理。将知识产权管理纳入国防科研、生产、经营及装备采购、保障和项目管理各环节,增强对重大国防知识产权的掌控能力。发布关键技术指南,在武器装备关键技术和军民结合高新技术领域形成一批自主知识产权。建立国防知识产权安全预警机制,对军事技术合作和军品贸易中的国防知识产权进行特别审查。

(39)促进国防知识产权有效运用。完善国防知识产权保密解密制度,在确保国家安全和国防利益基础上,促进国防知识产权向民用领域转移。鼓励民用领域知识产权在国防领域运用。

五、战略措施

（一）提升知识产权创造能力。

（40）建立以企业为主体、市场为导向、产学研相结合的自主知识产权创造体系。引导企业在研究开发立项及开展经营活动前进行知识产权信息检索。支持企业通过原始创新、集成创新和引进消化吸收再创新，形成自主知识产权，提高把创新成果转变为知识产权的能力。支持企业等市场主体在境外取得知识产权。引导企业改进竞争模式，加强技术创新，提高产品质量和服务质量，支持企业打造知名品牌。

（二）鼓励知识产权转化运用。

（41）引导支持创新要素向企业集聚，促进高等学校、科研院所的创新成果向企业转移，推动企业知识产权的应用和产业化，缩短产业化周期。深入开展各类知识产权试点、示范工作，全面提升知识产权运用能力和应对知识产权竞争的能力。

（42）鼓励和支持市场主体健全技术资料与商业秘密管理制度，建立知识产权价值评估、统计和财务核算制度，制订知识产权信息检索和重大事项预警等制度，完善对外合作知识产权管理制度。

（43）鼓励市场主体依法应对涉及知识产权的侵权行为和法律诉讼，提高应对知识产权纠纷的能力。

（三）加快知识产权法制建设。

（44）建立适应知识产权特点的立法机制，提高立法质量，加快立法进程。加强知识产权立法前瞻性研究，做好立法后评估工作。增强立法透明度，拓宽企业、行业协会和社会公众参与立法的渠道。加强知识产权法律修改和立法解释，及时有效回应知识产权新问题。研究制定知识产权基础性法律的必要性和可行性。

（四）提高知识产权执法水平。

（45）完善知识产权审判体制，优化审判资源配置，简化救济程序。研究设置统一受理知识产权民事、行政和刑事案件的专门知识产权法庭。研究适当集中专利等技术性较强案件的审理管辖权问题，探索建立知识产权上诉法院。进一步健全知识产权审判机构，充实知识产权司法队伍，提高审判和执行能力。

（46）加强知识产权司法解释工作。针对知识产权案件专业性强等特点，建立和完善司法鉴定、专家证人、技术调查等诉讼制度，完善知识产权诉前临时措施制度。改革专利和商标确权、授权程序，研究专利无效审理和商标评审机构向准司法机构转变的问题。

(47)提高知识产权执法队伍素质,合理配置执法资源,提高执法效率。针对反复侵权、群体性侵权以及大规模假冒、盗版等行为,有计划、有重点地开展知识产权保护专项行动。加大行政执法机关向刑事司法机关移送知识产权刑事案件和刑事司法机关受理知识产权刑事案件的力度。

(48)加大海关执法力度,加强知识产权边境保护,维护良好的进出口秩序,提高我国出口商品的声誉。充分利用海关执法国际合作机制,打击跨境知识产权违法犯罪行为,发挥海关在国际知识产权保护事务中的影响力。

(五)加强知识产权行政管理。

(49)制定并实施地区和行业知识产权战略。建立健全重大经济活动知识产权审议制度。扶持符合经济社会发展需要的自主知识产权创造与产业化项目。

(50)充实知识产权管理队伍,加强业务培训,提高人员素质。根据经济社会发展需要,县级以上人民政府可设立相应的知识产权管理机构。

(51)完善知识产权审查及登记制度,加强能力建设,优化程序,提高效率,降低行政成本,提高知识产权公共服务水平。

(52)构建国家基础知识产权信息公共服务平台。建设高质量的专利、商标、版权、集成电路布图设计、植物新品种、地理标志等知识产权基础信息库,加快开发适合我国检索方式与习惯的通用检索系统。健全植物新品种保护测试机构和保藏机构。建立国防知识产权信息平台。指导和鼓励各地区、各有关行业建设符合自身需要的知识产权信息库。促进知识产权系统集成、资源整合和信息共享。

(53)建立知识产权预警应急机制。发布重点领域的知识产权发展态势报告,对可能发生的涉及面广、影响大的知识产权纠纷、争端和突发事件,制订预案,妥善应对,控制和减轻损害。

(六)发展知识产权中介服务。

(54)完善知识产权中介服务管理,加强行业自律,建立诚信信息管理、信用评价和失信惩戒等诚信管理制度。规范知识产权评估工作,提高评估公信度。

(55)建立知识产权中介服务执业培训制度,加强中介服务职业培训,规范执业资质管理。明确知识产权代理人等中介服务人员执业范围,研究建立相关律师代理制度。完善国防知识产权中介服务体系。大力提升中介组织涉外知识产权申请和纠纷处置服务能力及国际知识产权事务参与能力。

(56)充分发挥行业协会的作用,支持行业协会开展知识产权工作,促进知识产权信息交流，组织共同维权。加强政府对行业协会知识产权工作的监督指导。

(57)充分发挥技术市场的作用，构建信息充分、交易活跃、秩序良好的知识产权交易体系。简化交易程序，降低交易成本，提供优质服务。

(58)培育和发展市场化知识产权信息服务，满足不同层次知识产权信息需求。鼓励社会资金投资知识产权信息化建设，鼓励企业参与增值性知识产权信息开发利用。

(七)加强知识产权人才队伍建设。

(59)建立部门协调机制，统筹规划知识产权人才队伍建设。加快建设国家和省级知识产权人才库和专业人才信息网络平台。

(60)建设若干国家知识产权人才培养基地。加快建设高水平的知识产权师资队伍。设立知识产权二级学科，支持有条件的高等学校设立知识产权硕士、博士学位授予点。大规模培养各级各类知识产权专业人才，重点培养企业急需的知识产权管理和中介服务人才。

(61)制定培训规划，广泛开展对党政领导干部、公务员、企事业单位管理人员、专业技术人员、文学艺术创作人员、教师等的知识产权培训。

(62)完善吸引、使用和管理知识产权专业人才相关制度，优化人才结构，促进人才合理流动。结合公务员法的实施，完善知识产权管理部门公务员管理制度。按照国家职称制度改革总体要求，建立和完善知识产权人才的专业技术评价体系。

(八)推进知识产权文化建设。

(63)建立政府主导、新闻媒体支撑、社会公众广泛参与的知识产权宣传工作体系。完善协调机制，制定相关政策和工作计划，推动知识产权的宣传普及和知识产权文化建设。

(64)在高等学校开设知识产权相关课程，将知识产权教育纳入高校学生素质教育体系。制定并实施全国中小学知识产权普及教育计划，将知识产权内容纳入中小学教育课程体系。

(九)扩大知识产权对外交流合作。

(65)加强知识产权领域的对外交流合作。建立和完善知识产权对外信息沟通交流机制。加强国际和区域知识产权信息资源及基础设施建设与利用的交流合作。鼓励开展知识产权人才培养的对外合作。引导公派留学生、鼓励自费留学生选修知识产权专业。支持引进或聘用海外知识产权高层次人才。积极参与国际知识产权秩序的构建，有效参与国际组织有关议程。

国务院关于严格控制新设行政许可的通知

(2013年9月19日　国发〔2013〕39号)

严格行政许可设定,是深化行政审批制度改革、推进政府职能转变的必然要求。为贯彻落实党的十八大有关深化行政审批制度改革的精神和十二届全国人大一次会议审议通过的《国务院机构改革和职能转变方案》,严格控制新设行政许可,切实防止行政许可事项边减边增、明减暗增,现就有关问题通知如下:

一、严格行政许可设定标准

行政许可,是行政机关根据公民、法人或其他组织的申请,经依法审查,准予其从事特定活动的行为,是各级行政机关在依法管理经济社会事务过程中对公民、法人或其他组织的活动实行事前控制的一种手段。设定行政许可,对人民群众生产、生活影响很大,必须从严控制。今后起草法律草案、行政法规草案一般不新设行政许可,确需新设的,必须严格遵守行政许可法的规定,严格设定标准。

(一)对企业不使用政府性资金的投资活动,除重大和限制类固定资产投资项目外,不得设定行政许可。

(二)对人员能力水平评价的事项,除提供公共服务并且直接关系公共利益,需要具备特殊信誉、特殊条件或特殊技能的职业,确需设定行政许可的外,不得设定行政许可。

(三)对确需设定企业、个人资质资格的事项,原则上只能设定基础资质资格。

(四)中介服务机构所代理的事项最终需由行政机关或法律、行政法规授权的组织许可的,对该中介服务机构不得设定行政许可。

(五)对产品实施行政许可的,除涉及人身健康、生命财产安全的外,不得对生产该产品的企业设定行政许可。

(六)通过对产品大类设定行政许可能够实现管理目的的,对产品子类不得设定行政许可。确需对产品子类设定行政许可的,实行目录管理。

(七)法律、行政法规或国务院决定规定对需要取得行政许可的产品、活动实施目录管理的，产品、活动目录的制定、调整应当报经国务院批准。

(八)法律草案、行政法规草案拟设定的对生产经营活动的行政许可，凡直接面向基层、量大面广或由地方实施更方便有效的，不得规定国务院部门作为行政许可实施机关。

(九)通过严格执行现有管理手段和措施能够解决的事项，不得设定行政许可。

(十)通过技术标准、管理规范能够有效管理的事项，不得设定行政许可。

(十一)对同一事项，由一个行政机关实施行政许可能够解决的，不得设定由其他行政机关实施的行政许可；对可以由一个行政机关在实施行政许可中征求其他行政机关意见解决的事项，不得设定新的行政许可。

(十二)对同一事项，在一个管理环节设定行政许可能够解决的，不得在多个管理环节分别设定行政许可。

(十三)通过修改现行法律、行政法规有关行政许可的规定能够解决的事项，不得设定新的行政许可。

(十四)现行法律已经规定了具体管理手段和措施，但未设定行政许可的，起草执行性或配套的行政法规草案时，不得设定行政许可。

(十五)行政法规草案为实施法律设定的行政许可作出的具体规定，不得增设行政许可；对行政许可条件作出的具体规定，不得增设违反法律的其他条件。

(十六)国务院部门规章和规范性文件一律不得设定行政许可，不得以备案、登记、年检、监制、认定、认证、审定等形式变相设定行政许可，不得以非行政许可审批为名变相设定行政许可。

除法律、行政法规外，对行政机关实施行政许可以及监督检查被许可人从事行政许可事项的活动，一律不得设定收费；不得借实施行政许可变相收费。

二、规范行政许可设定审查程序

法律草案、行政法规草案拟设定行政许可的，起草单位和审查机关都要深入调查研究，加强合法性、必要性和合理性审查论证。

(一)起草单位对拟设定的行政许可，应当采取座谈会、论证会、听证会等多种形式，广泛听取有关组织、企业和公民的意见，同时征求国务院相关部门的意见。

(二)起草单位向国务院报送法律草案、行政法规草案送审稿及其说明时，应当附拟设定行政许可的论证材料、各方面对拟设定行政许可的意见和意见采纳情况以及其他国家、地区的相关立法资料。

论证材料应当包括:一是合法性论证材料,重点说明草案拟设定的行政许可符合行政许可法和本通知规定的理由。二是必要性论证材料,重点说明拟设定行政许可的事项属于直接涉及国家安全、公共安全、生态环境安全和生命财产安全,通过市场机制、行业自律、企业和个人自主决定以及其他管理方式不能有效解决问题,以及拟设定的行政许可是解决现有问题或实现行政管理目的有效手段的理由。三是合理性论证材料,重点评估实施该行政许可对经济社会可能产生的影响,说明实施该行政许可的预期效果。

(三)国务院法制办应当对法律草案、行政法规草案拟设定的行政许可进行严格审查论证。

对法律草案、行政法规草案拟设定的行政许可,国务院法制办应当征求中央编办、国务院相关部门以及地方人民政府的意见;将法律草案、行政法规草案通过中国政府法制信息网向社会公开征求意见时,公开征求意见的材料应当就拟设定行政许可的理由作重点说明。

中央编办对起草单位提出的拟设行政许可意见进行审查,对是否确需通过行政许可方式实施管理、是否有其他替代方式、是否符合行政体制改革和职能转变的基本方向、是否符合行政审批制度改革的原则和要求、是否会造成与其他机构的职责交叉等提出审核意见。

经研究论证,认为拟设定的行政许可不符合行政许可法和本通知的规定或设定理由不充分的,不得设定行政许可。有关情况在法律草案、行政法规草案说明中予以说明,说明与法律草案、行政法规草案一并报国务院审议。

(四)涉及重大公共利益,需要及时实行行政许可管理的,经国务院常务会议讨论通过后采用发布决定的方式设定;国务院可以根据形势变化决定停止实施该项行政许可,确有必要长期实施的,及时提请全国人大及其常委会制定法律,或者制定行政法规。

三、加强对设定行政许可的监督

对已设定的行政许可,要加强跟踪评估、监督管理。

(一)国务院部门要制定本部门负责实施的行政许可目录并向社会公布,目录要列明行政许可项目、依据、实施机关、程序、条件、期限、收费等情况。行政许可项目发生增加、调整、变更等变化的,要及时更新目录。行政许可目录要报中央编办备案。

（二）国务院部门要定期对其负责实施的行政许可实施情况进行评价，并将意见报告该行政许可的设定机关。对没有达到预期效果或不适应经济社会发展要求的行政许可，应当及时提出修改或废止建议。

（三）起草法律、行政法规修订草案，起草单位要对该法律、行政法规设定的行政许可的实施情况进行重点评估，对没有达到预期效果或不适应经济社会发展要求的行政许可，应当提出修改或废止建议。

（四）国务院有关部门要建立制度、畅通渠道，听取公民、法人或其他组织对其负责实施的行政许可提出的意见和建议。

（五）国务院法制办要加强对国务院部门规章的备案审查，对设定行政许可、增设行政许可条件，以备案、登记、年检、监制、认定、认证、审定等形式变相设定行政许可，以非行政许可审批名义变相设定行政许可或违法设定行政许可收费的，要按照规定的程序严格处理、坚决纠正。

（六）对违法设定行政许可、增设行政许可条件，违法实施行政许可，以及不依法履行监督职责或监督不力、造成严重后果的，有关机关要依照行政监察法、行政机关公务员处分条例等法律、行政法规的规定严格追究责任。

地方人民政府要根据本通知的规定，结合各地实际，提出并执行严格控制新设行政许可的具体措施。地方人民政府、国务院各部门要按照行政许可法和本通知的规定，对规章和规范性文件进行一次全面清理，对违法设定行政许可、增设行政许可条件，以备案、登记、年检、监制、认定、认证、审定等形式变相设定行政许可，以非行政许可审批名义变相设定行政许可，以及违法设定行政许可收费或借实施行政许可变相收费的，要坚决纠正。各省级人民政府、国务院各部门应当于 2013 年 12 月底前将清理结果报中央编办。国务院将于 2014 年适时组织开展一次贯彻本通知情况的督促检查。

国务院关于新形势下加快知识产权强国建设的若干意见

(2015年12月18日　国发〔2015〕71号)

国家知识产权战略实施以来,我国知识产权创造运用水平大幅提高,保护状况明显改善,全社会知识产权意识普遍增强,知识产权工作取得长足进步,对经济社会发展发挥了重要作用。同时,仍面临知识产权大而不强、多而不优、保护不够严格、侵权易发多发、影响创新创业热情等问题,亟待研究解决。当前,全球新一轮科技革命和产业变革蓄势待发,我国经济发展方式加快转变,创新引领发展的趋势更加明显,知识产权制度激励创新的基本保障作用更加突出。为深入实施创新驱动发展战略,深化知识产权领域改革,加快知识产权强国建设,现提出如下意见。

一、总体要求

(一)指导思想。全面贯彻党的十八大和十八届二中、三中、四中、五中全会精神,按照"四个全面"战略布局和党中央、国务院决策部署,深入实施国家知识产权战略,深化知识产权重点领域改革,有效促进知识产权创造运用,实行更加严格的知识产权保护,优化知识产权公共服务,促进新技术、新产业、新业态蓬勃发展,提升产业国际化发展水平,保障和激励大众创业、万众创新,为实施创新驱动发展战略提供有力支撑,为推动经济保持中高速增长、迈向中高端水平,实现"两个一百年"奋斗目标和中华民族伟大复兴的中国梦奠定更加坚实的基础。

(二)基本原则。

坚持战略引领。按照创新驱动发展战略和"一带一路"等战略部署,推动提升知识产权创造、运用、保护、管理和服务能力,深化知识产权战略实施,提升知识产权质量,实现从大向强、从多向优的转变,实施新一轮高水平对外开放,促进经济持续健康发展。

坚持改革创新。加快完善中国特色知识产权制度,改革创新体制机制,破除制约知识产权事业发展的障碍，着力推进创新改革试验，强化分配制度的知识价值导向，充分发挥知识产权制度在激励创新、促进创新成果合理分享方面的关键作用，推动企业提质增效、产业转型升级。

坚持市场主导。发挥市场配置创新资源的决定性作用，强化企业创新主体地位和主导作用，促进创新要素合理流动和高效配置。加快简政放权、放管结合、优化服务，加强知识产权政策支持、公共服务和市场监管，着力构建公平公正、开放透明的知识产权法治环境和市场环境，促进大众创业、万众创新。

坚持统筹兼顾。统筹国际国内创新资源，形成若干知识产权领先发展区域，培育我国知识产权优势。加强全球开放创新协作，积极参与、推动知识产权国际规则制定和完善，构建公平合理国际经济秩序，为市场主体参与国际竞争创造有利条件，实现优进优出和互利共赢。

（三）主要目标。到2020年，在知识产权重要领域和关键环节改革上取得决定性成果，知识产权授权确权和执法保护体系进一步完善，基本形成权界清晰、分工合理、责权一致、运转高效、法治保障的知识产权体制机制，知识产权创造、运用、保护、管理和服务能力大幅提升，创新创业环境进一步优化，逐步形成产业参与国际竞争的知识产权新优势，基本实现知识产权治理体系和治理能力现代化，建成一批知识产权强省、强市，知识产权大国地位得到全方位巩固，为建成中国特色、世界水平的知识产权强国奠定坚实基础。

二、推进知识产权管理体制机制改革

（四）研究完善知识产权管理体制。完善国家知识产权战略实施工作部际联席会议制度，由国务院领导同志担任召集人。积极研究探索知识产权管理体制机制改革。授权地方开展知识产权改革试验。鼓励有条件的地方开展知识产权综合管理改革试点。

（五）改善知识产权服务业及社会组织管理。放宽知识产权服务业准入，促进服务业优质高效发展，加快建设知识产权服务业集聚区。扩大专利代理领域开放，放宽对专利代理机构股东或合伙人的条件限制。探索开展知识产权服务行业协会组织“一业多会”试点。完善执业信息披露制度，及时公开知识产权代理机构和从业人员信用评价等相关信息。规范著作权集体管理机构收费标准，完善收益分配制度，让著作权人获得更多许可收益。

（六）建立重大经济活动知识产权评议制度。研究制定知识产权评议政策。

完善知识产权评议工作指南,规范评议范围和程序。围绕国家重大产业规划、高技术领域重大投资项目等开展知识产权评议,建立国家科技计划知识产权目标评估制度,积极探索重大科技活动知识产权评议试点,建立重点领域知识产权评议报告发布制度,提高创新效率,降低产业发展风险。

(七)建立以知识产权为重要内容的创新驱动发展评价制度。完善发展评价体系,将知识产权产品逐步纳入国民经济核算,将知识产权指标纳入国民经济和社会发展规划。发布年度知识产权发展状况报告。在对党政领导班子和领导干部进行综合考核评价时,注重鼓励发明创造、保护知识产权、加强转化运用、营造良好环境等方面的情况和成效。探索建立经营业绩、知识产权和创新并重的国有企业考评模式。按照国家有关规定设置知识产权奖励项目,加大各类国家奖励制度的知识产权评价权重。

三、实行严格的知识产权保护

(八)加大知识产权侵权行为惩治力度。推动知识产权保护法治化,发挥司法保护的主导作用,完善行政执法和司法保护两条途径优势互补、有机衔接的知识产权保护模式。提高知识产权侵权法定赔偿上限,针对情节严重的恶意侵权行为实施惩罚性赔偿并由侵权人承担实际发生的合理开支。进一步推进侵犯知识产权行政处罚案件信息公开。完善知识产权快速维权机制。加强海关知识产权执法保护。加大国际展会、电子商务等领域知识产权执法力度。开展与相关国际组织和境外执法部门的联合执法,加强知识产权司法保护对外合作,推动我国成为知识产权国际纠纷的重要解决地,构建更有国际竞争力的开放创新环境。

(九)加大知识产权犯罪打击力度。依法严厉打击侵犯知识产权犯罪行为,重点打击链条式、产业化知识产权犯罪网络。进一步加强知识产权行政执法与刑事司法衔接,加大涉嫌犯罪案件移交工作力度。完善涉外知识产权执法机制,加强刑事执法国际合作,加大涉外知识产权犯罪案件侦办力度。加强与有关国际组织和国家间打击知识产权犯罪行为的司法协助,加大案情通报和情报信息交换力度。

(十)建立健全知识产权保护预警防范机制。将故意侵犯知识产权行为情况纳入企业和个人信用记录。推动完善商业秘密保护法律法规,加强人才交流和技术合作中的商业秘密保护。开展知识产权保护社会满意度调查。建立收集假冒产品来源地相关信息的工作机制,发布年度中国海关知识产权保护状况报告。加强大型专业化市场知识产权管理和保护工作。发挥行业组织在知识产权保护中的积极作用。运用大数据、云计算、物联网等信息技术,加强在线创意、研发成果的知识产权保护,提升预警防范能力。加大对小微企业知识产权保护援助力度,构建公平竞争、公平监管的创新创业和营商环境。

(十一)加强新业态新领域创新成果的知识产权保护。完善植物新品种、生物遗传资源及其相关传统知识、数据库保护和国防知识产权等相关法律制度。适时做好地理标志立法工作。研究完善商业模式知识产权保护制度和实用艺术品外观设计专利保护制度。加强互联网、电子商务、大数据等领域的知识产权保护规则研究,推动完善相关法律法规。制定众创、众包、众扶、众筹的知识产权保护政策。

(十二)规制知识产权滥用行为。完善规制知识产权滥用行为的法律制度,制定相关反垄断执法指南。完善知识产权反垄断监管机制,依法查处滥用知识产权排除和限制竞争等垄断行为。完善标准必要专利的公平、合理、无歧视许可政策和停止侵权适用规则。

四、促进知识产权创造运用

(十三)完善知识产权审查和注册机制。建立计算机软件著作权快速登记通道。优化专利和商标的审查流程与方式,实现知识产权在线登记、电子申请和无纸化审批。完善知识产权审查协作机制,建立重点优势产业专利申请的集中审查制度,建立健全涉及产业安全的专利审查工作机制。合理扩大专利确权程序依职权审查范围,完善授权后专利文件修改制度。拓展“专利审查高速路”国际合作网络,加快建设世界一流专利审查机构。

(十四)完善职务发明制度。鼓励和引导企事业单位依法建立健全发明报告、权属划分、奖励报酬、纠纷解决等职务发明管理制度。探索完善创新成果收益分配制度,提高骨干团队、主要发明人收益比重,保障职务发明人的合法权益。按照相关政策规定,鼓励国有企业赋予下属科研院所知识产权处置和收益分配权。

(十五)推动专利许可制度改革。强化专利以许可方式对外扩散。研究建立专利当然许可制度,鼓励更多专利权人对社会公开许可专利。完善专利强制许可启动、审批和实施程序。鼓励高等院校、科研院所等事业单位通过无偿许可专利的方式,支持单位员工和大学生创新创业。

(十六)加强知识产权交易平台建设。构建知识产权运营服务体系,加快建设全国知识产权运营公共服务平台。创新知识产权投融资产品,探索知识产权证券化,完善知识产权信用担保机制,推动发展投贷联动、投保联动、投债联动等新模式。在全面创新改革试验区域引导天使投资、风险投资、私募基金加强对高技术领域的投资。细化会计准则规定,推动企业科学核算和管理知识产权资产。推动高等院校、科研院所建立健全知识产权转移转化机构。支持探索知识产权创造与运营的众筹、众包模式,促进“互联网 + 知识产权”融合发展。

(十七)培育知识产权密集型产业。探索制定知识产权密集型产业目录和发展规划。运用股权投资基金等市场化方式,引导社会资金投入知识产权密集型产业。加大政府采购对知识产权密集型产品的支持力度。试点建设知识产权密集型产业集聚区和知识产权密集型产业产品示范基地,推行知识产权集群管理,推动先进制造业加快发展,产业迈向中高端水平。

(十八)提升知识产权附加值和国际影响力。实施专利质量提升工程,培育一批核心专利。加大轻工、纺织、服装等产业的外观设计专利保护力度。深化商标富农工作。加强对非物质文化遗产、民间文艺、传统知识的开发利用,推进文化创意、设计服务与相关产业融合发展。支持企业运用知识产权进行海外股权投资。积极参与国际标准制定,推动有知识产权的创新技术转化为标准。支持研究机构和社会组织制定品牌评价国际标准,建立品牌价值评价体系。支持企业建立品牌管理体系,鼓励企业收购海外知名品牌。保护和传承中华老字号,大力推动中医药、中华传统餐饮、工艺美术等企业“走出去”。

(十九)加强知识产权信息开放利用。推进专利数据信息资源开放共享,增强大数据运用能力。建立财政资助项目形成的知识产权信息披露制度。加快落实上市企业知识产权信息披露制度。规范知识产权信息采集程序和内容。完善知识产权许可的信息备案和公告制度。加快建设互联互通的知识产权信息公共服务平台,实现专利、商标、版权、集成电路布图设计、植物新品种、地理标志等基础信息免费或低成本开放。依法及时公开专利审查过程信息。增加知识产权信息服务网点,完善知识产权信息公共服务网络。

五、加强重点产业知识产权海外布局和风险防控

(二十)加强重点产业知识产权海外布局规划。加大创新成果标准化和专利化工作力度,推动形成标准研制与专利布局有效衔接机制。研究制定标准必要专利布局指南。编制发布相关国家和地区专利申请实务指引。围绕战略性新兴产业等重点领域,建立专利导航产业发展工作机制,实施产业规划类和企业运营类专利

导航项目，绘制服务我国产业发展的相关国家和地区专利导航图，推动我国产业深度融入全球产业链、价值链和创新链。

（二十一）拓展海外知识产权布局渠道。推动企业、科研机构、高等院校等联合开展海外专利布局工作。鼓励企业建立专利收储基金。加强企业知识产权布局指导，在产业园区和重点企业探索设立知识产权布局设计中心。分类制定知识产权跨国许可与转让指南，编制发布知识产权许可合同范本。

（二十二）完善海外知识产权风险预警体系。建立健全知识产权管理与服务等标准体系。支持行业协会、专业机构跟踪发布重点产业知识产权信息和竞争动态。制定完善与知识产权相关的贸易调查应对与风险防控国别指南。完善海外知识产权信息服务平台，发布相关国家和地区知识产权制度环境等信息。建立完善企业海外知识产权问题及案件信息提交机制，加强对重大知识产权案件的跟踪研究，及时发布风险提示。

（二十三）提升海外知识产权风险防控能力。研究完善技术进出口管理相关制度，优化简化技术进出口审批流程。完善财政资助科技计划项目形成的知识产权对外转让和独占许可管理制度。制定并推行知识产权尽职调查规范。支持法律服务机构为企业提供全方位、高品质知识产权法律服务。探索以公证方式保管知识产权证据、证明材料。推动企业建立知识产权分析评议机制，重点针对人才引进、国际参展、产品和技术进出口等活动开展知识产权风险评估，提高企业应对知识产权国际纠纷能力。

（二十四）加强海外知识产权维权援助。制定实施应对海外产业重大知识产权纠纷的政策。研究我驻国际组织、主要国家和地区外交机构中涉知识产权事务的人力配备。发布海外和涉外知识产权服务和维权援助机构名录，推动形成海外知识产权服务网络。

六、提升知识产权对外合作水平

（二十五）推动构建更加公平合理的国际知识产权规则。积极参与联合国框架下的发展议程，推动《TRIPS 协定与公共健康多哈宣言》落实和《视听表演北京条约》生效，参与《专利合作条约》、《保护广播组织条约》、《生物多样性公约》等规则修订的国际谈判，推进加入《工业品外观设计国际注册海牙协定》和《马拉喀什条约》进程，推动知识产权国际规则向普惠包容、平衡有效的方向发展。

（二十六）加强知识产权对外合作机制建设。加强与世界知识产权组织、世界贸易组织及相关国际组织的合作交流。深化同主要国家知识产权、经贸、海关等部门的合作,巩固与传统合作伙伴的友好关系。推动相关国际组织在我国设立知识产权仲裁和调解分中心。加强国内外知名地理标志产品的保护合作,促进地理标志产品国际化发展。积极推动区域全面经济伙伴关系和亚太经济合作组织框架下的知识产权合作,探索建立"一带一路"沿线国家和地区知识产权合作机制。

(二十七)加大对发展中国家知识产权援助力度。支持和援助发展中国家知识产权能力建设,鼓励向部分最不发达国家优惠许可其发展急需的专利技术。加强面向发展中国家的知识产权学历教育和短期培训。

(二十八)拓宽知识产权公共外交渠道。拓宽企业参与国际和区域性知识产权规则制修订途径。推动国内服务机构、产业联盟等加强与国外相关组织的合作交流。建立具有国际水平的知识产权智库,建立博鳌亚洲论坛知识产权研讨交流机制,积极开展具有国际影响力的知识产权研讨交流活动。

七、加强组织实施和政策保障

(二十九)加强组织领导。各地区、各有关部门要高度重视,加强组织领导,结合实际制定实施方案和配套政策,推动各项措施有效落实。国家知识产权战略实施工作部际联席会议办公室要在国务院领导下,加强统筹协调,研究提出知识产权"十三五"规划等具体政策措施,协调解决重大问题,加强对有关政策措施落实工作的指导、督促、检查。

(三十)加大财税和金融支持力度。运用财政资金引导和促进科技成果产权化、知识产权产业化。落实研究开发费用税前加计扣除政策,对符合条件的知识产权费用按规定实行加计扣除。制定专利收费减缴办法,合理降低专利申请和维持费用。积极推进知识产权海外侵权责任保险工作。深入开展知识产权质押融资风险补偿基金和重点产业知识产权运营基金试点。

(三十一)加强知识产权专业人才队伍建设。加强知识产权相关学科建设,完善产学研联合培养模式,在管理学和经济学中增设知识产权专业,加强知识产权专业学位教育。加大对各类创新人才的知识产权培训力度。鼓励我国知识产权人才获得海外相应资格证书。鼓励各地引进高端知识产权人才,并参照有关人才引进计划给予相关待遇。探索建立知识产权国际化人才储备库和利用知识产权发现人才的信息平台。进一步完善知识产权职业水平评价制度,稳定和壮大知识产权专业人才队伍。选拔培训一批知识产权创业导师,加强青年创业指导。

(三十二)加强宣传引导。各地区、各有关部门要加强知识产权文化建设,加大宣传力度,广泛开展知识产权普及型教育,加强知识产权公益宣传和咨询服务,提高全社会知识产权意识,使尊重知识、崇尚创新、诚信守法理念深入人心,为加快建设知识产权强国营造良好氛围。

国务院办公厅转发信息产业部国家广播电影电视总局《关于加强广播电视有线网络建设管理意见》的通知

(1999 年 9 月 17 日　国办发〔1999〕82 号)

关于加强广播电视有线网络建设管理的意见

(1999 年 9 月 13 日　信息产业部、国家广播电影电视总局)

我国广播电视传输网络已有近 50 年发展历史。建国初,已开始发展广播网络。80 代初,开始发展有线电视。90 年代,广播电视网络建设进入高速发展阶段,现已建成有线电视传输网约 225 万公里。1992 年以来,有线电视每年以新增 1000 万户的速度发展,至 1998 年 12 月,全国有线电视用户已达 7700 多万,列世界第一位。广播电视及其传输网络,已成为国家信息化的重要组成部分。

为保障广播电视节目的安全播出,避免有线传输网络的重复建设,现就加强对广播电视有线网络的建设和管理提出如下意见:

一、坚决制止重复建设

要坚决贯彻执行《国务院办公厅关于加强广播电视传输网络建设管理的通知》(国办函〔1998〕33 号)等有关规定,结合广播电视部门的实际情况,制订具体的、操作性强的措施,抓紧落实广播电视传输网络的建设和管理实行政企分开,成立企业化的广播电视传输公司,接受信息产业主管部门的统筹规划和行业管理,切实避免重复建设等要求。

遵照国务院领导同志关于要充分利用现有通信网和广播电视部门可以安装有线电视入户网的指标精神,广播电视有线网络建设分两类情况处理:

一类是从中央到县一级的广播电视传输光缆干线,广播电视部门未建的原则上不得再建。要通过各种方式充分利用国家通信主干网和其他已建成的网络，不再搞重复建设。确需新建，须符合国家信息化规划并经过信息产业主管部门同意。

另一类是城市市区和县以下的广播电视分配网，也就是市、县广播电视台的播出前端到用户的网络，应由广播电视部门形成相对完整的专用网，以适应广播电视节目管理和发展用户的特殊要求。分配网中的入户接点以上部分，新建须经信息产业主管部门统筹规划同意；分配网中的入户部分，由广播电台、电视台根据发展用户的需要进行安排。

二、确保广播电视节目安全传输

随着科学技术的发展，广播电视以自身的技术优势，已成为群众最广泛的传播媒体，是舆论宣传的重要阵地。对广播电视传输网络的管理，应充分考虑这种特殊性。同时，在我国将要进一步对外开放的情况下，还要考虑如何保证广播电视节目的安全传输，为此，在规定建立广播电视网传输公司、接受信息产业主管部门在制定广播电视传输网的统筹规划和全国统一技术标准等方面行业管理的同时，为给管住管好广播电视宣传提供必要条件，必须进一步明确，建立有线电视频道、设立网上播出前端和经营广播电视节目传送业务等，须经广播电视主管部门许可。

三、加快广播电视行业改革步伐

（一）建立企业化的广播电视网络传输公司。结合广播电视业的改革和中央关于治散治滥的精神，以现有广播电视网络资产为基础，以省、自治区、直辖市为单位组建公司，地（市）、县相应建立分公司或子公司，统一经营管理广播电视传输业务。

国家广播电影电视总局已建成的国家级光缆干线资产的重组问题将作为专题研究，然后提出处理方案。

广播电视网络传输公司的归属方式可以有两种：一是在省、自治区、直辖市组建包括广播电台和电视台在内的广播电视集团的基础上，将网络传输公司纳入集团；二是将各级广播电视部门已形成的传输网络资产划入同级广播电台、电视台，由广播电台、电视台组建广播电视网络传输公司。网络传输公司按照国家有关规定保障广播电视节目的安全传输，同时处理好与电信等方面的合作关系。

在作出有关规定之前，广播电视网络传输公司暂不上市，确有需要的个案报批。广播电台、电视台及其播出业务、节目制作和广播经营不得上市。

(二)大力推广公共频道。在县级广播电视实行三台合一的基础上,由省级电视台制作一套公共节目供所辖各县电视台播出,从中空出一定时段供县级电视台播放自己制作的新闻和专题节目。

推进地(市)、省级无线电视台和有线电视台的合并,进一步优化资源的合理配置,减少内部矛盾。

四、大幅度降低网络租费

目前,租用电信网资费过高,租网不如建网合算。为改变这种现象,要尽快确定合理价格,把租金下调到让用网单位感到建网不如租网的水平,从机制上避免重复建设。

五、继续遵守电信部门与广播电视部门的分工

按照规定,电信部门不得从事广播电视业务,广播电视部门不得从事通信业务,对此必须坚决贯彻执行。对各类网络资源的综合利用,暂只在上海试点。

国务院办公厅转发财政部等部门关于推动我国动漫产业发展若干意见的通知

（2006 年 4 月 25 日　国办发〔2006〕32 号）

财政部、教育部、科技部、信息产业部、商务部、文化部、税务总局、工商总局、广电总局、新闻出版总署《关于推动我国动漫产业发展的若干意见》已经国务院同意，现转发给你们，请认真贯彻执行。

关于推动我国动漫产业发展的若干意见

动漫产品是广大人民群众特别是未成年人喜爱的文化产品。发展动漫产业对于满足人民群众精神文化需求，促进社会主义先进文化和未成年人思想道德建设，推动文化产业发展，培育新的经济增长点都具有重要意义。近年来，我国动漫产业发展较快，一批动漫企业崭露头角，但也要看到，我国动漫产业的发展与人民群众不断增长的精神文化需要和不断发展的市场需求之间还有很大差距，与动漫产业发达的国家差距更大。为推动我国动漫产业健康快速发展，现提出以下意见：

一、推动动漫产业发展的指导思想、基本思路和发展目标

（一）动漫产业是指以“创意”为核心，以动画、漫画为表现形式，包含动漫图书、报刊、电影、电视、音像制品、舞台剧和基于现代信息传播技术手段的动漫新品种等动漫直接产品的开发、生产、出版、播出、演出和销售，以及与动漫形象有关的服装、玩具、电子游戏等衍生产品的生产和经营的产业。

（二）指导思想。按照繁荣和发展社会主义先进文化与构建和谐社会的要求，促进弘扬中华民族优秀文化、内容积极健康、贴近群众的动漫产品的创作，满足人民群众精神文化需求，为未成年人健康成长营造良好氛围。按照发展社会主义市场经济的要求，逐步形成产业体系相对完整、结构布局日趋合理、整体技术水平先进、市场竞争有序、经济效益显著的动漫产业发展格局。

(三)基本思路。立足我国动漫产业发展实际,按照社会主义市场经济发展和社会主义先进文化建设的特点和规律,努力消除影响动漫产业发展的体制、机制和制度性障碍,为动漫产业发展营造良好的社会环境和市场条件。采取切实有效措施,增强我国动漫产业自主良性发展的能力。重点支持国内企业自主研发,具有我国自主知识产权的动漫图书、报刊、电影、电视、音像制品、舞台剧和基于现代信息传播技术手段的动漫新品种等动漫直接产品的开发、生产、出版、播出、演出和销售。鼓励与动漫形象有关的服装、玩具、电子游戏等衍生产品的生产和经营。

(四)发展目标。通过政策推动,逐步形成艺术形象创作、动漫产品生产供应和销售环环相扣的成熟动漫产业链;打造若干个实力雄厚、具有国际竞争力的大型动漫龙头企业,培育一批充满活力、专业性强的中小型动漫企业,创造一批有中国风格和国际影响的动漫品牌。力争用 5 至 10 年时间,使国产原创动漫产品的生产数量大幅增加、产品质量明显提高、技术创新能力持续增强、精品力作不断涌现,动漫产业创作开发和生产能力跻身世界动漫大国和强国行列,在逐步占据国内主要市场的同时,积极开拓国际市场。

(五)建立扶持动漫产业发展部际联席会议制度。部际联席会议由文化部牵头,教育部、科技部、财政部、信息产业部、商务部、税务总局、工商总局、广电总局、新闻出版总署等部门负责同志参加,办公室设在文化部。

二、加大投入力度,重点支持原创行为,推动形成成熟的动漫产业链

(六)中央财政设立扶持动漫产业发展专项资金。专项资金主要用于支持优秀动漫原创产品的创作生产、民族民间动漫素材库建设,以及建立动漫公共技术服务体系等动漫产业链发展的关键环节。有关地方人民政府要采取有效措施,加大投入,积极支持动漫原创行为,推动形成成熟动漫产业链。

(七)建立优秀原创动漫产品评选、奖励和推广机制。设立国家级动漫原创大奖,奖励内容健康、艺术性强、创新度高、深受群众喜爱的我国动漫原创产品。支持和鼓励动漫原创产品的播出、演出、出版,通过举办各种动漫原创大赛和展览等活动,推广动漫原创产品。

(八)鼓励动漫出版和播映机构增加国产动漫产品的出版、刊载和播出比例,采取有效措施增加对出版、刊载、播出和演出的国产动漫产品的成本补偿。

三、支持动漫企业发展,增强市场竞争能力

(九)加大投融资支持力度,鼓励动漫企业建立现代企业制度。消除阻碍社会

资本进入动漫产业的各种障碍，鼓励利用中小企业创业投资有关基金加大对动漫产业的风险投资，鼓励我国有实力的大型企业通过参股、控股或兼并等方式进入动漫产业，鼓励非公有资本平等地投资和参与各类动漫产品的研究开发和创作生产。按照《外商投资产业指导目录》和文化领域引进外资有关政策，引导外商投资各类动漫产品的研究开发和创作生产。政策性银行对符合条件的动漫企业要提供融资支持。将具备条件的动漫中小企业纳入“科技型中小企业技术创新基金”资助范围。优先安排符合条件的动漫企业境内上市融资。

（十）经国务院有关部门认定的动漫企业自主开发、生产动漫产品，可申请享受国家现行鼓励软件产业发展的有关增值税、所得税优惠政策；动漫企业自主开发、生产动漫产品涉及营业税应税劳务的（除广告业、娱乐业外），暂减按3%的税率征收营业税。享受上述优惠政策的动漫产品和企业的范围及管理办法，由财政部和税务总局会同有关部门另行制定。

（十一）经国务院有关部门认定的动漫企业自主开发、生产动漫直接产品，确需进口的商品可享受免征进口关税及进口环节增值税的优惠政策。具体免税商品范围及管理办法由财政部会同有关部门另行制定。

四、支持国家动漫产业基地建设，促进动漫“产、学、研”一体发展

（十二）积极支持建设集人才教育与培训、技术研发与服务、龙头企业集约发展、中小型企业孵化以及国际经济技术合作等多功能一体的国家动漫产业基地。部际联席会议要做好国家动漫产业基地的布局和规划，制订基地相关标准，负责基地的认定，建立有关评估机制。

（十三）新认定的国家动漫产业基地建设，要优先与高新技术开发区和软件园区建设相结合，充分利用已有的政策、技术、服务、场所等条件。

（十四）国家动漫产业基地实行优胜劣汰机制，每三年进行一次评估和调整。

五、支持动漫核心技术研发，为动漫产业发展提供技术保障

（十五）科技、信息产业等部门要通过现有渠道加大对动漫产业发展中基础性、战略性和前瞻性核心技术的研发和产业化支持力度，积极推动动漫技术设备和公共技术平台支撑服务体系与共享机制的建立。

（十六）鼓励国内外企业、科研院所、高等院校等通过各种方式，向有关单位提供动漫创作工具和相关服务。

六、支持动漫人才培养,增强动漫产业发展后劲

(十七)发挥国内教育与培训资源优势。要把动漫人才培养纳入国家文化艺术类人才培养规划并给予适当支持。按照市场需求和动漫产业发展趋势,完善动漫人才培养成本分担机制,扩大人才培养规模,改革人才培养模式,积极利用职业教育、现代远程教育等方式培养动漫人才。通过举办创作比赛、建立兴趣小组等方式,培养和引导公众对动漫产品的创作兴趣和消费习惯,扩大国产动漫产品的影响。充分发挥动漫企业、科研院所、行业协会、高等教育和职业教育等机构和单位的积极性,开展动漫技术与人才培训。

(十八)积极利用海外优势教育资源。以动漫产业需求为导向,通过"出国留学经费"等渠道来培养动漫教师队伍和优秀人才;聘请海外动漫创意、技术和企业经营管理专家来华讲学和工作。

七、加强市场监管和知识产权保护,为动漫产业发展营造良好环境

(十九)加强动漫产业知识产权保护。保护知识产权是动漫产业生存发展的根本保障,要积极鼓励动漫作品著作权登记,依法采取措施重点保护动漫产品的知识产权,加强对动漫运营市场的监管,严厉打击各种走私、侵权和盗版动漫产品的行为。

(二十)加强对引进动漫产品的审查,确保动漫产品内容积极健康。

八、支持动漫产品"走出去",拓展动漫产业发展空间

(二十一)建立健全动漫产业海外服务支撑体系。支持我国动漫企业开拓海外市场,适当补助动漫产品出口译制经费。通过"中小企业国际市场开拓资金"渠道,积极鼓励和支持优秀国产动漫作品和产品到海外参展。中国进出口银行可以为动漫企业出口动漫产品提供出口信贷支持。积极利用国家出口信用保险促进动漫产品海外市场营销。

(二十二)企业出口动漫产品享受国家统一规定的出口退(免)税政策。企业出口动漫版权可适当予以奖励。对动漫企业在境外提供劳务获得的境外收入不征营业税,境外已缴纳的所得税款可按规定予以抵扣。

九、倡导行业自律，推动动漫产业健康有序发展

（二十三）各级文化、广电、新闻出版和信息产业等部门要对动漫产业实行行业管理和监督。鼓励根据动漫产业发展的集聚程度成立不同层次的动漫行业协会，支持行业协会配合政府部门制定行业标准和动漫分级制度，畅通企业和政府之间的沟通渠道，保障和促进动漫产业健康有序发展。各级行业协会开展活动所需经费由协会成员共同承担，也可经过批准接受一定的社会赞助。

十、做好动漫行业标准制定和享受扶持政策的动漫企业认定工作

（二十四）动漫产业行业标准和享受本意见规定政策的动漫企业认定标准由部际联席会议制定。

（二十五）对享受本意见规定政策的动漫企业实行年审制度。年审不合格的企业，不再享受有关优惠政策。

（二十六）享受本意见规定政策动漫企业的认定和年审组织工作由省级以上文化、广电、新闻出版、信息产业、税务等部门具体负责实施。

十一、加强组织领导和协调配合，共同推动动漫产业发展

（二十七）各地区、各有关部门要按照本意见要求，统一思想，提高认识，加强组织领导，把推动动漫产业发展列入议事日程，认真抓好各项政策法规的落实。国务院有关部门要相互支持，加强协调配合，及时研究解决动漫产业发展中的重大问题，共同推动动漫产业发展。

（二十八）各省、自治区、直辖市人民政府和国务院有关部门要按照本意见精神，结合实际，制定配套实施细则和具体政策措施。

国务院办公厅转发财政部 中宣部关于进一步支持文化事业发展若干经济政策的通知

(2006年6月9日 国办发〔2006〕43号)

财政部、中宣部《关于进一步支持文化事业发展的若干经济政策》已经国务院同意,现转发给你们,请认真贯彻执行。

关于进一步支持文化事业发展的若干经济政策

为加强社会主义先进文化建设,推动宣传文化事业健康发展,进一步深化文化体制改革,根据《中华人民共和国国民经济和社会发展第十一个五年规划纲要》中关于“加大政府对文化事业的投入,逐步形成覆盖全社会的比较完备的公共文化服务体系”的要求,现提出“十一五”期间国家支持文化事业发展的有关经济政策:

一、继续征收文化事业建设费

(一)各种营业性的歌厅、舞厅、卡拉OK歌舞厅、音乐茶座和高尔夫球、台球、保龄球等娱乐场所,按营业收入的3%缴纳文化事业建设费。广播电台、电视台和报纸、刊物等广告媒介单位以及户外广告经营单位,按经营收入的3%缴纳文化事业建设费。

(二)文化事业建设费由地方税务机关在征收娱乐业、广告业的营业税时一并征收。中央和国家机关所属单位缴纳的文化事业建设费,由地方税务机关征收后全额上缴中央金库。地方缴纳的文化事业建设费,全额缴入省级金库。

(三)文化事业建设费纳入财政预算管理,分别由中央和省级设立基金,用于文化事业建设。财政部要根据有关规定,会同相关部门对原有的政策进行修订和完善,制定新的文化事业建设费征收和使用管理办法,以体现政府性基金预算的管理要求,加强对资金的宏观调控和监管力度。

二、继续实行税收优惠政策

继续对宣传文化单位实行增值税优惠政策，对电影发行单位实行营业税优惠政策。有关部门要在完善相关政策的同时，突出扶持重点，更好地促进宣传文化事业健康发展。具体实施办法由财政部和国家税务总局另行制定。

三、继续实施促进电影事业发展的有关经济政策

（一）从电影放映收入中提取5%建立“国家电影事业发展专项资金”，实行基金预算管理方式，用于电影行业的宏观调控。财政部要会同有关部门进一步完善原有的电影事业发展专项资金管理政策，制定新的国家电影事业发展专项资金征收和使用管理办法。

（二）继续设立电影精品专项资金，用于支持电影精品摄制。

四、继续增加对宣传文化事业的财政投入

（一）中央和省级财政建立宣传文化发展专项资金，每年按2005年实际拨付数为基数列支出预算。财政部要会同有关部门研究修订宣传文化发展专项资金管理办法。

（二）整合“万里边境文化长廊”等补助经费，设立“中央补助地方文体广播事业发展专项资金”，用于支持地方文化、体育和广播事业的发展。有关地方人民政府也要逐步增加对文化事业的投入。

五、建立健全专项资金管理制度

为促进宣传文化事业发展，增强调控能力，保证重点需要，规范资金管理，财政部门要做好专项资金的预算安排。专项资金使用部门要按照有关财政法规的要求，健全制度、加强管理，保证专项专用并接受财政和审计部门的监督检查。

六、继续鼓励对宣传文化事业的捐赠

社会力量通过国家批准成立的非营利性的公益组织或国家机关对宣传文化事业的公益性捐赠，经税务机关审核后，纳税人缴纳企业所得税时，在年度应纳税所得额10%以内的部分，可在计算应纳税所得额时予以扣除；纳税人缴纳个人所得税时，捐赠额未超过纳税人申报的应纳税所得额30%的部分，可从其应纳税所得

额中扣除。公益性捐赠的范围为:

(一)对国家重点交响乐团、芭蕾舞团、歌剧团、京剧团和其他民族艺术表演团体的捐赠。

(二)对公益性的图书馆、博物馆、科技馆、美术馆、革命历史纪念馆的捐赠。

(三)对重点文物保护单位的捐赠。

(四)对文化行政管理部门所属的非生产经营性的文化馆或群众艺术馆接受的社会公益性活动、项目和文化设施等方面的捐赠。

七、狠抓落实,加强管理

各级财税部门要认真落实支持文化事业发展的各项经济政策。宣传文化主管部门要充分发挥有关政策的宏观调控作用,拓宽文化事业资金投入渠道。宣传文化机构要按照中央关于文化体制改革的总体部署,深化文化体制改革,促进文化产业发展;要健全财务制度,加强基金和专项资金的管理;接受的捐赠资金要专门用于发展宣传文化事业,不得挤占、挪用甚至私分,也不得以捐赠为由搞乱摊派、乱集资等活动。对出现的各种违法违纪行为,要追究责任,严肃处理。

国务院办公厅转发广电总局等部门《关于做好农村电影工作意见》的通知

（2007 年 5 月 22 日　国办发〔2007〕38 号）

广电总局、发展改革委、财政部、文化部《关于做好农村电影工作的意见》已经国务院同意，现转发给你们，请认真贯彻执行。

关于做好农村电影工作的意见

为贯彻落实党的十六届五中、六中全会精神，努力实现《中华人民共和国国民经济和社会发展第十一个五年规划纲要》和《国家“十一五”时期文化发展规划纲要》提出的关于农村电影放映工程的目标，按照党中央、国务院关于构建社会主义和谐社会、推进社会主义新农村建设和进一步加强农村文化建设的部署，现就做好农村电影工作提出以下意见：

一、充分认识做好农村电影工作的重要性和必要性

（一）做好农村电影工作，努力让广大农民群众看到、看好电影，是贯彻落实党的十六届五中、六中全会精神的重要举措和建设社会主义新农村的重要内容，对于宣传党和国家的路线方针政策，发展农村先进文化，实现和保障农民群众的基本文化权益，普及科学技术知识，提高农民群众的思想道德、科学文化素质，丰富农民群众精神文化生活，促进农村经济社会协调发展，具有十分重要的意义。

（二）近年来，通过实施农村电影放映工程，全国农村电影尤其是西部和老少边贫地区农村电影的基础设施初步改善，放映场次和观众人次逐渐增加，农村题材影片创作数量不断增多、质量稳步提高。但是，农村电影的发展水平、服务水平、市场发育水平不高，农村电影放映的体制机制改革还需进一步深化，适合农村放映的高质量影片不多，难以满足农民群众日益增长的精神文化需要，迫切需要采取有效措施，加强农村电影工作，加快推进农村电影事业的发展。

二、做好农村电影工作的总体要求和目标任务

(三)做好农村电影工作的总体要求是:全面贯彻落实科学发展观,坚持社会效益第一的原则,按照“企业经营、市场运作、政府买服务”的农村电影改革发展新思路,深化农村电影改革,探索建立多种所有制、多种发行放映主体和多种发行放映方式相结合的新模式,鼓励农村电影跨地区经营,促进农村电影放映的规模化发展,扩大适合农民群众观看的影片创作生产和片源供应,从根本上解决广大农民群众看电影难的问题。

(四)做好农村电影工作的目标任务是:加强农村题材影片创作的规划和生产,推进农村电影放映工程,普及数字电影放映技术,提高放映质量,完善放映基础设施建设,培育农村电影放映的新主体,建立公益放映补贴的新机制,推动露天放映与室内放映相结合、免费放映与有偿放映相结合、胶片放映与数字放映相结合并逐步向数字放映过渡,不断扩大农村电影覆盖面,到 2010 年基本实现全国行政村一村一月放映一场电影的公益服务目标。

三、加强农村电影工作的政策措施

(五)扶持农村题材影片的创作生产。按照贴近实际、贴近生活、贴近群众的“三贴近”原则,鼓励广大电影工作者深入农村、深入生活、深入农民群众,为农民群众拍摄健康向上、喜闻乐见的优秀影片。国家每年资助 20 部农村题材故事片、30 部农村实用科教片的生产,并对国产优秀故事片、科教片的生产,对面向农村发行放映的胶片转数字影片以及购买版权、拷贝缩制等给予适当补贴。

(六)推进农村电影体制机制改革。支持各类社会资本参与农村电影工作,通过引进市场竞争机制,培育发展国有、民营、个体等各类农村电影发行放映新主体、农村电影院线公司和多种形式放映队伍,大力推动国有农村电影发行放映单位的股份制、院线制改革和机制创新。从事农村电影发行、放映的单位和个人,向所在地县级或县级以上电影主管部门备案后,到所在地工商部门办理登记手续,即可从事农村电影发行、放映业务。从事农村电影发行、放映的单位可享受国家相关的优惠经济政策。

(七)推广农村电影数字化放映。积极改进并研发数字电影放映新设备,探索数字化放映的新模式,提高国产化生产能力,建立覆盖广大农村的数字电影服务网路,为农民群众提供优质、快捷、方便的电影数字化放映服务。进一步完善国家农

村数字电影技术服务平台和监管平台建设，每年提供200部胶片电影转数字电影的服务。

（八）扶持农村电影公益性放映。国家每年选定不低于60部的农村题材故事片和不低于30部的科教片，委托指定单位集中购买公益放映版权后，向全国农村发行。国家继续为中西部地区配送电影流动放映车和流动放映设备，对中西部地区农村电影放映给予一定场次补贴，有关地区政府要确保其全部用于农村电影放映。地方各级人民政府要认真落实本地区农村电影经费，对农村电影公益放映场次也给予部分补贴，并确保及时到位。国家有关部门要对少数民族地区的电影民族语译制设备予以资助，尽快解决数字电影民族语译制问题，积极推进少数民族地区农村电影的数字化放映。

四、加强组织领导，建立农村电影公共服务工作长效机制

（九）地方各级人民政府要高度重视农村电影工作，将其列入议事日程，纳入当地国民经济和社会发展规划、纳入文化体制改革统筹考虑。要落实领导责任制和工作责任制，建立政府分管负责同志牵头，广电、发展改革、财政、文化等有关部门共同参与的工作协调机制。

（十）各地要采取有效措施，加强农村电影放映队伍建设，大力培育多种类型的农村电影放映队伍，加大培训力度，逐步提高放映队伍的整体素质和技能，对做出突出贡献的农村电影院线公司和农村放映员予以表彰奖励。

（十一）各地要按照中央关于农村文化建设的总体部署，加强科技创新和体制机制创新，建立以数字放映为龙头，院线为纽带，乡为重点，村为基点，政府扶持和市场服务相协调的农村电影发行放映新体系。

（十二）各地要建立完善政府资助设备的运行维护机制。国家对农村数字电影放映设备进行集中招标采购，相关配套设备由地方统一招标采购。对政府资助设备，各地要探索实行所有权和经营权相分离的运营模式，通过公开招标经营等方式，提高设备使用效率，为农民群众提供高质量服务。政府资助设备由省级或市（地）级电影主管部门招标或委托招标给农村数字院线公司经营，院线公司通过提取放映设备更新资金或折旧等方式使其保值增值，用于扩大再生产。各级电影主管部门负责对政府资助设备进行监督、管理。

国务院办公厅转发发展改革委等部门《关于鼓励数字电视产业发展若干政策》的通知

(2008 年 1 月 1 日　国办发〔2008〕1 号)

发展改革委、科技部、财政部、信息产业部、税务总局、广电总局《关于鼓励数字电视产业发展的若干政策》已经国务院同意,现转发给你们,请认真贯彻执行。

关于鼓励数字电视产业发展的若干政策

广播电视数字化是国民经济和社会信息化的重要组成部分,在坚持正确方向,确保文化和信息安全的前提下,为加快我国数字电视产业发展,丰富人民群众的精神和物质文化生活,培育国民经济新的增长点,制定以下政策:

一、明确发展目标

(一)以有线电视数字化为切入点,加快推广和普及数字电视广播,加强宽带通信网、数字电视网和下一代互联网等信息基础设施建设,推进"三网融合",形成较为完整的数字电视产业链,实现数字电视技术研发、产品制造、传输与接入、用户服务相关产业协调发展。

(二)加快有线电视网络由模拟向数字化整体转换。2008 年,通过数字高清晰度电视向世界播出北京奥运会节目;2010 年,东部和中部地区县级以上城市、西部地区大部分县级以上城市的有线电视基本实现数字化;2015 年,基本停止播出模拟信号电视节目。

(三)实现我国电视工业由模拟向数字的战略转变,2010 年,数字电视机及相关产品年销售额达到 2500 亿元,出口额达到 100 亿美元;2015 年,力争使我国数字电视产业规模和技术水平位居世界前列,成为全球最大的数字电视整机和关键件开发和生产基地,实现由电视生产大国向数字电视产业强国的转变。

二、优化投融资环境

（四）发展改革委、信息产业部、广电总局负责组织实施数字电视专项工程，积极支持数字电视标准开发、关键产品产业化以及基础平台建设等重要项目。

（五）积极支持数字电视相关企业通过上市、发行债券、上市公司配股和增发新股等方式筹集资金，增加对数字电视产业的投入。

（六）鼓励金融机构在科学、审慎、风险可控的原则下，积极支持数字电视网络和基础平台建设，进一步为数字电视产业发展提供金融服务。

（七）国家投资的数字电视示范网建设，其有关工程建设和系统集成优先由国内企业承担，在同等性能价格比条件下优先采用国产设备和产品。

三、加强税收优惠支持

（八）对属于《外商投资产业指导目录》及《产业结构调整指导目录》范围内的数字电视领域投资项目，在投资总额内进口的自用设备和按照合同随设备进口的技术（含软件）及配套件、备件，除列入《外商投资项目不予免税的进口商品目录》和《国内投资项目不予免税的进口商品目录》的商品外，免征关税和进口环节增值税。

（九）2010 年年底前，广播电视运营服务企业收取的有线数字电视基本收视维护费，经省级人民政府同意并报财政部、税务总局批准，免征营业税，期限最长不超过三年。

四、推动技术进步

（十）推动建立以企业为主体，产学研联合的数字电视技术创新体制，鼓励企业联合开发共性技术和关键技术，支持具有自主知识产权的数字电视技术和产品发展。加强数字电视标准化工作，积极参与国际标准制订。

（十一）充分利用国内外资源，在现有科研院所和企业基础上组建数字电视国家工程研究中心，加强数字电视产业关键共性技术开发，促进科技成果转化，为我国数字电视产业发展提供支撑和服务。国家有关科技计划和基金重点支持数字电视关键技术的研究开发及相关技术标准的研究制订。

（十二）积极发展地面数字电视，加强农村地区广播电视覆盖，大力推进广播电视网络的数字化升级改造，满足数字电视发展需要。

(十三)鼓励境外有关研发机构和企业来华设立数字电视技术开发中心,并与国内研发机构和企业开展数字电视关键技术领域的合作。

(十四)有线数字电视接收终端(包括机顶盒和一体机)实行机卡分离技术体制(即数字电视接收终端与条件接收模块完全分离)。从 2008 年起,有线数字电视运营机构应按照机卡分离的技术体制开展数字电视业务,在境内销售的具备地面数字电视信号接收功能的数字电视机应符合国家标准要求。

(十五)数字电视传输等重要的国家标准应经适当规模试验验证。发展改革委、广电总局、信息产业部等部门应组织建设数字电视试验区,为试验、推广数字电视传输等重要的国家标准和机卡分离等重大技术提供条件。

(十六)统筹规划、合理安排、有效利用数字电视广播业务所需无线电频谱资源和卫星轨位资源,保障数字电视广播业务的健康发展。

五、加强市场培育和监管

(十七)转变广播电视运营方式,推进实施网台分离,形成适应数字化发展需要的广播电视运营机制。

(十八)积极推进电视节目制作数字化,进一步加强公益性电视服务,鼓励为用户提供专业化节目,充分发挥数字电视的信息服务功能。

(十九)加强业务监管,规范市场秩序,确保信息安全,维护用户权益。广电总局和信息产业部要按照职责分工,组织制定并监督执行相应的制度、标准和规范。广电总局要加强对数字电视节目制作、集成、播出等环节的监管,确保数字电视内容导向正确和播出安全。

(二十)为确保数字电视系统安全,鼓励采用以国内技术为主体的数字电视广播系统,已采用国外接收系统的应与国内产品同密。

(二十一)完善数字电视价格形成机制。有线数字电视基本收视维护费实行政府定价,增值业务服务费和数字电视付费节目收视费根据情况实行政府指导价或由有线电视运营机构自行确定,具体价格管理办法另行制订。

六、推进“三网融合”

(二十二)有关部门要加强宽带通信网、数字电视网和下一代互联网等信息网络资源的统筹规划和管理,促进网络和信息资源共享。

(二十三)在确保广播电视安全传输的前提下,建立和完善适应“三网融合”发展要求的运营服务机制。鼓励广播电视机构利用国家公用通信网和广播电视网等信息网络提供数字电视服务和增值电信业务。在符合国家有关投融资政策的前提下,支持包括国有电信企业在内的国有资本参与数字电视接入网络建设和电视接收端数字化改造。

七、强化知识产权保护

(二十四)有关执法机关应依照《中华人民共和国专利法》等法律法规,加大执法力度,严厉惩处数字电视设备制造、技术开发和应用等领域的知识产权侵权行为。

(二十五)充分发挥行业协会、商会和企业在制订产品标准工作中的重要作用,建立健全数字电视技术标准专利拥有人、软件著作权拥有人、设备制造商、内容服务商和网络运营商之间的知识产权许可机制。

本政策自发布之日起30日后实施,由发展改革委、科技部、财政部、信息产业部、税务总局、广电总局负责解释并共同推进贯彻落实。

国务院办公厅关于促进电影产业繁荣发展的指导意见

(2010 年 1 月 21 日　国办发〔2010〕9 号)

电影是深受人民群众喜爱的文化娱乐形式之一,电影产业属于科技含量高、附加值高、资源消耗少、环境污染小的文化产业。大力繁荣发展电影产业,对于加强社会主义文化建设、满足人民群众精神文化需求、促进经济社会协调发展,对于扩大中华文化国际竞争力和影响力,增强国家文化软实力具有重要意义。近年来,电影业深化改革、锐意创新,产品日益丰富、市场日益活跃,取得了良好的社会效益和经济效益。为深入贯彻党的十七大关于推进社会主义文化大发展大繁荣的重大部署,认真落实中央应对国际金融危机、保持经济平稳较快发展、加快文化产业发展的决策部署,促进电影产业的繁荣发展,经国务院同意,现提出以下指导意见。

一、总体要求、基本原则和发展目标

(一)总体要求。

以邓小平理论和“三个代表”重要思想为指导,深入贯彻落实科学发展观,按照高举旗帜、围绕大局、服务人民、改革创新的总要求,牢牢把握正确导向,坚持“二为”方向和“双百”方针,弘扬社会主义核心价值体系,走中国特色电影发展道路,以丰富产品和加快产业发展为主题,以改革创新为动力,以数字化技术为支撑,以现代化基础设施为依托,以科学化管理为保障,以满足人民群众日益增长的精神文化需求为出发点和落脚点,大力推动我国电影产业跨越式发展,实现由电影大国向电影强国的历史性转变。

(二)基本原则。

1. 坚持正确方向、科学发展。准确把握电影的意识形态和文化商品双重属性,发挥电影的审美娱乐和教育双重功能,遵循社会主义市场经济和艺术创作生产双重规律,始终把社会效益放在首位,努力实现社会效益与经济效益相统一。

2. 坚持以人为本、服务大众。着眼于保障人民群众基本文化权益、满足人民群众多层次、多方面、多样性精神文化需求，着力丰富产品、繁荣市场，提高质量、改善服务，引导消费、促进增长。

3. 坚持市场运作、政府推动。充分发挥市场在推动电影产业发展中的基础性作用，多渠道筹集资金。强化市场运作与政府扶持相结合、产业经营与公益服务相结合，通过深化改革、完善政策，加强法制建设，大力推动体制机制创新、艺术创新、科技创新、经营创新和管理创新，立足国情，学习借鉴世界优秀文化，不断增强电影产业发展的生机和活力。

4. 坚持重点突破、整体推进。紧紧抓住电影产业改革发展的关键环节、重点问题，着力实施好精品战略、骨干企业品牌战略和重点工程、重要项目带动战略，以点带面，努力增强电影产业的整体实力、竞争力和影响力。

（三）发展目标。

总体目标是：到2015年底，通过改革创新、加大投入、加快发展，建立健全市场公平竞争、企业自主经营的电影产业运营体系，市场运作、企业经营、政府购买、群众受惠的电影公共服务体系，依法行政、科学调控、保障有力、管理有效的电影行政管理体系和覆盖城乡的电影数字化发行放映网络，全面提高电影的创作生产能力、经营管理能力、科技创新能力、公共服务能力和国际传播能力，多出精品、多出人才、多出效益，不断满足城乡群众日益增长的精神文化需求。

1. 创作经营能力和品牌影响力显著提高。形成若干主业突出、品牌名优、实力雄厚、竞争力强的大型骨干电影企业。

2. 科技支撑作用显著增强。电影科技研发和质量检测工作得到加强，技术标准体系和技术服务监管平台建立健全，电影数字化技术装备水平大幅提高，电影制作加工质量明显改善，电影数字化转换、修护、存储、传输、放映，动画软件开发等取得重大进展。

3. 基础设施建设明显改善。电影数字化发行放映网络日益完善。电影院规模迅速扩大，基本实现全国地级市、县级市和有条件县城的数字影院覆盖。2009年至2012年基本完成地级市数字影院建设改造任务，完成部分县级市数字影院建设改造任务；2013年至2015年基本完成县级市和有条件县城的数字影院建设改造任务。东部地区和有条件的地方可率先建设。

4. 产品丰富多彩。电影质量大幅提高，产量稳步增长，形成多类型、多品种、多样化的创作生产格局，确保每年推出一批贴近实际、贴近生活、贴近群众的精品力作。

5. 产业综合效益明显增长。国产影片市场规模和份额持续扩大,观众人次、放映场次倍增,投入产出良性循环,电影经济总量年均增长速度达到 20% 以上,同时带动相关产业发展,衍生产业链条明显加长,综合效益显著增长,使电影产业成为我国服务业的重要组成部分。

6. 公共服务能力显著加强。加强农村和学校数字电影院线建设,改善放映条件,提供公益服务,确保每个行政村每月放映一场电影,确保每个学期为中小学生放映两场爱国主义教育影片。

7. 国际竞争力日益提高。积极推动电影走出去,培育有国际竞争力和影响力的电影国际传播企业,开发适应国际市场需求的国产影片;通过在境外举办公益性的中国电影展、参加国际电影节和组织商业性的海外推广营销活动,不断提高国产影片的国际影响力、竞争力和市场占有率,不断增强国家文化软实力。

二、主要措施

(一)大力繁荣创作生产。

在数量稳定增长的同时,更加突出提高质量,面向群众、面向市场,大力实施精品战略,努力多出优秀作品。弘扬主旋律,提倡多样化,精心组织生产好弘扬民族精神和时代精神,讴歌真善美、鞭挞假丑恶,反映现实生活和人民主体地位的重点影片,着力强化思想性、艺术性和观赏性的有机统一,充分发挥电影在振奋精神、增强信心、凝聚力量、促进和谐方面的积极作用。积极扶持现实、农村、少数民族以及少儿题材的电影故事片创作,积极促进动画片、纪录片、科教片以及适合网络、手机等新媒体新形式传播的产品的生产,努力形成多类型、多品种、多样化的电影创作生产格局。切实加强影视制作、动漫等产业基地建设,努力推进电影创作生产的集约化、规模化发展。加强特种电影的研发。进一步改进政府评奖,开展积极健康的文艺批评,努力营造良好创作环境。建立健全政府资金投入机制,继续执行电影精品专项资金等制度,使政府资金在引导创作、繁荣创作方面发挥更大的效益。进一步落实《国务院办公厅转发财政部中宣部关于进一步支持文化事业发展若干经济政策的通知》(国办发〔2006〕43 号)要求,继续设立电影精品专项资金,用于扶持本区域重点影片拍摄项目。充分运用文化产业发展资金,加大对电影创作生产的扶持力度。

(二)积极培育新型企业。

加快推进国有电影事业单位转企改制和公司制、股份制改造。贯彻落实《国务院办公厅关于印发文化体制改革中经营性文化事业单位转制为企业和支持文化企业发展两个规定的通知》(国办发〔2008〕114号)等有关文件精神,加强政策和资金支持。以创新企业品牌为核心,以提高影片质量和市场营销能力为龙头,整合制片发行放映资源,延伸产业链条,推进跨区域、跨行业、跨所有制发展,着力培育发展一批国有或国有控股龙头骨干企业,增强国有经济控制力和活力。加快发展一大批"专、精、特、新"的中小企业。鼓励社会资本投资,积极发展多种所有制形式的电影生产企业,在法律法规许可范围内,减少审批环节,简化审批手续,优化审批服务。对非公有制电影企业在投资核准、土地使用、财税政策、融资服务、对外贸易等方面给予国有电影企业同等待遇。

(三)继续扩大院线经营规模。

进一步深化院线制改革,大力发展跨区域规模院线、特色院线和数字院线。积极探索院线经营规律、营销方式和管理经验,加强全国电影放映票务系统建设和管理,不断提高影院经营服务水平。着力发展主流院线市场,大力开发二级市场和社区电影市场、农村放映市场,积极开发电影的电视点播、家庭影院放映、互联网点播、手机等移动多媒体播映等市场,加快形成传输快捷、覆盖广泛、层次多样的现代电影市场体系。进一步扩大国产影片发行放映,认真落实年放映国产电影时间不低于年放映时间总和三分之二的有关规定,切实加强国产影片发行放映考核奖励。继续执行国家电影事业发展专项资金制度,用于加强电影行业宏观调控和促进国产电影发行放映。

(四)大力支持城镇数字影院建设。

将城镇数字影院建设和改造任务纳入国民经济和社会发展规划,纳入文化产业发展规划和精神文明建设总体部署,纳入城乡建设和土地利用总体规划重点推进。坚持政府推动和市场运作相结合,采取信贷、税收优惠、补贴奖励等多种手段和措施,加强城镇数字影院建设,鼓励各类资本投资建设商业影院和社区影院。国家给予必要资金支持中西部地区中小城市及县城的影院建设,各地对建设项目选址、立项、征地、投入、办证等给予大力支持。对城镇数字影院建设使用国有土地符合土地利用总体规划和城市规划的,给予土地供应支持,其中只有一个意向用地者的,可按法律法规规定以协议方式供地。投资者要专地专用,不准改变用向。

(五)鼓励加大投融资政策支持。

鼓励金融机构加大对电影企业的金融支持力度,积极引导和鼓励金融机构拓展适合电影产业发展的融资方式和配套金融服务;对符合信贷条件的电影企业,金融机构应合理确定贷款期限和利率,提高服务质量和效率。支持具备条件的电影企业通过发行企业债券、短期融资券、中期票据和利用银行贷款等多种融资手段,多方面拓宽融资渠道,扩大规模,壮大实力。积极推动符合条件的国有和国有控股电影企业重组上市。积极探索建立电影风险投资机制,各地可以利用中小企业创业、发展等投资基金支持电影风险投资,鼓励大型企业通过参股、控股等方式投资电影,鼓励有实力的企业、团体依法发起组建各类电影投资公司,努力培育电影领域战略投资者。

(六)积极推动科技创新。

鼓励开展电影产业领域基础性、战略性和前瞻性的新技术研发和应用,努力构建以企业为主体、市场为导向、产学研相结合的电影技术创新体系,鼓励电影技术企业开展电影技术研发和基础设施设备改造。实施电影数字化发展规划,大力推广数字技术在电影制作、发行、放映、存储、监管等环节的应用。提高国家中影数字电影制作基地的经营管理水平,形成集约化生产能力。引进消化吸收国际先进技术,加强自主创新,加快完善符合我国电影产业发展要求的数字电影标准体系,提高电影数字设备国产化水平。研究开发数字电影技术服务体系,加快建设全国和省级电影数字化服务监管平台,完善 0.8K 数字电影流动放映,1.3K、2K 数字电影放映的市场服务和技术监管系统。加快研发网络实时监控系统技术,完善数字化分发和接收系统。抓紧实施资料影片数字化修护工程,加快数字影片节目库的建设和利用。

(七)全面加强公共服务。

大力实施农村电影数字化放映工程。积极培育发展多种所有制形式的农村电影院线公司和农村电影放映队,普及数字化流动放映,有条件的地方可充分利用乡镇综合文化站、村文化室建立固定放映点;建立健全公共财政保障机制和公益版权片源保障机制,加大投入、改善服务、创新机制、加强管理,积极推动农村电影放映规范化、制度化、长效化;鼓励电影企业深入城乡社区、厂矿、校园、军营和广场等开展公益放映活动。大力提倡电影发行放映企业采取优惠票价等多种方式满足农民工、城市低收入居民等群体的观影需求;继续加大对少数民族语言电影译制工作的扶持力度,保障少数民族群众看懂看好电影。将观看爱国主义教育影片纳入中小学、中等职业学校教育教学计划。农村义务教育阶段学校为学生放映的爱国主义电影所需经费从公用经费中开支,城市义务教育阶段学生的影视教育经费纳入公用经费开支范围。

(八)努力增强国际影响力。

积极实施电影"走出去"战略,落实国家鼓励和支持文化产品和服务出口优惠政策,通过现有渠道,加大对电影产品和服务出口支持力度,努力形成长效机制。加快培育海外营销的市场主体,加大国产影片海外推广营销力度,拓展渠道,完善网络,探索建立国产影片海外推广营销体系,推动国产影片进入国际主流电影市场;支持电影企业、电影作品参加重要的国际电影节展和交易市场,进一步办好"上海国际电影节"等活动;推动"中国电影频道"等采用频道时段合作、有线电视网络租用及互联网等新媒体手段加快海外落地步伐,扩大用户规模;积极与各国政府、国际电影节展组委会、电影机构、社会组织、行业协会等建立广泛友好的合作推广机制,进一步加强对外合作拍片,继续举办好中国电影展等活动,努力增强国际影响力。

(九)不断完善监管体系。

抓紧推动建立完善促进电影产业发展的法律法规和政策体系,重点推进电影产业促进法的制定和公布实施,制定和完善深化电影改革的相关配套政策。加快地方电影行政管理职能归口划转工作,着力推进各级广电部门进一步转变职能、理顺关系、优化结构、提高效能,建立权责一致、分工合理、执行顺畅、监督有力的电影行政管理体制,不断提高依法行政水平。严格执行各项管理制度,强化市场准入管理,严把立项、备案、审查、发行放映和播出等关口,规范互联网电影传播秩序。切实加大执法力度,综合运用法律、行政、经济、技术等手段强化监管,防控各种形式的非法电影,坚决打击电影走私、盗版等违法犯罪活动,保护与电影有关的知识产权,规范放映行为,维护市场秩序。统一规范电影产业数据统计工作,保证电影市场信息全面、准确、公开、透明。充分发挥电影行业协会、专业学会等社团组织的作用,加强行业自律,树立良好形象。

(十)大力加强队伍建设。

创造条件,完善措施,积极发展电影高等教育和职业教育,加强在职人员的学习培训和实践锻炼,努力造就遵纪守法、爱国敬业、德艺双馨、技艺精湛、具有广泛社会影响力的优秀人才,重点加强创作、技术、经营、管理等各类专业人才队伍建设。高度重视青年人才的培养和使用,不断优化人才队伍结构。高度重视既懂艺术又懂现代信息技术的复合型人才,既懂经营管理又有外语交流能力、熟悉国际运作的外向型人才的培养。积极深化人事制度改革,建立和完善优秀电影人才脱颖而出的体制机制。

三、加强组织领导,认真贯彻落实

各地要从全局高度,充分认识繁荣发展电影产业的重要意义,将促进电影产业繁荣发展摆上重要议事日程,纳入当地经济社会文化发展总体规划和布局,加强领导,周密部署,完善配套,强化措施,推进电影产业繁荣发展。要按照本意见确定的目标任务和要求,结合当地实际,抓紧制定具体实施意见,确保取得实效。各有关部门和单位要按照职能分工,加强沟通协商,密切配合,尽快制定完善各项配套政策措施和办法,并切实加强指导和监督检查。各级广电部门要切实强化责任意识,认真抓好具体实施工作,及时研究新情况、解决新问题。

国务院办公厅关于印发文化体制改革中经营性文化事业单位转制为企业和进一步支持文化企业发展两个规定的通知

(2014 年 4 月 2 日　国办发〔2014〕15 号)

中央宣传部会同中央外宣办、中央编办、发展改革委、科技部、财政部、人力资源社会保障部、国土资源部、商务部、文化部、人民银行、税务总局、工商总局、新闻出版广电总局等有关部门和单位拟定的《文化体制改革中经营性文化事业单位转制为企业的规定》和《进一步支持文化企业发展的规定》已经国务院同意,现印发给你们,请认真贯彻执行。

文化体制改革中经营性文化事业单位转制为企业的规定

为进一步深化文化体制改革,继续推进国有经营性文化事业单位转企改制,特制定以下规定:

一、关于国有文化资产管理

(一)按照政企分开、政事分开原则,推动政府部门由办文化向管文化转变,推动党政部门与其所属的文化企事业单位进一步理顺关系。建立党委和政府监管国有文化资产的管理机构,实行管人管事管资产管导向相统一。

(二)经营性文化事业单位转制为企业,要认真做好资产清查、资产评估、产权登记等基础工作,依法落实原有债权债务。资产变动事项经主管部门审核同意后,报同级国有文化资产管理机构审批,并按有关规定办理;其中,涉及重大国有文化资产变动事项的,应由文化行政主管部门审核后报请党委宣传部门审查把关。国有资产监督管理机构监管企业所属的经营性文化事业单位转制为企业,应当报该国有资产监督管理机构审批,并按有关规定办理资产变动等事项。

二、关于资产和土地处置

(三)经营性文化事业单位在转制过程中,对于清查出的资产损失按规定报经批准后进行核销;切实维护银行合法债权安全,严肃处理各类借转制之名逃废银行债务行为,维护金融安全稳定。转制后财务制度应执行《企业财务通则》,会计制度应执行《企业会计准则》或《小企业会计准则》。

(四)转制为企业的出版、发行单位,转制时可按规定对其库存积压待报废的出版物进行资产处置,对经确认的损失可以在净资产中予以扣除;对于出版、发行单位处置库存呆滞出版物形成的损失,允许据实在企业所得税前扣除。

(五)经营性文化事业单位转制涉及的原划拨土地,转制后用途符合《划拨用地目录》的,可继续以划拨方式使用;不符合《划拨用地目录》的,应当依法实行有偿使用。经省级以上人民政府批准,经营性文化事业单位转制为授权经营或国有控股企业的,原生产经营性划拨用地,经批准可采用国家出资(入股)方式配置;经营性文化事业单位转制为一般竞争性企业的,原生产经营性划拨用地可采用协议出让或租赁方式进行土地资产处置。

三、关于收入分配

(六)转制后执行企业的收入分配制度。职工工资收入与岗位责任、个人贡献以及企业效益密切挂钩,参照劳动力市场价位,合理拉开差距。加强对转制后的国有文化企业收入分配的指导和调控,合理确定工资总额。

(七)国有控股企业和国有独资企业的负责人收入分配按国家有关规定执行,建立并完善国有文化企业负责人薪酬管理机制。

四、关于社会保障

(八)转制后自工商注册登记的次月起按企业办法参加社会保险。转制时在职人员按国家规定计算的连续工龄,视同缴费年限,不再补缴基本养老保险费。

(九)转制前已经离退休的人员,原国家规定的离退休费待遇标准不变,转制后这类人员离退休待遇支付和调整的具体办法,按原劳动和社会保障部、原国家经济贸易委员会、科技部、财政部《关于国家经贸委管理的 10 个国家局所属科研机构转制后有关养老保险问题的通知》(劳社部发〔2000〕2 号)和原劳动和社会保障部、原人事部、财政部、科技部、原建设部《关于转制科研机构和工程勘察设计单位转制前离退休人员待遇调整等问题的通知》(劳社部发〔2002〕5号)相关政策执行。

(十)转制前参加工作、转制后退休的人员,基本养老金的计发和调整,按企业办法执行。在转制后5年过渡期内,按企业办法计发的基本养老金,如低于按原事业单位退休办法计发的退休金,其差额部分采取加发补贴的办法解决,所需费用从基本养老保险基金中支付,具体办法按劳社部发〔2000〕2号文件的相关规定执行。各地在做好社会保障政策衔接的同时,应结合本地实际,采取切实可行的措施,解决好企业与事业单位退休待遇差问题。

(十一)离休人员的医疗保障继续执行现行办法,也可按照所在统筹地区相关规定纳入离休人员医药费单独统筹,所需资金按原渠道解决;转制前已退休人员中,原享受公费医疗的,在享受基本医疗保险待遇的基础上,可以参照国家公务员医疗补助办法,实行医疗补助。

(十二)转制后具备条件的企业可按照有关规定为职工建立企业年金和补充医疗保险,并通过企业年金等方式妥善解决转制后退休人员的养老待遇问题。企业根据国家有关政策规定,为在本企业任职或者受雇的全体员工支付的补充养老保险费、补充医疗保险费,分别在不超过职工工资总额5%标准内的部分,在计算应纳税所得额时准予扣除;超过的部分,不予扣除。

(十三)中央各部门各单位设在地方的出版单位、中央各部门各单位出版单位在地方的派出(分支)机构的人员,转制后按规定纳入当地社会保障体系。

五、关于人员分流安置

(十四)对转制时距国家法定退休年龄5年以内的人员,在与本人协商一致的基础上,可以提前离岗,离岗期间的工资福利等基本待遇不变,单位和个人继续按规定缴纳各项社会保险费,达到国家法定退休年龄时,按企业办法办理退休手续,按转制过渡期退休人员办法享受退休待遇。

(十五)转制时,要按照《中华人民共和国劳动合同法》的规定,自工商注册登记之日起与在职职工全部签订劳动合同。职工在事业单位的工作年限合并计算为转制后企业的工作年限。转制后根据经营方向确需分流人员的,应按照《中华人民共和国劳动合同法》第四十条、第四十一条、第四十二条规定处理劳动关系,对符合支付经济补偿条件的,应依法支付经济补偿。

(十六)转制企业应当切实保障职工的合法权益。转制时,对提前离岗人员所需的基本待遇及各项社会保险费、分流人员所需的经济补偿金,可从评估后的净资产中预留或从国有产权转让收入中优先支付。净资产不足的,财政部门也可给予一次性补助。

六、关于财政税收

(十七)财税部门应认真落实适用于转制企业的现行财税优惠政策。

(十八)原事业编制内职工的住房公积金、住房补贴中由财政负担部分,转制后继续由财政部门在预算中拨付;转制前人员经费由财政负担的离退休人员的住房补贴尚未解决的,转制时由财政部门一次性拨付解决;转制前人员经费自理的离退休人员以及转制后离退休人员和在职职工住房补贴资金,由转制单位按照所在地市、县级人民政府有关企业住房分配货币化改革政策以及企业财务会计制度的规定,从本单位相应资金渠道列支。转制后原有的正常事业费继续拨付,主要用于解决转制前已经离退休人员的社会保障问题。

(十九)为确保转制工作顺利进行,同级财政可一次性拨付一定数额的资金,主要用于资产评估、审计、政策法律咨询等。

(二十)经营性文化事业单位转制为企业后,免征企业所得税。

(二十一)由财政部门拨付事业经费的经营性文化事业单位转制为企业,对其自用房产免征房产税。

(二十二)对经营性文化事业单位转制中资产评估增值、资产转让或划转涉及的企业所得税、增值税、营业税、城市维护建设税、契税等,符合现行规定的享受相应税收优惠政策。

(二十三)党报、党刊将其发行、印刷业务及相应的经营性资产剥离组建的文化企业,所取得的党报、党刊发行收入和印刷收入免征增值税。

七、关于法人登记

(二十四)转制后的企业名称,应当符合企业名称登记管理的规定。原单位名称中冠以“中国”、“中华”、“全国”、“国家”、“国际”等字样的,按有关规定经批准可继续注册使用。

(二十五)转制后须核销事业编制,注销事业单位法人,并依法办理企业工商注册登记。

八、关于党的建设

（二十六）根据中央要求，经营性文化事业单位在转制过程中，要按照党章规定，根据转制后企业的实际情况和工作需要，经上级党组织批准，同步组建、改建或更名党的基层组织，选配好党组织负责人。转制后企业内部的党组织设置，也要随着企业组织结构和党员分布状况的变化，及时进行充实调整，充分发挥转制后企业党组织和党员的作用。转制后企业党组织的领导关系要按照有利于加强党的领导和开展党的工作，有利于促进企业改革和发展的原则确定。

上述政策适用于开展文化体制改革的地区和转制企业。中央所属转制文化企业的认定，由中央宣传部会同财政部、税务总局确定并发布名单；地方所属转制文化企业的认定，按照登记管理权限，由地方各级宣传部门会同同级财政、税务部门确定和发布名单，并按程序抄送中央宣传部、财政部和税务总局。执行期限为2014年1月1日至2018年12月31日。

进一步支持文化企业发展的规定

为进一步深化文化体制改革，促进文化企业发展，特制定以下规定：

一、关于财政税收

（一）中央财政和地方财政应安排文化产业发展专项资金，有条件的应扩大专项资金规模，创新资金投入方式，完善政策扶持体系，采取贴息、补助、奖励等方式，支持文化企业发展。

（二）对电影制片企业销售电影拷贝（含数字拷贝）、转让版权取得的收入，电影发行企业取得的电影发行收入，电影放映企业在农村的电影放映收入免征增值税。一般纳税人提供的城市电影放映服务，可以按现行政策规定，选择按照简易计税办法计算缴纳增值税。

（三）2014年1月1日至2016年12月31日，对广播电视运营服务企业收取的有线数字电视基本收视维护费和农村有线电视基本收视费，免征增值税。

（四）落实和完善有利于文化内容创意生产、非物质文化遗产项目经营的税收优惠政策。

（五）对国家重点鼓励的文化产品出口实行增值税零税率。对国家重点鼓励的文化服务出口实行营业税免税。结合营业税改征增值税改革试点,逐步将文化服务行业纳入改革试点范围,对纳入增值税征收范围的上述文化服务出口实行增值税零税率或免税。享受上述税收优惠政策的国家重点鼓励的文化产品和服务的具体范围由财政部、税务总局会同有关部门确定。为承担国家鼓励类文化产业项目而进口国内不能生产的自用设备及配套件、备件,在政策规定范围内,免征进口关税。

(六)在国务院批准的中国服务外包示范城市从事服务外包业务的文化企业,符合现行税收优惠政策规定的技术先进型服务企业相关条件的,经认定后,可享受有关税收优惠政策。

(七)对从事文化产业支撑技术等领域的文化企业,按规定认定为高新技术企业的,减按15%的税率征收企业所得税;开发新技术、新产品、新工艺发生的研究开发费用,允许按国家税法规定,在计算应纳税所得额时加计扣除。文化产业支撑技术等领域的具体范围和认定工作由科技部、财政部、税务总局商中央宣传部等部门另行明确。

(八)经认定并符合软件企业相关条件的动漫企业,可申请享受国家现行鼓励软件产业发展的所得税优惠政策;2017年底前,符合条件的动漫企业,按规定享受增值税优惠政策;经认定的动漫企业自主开发、生产动漫直接产品,确需进口的商品可按现行规定享受免征进口关税和进口环节增值税的优惠政策。

(九)加大财政对文化科技创新的支持,将文化科技纳入国家相关科技发展规划和计划,积极鼓励文化与科技深度融合,促进文化企业、文化产业转型升级,发展新型文化业态。

(十)通过政府购买、消费补贴等途径,引导和支持文化企业提供更多文化产品和服务,鼓励出版适应群众购买能力的图书报刊,鼓励在商业演出和电影放映中安排低价场次或门票,鼓励网络文化运营商开发更多低收费业务。加大对文化消费基础设施建设、改造投资力度,完善政府投入方式,建立健全社会力量、社会资本参与机制,促进多层次多业态文化消费设施发展。

(十一)认真落实支持现代服务业、中小企业特别是小微企业等发展的有关优惠政策,促进中小文化企业发展。

二、关于投资和融资

(十二)对投资兴办文化企业的,有关行政主管部门应当提高行政审批效率,并不得收取国家规定之外的任何附加费用。

(十三)在国家许可范围内,鼓励和引导社会资本以多种形式投资文化产业,参与国有经营性文化事业单位转企改制,参与重大文化产业项目实施和文化产业园区建设,在投资核准、银行贷款、土地使用、税收优惠、上市融资、发行债券、对外贸易和申请专项资金等方面给予支持。

(十四)鼓励国有文化产业投资基金作为文化领域的战略投资者,对重点领域的文化企业进行股权投资。创新基金投资模式,更好地发挥基金的引导和杠杆作用,推动文化企业跨地区、跨行业、跨所有制兼并重组,切实维护国家文化安全。

(十五)进一步促进文化与金融对接,鼓励文化企业充分利用金融资源,投资开发战略性、先导性文化项目,进行文化资源整合,推动文化出口,中央财政和地方财政可给予一定的贴息。

(十六)针对文化企业的特点,研究制定知识产权、文化品牌等无形资产的评估、质押、登记、托管、投资、流转和变现等办法,完善无形资产和收益权抵(质)押权登记公示制度,鼓励金融机构积极开展金融产品和服务方式创新。在风险可控、商业可持续原则下,进一步推广知识产权质押融资、供应链融资、并购融资、订单融资等贷款业务,加大对文化企业的有效信贷投入。鼓励和支持政策性金融充分发挥扶持、引导作用,加大对重点企业和项目的信贷支持。鼓励开发文化消费信贷产品。

(十七)通过公司制改建实现投资主体多元化的文化企业,符合条件的可申请上市。鼓励已上市文化企业通过公开增发、定向增发等再融资方式进行并购和重组。鼓励文化企业进入中小企业板、创业板、“新三板”融资。鼓励符合条件的文化企业通过发行企业债券、公司债券、非金融企业债务融资工具等方式扩大融资,实现融资渠道多元化。

(十八)探索国有文化企业股权激励机制,经批准允许有条件的国有控股上市文化公司按照国家有关规定开展股权激励试点。

(十九)对按规定转制的重要国有传媒企业探索实行特殊管理股制度,经批准可开展试点。

(二十)探索建立符合文化企业特点的信用评级制度。鼓励各类担保机构对文化企业提供融资担保,通过再担保、联合担保以及担保与保险相结合等方式分散风险。探索设立文化企业融资担保基金。

三、关于资产和土地处置

(二十一)发生分立、合并、重组、改制、撤销等经济行为涉及国有资产或产权结构重大变动的文化企业,应当按照国家有关规定进行清产核资,清产核资工作中发现的资产损失经确认后应当依次冲减未分配利润、盈余公积、资本公积、实收资本。

(二十二)对于出版、发行单位处置库存呆滞出版物形成的损失,允许据实在企业所得税前扣除。

(二十三)文化企业改制涉及的原划拨土地,改制后用途符合《划拨用地目录》的,可继续以划拨方式使用;不符合《划拨用地目录》的,应当依法实行有偿使用。经省级以上人民政府批准,国有文化企业改制为授权经营或国有控股企业的,原生产经营性划拨用地,经批准可采用国家出资(入股)方式配置。文化企业改制为一般竞争性企业的,原生产经营性划拨用地可采用协议出让或租赁方式进行土地资产处置。

(二十四)利用划拨方式取得的存量房产、土地兴办文化产业的,其用地手续办理符合《划拨用地目录》的,可按划拨方式办理;不符合《划拨用地目录》的,在符合国家有关规定的前提下可采取协议出让方式办理。

四、关于工商管理

(二十五)允许投资人以知识产权等无形资产评估作价出资组建文化企业,具体按国家法律规定执行。

国有文化企业要加快公司制股份制改造,推进董事会、监事会建设,规范总会计师管理,健全协调运转、有效制衡的公司法人治理结构,形成符合现代企业制度要求、体现文化企业特点的资产组织形式和经营管理模式,确保把社会效益放在首位,实现社会效益和经济效益相统一。

上述政策适用于所有文化企业,凡未注明具体期限的,执行期限为 2014 年 1 月 1 日至2018 年 12 月 31 日。

国务院办公厅关于加快推进广播电视村村通向户户通升级工作的通知

（2016 年 4 月 5 日　国办发〔2016〕20 号）

广播电视村村通工程实施以来，有效扩大了农村广播电视覆盖面，全国已基本消除广播电视覆盖盲区，解决了广大农村群众听广播难、看电视难的问题。但随着经济社会发展和科学技术水平的提高，广播电视服务供给、服务能力和服务手段还不能满足人民群众日益增长的精神文化需求，与全面建成小康社会的目标还存在一定差距，迫切需要在广播电视村村通基础上进一步提升水平、提质增效，实现由粗放式覆盖向精细化入户服务升级，由模拟信号覆盖向数字化清晰接收升级，由传统视听服务向多层次多方式多业态服务升级。加快广播电视村村通向户户通升级是构建现代公共文化服务体系的重要举措，对于创新和完善城乡广播电视公共产品和服务供给、引领现代文化传播、促进文化和信息消费、提高公民的思想道德和科学文化素质、适应分众化差异化传播趋势具有重要意义。为切实推动广播电视户户通工作，经国务院同意，现通知如下：

一、总体要求

（一）指导思想。全面贯彻党的十八大和十八届三中、四中、五中全会精神，按照党中央、国务院决策部署，坚持以人民为中心的工作导向，以改革创新为动力，以升级发展为主线，以基层为重点，充分发挥中央和地方两个积极性，充分发挥政府和市场作用，大力提升广播电视覆盖能力和服务能力，为满足人民群众广播电视基本公共服务需求提供充分保障，为满足人民群众个性化多样性文化服务需求创造良好环境。

（二）工作目标。统筹无线、有线、卫星三种技术覆盖方式，到 2020 年，基本实现数字广播电视户户通，形成覆盖城乡、便捷高效、功能完备、服务到户的新型广播电视覆盖服务体系。地面无线广播电视基本实现数字化；有线广播电视网络基本实现数字化、双向化、智能化，全国有线网络整合取得明显成效，实现互联互通；直播卫星公共服务基本覆盖有线网络未通达的农村地区;广播电视基本公共服务达到国家指导标准,市场服务效能进一步提高,基础设施保障能力全面提升,长效机制更加完善。

二、主要任务

(三)全面实现数字广播电视覆盖接收。按照"技术先进、安全可靠、经济可行、保证长效"的原则,兼顾考虑补充覆盖和安全备份的需要,由省级人民政府统筹确定本地区无线、有线、卫星三种技术方式的覆盖方案,因地制宜、因户制宜推进数字广播电视覆盖和入户接收。在有条件的农村鼓励采取有线光缆联网方式,在有线电视未通达的农村地区鼓励群众自愿选择直播卫星、地面数字电视或"直播卫星+地面数字电视"等方式。坚持统一规划、统一标准、统一组织,在统筹频率、标准、网络建设的前提下,推进完成中央广播电视节目的无线数字化覆盖;支持以中国广播电视网络有限公司为主体加快全国有线电视网络整合,尽快实现有线网络互联互通和"全国一张网";支持直播卫星平台扩容提升公共服务支撑能力,支持地域广阔、传统覆盖手段不足的偏远地区省、市广播电视节目通过直播卫星传输,定向覆盖本省、市行政区域,更好满足群众收听收看贴近性强的广播电视节目的需求。

(四)充分保障基本公共服务。按照国家基本公共文化服务指导标准(2015-2020 年),确保通过无线(数字)提供不少于 15 套电视节目和不少于 15 套广播节目,通过无线(模拟)提供不少于 5 套电视节目和不少于 6 套广播节目;通过直播卫星提供 25 套电视节目和不少于 17 套广播节目;有线广播电视在由模拟向数字整体转换过程中,保留一定数量的模拟电视节目供用户选择观看,有条件的地区可确定一定数量的数字电视节目作为基本公共服务项目。中央和各地开办的民族语综合类广播电视节目,应分别纳入相应公共服务保障范围。广播电视播出机构要加强与政府相关部门的合作,开办合办科技致富、农林养殖、知识普及、法治建设、卫生防疫、运动健身、防灾减灾、水利气象、文化娱乐等贴近基层群众需要的服务性广播电视栏目节目,并逐步增加播出时间。

(五)加快建设全国应急广播体系。按照"统一联动、安全可靠、快速高效、平战结合"的原则,统筹利用现有广播电视资源,加快建立中央和地方各级应急广播制作播发和调度控制平台,与国家突发事件预警信息发布系统连接。升级改造传输覆盖网络,布置应急广播终端,健全应急信息采集发布机制,形成中央、省、市、县四级统一协调、上下贯通、可管可控、综合覆盖的全国应急广播体系,向城乡居民提供灾害预警应急广播和政务信息发布、政策宣讲服务。

（六）大力提升基础设施支撑保障能力。按照广播电视工程建设标准和相关技术标准，加快推进县级及以上无线发射台（转播台、监测台、卫星地球站）等基础设施建设，满足广播电视安全播出和监测监管需要；加强基层广播电视播出机构基础设施和服务能力建设，提升公共服务保障能力。在推进基层综合性文化服务设施建设时，充分考虑农村广播室、广播电视设施设备维修维护网点需求。充分利用现有基础设施，加强有线电视骨干网和前端机房建设，采用超高速智能光纤传输和同轴电缆传输技术，加快下一代广播电视网建设，提高融合业务承载能力。

（七）引导培育个性化市场服务。鼓励各地在基本公共服务节目基础上，通过政策引导、市场运作等多种手段增加公益节目、付费节目和其他增值服务。鼓励广电、电信企业及其他内容服务企业，以宽带网络建设、内容业务创新推广、用户普及应用为重点，开展智慧城市、智慧乡村、智慧家庭建设，发展高清电视、移动多媒体广播电视、交互式网络电视（IPTV）、手机电视、数字广播、回看点播、电视院线、宽带服务、网络电商等新兴业务和服务，满足群众多样化、多层次文化信息需求，促进文化信息消费，带动关键设备、软件、系统的产业化，催生新的经济增长点。

（八）深入推进长效机制建设。加快建立政府主导、社会化发展的广播电视公共服务长效机制，逐步形成“县级及以上有机构管理、乡镇有网点支撑、村组有专人负责、用户合理负担”的公共服务长效运行维护体系。采取政府购买、项目补贴、定向资助、贷款贴息等政策措施，支持各类社会组织和机构参与广播电视公共服务。依托基层综合性文化服务中心，整合基层广播电视公共服务资源，推进广播电视户户通，提供应急广播、广播电视器材设备维修等服务。规范有线电视企业、直播卫星接收设备专营服务企业运营服务行为，组织开展运营服务质量评价，促进服务水平不断提升。

三、政策保障

（九）加大资金投入。按照分级负责原则，中央和地方各级人民政府分别负责本级无线发射台（站）、转播台（站）、监测台（站）等广播电视公共设施和机构的建设改造和运行维护资金，中央财政通过现有渠道安排转移支付资金，对地方按有关规定转播中央广播电视节目予以适当补助，支持地方统筹推进包括广播电视户户通在内的公共文化服务体系建设。

（十）完善支持政策。稳妥开展直播卫星除基本公共服务节目外其他增值服务的市场化运营试点,在满足用户基本收视需求的基础上提供更丰富的节目选择,并处理好基本公共服务与增值服务的关系。在国家广播电视机构控股 51% 以上的前提下,鼓励其他国有、集体、非公有资本投资参股县级以下新建有线电视分配网和有线电视接收端数字化改造。鼓励广电、电信企业参与农村宽带建设和运行维护,鼓励建设农村信息化综合服务平台。城乡规划建设要为广播电视网预留所需的管廊通道及场地、机房、电力设施等,网络入廊收费标准可适当给予优惠。加大政府向社会购买服务力度,鼓励社会机构参与公益性广播电视节目制作、公益性广播电视专用设施设备维修维护等,有条件的地方可根据实际情况,向特殊群体提供有线电视免费或低收费服务。

四、组织领导

(十一)强化政府责任和协调配合。地方各级人民政府是本地区推进广播电视村村通向户户通升级工作的责任主体,要切实加强组织领导,成立政府分管负责同志牵头、新闻出版广电部门负责组织实施、发展改革和财政等有关部门参加的领导小组,形成政府统一领导、部门密切配合的工作推进机制。要切实把做好广播电视户户通相关基本公共服务纳入地方各级人民政府的工作日程,纳入地方经济社会发展总体规划和文化改革发展专项规划,纳入公共财政支出预算,纳入扶贫攻坚计划,作为干部综合考核评价的重要参考,确保各项目标任务顺利完成。

(十二)加强资金保障和督促检查。各级新闻出版广电、发展改革、财政等部门要切实履行职能,提高服务水平。要按照职责统筹安排所需资金,加强资金管理和审计监督,提高资金使用效益,确保专款专用,不得截留和挪用;加强基层队伍和人员培训,使广播电视专兼职人员掌握必备的专业技能;加强工程监督管理和验收检查,确保广播电视服务质量和水平。

《国务院办公厅关于进一步做好新时期广播电视村村通工作的通知》(国办发〔2006〕79 号)同时废止。此前有关规定与本通知不一致的,按本通知执行。

国务院办公厅关于加强和改进行政应诉工作的意见

（2016年6月27日　国办发〔2016〕54号）

为贯彻落实《中共中央关于全面推进依法治国若干重大问题的决定》关于“健全行政机关依法出庭应诉、支持法院受理行政案件、尊重并执行法院生效裁判的制度”的要求，保障行政诉讼法有效实施，全面推进依法行政，加快建设法治政府，经国务院同意，现就加强和改进行政应诉工作提出以下意见。

一、高度重视行政应诉工作。行政诉讼是解决行政争议，保护公民、法人和其他组织合法权益，监督行政机关依法行使职权的重要法律制度，做好行政应诉工作是行政机关的法定职责。行政诉讼法施行以来，各地区、各部门依法履行行政应诉职责，取得了积极成效。但消极对待行政应诉、干预人民法院受理和审理行政案件、执行人民法院生效裁判不到位、行政应诉能力不强等问题依然存在，有的还较为突出。各地区、各部门要从协调推进“四个全面”战略布局的高度，充分认识做好行政应诉工作对于依法及时有效化解社会矛盾纠纷、规范行政行为、加强政府自身建设的重要意义，把加强和改进行政应诉工作提上重要议事日程，切实抓紧抓好。

二、支持人民法院依法受理和审理行政案件。行政机关要尊重人民法院依法登记立案，积极支持人民法院保障公民、法人和其他组织的起诉权利，接受人民法院依照行政诉讼法的规定对行政机关依法行使职权的监督，不得借促进经济发展、维护社会稳定等名义，以开协调会、发文件或者口头要求等任何形式，明示或者暗示人民法院不受理依法应当受理的行政案件，或者对依法应当判决行政机关败诉的行政案件不判决行政机关败诉。

三、认真做好答辩举证工作。被诉行政机关要严格按照行政诉讼法的规定，向人民法院提交答辩状，提供作出行政行为的证据和依据。要提高答辩举证工作质量，做到答辩形式规范、说理充分，提供证据全面、准确、及时，不得拒绝或者无正当理由迟延答辩举证。

四、依法履行出庭应诉职责。被诉行政机关负责人要带头履行行政应诉职责,积极出庭应诉。不能出庭的,应当委托相应的工作人员出庭,不得仅委托律师出庭。对涉及重大公共利益、社会高度关注或者可能引发群体性事件等案件以及人民法院书面建议行政机关负责人出庭的案件,被诉行政机关负责人应当出庭。经人民法院依法传唤的,行政机关负责人或者其委托的工作人员不得无正当理由拒不到庭,或者未经法庭许可中途退庭。

五、配合人民法院做好开庭审理工作。被诉行政机关出庭应诉人员要熟悉法律规定、了解案件事实和证据,配合人民法院查明案情。要积极协助人民法院依法开展调解工作,促进案结事了,不得以欺骗、胁迫等非法手段使原告撤诉。要严格遵守法庭纪律,自觉维护司法权威。

六、积极履行人民法院生效裁判。被诉行政机关要依法自觉履行人民法院生效判决、裁定和调解书。对人民法院作出的责令重新作出行政行为的判决,除原行政行为因程序违法或者法律适用问题被人民法院判决撤销的情形外,不得以同一事实和理由作出与原行政行为基本相同的行政行为。对人民法院作出的行政机关继续履行、采取补救措施或者赔偿、补偿损失的判决,要积极履行义务。

七、明确行政应诉工作职责分工。要强化被诉行政行为承办机关或者机构的行政应诉责任,同时发挥法制工作机构或者负责法制工作的机构在行政应诉工作中的组织、协调、指导作用。行政复议机关和作出原行政行为的行政机关为共同被告的,应当共同做好原行政行为的应诉举证工作,可以根据具体情况确定由一个机关实施。

八、加强行政应诉能力建设。各地区、各部门要加强行政应诉工作力量,合理安排工作人员,积极发挥政府法律顾问和公职律师作用,确保行政应诉工作力量与工作任务相适应。要切实保障行政应诉工作经费、装备和其他必要的工作条件。要建立行政应诉培训制度,每年开展一到两次集中培训、旁听庭审和案例研讨等活动,提高行政机关负责人、行政执法人员等相关人员的行政应诉能力。

九、有效预防和化解行政争议。行政机关要不断规范行政行为,认真研究落实人民法院提出的司法建议,提高依法行政水平,从源头上预防和化解行政争议。要进一步加强行政复议工作,提高行政复议办案质量,努力把行政争议化解在基层,化解在初发阶段,化解在行政程序中。

十、强化行政应诉工作监督管理。要加强行政应诉工作考核,将行政机关出庭应诉、支持人民法院受理和审理行政案件、执行人民法院生效裁判以及行政应诉能力建设情况纳入依法行政考核体系。要严格落实行政应诉责任追究制度，对于行政机关干预、阻碍人民法院依法受理和审理行政案件，无正当理由拒不到庭或者未经法庭许可中途退庭，被诉行政机关负责人不出庭应诉也不委托相应的工作人员出庭，拒不履行人民法院对行政案件的判决、裁定或者调解书的，由任免机关或者监察机关依照行政诉讼法、《行政机关公务员处分条例》、《领导干部干预司法活动、插手具体案件处理的记录、通报和责任追究规定》等规定，对相关责任人员严肃处理。各级政府应当加强对本意见执行情况的监督检查。

各省、自治区、直辖市人民政府和国务院各部门要根据本意见，结合本地区、本部门实际，制定加强和改进行政应诉工作的具体实施办法。

国务院办公厅《关于全面推进政务公开工作的意见》实施细则

(2016 年 11 月 10 日　国办发〔2016〕80 号)

为贯彻落实中共中央办公厅、国务院办公厅《关于全面推进政务公开工作的意见》要求,进一步推进决策、执行、管理、服务、结果公开(以下统称"五公开"),加强政策解读、回应社会关切、公开平台建设等工作,持续推动简政放权、放管结合、优化服务改革,制定本实施细则。

一、着力推进"五公开"

(一)将"五公开"要求落实到公文办理程序。行政机关拟制公文时,要明确主动公开、依申请公开、不予公开等属性,随公文一并报批,拟不公开的,要依法依规说明理由。对拟不公开的政策性文件,报批前应先送本单位政务公开工作机构审查。部门起草政府政策性文件代拟稿时,应对公开属性提出明确建议并说明理由;部门上报的发文请示件没有明确的公开属性建议的,或者没有依法依规说明不公开理由的,本级政府办公厅(室)可按规定予以退文。

(二)将"五公开"要求落实到会议办理程序。各地区各部门要于 2017 年底前,建立健全利益相关方、公众代表、专家、媒体等列席政府有关会议的制度,增强决策透明度。提交地方政府常务会议和国务院部门部务会议审议的重要改革方案和重大政策措施,除依法应当保密的外,应在决策前向社会公布决策草案、决策依据,广泛听取公众意见。对涉及公众利益、需要社会广泛知晓的电视电话会议,行政机关应积极采取广播电视、网络和新媒体直播等形式向社会公开。对涉及重大民生事项的会议议题,国务院部门、地方各级行政机关特别是市县两级政府制定会议方案时,应提出是否邀请有关方面人员列席会议、是否公开以及公开方式的意见,随会议方案一同报批;之前已公开征求意见的,应一并附上意见收集和采纳情况的说明。

(三)建立健全主动公开目录。推进主动公开目录体系建设,要坚持以公开为常态、不公开为例外,进一步明确各领域"五公开"的主体、内容、时限、方式等。

2017年底前，发展改革、教育、工业和信息化、公安、民政、财政、人力资源社会保障、国土资源、交通运输、环保、住房和城乡建设、商务、卫生计生、海关、税务、工商、质检、安监、食品药品监管、证监、扶贫等国务院部门要在梳理本部门本系统应公开内容的基础上，制定本部门本系统的主动公开基本目录；2018年底前，国务院各部门应全面完成本部门本系统主动公开基本目录的编制工作，并动态更新，不断提升主动公开的标准化规范化水平。

（四）对公开内容进行动态扩展和定期审查。各地区各部门每年要根据党中央、国务院对政务公开工作的新要求以及公众关切，明确政务公开年度工作重点，把握好公开的力度和节奏，稳步有序拓展“五公开”范围，细化公开内容。各级行政机关要对照“五公开”要求，每年对本单位不予公开的信息以及依申请公开较为集中的信息进行全面自查，发现应公开未公开的信息应当公开，可转为主动公开的应当主动公开，自查整改情况应及时报送本级政府办公厅（室）。各级政府办公厅（室）要定期抽查，对发现的应公开未公开等问题及时督促整改。严格落实公开前保密审查机制，妥善处理好政务公开与保守国家秘密的关系。

（五）推进基层政务公开标准化规范化。在全国选取100个县（市、区）作为试点单位，重点围绕基层土地利用总体规划、税费收缴、征地补偿、拆迁安置、环境治理、公共事业投入、公共文化服务、扶贫救灾等群众关切信息，以及劳动就业、社会保险、社会救助、社会福利、户籍管理、宅基地审批、涉农补贴、医疗卫生等方面的政务服务事项，开展“五公开”标准化规范化试点工作，探索适应基层特点的公开方式，通过两年时间形成县乡政府政务公开标准规范，总结可推广、可复制的经验，切实优化政务服务，提升政府效能，破解企业和群众“办证多、办事难”问题，打通政府联系服务群众“最后一公里”。

二、强化政策解读

（一）做好国务院重大政策解读工作。

国务院部门是国务院政策解读的责任主体，要围绕国务院重大政策法规、规划方案和国务院常务会议议定事项等，通过参加国务院政策例行吹风会、新闻发布会、撰写解读文章、接受媒体采访和在线访谈等方式进行政策解读，全面深入介绍政策背景、主要内容、落实措施及工作进展，主动解疑释惑，积极引导国内舆论、影响国际舆论、管理社会预期。

国务院发布重大政策，国务院相关部门要进行权威解读，新华社进行权威发布，各中央新闻媒体转发。部门主要负责人是“第一解读人和责任人”，要敢于担当,通过发表讲话、撰写文章、接受访谈、参加发布会等多种方式,带头解读政策,传递权威信息。对以国务院或国务院办公厅名义印发的重大政策性文件,起草部门在上报代拟稿时应一并报送政策解读方案和解读材料,并抓好落实。需配发新闻稿件的,文件牵头起草部门应精心准备,充分征求相关部门意见,经本部门主要负责人审签,按程序报批后,由中央主要媒体播发。要充分发挥各部门政策参与制定者和掌握相关政策、熟悉有关领域业务的专家学者的作用,围绕国内外舆论关切,多角度、全方位、有序有效阐释政策,着力提升解读的权威性和针对性。对一些专业性较强的政策,进行形象化、通俗化解读,多举实例,多讲故事。

充分运用中央新闻媒体及所属网站、微博微信和客户端做好国务院重大政策宣传解读工作,发挥主流媒体"定向定调"作用,正确引导舆论。注重利用商业网站以及都市类、专业类媒体,做好分众化对象化传播。宣传、网信部门要加强指导协调,组织开展政策解读典型案例分析和效果评估,不断总结经验做法,督促问题整改,切实增强政策解读的传播力和影响力。

国务院政策例行吹风会是解读重大政策的重要平台,各部门要高度重视,主要负责人要积极参加,围绕吹风会议题,精心准备,加强衔接协调,做到精准吹风。对国际舆论重要关切事项,相关部门主要负责人要面向国际主流媒体,通过集体采访、独家访谈等多种形式,深入阐释回应,进一步提升吹风会实效。遇有重大突发事件和重要社会关切,相关部门主要负责人要及时主动参加吹风会,表明立场态度,发出权威声音。对各部门主要负责人参加国务院政策例行吹风会的情况要定期通报。

(二)加强各地区各部门政策解读工作。

各地区各部门要按照"谁起草、谁解读"的原则,做好政策解读工作。以部门名义印发的政策性文件,制发部门负责做好解读工作;部门联合发文的,牵头部门负责做好解读工作,其他联合发文部门配合。以政府名义印发的政策性文件,由起草部门做好解读工作。解读政策时,着重解读政策措施的背景依据、目标任务、主要内容、涉及范围、执行标准,以及注意事项、关键词诠释、惠民利民举措、新旧政策差异等,使政策内涵透明,避免误解误读。

坚持政策性文件与解读方案、解读材料同步组织、同步审签、同步部署。以部门名义印发的政策性文件,报批时应当将解读方案、解读材料一并报部门负责人审签。对以政府名义印发的政策性文件,牵头起草部门上报代拟稿时应将经本部门主要负责人审定的解读方案和解读材料一并报送,上报材料不齐全的,政府办公厅

(室)按规定予以退文。文件公布前,要做好政策吹风解读和预期引导;文件公布时,相关解读材料应与文件同步在政府网站和媒体发布;文件执行过程中,要密切跟踪舆情,分段、多次、持续开展解读,及时解疑释惑,不断增强主动性、针对性和时效性。

对涉及群众切身利益、影响市场预期等重要政策,各地区各部门要善于运用媒体,实事求是、有的放矢开展政策解读,做好政府与市场、与社会的沟通工作,及时准确传递政策意图。要重视收集反馈的信息,针对市场和社会关切事项,更详细、更及时地做好政策解读,减少误解猜疑,稳定预期。

三、积极回应关切

(一)明确回应责任。按照属地管理、分级负责、谁主管谁负责的原则,做好政务舆情的回应工作,涉事责任部门是第一责任主体。对涉及国务院重大政策、重要工作部署的政务舆情,国务院相关部门是回应主体;涉及地方的政务舆情,属地涉事责任部门是回应主体;涉及多个地方的政务舆情,上级政府主管部门是回应主体。政府办公厅(室)会同宣传部门做好组织协调工作。

(二)突出舆情收集重点。重点了解涉及党中央国务院重要决策部署、政府常务会议和国务院部门部务会议议定事项的政务舆情信息;涉及公众切身利益且可能产生较大影响的媒体报道;引发媒体和公众关切、可能影响政府形象和公信力的舆情信息;涉及重大突发事件处置和自然灾害应对的舆情信息;严重冲击社会道德底线的民生舆情信息;严重危害社会秩序和国家利益的不实信息等。

(三)做好研判处置。建立健全政务舆情收集、会商、研判、回应、评估机制,对收集到的舆情加强研判,区别不同情况,进行分类处置。对建设性意见建议,吸收采纳情况要对外公开。对群众反映的实际困难,研究解决的情况要对外公布。对群众反映的重大问题,调查处置情况要及时发布。对公众不了解情况、存在模糊认识的,要主动发布权威信息,解疑释惑,澄清事实。对错误看法,要及时发布信息进行引导和纠正。对虚假和不实信息,要在及时回应的同时,将涉嫌违法的有关情况和线索移交公安机关、网络监管部门依法依规进行查处。进一步做好专项回应引导工作,重点围绕“两会”、经济数据发布和经济形势、重大改革举措、重大督查活动、重大突发事件等,做好舆情收集、研判和回应工作。

(四)提升回应效果。对涉及群众切身利益、影响市场预期和突发公共事件等重点事项,要及时发布信息。对涉及特别重大、重大突发事件的政务舆情,要快速反应,最迟要在5小时内发布权威信息,在24小时内举行新闻发布会,并根据工作进展情况,持续发布权威信息,有关地方和部门主要负责人要带头主动发声。针对重大政务舆情,建立与宣传、网信等部门的快速反应和协调联动机制,加强与有关新闻媒体和网站的沟通联系,着力提高回应的及时性、针对性、有效性。通过购买服务、完善大数据技术支撑等方式,用好专业力量,提高舆情分析处置的信息化水平。

四、加强平台建设

(一)强化政府网站建设和管理。各级政府办公厅(室)是本级政府网站建设管理的第一责任主体,负责本级政府门户网站建设以及对本地区政府网站的监督和管理;要加强与网信、编制、工信、公安、保密等部门的协作,对政府网站的开办、建设、定级、备案、运维、等级保护测评、服务、互动、安全和关停等进行监管。建立健全政府网站日常监测机制,及时发现和解决本地区、本系统政府网站存在的突出问题。推进网站集约化建设,将没有人力、财力保障的基层网站迁移到上级政府网站技术平台统一运营或向安全可控云服务平台迁移。加快出台全国政府网站发展指引,明确网站功能定位以及相关标准和要求,分区域分层级分门类对网站从开办到关停的全生命周期进行规范。

(二)加强网站之间协同联动。打通各地区各部门政府网站,加强资源整合和开放共享,提升网站的集群效应,形成一体化的政务服务网络。国务院通过中国政府网发布的对全局工作有指导意义、需要社会广泛知晓的重要政策信息,国务院各部门和地方各级政府网站要即时充分转载;涉及某个行业或地区的政策信息,有关部门和地方网站应及时转载。国务院办公厅定期对国务院部门、省级政府、市县政府门户网站转载情况进行专项检查。要加强政府网站与主要新闻媒体、新闻网站、商业网站的联动,通过合办专栏专版等方式,提升网站的集群和扩散效应,形成传播合力,提升传播效果。

(三)充分利用新闻媒体平台。新闻媒体是政务公开的重要平台。各级政府及其部门要在立足政府网站、政务微博微信、政务客户端等政务公开自有平台的基础上,加强与宣传、网信等部门以及新闻媒体的沟通联系,充分运用新闻媒体资源,做好政务公开工作。要通过主动向媒体提供素材,召开媒体通气会,推荐掌握相关政策、熟悉相关领域业务的专家学者接受媒体访谈等方式,畅通媒体采访渠道,更好地发挥新闻媒体的公开平台作用。积极安排中央和地方主流媒体及其新媒体负责人列席有关会议,进一步扩大政务公开的覆盖面和影响力。

(四)发挥好政府公报的标准文本作用。政府公报要及时准确刊登本级政府及其部门发布的规章和规范性文件，做到应登尽登，为公众查阅、司法审判等提供有效的标准文本。各级政府要推进历史公报数字化工作，争取到“十三五”期末，建立覆盖创刊以来本级政府公报刊登内容的数据库，在本级政府网站等提供在线服务，方便公众查阅。

五、扩大公众参与

（一）明确公众参与事项范围。围绕政府中心工作，细化公众参与事项的范围，让公众更大程度参与政策制定、执行和监督。国务院部门要重点围绕国民经济和社会发展计划、重大规划，国家和社会管理重要事务、法律议案和行政法规草案等，根据需要通过多种方式扩大公众参与。省级政府要重点围绕国民经济和社会发展规划、年度计划，省级社会管理事务、政府规章和重要政策措施、重大建设项目等重要决策事项，着力做好公众参与工作。市县级政府要重点围绕市场监管、经济社会发展和惠民政策措施的执行落地，着力加强利益相关方和社会公众的参与。

（二）规范公众参与方式。完善民意汇集机制，激发公众参与的积极性。涉及重大公共利益和公众权益的重要决策，除依法应当保密的外，须通过征求意见、听证座谈、咨询协商、列席会议、媒体吹风等方式扩大公众参与。行政机关要严格落实法律法规规定的听证程序，提高行政执法的透明度和认可度。发挥好人大代表、政协委员、民主党派、人民团体、社会公众、新闻媒体的监督作用，积极运用第三方评估等方式，做好对政策措施执行情况的评估和监督工作。公开征求意见的采纳情况应予公布，相对集中的意见建议不予采纳的，公布时要说明理由。

（三）完善公众参与渠道。积极探索公众参与新模式，不断拓展政府网站的民意征集、网民留言办理等互动功能，积极利用新媒体搭建公众参与新平台，加强政府热线、广播电视问政、领导信箱、政府开放日等平台建设，提高政府公共政策制定、公共管理、公共服务的响应速度，增进公众对政府工作的认同和支持。

六、加强组织领导

（一）强化地方政府责任。地方各级政府要充分认识互联网环境下做好政务公开工作的重大意义，转变理念，提高认识，将政务公开纳入重要议事日程，主要负责人亲自抓，明确一位分管负责人具体抓，推动本地区各级行政机关做好信息公开、政策解读、回应关切等工作。主要负责人每年至少听取一次政务公开工作汇报，研究推动工作，有关情况和分管负责人工作分工应对外公布。要组织实施好基层政务公开标准化规范化试点工作，让政府施政更加透明高效，便利企业和群众办事创业。

(二)建立健全政务公开领导机制。调整全国政务公开领导小组,协调处理政务公开顶层设计和重大问题,部署推进工作。各地区各部门也要建立健全政务公开协调机制。各级政府政务公开协调机制成员单位由政府有关部门、宣传部门、网信部门等组成。

(三)完善政务公开工作机制。各地区各部门要整合力量,理顺机制,明确承担政务公开工作的机构,配齐配强工作人员。政务公开机构负责组织协调、指导推进、监督检查本地区本系统的政务公开工作,做好本行政机关信息公开、政府网站、政府公报、政策解读、回应关切、公众参与等工作。在政务公开协调机制下,各级政府及其部门要与宣传部门、网信部门紧密协作,指导协调主要媒体、重点新闻网站和主要商业网站,充分利用各媒体平台、运用全媒体手段做好政务公开工作。各地区各部门要完善信息发布协调机制,对涉及其他地方、部门的政府信息,应当与有关单位沟通确认,确保发布的信息准确一致。

(四)建立效果评估机制。政府办公厅(室)要建立健全科学、合理、有效的量化评估指标体系,适时通过第三方评估、民意调查等方式,加强对信息公开、政策解读、回应关切、媒体参与等方面的评估,并根据评估结果不断调整优化政务公开的方式方法。评估结果要作为政务公开绩效考核的重要参考。

(五)加强政务公开教育培训。各地区各部门要制定政务公开专项业务培训计划,组织开展业务培训和研讨交流,2018 年底前对政务公开工作人员轮训一遍。各级行政学院等干部培训院校应将政务公开纳入干部培训课程,着力强化各级领导干部在互联网环境下的政务公开理念,提高指导、推动政务公开工作的能力和水平。政务公开工作人员要加强政策理论学习和业务研究,准确把握政策精神,增强专业素养。

(六)强化考核问责机制。各地区各部门要将信息公开、政策解读、回应关切、媒体参与等方面情况作为政务公开的重要内容纳入绩效考核体系,政务公开工作分值权重不应低于4%。强化政务公开工作责任追究,定期对政务公开工作开展情况进行督查,对政务公开工作推动有力、积极参与的单位和个人,要按照有关规定进行表彰;对重要信息不发布、重大政策不解读、热点回应不及时的,要严肃批评、公开通报;对弄虚作假、隐瞒实情、欺骗公众,造成严重社会影响的,要依纪依法追究相关单位和人员责任。

政务公开是行政机关全面推进决策、执行、管理、服务、结果全过程公开,加强政策解读、回应关切、平台建设、数据开放,保障公众知情权、参与权、表达权和监督权,增强政府公信力执行力,提升政府治理能力的制度安排。各级行政机关、法律法规授权的具有管理公共事务职能的组织为《关于全面推进政务公开工作的意见》的适用主体,公共企业事业单位参照执行。公民、法人和其他组织向行政机关申请获取相关政府信息的,行政机关应依据《中华人民共和国政府信息公开条例》的规定妥善处理。

中宣部 中央编办 文化部 广电总局 关于进一步理顺地方电影管理体制的通知

(2008 年 11 月 20 日 中宣发〔2008〕31 号)

为深入贯彻党的十七大精神,认真落实《中共中央国务院印发〈关于深化行政管理体制改革的意见〉的通知》(中发〔2008〕5 号),加快我国电影业改革发展,根据《国务院办公厅关于印发文化部主要职责内设机构和人员编制规定的通知》(国办发〔2008〕79 号)和《国务院办公厅关于印发国家广播电影电视总局主要职责内设机构和人员编制规定的通知》(国办发〔2008〕89 号),现就进一步理顺地方电影管理体制有关问题通知如下:

一、总体要求

以邓小平理论和“三个代表”重要思想为指导,深入贯彻落实科学发展观,按照中央关于深化行政管理体制改革的要求,实行电影制作、发行、放映等统一归口管理,着力转变职能、理顺关系、优化结构、提高效能,建立完善责权一致、分工合理、执行顺畅、监督有力的电影管理体制,为推动电影的大发展大繁荣、不断满足人民日益增长的精神文化需求提供有力保障。

二、工作任务

按照国务院批准的国家广播电影电视总局“三定”规定,由国家广电总局全面负责指导全国电影制作、发行、放映等管理工作,将文化部承担的指导地方电影发行、放映的工作职责,统一归口划入广电总局。

1. 将地方各级文化主管部门承担的电影发行放映管理、市场准入、农村和社区等电影公共服务、农村电影放映工程的实施、指导基层电影队伍建设、电影专项资金的收缴和管理等职责,统一归口划入地方各级负责广电工作的部门。

2. 将省级文化主管部门承担电影发行放映的市场监管职责统一归口划入省级负责广电工作的部门。

3. 将地方各级文化主管部门所属的各国有电影企事业单位（包括国有、国有控股的电影公司、院线公司及影院，少数民族语译制中心，教育培训单位等）成建制统一划转到地方各级负责广电工作的部门。

4. 将地方各级文化主管部门与电影工作相关的机构编制、经费、设施、设备等统一划转到地方各级负责广电工作的部门。

三、组织安排

1. 切实加强领导。要按照中央的部署，在各省（区、市）党委、政府的统一领导下，成立专门工作机构，制定调整划转实施方案，精心组织，周密安排，统筹协调，确保调整划转工作顺利进行。各省（区、市）党委宣传部、编办要加强指导，文化厅（局）、广电局要密切协作、积极配合，认真履行职责。通过扎实有效的工作，真正把调整划转的各项任务落实到位。

2. 做好思想政治工作。要按照顾全大局、平衡过渡、促进发展的要求，认真细致地做好所属各有关部门、各电影企事业单位干部职工的思想政治工作，确保队伍思想稳定。调整划转过程中，国有电影企事业单位性质保持不变、原有优惠扶持政策保持不变。要充分调动各方面的积极性，妥善解决工作中遇到的各种矛盾和问题，做到理顺体制工作与日常工作两不误、两促进。

3. 严肃组织纪律。电影管理体制调整过程中，严禁突击转移国有资产资金、突击花钱、突击提拔调动干部。有关部门要做好编制核查、劳动人事、资产评估、债权债务清查、社会保障和监察审计等工作，确保人、财、物顺利划转，防止国有资产流失。对违反规定的，要严肃处理，追究有关单位及主要负责人的责任。各地电影管理体制调整和相关划转工作，自文件下达之日起，力争 3 个月内完成。各省（区、市）的工作方案、进展情况以及工作中遇到的问题，及时报告中宣部、中央编办、文化部和国家广电总局。

关于做好新疆少数民族文化产品译制工作的意见

(2010 年 6 月 4 日　中宣发〔2010〕12 号)

根据中央精神,就提高“十二五”时期新疆少数民族文化产品译制能力提出如下意见。

一、总的要求

贯彻中央新疆工作座谈会精神,紧紧围绕共同团结奋斗、共同繁荣发展的民族工作主题,着眼于丰富广播少数民族群众的精神文化生活,着眼于增强各族人民的国家意识和文化认同,加快译制能力建设,大幅提高新疆少数民族文化产品的数量和质量。在五年左右时间,建成若干个机构健全、功能完善、译制能力强的少数民族语言文字译制、出版基地,形成一支政治强、业务精的翻译人才队伍,建立稳定的财政投入保障机制,使新疆少数民族文化产品供给不足的问题得到明显改善,译制工作水平得到明显提高,使体现民族特色、反映时代精神、具有很高水准的翻译作品不断涌现,新疆各族群众多方面多层次的精神文化需求不断得到满足,实现新疆文化事业的进一步繁荣和发展,为建设中华民族共有精神家园做出积极贡献。

二、加强译制基地建设

按照公益性、规模性的原则,以新疆乌鲁木齐等主要城市为依托,充分发挥内地城市的资源优势,到 2012 年底,建立文学艺术、语言文字出版、广播影视等三个译制基地,重点推进以下几方面工作。

1. 建立“新疆文艺译制中心(基地)”。新疆文化厅负责在乌鲁木齐建立“新疆文艺译制中心(基地)”,译制和推广国内外优秀舞台艺术、群众文艺作品,丰富少数民族群众精神文化生活。

2. 建立“新疆民文出版及数字新媒体基地。”由新疆新闻出版局负责,依托新疆人民出版社,整合资源提升译制生活能力,优化配置新疆维吾尔、哈萨克、蒙古、柯尔克孜、锡伯文等现有出版资源，建设集选题策划，生产制作和项目开发于一体，具有较强创意策划、翻译出版能力的出版生产基地，翻译出版更多更好的民文(含双语)图书、电子音像制品等出版物。依托新疆日报、新疆电子音像出版社等新闻出版单位，大力推动资源与新兴传播手段相结合，发展以互联网、手机出版为代表的民文数字出版新媒体，创办民文版互联网、手机报刊和民文文学网站。

3. 建立“新疆维吾尔自治区广播影视译制中心(基地)”。由新疆广电局负责，整合现有新疆人民广播电台新闻译制中心、新疆电视台新闻译制中心和新疆影视译制中心，成立“新疆维吾尔自治区广播影视译制中心(基地)”，译制中央人民广播电台、中央电视台及中央和各省区市媒体的新闻节目，增加播出时长，把更多优秀影视作品译成少数民族语言，进一步丰富节目内容，提高译制水平。指导、协调和做好地州广播影视译制工作，做好锡伯民族较为聚集的察布查尔锡伯自治县和塔吉克民族较为聚集的塔什库尔干塔吉克自治县等少数民族聚居县的影视节目译制工作。支持天山电影制片厂每年拍摄4部左右民汉双语电影。

4. 动员各方面力量支持译制基地建设。充分发挥中国民族语言翻译中心(局)、民族出版社和新疆现有民文翻译实体的作用，为译制基地建设提供业务指导、支持和服务。推动译制社会化生产，吸收社会译制资源参与译制工作。

三、加强译制内容建设

广泛利用世界优秀文化成果和中华民族优秀文化资源，积极开掘当代文化成果，为新疆少数民族文化产品译制工作提供丰富文化精品。要坚持正确导向，坚持高质量，明确译制文化产品内容的各项标准。坚持扩大译制内容的数量和提高译制质量相结合，重点选择已经产生重要社会影视的优秀文学、艺术、电影、电视剧、动漫、新闻作品和科技、哲学社会科学著作进行多语种译制。

1. 加强新闻文化艺术资源建设。每年有计划地引进各省区市优秀文艺作品近200部，包括3台中型剧目、3台中型动漫剧目、100首歌曲、20部小品、10部诗朗诵作品等，通过多语种译制、移植、舞台呈现和推广，使之在全递增广泛传播。在全国文化信息资源共享工程中增加新疆少数民族语言文字资源建设，加强优秀文化资源和少数民族群众急需的农业科技、务工技能等各项资源的译制，每年译制1380小时视频资源，建设文化资源共享工程少数民族语言文字网站，将55个文化专题多媒体资源库译制为双语精品多媒体资源，译制12个新疆特色资源库。

2. 加快已有电视电影节目的开发利用。支持新疆当地广播电视机构翻译播出中央电视台优秀电视节目,特别是新闻教育、科技、少儿、法制类节目。进一步扩大影视节目量,每年译制各民族语种影视剧 10000 集。自治区电视台 6 套维吾尔、哈萨克少数民族语言节目每年制作时间由 995 小时增加到 2220 小时,每年译制节目时间由 867 小时增加到 1702 小时。每个地(州、市)每天制作 60 分钟少数民族语言节目。自治区电影译制量从每年 60 部次增加到 156 部次。加强少数民族语言音视频网站建设。中央电视台授权新疆影视机构免费译制其拥有版权的节目。

3. 增加广播节目的播出进长。支持新疆译制中央人民广播电台优秀广播节目,增加自采新闻节目,自治区广播电台 4 套少数民族语言节目首播时间由每天 36 小时增加到 85 小时。加大广播节目免费赠送力度,中央人民广播电台授权新疆广播机构免费译制其拥有版权的广播节目。

4. 增加民文出版物的品种数量。实施重大民文出版译制工程,每年选择不少于 500 种以正确解读新疆历史、民族文化、宗教问题,服务社会主义核心价值体系建设,以及服务新疆教育、就业和改善民生为重点的汉文、外文优秀图书、电子音像制品等文化产品,翻译成少数民族语言文字。创办新闻时政类、法制类、科技类、青少类 4 类民文手机报刊。

5. 提高民文报刊质量。支持办好新疆各级党报党刊民文版、“双语”教育报刊和文化文学类、科技类、法制类、少儿类等重点民文期间。支持各级党报党刊民文版实现互联网出版。支持做好《中国民族》、《民族画报》、《民族文学》等维吾尔、哈萨克文版期刊的编辑出版发行工作。

四、加强译制人才队伍建设

采取切实措施,把高等院校优秀毕业生吸收到民汉翻译队伍中来。加大翻译人才培养力度,由中央宣传部牵头,国家民委和新疆维吾尔自治区党委宣传部组织实施,以中央民族大学、西北民族大学、新疆大学、新疆师范大学等高校为基地,采取学历教育与短期培训相结合的方式,定期举办翻译人才业务培训班,每年培训 200 人。开展民汉翻译人才资格认定工作。实施内地翻译人才服务新疆计划,广泛吸引内地有志于民汉翻译的人才投身译制工作。完善激励机制,对在民汉翻译工作中成绩突出的人员给予奖励。支持鲁迅文学院办好“新疆民族语文翻译业务骨干高级研修班”。

五、加强组织领导

中央各有关部门、新疆维吾尔自治区党委政府、新疆生产建设兵团党委要充分认识做好少数民族地区文化产品译制工作的重要意义，把这项工作纳入重要议事日程，关心支持译制工作，及时研究解决存在的突出问题，充分调动各民族文化工作者的积极性、主动性、创造性。建立宣传部门牵头，发展改革、教育、民族、财政、文化、广电、新闻出版等部门共同参与的协调机制，形成合力，确保各项任务落到实处。

六、加强资金保障

加大对新疆少数民族文化产品译制工作的财政支持力度。中央财政对译制少数民族语言文字影视节目、出版物、舞台艺术和动漫作品等文化产品给予资金补助。进一步加大对公益性民族语言文字出版译制项目、民族文文字出版译制单位的设备更新技术改造、民族语言文字翻译人才培训等的支持。“十二五”期间“西新工程”继续支持少数民族语言广播电影电视节目译制，全国文化信息资源共享工程专项资金中安排少数民族语言文字资源译制经费，“东风工程”增加出版译制资助资金，“春雨工程”安排译制和推广国内外优秀舞台艺术、群众文艺作品经费。创新财政资金投入方式，提高资金使用效益，引入竞争机制，对译制文化产品给予扶持。拓展资金渠道，完善财税政策，吸引社会各方面资金支持少数民族语言文字译制工作。

关于整合组建文化市场综合执法机构加强文化市场综合执法人员编制管理的实施意见

(2010 年 3 月 17 日　中央编办发〔2010〕47 号)

根据中央关于文化体制改革的精神和中央宣传部、中央编办、文化部、广电总局、新闻出版总署《关于加快推进文化市场综合执法改革工作的意见》(中宣发〔2009〕25 号)关于对文化市场监管实行“统一领导、统一协调、统一执法”的要求,现就副省级及以下城市、县整合组建文化市场综合执法机构,加强机构编制管理提出以下意见。

一、指导思想

坚持以邓小平理论和“三个代表”重要思想为指导,深入贯彻落实科学发展观,按照繁荣发展社会主义先进文化的要求,适应经济社会发展的需要,坚持依法行政,加强市场监管,推进文化市场综合执法,组建统一高效的文化市场综合执法机构,形成权责明确、行为规范、监督有效、保障有力的执法体制。

二、整合组建机构

文化市场综合执法的主体是城市政府,实行属地管理。副省级及以下城市和县要整合现有的文化、广播影视、新闻出版(版权)等部门所属的行政执法机构,设立集中统一的文化市场综合执法机构,主要负责市场领域的文化执法工作。

设区的市要按照因地制宜、统筹协调的原则,在全市范围内进行统一执法。市、区的管理方式可结合实际积极探索,合理划分职责权限,避免对文化市场主体进行重复执法。

现阶段执法任务较轻、尚未建立执法机构的市、县,可由有关部门直接执法,不新设执法机构。

三、理顺体制机制

文化市场综合执法机构由文化综合部门负责管理。文化、广播影视、新闻出版

(版权)部门尚未整合为一个政府部门的,也要明确由一个部门管理。

各相关部门要在各自职责权限范围内,指导文化市场综合执法机构依法开展执法业务。文化市场综合执法机构要规范执法行为,严格实行"罚缴分离"、"收支两条线"制度,杜绝执法人员收入与罚没收入直接或变相挂钩;要落实文化、广播影视、新闻出版(版权)等部门的工作部署和任务,加强沟通联系,及时掌握行政执法的依据、标准以及相关行政许可情况,并定期向相关部门通报执法情况和市场动态,提出政策建议,征询工作意见。

四、规范编制管理

在整合组建文化市场综合执法机构中,现有的机构性质和编制性质原则上不做调整。各省、自治区、直辖市机构编制部门要结合各地执法任务量、辖区范围、执法对象等实际情况,统筹考虑文化市场综合执法机构的组建与有关文化管理部门的整合,合理确定综合执法机构编制配备标准。综合执法机构的编制数量要在整合现有文化、广播影视、新闻出版(版权)执法机构的基础上,根据文化市场管理的需要和从紧从严的原则核定,整合后人员编制总量一般不突破现有规模。要通过调整结构、优化布局、加强管理等方式,充分发挥现有编制的效用。

提高文化市场综合执法机构的人员素质,实行人员编制实名制管理。根据《中共中央办公厅、国务院办公厅转发〈中央宣传部、中央编办、财政部、文化部、国家广电总局、新闻出版总署、国务院法制办关于在文化体制改革综合性试点地区建立文化市场综合执法机构的意见〉的通知》(中办发〔2004〕24 号)精神,执法人员优先从现有文化、广播影视、新闻出版(版权)等部门所属的执法机构中择优选拔,未被选拔的人员要妥善安置,新进人员应按照有关规定录用。

五、组织实施

各省、自治区、直辖市机构编制部门要协同宣传、文化、广播影视、新闻出版(版权)等部门,统筹考虑、抓紧研究制定整合文化市场综合执法机构的实施方案,并与正在开展的市县政府机构改革有机结合起来,在 2010 年底前基本完成文化市场综合执法机构的整合组建。整合组建文化市场综合执法机构,推进文化市场综合执法改革,要在地方党委、政府的统一领导下进行,要确保工作不受影响,确保社会稳定。中央编办将会同有关部门适时对这项工作进行督查。

关于规范证券投资咨询机构和广播电视证券节目的通知

(2006 年 9 月 15 日　证监发〔2006〕104 号)

近年来,部分证券投资咨询机构(以下简称“咨询机构”)在借助国内媒体开展证券投资咨询业务时,出现明示或暗示投资收益,传播虚假信息、误导甚至欺诈投资者等违背证券法规的现象,损害了投资者利益。为进一步规范和加强对证券投资咨询业务和广播电视播出证券节目的管理工作,维护投资者的合法权益,根据《证券法》、《广播电视管理条例》、《关于加强证券期货信息传播管理的若干规定》和《会员制证券投资咨询业务管理暂行规定》(以下简称《暂行规定》),现就有关事宜通知如下:

一、中国证监会及其派出机构、各级广播电视行政部门和播出机构必须高度重视证券信息传播监管和广播电视播出证券节目管理工作,牢固树立政治意识、大局意识和责任意识,切实增强社会责任感,坚决服从和服务于我国资本市场改革开放和稳定发展的大局,切实督促咨询机构严格遵守客观、公正、诚信、专业的原则,为我国证券市场的健康发展提供积极的舆论支持。

二、广播电台、电视台开办证券节目的,应符合其国家广电总局批准的节目设置范围。开办证券节目时需调整节目设置范围,应按照《广播电视管理条例》及相关规定报经广播电视行政部门批准。同时,证券监管部门应就咨询机构参与广播电视证券节目开展证券咨询业务提出具体的管理要求和标准。杜绝传播虚假、片面和误导性信息。

咨询机构只能参与经国家有关部门批准的广播电视播出机构开办的证券节目。咨询机构参与广播电台、电视台相关证券节目之前,应向广播电台、电视台提供中国证监会颁发的证券投资咨询相关资格证书和注册地证监局就该机构合规经营、业务投诉等情况出具的书面意见。广播电台、电视台应就咨询机构所提供资料向当地证监局核实。广播电台、电视台不得准许材料不实、证监局提出异议的咨询机构和任何个人参与证券节目。广播电台、电视台与咨询机构续签协议时,也应严格遵守上述规定。

三、广播电台、电视台不得准许咨询机构工作人员以广播电视从业者身份从事采访活动。参与广播电视证券节目的咨询机构和节目分析师必须具备证券投资咨询相关资格，证券节目编辑、记者、主持人、播音员应具有广播电视相关从业资格。

四、广播电台、电视台应加强对证券节目的审查与管理，节目内容必须符合广播电视节目管理规定、证券投资咨询相关法律法规、行业自律规范以及证券监管部门的管理要求和标准，提高资讯含量，不得宣传过往荐股业绩、产品、咨询机构和人员的能力，不得传播虚假、片面和误导性信息。不得在证券节目中播出客户招揽内容。未按《暂行规定》的要求履行报备程序并取得当地证监局同意，咨询机构不得在证券节目中播出电话、传真、短信及网址等联络方式。

证券节目须按《暂行规定》要求，以显著、清晰的方式进行风险提示，公示（公告）相关机构全称及业务资格证书号码、参与节目的执业人员姓名及执业证书号码。

五、各证监局、广播影视局应加强沟通协作，及时通报有关信息，按照本通知要求，加强对咨询机构及其人员、证券节目播出（包括以广告等形式推销证券咨询类软件、杂志等产品和服务的节目）的管理。

六、广播电台、电视台违反本通知要求的，依据《广播电视管理条例》及国家广电总局的规定予以处罚。

咨询机构和执业人员违反本通知规定或提供虚假材料的，由中国证监会责令改正、没收违法所得、罚款、暂停或者撤销证券投资咨询相关资格。咨询机构及其执业人员利用广播电台、电视台，提供、传播虚假或者误导投资者的信息的，依法承担相应责任。

七、本通知下发后，各级广播电台、电视台已经开办的证券节目，必须严格遵照执行上述要求，并在30日内重新办理相关手续。

八、本通知自发布之日起施行。

特此通知。

财政部 中宣部 文化部 广电总局 新闻出版总署关于在文化体制改革中加强国有文化资产管理的通知

(2007 年 9 月 29 日 财教〔2007〕213 号)

党的十六大以来,在党中央、国务院的正确领导下,文化体制改革工作顺利开展,取得了明显成效。随着各项改革措施的推进,新闻出版、广播影视、文化艺术领域的国有企事业单位占有和使用的国有资产(以下简称国有文化资产)总量不断增加,资本运作方式发生了新的变化。为确保文化体制改革健康有序进行,促进文化事业和文化产业发展,经党中央、国务院批准,现就文化体制改革中加强国有文化资产管理有关问题通知如下。

一、要充分认识加强国有文化资产管理的重要性和紧迫性。新形势下,加强国有文化资产管理,对于坚持马克思主义在意识形态领域的指导地位,牢牢把握文化发展的主导权,确保国家文化安全,具有极为重要的意义。在深化文化体制改革中,各地区、各部门要从加强党的执政能力建设,创新党对意识形态工作的领导方式,加强和改进文化领域宏观管理的高度,进一步统一思想,提高认识,切实加强国有文化资产管理工作。

二、要明确管理职责,完善工作协调机制。财政部门要切实履行对国有文化资产的监管职责。文化行政主管部门在党委宣传部门的指导下,按照部门职责对所属企事业单位的国有文化资产实施具体管理。党委宣传部门要进一步做好宣传文化企事业单位主要领导干部的监督管理、文化体制改革的组织协调和宣传业务的指导工作,重大国有文化资产变动事项(比如,经营性文化事业单位转制为企业后的企业重组和股份制改造中涉及的重大资产变动等)的审查把关。财政部门、文化行政主管部门和党委宣传部门等要加强沟通和协调,共同做好国有文化资产管理工作。

三、要严格规范和履行国有文化资产管理的审批程序。国有文化企事业单位要遵守国家现行有关国有资产管理的法律法规,建立健全资产管理机构和规章制度。经营性文化事业单位转制为企业，必须严格遵守中央有关文化体制改革的规定和政策，认真做好资产清查、资产评估等基础工作，资产变动事项经文化行政主管部门审核同意后，报同级财政部门审批，并按有关规定办理。国有文化企业开展投融资活动，必须按照有关规定做好资产评估工作，评估结果须报同级财政或国资部门备案或进行合规性审核；变更国有资产产权、国有股权，改变国有资产使用方向等事项，须报经同级财政或国资部门审批后，按照有关程序办理；凡涉及前述重大国有文化资产变动事项，须经同级党委宣传部门同意。已授权由国有资产监督管理部门负责监管的国有文化企业，其资产监管仍继续由国有资产监督管理部门负责，资产管理关系是否需要变动，由地方党委、政府决定。

四、要建立对国有文化资产管理的绩效考评机制。财政部门要会同党委宣传部门和有关文化行政主管部门，在调查研究的基础上，参考有关国有资产绩效考评的规定，结合国有文化企事业单位的工作特点，尽快制定国有文化资产绩效考评办法。考评工作应把社会效益放在首位，实现社会效益和经济效益相统一，促进国有文化资产使用效益的提高，保证公益性国有文化资产安全完整，经营性国有文化资产保值增值，实现国有文化资产的合理流动和优化配置。要建立国有文化资产管理的激励和约束机制，将绩效考评结果与国有文化事业单位的经费安排、资产配置、国有文化资产经营者的收入分配真正挂钩。改进和完善国有文化企事业单位领导人任期审计制度，建立科学合理、可追溯的资产经营管理责任制。

五、要结合实际，及时制定加强国有文化资产管理的具体措施。国有文化资产管理涉及面广，情况复杂，需要在实践中不断研究和探索。在深化文化体制改革中，各级财政部门要会同相关部门在本通知精神的指导下，及时制定加强国有文化资产管理的具体措施。在文化体制改革试点过程中已对国有文化资产管理体制进行探索的地区，可结合本地实际继续探索实践，逐步调整、完善和规范。

中国气象局 广电总局关于进一步加强广播电视气象灾害预警信息发布工作的通知

(2007 年 10 月 29 日　气发〔2007〕378 号)

广播电视是公众获取气象灾害预警信息的重要途径。继 1993 年和 1996 年国家广电总局和中国气象局联合印发《关于改进电视天气预报节目内容增加城市天气预报播出时次的通知》(国气天发〔1993〕4 号)、《关于进一步加强电视天气预报工作的通知》(中气候发〔1996〕3 号)以来,各级广播影视和气象部门密切合作,及时有效地向公众发布各类气象信息,取得了巨大的社会经济效益,受到各级党政领导、有关部门和广大人民群众的欢迎和好评。

目前,在全球气候持续变暖的背景下,极端天气气候事件频繁发生,特别是突发性气象灾害发生频率高、范围广、强度大,给人民生命财产安全造成了严重威胁。为贯彻落实中央领导同志对气象防灾减灾工作的重要指示精神和《国务院办公厅关于进一步加强气象灾害防御工作的意见》(国办发〔2007〕49 号),经国家广播电影电视总局和中国气象局共同研究,现对进一步加强广播电视气象灾害预警信息发布传播和气象防灾减灾科普宣传工作通知如下:

一、各级广播影视部门和气象部门要站在深入贯彻落实科学发展观和构建社会主义和谐社会的高度,进一步加强合作,共同做好广播电视气象灾害预警信息发布传播和气象防灾减灾科学普及宣传工作,切实提高气象灾害预警信息发布的时效性,提升公众气象防灾减灾的意识和能力,提高全社会防灾减灾水平,最大限度地减少气象灾害造成的人员伤亡和财产损失。

二、各级广播影视部门和气象部门要继续发扬密切合作的优良传统,建立稳定有效的沟通合作机制,完善广播电视气象节目定时播发和气象灾害预警信息即时插播制度,努力在第一时间将气象灾害预警信息传送到公众手中。要积极创造条件,增加气象节目播出时间和频次,丰富气象节目内容,不断提高气象节目质量,努力满足公众对气象信息的需求。

三、各级气象部门要充分利用国家、省、市、县四级气象灾害预报预测系统,不断提高突发性气象灾害预警预报的准确率、时效性和精细程度，开发制作适合广播、电视等媒体播出的气象预警预报产品和满足防灾减灾、构建社会主义和谐社会和可持续发展需要的气象节目。

四、遇有突发性气象灾害，各级气象台站应立即通知并及时将气象灾害预警信息传至同级广播电台、电视台。各级广播电台、电视台收到气象灾害预警信息后，应根据不同种类气象灾害预警信息的级别（一般、较重、严重、特别严重），及时调整节目，采用主持人播报、字幕板、滚动字幕条等多种形式插播。遇有特别严重气象灾害，应立即中断正常节目进行插播，确保当地气象灾害预警信息及时、有效发布。

五、各级气象台站应根据国家有关政策、法规，建立严格的气象灾害预警信息审查签发制度，并对所发布的气象灾害预警信息内容负责。各级广播电台、电视台和同级气象台站应根据当地实际情况，协商确定不同种类不同级别气象灾害预警信息的插播方式和流程，建立稳定可靠的气象灾害预警信息传输通道，并指定专人负责，确保气象灾害预警信息传输安全、畅通。

六、各级广播影视部门和气象部门要充分发挥各自优势，结合当地气象灾害特点联合制作高质量的气象防灾减灾科普宣传节目，加大气象科普和防灾减灾知识宣传力度，深入普及气象防灾减灾知识，提高全社会气象防灾减灾意识和公众自救互救能力。要进一步加强气象广播电视宣传编辑记者、播音员主持人队伍建设，努力提高编辑记者、播音员主持人队伍整体素质，并将气象广播电视宣传编辑记者、播音员主持人队伍纳入广电部门的执业资格管理。

各级广播影视部门和气象部门接到本通知以后，应主动互相联系，制定进一步做好广播电视气象灾害预警信息发布和气象科普宣传工作的具体实施办法。

教育部 国家发展改革委 财政部 文化部 国家广电总局关于进一步开展中小学影视教育的通知

(2008 年 6 月 19 日 教基〔2008〕15 号)

组织中小学生观看优秀影视作品,是加强爱国主义教育和革命传统教育的客观要求,是培养和造就中小学生健康人格的时代需要,是生动形象引导中小学生健康成长的有效途径,是进一步丰富学校教育的重要措施。加强影视教育工作,有利于引导中小学生树立报效祖国、服务人民的远大志向,培养崇尚先进、追求崇高的美好情怀,形成积极向上、勇于进取的人生态度,达到好的影视作品可以影响一代人、感染一代人、激励一代人的目的。改革开放以来,在党和国家的亲切关怀和各有关部门的共同努力下,中小学生电影教育有了新的发展。全国中小学生影视教育协调工作委员会已向全国中小学定期推荐了 20 批优秀影片,各地根据自身的实际情况通过多种形式开展影视教育,努力保障学生看上电影、看好电影,为推动影视教育工作的广泛深入开展创造和积累了经验。

为适应新形势下加强和改进未成年人思想道德建设的要求,进一步发挥优秀影视作品的育人功能,推进中小学影视教育工作健康发展,现将有关要求通知如下:

一、将影视教育纳入中小学教学计划,充分发挥优秀影片的育人功能。各地教育行政部门和中小学要把影视教育列入爱国主义和革命传统专题教育,保障每个中小学生至少每学期观看 2 次优秀影片,使观看爱国主义影视作品成为每个中小学生的"必修课"。要把影视教育与各学科教学相结合,根据德育、语文、科学、历史、地理等学科教学的需要播放相关的影片,提高课堂教学的效果。要把影视教育作为美育的重要内容,有条件的地区和学校可以开设影视教育的地方和校本课程,培养学生对影视作品的审美和鉴赏能力。

二、采取多种方式,促进影视教育的均衡发展。鼓励各地将农村中小学影视教育纳入农村电影放映工程中统一规划实施。各地教育、文化、广电等部门要创造条件加强当地中小学与影片发行放映机构的联系,为中小学提供充足片源,充分利用学校现有场地放映数字电影或胶片电影。有条件的可组织学生到影剧院观看影片。有放映设备的中小学要根据学校各年级的实际情况制订合理的放映计划,充分发挥设备的作用。农村地区的中小学要充分利用国家在农村中小学现代远程教育工程中为学校配备的影视资源和播放设备,放映优秀影片。

三、加大支持和扶持力度,为影视教育提供保障。从2008年开始,进入农村义务教育阶段学校为学生放映的爱国主义电影所需经费从公用经费中开支。城市义务教育阶段学生的影视教育经费纳入公用经费开支范围。广电、文化等部门要积极支持儿童电影事业的发展,提高儿童电影的质量,并为各地开展影视教育提供优秀片源,保障影视教育的持续发展。积极动员发行放映机构为中小学开展影视教育提供便利和支持。鼓励社会各界为中小学开展影视教育提供多方面的扶持。

财政部 国家税务总局关于文化体制改革中经营性文化事业单位转制为企业的若干税收政策问题的通知

(2009 年 3 月 26 日 财税〔2009〕34 号)

为了贯彻落实《国务院办公厅关于印发文化体制改革中经营性文化事业单位转制为企业和支持文化企业发展两个规定的通知》(国办发〔2008〕114 号),进一步推动文化体制改革,促进文化企业发展,现就经营性文化事业单位转制为企业的税收政策问题通知如下:

一、经营性文化事业单位转制为企业,自转制注册之日起免征企业所得税。

二、由财政部门拨付事业经费的文化单位转制为企业,自转制注册之日起对其自用房产免征房产税。

三、党报、党刊将其发行、印刷业务及相应的经营性资产剥离组建的文化企业,自注册之日起所取得的党报、党刊发行收入和印刷收入免征增值税。

四、对经营性文化事业单位转制中资产评估增值涉及的企业所得税,以及资产划转或转让涉及的增值税、营业税、城建税等给予适当的优惠政策,具体优惠政策由财政部、国家税务总局根据转制方案确定。

五、本通知所称经营性文化事业单位是指从事新闻出版、广播影视和文化艺术的事业单位;转制包括文化事业单位整体转为企业和文化事业单位中经营部分剥离转为企业。

六、本通知适用于文化体制改革地区的所有转制文化单位和不在文化体制改革地区的转制企业。有关名单由中央文化体制改革工作领导小组办公室提供,财政部、国家税务总局发布。本通知执行期限为 2009 年 1 月 1 日至 2013 年 12 月 31 日。

财政部、海关总署、国家税务总局关于继续实施支持文化企业发展若干税收政策的通知

（2014 年 11 月 27 日　财税〔2014〕85 号）

为贯彻落实《国务院办公厅关于印发文化体制改革中经营性文化事业单位转制为企业和进一步支持文化企业发展两个规定的通知》（国办发〔2014〕15 号）有关规定，进一步深化文化体制改革，促进文化企业发展，现就继续实施支持文化企业发展的税收政策有关问题通知如下：

一、新闻出版广电行政主管部门（包括中央、省、地市及县级）按照各自职能权限批准从事电影制片、发行、放映的电影集团公司（含成员企业）、电影制片厂及其他电影企业取得的销售电影拷贝（含数字拷贝）收入、转让电影版权（包括转让和许可使用）收入、电影发行收入以及在农村取得的电影放映收入免征增值税。一般纳税人提供的城市电影放映服务，可以按现行政策规定，选择按照简易计税办法计算缴纳增值税。

二、2014 年 1 月 1 日至 2016 年 12 月 31 日，对广播电视运营服务企业收取的有线数字电视基本收视维护费和农村有线电视基本收视费，免征增值税。

三、为承担国家鼓励类文化产业项目而进口国内不能生产的自用设备及配套件、备件，在政策规定范围内，免征进口关税。支持文化产品和服务出口的税收优惠政策由财政部、税务总局会同有关部门另行制定。

四、对从事文化产业支撑技术等领域的文化企业，按规定认定为高新技术企业的，减按 15% 的税率征收企业所得税；开发新技术、新产品、新工艺发生的研究开发费用，允许按照税收法律法规的规定，在计算应纳税所得额时加计扣除。文化产业支撑技术等领域的具体范围和认定工作由科技部、财政部、税务总局商中央宣传部等部门另行明确。

五、出版、发行企业处置库存呆滞出版物形成的损失，允许按照税收法律法规的规定在企业所得税前扣除。

六、对文化企业按照本通知规定应予减免的税款,在本通知下发以前已经征收入库的,可抵减以后纳税期应缴税款或办理退库。

七、除另有规定外,本通知规定的税收政策执行期限为2014年1月1日至2018年12月31日。《财政部 海关总署 国家税务总局关于支持文化企业发展若干税收政策问题的通知》(财税〔2009〕31号)自2014年1月1日起停止执行。

商务部等十部门关于进一步推进国家文化出口重点企业和项目目录相关工作的指导意见

（2010年2月1日　商服贸发〔2010〕28号）

为深入贯彻落实党的十七大以及党中央、国务院关于大力促进文化贸易发展的一系列指示精神，2007年，商务部会同中宣部、外交部、文化部、广电总局、新闻出版总署、国务院新闻办等有关部门共同制定了《文化产品和服务出口指导目录》（以下简称《指导目录》），根据《指导目录》评选并发布了《国家文化出口重点企业目录》（以下简称《企业目录》）和《国家文化出口重点项目目录》（以下简称《项目目录》）。各部门、各地区依据有关规定在市场开拓、技术创新等方面，对国家文化出口重点企业和重点项目创造条件予以支持，有力地促进了我国文化出口。为进一步扶优扶强，加大对文化出口重点企业和重点项目的支持力度，现提出如下意见：

一、背景和意义

当前，经济全球化深入发展，国际文化市场已成为各国文化竞争和交流的重要渠道，成为提升国家软实力的重要平台。随着我国综合国力日益增强和文化产业的发展，近年来文化出口发展迅速，越来越多的文化企业进入国际文化市场，文化产品和服务的贸易逆差初步扭转，中华文化影响力不断扩大。但由于我国文化产业刚刚起步，在资本、技术、市场等方面与西方国家相比还有一定差距。进一步加大对文化出口重点企业和项目的支持力度，有利于率先培育一批中国文化出口品牌企业和品牌项目，加快提升文化出口企业的国际竞争力，推动我国文化贸易实现跨越式发展。

二、发展目标

着力培养一批国际文化市场竞争主体，鼓励、支持和引导各种所有制文化企业开拓国际市场。培育和发展一批实力雄厚的外向型大型国有文化企业，使之成为文化出口的主导力量。创造公平的市场环境和良好的政策、法制环境,保障符合条件的非公有制文化企业依法获得出口经营资格,从事国家法律法规允许经营的文化产品和服务出口业务,并与国有文化企业享有同等待遇。

三、主要任务

培育文化贸易品牌。深入挖掘和整理民族文化资源,鼓励文化企业开发具有自主知识产权的原创性产品,加快培育一批具有国际竞争力的文化贸易品牌。

加强营销能力建设。积极发展市场中介营销机构,扶持其开展国际市场调研、咨询和营销业务,支持建立中国文化的海外直接营销渠道,减少单个企业的对外贸易成本。提高企业国际市场营销能力,建立适合企业特点的营销网络,不断拓展营销渠道。

提升运用现代高新技术的水平。加强文化领域数字化、网络化等技术的研发和应用,提高文化企业的装备制造技术水平。加大对与文化出口相关的共性技术研发的扶持,积极开发拥有自主知识产权的关键技术和核心技术,加强对国外先进技术的引进、消化、吸收和再创新工作,着力发展文化电子商务。

积极发展新兴业态。采用高新技术和现代生产方式,改造传统的文化创作和生产方式,推进文化产业升级,延伸文化产业链条。发展现代影视内容产业,满足境外多种媒体、多种终端发展对我影视数字内容的需求。发展高新技术印刷、特色印刷和光盘复制业,开发电子娱乐,创新娱乐业态。

四、制定和调整目录

(一)制定和调整《指导目录》。

按照国务院的要求,商务部会同中宣部、外交部、财政部、文化部、海关总署、税务总局、广电总局、新闻出版总署、国务院新闻办等部门共同制定《指导目录》,并根据国际文化贸易市场的发展趋势和需求,以及我国文化产业的发展情况,不定期对《指导目录》进行调整。《指导目录》以国家统计局发布的《文化及相关产业分类》为基础和框架,根据各部门提供的文化产品和服务入选条目及入选标准予以确定。

(二)制定和调整《企业目录》和《项目目录》。

按照《指导目录》确定的标准,各省、区、市和有关单位向国务院有关部门推荐符合条件的企业和项目,商务部会同中宣部、财政部、文化部、税务总局、广电总局和新闻出版总署组织有关专家进行评选,共同制定《企业目录》和《项目目录》,并根据文化出口情况和市场发展潜力,每两年调整一次。

企业每年填报一次《文化企业进出口情况申报表》,作为下一年度参加重点企业和重点项目评审的依据。文化出口重点企业及重点项目的承担企业(简称目录内企业),须每月填报《文化企业进出口情况申报表》。以上申报工作通过商务部“国际服务贸易统计申报系统”进行。

五、保障措施

(一)加大资金支持力度。

财政部会同有关部门研究制定财政支持文化出口的政策。通过贷款贴息、项目补助、奖励、保费补助等多种方式支持文化出口,支持文化企业在境外参展、宣传推广、培训研讨和境外投标等市场开拓活动,支持重点文化产品的对外翻译制作和出版活动。

(二)实行税收优惠政策。

贯彻落实《财政部、国家税务总局关于支持文化企业发展若干税收政策问题的通知》(财税〔2009〕31 号)规定的支持文化企业出口的税收政策。对文化企业从事国家鼓励发展的文化项目,进口项目自用且国内不能生产的设备和按照合同随设备进口的技术及配套件、备件,根据有关规定免征关税。

(三)提供金融支持。

积极改进和完善金融服务。根据文化企业的特点,鼓励和引导银行业金融机构完善信贷管理制度,创新金融产品和服务方式,加强对文化企业的融资支持。根据实际需求做好贷款投放,并合理确定贷款期限和贷款利率。加强文化企业信用增强体系建设。尽快研究建立健全无形资产(如版权、商标权)价值评估体系,制定有关无形资产价值评估标准,建立无形资产价值评估中介机构和抵(质)押登记、交易平台。在有效防范信贷风险的基础上,积极探索股权、债权、仓单、保单、应收账款、知识产权等无形资产质押担保方式,增强文化企业的融资能力。

多方面拓宽文化企业融资渠道。支持符合条件的文化企业通过发行股票、企业债券、短期融资券和中期票据等债务工具扩大直接融资。支持符合条件的文化企业在境内外资本市场上市融资。鼓励符合国家规定的相关金融机构以投资参股等形式支持文化出口。全方位做好对文化企业扩大出口和发展境外业务的金融咨询、金融理财和进出口收付汇等贸易融资服务。

进一步完善出口信用保险体系。根据我国文化出口实际情况,采取灵活承保政策,优化投保手续,不断扩大支持规模,为文化企业提供快捷高效的风险保障、融资便利、资信评估和应收账款管理等服务。

(四)提高出口便利化水平。

海关在有效监管的前提下为文化产品进出口提供通关便利,为境内文化企业出境演出、进行影视节目摄制和后期加工,以及境外文化企业来华演出、进行影视节目摄制和后期加工所需暂时进出境货物提供通关便利,提高通关效率,降低企业成本。

对从事文化出口的销售人员、演出人员,简化因公出境审批手续,实行一次审批、全年有效的办法,并研究出台管理细则。完善文化出口收汇管理,加快企业出口收汇资金结算速度,改进出口收汇核销方式,简化出口核销手续,为文化企业出口收汇开辟"绿色通道"。

(五)加强国际营销网络建设。

支持并鼓励文化企业参加国家重点支持的文化展会,通过中国(深圳)国际文化产业博览交易会、中国国际广播影视博览会、中国国际动漫节、中国国际动漫游戏博览会、北京国际图书博览会等推动文化出口。支持文化企业参加境外演艺交易会、艺术博览会、图书展、影视展、音像展艺术节、双年展、动漫游戏节等国际大型展会和文化活动,进一步扩大文化企业国际影响力。

以美、欧和我周边国家和地区为重点,借助区域文化合作等平台,支持文化企业按规定与国际著名文化制作、经纪、营销机构合作,在境外建立文化产品营销网点,逐步形成多渠道、多层次国际市场营销网络。

(六)建立并完善文化贸易中介组织。

鼓励和支持企业在自愿基础上注册成立文化贸易协会,研究有关国家文化市场和政策环境,充分发挥协会维护会员权益和市场秩序的作用。推动成立全国性的文化产品和服务出口联盟,在商务、文化等各行业主管部门的指导下,整合企业力量,扩大对外宣传,加强行业自律,提供法律咨询和信息服务,帮助企业开拓海外文化市场。

(七)支持企业赴境外投资。

鼓励企业通过新设、收购、合作等方式,在境外收购剧场,设立演艺经纪公司、艺术品经营机构、出版社、报刊社、广播电视网、出版物营销机构等,商务主管部门在境外投资促进、扶持、保障、服务、核准等方面提供便利。支持广播电视在境外落地,鼓励在境外购买媒体播出时段和报刊版面、开办广播电视频率频道、开展对外劳务合作,行业主管部门在资质评估、信息咨询、考察市场等方面给予支持。

(八)支持技术创新。

鼓励企业增加研发投入,积极开发具有自主知识产权的关键技术和核心技术。加强对文化产品和文化服务的知识产权保护。支持文化企业引进用于文化产品和服务创新的先进技术和设备,同时提升消化、吸收和再创新的能力。

(九)加强信息平台建设。

加强文化贸易信息平台建设,做好文化出口重点地区、重点行业、重点商品、重点企业及文化出口收汇的统计分析,向文化企业及时提供国际文化市场信息,为文化企业走向国际市场创造条件。

(十)建立表彰奖励机制。

对文化出口规模较大、出口业务增长较快,特别是在传播中国主流文化方面做出突出业绩的文化企业,对积极引进我国版权的国外文化机构和企业,对为我国文化开拓国际市场做出贡献的国内外媒体、中介机构和友好人士,给予相应的表彰和奖励。

(十一)加强组织领导。

建立由商务部、中宣部、财政部、文化部、人民银行、海关总署、税务总局、广电总局、新闻出版总署、外汇局组成的文化出口重点企业和项目相关工作部际联系机制,制定规划,研究政策。各地相关部门按照统一部署,切实加强沟通和协调,创造条件,共同支持我国文化出口。

关于金融支持文化产业振兴和发展繁荣的指导意见

(2011年3月19日　银发〔2010〕94号)

为贯彻落实《国务院关于印发文化产业振兴规划的通知》(国发〔2009〕30号)精神,进一步改进和提升对我国文化产业的金融服务,支持文化产业振兴和发展繁荣,现提出以下指导意见:

一、充分认识金融支持文化产业发展的重要意义

(一)文化产业快速发展迫切需要金融业的大力支持。金融是现代经济的核心,在全面建设小康社会、加快现代化建设的进程中,金融引导资源配置、调节经济运行、服务经济社会,对国民经济的持续、健康、稳定发展具有重要作用。文化产业是国民经济的重要组成部分,近年来,中央实施重要战略部署和政策措施,深化文化体制改革,加快发展文化产业,文化产业呈现出良好的发展态势,正成为经济发展新的增长点,在保增长、扩内需、调结构、促发展中发挥着重要作用。加大金融业支持文化产业的力度,推动文化产业与金融业的对接,是培育新的经济增长点的需要,是促进文化大发展大繁荣的需要,是提高国家文化软实力和维护国家文化安全的需要。各金融部门要把积极推动文化产业发展作为一项重要战略任务,作为拓展业务范围、培育新的盈利增长点的重要努力方向,大力创新和开发适合文化企业特点的信贷产品,努力改善和提升金融服务水平,促进我国文化产业实现又好又快发展。

二、积极开发适合文化产业特点的信贷产品,加大有效的信贷投放

(二)推动多元化、多层次的信贷产品开发和创新。对于处于成熟期、经营模式稳定、经济效益较好的文化企业,要优先给予信贷支持。积极开展对上下游企业的供应链融资,支持企业开展并购融资,促进产业链整合。对于具有稳定物流和现金流的企业,可发放应收账款质押、仓单质押贷款。对于租赁演艺、展览、动漫、游戏,出版内容的采

集、加工、制作、存储和出版物物流、印刷复制,广播影视节目的制作、传输、集成和电影放映等相关设备的企业,可发放融资租赁贷款。建立文化企业无形资产评估体系,为金融机构处置文化类无形资产提供保障。对于具有优质商标权、专利权、著作权的企业,可通过权利质押贷款等方式,逐步扩大收益权质押贷款的适用范围。

(三)积极探索适合文化产业项目的多种贷款模式。对于融资规模较大、项目较多的文化企业,鼓励商业银行以银团贷款等方式提供金融支持。探索和完善银团贷款的风险分担机制,加强金融机构之间的合作,有效降低单个金融机构的信贷风险。对处于产业集群或产业链中的中小文化企业,鼓励商业银行探索联保联贷等方式提供金融支持。

三、完善授信模式,加强和改进对文化产业的金融服务

(四)完善利率定价机制,合理确定贷款期限和利率。各金融机构应在风险可控、商业可持续原则的基础上,根据不同文化企业的实际情况,建立符合监管要求的灵活的差别化定价机制。针对部分文化产业项目周期特点和风险特征,金融机构可根据项目周期的资金需求和现金流分布状况,科学合理确定贷款期限。对于列入国家规划重点支持的文化产业项目或企业,金融机构在有效防范风险的基础上可适当延长贷款期限。

(五)建立科学的信用评级制度和业务考评体系。各金融机构在确定内部评级要素,设计内部评级指标体系、评级模型和计分标准的过程中,应充分考虑文化企业的特点,建立和完善科学、合理的信用评级和信用评分制度。要充分借鉴外部评级报告,建立内外部评级相结合的评级体系。要进一步改进和完善业务考评程序和考核方法,建立专门针对文化产业金融服务的考评体系,将加强信贷风险管理和积极促进文化产业发展相结合,建立正向激励机制。在落实工作责任和考核整体质量及综合回报的基础上,对中小文化企业的贷款项目,根据实际情况和有关规定追究或免除有关责任人的相应责任,做到尽职者免责,失职者问责。

(六)进一步改进和完善对文化企业的金融服务。各金融机构要增强服务意识,设立专家团队和专门的服务部门,主动向文化企业提供优质的金融服务。对于国家重点支持的文化企业和项目,要优化简化审批流程,提高贷款审批效率。在满足金融机构授信客户准入标准的前提下,可对举办培训的企业和接受培训的人员予以信贷支持。银行业金融机构与非银行金融机构应积极加强合作,综合利用多种金融业务和金融产品,推出信贷、债券、信托、基金、保险等多种工具相融合的一揽子金融服务,做好文化企业从初创期到成熟期各发展阶段的融资方式衔接。

(七)积极开发文化消费信贷产品,为文化消费提供便利的支付结算服务。各金融机构应积极培育文化产业消费信贷市场,通过消费信贷产品创新,不断满足文化产业多层次的消费信贷需求。可通过开发分期付款等消费信贷品种,扩大对演艺娱乐、会展旅游、艺术品和工艺品、动漫游戏、数字产品、创意设计,图书、报刊、音像制品、电子出版物、网络出版、数字出版等出版产品与服务、印刷、复制、发行,高清电视、付费广播电视、移动多媒体广播电视、电影产品等综合消费信贷投放。加强网上银行业务推广,提高软件、网络及计算机服务,设计服务和休闲娱乐等行业的网络支付应用水平。进一步发挥人民银行支付清算和征信系统的作用,加快完善银行卡刷卡环境,推动文化娱乐、广播影视、新闻出版、旅游广告、艺术品交易等行业的刷卡消费,促进文化市场的繁荣发展。

(八)继续完善文化企业外汇管理,提高文化产业贸易投资便利程度。便利文化企业的跨境投资,满足文化企业对外贸易、跨境融资和投资等合理用汇需求,提高外汇管理效率,简化优化外汇管理业务流程,促进文化企业提高外汇资金使用效率,降低财务成本,提高我国文化企业核心竞争力。

四、大力发展多层次资本市场,扩大文化企业的直接融资规模

(九)推动符合条件的文化企业上市融资。支持处于成熟期、经营较为稳定的文化企业在主板市场上市。鼓励已上市的文化企业通过公开增发、定向增发等再融资方式进行并购和重组。探索建立宣传文化部门与证券监管部门的项目信息合作机制,加强适合于创业板市场的中小文化企业项目的筛选和储备,支持其中符合条件的企业上市。

(十)支持文化企业通过债券市场融资。支持符合条件的文化企业通过发行企业债、集合债和公司债等方式融资。积极发挥中债信用增进投资股份有限公司等专业机构的作用,为中小文化企业通过发行短期融资券、中期票据、集合票据等方式融资提供便利。对符合国家政策规定的中小文化企业发行直接债务融资工具的,鼓励中介机构适当降低收费,减轻文化企业的融资成本负担。对于运作比较成熟、未来现金流比较稳定的文化产业项目,可以以优质文化资产的未来现金流、收益权等为基础,探索开展文化产业项目的资产证券化试点。

(十一)鼓励多元资金支持文化产业发展。发挥保险公司机构投资者作用和保险资金融资功能,在风险可控的前提下,鼓励保险公司投资文化企业的债权和股权,引导符合条件的保险公司参与文化产业投资基金。适当放宽准入条件,鼓励风险投资基金、私募股权基金等风险偏好型投资者积极进入处于初创阶段、市场前景广阔的新兴文化业态。

五、积极培育和发展文化产业保险市场

(十二)进一步加强和完善保险服务。在现有工作基础上,各保险机构应根据文化企业的特点,积极开发适合文化企业需要的保险产品,并按照收益覆盖风险的原则合理确定保险费率。对于宣传文化部门重点扶持的文化企业和文化产业项目,应建立承保和理赔的便捷通道,对于信誉好、风险低的,可适当降低费率。加快培育和完善文化产业保险市场,提高保险在文化产业中的覆盖面和渗透度,有效分散文化产业的项目运作风险。

(十三)推动保险产品和服务方式创新。各保险机构应在现有保险产品的基础上,探索开展知识产权侵权险,演艺、会展、动漫、游戏、各类出版物的印刷、复制、发行和广播影视产品完工险、损失险,团体意外伤害保险等适合文化企业特点和需要的新型险种和各种保险业务。鼓励保险公司探索开展信用保险业务,弥补现行信用担保体制在支持服务业融资方面的不足。进一步加强和完善针对文化出口企业的保险服务,对于符合《文化产品和服务出口指导目录》条件,特别是列入《国家文化出口重点企业目录》和《国家文化出口重点项目目录》的文化出口企业和项目,保险机构应积极提供出口信用保险服务,鼓励和促进文化企业积极参与国际竞争。

六、建立健全有利于金融支持文化产业发展的配套机制

(十四)推进文化企业建立现代企业制度,完善公司治理结构。按照创新体制、转换机制、面向市场、增强活力的原则,推动文化企业建立现代企业制度,引入现代公司治理机制和现代企业财务会计制度,规范会计和审计流程,提高信息披露透明度,增强财务管理能力,为金融支持文化产业发展奠定良好的制度基础。

(十五)中央和地方财政可通过文化产业发展专项资金等,对符合条件的文化企业,给予贷款贴息和保费补贴。支持设立文化产业投资基金,由财政注资引导,鼓励金融资本依法参与。

(十六)建立多层次的贷款风险分担和补偿机制。鼓励各类担保机构对文化产业提供融资担保,通过再担保、联合担保以及担保与保险相结合等方式多渠道分散风险。研究建立企业信用担保基金和区域性再担保机构,以参股、委托运作和提

供风险补偿等方式支持担保机构的设立与发展,服务文化产业融资需求。探索设立文化企业贷款风险补偿基金,合理分散承贷银行的信贷风险。

(十七)完善知识产权法律体系,切实保障各方权益。抓紧制定和完善专利权、著作权等无形资产评估、质押、登记、托管、流转和变现的管理办法,根据《中华人民共和国物权法》修订有关质押登记规定。积极培育流转市场,充分发挥上海文化产权交易所、深圳文化产权交易所等交易平台的作用,为文化企业的著作权交易、商标权交易和专利技术交易等文化产权交易提供专业化服务。进一步加强对文化市场的有效监管和知识产权保护力度,完善各类无形资产二级交易市场,切实保障投资者、债权人和消费者的权益。

七、加强政策协调和实施效果监测评估

(十八)加强信贷政策和产业政策的协调。制定并定期完善《文化产业投资指导目录》,发布更新文化产业发展的项目信息。加大对符合产业政策导向的文化企业的信贷支持,对纳入《文化产业投资指导目录》"鼓励类"的文化产业项目,金融机构优先予以信贷支持,对"限制类"的文化产业项目要从严审查和审批贷款。

(十九)建立多部门信息沟通机制,搭建文化产业投融资服务平台。建立文化企业投融资优质项目数据库,通过组织论坛、研讨会、洽谈会等形式,加强文化项目和金融产品的宣传、推介,促进银、政、企合作,对纳入数据库并获得宣传文化部门推荐的优质项目,金融机构应重点支持。

(二十)加强政策落实督促评估。人民银行各分支机构会同同级宣传文化、财政、银监、证监、保监等部门,根据本指导意见精神,结合辖区实际,制定和完善金融支持文化产业发展的具体实施意见或办法,切实抓好贯彻实施工作。各金融机构要逐步建立和完善金融支持文化产业发展的专项统计制度,加强对文化产业贷款的统计与监测分析。人民银行各分支机构可根据辖区实际情况,建立金融支持文化产业发展的专项信贷政策导向效果评估制度。

财政部、国家发展改革委、国土资源部、住房和城乡建设部、中国人民银行、国家税务总局、新闻出版广电总局关于支持电影发展若干经济政策的通知

（2014 年 5 月 31 日　财教〔2014〕56 号）

为贯彻落实党的十八大和十八届三中全会精神，丰富人民群众文化生活，促进中国电影繁荣发展，提高中国电影的整体实力和竞争力，推动中国电影在关键时期迈上一个新的台阶，实现由电影大国向电影强国的跨越，现就支持电影发展若干经济政策通知如下：

一、加强电影事业发展专项资金的管理

加强电影事业发展专项资金的征缴、使用和管理，支持电影事业产业发展，切实提高资金使用效益。

二、加大电影精品专项资金支持力度

中央财政继续安排电影精品专项资金促进电影创作生产，其中每年安排 1 亿元资金，采取重点影片个案报批的方式，用于扶持 5 - 10 部有影响力的重点题材影片。

三、通过文化产业发展专项资金重点支持电影产业发展

在文化产业发展专项资金中，专门安排资金支持电影产业发展，主要用于五个方面，一是推动高新技术在电影制作中的应用；二是支持中国电影企业走出去；三是支持重要电影工业项目和高科技核心基地建设；四是资助具有较强市场竞争力的重点影片；五是加强重点专业性电影网站建设。

四、对电影产业实行税收优惠政策

对电影制片企业销售电影拷贝(含数字拷贝)、转让版权取得的收入,电影发行企业取得的电影发行收入,电影放映企业在农村的电影放映收入,自 2014 年 1 月 1 日至 2018 年 12 月 31 日免征增值税。

一般纳税人提供的城市电影放映服务,可以按现行政策规定,选择按照简易计税办法计算缴纳增值税。

五、实施中西部地区县级城市影院建设资金补贴政策

中央财政通过电影事业发展专项资金安排补贴资金,重点支持中西部地区及东部困难地区县级城市数字影院建设。地方财政根据本地经济发展实际情况,合理安排资金,促进县城数字影院建设的均衡发展。

六、加强和完善电影发行放映的公共服务和监管体系建设

适应电影技术革新、产业升级的发展趋势,加强和完善电影发行放映的公共服务和监管体系建设,推动电影发行放映的运营、服务和管理向现代化、智能化转变。

七、对电影产业实行金融支持政策

鼓励银行业金融机构加快推动适合电影产业需求特点的信贷产品创新,在有效控制风险的前提下,逐步扩大融资租赁贷款、应收账款质押融资、产业链融资、股权质押贷款等适应电影企业特点的信贷创新产品的规模,探索开展无形资产抵质押贷款业务,拓宽电影企业贷款抵质押物的范围。

积极推动适合电影产业需求特点的服务模式创新,支持银行业金融机构根据电影企业的不同发展阶段和金融需求特点,有效衔接信贷业务与结算业务、国际业务、投行业务,有效整合银行公司业务、零售业务、资产负债业务与中间业务;鼓励银行、投资基金、保险等机构联合采取投资企业股权、债券、资产支持计划等多种形式为电影企业提供综合性金融服务。

大力推进电影企业直接融资。支持符合条件的电影企业上市,鼓励电影企业发行公司债、企业债、集合信托和集合债、中小企业私募债等非金融企业债务融资工具;引导私募股权投资资金、创业投资基金等各类投资机构投资电影产业;中央财政对国家重点支持的电影基地、企业和项目,给予一定比例的贷款贴息和保费补贴。

八、实行支持影院建设的差别化用地政策

鉴于影院用地来源形式多样，放映方式多样，为鼓励影院建设，可通过单独新建、项目配建、原地改建、异地迁建等多种形式增加观影设施，并针对不同情况分别实行协议、挂牌等差别化的土地供应政策。一是新建单体影院建设用地实行挂牌出让政策。政府供应影院用地时，可提出影院建设标准要求，通过公开挂牌方式确定土地使用权人。二是积极探索在商服设施项目中配建影院等建设途径及土地供应方式。市、县在供应商服用地或其他房地产用地时，可将在项目中配套建设影院相关要求纳入出让条件，并依法明确影院建成后的处置方式。三是支持现有影院实行改造建设。在符合规划的前提下，现有影院改造可兼容一定规模的商业、服务、办公等其他用途，并按协议方式补充办理用地手续。四是鼓励其他公益场所建设适应电影放映的设施。对图书馆、博物馆、文化馆和青少年活动场所等非营利性公共文化设施中建设适用电影放映设备和场地的，因主用途符合《划拨用地目录》，经批准以划拨方式供应用地的，影院用地部分可按文体娱乐用途采取协议方式办理供应手续。五是鼓励利用现有工业、仓储等存量建设用地建设影院。经出让方和规划管理部门同意，可按文体娱乐用途采取协议方式办理用地手续。六是严格影院用地供后监管。严格影院用地改变用途的审批程序。影院用地使用者应按土地出让合同约定开发、利用、经营土地，需改变合同约定的土地用途的，必须取得出让方和市、县人民政府城市规划行政主管部门同意。对新供单体影院建设用地，应在出让合同中明确，如改变土地用途的，需由政府依法收回后重新供应。

各地应根据当地影院建设和发展实际，科学规划影院建设布局和总量，防止低水平重复建设和过度竞争，确保影院建设有序进行。影院建设过多的地区应严格控制新建影院数量，以调整优化影院布局、结构作为重点；影院建设滞后的地区，应按相关规划，积极推进影院建设。

九、狠抓落实，加强管理

各级发展改革、财税、金融、国土资源、住房城乡建设部门要认真落实关于支持电影发展的各项经济政策，尽快制定完善各项配套政策措施和办法，建立健全专项资金使用管理制度，加强对资金的宏观调控和评估监管力度。各级新闻出版广电部门要切实强化责任意识，认真抓好具体实施工作，及时研究解决新情况、新问题。

特此通知。

与广播影视有关的法律、行政法规、部门规章及规范性文件条款

中华人民共和国宪法

(1982 年 12 月 4 日第五届全国人民代表大会第五次会议通过　1982 年 12 月 4 日全国人民代表大会公告公布施行　根据 1988 年 4 月 12 日第七届全国人民代表大会第一次会议通过的《中华人民共和国宪法修正案》、1993 年 3 月 29 日第八届全国人民代表大会第一次会议通过的《中华人民共和国宪法修正案》、1999 年 3 月 15 日第九届全国人民代表大会第二次会议通过的《中华人民共和国宪法修正案》和 2004 年 3 月 14 日第十届全国人民代表大会第二次会议通过的《中华人民共和国宪法修正案》修正)

第二十二条　国家发展为人民服务、为社会主义服务的文学艺术事业、新闻广播电视事业、出版发行事业、图书馆博物馆文化馆和其他文化事业,开展群众性的文化活动。

国家保护名胜古迹、珍贵文物和其他重要历史文化遗产。

中华人民共和国民族区域自治法

(1984 年 5 月 31 日第六届全国人民代表大会第二次会议通过　根据 2001 年 2 月 28 日第九届全国人民代表大会常务委员会第二十次会议《关于修改〈中华人民共和国民族区域自治法〉的决定》修正)

第三十八条　民族自治地方的自治机关自主地发展具有民族形式和民族特点的文学、艺术、新闻、出版、广播、电影、电视等民族文化事业,加大对文化事业的投入,加强文化设施建设,加快各项文化事业的发展。

民族自治地方的自治机关组织、支持有关单位和部门收集、整理、翻译和出版民族历史文化书籍,保护民族的名胜古迹、珍贵文物和其他重要历史文化遗产,继承和发展优秀的民族传统文化。

第四十二条　民族自治地方的自治机关积极开展和其他地方的教育、科学技术、文化艺术、卫生、体育等方面的交流和协作。

自治区、自治州的自治机关依照国家规定,可以和国外进行教育、科学技术、文化艺术、卫生、体育等方面的交流。

中华人民共和国大气污染防治法

（1987 年 9 月 5 日第六届全国人民代表大会常务委员会第二十二次会议通过　根据 1995 年 8 月 29 日第八届全国人民代表大会常务委员会第十五次会议《关于修改〈中华人民共和国大气污染防治法〉的决定》修正　2000 年 4 月 29 日第九届全国人民代表大会常务委员会第十五次会议第一次修订　2015 年 8 月 29 日第十二届全国人民代表大会常务委员会第十六次会议第二次修订　2015 年 8 月 29 日中华人民共和国主席令第 31 号公布　自 2016 年 1 月 1 日起施行）

……

第九十五条　省、自治区、直辖市、设区的市人民政府环境保护主管部门应当会同气象主管机构建立会商机制，进行大气环境质量预报。可能发生重污染天气的，应当及时向本级人民政府报告。省、自治区、直辖市、设区的市人民政府依据重污染天气预报信息，进行综合研判，确定预警等级并及时发出预警。预警等级根据情况变化及时调整。任何单位和个人不得擅自向社会发布重污染天气预报预警信息。

预警信息发布后，人民政府及其有关部门应当通过电视、广播、网络、短信等途径告知公众采取健康防护措施，指导公众出行和调整其他相关社会活动。

……

中华人民共和国保守国家秘密法

(1988 年 9 月 5 日第七届全国人民代表大会常务委员会第三次会议通过 2010 年 4 月 29 日第十一届全国人民代表大会常务委员会第十四次会议修订 2010 年 4 月 29 日中华人民共和国主席令第 28 号公布 自 2010 年 10 月 1 日起施行)

第二十七条 报刊、图书、音像制品、电子出版物的编辑、出版、印制、发行,广播节目、电视节目、电影的制作和播放,互联网、移动通信网等公共信息网络及其他传媒的信息编辑、发布,应当遵守有关保密规定。

中华人民共和国传染病防治法

（1989 年 2 月 21 日第七届全国人民代表大会常务委员会第六次会议通过　2004 年 8 月 28 日第十届全国人民代表大会常务委员会第十一次会议修订　根据 2013 年 6 月 29 日第十二届全国人民代表大会常务委员会第三次会议《关于修改〈中华人民共和国文物保护法〉等十二部法律的决定》修正）

第十条　国家开展预防传染病的健康教育。新闻媒体应当无偿开展传染病防治和公共卫生教育的公益宣传。

各级各类学校应当对学生进行健康知识和传染病预防知识的教育。

医学院校应当加强预防医学教育和科学研究，对在校学生以及其他与传染病防治相关人员进行预防医学教育和培训，为传染病防治工作提供技术支持。

疾病预防控制机构、医疗机构应当定期对其工作人员进行传染病防治知识、技能的培训。

第四十二条　传染病暴发、流行时，县级以上地方人民政府应当立即组织力量，按照预防、控制预案进行防治，切断传染病的传播途径，必要时，报经上一级人民政府决定，可以采取下列紧急措施并予以公告：

（一）限制或者停止集市、影剧院演出或者其他人群聚集的活动；

（二）停工、停业、停课；

（三）封闭或者封存被传染病病原体污染的公共饮用水源、食品以及相关物品；

（四）控制或者扑杀染疫野生动物、家畜家禽；

（五）封闭可能造成传染病扩散的场所。

上级人民政府接到下级人民政府关于采取前款所列紧急措施的报告时，应当即时作出决定。

紧急措施的解除，由原决定机关决定并宣布。

中华人民共和国集会游行示威法

(1989 年 10 月 31 日第七届全国人民代表大会常务委员会第十次会议通过 根据 2009 年 8 月 27 日第十一届全国人民代表大会常务委员会第十次会议《关于修改部分法律的决定》修正)

第二十二条 集会、游行、示威在国家机关、军事机关、广播电台、电视台、外国驻华使馆领馆等单位所在地举行或者经过的,主管机关为了维持秩序,可以在附近设置临时警戒线,未经人民警察许可,不得逾越。

中华人民共和国残疾人保障法

（1990 年 12 月 28 日第七届全国人民代表大会常务委员会第十七次会议通过 2008 年 4 月 24 日第十一届全国人民代表大会常务委员会第二次会议修订 2008 年 4 月 24 日中华人民共和国主席令第 3 号公布 自 2008 年 7 月 1 日起施行）

第四十三条 政府和社会采取下列措施，丰富残疾人的精神文化生活：

（一）通过广播、电影、电视、报刊、图书、网络等形式，及时宣传报道残疾人的工作、生活等情况，为残疾人服务；

（二）组织和扶持盲文读物、盲人有声读物及其他残疾人读物的编写和出版，根据盲人的实际需要，在公共图书馆设立盲文读物、盲人有声读物图书室；

（三）开办电视手语节目，开办残疾人专题广播栏目，推进电视栏目、影视作品加配字幕、解说；

（四）组织和扶持残疾人开展群众性文化、体育、娱乐活动，举办特殊艺术演出和残疾人体育运动会，参加国际性比赛和交流；

（五）文化、体育、娱乐和其他公共活动场所，为残疾人提供方便和照顾。有计划地兴办残疾人活动场所。

中华人民共和国烟草专卖法

(1991 年 6 月 29 日第七届全国人民代表大会常务委员会第二十次会议通过　根据 2009 年 8 月 27 日第十一届全国人民代表大会常务委员会第十次会议《关于修改部分法律的决定》第一次修正　根据 2013 年 12 月 28 日第十二届全国人民代表大会常务委员会第六次会议《关于修改〈中华人民共和国海洋环境保护法〉等七部法律的决定》第二次修正　根据 2015 年 4 月 24 日第十二届全国人民代表大会常务委员会第十四次会议《关于修改〈中华人民共和国计量法〉等五部法律的决定》第三次修正)

第十九条　禁止在广播电台、电视台、报刊播放、刊登烟草制品广告。

中华人民共和国妇女权益保障法

（1992 年 4 月 3 日第七届全国人民代表大会第五次会议通过　根据 2005 年 8 月 28 日第十届全国人民代表大会常务委员会第十七次会议《关于修改〈中华人民共和国妇女权益保障法〉的决定》修正）

第二十一条　国家机关、社会团体和企业事业单位应当执行国家有关规定，保障妇女从事科学、技术、文学、艺术和其他文化活动，享有与男子平等的权利。

第四十二条　妇女的名誉权、荣誉权、隐私权、肖像权等人格权受法律保护。

禁止用侮辱、诽谤等方式损害妇女的人格尊严。禁止通过大众传播媒介或者其他方式贬低损害妇女人格。未经本人同意，不得以营利为目的，通过广告、商标、展览橱窗、报纸、期刊、图书、音像制品、电子出版物、网络等形式使用妇女肖像。

第五十四条　妇女组织对于受害妇女进行诉讼需要帮助的，应当给予支持。

妇女联合会或者相关妇女组织对侵害特定妇女群体利益的行为，可以通过大众传播媒介揭露、批评，并有权要求有关部门依法查处。

中华人民共和国消费者权益保护法

(1993年10月31日第八届全国人民代表大会常务委员会第四次会议通过　根据2009年8月27日第十一届全国人民代表大会常务委员会第十次会议《关于修改部分法律的决定》第一次修正　根据2013年10月25日第十二届全国人民代表大会常务委员会第五次会议《关于修改〈中华人民共和国消费者权益保护法〉的决定》第二次修正)

第六条　保护消费者的合法权益是全社会的共同责任。

国家鼓励、支持一切组织和个人对损害消费者合法权益的行为进行社会监督。

大众传播媒介应当做好维护消费者合法权益的宣传,对损害消费者合法权益的行为进行舆论监督。

第二十五条　经营者采用网络、电视、电话、邮购等方式销售商品,消费者有权自收到商品之日起七日内退货,且无需说明理由,但下列商品除外:

(一)消费者定作的;

(二)鲜活易腐的;

(三)在线下载或者消费者拆封的音像制品、计算机软件等数字化商品;

(四)交付的报纸、期刊。

除前款所列商品外,其他根据商品性质并经消费者在购买时确认不宜退货的商品,不适用无理由退货。

消费者退货的商品应当完好。经营者应当自收到退回商品之日起七日内返还消费者支付的商品价款。退回商品的运费由消费者承担;经营者和消费者另有约定的,按照约定。

第二十八条　采用网络、电视、电话、邮购等方式提供商品或者服务的经营者,以及提供证券、保险、银行等金融服务的经营者,应当向消费者提供经营地址、联系方式、商品或者服务的数量和质量、价款或者费用、履行期限和方式、安全注意事项和风险警示、售后服务、民事责任等信息。

第三十七条　消费者协会履行下列公益性职责:

(一)向消费者提供消费信息和咨询服务,提高消费者维护自身合法权益的能力，引导文明、健康、节约资源和保护环境的消费方式；

（二）参与制定有关消费者权益的法律、法规、规章和强制性标准；

（三）参与有关行政部门对商品和服务的监督、检查；

（四）就有关消费者合法权益的问题，向有关部门反映、查询，提出建议；

（五）受理消费者的投诉，并对投诉事项进行调查、调解；

（六）投诉事项涉及商品和服务质量问题的，可以委托具备资格的鉴定人鉴定，鉴定人应当告知鉴定意见；

（七）就损害消费者合法权益的行为，支持受损害的消费者提起诉讼或者依照本法提起诉讼；

（八）对损害消费者合法权益的行为，通过大众传播媒介予以揭露、批评。

各级人民政府对消费者协会履行职责应当予以必要的经费等支持。

消费者协会应当认真履行保护消费者合法权益的职责，听取消费者的意见和建议，接受社会监督。

依法成立的其他消费者组织依照法律、法规及其章程的规定，开展保护消费者合法权益的活动。

中华人民共和国教育法

(1995年3月18日第八届全国人民代表大会第三次会议通过　根据2009年8月27日第十一届全国人民代表大会常务委员会第十次会议《关于修改部分法律的决定》第一次修正　根据2015年12月27日第十二届全国人民代表大会常务委员会第十八次会议《关于修改〈中华人民共和国教育法〉的决定》第二次修正)

第五十条　图书馆、博物馆、科技馆、文化馆、美术馆、体育馆(场)等社会公共文化体育设施,以及历史文化古迹和革命纪念馆(地),应当对教师、学生实行优待,为受教育者接受教育提供便利。

广播、电视台(站)应当开设教育节目,促进受教育者思想品德、文化和科学技术素质的提高。

第六十六条　国家推进教育信息化,加快教育信息基础设施建设,利用信息技术促进优质教育资源普及共享,提高教育教学水平和教育管理水平。

县级以上人民政府及其有关部门应当发展教育信息技术和其他现代化教学方式,有关行政部门应当优先安排,给予扶持。

国家鼓励学校及其他教育机构推广运用现代化教学方式。

中华人民共和国戒严法

（1996 年 3 月 1 日第八届全国人民代表大会常务委员会第十八次会议通过　1996 年 3 月 1 日中华人民共和国主席令第 61 号公布　自公布之日起施行　根据 2009 年 8 月 27 日第十一届全国人民代表大会常务委员会第十次会议《关于修改部分法律的决定》修正）

第十八条　戒严期间，对戒严地区的下列单位、场所，采取措施，加强警卫：

（一）首脑机关；

（二）军事机关和重要军事设施；

（三）外国驻华使领馆、国际组织驻华代表机构和国宾下榻处；

（四）广播电台、电视台、国家通讯社等重要新闻单位及其重要设施；

（五）与国计民生有重大关系的公用企业和公共设施；

（六）机场、火车站和港口；

（七）监狱、劳教场所、看守所；

（八）其他需要加强警卫的单位和场所。

中华人民共和国枪支管理法

(1996 年 7 月 5 日第八届全国人民代表大会常务委员会第二十次会议通过　根据 2009 年 8 月 27 日第十一届全国人民代表大会常务委员会第十次会议《关于修改部分法律的决定》第一次修正　根据 2015 年 4 月 24 日第十二届全国人民代表大会常务委员会第十四次会议《关于修改〈中华人民共和国港口法〉等七部法律的决定》第二次修正)

第四十七条　单位和个人为开展游艺活动,可以配置口径不超过 4.5 毫米的气步枪。具体管理办法由国务院公安部门制定。

制作影视剧使用的道具枪支的管理办法,由国务院公安部门会同国务院广播电影电视行政主管部门制定。

博物馆、纪念馆、展览馆保存或者展览枪支的管理办法,由国务院公安部门会同国务院有关行政主管部门制定。

中华人民共和国老年人权益保障法

（1996 年 8 月 29 日第八届全国人民代表大会常务委员会第二十一次会议通过　根据 2009 年 8 月 27 日第十一届全国人民代表大会常务委员会第十次会议《关于修改部分法律的决定》第一次修正　2012 年 12 月 28 日第十一届全国人民代表大会常务委员会第三十次会议修订　根据 2015 年 4 月 24 日第十二届全国人民代表大会常务委员会第十四次会议《关于修改〈中华人民共和国电力法〉等六部法律的决定》第二次修正）

第八条　国家进行人口老龄化国情教育，增强全社会积极应对人口老龄化意识。

全社会应当广泛开展敬老、养老、助老宣传教育活动，树立尊重、关心、帮助老年人的社会风尚。

青少年组织、学校和幼儿园应当对青少年和儿童进行敬老、养老、助老的道德教育和维护老年人合法权益的法制教育。

广播、电影、电视、报刊、网络等应当反映老年人的生活，开展维护老年人合法权益的宣传，为老年人服务。

第五十八条　博物馆、美术馆、科技馆、纪念馆、公共图书馆、文化馆、影剧院、体育场馆、公园、旅游景点等场所，应当对老年人免费或者优惠开放。

第七十一条　国家和社会采取措施，开展适合老年人的群众性文化、体育、娱乐活动，丰富老年人的精神文化生活。

中华人民共和国人民防空法

(1996 年 10 月 29 日第八届全国人民代表大会常务委员会第二十二次会议通过　根据 2009 年 8 月 27 日第十一届全国人民代表大会常务委员会第十次会议《关于修改部分法律的决定》修正)

第三十三条　通信、广播、电视系统,战时必须优先传递、发放防空警报信号。

第四十七条　新闻、出版、广播、电影、电视、文化等有关部门应当协助开展人民防空教育。

中华人民共和国刑法*

（1979年7月1日第五届全国人民代表大会第二次会议通过　1997年3月14日第八届全国人民代表大会第五次会议修订　1997年3月14日中华人民共和国主席令第83号公布　自1997年10月1日起施行）

第一百二十条之三　以制作、散发宣扬恐怖主义、极端主义的图书、音频视频资料或者其他物品，或者通过讲授、发布信息等方式宣扬恐怖主义、极端主义的，或者煽动实施恐怖活动的，处五年以下有期徒刑、拘役、管制或者剥夺政治权利，并处罚金；情节严重的，处五年以上有期徒刑，并处罚金或者没收财产。

第一百二十条之六　明知是宣扬恐怖主义、极端主义的图书、音频视频资料或者其他物品而非法持有，情节严重的，处三年以下有期徒刑、拘役或者管制，并处或者单处罚金。

第一百二十四条　破坏广播电视设施、公用电信设施，危害公共安全的，处三年以上七年以下有期徒刑；造成严重后果的，处七年以上有期徒刑。

过失犯前款罪的，处三年以上七年以下有期徒刑；情节较轻的，处三年以下有期徒刑或者拘役。

---

* 根据1998年12月29日第九届全国人民代表大会常务委员会第六次会议通过的《全国人民代表大会常务委员会关于惩治骗购外汇、逃汇和非法买卖外汇犯罪的决定》、1999年12月25日第九届全国人民代表大会常务委员会第十三次会议通过的《中华人民共和国刑法修正案》、2001年8月31日第九届全国人民代表大会常务委员会第二十三次会议通过的《中华人民共和国刑法修正案（二）》、2001年12月29日第九届全国人民代表大会常务委员会第二十五次会议通过的《中华人民共和国刑法修正案（三）》、2002年12月28日第九届全国人民代表大会常务委员会第三十一次会议通过的《中华人民共和国刑法修正案（四）》、2005年2月28日第十届全国人民代表大会常务委员会第十四次会议通过的《中华人民共和国刑法修正案（五）》、2006年6月29日第十届全国人民代表大会常务委员会第二十二次会议通过的《中华人民共和国刑法修正案（六）》、2009年2月28日第十一届全国人民代表大会常务委员会第七次会议通过的《中华人民共和国刑法修正案（七）》、2009年8月27日第十一届全国人民代表大会常务委员会第十次会议通过的《关于修改部分法律的决定》、2011年2月25日第十一届全国人民代表大会常务委员会第十九次会议通过的《中华人民共和国刑法修正案（八）》、2015年8月29日第十二届全国人民代表大会常务委员会第十六次会议通过的《中华人民共和国刑法修正案（九）》修订。

第二百一十七条 以营利为目的,有下列侵犯著作权情形之一,违法所得数额较大或者有其他严重情节的,处三年以下有期徒刑或者拘役,并处或者单处罚金;违法所得数额巨大或者有其他特别严重情节的,处三年以上七年以下有期徒刑,并处罚金:

(一)未经著作权人许可,复制发行其文字作品、音乐、电影、电视、录像作品、计算机软件及其他作品的;

……

第二百二十二条 广告主、广告经营者、广告发布者违反国家规定,利用广告对商品或者服务作虚假宣传,情节严重的,处二年以下有期徒刑或者拘役,并处或者单处罚金。

第二百八十七条之一 利用信息网络实施下列行为之一,情节严重的,处三年以下有期徒刑或者拘役,并处或者单处罚金:

(一)设立用于实施诈骗、传授犯罪方法、制作或者销售违禁物品、管制物品等违法犯罪活动的网站、通讯群组的;

(二)发布有关制作或者销售毒品、枪支、淫秽物品等违禁物品、管制物品或者其他违法犯罪信息的;

(三)为实施诈骗等违法犯罪活动发布信息的。

单位犯前款罪的,对单位判处罚金,并对其直接负责的主管人员和其他直接责任人员,依照第一款的规定处罚。

有前两款行为,同时构成其他犯罪的,依照处罚较重的规定定罪处罚。

第二百八十七条之二 明知他人利用信息网络实施犯罪,为其犯罪提供互联网接入、服务器托管、网络存储、通讯传输等技术支持,或者提供广告推广、支付结算等帮助,情节严重的,处三年以下有期徒刑或者拘役,并处或者单处罚金。

单位犯前款罪的,对单位判处罚金,并对其直接负责的主管人员和其他直接责任人员,依照第一款的规定处罚。

有前两款行为,同时构成其他犯罪的,依照处罚较重的规定定罪处罚。

第二百八十八条 违反国家规定,擅自设置、使用无线电台(站),或者擅自使用无线电频率,干扰无线电通讯秩序,情节严重的,处三年以下有期徒刑、拘役或者管制,并处或者单处罚金;情节特别严重的,处三年以上七年以下有期徒刑,并处罚金。

单位犯前款罪的,对单位判处罚金,并对其直接负责的主管人员和其他直接责任人员,依照前款的规定处罚。

第二百九十一条之一 投放虚假的爆炸性、毒害性、放射性、传染病病原体等物质,或者编造爆炸威胁、生化威胁、放射威胁等恐怖信息,或者明知是编造的恐怖信息而故意传播,严重扰乱社会秩序的,处五年以下有期徒刑、拘役或者管制;造成严重后果的,处五年以上有期徒刑。

编造虚假的险情、疫情、灾情、警情,在信息网络或者其他媒体上传播,或者明知是上述虚假信息,故意在信息网络或者其他媒体上传播,严重扰乱社会秩序的,处三年以下有期徒刑、拘役或者管制;造成严重后果的,处三年以上七年以下有期徒刑。

第三百六十三条 以牟利为目的,制作、复制、出版、贩卖、传播淫秽物品的,处三年以下有期徒刑、拘役或者管制,并处罚金;情节严重的,处三年以上十年以下有期徒刑,并处罚金;情节特别严重的,处十年以上有期徒刑或者无期徒刑,并处罚金或者没收财产。

为他人提供书号,出版淫秽书刊的,处三年以下有期徒刑、拘役或者管制,并处或者单处罚金;明知他人用于出版淫秽书刊而提供书号的,依照前款的规定处罚。

第三百六十四条 传播淫秽的书刊、影片、音像、图片或者其他淫秽物品,情节严重的,处二年以下有期徒刑、拘役或者管制。

组织播放淫秽的电影、录像等音像制品的,处三年以下有期徒刑、拘役或者管制,并处罚金;情节严重的,处三年以上十年以下有期徒刑,并处罚金。

制作、复制淫秽的电影、录像等音像制品组织播放的,依照第二款的规定从重处罚。

向不满十八周岁的未成年人传播淫秽物品的,从重处罚。

第三百六十七条 本法所称淫秽物品,是指具体描绘性行为或者露骨宣扬色情的诲淫性的书刊、影片、录像带、录音带、图片及其他淫秽物品。

有关人体生理、医学知识的科学著作不是淫秽物品。

包含有色情内容的有艺术价值的文学、艺术作品不视为淫秽物品。

中华人民共和国国防法

(1997 年 3 月 14 日第八届全国人民代表大会第五次会议通过　根据 2009 年 8 月 27 日第十一届全国人民代表大会常务委员会第十次会议《关于修改部分法律的决定》修正)

第四十二条　国务院、中央军事委员会和省、自治区、直辖市人民政府以及有关军事机关,应当采取措施,加强国防教育工作。

一切国家机关和武装力量、各政党和各社会团体、各企业事业单位都应当组织本地区、本部门、本单位开展国防教育。

学校的国防教育是全民国防教育的基础。各级各类学校应当设置适当的国防教育课程,或者在有关课程中增加国防教育的内容。军事机关应当协助学校开展国防教育。

教育、文化、新闻、出版、广播、电影、电视等部门和单位应当密切配合,采取多种形式开展国防教育。

中华人民共和国消防法

（1998 年 4 月 29 日第九届全国人民代表大会常务委员会第二次会议通过　2008 年 10 月 28日第十一届全国人民代表大会常务委员会第五次会议修订　2008 年 10 月 28 日中华人民共和国主席令第 6 号公布　自 2009 年 5 月 1日起施行）

第六条　各级人民政府应当组织开展经常性的消防宣传教育，提高公民的消防安全意识。

机关、团体、企业、事业等单位，应当加强对本单位人员的消防宣传教育。

公安机关及其消防机构应当加强消防法律、法规的宣传，并督促、指导、协助有关单位做好消防宣传教育工作。

教育、人力资源行政主管部门和学校、有关职业培训机构应当将消防知识纳入教育、教学、培训的内容。

新闻、广播、电视等有关单位，应当有针对性地面向社会进行消防宣传教育。

工会、共产主义青年团、妇女联合会等团体应当结合各自工作对象的特点，组织开展消防宣传教育。

村民委员会、居民委员会应当协助人民政府以及公安机关等部门，加强消防宣传教育。

中华人民共和国高等教育法

(1998 年 8 月 29 日第九届全国人民代表大会常务委员会第四次会议通过 1998 年 8 月 29 日中华人民共和国主席令第 7 号公布 根据 2015 年 12 月 27 日第十二届全国人民代表大会常务委员会第十八次会议《关于修改〈中华人民共和国高等教育法〉的决定》修正)

第十五条 高等教育包括学历教育和非学历教育。

高等教育采用全日制和非全日制教育形式。

国家支持采用广播、电视、函授及其他远程教育方式实施高等教育。

中华人民共和国预防未成年人犯罪法

（1999 年 6 月 28 日第九届全国人民代表大会常务委员会第十次会议通过　根据 2012 年 10 月 26 日第十一届全国人民代表大会常务委员会第二十九次会议《关于修改〈中华人民共和国预防未成年人犯罪法〉的决定》修正）

第三十条　以未成年人为对象的出版物，不得含有诱发未成年人违法犯罪的内容，不得含有渲染暴力、色情、赌博、恐怖活动等危害未成年人身心健康的内容。

第三十一条　任何单位和个人不得向未成年人出售、出租含有诱发未成年人违法犯罪以及渲染暴力、色情、赌博、恐怖活动等危害未成年人身心健康内容的读物、音像制品或者电子出版物。

任何单位和个人不得利用通讯、计算机网络等方式提供前款规定的危害未成年人身心健康的内容及其信息。

第三十二条　广播、电影、电视、戏剧节目，不得有渲染暴力、色情、赌博、恐怖活动等危害未成年人身心健康的内容。

广播电影电视行政部门、文化行政部门必须加强对广播、电影、电视、戏剧节目以及各类演播场所的管理。

第四十五条　人民法院审判未成年人犯罪的刑事案件，应当由熟悉未成年人身心特点的审判员或者审判员和人民陪审员依法组成少年法庭进行。

对于审判的时候被告人不满十八周岁的刑事案件，不公开审理。

对未成年人犯罪案件，新闻报道、影视节目、公开出版物不得披露该未成年人的姓名、住所、照片及可能推断出该未成年人的资料。

第五十二条　违反本法第三十条的规定，出版含有诱发未成年人违法犯罪以及渲染暴力、色情、赌博、恐怖活动等危害未成年人身心健康内容的出版物的，由出版行政部门没收出版物和违法所得，并处违法所得三倍以上十倍以下罚款；情节严重的，没收出版物和违法所得，并责令停业整顿或者吊销许可证。对直接负责的主管人员和其他直接责任人员处以罚款。

制作、复制宣扬淫秽内容的未成年人出版物，或者向未成年人出售、出租、传播宣扬淫秽内容的出版物的，依法予以治安处罚；构成犯罪的，依法追究刑事责任。

第五十三条 违反本法第三十一条的规定,向未成年人出售、出租含有诱发未成年人违法犯罪以及渲染暴力、色情、赌博、恐怖活动等危害未成年人身心健康内容的读物、音像制品、电子出版物的,或者利用通讯、计算机网络等方式提供上述危害未成年人身心健康内容及其信息的,没收读物、音像制品、电子出版物和违法所得,由政府有关主管部门处以罚款。

单位有前款行为的,没收读物、音像制品、电子出版物和违法所得,处以罚款,并对直接负责的主管人员和其他直接责任人员处以罚款。

第五十四条 影剧院、录像厅等各类演播场所,放映或者演出渲染暴力、色情、赌博、恐怖活动等危害未成年人身心健康的节目的,由政府有关主管部门没收违法播放的音像制品和违法所得,处以罚款,并对直接负责的主管人员和其他直接责任人员处以罚款;情节严重的,责令停业整顿或者由工商行政部门吊销营业执照。

中华人民共和国气象法

（1999年10月31日第九届全国人民代表大会常务委员会第十二次会议通过　根据2009年8月27日第十一届全国人民代表大会常务委员会第十次会议《关于修改部分法律的决定》第一次修正　根据2014年8月31日第十二届全国人民代表大会常务委员会第十次会议《关于修改〈中华人民共和国保险法〉等五部法律的决定》第二次修正　根据2016年11月7日第十二届全国人民代表大会常务委员会第二十四次会议《关于修改〈中华人民共和国对外贸易法〉等十二部法律的决定》第三次修正）

第二十四条　各级广播、电视台站和省级人民政府指定的报纸，应当安排专门的时间或者版面，每天播发或者刊登公众气象预报或者灾害性天气警报。

各级气象主管机构所属的气象台站应当保证其制作的气象预报节目的质量。

广播、电视播出单位改变气象预报节目播发时间安排的，应当事先征得有关气象台站的同意；对国计民生可能产生重大影响的灾害性天气警报和补充、订正的气象预报，应当及时增播或者插播。

第二十五条　广播、电视、报纸、电信等媒体向社会传播气象预报和灾害性天气警报，必须使用气象主管机构所属的气象台站提供的适时气象信息，并标明发布时间和气象台站的名称。通过传播气象信息获得的收益，应当提取一部分支持气象事业的发展。

第三十八条　违反本法规定，有下列行为之一的，由有关气象主管机构按照权限责令改正，给予警告，可以并处五万元以下的罚款：

（一）非法向社会发布公众气象预报、灾害性天气警报的；

（二）广播、电视、报纸、电信等媒体向社会传播公众气象预报、灾害性天气警报，不使用气象主管机构所属的气象台站提供的适时气象信息的；

（三）从事大气环境影响评价的单位进行工程建设项目大气环境影响评价时，使用的气象资料不符合国家气象技术标准的。

中华人民共和国国家通用语言文字法

(2000 年 10 月 31 日第九届全国人民代表大会常务委员会第十八次会议通过 2000 年 10 月 31 日中华人民共和国主席令第 37 号公布 自 2001 年 1 月 1 日起施行)

第十二条 广播电台、电视台以普通话为基本的播音用语。

需要使用外国语言为播音用语的,须经国务院广播电视部门批准。

第十四条 下列情形,应当以国家通用语言文字为基本的用语用字:

(一) 广播、电影、电视用语用字;

(二) 公共场所的设施用字;

(三) 招牌、广告用字;

(四) 企业事业组织名称;

(五) 在境内销售的商品的包装、说明。

第十六条 本章有关规定中,有下列情形的,可以使用方言:

(一) 国家机关的工作人员执行公务时确需使用的;

(二) 经国务院广播电视部门或省级广播电视部门批准的播音用语;

(三) 戏曲、影视等艺术形式中需要使用的;

(四) 出版、教学、研究中确需使用的。

中华人民共和国国防教育法

（2001年4月28日第九届全国人民代表大会常务委员会第二十一次会议通过　2001年4月28日中华人民共和国主席令第52号公布　自公布之日起施行）

第八条　教育、民政、文化宣传等部门，在各自职责范围内负责国防教育工作。

征兵、国防科研生产、国民经济动员、人民防空、国防交通、军事设施保护等工作的主管部门，依照本法和有关法律、法规的规定，负责国防教育工作。

工会、共产主义青年团、妇女联合会以及其他有关社会团体，协助人民政府开展国防教育。

第二十二条　文化、新闻、出版、广播、电影、电视等部门和单位应当根据形势和任务的要求，采取多种形式开展国防教育。

中央和省、自治区、直辖市以及设区的市的广播电台、电视台、报刊应当开设国防教育节目或者栏目，普及国防知识。

中华人民共和国人口与计划生育法

(2001 年 12 月 29 日第九届全国人民代表大会常务委员会第二十五次会议通过　根据 2015 年 12 月 27 日第十二届全国人民代表大会常务委员会第十八次会议《关于修改〈中华人民共和国人口与计划生育法〉的决定》修正)

第十三条　计划生育、教育、科技、文化、卫生、民政、新闻出版、广播电视等部门应当组织开展人口与计划生育宣传教育。

大众传媒负有开展人口与计划生育的社会公益性宣传的义务。

学校应当在学生中,以符合受教育者特征的适当方式,有计划地开展生理卫生教育、青春期教育或者性健康教育。

中华人民共和国道路交通安全法

（2003年10月28日第十届全国人民代表大会常务委员会第五次会议通过　根据2007年12月29日第十届全国人民代表大会常务委员会第三十一次会议《关于修改〈中华人民共和国道路交通安全法〉的决定》第一次修正　根据2011年4月22日第十一届全国人民代表大会常务委员会第二十次会议《关于修改〈中华人民共和国道路交通安全法〉的决定》第二次修正）

第六条　各级人民政府应当经常进行道路交通安全教育，提高公民的道路交通安全意识。

公安机关交通管理部门及其交通警察执行职务时，应当加强道路交通安全法律、法规的宣传，并模范遵守道路交通安全法律、法规。

机关、部队、企业事业单位、社会团体以及其他组织，应当对本单位的人员进行道路交通安全教育。

教育行政部门、学校应当将道路交通安全教育纳入法制教育的内容。

新闻、出版、广播、电视等有关单位，有进行道路交通安全教育的义务。

中华人民共和国治安管理处罚法

(2005年8月28日第十届全国人民代表大会常务委员会第十七次会议通过 根据2012年10月26日第十一届全国人民代表大会常务委员会第二十九次会议《关于修改〈中华人民共和国治安管理处罚法〉的决定》修正)

第三十三条 有下列行为之一的,处十日以上十五日以下拘留:

(一)盗窃、损毁油气管道设施、电力电信设施、广播电视设施、水利防汛工程设施或者水文监测、测量、气象测报、环境监测、地质监测、地震监测等公共设施的;

(二)移动、损毁国家边境的界碑、界桩以及其他边境标志、边境设施或者领土、领海标志设施的;

(三)非法进行影响国(边)界线走向的活动或者修建有碍国(边)境管理的设施的。

第三十九条 旅馆、饭店、影剧院、娱乐场、运动场、展览馆或者其他供社会公众活动的场所的经营管理人员,违反安全规定,致使该场所有发生安全事故危险,经公安机关责令改正,拒不改正的,处五日以下拘留。

第四十七条 煽动民族仇恨、民族歧视,或者在出版物、计算机信息网络中刊载民族歧视、侮辱内容的,处十日以上十五日以下拘留,可以并处一千元以下罚款。

第六十八条 制作、运输、复制、出售、出租淫秽的书刊、图片、影片、音像制品等淫秽物品或者利用计算机信息网络、电话以及其他通讯工具传播淫秽信息的,处十日以上十五日以下拘留,可以并处三千元以下罚款;情节较轻的,处五日以下拘留或者五百元以下罚款。

第六十九条 有下列行为之一的,处十日以上十五日以下拘留,并处五百元以上一千元以下罚款:

(一)组织播放淫秽音像的;

(二)组织或者进行淫秽表演的;

(三)参与聚众淫乱活动的。

明知他人从事前款活动,为其提供条件的,依照前款的规定处罚。

中华人民共和国未成年人保护法

（1991年9月4日第七届全国人民代表大会常务委员会第二十一次会议通过　2006年12月29日第十届全国人民代表大会常务委员会第二十五次会议修订　根据2012年10月26日第十一届全国人民代表大会常务委员会第二十九次会议《关于修改〈中华人民共和国未成年人保护法〉的决定》修正）

第七条　中央和地方各级国家机关应当在各自的职责范围内做好未成年人保护工作。

国务院和地方各级人民政府领导有关部门做好未成年人保护工作；将未成年人保护工作纳入国民经济和社会发展规划以及年度计划，相关经费纳入本级政府预算。

国务院和省、自治区、直辖市人民政府采取组织措施，协调有关部门做好未成年人保护工作。具体机构由国务院和省、自治区、直辖市人民政府规定。

第三十条　爱国主义教育基地、图书馆、青少年宫、儿童活动中心应当对未成年人免费开放；博物馆、纪念馆、科技馆、展览馆、美术馆、文化馆以及影剧院、体育场馆、动物园、公园等场所，应当按照有关规定对未成年人免费或者优惠开放。

第三十二条　国家鼓励新闻、出版、信息产业、广播、电影、电视、文艺等单位和作家、艺术家、科学家以及其他公民，创作或者提供有利于未成年人健康成长的作品。出版、制作和传播专门以未成年人为对象的内容健康的图书、报刊、音像制品、电子出版物以及网络信息等，国家给予扶持。

国家鼓励科研机构和科技团体对未成年人开展科学知识普及活动。

第三十四条　禁止任何组织、个人制作或者向未成年人出售、出租或者以其他方式传播淫秽、暴力、凶杀、恐怖、赌博等毒害未成年人的图书、报刊、音像制品、电子出版物以及网络信息等。

第三十九条　任何组织或者个人不得披露未成年人的个人隐私。

对未成年人的信件、日记、电子邮件，任何组织或者个人不得隐匿、毁弃；除因追查犯罪的需要，由公安机关或者人民检察院依法进行检查，或者对无行为能力的未成年人的信件、日记、电子邮件由其父母或者其他监护人代为开拆、查阅外，任何组织或者个人不得开拆、查阅。

第五十八条 对未成年人犯罪案件,新闻报道、影视节目、公开出版物、网络等不得披露该未成年人的姓名、住所、照片、图像以及可能推断出该未成年人的资料。

第六十四条 制作或者向未成年人出售、出租或者以其他方式传播淫秽、暴力、凶杀、恐怖、赌博等图书、报刊、音像制品、电子出版物以及网络信息等的,由主管部门责令改正,依法给予行政处罚。

中华人民共和国突发事件应对法

(2007年8月30日第十届全国人民代表大会常务委员会第二十九次会议通过　2007年8月30日中华人民共和国主席令第69号公布　自2007年11月1日起施行)

第五十条　社会安全事件发生后,组织处置工作的人民政府应当立即组织有关部门并由公安机关针对事件的性质和特点,依照有关法律、行政法规和国家其他有关规定,采取下列一项或者多项应急处置措施:

(一)强制隔离使用器械相互对抗或者以暴力行为参与冲突的当事人,妥善解决现场纠纷和争端,控制事态发展;

(二)对特定区域内的建筑物、交通工具、设备、设施以及燃料、燃气、电力、水的供应进行控制;

(三)封锁有关场所、道路,查验现场人员的身份证件,限制有关公共场所内的活动;

(四)加强对易受冲击的核心机关和单位的警卫,在国家机关、军事机关、国家通讯社、广播电台、电视台、外国驻华使领馆等单位附近设置临时警戒线;

(五)法律、行政法规和国务院规定的其他必要措施。

严重危害社会治安秩序的事件发生时,公安机关应当立即依法出动警力,根据现场情况依法采取相应的强制性措施,尽快使社会秩序恢复正常。

第五十四条　任何单位和个人不得编造、传播有关突发事件事态发展或者应急处置工作的虚假信息。

中华人民共和国城乡规划法

(2007 年 10 月 28 日第十届全国人民代表大会常务委员会第三十次会议通过 根据 2015 年 4 月 24 日第十二届全国人民代表大会常务委员会第十四次会议《关于修改〈中华人民共和国港口法〉等七部法律的决定》修正)

第二十九条 城市的建设和发展,应当优先安排基础设施以及公共服务设施的建设,妥善处理新区开发与旧区改建的关系,统筹兼顾进城务工人员生活和周边农村经济社会发展、村民生产与生活的需要。

镇的建设和发展,应当结合农村经济社会发展和产业结构调整,优先安排供水、排水、供电、供气、道路、通信、广播电视等基础设施和学校、卫生院、文化站、幼儿园、福利院等公共服务设施的建设,为周边农村提供服务。

乡、村庄的建设和发展,应当因地制宜、节约用地,发挥村民自治组织的作用,引导村民合理进行建设,改善农村生产、生活条件。

第三十五条 城乡规划确定的铁路、公路、港口、机场、道路、绿地、输配电设施及输电线路走廊、通信设施、广播电视设施、管道设施、河道、水库、水源地、自然保护区、防汛通道、消防通道、核电站、垃圾填埋场及焚烧厂、污水处理厂和公共服务设施的用地以及其他需要依法保护的用地,禁止擅自改变用途。

中华人民共和国食品安全法

（2009 年 2 月 28 日第十一届全国人民代表大会常务委员会第七次会议通过 2015 年 4 月 24 日第十二届全国人民代表大会常务委员会第十四次会议修订 2015 年 4 月 24 日中华人民共和国主席令第 21 号公布　自 2015 年 10 月 1 日起施行）

第十条　各级人民政府应当加强食品安全的宣传教育，普及食品安全知识，鼓励社会组织、基层群众性自治组织、食品生产经营者开展食品安全法律、法规以及食品安全标准和知识的普及工作，倡导健康的饮食方式，增强消费者食品安全意识和自我保护能力。

新闻媒体应当开展食品安全法律、法规以及食品安全标准和知识的公益宣传，并对食品安全违法行为进行舆论监督。有关食品安全的宣传报道应当真实、公正。

第一百二十条　任何单位和个人不得编造、散布虚假食品安全信息。

县级以上人民政府食品药品监督管理部门发现可能误导消费者和社会舆论的食品安全信息，应当立即组织有关部门、专业机构、相关食品生产经营者等进行核实、分析，并及时公布结果。

第一百四十条　违反本法规定，在广告中对食品作虚假宣传，欺骗消费者，或者发布未取得批准文件、广告内容与批准文件不一致的保健食品广告的，依照《中华人民共和国广告法》的规定给予处罚。

广告经营者、发布者设计、制作、发布虚假食品广告，使消费者的合法权益受到损害的，应当与食品生产经营者承担连带责任。

社会团体或者其他组织、个人在虚假广告或者其他虚假宣传中向消费者推荐食品，使消费者的合法权益受到损害的，应当与食品生产经营者承担连带责任。

违反本法规定，食品药品监督管理等部门、食品检验机构、食品行业协会以广告或者其他形式向消费者推荐食品，消费者组织以收取费用或者其他牟取利益的方式向消费者推荐食品的，由有关主管部门没收违法所得，依法对直接负责的主管人员和其他直接责任人员给予记大过、降级或者撤职处分；情节严重的，给予开除处分。

对食品作虚假宣传且情节严重的,由省级以上人民政府食品药品监督管理部门决定暂停销售该食品,并向社会公布;仍然销售该食品的,由县级以上人民政府食品药品监督管理部门没收违法所得和违法销售的食品,并处二万元以上五万元以下罚款。

第一百四十一条 违反本法规定,编造、散布虚假食品安全信息,构成违反治安管理行为的,由公安机关依法给予治安管理处罚。

媒体编造、散布虚假食品安全信息的,由有关主管部门依法给予处罚,并对直接负责的主管人员和其他直接责任人员给予处分;使公民、法人或者其他组织的合法权益受到损害的,依法承担消除影响、恢复名誉、赔偿损失、赔礼道歉等民事责任。

中华人民共和国反恐怖主义法

（2015 年 12 月 27 日第十二届全国人民代表大会常务委员会第十八次会议通过　2015 年 12 月 27 日中华人民共和国主席令第 36 号公布　自 2016 年 1 月 1 日起施行）

第十七条　各级人民政府和有关部门应当组织开展反恐怖主义宣传教育，提高公民的反恐怖主义意识。

教育、人力资源行政主管部门和学校、有关职业培训机构应当将恐怖活动预防、应急知识纳入教育、教学、培训的内容。

新闻、广播、电视、文化、宗教、互联网等有关单位，应当有针对性地面向社会进行反恐怖主义宣传教育。

村民委员会、居民委员会应当协助人民政府以及有关部门，加强反恐怖主义宣传教育。

第九十条　新闻媒体等单位编造、传播虚假恐怖事件信息，报道、传播可能引起模仿的恐怖活动的实施细节，发布恐怖事件中残忍、不人道的场景，或者未经批准，报道、传播现场应对处置的工作人员、人质身份信息和应对处置行动情况的，由公安机关处二十万元以下罚款，并对其直接负责的主管人员和其他直接责任人员，处五日以上十五日以下拘留，可以并处五万元以下罚款。

个人有前款规定行为的，由公安机关处五日以上十五日以下拘留，可以并处一万元以下罚款。

中华人民共和国反家庭暴力法

(2015 年 12 月 27 日第十二届全国人民代表大会常务委员会第十八次会议通过　2015 年 12 月 27 日中华人民共和国主席令第 37 号公布　自 2016 年 3 月 1 日起施行)

第六条　国家开展家庭美德宣传教育,普及反家庭暴力知识,增强公民反家庭暴力意识。

工会、共产主义青年团、妇女联合会、残疾人联合会应当在各自工作范围内,组织开展家庭美德和反家庭暴力宣传教育。

广播、电视、报刊、网络等应当开展家庭美德和反家庭暴力宣传。

学校、幼儿园应当开展家庭美德和反家庭暴力教育。

地震预报管理条例

（1998 年 12 月 17 日中华人民共和国国务院令第 255 号发布　自发布之日起施行）

第十四条　国家对地震预报实行统一发布制度。

全国性的地震长期预报和地震中期预报，由国务院发布。

省、自治区、直辖市行政区域内的地震长期预报、地震中期预报、地震短期预报和临震预报，由省、自治区、直辖市人民政府发布。

新闻媒体刊登或者播发地震预报消息，必须依照本条例的规定，以国务院或者省、自治区、直辖市人民政府发布的地震预报为准。

中华人民共和国税收征收管理法实施细则

(2002 年 9 月 7 日中华人民共和国国务院令第 362 号公布　根据 2012 年 11 月 9 日《国务院关于修改和废止部分行政法规的决定》第一次修订　根据 2013 年 7 月 18 日《国务院关于废止和修改部分行政法规的决定》第二次修订　根据 2016 年 2 月 6 日《国务院关于修改部分行政法规的决定》第三次修订)

第七十六条　县级以上各级税务机关应当将纳税人的欠税情况,在办税场所或者广播、电视、报纸、期刊、网络等新闻媒体上定期公告。

对纳税人欠缴税款的情况实行定期公告的办法,由国家税务总局制定。

中华人民共和国文物保护法实施条例

（2003 年 5 月 18 日中华人民共和国国务院令第 377 号公布　根据 2013 年 12 月 7 日《国务院关于修改部分行政法规的决定》第一次修订　根据 2016 年 2 月 6 日《国务院关于修改部分行政法规的决定》第二次修订　根据 2017 年 3 月 1 日《国务院关于修改和废止部分行政法规的决定》第三次修订）

第四条　文物行政主管部门和教育、科技、新闻出版、广播电视行政主管部门，应当做好文物保护的宣传教育工作。

第十一条　文物保护单位的记录档案，应当包括文物保护单位本体记录等科学技术资料和有关文献记载、行政管理等内容。

文物保护单位的记录档案，应当充分利用文字、音像制品、图画、拓片、摹本、电子文本等形式，有效表现其所载内容。

第三十五条　为制作出版物、音像制品等拍摄馆藏文物的，应当征得文物收藏单位同意，并签署拍摄协议，明确文物保护措施和责任。文物收藏单位应当自拍摄工作完成后 10 个工作日内，将拍摄情况向文物行政主管部门报告。

大中型水利水电工程建设征地补偿和移民安置条例

(2006 年 7 月 7 日中华人民共和国国务院令第 471 号公布　根据 2013 年 7 月 18 日《国务院关于废止和修改部分行政法规的决定》第一次修订　根据 2013 年 12 月 7 日《国务院关于修改部分行政法规的决定》第二次修订　根据 2017 年 4 月 14 日《国务院关于修改〈大中型水利水电工程建设征地补偿和移民安置条例〉的决定》第三次修订)

第二十四条　工矿企业和交通、电力、电信、广播电视等专项设施以及中小学的迁建或者复建,应当按照其原规模、原标准或者恢复原功能的原则补偿。

第四十一条　各级人民政府应当加强移民安置区的交通、能源、水利、环保、通信、文化、教育、卫生、广播电视等基础设施建设,扶持移民安置区发展。

移民安置区地方人民政府应当将水库移民后期扶持纳入本级人民政府国民经济和社会发展规划。

汶川地震灾后恢复重建条例

（2008 年 6 月 4 日国务院第 11 次常务会议通过　2008 年 6 月 8 日
中华人民共和国国务院令第 526 号公布　自公布之日起施行）

第三十五条　发展改革部门具体负责灾后恢复重建的统筹规划、政策建议、投资计划、组织协调和重大建设项目的安排。

财政部门会同有关部门负责提出资金安排和政策建议，并具体负责灾后恢复重建财政资金的拨付和管理。

交通运输、水利、铁路、电力、通信、广播影视等部门按照职责分工，具体组织实施有关基础设施的灾后恢复重建。

建设部门具体组织实施房屋和市政公用设施的灾后恢复重建。

民政部门具体组织实施受灾群众的临时基本生活保障、生活困难救助、农村毁损房屋恢复重建补助、社会福利设施恢复重建以及对孤儿、孤老、残疾人员的安置、补助、心理援助和伤残康复。

教育、科技、文化、卫生、广播影视、体育、人力资源社会保障、商务、工商等部门按照职责分工，具体组织实施公共服务设施的灾后恢复重建、卫生防疫和医疗救治、就业服务和社会保障、重要生活必需品供应以及维护市场秩序。高等学校、科学技术研究开发机构应当加强对有关问题的专题研究，为地震灾后恢复重建提供科学技术支撑。

农业、林业、水利、国土资源、商务、工业等部门按照职责分工，具体组织实施动物疫情监测、农业生产设施恢复重建和农业生产条件恢复，地震灾后恢复重建用地安排、土地整理和复垦、地质灾害防治，商贸流通、工业生产设施等恢复重建。

环保、林业、民政、水利、科技、安全生产、地震、气象、测绘等部门按照职责分工，具体负责生态环境保护和防灾减灾、安全生产的技术保障及公共服务设施恢复重建。

中国人民银行和银行、证券、保险监督管理机构按照职责分工，具体负责地震灾后恢复重建金融支持和服务政策的制定与落实。

公安部门具体负责维护和稳定地震灾区社会秩序。

海关、出入境检验检疫部门按照职责分工,依法组织实施进口恢复重建物资、境外捐赠物资的验放、检验检疫。

外交部会同有关部门按照职责分工,协调开展地震灾后恢复重建的涉外工作。

第四十三条 地震灾后恢复重建,应当统筹安排交通、铁路、通信、供水、供电、住房、学校、医院、社会福利、文化、广播电视、金融等基础设施和公共服务设施建设。

城镇的地震灾后恢复重建,应当统筹安排市政公用设施、公共服务设施和其他设施,合理确定建设规模和时序。

乡村的地震灾后恢复重建,应当尊重农民意愿,发挥村民自治组织的作用,以群众自建为主,政府补助、社会帮扶、对口支援,因地制宜,节约和集约利用土地,保护耕地。

地震灾区的县级人民政府应当组织有关部门对村民住宅建设的选址予以指导,并提供能够符合当地实际的多种村民住宅设计图,供村民选择。村民住宅应当达到抗震设防要求,体现原有地方特色、民族特色和传统风貌。

军服管理条例

（2009 年 1 月 13 日中华人民共和国国务院、中华人民共和国中央军事委员会令第 547 号公布　自 2009年 3 月 1 日起施行）

第九条　现役军人以及依照法律、法规和军队有关规定可以穿着军服的人员，应当依照有关规定穿着军服。

军队警备执勤人员应当加强检查、纠察，及时纠正违法穿着军服的行为。

影视制作和文艺演出单位的演艺人员因扮演军人角色需要穿着军服的，应当遵守军队关于军服穿着的规定，不得损害军队和军人形象。非拍摄、演出时不得穿着军服。

气象灾害防御条例

(2010年1月20日国务院第98次常务会议通过　2010年1月27日中华人民共和国国务院令第570号公布　自2010年4月1日起施行)

第三十一条　广播、电视、报纸、电信等媒体应当及时向社会播发或者刊登当地气象主管机构所属的气象台站提供的适时灾害性天气警报、气象灾害预警信号,并根据当地气象台站的要求及时增播、插播或者刊登。

中华人民共和国无线电管制规定

（2010 年 8 月 31 日中华人民共和国国务院、中华人民共和国中央军事委员会令第 579 号公布　自 2010 年 11 月 1 日起施行）

第十条　实施无线电管制期间，有关地方人民政府，交通运输、铁路、广播电视、气象、渔业、通信、电力等部门和单位，军队、武装警察部队的有关单位，应当协助国家无线电管理机构和军队电磁频谱管理机构或者省、自治区、直辖市无线电管理机构和军区电磁频谱管理机构实施无线电管制。

海洋观测预报管理条例

(2012 年 2 月 15 日国务院第 192 次常务会议通过 2012 年 3 月 1 日
中华人民共和国国务院令第 615 号公布 自 2012 年 6 月 1 日起施行)

第二十四条 沿海县级以上地方人民政府指定的当地广播、电视和报纸等媒体应当安排固定的时段或者版面,及时刊播海洋预报和海洋灾害警报。

广播、电视等媒体改变海洋预报播发时段的,应当事先与有关海洋主管部门协商一致,但是因特殊需要,广播电视行政部门要求改变播发时段的除外。对国计民生可能产生重大影响的海洋灾害警报,应当及时增播或者插播。

第二十五条 广播、电视和报纸等媒体刊播海洋预报和海洋灾害警报,应当使用国务院海洋主管部门和沿海县级以上地方人民政府海洋主管部门所属的海洋预报机构提供的信息,并明示海洋预报机构的名称。

国务院对确需保留的行政审批项目设定行政许可的决定

（广播影视部分）

（2004 年 6 月 29 日中华人民共和国国务院令第 412 号公布　根据 2009 年 1 月 29 日《国务院关于修改〈国务院对确需保留的行政审批项目设定行政许可的决定〉第一次修订　根据 2016 年 8 月 25 日《国务院关于修改〈国务院对确需保留的行政审批项目设定行政许可的决定〉的决定》第二次修订）

依照《中华人民共和国行政许可法》和行政审批制度改革的有关规定，国务院对所属各部门的行政审批项目进行了全面清理。由法律、行政法规设定的行政许可项目，依法继续实施；对法律、行政法规以外的规范性文件设定，但确需保留且符合《中华人民共和国行政许可法》第十二条规定事项的行政审批项目，根据《中华人民共和国行政许可法》第十四条第二款的规定，现决定予以保留并设定行政许可，共 500 项。

为保证本决定设定的行政许可依法、公开、公平、公正实施，国务院有关部门应当对实施本决定所列各项行政许可的条件等作出具体规定，并予以公布。有关实施行政许可的程序和期限依照《中华人民共和国行政许可法》的有关规定执行。

附件：

国务院决定对确需保留的行政审批项目设定行政许可的目录

序号	项目名称	实施机关
303	开办视频点播业务审批	广电总局 省级人民政府广播电视行政主管部门
304	信息网络传播视听节目许可证核发	新闻出版广电总局

序号	项目名称	实施机关
305	省级行政区域内或跨省经营广播电视节目传送业务审批	广电总局
306	境外广播电影电视机构在华设立办事机构审批	广电总局 国务院新闻办
307	影视节目制作机构与外方合作制作电视剧审批	广电总局
308	境外卫星电视频道落地审批	广电总局
309	建立城市社区有线电视系统审批	地(市)级人民政府广播电视行政主管部门
310	付费频道开办、终止和节目设置调整及播出区域、呼号、标识、识别号审批	广电总局
311	无线广播电视发射设备订购证明核发	广电总局
312	广播电视设备器材入网认定	广电总局
313	广播电视新闻采编人员、播音员、主持人资格认定	广电总局
314	国产电视剧题材规划立项和电视剧片审查	广电总局 省级人民政府广播电视行政主管部门
344	新闻单位设立驻地方机构审批	省级人民政府新闻出版广电行政主管部门

国务院办公厅关于保留部分非行政许可审批项目的通知

（广播影视部分）

（2004 年 8 月 2 日　国办发〔2004〕62 号）

依据《中华人民共和国行政许可法》和行政审批制度改革的有关规定，国务院对所属各部门的行政审批项目进行了全面清理，先后分三批取消和调整 1795 项行政审批项目。同时，除现行法律、行政法规设定的继续实施外，依法保留并设定行政许可 500 项。在此基础上，对其他行政审批项目进行了严格审核和充分论证，根据现阶段政府全面履行职能和有效实施管理的需要，经国务院同意，对其中的 211 项暂予保留。这些项目，主要是政府的内部管理事项，不属于行政许可；随着社会主义市场经济体制的逐步完善，今后还将逐步取消或作必要的调整。

各地区、各部门要按照全面推进依法行政、建设法治政府的要求，建立健全监督制约机制和责任追究制度，进一步规范行政行为，正确有效地履行管理职责，巩固行政审批制度改革的成果，为建立和完善行为规范、运转协调、公正透明、廉洁高效的行政管理体制奠定更加坚实的基础。

附件：

保留的非行政许可审批项目目录（211 项）（广播影视部分）

序号	项目名称	实施机关
153	广播电视播出机构赴境外租买频道、办台审批	广电总局
154	广播电视传输网络公司股权性融资审批	广电总局
155	影视互济专项资金使用审批	广电总局
156	军队协助拍摄电影片军事预算审批	广电总局
157	广播电台、电视台开办群众参与的广播电视直播节目审批	县级以上人民政府广播电视行政主管部门
158	境外人员及机构参加广播影视节目制作审批	广电总局 省级人民政府广播电影电视行政主管部门

文化产品和服务出口指导目录①

(广播影视部分)

(2012 年 2 月 1 日　商务部、中宣部、外交部、财政部、文化部、海关总署、税务总局、广电总局、新闻出版总署、国务院新闻办公告 2012 年第 3 号)

为增强中华文化的国际影响力,鼓励和支持文化企业积极开拓国际文化市场,提高文化企业国际竞争力,推动我国文化产品和服务出口快速发展,商务部会同中宣部、外交部、财政部、文化部、海关总署、税务总局、广电总局、新闻出版总署、国务院新闻办等部门,共同制定《文化产品和服务出口指导目录》,并负责解释和调整。

各部门将在列入本目录的项目中认定一批有利于弘扬中华民族优秀传统文化、有利于维护国家统一和民族团结、有利于发展中国同世界各国人民友谊、具有比较优势和鲜明民族特色的国家文化出口重点项目;在符合本目录要求的企业中认定一批具备较强国际市场竞争力、守法经营、信誉良好的国家文化出口重点企业。各部门、各地区依据有关规定在市场开拓、技术创新、海关通关等方面创造条件予以支持。

二、广播影视类

09. 电影

重点企业标准:

1. 年出口金额 50 万美元以上;

2. 具有良好发展潜质,在提升电影文化产品的生产、发行、播映和后产品开发能力等方面成绩突出;

3. 积极与国外广播影视机构合作,拥有较为成熟的境外销售网络,境外宣传和推广活动效果突出。

---

① 《文化产品和服务出口指导目录》(商务部、外交部、文化部、广电总局、新闻出版总署、国务院新闻办 2007 年第 27 号公告)同时废止。

说明：

电影产品出口包括电影完成片、宣传片、素材及其版权的出口。

10. 电视

重点企业标准：

1. 年出口金额50万美元以上；

2. 具有良好发展潜质，在提升电视文化产品的生产、发行、播映和后产品开发能力等方面成绩突出；

3. 积极与国外广播影视机构合作，拥有较为成熟的境外销售网络，境外宣传和推广活动效果突出。

说明：

电视产品出口包括电视完成片、宣传片、素材及其版权的出口。

11. 中外合作制作电影、电视节目服务

重点企业标准：

1. 年出口额10万美元以上；

2. 积极与国外影视制作机构合作，针对国际市场开发的有良好市场潜力的影视文化产品和服务；

3. 进入国际主流销售渠道，境外宣传和推广活动效果突出；

4. 拥有自主知识产权或与外方共享知识产权的原创产品，弘扬我国优秀传统文化，对加深世界各国对中国的了解具有积极意义。

说明：

中外合作制作电影、电视节目服务包括：

1. 中外合作制作电影是指依法取得《摄制电影许可证》或《摄制电影片许可证（单片）》的境内电影制片者与境外电影制片者在中国境内外联合摄制、协作摄制、委托摄制的电影；

2. 中外合作制作电视剧是指境内依法取得资质的广播电视节目制作机构与外国法人及自然人合作制作电视剧（含电视动画片、纪录片）的活动；

3. 其他中外合作制作电影电视节目服务是指与电影电视业务相关的演出、制作、采编、传输、销售等服务；

4. 含上述电影、电视产品版权的输出。

12. 广播电视节目境外落地的集成、播出服务

重点企业标准:

1. 年出口额50万美元以上;

2. 已实施具有国际影响力的成功案例,在业内具有较高知名度;

3. 对树立我良好国际形象具有积极作用。

13. 广播影视对外工程承包服务

重点企业标准:

1. 年出口额50万美元以上;

2. 具有对外承包工程资格,已实施具有国际影响力的成功案例,在业内具有较高知名度;

3. 对树立我良好国际形象具有积极作用。

14. 广播影视对外设计、咨询、勘察、监理服务

重点企业标准:

1. 年出口额50万美元以上;

2. 具有对外承包工程资格,已实施具有国际影响力的成功案例,在业内具有较高知名度;

3. 对树立我良好国际形象具有积极作用。

四、综合服务类

21. 动漫

重点企业标准:

1. 年出口金额在50万美元以上,或版权输出金额10万美元以上,或动漫衍生产品出口金额100万美元以上;

2. 拥有自主知识产权的原创动漫形象或核心技术;

3. 内容主题积极、健康,体现中华文化特色,具备国际市场开发潜力。

说明:

动漫产品是指以创意为核心,以动画、漫画为表现形式,包含动漫图书、报刊、电影、电视、音像制品、舞台剧、软件和基于现代信息技术传播手段的动漫新品种等动漫产品及其衍生品。

22. 境外文化机构的新设、并购和合作

重点企业标准:

1. 在境外通过新设、收购、合作等方式,成功在境外投资设立分支机构,并经营良好;

2. 境外分支机构年营业额50万美元以上;

3. 对树立我良好国际形象具有积极作用;

4. 财务状况优良,信誉良好。

说明:

境外文化机构的新设、并购和合作指企业依法通过新设、收购、合作等方式投资境外文化领域,包括投资出版社、报刊社以及出版、印刷、发行服务机构,广播电视网、影视节目制作或销售机构、电视节目演播室、电影院线,剧场、演艺经纪公司、艺术品经营机构以及建设境外文化产业园区等行为。

23. 网络文化服务

重点企业标准:

1. 年出口金额50万美元以上;

2. 以国际传播和产品与服务出口为导向,产品拥有自主知识产权,有一定的品牌效应和国际影响力;

3. 主题积极、健康,体现中华文化特色,具有国际市场开发潜力。

说明:

网络文化服务包括网络新闻、网络音乐、网络文学、网络艺术品、网络视频等网络内容产品的创意、制作、传输、技术研发、生产经营、传输及营销推广等,以及网络文化传播服务的开发与建设,包括技术研发平台,专业文化网站,及其他新兴传播服务形式等。

24. 专业文化产品的设计、调试等相关服务

重点企业标准:

1. 境外市场规模在业界位于前列,国际化程度较高;

2. 拥有自主知识产权和自主品牌;

3. 具备较高的文化附加值和科技含量,保持较高的研发设计投入,具有持续创新和国际营销能力;

4. 服务具备较高专业化水平,在业内有较强影响力,处于行业领先地位。

说明:

专业文化产品和设备包括乐器、舞台灯光音响等演艺设备、印刷设备、专业影视器材等为开展文化活动所必须的文化用品和设备。

25. 文化产品数字制作及相关服务

重点企业标准:

1. 年出口金额50万美元以上;

2. 核心技术拥有自主知识产权,服务具备较高专业化水平;

3. 主题积极、健康,体现中华文化特色,具有国际市场开发潜力。

说明:

文化产品数字制作与相关服务类指采用数字技术制作对舞台剧目、音乐、美术、文物、非物质文化遗产、文献资源等文化内容以及各种出版物进行数字化转化和开发,为各种显示终端提供内容,以及采用数字技术传播、经营文化产品。

26. 创意设计服务

重点企业标准:

1. 创意设计服务年出口额50万美元以上;

2. 拥有自主知识产权,体现较高的文化附加值;

3. 保持较高的研发设计、品牌建设投入,具有持续创新和国际营销能力。

说明:创意设计服务主要包括广告设计、平面设计、工业设计、视觉设计等,特别是能够增加产品附加值的文化创意设计。

27. 节目模式出口

重点企业标准:

1. 单个项目年出口金额10万美元以上;

2. 具有原创性,体现中华文化特色;

3. 拥有较为成熟的创意研发团队和国际销售网络。

说明:

节目模式指节目概念、创意、制作指导蓝本等。

28. 文化产品的对外翻译制作服务

重点企业标准：

1. 年出口额 10 万美元以上；

2. 具有良好的译制资质，从事中华文化产品的外语译制出版工作；

3. 使用外语发行到境外，或在境外进行本土化发行和传播。

29. 文化相关会展服务

重点企业标准：

1. 展会直接收入以外汇结算部分每届在 50 万美元以上；

2. 每年至少举办 2 个以上专业性文化展会，或 1 个以上综合性文化展会；

3. 所举办的展览有固定举办的届次，在业内有一定的规模和知名度。

说明：

文化相关会展是指通过举办各类会议、展览、展销、推介、比赛等活动及提供相关配套服务，推动文化投资交易与交流发展，直接或间接地创造社会效益和经济效益。

外商投资产业指导目录(2015 年修订)

(广播影视部分)

(2015 年 3 月 10 日　国家发展和改革委员会、商务部令第 22 号)

鼓励外商投资目录

三、制造业

(十七)通用设备制造业

124. 电影机械制造:2K、4K 数字电影放映机,数字电影摄像机,数字影像制作、编辑设备

(二十二)计算机、通信和其他电子设备制造业

242. 高清数字摄录机、数字放声设备制造

243. TFT - LCD、PDP、OLED 等平板显示屏、显示屏材料制造(6 代及 6 代以下 TFT - LCD 玻璃基板除外)

244. 大屏幕彩色投影显示器用光学引擎、光源、投影屏、高清晰度投影管和微显投影设备模块等关键件制造

245. 数字音、视频编解码设备,数字广播电视演播室设备,数字有线电视系统设备,数字音频广播发射设备,数字电视上下变换器,数字电视地面广播单频网(SFN)设备,卫星数字电视上行站设备制造

限制外商投资目录

十三、文化、体育和娱乐业

35. 广播电视节目、电影的制作业务(限于合作)

36. 电影院的建设、经营(中方控股)

禁止外商投资产业目录

十一、文化、体育和娱乐业

25. 新闻机构

26. 图书、报纸、期刊的出版业务

27. 音像制品和电子出版物的出版、制作业务

28. 各级广播电台(站)、电视台(站)、广播电视频道(率)、广播电视传输覆盖网(发射台、转播台、广播电视卫星、卫星上行站、卫星收转站、微波站、监测台、有线广播电视传输覆盖网)

29. 广播电视节目制作经营公司

30. 电影制作公司、发行公司、院线公司

31. 新闻网站、网络出版服务、网络视听节目服务、互联网上网服务营业场所、互联网文化经营(音乐除外)

注:《内地与香港关于建立更紧密经贸关系的安排》及其补充协议、《内地与澳门关于建立更紧密经贸关系的安排》及其补充协议、《海峡两岸经济合作框架协议》及其后续协议、我国与有关国家签订的自由贸易区协议、投资协定另有规定的,从其规定。

2002 年—2017 年广播影视取消和下放的行政审批项目

2002 年以来,广播影视领域行政审批项目已取消 24 项(包括子项目),具体见下表。

年份	序号	项 目 名 称	设 定 依 据
2002 年 国发〔2002〕24 号	1	广播、通信铁塔及桅杆产品生产审核	《全国工业产品生产许可证办公室关于发布广播、通信铁塔及桅杆产品生产许可证换(发)证实施细则及检验单位的通知》(全许办[2001]05 号)
	2	音像资料机构设立审批	《音像资料管理规定》(广播电影电视部令第 21 号)
	3	有线电视工程设计、施工、安装单位资质认可	《广播电视管理条例》(国务院令第 228 号);《有线电视管理规定》(广播电影电视部令第 12 号)
2003 年 国发〔2003〕5 号	4	广播影视科技发展项目成果认定	《广播电影电视部关于印发广播电影电视部科学技术成果鉴定办法的通知》(广发技字〔1992〕219 号)
	5	直属各单位举办、参加各类广播电影电视设备展览会审批	《广播电影电视部办公厅关于转发〈关于对部属各单位举办、参加各类广播电影电视设备展览会意见的报告〉的通知》(广办发计字〔1997〕129 号)
	6	举办全国性广播影视技术交流会和研讨会审批	《国家广播电影电视总局关于印发〈全国性广播影视技术研讨会管理暂行办法〉的通知》(广发技字〔2001〕482 号)
2004 年 国发〔2004〕16 号	7	电视剧制片人资格认定	《电视剧制片人持证上岗暂行规定》(国家广播电影电视总局令第 11 号)
	8	举办全国性广播电视交流、交易活动批准	《广播电视管理条例》(国务院令第 228 号)

年份	序号	项目名称	设定依据
2010年 国发〔2010〕21号	9	国产电视剧题材规划立项审查	《国务院对确需保留的行政审批项目设定行政许可的决定》(国务院令第412号)
2012年 国发〔2012〕52号	10	广播电视新闻采编人员资格认定	《国务院对确需保留的行政审批项目设定行政许可的决定》(国务院令第412号)
2013年 国发〔2013〕27号	11	影视互济专项资金使用审批	《国务院办公厅关于保留部分非行政许可审批项目的通知》(国办发〔2004〕62号)
	12	军队协助拍摄电影片军事预算审批	《国务院办公厅关于保留部分非行政许可审批项目的通知》(国办发〔2004〕62号)
	13	广播电视传输网络公司股权性融资审批	《国务院办公厅关于保留部分非行政许可审批项目的通知》(国办发〔2004〕62号)
	14	电影洗印单位接受委托洗印加工境外电影底片、样片和电影片拷贝审批	《电影管理条例》(国务院令第342号)
	15	中外合作摄制电影片所需进口设备、器材、胶片、道具审批	《电影管理条例》(国务院令第342号)
	16	一般题材电影剧本审查	《电影管理条例》(国务院令第342号)
2014年 国发〔2014〕50号	17	广播电视播出机构赴境外租买频道、办台审批	《国务院办公厅关于保留部分非行政许可审批项目的通知》(国办发〔2004〕62号)
	18	全国广播影视系统法制宣传教育先进集体和先进个人	新闻出版广电总局
2016年 国发〔2016〕9号	19	电影制片单位以外的单位独立从事电影摄制业务审批	《电影管理条例》(国务院令第342号) 《国务院关于第六批取消和调整行政审批项目的决定》(国发〔2012〕52号)
	20	改建、拆除电影院和放映设施审批	《电影管理条例》(国务院令第342号)

年份	序号	项 目 名 称	设 定 依 据
2016 年 国发〔2016〕9 号	21	地市级、县级广播电台、电视台变更台标审批	《广播电视管理条例》(国务院令第 228 号,2013 年 12 月 7 日予以修改) 《国务院关于取消和下放 50 项行政审批项目等事项的决定》(国发〔2013〕27 号)
	22	电影放映单位变更业务范围或者兼并、合并、分立审批	《电影管理条例》(国务院令第 342 号) 《国务院关于第六批取消和调整行政审批项目的决定》(国发〔2012〕52 号)
	23	电影院加入院线审批	《关于进一步推进电影院线公司机制改革的意见》(广影字〔2003〕576 号) 《广电总局关于印发〈电影发行放映管理体制划转后省级广电局电影职能一览表〉的通知》(广发〔2008〕116 号)
	24	地方台在境外租买时段、频道(率)或者建台、办台初审	《广电总局关于广播影视“走出去工程”的实施细则(试行)》(广发办字〔2001〕1494 号)

2002 年以来,广播影视领域行政审批项目已下放 10 项(包括子项目),具体见下表;注意,本表中第 1 项“电影制片单位以外的单位独立从事电影摄制业务审批”、第 2 项“电影放映单位变更业务范围或者兼并、合并、分立审批”、第 8 项“地市级、县级广播电台、电视台变更台标审批”已取消,参见前表。

年份	序号	项目名称	设定依据	下放后实施机关
2012 年 国发〔2012〕52 号	1	电影制片单位以外的单位独立从事电影摄制业务审批	《电影管理条例》(国务院令第 342 号)	省级人民政府广播电影电视行政部门
	2	电影放映单位设立、变更业务范围或者兼并、合并、分立审批	《电影管理条例》(国务院令第 342 号)	县级人民政府广播电影电视行政部门

年份	序号	项目名称	设定依据	下放后实施机关
2012年 国发〔2012〕52号	3	小功率的无线广播电视发射设备订购证明核发	《国务院对确需保留的行政审批项目设定行政许可的决定》(国务院令第412号)	省级人民政府广播电影电视行政部门
	4	省级行政区域内经营广播电视节目传送业务审批	《国务院对确需保留的行政审批项目设定行政许可的决定》(国务院令第412号)	省级人民政府广播电影电视行政部门
	5	建立城市社区有线电视系统审批	《国务院对确需保留的行政审批项目设定行政许可的决定》(国务院令第412号)	县级人民政府广播电视行政部门
2013年 国发〔2013〕27号	6	地方对等交流互办单一国家电影展映活动审批	《电影管理条例》(国务院令第342号)	下放省级新闻出版广电行政部门
	7	国外人员参与制作的国产电视剧审查	《国务院对确需保留的行政审批项目设定行政许可的决定》(国务院令第412号)	下放省级新闻出版广电行政部门
	8	地市级、县级广播电台、电视台变更台标审批	《广播电视管理条例》(国务院令第228号)	下放省级新闻出版广电行政部门
	9	设置卫星电视广播地面接收设施审批	《卫星电视广播地面接收设施管理规定》(国务院令第129号)	下放省级新闻出版广电行政部门
2014年 国发〔2014〕27号	10	电影制片单位设立、变更、终止审批	《电影管理条例》(国务院令第342号)	省级人民政府新闻出版广电行政主管部门

附　录：
“七五”普法有关文件

全国人民代表大会常务委员会关于进一步加强法制宣传教育的决议

(2011 年 4 月 22 日　第十一届全国人民代表大会常务委员会第二十次会议通过)

2006 年至 2010 年,我国法制宣传教育第五个五年规划已顺利实施和完成,取得了明显成效。公民的宪法和法律意识明显增强,依法治理和法治创建活动有序推进,社会管理法治化水平进一步提高,法制宣传教育在服务经济社会发展、维护社会和谐稳定、落实依法治国基本方略中发挥了重要作用。现在中国特色社会主义法律体系已经形成,这是我国社会主义民主法制建设史上的重要里程碑,是中国特色社会主义制度逐步走向成熟的重要标志。法律的生命力在于实施。中国特色社会主义法律体系形成后,有法必依、执法必严、违法必究的任务更为突出、更加紧迫,对加强法制宣传教育提出了新的更高的要求。为适应全面建设小康社会和“十二五”时期经济社会发展需要,全面落实依法治国基本方略、加快建设社会主义法治国家进程,进一步增强全社会法治观念,有必要从 2011 年到 2015 年在全体公民中组织实施法制宣传教育第六个五年规划。为此,特作决议如下:

一、深入学习宣传以宪法为统帅的中国特色社会主义法律体系。要突出抓好宪法的学习宣传,深入学习宣传宪法确立的我国的国体政体、根本制度、根本任务、公民的权利和义务等主要内容和精神,进一步增强公民的宪法意识和社会主义民主法治观念,形成崇尚宪法、遵守宪法、维护宪法权威的良好氛围。深入学习宣传形成中国特色社会主义法律体系的重大意义、基本经验、基本特征,深入学习宣传中国特色社会主义法律体系的基本法律和促进经济发展、保障和改善民生、加强社会管理、反腐倡廉相关法律法规。深入开展社会主义法治理念教育,推进社会主义法治文化建设,弘扬社会主义法治精神,形成人人自觉学法守法用法和依法行政、公正司法的社会环境。

二、进一步增强法制宣传教育的针对性和实效性。法制宣传教育的对象是一切有接受能力的公民。广大公务员尤其是各级领导干部要带头学习宪法和法律,系统学习和熟练掌握与履行职责相关的法律法规,不断提高自身法律素质和法治观念,增强科学执政、民主执政、依法执政的自觉性;要充分认识依法行政、公正司法是法制宣传教育最有效的实践,增强依法决策、依法行政、公正司法的能力,不断改善领导方式和执政方式,做全社会学法守法用法的表率。要根据青少年的身心特点和接受能力,结合道德品质教育和公民意识教育,有针对性地加强法制宣传教育,努力培养青少年遵纪守法的行为习惯。企业经营管理人员、事业单位和新经济、新社会组织管理人员应当重点学习掌握与市场经济、经营管理相关的法律法规,增强诚信守法、依法管理、依法经营的观念。要在城乡基层群众中重点宣传与生产生活密切相关的法律法规,引导群众依法维护权益、表达诉求、化解纠纷,提高群众参与基层自治和其他社会管理活动的意识和能力。

三、进一步丰富法制宣传教育的形式和方法。法制宣传教育要深入群众、深入基层,生动活泼、通俗易懂,为群众所喜闻乐见,力戒形式主义。广播、电视、报刊等各类媒体要继续履行好社会责任,通过开办法制栏目(专栏、专版)等,广泛开展公益性法制宣传教育。要充分发挥互联网、移动通信等新兴媒体的特点和优势,积极开展法制宣传教育。要努力办好普法网站,充分发挥政府网及门户网站在法制宣传中的重要平台和示范带动作用。要丰富法制宣传教育进机关、进学校、进企业、进单位、进乡村、进社区的内容和形式,不断增强针对性和实效性。要完善并落实公务员法律学习培训制度,把法制宣传教育纳入公务员理论学习规划和各类干部培训机构教学课程。要充分发挥学校作为法制宣传教育重要阵地作用,保证中小学校法制教育课时、教材、师资、经费"四落实"。要充分运用"12·4"全国法制宣传日开展集中法制宣传教育活动,不断扩大法制宣传教育的覆盖面和渗透力。要坚持法制宣传教育与法治实践相结合,善于运用典型案例剖析和群众关心的热点问题开展法制宣传教育,深入推进多种形式、多种层次的法治实践活动,用法治实践推动法制宣传教育、检验法制宣传教育的实效。

四、完善法制宣传教育的组织领导和保障机制。各国家机关和武装力量、各政党、各社会团体、各企事业单位和各类组织,都要高度重视法制宣传教育工作,积极组织开展本部门、本单位以及面向社会的法制宣传教育。要完善法制宣传教育领导体制和工作机制,加强组织领导,加强执法主体的法制宣传教育责任,加强各部门间的协调配合,形成工作合力。法制宣传教育要纳入各地经济社会发展规划和政府目标管理,法制宣传教育经费列入本级政府财政预算,切实予以保障。各部门、各单位要结合实际,统筹安排,保证法制宣传教育工作正常开展。要进一步加大基层法制宣传教育各项投入,努力为基层深入开展法制宣传教育创造条件。

五、加强对本决议贯彻实施情况的监督检查。要进一步完善法制宣传教育考核评估机制，加强年度考核、阶段性检查。各级人民政府要切实组织实施好法制宣传教育第六个五年规划，做好中期督导检查和终期评估验收，并向本级人民代表大会常务委员会报告。各级人民代表大会及其常务委员会要充分运用执法检查、听取和审议工作报告以及代表视察、专题调研等形式，加强对法制宣传教育工作的监督检查，保证本决议得到贯彻落实。

中共中央 国务院转发《中央宣传部、司法部关于在公民中开展法治宣传教育的第七个五年规划(2016—2020 年)》的通知

(2016 年 3 月 25 日 中发〔2016〕11 号)

《中央宣传部、司法部关于在公民中开展法治宣传教育的第七个五年规划(2016—2020 年)》(以下简称“七五”普法规划)已经中央同意,现转发给你们,请结合实际认真贯彻执行。

全民普法和守法是依法治国的长期基础性工作。深入开展法治宣传教育,是贯彻落实党的十八大和十八届三中、四中、五中全会精神的重要任务,是实施“十三五”规划、全面建成小康社会的重要保障。各级党委和政府要把法治宣传教育纳入当地经济社会发展规划,进一步健全完善党委领导、人大监督、政府实施的法治宣传教育工作领导体制,确保“七五”普法规划各项目标任务落到实处。要坚持把领导干部带头学法、模范守法作为树立法治意识的关键,完善国家工作人员学法用法制度,把法治观念强不强、法治素养好不好作为衡量干部德才的重要标准,把能不能遵守法律、依法办事作为考察干部的重要内容,切实提高领导干部运用法治思维和法治方式深化改革、推动发展、化解矛盾、维护稳定的能力。坚持从青少年抓起,把法治教育纳入国民教育体系,引导青少年从小掌握法律知识、树立法治意识、养成守法习惯。要坚持法治宣传教育与法治实践相结合,深化基层组织和部门、行业依法治理,深化法治城市、法治县(市、区)等法治创建活动,全面提高全社会法治化治理水平。要推进法治教育与道德教育相结合,促进实现法律和道德相辅相成、法治和德治相得益彰。要健全普法宣传教育机制,实行国家机关“谁执法谁普法”的普法责任制,健全媒体公益普法制度,推进法治宣传教育工作创新,不断增强法治宣传教育的实效。要通过深入开展法治宣传教育,传播法律知识,弘扬法治精神,建设法治文化,充分发挥法治宣传教育在全面依法治国中的基础作用,推动全社会树立法治意识,为顺利实施“十三五”规划、全面建成小康社会营造良好的法治环境。

中央宣传部 司法部关于在公民中开展法制宣传教育的第七个五年规划

（2016—2020年）

在党中央、国务院正确领导下,全国第六个五年法制宣传教育规划(2011—2015年)顺利实施完成,法治宣传教育工作取得显著成效。以宪法为核心的中国特色社会主义法律体系得到深入宣传,法治宣传教育主题活动广泛开展,多层次多领域依法治理不断深化,法治创建活动全面推进,全社会法治观念明显增强,社会治理法治化水平明显提高,法治宣传教育在建设社会主义法治国家中发挥了重要作用。

党的十八大以来,以习近平同志为总书记的党中央对全面依法治国作出了重要部署,对法治宣传教育提出了新的更高要求,明确了法治宣传教育的基本定位、重大任务和重要措施。十八届三中全会要求“健全社会普法教育机制”;十八届四中全会要求“坚持把全民普法和守法作为依法治国的长期基础性工作,深入开展法治宣传教育”;十八届五中全会要求“弘扬社会主义法治精神,增强全社会特别是公职人员尊法学法守法用法观念,在全社会形成良好法治氛围和法治习惯”。习近平总书记多次强调“领导干部要做尊法学法守法用法的模范”,要求法治宣传教育“要创新宣传形式,注重宣传实效”,为法治宣传教育工作指明了方向,提供了基本遵循。与新形势新任务的要求相比,有的地方和部门对法治宣传教育重要性的认识还不到位,普法宣传教育机制还不够健全,实效性有待进一步增强。深入开展法治宣传教育,增强全民法治观念,对于服务协调推进“四个全面”战略布局和“十三五”时期经济社会发展,具有十分重要的意义。为做好第七个五年法治宣传教育工作,制定本规划。

一、指导思想、主要目标和工作原则

第七个五年法治宣传教育工作的指导思想是:高举中国特色社会主义伟大旗帜,全面贯彻党的十八大和十八届三中、四中、五中全会精神,以马克思列宁主义、毛泽东思想、邓小平理论、“三个代表”重要思想、科学发展观为指导,深入贯彻习近平总书记系列重要讲话精神,坚持“四个全面”战略布局,坚持创新、协调、绿色、开放、共享的发展理念,按照全面依法治国新要求,深入开展法治宣传教育,扎实推进依法治理和法治创建,弘扬社会主义法治精神,建设社会主义法治文化,推进法治宣传教育与法治实践相结合,健全普法宣传教育机制,推动工作创新,充分发挥法治宣传教育在全面依法治国中的基础作用,推动全社会树立法治意识,为“十三五”时期经济社会发展营造良好法治环境,为实现“两个一百年”奋斗目标和中华民族伟大复兴的中国梦作出新的贡献。

第七个五年法治宣传教育工作的主要目标是:普法宣传教育机制进一步健全,法治宣传教育实效性进一步增强,依法治理进一步深化,全民法治观念和全体党员党章党规意识明显增强,全社会厉行法治的积极性和主动性明显提高,形成守法光荣、违法可耻的社会氛围。

第七个五年法治宣传教育工作应遵循以下原则:

——坚持围绕中心,服务大局。围绕党和国家中心工作开展法治宣传教育,更好地服务协调推进“四个全面”战略布局,为全面实施国民经济和社会发展“十三五”规划营造良好法治环境。

——坚持依靠群众,服务群众。以满足群众不断增长的法治需求为出发点和落脚点,以群众喜闻乐见、易于接受的方式开展法治宣传教育,增强全社会尊法学法守法用法意识,使国家法律和党内法规为党员群众所掌握、所遵守、所运用。

——坚持学用结合,普治并举。坚持法治宣传教育与依法治理有机结合,把法治宣传教育融入立法、执法、司法、法律服务和党内法规建设活动中,引导党员群众在法治实践中自觉学习、运用国家法律和党内法规,提升法治素养。

——坚持分类指导,突出重点。根据不同地区、部门、行业及不同对象的实际和特点,分类实施法治宣传教育。突出抓好重点对象,带动和促进全民普法。

——坚持创新发展,注重实效。总结经验,把握规律,推动法治宣传教育工作理念、机制、载体和方式方法创新,不断提高法治宣传教育的针对性和实效性,力戒形式主义。

二、主要任务

(一)深入学习宣传习近平总书记关于全面依法治国的重要论述。党的十八大以来,习近平总书记站在坚持和发展中国特色社会主义全局的高度,对全面依法治国作了重要论述,提出了一系列新思想、新观点、新论断、新要求,深刻回答了建设社会主义法治国家的重大理论和实践问题,为全面依法治国提供了科学理论指导和行动指南。要深入学习宣传习近平总书记关于全面依法治国的重要论述,增强走中国特色社会主义道路的自觉性和坚定性,增强全社会厉行法治的积极性和主动性。深入学习宣传以习近平同志为总书记的党中央关于全面依法治国的重要部署,宣传科学立法、严格执法、公正司法、全民守法和党内法规建设的生动实践,使全社会了解和掌握全面依法治国的重大意义和总体要求,更好地发挥法治的引领和规范作用。

(二)突出学习宣传宪法。坚持把学习宣传宪法摆在首要位置,在全社会普遍开展宪法教育,弘扬宪法精神,树立宪法权威。深入宣传依宪治国、依宪执政等理念,宣传党的领导是宪法实施的最根本保证,宣传宪法确立的国家根本制度、根本任务和我国的国体、政体,宣传公民的基本权利和义务等宪法基本内容,宣传宪法的实施,实行宪法宣誓制度,认真组织好“12·4”国家宪法日集中宣传活动,推动宪法家喻户晓、深入人心,提高全体公民特别是各级领导干部和国家机关工作人员的宪法意识,教育引导一切组织和个人都必须以宪法为根本活动准则,增强宪法观念,坚决维护宪法尊严。

(三)深入宣传中国特色社会主义法律体系。坚持把宣传以宪法为核心的中国特色社会主义法律体系作为法治宣传教育的基本任务,大力宣传宪法相关法、民法商法、行政法、经济法、社会法、刑法、诉讼与非诉讼程序法等多个法律部门的法律法规。大力宣传社会主义民主政治建设的法律法规,提高人民有序参与民主政治的意识和水平。大力宣传保障公民基本权利的法律法规,推动全社会树立尊重和保障人权意识,促进公民权利保障法治化。大力宣传依法行政领域的法律法规,推动各级行政机关树立“法定职责必须为、法无授权不可为”的意识,促进法治政府建设。大力宣传市场经济领域的法律法规,推动全社会树立保护产权、平等交换、公平竞争、诚实信用等意识,促进大众创业、万众创新,促进经济在新常态下平稳健康运行。大力宣传有利于激发文化创造活力、保障人民基本文化权益的相关法律法规,促进社会主义精神文明建设。大力宣传教育、就业、收入分配、社会保障、医疗卫生、食品安全、扶贫、慈善、社会救助和妇女儿童、老年人、残疾人合法权益保护等方面法律法规,促进保障和改善民生。大力宣传国家安全和公共安全领域的法律法规,提高全民安全意识、风险意识和预防能力。大力宣传国防法律法规,提高全民国防观念,促进国防建设。大力宣传党的民族、宗教政策和相关法律法规,维护民族地区繁荣稳定,促进民族关系、宗教关系和谐。大力宣传环境保护、资源能源节约利用等方面的法律法规,推动美丽中国建设。大力宣传互联网领域的法律法规,教育引导网民依法规范网络行为,促进形成网络空间良好秩序。大力宣传诉讼、行政复议、仲裁、调解、信访等方面的法律法规,引导群众依法表达诉求、维护权利,促进社会和谐稳定。在传播法律知识的同时,更加注重弘扬法治精神、培育法治理念、树立法治意识,大力宣传宪法法律至上、法律面前人人平等、权由法定、权依法使等基本法治理念,破除"法不责众"、"人情大于国法"等错误认识,引导全民自觉守法、遇事找法、解决问题靠法。

(四)深入学习宣传党内法规。适应全面从严治党、依规治党新形势新要求,切实加大党内法规宣传力度。突出宣传党章,教育引导广大党员尊崇党章,以党章为根本遵循,坚决维护党章权威。大力宣传《中国共产党廉洁自律准则》、《中国共产党纪律处分条例》等各项党内法规,注重党内法规宣传与国家法律宣传的衔接和协调,坚持纪在法前、纪严于法,把纪律和规矩挺在前面,教育引导广大党员做党章党规党纪和国家法律的自觉尊崇者、模范遵守者、坚定捍卫者。

(五)推进社会主义法治文化建设。以宣传法律知识、弘扬法治精神、推动法治实践为主旨,积极推进社会主义法治文化建设,充分发挥法治文化的引领、熏陶作用,使人民内心拥护和真诚信仰法律。把法治文化建设纳入现代公共文化服务体系,推动法治文化与地方文化、行业文化、企业文化融合发展。繁荣法治文化作品创作推广,把法治文化作品纳入各级文化作品评奖内容,纳入艺术、出版扶持和奖励基金内容,培育法治文化精品。利用重大纪念日、民族传统节日等契机开展法治文化活动,组织开展法治文艺展演展播、法治文艺演出下基层等活动,满足人民群众日益增长的法治文化需求。把法治元素纳入城乡建设规划设计,加强基层法治文化公共设施建设。

(六)推进多层次多领域依法治理。坚持法治宣传教育与法治实践相结合,把法律条文变成引导、保障经济社会发展的基本规则,深化基层组织和部门、行业依法治理,深化法治城市、法治县(市、区)等法治创建活动,提高社会治理法治化水平。深入开展民主法治示范村(社区)创建,进一步探索乡村(社区)法律顾问制度,教育引导基层群众自我约束、自我管理。发挥市民公约、乡规民约、行业规章、团体章程等社会规范在社会治理中的积极作用,支持行业协会商会类社会组织发挥行业自律和专业服务功能,发挥社会组织对其成员的行为导引、规则约束、权益维护作用。

(七)推进法治教育与道德教育相结合。坚持依法治国和以德治国相结合的基本原则,以法治体现道德理念,以道德滋养法治精神,促进实现法律和道德相辅相成、法治和德治相得益彰。大力弘扬社会主义核心价值观,弘扬中华传统美德,培育社会公德、职业道德、家庭美德、个人品德,提高全民族思想道德水平,为全面依法治国创造良好人文环境。强化规则意识,倡导契约精神,弘扬公序良俗,引导人们自觉履行法定义务、社会责任、家庭责任。发挥法治在解决道德领域突出问题中的作用,健全公民和组织守法信用记录,完善守法诚信褒奖机制和违法失信行为惩戒机制。

三、对象和要求

法治宣传教育的对象是一切有接受教育能力的公民,重点是领导干部和青少年。

坚持把领导干部带头学法、模范守法作为树立法治意识的关键。完善国家工作人员学法用法制度,把宪法法律和党内法规列入党委(党组)中心组学习内容,列为党校、行政学院、干部学院、社会主义学院必修课;把法治教育纳入干部教育培训总体规划,纳入国家工作人员初任培训、任职培训的必训内容,在其他各类培训课程中融入法治教育内容,保证法治培训课时数量和培训质量,切实提高领导干部运用法治思维和法治方式深化改革、推动发展、化解矛盾、维护稳定的能力,切实增强国家工作人员自觉守法、依法办事的意识和能力。加强党章和党内法规学习教育,引导党员领导干部增强党章党规党纪意识,严守政治纪律和政治规矩,在廉洁自律上追求高标准,自觉远离违纪红线。健全日常学法制度,创新学法形式,拓宽学法渠道。健全完善重大决策合法性审查机制,积极推行法律顾问制度,各级党政机关和人民团体普遍设立公职律师,企业可设立公司律师。把尊法学法守法用法情况作为考核领导班子和领导干部的重要内容。把法治观念强不强、法治素养好不好作为衡量干部德才的重要标准,把能不能遵守法律、依法办事作为考察干部的重要内容。

坚持从青少年抓起。切实把法治教育纳入国民教育体系,制定和实施青少年法治教育大纲,在中小学设立法治知识课程,确保在校学生都能得到基本法治知识教育。完善中小学法治课教材体系,编写法治教育教材、读本,地方可将其纳入地方课程义务教育免费教科书范围,在小学普及宪法基本常识,在中、高考中增加法治知识内容,使青少年从小树立宪法意识和国家意识。将法治教育纳入“中小学幼儿园教师国家级培训计划”,加强法治课教师、分管法治教育副校长、法治辅导员培训。充分利用第二课堂和社会实践活动开展青少年法治教育,在开学第一课、毕业仪式中有机融入法治教育内容。加强对高等院校学生的法治教育,增强其法治观念和参与法治实践的能力。强化学校、家庭、社会“三位一体”的青少年法治教育格局,加强青少年法治教育实践基地建设和网络建设。

各地区各部门要根据实际需要,从不同群体的特点出发,因地制宜开展有特色的法治宣传教育。突出加强对企业经营管理人员的法治宣传教育,引导他们树立诚信守法、爱国敬业意识,提高依法经营、依法管理能力。加强对农民工等群体的法治宣传教育,帮助、引导他们依法维权,自觉运用法律手段解决矛盾纠纷。

四、工作措施

第七个法治宣传教育五年规划从 2016 年开始实施,至 2020 年结束。各地区各部门要根据本规划,认真制定本地区本部门规划,深入宣传发动,全面组织实施,确保第七个五年法治宣传教育规划各项目标任务落到实处。

(一)健全普法宣传教育机制。各级党委和政府要加强对普法工作的领导,宣传、文化、教育部门和人民团体要在普法教育中发挥职能作用。把法治教育纳入精神文明创建内容,开展群众性法治文化活动。人民团体、社会组织要在法治宣传教育中发挥积极作用,健全完善普法协调协作机制,根据各自特点和实际需要,有针对性地组织开展法治宣传教育活动。积极动员社会力量开展法治宣传教育,加强各级普法讲师团建设,选聘优秀法律和党内法规人才充实普法讲师团队伍,组织开展专题法治宣讲活动,充分发挥讲师团在普法工作中的重要作用。鼓励引导司法和行政执法人员、法律服务人员、大专院校法律专业师生加入普法志愿者队伍,畅通志愿者服务渠道,健全完善管理制度,培育一批普法志愿者优秀团队和品牌活动,提高志愿者普法宣传水平。加强工作考核评估,建立健全法治宣传教育工作考评指导标准和指标体系,完善考核办法和机制,注重考核结果的运用。健全激励机制,认真开展“七五”普法中期检查和总结验收,加强法治宣传教育先进集体、先进个人表彰工作。围绕贯彻中央关于法治宣传教育的总体部署,健全法治宣传教育工作基础制度,加强地方法治宣传教育条例制定和修订工作,制定国家法治宣传教育法。

(二)健全普法责任制。实行国家机关“谁执法谁普法”的普法责任制,建立普法责任清单制度。建立法官、检察官、行政执法人员、律师等以案释法制度,在执法司法实践中广泛开展以案释法和警示教育,使案件审判、行政执法、纠纷调解和法律服务的过程成为向群众弘扬法治精神的过程。加强司法、行政执法案例整理编辑工作,推动相关部门面向社会公众建立司法、行政执法典型案例发布制度。落实“谁主管谁负责”的普法责任,各行业、各单位要在管理、服务过程中,结合行业特点和特定群体的法律需求,开展法治宣传教育。健全媒体公益普法制度,广播电视、报纸期刊、互联网和手机媒体等大众传媒要自觉履行普法责任,在重要版面、重要时段制作刊播普法公益广告,开设法治讲堂,针对社会热点和典型案(事)例开展及时权威的法律解读,积极引导社会法治风尚。各级党组织要坚持全面从严治党、依规治党,切实履行学习宣传党内法规的职责,把党内法规作为学习型党组织建设的重要内容,充分发挥正面典型倡导和反面案例警示作用,为党内法规的贯彻实施营造良好氛围。

(三)推进法治宣传教育工作创新。创新工作理念,坚持服务党和国家工作大局、服务人民群众生产生活,努力培育全社会法治信仰,增强法治宣传教育工作实效。针对受众心理,创新方式方法,坚持集中法治宣传教育与经常性法治宣传教育相结合,深化法律进机关、进乡村、进社区、进学校、进企业、进单位的“法律六进”主题活动,完善工作标准,建立长效机制。创新载体阵地,充分利用广场、公园等公共场所开展法治宣传教育,有条件的地方建设宪法法律教育中心。在政府机关、社会服务机构的服务大厅和服务窗口增加法治宣传教育功能。积极运用公共活动场所电子显示屏、服务窗口触摸屏、公交移动电视屏、手机屏等,推送法治宣传教育内容。充分运用互联网传播平台,加强新媒体新技术在普法中的运用,推进“互联网+法治宣传”行动。开展新媒体普法益民服务,组织新闻网络开展普法宣传,更好地运用微信、微博、微电影、客户端开展普法活动。加强普法网站和普法网络集群建设,建设法治宣传教育云平台,实现法治宣传教育公共数据资源开放和共享。适应我国对外开放新格局,加强对外法治宣传工作。

五、组织领导

(一)切实加强领导。各级党委和政府要把法治宣传教育纳入当地经济社会发展规划,定期听取法治宣传教育工作情况汇报,及时研究解决工作中的重大问题,把法治宣传教育纳入综合绩效考核、综治考核和文明创建考核内容。各级人大要加强对法治宣传教育工作的日常监督和专项检查。健全完善党委领导、人大监督、政府实施的法治宣传教育工作领导体制,加强各级法治宣传教育工作组织机构建设。高度重视基层法治宣传教育队伍建设,切实解决人员配备、基本待遇、工作条件等方面的实际问题。

(二)加强工作指导。各级法治宣传教育领导小组每年要将法治宣传教育工作情况向党委(党组)报告,并报上级法治宣传教育工作领导小组。加强沟通协调,充分调动各相关部门的积极性,发挥各自优势,形成推进法治宣传教育工作创新发展的合力。结合各地区各部门工作实际,分析不同地区、不同对象的法律需求,区别对待、分类指导,不断增强法治宣传教育的针对性。坚持问题导向,深入基层、深入群众调查研究,积极解决问题,努力推进工作。认真总结推广各地区各部门开展法治宣传教育的好经验、好做法,充分发挥先进典型的示范和带动作用,推进法治宣传教育不断深入。

(三)加强经费保障。各地区要把法治宣传教育相关工作经费纳入本级财政预算,切实予以保障,并建立动态调整机制。把法治宣传教育列入政府购买服务指导性目录。积极利用社会资金开展法治宣传教育。

中国人民解放军和中国人民武装警察部队的第七个五年法治宣传教育工作,参照本规划进行安排部署。

全国新闻出版广播影视(版权)系统法治宣传教育第七个五年规划

(2016年12月2日　新广发〔2016〕125号)

根据中共中央、国务院转发的《中央宣传部、司法部关于在公民中开展法治宣传教育的第七个五年规划(2016—2020年)》,为进一步做好新闻出版广播影视(版权)法治宣传教育工作,结合新闻出版广播影视(版权)行业实际,制定本规划。

一、指导思想和主要目标

高举中国特色社会主义伟大旗帜,全面贯彻党的十八大及十八届三中、四中、五中、六中全会精神,以马克思列宁主义、毛泽东思想、邓小平理论、“三个代表”重要思想、科学发展观为指导,深入学习宣传贯彻习近平总书记系列重要讲话精神,围绕新闻出版广播影视(版权)“十三五”时期目标任务,充分发挥新闻出版广播影视媒体优势,面向全系统、全行业、全社会深入开展法治宣传教育,推动在全社会形成良好法治环境,推动新闻出版广播影视(版权)从业人员提升法治素养、增强法治意识,提高运用法治思维和法治方式深化改革、化解矛盾、维护稳定、推动发展的能力。

二、主要任务

(一)深入学习宣传习近平总书记关于全面依法治国的重要论述。深入学习宣传习近平总书记关于全面依法治国的一系列新思想、新观点、新论断、新要求,深入学习宣传贯彻以习近平同志为核心的党中央关于全面依法治国的重要部署,推动全社会深入了解和掌握全面依法治国的重大意义和总体要求,强化法治意识,树立法治观念,提升法治理念,发挥法治的引领和规范作用,推动法治政府、法治社会建设。

(二)深入学习宣传宪法、中国特色社会主义法律体系。弘扬宪法精神,树立宪法权威,维护宪法尊严。健全完善宪法宣誓制度,认真组织好“12·4”国家宪法日集中宣传活动,提高全体公民特别是各级领导干部和国家工作人员的宪法意识。大力学习宣传宪法相关法、民商法、行政法、经济法等多个法律部门的法律法规。推动各级行政机关树立“法定职责必须为、法无授权不可为”的意识,促进法治政府建设。在传播法律知识的同时,更加注重弘扬法治精神、培育法治理念、树立法治意识,引导全民自觉守法、遇事找法、解决问题靠法。

(三)深入学习宣传党内法规。适应全面从严治党、依规治党新形势、新要求,切实加大党内法规学习宣传力度。全体党员要以党章为根本遵循,坚决维护党章权威,增强党章党规党纪意识,严守政治纪律和政治规矩,在廉洁自律上追求高标准,自觉远离违纪红线。健全日常学习党内法规制度,认真学习宣传《中国共产党廉洁自律准则》、《中国共产党纪律处分条例》、《中国共产党巡视工作条例》、《中国共产党问责条例》、《关于新形势下党内政治生活的若干准则》、《中国共产党党内监督条例》等各项党内法规。注重党内法规宣传与国家法律宣传的衔接和协调,坚持纪在法前、纪严于法,把纪律和规矩挺在前面,教育引导广大党员做党章党规党纪和国家法律的自觉尊崇者、模范遵守者、坚定捍卫者。

(四)深入学习宣传新闻出版广播影视和著作权法律法规。加强《电影产业促进法》、《著作权法》、《公共文化服务保障法》、《广播电视管理条例》、《出版管理条例》、《音像制品管理条例》、《印刷业管理条例》以及新闻出版、广播电视、电影、网络出版、网络视听等新闻出版广播影视法律法规规章的宣传教育,推动新闻出版广播影视(版权)各级干部职工熟悉掌握、准确理解与所从事工作密切相关的法律制度,提高全系统法治化水平。电影领域尤其要大力加强《电影产业促进法》的学习宣传,为规范电影行业有序发展、促进电影产业健康发展营造良好的法治环境。切实加强对新闻出版广播影视(版权)领域新出台法律法规的宣传教育,引导广大社会公众自觉遵守相关法律规定。

三、主要措施

(一)推动法治教育与法治文化、道德教育紧密结合。以宣传法律知识、弘扬法治精神、推动法治实践为主旨,积极推进社会主义法治文化建设,充分发挥法治文化的引领、熏陶作用。把社会主义核心价值观融入法治建设和普法宣传,用法治文化规范社会文明,用崇高道德引导法治自觉,促进全社会形成法治文明和法治风尚。坚持依法治国与以德治国相结合的基本原则,以法治体现道德理念,以道德滋养法治精神,促进实现法律和道德相辅相成、法治和德治相得益彰。

(二)推动法治实践与法治宣传教育紧密结合。拓展社会各方参与新闻出版广播影视(版权)立法的途径和方式,进一步提高公众参与度,及时通过媒体宣传普及各项法律法规,促进全社会学法知法守法用法。实行“谁执法谁普法”的普法责任制,将法治宣传教育渗透到执法全过程,在集中宣传的基础上,注重在办理案件过程中,对当事人进行执法依据的普法培训。健全完善企事业单位知识产权、劳动用工等管理制度,在规范依法运营、依法管理中普及相关法律知识。健全完善依法决策机制、政府信息公开制度、合法性审查制度、法律顾问和公职律师公司律师制度等重要制度,在法治实践各环节,推动树立法治理念、提升法治素养。

(三)推动传统普法形式与新媒体普法形式紧密结合。注重基础建设,编制新闻出版广播影视(版权)系统法律学习指导目录,进一步完善法律法规汇编、领导干部学法用法读本、法律法规释义、案例分析、案卷点评等基础普法资料库建设。进一步用好现有广播电台、电视台、报纸、期刊、网络、普法简报等平台,继续推进网络远程教育培训、法治征文、法纪知识竞赛等活动。落实媒体公益普法制度,繁荣法治文化作品创作推广,培育法治文化精品,探索建立法治节目栏目的评选评议机制,提高法治题材作品的质量,推动法治公益广告评比刊播活动。加强新媒体普法形式,实施如“知法懂法分分钟”等微视频制作传播项目,运用微信、微博、客户端等技术手段加大普法力度。

(四)推动日常工作与法治宣传教育紧密结合。将法治宣传教育、法治文化建设列入农家书屋工程、农村电影放映工程、广播电视户户通工程、村村响工程及各项出版工程和全民阅读工作的重点,进一步扩大法治宣传教育覆盖面。要抓住“4·23”世界图书日、“4·26”世界知识产权日以及重大纪念日、传统民族节日等时间节点,集中开展形式多样、内容丰富的主题法治宣传教育活动。建立完善法治宣传教育与党的建设、人才队伍建设等相结合的长效机制,整合资源、形成合力。

四、主要对象和要求

(一)加强领导干部学法用法。坚持把领导干部带头学法、模范守法作为树立法治意识的关键。落实中组部、中宣部、司法部、人社部《关于完善国家工作人员学法用法制度的意见》要求,坚持领导干部带头尊法学法守法用法,把宪法法律、党内法规和新闻出版广播影视、著作权法律法规列入各级党委(党组)中心组年度学习计划,组织开展集体学法。党委(党组)书记认真履行第一责任人职责,带头讲法治课,做学法表率。逐步建立和完善领导干部学法考勤、学法档案、学法情况通报等制度,领导干部在年度考核述职中,要围绕法治学习情况、重大事项依法决策情况、依法履职情况等进行述法。把法治观念、法治素养作为干部德才的重要内容,把能不能遵守法律、依法办事作为考察干部的重要依据。

(二)加强公务员和执法人员学法用法。贯彻落实中共中央、国务院《法治政府建设实施纲要(2015—2020 年)》要求,建立健全新闻出版广播影视(版权)公务员和执法人员学法用法和考核评估长效机制。把法治培训纳入干部教育培训总体规划,作为工作人员初任培训、任职培训、岗位培训等各类培训的必修内容。列入年度培训计划的相关业务培训班,法治教育应不少于两学时。把学法用法情况列入公务员年度考核重要内容。严格执行执法人员持证上岗制度和资格管理制度,健全执法人员学习培训制度。加强执法人员职业道德教育,全面提高执法人员素质。切实提高公务员和执法人员运用法治思维和法治方式的能力,切实增强自觉守法、依法办事的意识和能力。

(三)加强企事业单位采编播发人员和经营管理人员学法用法。新闻出版广播影视(版权)企事业单位要建立健全完善长效机制,将学法用法情况作为初任、考核、考评、晋升的重要依据。在从业培训中,要结合实际加强新闻出版、广播影视、著作权等行业相关法律知识的学习,在有关职业资格考试和工作考核中,将从业人员掌握相关法律知识的水平作为重要考核内容,着力提高采编播特别是新闻从业人员,以及企事业单位经营管理人员的法律风险意识及预防能力。

五、工作步骤和安排

第七个法治宣传教育五年规划从 2016 年开始实施,到 2020 年结束。分为以下三个阶段:

宣传启动阶段:2016 年上半年。结合国家"七五"普法规划,做好全面宣传、发动工作。

组织实施阶段:2016 年下半年至 2020 年。依据本规划确定的目标、任务和要求,结合实际制定年度工作计划,认真组织实施,做到部署及时、措施有效、指导有力、督促到位,确保规划确定的目标任务全面贯彻落实。2018 年统一开展中期检查督导。

检查验收阶段:2020 年。各级单位对本规划实施情况进行自查,总局组织全系统范围内检查验收,对先进集体和先进个人进行表彰。

六、组织领导和保障机制

(一)健全组织机构,切实加强领导

总局机关各司局、总局直属各单位、地方各级新闻出版广播影视(版权)部门要把贯彻实施“七五”普法规划作为重要任务列入本部门工作重点,认真研究,抓好落实。要切实加强法治宣传教育工作组织机构建设,充分发挥法治宣传教育工作领导小组和普法办公室的作用,健全完善领导小组各项工作制度和机制,加强督促检查,加强组织协调。

(二)落实普法责任,统筹推进工作

本着“谁主管谁负责”原则,落实普法责任。政策法制司作为总局法治宣传教育工作领导小组办公室,负责普法工作的组织协调和统筹实施;总局直属机关党委负责总局党组中心组集体学法事宜,以及总局机关和直属单位的法治宣传教育工作;其他各司局负责履行职能相关的法律法规的普及宣传。此外,人事司负责干部法治学习情况考核和各项业务培训中法治培训内容的总体规划;直属机关党委、纪委负责党内法规的学习培训和监督检查;宣传管理司、新闻报刊司负责指导媒体机构的普法宣传,以及公益普法制度的建立实施;传媒机构管理司负责法治公益广告的评选刊播。总局直属新闻宣传单位负责面向社会的普法宣传。地方各新闻出版广播影视行政部门及总局各直属单位参照总局任务分工落实相应责任。

(三)提高保障水平,加强考核激励

要加强人员保障,切实增强法治宣传教育人员的政治意识、大局意识、核心意识、看齐意识,不断提高政治素质、法律素养,建设一支高素质的专兼职法治宣传教育队伍。建立并逐步完善法治宣传教育专家库,为各类培训和法治宣传工作提供师资和智力支持。切实加强经费保障,统筹安排专项经费,保证普法项目落实和法治宣传教育工作顺利开展。要加强阶段性检查和专项督察,完善考核办法和激励机制,认真开展“七五”普法中期检查和总结验收,全面提高新闻出版广播影视行业系统法治宣传教育工作水平。

图书在版编目（CIP）数据

广播影视法规汇编：2017年版／国家新闻出版广电总局政策法制司编．—北京：中国法制出版社，2017.8

ISBN 978－7－5093－8763－4

Ⅰ.①广… Ⅱ.①国… Ⅲ.①广播工作－法规－汇编－中国②电影工作－法规－汇编－中国③电视工作－法规－汇编－中国 Ⅳ.①D922.169

中国版本图书馆CIP数据核字（2017）第193110号

策划编辑 马颖　　责任编辑 马颖　　封面设计 云羽

广播影视法规汇编：2017年版

GUANGBO YINGSHI FAGUI HUIBIAN：2017NIANBAN

编者/国家新闻出版广电总局政策法制司

经销/新华书店

印刷/三河市紫恒印装有限公司

开本/710毫米×1000毫米　16开　　印张/56　字数/655千

版次/2017年8月第1版　　2017年8月第1次印刷

中国法制出版社出版

书号 ISBN 978－7－5093－8763－4　　定价：128.00元

北京西单横二条2号　邮政编码100031　　传真：010－66031119

网址：http：//www.zgfzs.com　　**编辑部电话：010－66034242**

市场营销部电话：010－66033393　　**邮购部电话：010－66033288**

（如有印装质量问题，请与本社编务印务管理部联系调换。电话：010－66032926）